Springer-Lehrbuch

Springer
Berlin
Heidelberg
New York
Barcelona
Hongkong
London
Mailand
Paris
Singapur
Tokio

Horst Hanusch · Thomas Kuhn · Uwe Cantner

Volkswirtschaftslehre 1

Grundlegende Mikro- und Makroökonomie

Unter Mitarbeit von
Alfred Greiner und Jens Krüger

Fünfte, überarbeitete Auflage

Mit 169 Abbildungen

Springer

Professor Dr. Horst Hanusch
Universität Augsburg
WISo-Fakultät
Lehrstuhl für Volkswirtschaftslehre V
Universitätsstr. 16
86135 Augsburg
horst.hanusch@wiso.uni-augsburg.de

Professor Dr. Thomas Kuhn
TU Chemnitz-Zwickau
Fakultät für Wirtschaftswissenschaften
Lehrstuhl für Volkswirtschaftslehre
09207 Chemnitz
t.kuhn@wirtschaft.tu-chemnitz.de

Professor Dr. Uwe Cantner
Friedrich-Schiller-Universität Jena
Fakultät für Wirtschaftswissenschaften
Lehrstuhl für Volkswirtschaftslehre/Mikroökonomie
Carl-Zeiß-Str. 3
07743 Jena
uwe.cantner@wiwi.uni-jena.de

ISBN 3-540-41149-6 Springer-Verlag Berlin Heidelberg New York
ISBN 3-540-64249-8 4. Auflage Springer-Verlag Berlin Heidelberg New York

Die Deutsche Bibliothek – CIP-Einheitsaufnahme
Hanusch, Horst: Volkswirtschaftslehre 1 / Horst Hanusch; Thomas Kuhn; Uwe Cantner. – Berlin; Heidelberg; New York; Barcelona; Hongkong; London; Mailand; Paris; Singapur; Tokio: Springer
(Springer-Lehrbuch)
4. Aufl. u.d.T.: Hanusch, Horst: Einführung in die Volkswirtschaftslehre
Grundlegende Mikro- und Makroökonomik – 5. Aufl. – 2000
ISBN 3-540-41149-6

Springer-Verlag Berlin Heidelberg New York
ein Unternehmen der BertelsmannSpringer Science+Business Media GmbH

Printed in Italy

Umschlaggestaltung: Design & Production GmbH, Heidelberg
SPIN 10724185 42/2202-5 4 3 2 1 0 – Gedruckt auf säurefreiem Papier

Vorwort

Jedes Lehrbuch dürfte sicherlich seine eigene Geschichte haben. Diejenige dieser »Einführung in die Volkswirtschaftslehre« ist schnell erzählt. Einer der Autoren, Horst Hanusch, übernahm im Wintersemester 1985/86 zum ersten Mal die einführende Veranstaltung in Volkswirtschaftslehre, die für alle Studenten der Wirtschaftswissenschaften an der Universität Augsburg angeboten wird. Natürlich tauchte sofort die Frage auf, auf welchen Lehrtext sich diese Veranstaltung gründen sollte. Im Sommer und Herbst desselben Jahres verbrachte der Autor einige Monate in den USA, an der University of Michigan in Ann Arbor. Dort hatte er ausgiebig Gelegenheit, sich mit den gänzlich neu bearbeiteten und soeben erschienenen Lehrbüchern von Samuelson/Nordhaus (Economics) und Baumol/Blinder (Economics) vertraut zu machen. Er war von der darin gewählten Aufbereitung und Darstellung des Lehrstoffes, insbesondere von dem didaktischen Instrumentarium der aggregierten Nachfrage und des aggregierten Angebots, so begeistert, daß er beschloß, seine Veranstaltung in Augsburg ebenfalls auf solchen Grundlagen aufzubauen.

Dies war der Beginn zu einem Lehrbuch, an dessen Ende nun die vorliegende »Einführung« steht. Der Einfluß, den die beiden, eben erwähnten textbooks, aber auch andere englischsprachige Lehrbücher, vor allem auf den makroökonomischen Teil ausübten, läßt sich nicht verleugnen, auch wenn die jährliche Folge der Lehrveranstaltungen in Augsburg die ursprüngliche Textvorlage doch ziemlich stark verändert hat. Worin also liegen die besonderen Ziele, die sich die Verfasser in diesem Buch gesetzt haben?

Zum ersten möchte das Buch dem Studenten immer wieder vor Augen führen, daß alle Aussagen, die die Volkswirtschaftslehre trifft, letztlich nur Lehrmeinungen darstellen. Es gibt keine einzige, allgemeingültige Konzeption, die den Anspruch erheben könnte, alles, was in der ökonomischen Wirklichkeit passiert, mit absoluter Sicherheit und Wahrheit ein für allemal erklären oder gar vorhersagen zu können. Es mag zwar unter den Ökonomen zu weitgehenden Übereinstimmungen in einzelnen Teilbereichen der Disziplin kommen - man nennt die daraus resultierende Richtung dann einfach »mainstream economics« - aber, dieser Konsens muß nicht für immer gelten. Neue Strömungen können bereits vorhandene alte verändern oder gar verdrängen. Für den Studierenden kommt es daher bereits zu Beginn seines Studiums darauf an, zu erkennen, daß es wichtig ist, zwischen Faktum und Lehrmeinung zu unterscheiden. Er sollte sich also die Fähigkeit aneignen, die verschiedenen wissenschaftlichen Vorstellungen, die nicht nur in der Theorie, sondern auch in der Politik von heute große Bedeutung haben, in ihrem Wesen zu erfassen und auf systematische und moderne Weise zu unterscheiden. Die Voraussetzungen hierfür möchte der vorliegende Text bereits beim Erstsemester schaffen.

Zum zweiten haben sich die Autoren bemüht, die Lehrinhalte in möglichst einfacher und verständlicher Art zu vermitteln. Als didaktisches Hilfsmittel dienen immer wieder Graphiken und Zahlenbeispiele, die auch aus der Praxis entnommen sind. Daneben wurde ganz bewußt auf Wiederholungen von Inhalten (in verschiedenen Abschnitten) zurückgegriffen.

Drittens setzten wir uns zum Ziel, den Umfang des Stoffes so einzugrenzen, daß man diesen ohne Schwierigkeiten in einem Wintersemester in einer 3-stündigen Vorlesung unterbringen kann.

Viertens wurde versucht, dem Studenten neben dem gängigen, gleichsam abgelagerten Lehrstoff auch einige Ausblicke zu vermitteln auf Lehrinhalte, die ihm in späteren Semestern vertieft begegnen werden. Aber auch auf theoretische Entwicklungen, deren Bedeutung für die zukünftige Lehre und Forschung sich gerade erst herausbildet, wurde im Rahmen des hier Möglichen eingegangen. Das gilt insbesondere für das 11. Kapitel zur makroökonomischen Relevanz der Phillips-Kurve.

Wir sind, fünftens, schließlich im Aufbau des Buches einen anderen als den sonst üblichen Weg gegangen, und haben den makroökonomischen Teil vor die mikroökonomische Theorie gestellt. Die Gründe dafür sind vielfältig, aber auf zwei möchten wir doch besonders hinweisen. Zum einen erscheint uns die Makroökonomik, auf moderne Weise präsentiert, für den Anfänger interessanter und leichter zugänglich zu sein. Man kann damit sicherlich das Interesse und die Begeisterung für das Fach schon frühzeitig, in den ersten Veranstaltungsstunden, wecken. Zum zweiten basiert die Mikroökonomie, wie sie heute gängigerweise gelehrt wird, auf Grundlagen, die allein der Klassik und Neoklassik entstammen. Das Gebiet zeichnet sich dadurch zwar durch eine ausgeprägte theoretische und analytische Stringenz aus, aber es besitzt damit auch einen so hohen Grad an Abstraktheit, daß ihm allzu oft der notwendige Bezug zur Realität verlorengeht. Gerade dieser Umstand läßt die Mikroökonomie für manches Erstsemester als überaus trocken und weltfremd erscheinen. Man sollte den Studenten daher, nach unseren Erfahrungen, mit diesem Stoff erst dann eingehender konfrontieren, wenn dafür die Verständnisgrundlagen in vorhergehenden Kapiteln bereits gelegt sind. In diesem Buch haben wir uns darum vor allem in den Kapiteln 1 und 3 bis 5 eingehend bemüht.

In ein Lehrbuch, dessen Entstehung sich über mehrere Jahre hinzieht, haben, direkt oder indirekt, natürlich nicht nur jene Personen Ideen und Vorstellungen eingebracht, die als Autoren auf dem Titelblatt erscheinen. Auch andere trugen ihren Teil zum Gelingen des Werkes bei. Zu erwähnen sind hier an erster Stelle Alfred Greiner und Friedrich Kugler, durch deren Mitarbeit das eine oder andere Kapitel erst seine endgültige Gestalt gewann. Herr Greiner kümmerte sich insbesondere um das Kapitel 9 (Angebotsorientierte Makroökonomik) und das Kapitel 12 (Internationale Makroökonomik). Herr Kugler arbeitete intensiv am Kapitel 11 (Die makroökonomische Bedeutung der Phillips-Kurve) mit. Beiden »Mitautoren« sei dafür und für ihre sonstigen Hilfestellungen bei der Abfassung des gesamten Textes besonders gedankt.

Aber auch Uwe Cantner, Markus Hierl, Klaus Norbert Münch und Karl-Heinz Weiss halfen dem Vorhaben immer wieder durch Ermunterung, Anregung und Diskussion zu neuem Schwung, wenn es zu stocken drohte. Wir danken ihnen dafür ebenfalls ganz herzlich.

Kein einführendes Lehrbuch kann wohl endgültige Gestalt annehmen, wenn nicht die Studenten, an denen der werdende Lehrtext gleichsam erprobt wird, durch ihre Reaktion, durch Zustimmung oder Ablehnung, durch Kritik oder Begeisterung die mündlichen Darlegungen desselben unmittelbar begleiten. Wir möchten uns daher vor allem bei den Studenten der Wirtschaftswissenschaften an der Universität Augsburg bedanken, daß sie so bereitwillig und geduldig durch ihren Besuch der einführenden Veranstaltung auch am Werdegang dieses Buches teilgenommen haben.

Nicht zuletzt gilt unser ganz besonderer Dank wieder einmal Monika Bredow, die mit nie nachlassendem Verständnis für die Probleme der Autoren die x-fachen Textvarianten der verschiedenen Kapitel immer wieder in den Computer brachte und dabei nie die Übersicht verlor, welche Fassung denn gerade die aktuelle und relevante war. Ihr gilt unser ganz besonderer Dank. Ebenfalls danken möchten wir Jochen Cantner, der die Druckvorlagen für den Verlag mit vorbereitete.

Möge dieses Buch dazu beitragen, die Faszination des Faches Volkswirtschaftslehre, das dieses gerade durch seine Vielschichtigkeit als Realwissenschaft auf viele ausübt, von Beginn an auch auf den erstsemestrigen Studenten zu übertragen.

Augsburg, im September 1991

Horst Hanusch
Thomas Kuhn

Vorwort zur 2. Auflage

Für die nach kurzer Zeit notwendig gewordene 2. Auflage haben wir den Text durchgesehen und die Daten aktualisiert. Der Inhalt indes blieb weitgehend unverändert. Kritische Hinweise und Anregungen sind natürlich jederzeit willkommen. Dank gebührt wieder Herrn Jochen Cantner für die Aufbereitung der Druckvorlagen.

Augsburg, im Mai 1992

Horst Hanusch
Thomas Kuhn

Vorwort zur 3. Auflage

Die 3. Auflage ist in einigen Kapiteln gründlich überarbeitet worden. Dies betrifft insbesondere den makroökonomischen Teil des Buches. Auch die Tabellen und sonstigen statistischen Angaben wurden auf den neuesten Stand gebracht. Am bewährten Konzept und an der Gliederung des Buches haben wir hingegen nichts geändert.

Augsburg, im August 1994

Horst Hanusch
Thomas Kuhn

Vorwort zur 4. Auflage

Für die 4. Auflage haben wir einige Kapitel überarbeitet und auf den neuesten Stand gebracht. Tabellen und sonstige Statistiken wurden ebenfalls aktualisiert. Großen Dank schulden wir Herrn Jens Krüger, der uns bei der Überarbeitung tatkräftig unterstützt hat.

Augsburg, Chemnitz, im Februar 1998

Horst Hanusch
Thomas Kuhn

Vorwort zur 5. Auflage

Vergleicht man den Inhalt der vorliegenden 5. Auflage mit der im Vorwort zur 1. Auflage der Einführung in die Volkswirtschafslehre dargelegten Zielsetzung, so hat sich im Laufe der Zeit eigentlich nicht so viel Wesentliches am ursprünglichen Entwurf ändern müssen. Es steht uns nicht zu, dies als ein Zeichen des Wertes und der Beständigkeit der ersten Konzeption zu interpretieren. Dennoch, in einigen Punkten haben wir diese überarbeitete Auflage gegenüber der vorherigen anders gestaltet:

Erstens, es kam als neuer Autor des Buches Uwe Cantner hinzu. Er hat zwar den Werdegang der "Einführung" von Beginn an mitverfolgt, sein wesentlicher Beitrag zur jetzigen Auflage indessen rechtfertigt die Aufnahme als Koautor.

Zweitens, es wurde eine Umstellung in der Abfolge der Teile zur Mikro- und Makroökonomik vorgenommen. Nach langer, intensiver Diskussion haben sich die Autoren entschlossen, die Mikroökonomik der Makroökonomik voranzustellen. Das ausschlaggebende Argument für diese Änderung sehen sie vor allem darin begründet, dass mit zunehmender Formalisierung und einzelwirtschaftlicher Fundierung der Makroökonomik, notwendigerweise, mehr und mehr mikroökonomische Kenntnisse als Voraussetzung erforderlich sind, um die dort abgehandelten Zusammenhänge und Erklärungsansätze verstehen und in ihrer Bedeutung einordnen zu können.

Drittens, es wurden alle Teile des Buches gründlich überarbeitet und auf den neuesten Stand gebracht. Tabellen und sonstige Statistiken wurden ebenfalls aktualisiert. Im Teil "Grundlagen" haben wir zudem den Inhalt in manchen Kapiteln neu geordnet, teilweise gestrafft und auch ergänzt. Dies trifft insbesondere für die Kapitel 1 "Prinzipien der Volkswirtschaftslehre" und Kapitel 2 "Knappheit, Tausch und Effizienz" zu. Weiterhin rückte das Methodenkapitel ans Ende des Grundlagenteils, während das Kapitel "Wirtschaftskreislauf und Sozialprodukt" von dort an den Anfang der Makroökonomik gestellt wurde. Der mikroökonomische Teil ist durch zwei neue Kapitel "Arbeitsmarkt" und "Marktversagen und Staatseingriffe" ergänzt worden.

Viertens, schließlich, gilt es noch auf die wichtigste Veränderung hinzuweisen, nämlich die des Titels des Buches. Der vorliegende Band ist als erster Teil eines zweibändigen Werkes zur Volkswirtschaftslehre konzipiert. Er löst als 5. Auflage die früheren Auflagen der "Einführung in die Volkswirtschaftslehre" von Horst

Hanusch und Thomas Kuhn ab. Das Gesamtwerk ist so angelegt, dass es sowohl für einen Einführungskurs in die Volkswirtschaftslehre als auch für einen weitergehenden Kurs in Mikroökonomik oder Makroökonomik im Grundstudium verwendet werden kann. Als Einführung soll der vorliegende Band 1 Volkswirtschaftslehre 1 mit seiner grundlegenden Mikro- und Makroökonomik dienen. Den weiterführenden Teil zu diesen Bereichen wird der Band Volkswirtschaftslehre 2 übernehmen.

Auch bei dieser 5. Auflage hat uns Jens Krüger wieder tatkräftig unterstützt, dem wir dafür herzlich danken.

Augsburg, Chemnitz, Jena, im September 2000

Horst Hanusch
Thomas Kuhn
Uwe Cantner

INHALTSVERZEICHNIS

TEIL I: GRUNDLAGEN

TEIL II: MIKROÖKONOMISCHE THEORIE

TEIL III: MAKROÖKONOMISCHE THEORIE UND POLITIK

11. Wirtschaftskreislauf und Sozialprodukt ... 241

12. Grundzusammenhänge der Makroökonomik: Aggregiertes Angebot und aggregierte Nachfrage ... 261

TEIL I
GRUNDLAGEN

In ersten Teil des Buches gehen wir auf grundlegende Probleme der Volkswirtschaftslehre ein und behandeln bestimmte Prinzipien, die in der ökonomischen Wissenschaft zu ihrer Lösung vorgeschlagen werden. Im Zentrum unserer Darlegungen steht dabei das Phänomen der Knappheit sowie die Möglichkeiten zu deren Überwindung, nämlich das Streben nach Effizienz der Wirtschaftssubjekte und der Tausch. Da dieser die Koordination von Entscheidungen und Handlungen der einzelnen Akteure notwendig macht, untersuchen wir anschließend, wie dieser Prozeß auf Märkten vonstatten geht. Danach geben wir eine ausführliche Begründung für die Notwendigkeit ökonomischer Aktivitäten des Staates in einer Marktwirtschaft. Der erste Teil schließt ab mit einem Kapitel über methodische Fragen in der Volkswirtschaftslehre. Diese Kapitel soll als Überleitung und zum besseren Verständnis der nachfolgenden Teile des Buches zur Mikro- und Makroökonomik dienen, in denen neben anderem auch dem methodische Vorgehen eine besondere Rolle zukommt.

1. Erkenntnisobjekt und Prinzipien der Volkswirtschaftslehre

Die Volkswirtschaftslehre kann man in groben Zügen als eine Wissenschaft bezeichen, die in einem groß angelegten Versuch danach trachtet eine Reihe grundlegender Prinzipien zu entwickeln, nach denen sich die ökonomische Realität oder, salopp gesprochen, die 'Welt der Wirtschaft' erklären und voraussagen läßt. Solche Prinzipien haben naturgemäß von den Entscheidungen und Aktivitäten der in einer Ökonomie tätigen Wirtschaftssubjekte, etwa der Haushalte und Unternehmen zu handeln, aber auch von der Art und Weise wie sie diese aufeinander abstimmen. Die Koordination der einzelnen Akteure erfolgt dabei, wie wir noch genauer sehen werden, in der Regel über Märkte. Da Märkte jedoch nicht immer friktionsfrei funktionieren und zahlreiche, noch näher zu definierende Mängel aufweisen können, bietet sich in einer nach dem marktwirtschaftlichen Prinzip organisierten Ökonomie auch stets genügend Raum für staatliche Aktivitäten. Auch für sie gelten dann Handlungsvorschriften, die sich im Rahmen der Volkswirtschaftslehre begründen und als normative Prinzipien - also als das, was in einer Ökonmie als wünschenswert erachtet wird - dem staatlichen Tun voranstellen lassen.

Sinn und Zweck, Handeln an bestimmten (ökonomischen) Prinzipien auszurichten, ist es letztlich, eine Antwort auf das grundlegende Problem der Knappheit zu finden. Diese existiert immer und überall und ist prinzipiell darauf zurückzuführen das als unbegrenzt anzusehende Bedürfnisse von Menschen lediglich einem begrenzten Bestand von Ressourcen zu ihrer Befriedigung gegenüber stehen. Die Volkswirtschaftslehre stellt sich diesem zentralen Problem in verschiedener Weise. Sie nimmt hierzu sowohl eine statische, als auch eine dynamische Betrachtung vor. Statisch, also auf einen bestimmten Zeitpunkt bezogen, wird argumentiert und analysiert, wenn es darum geht, einen gegebenen Bestand an Produktionsmitteln, Gütern oder Leistungen in die besten Verwendungen zu lenken. Dynamisch, also über die Zeit hinweg ausgelegt, ist eine Argumentations- und Erlärungsweise, wenn eher auf Prinzipien abgestellt wird, die auf Wachstum und Wandel abstellen, sei es etwa der menschlichen Bedürfnisse, der Produktionsmöglichkeiten oder des volkwirtschaftlichen Outputs in einer Ökonomie. Im Zentrum der Beschreibung und Erklärung solcher Prozesse stehen dann Vorstellungen, die vorrangig mit Innovationen, technischem Fortschritt, dem Wandel von Institutionen und ähnlichem zu tun haben.

In diesem Sinne betrachten wir nachfolgend zunächst Prinzipien für ökonomische Entscheidungen, die statisch orientiert sind und die Handlungsfelder einzelner Akteure sowie deren Koordination auf Märkten zum Inhalt haben. Auch die Analyse des staatlichen Handeln nach bestimmten Prinzipien zähl hierzu. Danach wird auf das Prinzip des innovativen Wandels eingegangen.

1.1 Grundlegende Probleme von Volkswirtschaften

Wer heutzutage durch die Fußgängerzone einer größeren Stadt oder durch ein Kaufhaus geht, ist sicherlich von der Vielfalt der Waren angetan, die dort angeboten werden, und man wundert sich vielleicht, warum es genau die Güter sind, die die Menschen benötigen und kaufen wollen, und nicht andere. Den Konsumenten steht zur Befriedigung ihrer Bedürfnisse in der Regel ja nicht nur eine Alternative zur Verfügung, vielmehr können sie zumeist unter einer Vielzahl von Gütern und Möglichkeiten wählen. Diese Erfahrung machen beispielsweise alle, die sich für den Kauf eines Möbelstückes interessieren. Bei der Fülle der angebotenen Stühle und sonstigen Sitzgelegenheiten etwa den Überblick zu bewahren, mutet fast wie eine Herkulesarbeit an. Auch finden sich im Angebot stets die Güter, die in Kombination mit anderen gebraucht werden, oder sogar ausschließlich nur zusammen mit anderen nützlich sind. So hätte es beispielsweise wenig Sinn, Kassetten und Schallplatten auf den Markt zu bringen, wenn es nicht auch die dafür benötigten Recorder und Abspielgeräte gäbe. Manche Güter wiederum vermögen andere vollständig oder teilweise zu ersetzen; man denke nur an das Beispiel Füllfederhalter und Kugelschreiber.

Natürlich wird man oft auch feststellen müssen, daß ein gesuchtes Produkt nicht oder jedenfalls nicht in der Form, wie man es sich gerne wünschte, angeboten wird. Andere Güter wiederum haben einen so hohen Preis, daß man sich diese wohl nie wird leisten können. Dies ist Ausdruck des generellen Phänomens der **Knappheit**. Güter sind deshalb knapp, weil die Volkswirtschaftslehre prinzipiell von unbegrenzten Bedürfnissen ausgeht, die Ressourcen zur Produktion von Gütern und Diensten, die menschliche Bedürfnisse befriedigen können, hingegen begrenzt sind.

Wäre es möglich, für alle Produktionsbereiche einer Volkswirtschaft eine genaue Warenstatistik zu führen, so könnte man dieser entnehmen, welche und wieviele Güter in welchen Mengen zur Verfügung stehen, wie sich also das gesamtwirtschaftliche Güterangebot zusammensetzt. Selbst wenn die so erkennbare Warenvielfalt noch so sehr beeindruckt, über das Phänomen der Knappheit kann sie nicht hinwegtäuschen. Letztlich sind dem, was in einer Volkswirtschaft insgesamt produziert werden kann, Grenzen gesetzt. Auch wenn das in der Realität anzutreffende Güterspektrum immer nur eine von vielen Möglichkeiten aufzeigt, wie sich das Warenangebot einer Volkswirtschaft prinzipiell gestalten läßt, die Verwendungskonkurrenz um knappe Produktionsfaktoren bleibt in jedem Falle bestehen. Ressourcen, die in die Produktion von privaten Luxusgütern wandern, werden in der Herstellung von staatlichen Leistungen fehlen und deren Angebot entsprechend eingrenzen. Jeder Beschäftigte, der in der Automobilindustrie arbeitet, kann nicht gleichzeitig voll im Maschinenbau tätig sein und dort zur Güterproduktion beitragen. Und jede Werkzeugmaschine, die in der Elektroindustrie eingesetzt wird, kann nicht nochmals für den Bau von landwirtschaftlichen Geräten verwendet werden.

Die Knappheit zwingt Gesellschaften und jeden Einzelnen zu wirtschaften. Akteure, die am Wirtschaftsprozess teilnehmen, sehen sich dabei tagtäglich vor Entscheidungen gestellt, die sie zwingen, unter verschiedenen Alternativen zu wählen. So müssen Konsumenten etwa Entscheidungen über ihren Güterkonsum treffen und Unternehmen Entscheidungen über die von ihnen produzierten Güter und Dienstleistungen und den bestmöglichen Einsatz der Produktionsfaktoren. Jede Entscheidung ist mit Kosten verbunden. Diese Kosten bestehen einfach darin, daß die Wahl einer Alternative unweigerlich mit dem Verzicht auf andere Alternativen verbunden ist. Sie heißen daher auch Opportunitätskosten, also Kosten einer entgangenen Gelegenheit.

In der Realität müssen also andauernd Entscheidungen darüber gefällt werden, welche Güter in welchen Mengen an welchen Orten mit welchen Produktionsfaktoren herzustellen, wohin sie zu transportieren, wann sie zum Verkauf anzubieten oder gegebenenfalls zu lagern sind. Konsumenten erwarten, daß sie sich in ihrem Laden mit Brot, Fleisch, Obst und Gemüse in ausreichenden Mengen und in guter Qualität versorgen können, daß ihre Zeitung pünktlich erscheint und die meisten anderen Dinge des täglichen Bedarfs, aber auch langlebige Gebrauchsgüter jederzeit für sie vorhanden sind.

All dies stellt eine Volkswirtschaft natürlich vor eine enorme **Koordinationsaufgabe**. Die vielen einzelwirtschaftlichen Aktivitäten der Produzenten und die zahlreichen Wünsche der Konsumenten müssen so aufeinander abgestimmt sein, daß die Vorstellungen von allen Beteiligten möglichst in Erfüllung gehen. Dieses Problem der **Allokation**, wie man die Koordinationsaufgabe auch nennt, stellt sich für jede Gesellschaft, unabhängig davon, in welcher Ordnung sich ihr Wirtschaften vollzieht. Produktionsfaktoren müssen in die Verwendungen gelenkt werden, in denen sie den Konsumenten und der Gesellschaft am meisten nützen. Das heißt, man hat bei geringstmöglichem Aufwand diejenigen Güter in jenen Mengen und Qualitäten zu produzieren, die der einzelne zu kaufen wünscht.

Diese Koordinationsaufgabe wird in marktwirtschaftlichen Ordnungen weitgehend den Märkten überlassen. Allerdings gibt es auch vielfältige Gründe für **staatliche Eingriffe** in die Märkte, nämlich dann, wenn Märkte einzelwirtschaftliche Aktivitäten nicht effizient zu koordinieren vermögen, wofür es auch zahlreiche Beispiele gibt. Marktwirtschaften kommen daher in der Realität kaum noch in reiner Form vor, sondern sie sind stets durch eine mehr oder weniger ausgeprägte wirtschaftliche Aktivität des Staates geprägt.

1.2 Das Prinzip der Knappheit

Grundtatbestand des menschlichen Wirtschaftens ist die **Knappheit**: Die Knappheit der Güter, um die menschlichen Bedürfnisse zu befriedigen, und die Knappheit der Ressourcen, die zur Produktion dieser Güter benötigt werden. Knappheit entsteht, weil die vorhandenen Ressourcen auf der Erde nicht ausreichen, um die prinzipiell unbegrenzten Bedürfnisse der Menschen zu befriedigen. Sie muß nicht notwendigerweise große Armut oder einen Mangel an lebensnotwendigen Gütern bedeuten, auch wenn dies in Entwicklungsländern, bedauerlicherweise, heute noch oft zu beobachten ist. Knappheit meint vielmehr den **Verzicht** auf ein anderes oder mehrere andere Güter, oder jedenfalls auf bestimmte Mengen davon, wenn man von einem Gut mehr haben und konsumieren möchte. Man muß sich nämlich vorstellen, daß die Erstellung eines jeden Gutes den Einsatz von Ressourcen erfordert, die nicht unbegrenzt verfügbar sind und die daher nicht noch einmal für die Produktion eines anderen Gutes verwendet werden können. Es besteht also eine **Verwendungskonkurrenz** der Güter **um knappe Produktionsfaktoren**, etwa um Boden, Kapital und Arbeit. Diese wiederum schlägt sich nieder in der Knappheit der Güter selbst, die letztlich dazu dienen, menschliche Bedürfnisse zu befriedigen.

Die Knappheit der Ressourcen und der Güter zwingt die Menschen und die Gesellschaft zu **wirtschaften**. Darunter versteht man den rationalen Einsatz der begrenzten Mittel, um damit möglichst viele Bedürfnisse abzudecken. Wären alle Güter im Überfluß vorhanden - man spricht in diesem Fall auch von freien Gütern - dann müßte niemand über die bestmögliche Art ihrer Produktion und Verwendung nachdenken. Und auch die Volkswirtschaftslehre würde mit dem Verlust ihres Erkenntnisobjektes mit einem Male überflüssig werden. Denn sie wird mitunter auch als die **Lehre von der Knappheit** oder, wie der Ökonom H. Siebert es ausdrückt, als die 'Kunst des Mangels' beschrieben.

Freie Güter gibt es jedoch nur selten, etwa Sand in der Sahara oder Eis in der Antarktis. Natürlich existieren sie auch in einer populären Wunschvorstellung der Menschheit, dem Schlaraffenland. So gesehen ist das Wirtschaften ein Grundtatbestand der menschlichen Existenz, der darauf verweist, daß all das, was man zum Leben dringend braucht und manches andere, was das Dasein sonst noch lebenswert macht, erst erarbeitet und produziert werden muß. Also sind die meisten Güter nicht frei, sondern lediglich begrenzt verfügbar, weil man sie erst durch den Einsatz knapper Ressourcen nutzbar werden. Sie haben einen Preis, der sich in einer Marktwirtschaft aus Angebot und Nachfrage bestimmt und ein Signal für ihre **Knappheit** darstellt. Je größer die Nachfrage nach einem Gut und je geringer das Angebot ausfällt, desto knapper ist das Gut und umso höher wird daher dessen Preis sein.

Nun läßt sich beobachten, daß im Zuge der Industrialisierung in vielen Ländern ehedem freie sich in knappe Güter verwandeln, weil sie zu intensiv genutzt werden und dabei ihre natürlichen Eigenschaften verlieren. So haben insbesondere Luft und Wasser durch zunehmende **Verschmutzung** längst den Status knapper Güter angenommen. Wasser ist erst nach einer aufwendigen Reinigung und Aufbereitung wieder als Trinkwasser zu gebrauchen und die Ausgaben dafür machen heute, neben dem Aufwand für die Verteilung an die Haushalte, einen Großteil seines Preises aus. Auch die Luft scheint nur auf den ersten Blick noch ein freies Gut zu sein. Denn niemand braucht zwar für die Luft zum Atmen direkt zu zahlen, aber an vielen Orten ist diese schon so stark verunreinigt, daß dies insbesondere bei Kleinkindern und älteren Menschen zu Gesundheitsschäden führt, etwa zu Krankheiten wie Asthma oder Pseudokrupp. Für deren Linderung und Heilung entstehen heute bereits hohe Kosten.

Verursacher von Luftverschmutzung können sowohl Konsumenten wie auch Produzenten sein. Man denke an den Individualverkehr und an Hausfeuerungen auf der einen oder an Kohlekraftwerke und chemische Fabriken auf der anderen Seite. Sie alle müßten eigentlich zur Reinhaltung der Luft verpflichtet werden, etwa durch den Einsatz von Filtern oder von Katalysatoren. Bei den Verursachern würde dies natürlich zu Kosten führen, die dann als Preis der Luft zu betrachten wären. Wird Luft jedoch nach wie vor wie ein freies Gut behandelt, dann entstehen durch Verschmutzung die beobachtbaren Schäden und damit ebenfalls Kosten, die nunmehr aber nicht die Verursacher selbst, sondern andere betroffene Personen zu tragen haben. Auch auf diese, indirekte Weise kommt aber letztlich ebenfalls zum Ausdruck, daß Luft schon ein knappes Gut darstellt, das einen Preis hat.

1.3 Das Opportunitätskostenprinzip

Die Knappheit der Güter zwingt jede Gesellschaft und jedes ihrer Mitglieder dazu, Entscheidungen über die Wahl unter alternativen Möglichkeiten zu treffen. Dies ist, wie wir eingangs gezeigt haben, stets mit Opportunitätskosten verbunden, die darin bestehen, daß man mit der Entscheidung für eine Alternative unweigerlich auf andere Gelegenheiten, oder anders gesagt Opportunitäten verzichten muß. Betrachten wir dazu einige Beispiele, die eher auf der makroökonomischen Ebene angesiedelt sind.

Bei der Entscheidung über alternative Verwendungen von Produktionsfaktoren stehen Volkswirtschaften beispielsweise vor der Frage, ob eher mehr Konsumgüter oder mehr Investitionsgüter produziert werden sollten.

Zu den **Konsumgütern** zählen alle Güter, die nicht der Produktion dienen, sondern direkt an den Endverbraucher gelangen. **Investitionsgüter** hingegen gehen zunächst in die Produktion ein und ersetzen oder erhöhen, wie wir noch sehen werden, den Kapitalbestand von Unternehmen. Der Anreiz für Gesellschaften, auf Konsummöglichkeiten zunächst zu verzichten, liegt darin, daß sie durch die Erhöhung des Kapitalbestands ihren Konsum in der Zukunft steigern kann. Es geht hier mithin um die Entscheidung zwischen gegenwärtigem und zukünftigem Konsum.

Ob ein Gut zur einen oder anderen Kategorie gehört, hängt in erster Linie von seiner Verwendung ab. So kann ein Auto ein Konsumgut sein, wenn es für private Fahrten genutzt wird und ein Investitionsgut, wenn es einem Handelsvertreter für die Fahrten zum Kunden dient. Konsumgüter wiederum lassen sich in Sachgüter und in Dienstleistungen einteilen. Sachgüter haben rein materiellen Charakter, während die Dienstleistung ein Produkt darstellt, das jemand durch den Einsatz seiner Arbeitskraft (und eventuell noch weiterer Produktionsmittel) erbringt und bei dem Erstellung und Konsum zusammenfallen. Dienstleistungen sind im Gegensatz zu Sachgütern auch nicht lagerfähig. Ein Kraftfahrzeug etwa oder Nahrungsmittel stellen Sachgüter dar. Eine Taxifahrt aber oder ein Essen im Restaurant sind Dienstleistungen, die von einem Taxifahrer oder von Köchen und allen sonst noch im Restaurant Beschäftigten für einen Kunden erbracht werden. Dabei spielt es keine Rolle, ob man dafür auch Sachgüter benötigt, in unseren Fällen etwa ein

Automobil oder Nahrungsmittel. Ebenso ist natürlich ein Haarschnitt als eine Dienstleistung anzusehen, auch wenn dazu (neben anderen Dingen) zumindest noch eine Schere benötigt wird.

Eine andere Entscheidung, die Volkswirtschaften zu treffen haben, ist die zwischen privaten und öffentlichen Gütern. Für den Grad der Öffentlichkeit eines Guts sind dabei zwei Kriterien maßgebend, nämlich das Kriterium der Rivalität im Konsum und das Kriterium der Ausschließbarkeit potentieller Nutzer.

Ein **privates Gut** läßt sich in der Regel nur von einem Konsumenten nutzen und nicht gleichzeitig noch von anderen. Dies ist bei allen Verbrauchsgütern, die in einem einzigen Konsumakt untergehen, offensichtlich der Fall. Eine Banane oder einen Apfel kann immer nur einer verzehren und für alle anderen Konsumenten bleibt dann davon nichts mehr übrig. Auch langlebige private Konsumgüter, die sogenannten Gebrauchsgüter, können zwar mehrmals, jedoch immer nur von einer Person gleichzeitig genutzt werden. So vermag immer nur eine Person mit einem Staubsauger einen Teppich zu reinigen. Mit einem Automobil läßt sich immer nur ein Ziel ansteuern, um dorthin eine begrenzte Zahl von Personen zu befördern. Fahrgäste, die keinen Platz mehr finden, oder die ganz woanders hin wollen, müssen dann ein anderes Beförderungsmittel nehmen oder auf die gewünschte Fahrt verzichten.

Bei **reinen öffentlichen Gütern** hingegen haben wir es mit einem gänzlich anderen Sachverhalt zu tun. Solche Güter sind, zum einen, durch Nichtrivalität im Konsum charakterisiert. Dies bedeutet, daß sie von allen Konsumenten gleichzeitig genutzt werden können, ohne daß sich diese in ihren Konsummöglichkeiten gegenseitig beeinträchtigen. Klassische Beispiele dafür sind die Landesverteidigung, die Straßenbeleuchtung oder die Warnsignale des Leuchtturms an der Küste. Vom Konsum eines reinen öffentlichen Gutes kann, zum anderen, auch niemand ausgeschlossen werden, weil dies entweder technisch überhaupt nicht möglich ist, wie bei der Landesverteidigung, oder weil es ökonomisch unsinnig wäre, da die Kosten des Ausschlusses in keinem Verhältnis stünden zu den Kosten für die Bereitstellung des öffentlichen Gutes. So macht es sicherlich keinen Sinn, bei Anbrechen der Dunkelheit alle Straßen abzusperren und nur noch diejenigen Personen durchzulassen, die eine Gebühr für die Straßenbeleuchtung entrichten.

Man könnte natürlich auch daran denken, Straßenlaternen mit einem kleinen Münzautomaten zu versehen, mit dem sich das Licht dann nur durch Einwerfen einer Münze einschalten ließe. Doch welcher Konsument wollte diese Regelung schon akzeptieren? Jeder würde vermutlich darauf warten, daß andere Passanten Münzen einwerfen und er somit kostenlos in den Genuß der Straßenbeleuchtung käme. Da die einzelnen Nutzer im Konsum nicht rivalisieren, sind sie auch nicht gezwungen, ihre Zahlungsbereitschaft, die an sich durchaus vorhanden wäre, zu offenbaren. Bei privaten Gütern dagegen müssen sie dies tun, denn sie kommen in den Genuß eines Gutes nur dann, wenn sie dafür ihre Präferenzen offenlegen und den entsprechenden Preis bezahlen. Alle anderen Konsumenten werden danach vom Ver- und Gebrauch des Gutes ausgeschlossen, allein schon aufgrund der Rivalität im Konsum. Der Preis dient hier also als Mittel zur Durchsetzung des Ausschlußprinzips, welches wiederum eine logische Konsequenz des Rivalitätsprinzips darstellt.

1.4 Das ökonomische Prinzip

Mit dem ökonomischen Prinzip wird eine Antwort auf die Frage zu geben versucht, auf welche Weise ein gewünschtes Gut produziert werden sollte. Ist nämlich über die gesamtwirtschaftliche Güterstruktur entschieden, muß man sich Klarheit darüber verschaffen, wie man jedes darin enthaltene Gut mit **möglichst wenig Ressourcenaufwand** und möglichst geringen Kosten erstellen kann. Meist gibt es mehrere Möglichkeiten der Kombination von Produktionsfaktoren und auch mehrere technische Verfahren, um ein gewünschtes Produkt hervorzubringen. So können etwa Möbel nach alter Handwerkstradition in Handarbeit gefertigt werden oder auch industriell, durch den intensiven Einsatz holzbearbeitender Maschinen.

Um die vorhandenen Ressourcen sparsam zu verwenden, sollte dasjenige Produktionsverfahren und diejenige Faktorkombination gewählt werden, die bei gegebenen Preisen der Produktionsfaktoren die **geringsten Kosten** verursachen. Denn, sobald man für ein Gut mehr Mittel als unbedingt nötig aufwendet, fehlen diese für die Güterherstellung an anderer Stelle in der Volkswirtschaft. Man könnte also hier Ressourcen einsparen, und diese dort zur Produktion bereits bekannter oder neuer Waren einsetzen, sofern Mitglieder der Gesellschaft dies als wünschenswert und nützlich ansehen. So betrachtet, wird mit dem ökonomischen Prinzip zugleich die Forderung nach einer **effizienten** Produktion erhoben. Diese ist Voraussetzung dafür, daß Art und Menge der in einer Volkswirtschaft hervorgebrachten Güter möglichst umfangreich ausfallen.

Das **ökonomische Prinzip** kann nun in zweifacher Weise formuliert werden:

> Als **Maximalprinzip** verlangt es, bei gegebenem Ressourcenaufwand ein maximales Produktionsergebnis zu erzielen.
>
> Als **Minimalprinzip** erfordert es, ein bestimmtes Produktionsergebnis mit dem geringstmöglichen, das heißt minimalen Einsatz an Ressourcen hervorzubringen.

Betrachten wir also die Produktion von Gütern unter dem Aspekt des ökonomischen Prinzips noch etwas genauer. Unter **Produktion** wollen wir die Kombination von Produktionsfaktoren mit einer gegebenen Technologie zur Herstellung von Gütern und Dienstleistungen verstehen.

Kennzeichen der Produktion ist also die Kombination und Umwandlung von Produktionsfaktoren in einem Produktionsprozeß, aus dem heraus neue Güter entstehen. Die dabei eingesetzten Produktionsfaktoren bezeichnet man als den **Input**, und das Produktionsergebnis als den **Output** des Produktionsprozesses. Und die im Produktionsprozeß angewandten technischen und organisatorischen Verfahren werden **Technologie** genannt, wobei dieser Begriff alle Produktionsverfahren umfaßt, mit denen man ein bestimmtes Gut herstellen kann.

Die Technologie und das angewandte Produktionsverfahren selbst betrachtet die Volkswirtschaftslehre als sogenannte "**black box**". Eine "black box" stellt, bildlich gesprochen, einen schwarzen Kasten dar, in dem die Zusammenhänge und Vorgänge, die für ein bestimmtes Ergebnis sorgen, verborgen bleiben. Wie der Produktionsprozeß abläuft und wie sich die technische und organisatorische Umwandlung der Produktionsfaktoren in neue Güter genau vollzieht, bleibt für den Ökonomen also im dunkeln. Ihn interessieren nur die **mengenmäßigen Beziehungen**, die zwischen Input und Output bestehen.

Die Volkswirtschaftslehre hat also für die Produktion eine recht abstrakte Vorstellung entwickelt, die sich von den eigentlichen betrieblichen Produktionsvorgängen relativ weit entfernt. Der Produktionsbegriff umfaßt dabei nicht nur die Tätigkeiten zur Erzeugung eines neuen Produktes, sondern darüber hinaus auch alle weiteren Aktivitäten, die notwendig sind, um ein Gut zu konsumieren. Dazu gehört beispielsweise der Transport eines Gutes vom Großhändler zum Einzelhändler und die Auslieferung an den Konsumenten selbst. Denn für letzteren ist etwa ein Möbelstück, das sich noch im Verkaufsraum eines Händlers befindet, ein anderes Gut als wenn es zuhause in seinem Wohnzimmer steht. Der Transport gehört demnach, volkswirtschaftlich gesehen, zur Produktion, auch wenn er vielleicht vom Käufer übernommen wird. Denn die Nutzung eines Möbelstücks, um bei unserem Beispiel zu bleiben, beginnt im Grunde erst beim Konsumenten in dessen Wohnung.

Der Produktionsbegriff schließt natürlich auch ein, daß die Produktion in **mehreren Stufen** erfolgen kann. Der Output einer Produktionsstufe wird dann wieder als Input auf der nächsten Stufe eingesetzt.So kann die Herstellung eines Schrankes, zum Beispiel, als mehrstufiger Produktionsvorgang aufgefaßt werden, in dem auf der höchsten Stufe die verschiedenen Einzelteile zusammengeschraubt werden (manchmal sogar vom Verbraucher selbst). Diese Teile stellen ihrerseits wieder den Output eines vorgelagerten Produktionsprozesses dar, der sich ebenfalls als Beziehung zwischen Inputs und Output formulieren läßt. Der Unterschied zu oben besteht allein darin, daß der Output diesmal als Vorprodukt für eine nachgelagerte Produktionsstufe dient. Da jedoch auch Vorprodukte durch die Kombination von Produktionsfaktoren entstehen (gegebenenfalls unter Verwendung anderer Vorprodukte, die ihrerseits wiederum mit Produktionsfaktoren erzeugt werden, etc.), läßt sich die Produktion jedes Gutes letztlich auf den Einsatz von Produktionsfaktoren zurückführen.

Man sollte in diesem Zusammenhang vielleicht noch beachten, daß Güter, die in einem mehrstufigen Produktionsprozeß Vorprodukte für ein bestimmtes Konsumgut darstellen, selbst auch Endprodukte sein können. Kaufen Konsumenten zum Beispiel Schrauben, dann gelten diese als Konsumgut, selbst wenn sie für die häusliche Eigenproduktion eines Möbelstücks benötigt werden. Finden sie hingegen in der Möbelindustrie Verwendung, dann hat man es eindeutig mit Vorprodukten zu tun.

Nach der Betrachtung der Outputseite wollen wir nun auf die **Produktionsfaktoren** etwas näher eingehen. In der Volkswirtschaftslehre unterscheidet man traditionell zwischen den Faktoren **Arbeit**, **Boden** und **Kapital**. Heute zählt man auch das **technische Wissen** hinzu, also alle Kenntnisse über Produktionsverfahren und Organisationsmöglichkeiten.

Arbeit

Arbeit wird in der Volkswirtschaftslehre definiert als jede menschliche Tätigkeit, die auf die Befriedigung der Bedürfnisse anderer Personen gerichtet ist. Man faßt sie als eine homogene Größe auf, die in Arbeitsstunden gemessen und mit dem Lohnsatz, als Preis für eine Arbeitsstunde, bewertet wird. Daher gilt der Produktionsfaktor Arbeit als weitgehend austausch- und in verschiedene Verwendungen transformierbar. In der Realität freilich dürfte diese Eigenschaft nur begrenzt zum Zuge kommen, weil für verschiedene Tätigkeiten gänzlich unterschiedliche Qualifikationen und Kenntnisse erforderlich sind. Solche Unterschiede finden insbesondere das Interesse der Arbeitsmarkttheorie und -politik.

Der Charakter von Arbeit hat sich im Laufe der Jahrhunderte entscheidend gewandelt und in Richtung einer zunehmenden **Spezialisierung** verändert. Kennzeichen von entwickelten Gesellschaften ist daher heute eine ausgeprägte **Arbeitsteilung**. Diese läßt sich in erster Linie mit den damit einhergehenden Produktivitätssteigerungen begründen und rechtfertigen. In dem Zusammenhang informiert dann die **Arbeitsproduktivität** darüber, welche Outputmenge eines bestimmten Gutes, oder welchen Output in der gesamten Volkswirtschaft, man mit einem bestimmten Arbeitsinput erzeugen kann.

Spezialisierung entsteht zunächst einmal durch die Herausbildung verschiedener Berufe. Eine Person oder ein Haushalt erzeugt dann nur noch einen Teil der benötigten und gewünschten Güter selbst. Der andere Teil wandert nicht mehr in den Eigenbedarf, sondern deckt zusätzlich den Bedarf von anderen Personen oder Haushalten ab. Im Gegenzug, oder anders ausgedrückt, im **Tausch** kann dann unser Haushalt von anderen die Güter erhalten, die er nicht mehr selbst erstellt. Ein solcher Tausch kommt auch deshalb zustande, weil er offensichtlich für beide Partner Vorteile mit sich bringt. Spezialisierung nämlich geht einher mit einer größeren beruflichen Geschicklichkeit und diese läßt die Arbeitsproduktivität entsprechend ansteigen. Dies wiederum bedeutet, daß nunmehr von allen betrachteten Gütern mit dem gleichen Arbeitseinsatz mehr hervorgebracht werden kann, und daher auch jeder Tauschpartner, nach dem Gütertausch, mehr konsumieren kann als zuvor.

Im Zuge der Industrialisierung und mit dem Aufkommen der **Fabrikarbeit** haben Arbeitsteilung und Spezialisierung immer weiter zugenommen und bestimmen heute den Fertigungsprozeß moderner Volkswirtschaften. Während früher, in Zeiten der Handarbeit, noch jeder alle Arbeitsvorgänge selbst beherrschte und auch ausführte, die zur Herstellung eines Produktes notwendig waren, wird im Zeitalter der fabrikmäßigen Fertigung der Produktionsvorgang in zahlreiche Einzelschritte zerlegt und jeder dieser Teilschritte wird nur noch von dafür spezialisierten Arbeitskräften erledigt. Die Montage eines Automobils mag hierfür ein gutes Beispiel abgeben. Jeder Arbeiter übernimmt darin eine ganz bestimmte Tätigkeit, die er im Laufe eines Arbeitstages immer wieder vollführt. Er kann dadurch eine große Geschicklichkeit und Fertigkeit entwickeln, was wiederum der Produktivität seines

Arbeitseinsatzes zugutekommt. Die Nachteile einer derart hochentwickelten Spezialisierung liegen auf der Hand. Der einzelne sieht sich lediglich als Teilchen eines monotonen Arbeitsablaufs. Er vermag den Sinn seiner Arbeit nicht mehr in vollem Umfang zu erkennen, da ihm der Gesamtbezug zum hergestellten Produkt fehlt.

Auch die mehrstufige Produktion, wie wir sie oben kennenlernten, stellt eine Form der Arbeitsteilung dar. So ist ein Automobilunternehmen in der Endmontage eines Fahrzeugs auf eine Vielzahl von Vorprodukten und Vorleistungen aus anderen Unternehmen angewiesen. Auf diese Weise entsteht eine ausgeprägte Verflechtung zwischen Erzeugern in verschiedenen Produktionsbereichen. Es kommt zu einer engen gegenseitigen Abhängigkeit, die man als besonderes Kennzeichen einer modernen, industriell entwickelten Volkswirtschaft ansehen darf.

Boden

Unter dem Produktionsfaktor Boden versteht man traditionell zunächst einmal die fruchtbare Ackerfläche, auf der **landwirtschaftliche Produktion** stattfindet.

Boden dient daneben aber auch als **Standort** für Handwerks-, Industrie- und Dienstleistungsbetriebe.

Schließlich zählen zu diesem Faktor auch die abbaubaren **Rohstoffe** und **Bodenschätze**, wie überhaupt alle **Gaben der Natur**, etwa die Vorzüge des Klimas, der geographischen Lage, der Topographie und der Gewässer, sofern sie die Produktion eines Gutes befördern oder erst ermöglichen. Man denke nur an die Gewinnung von Wind- und Sonnenenergie, den Fischfang und den Fremdenverkehr.

So gesehen ist der Faktor Boden im weitesten Sinne mit der **natürlichen Umwelt** gleichzusetzen. Die Umwelt aber dient heute nicht nur als Energie- und Rohstofflieferant, sondern sie fungiert zunehmend auch als Organ zur Aufnahme von Abfällen und von Schadstoffen. Sie wird dabei in einem kaum für vorstellbar gehaltenen Maße selbst geschädigt und verbraucht, was wiederum bedeutet, daß sie ihre Eigenschaften als Konsumgut, als gegebener Lebens- und Erholungsraum des Menschen weitgehend einzubüßen droht. Dies erscheint umso besorgniserregender, als der Mensch heute mehr denn je auf seine natürlichen Lebensgrundlagen angewiesen ist. Hier besteht also ein ausgeprägter Zielkonflikt zwischen "Güterproduktion" auf der einen und "Bewahrung der Natur" auf der anderen Seite. In der Öffentlichkeit rückt dieser Gegensatz zwischen Ökonomie und Ökologie zunehmend in das Zentrum der politischen Diskussion.

Kapital

Unter Kapital versteht die Volkswirtschaftslehre alle **produzierten Güter**, die nicht konsumiert werden, sondern wieder in die Produktion eingehen. Dazu gehören Geräte, Werkzeuge, Maschinen oder ganze Betriebsstätten. Der Kapitalbegriff beinhaltet daneben alle Vorräte, also die Lagerbestände, die schon produziert, aber noch nicht konsumiert sind. Keinesfalls darf man darunter aber das Geldvermögen subsumieren. Kapital meint vielmehr immer nur das Sachkapital oder, mit anderen Worten, das **Realkapital** in einer Volkswirtschaft. Diese Abgrenzung wird sofort einsichtig, wenn man weiß, wie Kapital überhaupt entsteht.

Die **Kapitalbildung** erfolgt durch Sparen und Investieren. **Sparen** heißt, daß Konsumenten darauf verzichten, einen Teil der Güter zu verbrauchen, die in einem bestimmten Zeitraum insgesamt produziert wurden. Dieser Konsumverzicht setzt Ressourcen frei, die man für die Produktion von Investitionsgütern verwenden kann. Werden diese Güter dann in einem Unternehmen eingesetzt, indem sie entweder im Produktionsprozeß bereits abgenutzte Produktionsmittel ersetzen oder den vorhandenen Kapitalbestand erweitern, so liegt eine **Investition** vor.

Konsumenten werden Konsumverzicht jedoch nur leisten, wenn dadurch später ein für sie höherer Konsum herauskommt als dies bei einer Produktion des "Von der Hand in den Mund" der Fall wäre. Denn Investitionen, und die damit verbundene Kapitalbildung für die Zukunft, bedeuten immer auch einen zeitraubenden **Produktionsumweg**. Dieser muß sich in ihren Augen lohnen, andernfalls sind sie zu dem dafür notwendigen Schritt des Verzichts nicht bereit. Denn man darf wohl annehmen, daß Konsumenten stets den vorhandenen Konsum in der Gegenwart einem unsicheren in der Zukunft vorziehen.

1.5 Das marktwirtschaftliche Prinzip

Jede Gesellschaft, die wirtschaftet, sieht sich dem gewaltigen Problem der Koordination der einzelwirtschaftlichen Aktivitäten gegenüber, denn die Aktivitäten der einzelnen Wirtschaftssubjekte sind auf vielfache Weise miteinander verwoben und verflochten. Man hat es mit einer Vielzahl und Vielfalt von Personen und Unternehmen, Zielen, Produkten, Produktionsverfahren und Produktionsfaktoren zu tun, die unter persönlichen, räumlichen, zeitlichen, quantitativen und qualitativen Aspekten aufeinander abgestimmt werden müssen. Gelingt diese Koordination nur unvollkommen, dann hat dies für die gesamte Volkswirtschaft Effizienzverluste zur Folge.

Die Effizienz in der Koordination, indessen, darf man nicht von vornherein als selbstverständlich ansehen, sie hängt ab von der gewählten **Wirtschaftsordnung**. Je nachdem, wie diese ausgestaltet ist, wie ihre einzelnen Elemente aussehen, wird die Koordination besser oder schlechter funktionieren. Es wird also ein Ordnungsrahmen benötigt, in dem der Wirtschaftsprozeß effizient ablaufen kann und in den sich die einzelnen wirtschaftlichen Aktivitäten optimal einfügen.

Die **Marktwirtschaft** als Wirtschaftsordnung ist charakterisiert durch dezentrale Wirtschaftspläne, welche die Konsumenten und Unternehmen autonom erstellen und mit denen sie unabhängig voneinander ihre eigenen Ziele verfolgen. Die Koordination dieser Pläne erfolgt auf Märkten durch den **Preismechanismus**, der den einzelnen Wirtschaftssubjekten Informationen über die Knappheit der Güter und der Produktionsfaktoren liefert.

Wirtschaftliche Entscheidungsträger oder **Wirtschaftssubjekte** sind in der Marktwirtschaft die privaten Haushalte und die Unternehmen.

Haushalte erstellen Pläne über ihren Güterkonsum und über ihr Angebot an Produktionsfaktoren, zum Beispiel ihren Arbeitseinsatz oder ihre Ersparnis, die den Kapitalbestand erhöht. Diese Pläne äußern sich auf den Gütermärkten als **Güternachfrage** und auf den Märkten für Produktionsfaktoren als **Faktorangebot**. Indem Haushalte Produktionsfaktoren besitzen und diese den Unternehmen zur Verfügung stellen, beziehen sie dafür ein Faktoreinkommen, zum Beispiel Löhne und Gehälter, die sie wieder für den Kauf von Konsumgütern verwenden oder sparen können. Die Konsumgüter wiederum dienen der Bedürfnisbefriedigung von Individuen und stiften diesen einen Nutzen. Dabei ist es das Ziel der Konsumenten, wie wir bei der Abhandlung des ökonomischen Prinzips schon darlegten, den eigenen Nutzen zu maximieren. Konsumenten in der Marktwirtschaft orientieren sich in ihren Plänen also ausschließlich an ihren eigenen Interessen.

Unternehmen haben in einer Marktwirtschaft die Aufgabe, Güter zu produzieren. Sie erstellen Pläne über ihre Güterproduktion, die dann auf den Gütermärkten als **Güterangebot** erscheint. Durch den Verkauf der Güter erzielen sie Einnahmen, mit denen sie auf den Faktormärkten die Produktionsfaktoren kaufen können, die sie zur Herstellung benötigen. Die Nachfrage der Unternehmen nach Produktionsfaktoren, insbesondere nach Arbeitsleistungen und Kapital, bildet auf den Faktormärkten die **Faktornachfrage**. In ihren Plänen verfolgen die Unternehmen, genau wie die Konsumenten auch, ausschließlich ihre eigenen Ziele. In den meisten Fällen besteht das Ziel allein darin, einen möglichst großen Gewinn zu erwirtschaften. Dieser ergibt sich, wie wir ebenfalls bereits wissen, aus der Differenz zwischen den Einnahmen, die das Unternehmen für seine Produkte erzielt, und den Kosten, die bei der Produktion durch die Entlohnung der Produktionsfaktoren anfallen.

Da Haushalte und Unternehmen in einer Marktwirtschaft jeweils ihre eigenen Ziele verfolgen, wäre es rein zufällig, wenn ihre Pläne übereinstimmten. Die unterschiedlichen Interessen jedoch werden auf Märkten koordiniert und ausgeglichen. Dies geschieht durch den **Preismechanismus**. Der Preis eines Gutes oder eines Produktionsfaktors richtet sich, grob gesprochen, nach **Angebot** und **Nachfrage**. Er fällt umso höher aus, je geringer das Angebot und je höher die Nachfrage ist, und er bleibt umso niedriger, je höher das Angebot und je niedriger die Nachfrage ist.

In jedem Falle aber sorgt der Preis für die Übereinstimmung von angebotener und nachgefragter Menge eines Gutes. Man nennt ihn deshalb auch **Gleichgewichtspreis**. Bei diesem Preis können die Konsumenten die von ihnen gewünschte Menge eines bestimmten Gutes kaufen und die Produzenten können die von ihnen angebotene Menge auch verkaufen.

An den Preisen wiederum, die sich auf den verschiedenen Märkten bilden, richten sich die Pläne der einzelnen Wirtschaftssubjekte aus. Von ihnen hängen nicht nur das Einkommen der Konsumenten, ihre Kaufkraft und ihre Konsummöglichkeiten ab. Sie bestimmen auch als Faktorpreise die Produktionskosten der Unternehmen. Preise und Preisbewegungen signalisieren zudem Knappheit von Gütern und Produktionsfaktoren und geben so die notwendigen Informationen für die Erstellung von Plänen weiter. Preise bilden also den wirtschaftlichen Orientierungsrahmen für die Haushalte und Unternehmen und damit auch die Grundlage von Angebot und Nachfrage auf Märkten. Die einzelwirtschaftlichen Pläne schließlich beeinflussen ihrerseits die Preise, so daß, mit Hilfe des Preissystems, ständig Pläne an Preise und Preise an Pläne, letztlich also Pläne an Pläne angepaßt werden.

1.6 Das Prinzip der ökonomischen Anreize

Haushalte und Unternehmen verfolgen in ihren wirtschaftlichen Aktivitäten ausschließlich **eigene Interessen**:

Haushalte entscheiden autonom über ihr Arbeitsangebot, ihre Ersparnisse und den Güterkonsum. Niemand schreibt ihnen vor, welche Güter sie zu kaufen und zu konsumieren haben. Einmal erworbene Güter stellen ihr privates Eigentum dar, das ausschließlich dazu dient, die eigenen Bedürfnisse möglichst gut zu befriedigen. Auf diese Weise erhalten die Haushalte einen starken Leistungsanreiz. Gleichzeitig erwächst aus dem Selbstinteresse aber auch eine Selbstkontrolle zu wirtschaftlichem und rationalem Handeln.

Unternehmen entscheiden autonom über Güterangebot, Faktornachfrage und Investitionen. Diese Autonomie gründet sich in erster Linie auf das **Privateigentum an Produktionsmitteln**, insbesondere an Kapital, das es den Eignern erlaubt, die darin gebundenen Produktivkräfte dort einzusetzen, wo sie die höchste Rentabilität, das heißt die höchste Verzinsung erwirtschaften. Die nach Abzug aller entstandenen Kosten verbleibenden Gewinne stehen in der Regel ebenfalls voll den Kapitaleignern zu. Deshalb sind diese auch an einem möglichst hohen Gewinn interessiert, was wiederum einen starken Leistungsanreiz bedeutet. Denn Gewinne stellen für Kapitaleigner letztlich ja nichts anderes als Einkommen dar, das diese für ihren Konsum und ihre Bedürfnisbefriedigung verwenden können.

Wenn nun aber alle Wirtschaftssubjekte ausschließlich nur ihre eigenen Interessen verfolgen, wie kann dann erreicht werden, daß sich das Einzelinteresse nicht auf Kosten des Gemeinwohls durchsetzt? Wie läßt sich verhindern, daß stärkere Wirtschaftssubjekte sich nicht zu Lasten von schwächeren Vorteile verschaffen, die nicht auf Leistung, sondern auf ökonomischer Macht beruhen? Wir haben vorhin gesagt, daß die egoistisch motivierten Aktivitäten der Wirtschaftssubjekte auf Märkten koordiniert werden. Voraussetzung für die Wirksamkeit des Marktmechanismus jedoch ist ein funktionierender **Wettbewerb**. Erst der Wettbewerb auf Märkten stellt sicher, daß die einzelwirtschaftlichen Intentionen auch dem gesamtwirtschaftlichen Interesse entsprechen und damit dem Gemeinwohl unterworfen werden. Wie aber funktioniert dieser Wettbewerb?

Zunächst einmal findet am Markt eine **Kontrolle durch die Konsumenten** statt. Unternehmen können nur die Produkte verkaufen und damit ihre Existenz sichern, für die ein wirklicher Bedarf besteht. Durch die Pläne und Entscheidungen der Konsumenten werden auch die Produktionsfaktoren in die Verwendungen gelenkt, die für den einzelnen Konsumenten und für die Gesellschaft insgesamt den größten Nutzen erbringen. Diese herausragende Stellung des Konsumenten in der Marktwirtschaft bezeichnet man auch als **Konsumentensouveränität**.

Darüber hinaus stellt im Unternehmensbereich die **Konkurrenz der Anbieter** sicher, daß Güter zu minimalen Kosten produziert werden. Jedes Unternehmen nämlich unterliegt einem dauernden Zwang, die Kosten zu senken und seine Güter zu einem möglichst niedrigen Preis anzubieten. Im anderen Falle nämlich muß es damit rechnen, daß ein Konkurrent die gleichen Produkte kostengünstiger erstellen und damit billiger auf den Markt bringen kann. Da aber Konsumenten, aus ihrem eigenen Interesse heraus, das von ihnen gewünschte Angebot nur dort kaufen, wo es am preiswertesten ist, werden Unternehmen, die unrentabel produzieren, früher oder später vom Markte verdrängt.

Insgesamt gesehen sorgt also erst ein funktionierender Wettbewerb auf den Märkten für das von den Konsumenten gewünschte Güterangebot und für eine sparsame Verwendung der Ressourcen in der Produktion. Einschränkend ist an dieser Stelle aber auch darauf hinzuweisen, daß neben dem statischen Preiswettbewerb auf vollständigen Konkurrenzmärkten der dynamische Innovationswettbewerb auf weltweit umkämpften Oligopolmärkten eine große Bedeutung für die Entwicklung einer Volkswirtschaft hat. Dafür sind durchaus auch vorübergehende Monopolrenten in Kauf zu nehmen, die dann entstehen, wenn Unternehmen als erste neue Produkte auf den Markt bringen oder neue Verfahren in den Produktionsprozeß einführen. Die Diffusion von Innovationen in dem entsprechenden Markt oder in andere Märkte hinein, etwa auf dem Wege der Imitation oder der Vergabe von Lizenzen, sorgt dann dafür, daß die durch den technischen Fortschritt ermöglichten zeitweisen Monopol- und Oligopolrenten letztlich an die Konsumenten weitergegeben werden und die gesellschaftliche Wohlfahrt erhöhen.

1.7 Das Prinzip staatlicher Korrekturen

In der Volkswirtschaftslehre werden Bedürfnisse, wie wir vorhin schon betonten, als prinzipiell unbegrenzt angesehen. Dem liegt ein Bild des Menschen als einer Art von Nimmersatt zugrunde, der möglichst viel für sich haben und verbrauchen möchte. Man spricht hier auch vom **homo oeconomicus**: Je mehr Güter ein Individuum besitzt und je mehr es von jedem Gut konsumieren kann, desto größer wird sein persönlicher Nutzen sein.

Ziel des Wirtschaftens in einer Gesellschaft ist jedoch nicht die Maximierung des Nutzens von einzelnen, sondern die Maximierung der **gesellschaftlichen Wohlfahrt**. Die gesellschaftliche Wohlfahrt, oder anders ausgedrückt, der gesellschaftliche Nutzen wird dabei als ein Aggregat der individuellen Nutzen angesehen - so auch in der älteren Wohlfahrtstheorie. Das Ziel des Wirtschaftens in einer Gesellschaft läßt sich demnach am einfachsten dadurch erreichen, daß man allen

Gesellschaftsmitgliedern ein möglichst hohes Nutzenniveau ermöglicht. Da der individuelle Nutzen wiederum vom Konsum von Gütern abhängt, heißt dies gleichzeitig, daß die gesellschaftliche Wohlfahrt erhöht werden kann, wenn man die Güterproduktion und damit das Angebot in einer Volkswirtschaft steigert.

Die in einer Volkswirtschaft insgesamt hergestellten Güter kann man sich vereinfacht auch als Güterberg vorstellen, für den das **Sozialprodukt** einen in Geldeinheiten gemessenen Gegenwert darstellt. Um so das Sozialprodukt zu erhalten, muß man alle in einer Volkswirtschaft im Laufe eines bestimmten Zeitraums, meist eines Jahres, produzierten Mengen der einzelnen Güter mit ihren Preisen multiplizieren und aufaddieren. Da man den "Wert" eines Güterberges auf diese Weise besser erfassen kann als den Nutzen, den die darin enthaltenen Produkte bei den Konsumenten stiften, wird das Sozialprodukt zumeist auch als Indikator für die Wohlfahrt in einer Gesellschaft herangezogen. Denn bis heute gibt es noch keinen praktikablen Weg, individuelle Nutzen direkt zu messen und zur gesellschaftlichen Wohlfahrt zusammenzufassen. Dies erklärt unter anderem die herausragende Bedeutung, die dem Konzept des Sozialprodukts in Theorie und Politik beigemessen wird. Allerdings weist es in seiner Eigenschaft als Wohlfahrtsmaß auch einige gravierende Mängel auf, wie wir in Kapitel 11 noch sehen werden.

Dem Staat kommt nun eine wichtige Rolle zu, wenn es darum geht, **allokative Effizienz** zu gewährleisten. Augenfällig ist dies beispielsweise in solchen Fällen, wo von Seiten der Unternehmen versucht wird, den Wettbewerb einzuschränken. Denn auf einem Markt mit beschränktem Wettbewerb lassen sich höhere Gewinne erzielen als auf einem reinen Konkurrenzmarkt. Deshalb ist es auch eine der wichtigsten Aufgaben des Staates in der Marktwirtschaft, durch Gesetze sicherzustellen (in der Bundesrepublik regelt dies das "Gesetz gegen Wettbewerbsbeschränkungen" von 1958), daß auf Märkten Wettbewerb herrscht. Fehlt es also in einer Marktwirtschaft an der notwendigen Kontrolle einzelwirtschaftlicher Interessen durch die Konkurrenz der Unternehmen und/oder die Souveränität der Verbraucher, dann muß diese, nolens volens, durch staatliche Wettbewerbspolitik sichergestellt werden.

Eine andere wichtige staatliche Aufgabe betrifft etwa die Regelung der **Eigentumsverhältnisse**, um den Abschluß von Kontrakten zwischen den am Wirtschaftsprozeß beteiligten Akteuren zu ermöglichen. Dabei kommt es insbesondere darauf an, Anreize für die private Wirtschaftstätigkeit und eigeninitiiertes Handeln der Wirtschaftssubjekte zu setzen in einer Weise, die gleichzeitig dem Wohl der

Gesellschaft dient. Dies ist Aufgabe der Wirtschaftsverfassung, in deren Rahmen sich alle wirtschaftlichen Aktivitäten zu vollziehen haben.

Funktionieren Märkte nicht nach dem Idealbild vollständiger Konkurrenz, liegt **Marktversagen** in der ein oder anderen Form vor. Märkte versagen nicht nur, wenn die Eigentumsrechte nicht geregelt sind oder der Wettbewerb eingeschränkt ist, sondern auch, wenn etwa durch Marktaktivitäten externe Effekte bei unbeteiligten Dritten generiert werden. Besonders gravierend sind in dem Zusammenhang die durch Produktions- und Konsumaktivitäten verursachten Umweltschäden, die wir ja bereits an anderer Stelle erwähnt haben. Umweltschäden führen stets zu Effizienzverlusten, wenn sie in die Überlegungen der beteiligten Wirtschaftssubjekte nicht einbezogen werden, und zwar deshalb, weil ihre Kosten woanders in der Volkswirtschaft anfallen. In diesem Falle kann der Staat versuchen, die auftretenden Marktfehler zu korrigieren. Dies kann etwa durch die Erhebung einer sogenannten Ökosteuer beim Verursacher eines Umweltschadens geschehen. Eine Ökosteuer wird ein umweltschädigendes Gut entsprechend verteuern und so zur Einschränkung seines Konsums führen. Entscheidend dabei ist, daß wie bei allen Markteingriffen des Staates die Maßnahmen in indirekter Weise die Preise für Güter und Faktoren, an denen Wirtschaftssubjekte ihr Verhalten ausrichten, ohne Preise direkt zu administrieren, also vorzuschreiben.

So kommt die Marktwirtschaft in der Realität nirgendwo in Reinform vor. In den Marktwirtschaften der westlichen Welt nehmen wirtschaftliche Aktivitäten des Staates und staatliche Eingriffe in die Märkte einen immer breiteren Raum ein. Der Anteil des Staates am Bruttosozialprodukt, die sogenannte Staatsquote, die eine ungefähre Aussage über den Umfang der wirtschaftlichen Betätigung des Staates zuläßt, beträgt zum Beispiel in der Bundesrepublik Deutschland einschließlich der Sozialversicherungsträger nur etwas weniger als die Hälfte. Die Aufgaben des Staates von heute liegen allgemein, wie wir später in Kapitel 4 noch genauer zeigen werden, vor allem in der Ordnungs-, der Stabilisierungs- sowie in der Verteilungs- und Sozialpolitik, aber auch in der Versorgungspolitik mit öffentlichen Gütern.

1.8 Das Prinzip der Verteilungsgerechtigkeit

Mit diesem Prinzip wird das Problem der **Verteilung** der vorhandenen Güter angesprochen. Verteilung kann sich dabei beziehen auf einzelne Konsumenten, auf bestimmte soziale Gruppen, auf Regionen oder auch auf verschiedene Generationen in einer Gesellschaft. Jahr für Jahr bringt eine Volkswirtschaft eine ganz bestimmte

Menge an Erzeugnissen hervor. Wer aber erhält diese Produkte, nach welchen Kriterien werden sie verteilt?

Wie wir wissen, sind die Ressourcen zur Produktion verschiedener Güter begrenzt und es besteht zwischen jenen eine Konkurrenz um die knappen Produktionsfaktoren. Folglich lassen sich nicht alle Bedürfnisse in einer arbeitsteiligen Volkswirtschaft befriedigen. Auf deren Märkten werden nur die Wünsche zum Zuge kommen, die mit **Kaufkraft** ausgestattet sind. Das heißt, Konsumenten müssen, wenn sie bestimmte Güter erwerben wollen, über das dafür notwendige Einkommen verfügen. So decken, beispielweise, die Bestellungen, die bei einem Versandhaus für einen Katalogartikel eingehen, keineswegs alle Bedürfnisse ab, die in der Leserschaft des Katalogs vorhanden sein mag. Denn viele Kunden möchten den betreffenden Artikel zwar ebenfalls besitzen, haben aber nicht das erforderliche Einkommen, um ihn tatsächlich zu kaufen. Vielleicht geben sie ihr Einkommen auch für andere Güter aus, die ihnen noch wichtiger erscheinen oder die in ihren Augen billiger zu haben sind.

Einkommen bedeutet, so gesehen, also nichts anderes als den verbrieften **Anspruch auf einen Teil des Güterspektrums einer Volkswirtschaft**. Die Verteilung der Einkommen auf Personen oder Haushalte legt somit letzten Endes auch fest, wer in welchem Umfang welche Güter erhalten wird.

Wie wir in Kapitel 4 noch genauer sehen werden, beruht die Verteilung der Einkommen auf zwei grundlegenden Prinzipien, dem Leistungsprinzip und dem Bedürfnisprinzip.

Die Verteilung nach dem **Leistungsprinzip** läßt sich, vereinfacht ausgedrückt, damit rechtfertigen, daß jeder am Wirtschaftsprozeß Beteiligte über ein hohes Einkommen verfügen sollte, wenn er viel, und nur ein geringes Einkommen erhalten sollte, wenn er wenig zur Produktion beiträgt. Allerdings ist diese Sichtweise nicht nur einseitig an der geleisteten Arbeitszeit orientiert. Einkommen hängt daneben auch vom Lohnsatz ab, also dem Stundenlohn, der sich am Arbeitsmarkt für bestimmte Tätigkeiten bildet und den der einzelne Arbeitnehmer mit seiner Arbeitsleistung kaum beeinflussen kann.

Ungeachtet dessen hat sich in der Volkswirtschaftslehre der Begriff des Leistungsprinzips weithin eingebürgert. Er steht für die Verteilung der Einkommen und damit auch der Ansprüche auf Konsumgüter, wie sie sich am Markt durch die Entlohnung der Produktionsfaktoren ergeben. Dies schließt neben dem Arbeitseinkommen auch jene Einkommensteile ein, die aus dem Einsatz von weiteren Produktionsfaktoren entstehen, also beispielsweise den Zinsen aus Kapitalbesitz oder den Mieten und Pachten für die Überlassung von Grundstücken und Gebäuden.

Nun gibt es viele Mitglieder in einer Gesellschaft, die nicht besonders leistungsfähig sind, etwa weil sie unter einer chronischen Krankheit leiden oder behindert zur Welt kamen. Deren Einkommen reichen natürlich nicht aus, um ihre persönlichen Bedürfnisse in vollem Umfang zu befriedigen. Für sie kann somit, aus Gründen der sozialen Gerechtigkeit, das Leistungsprinzip nicht zur Anwendung gelangen. Es muß ersetzt werden durch das **Bedürfnisprinzip**. Nach diesem erhalten unverschuldet benachteiligte Personen in einer Gesellschaft mehr Einkommen als sie selbst am Arbeitsmarkt und den anderen Faktormärkten erzielen können.

Um jedoch diesem Prinzip gerecht zu werden, muß eine **Umverteilung** der am Markt erzielten Einkommen stattfinden. Dies ist, wie wir noch sehen werden, Aufgabe des Staates, der Steuern erhebt und sie in Form von **Transferzahlungen** an die Bedürftigen weitergibt. Beispiele für solche Transferzahlungen gibt es viele in einem modernen Staatswesen, angefangen beim Kindergeld, dem Wohngeld, der Ausbildungsförderung bis hin zu den allgemeinen Leistungen der Sozialhilfe. Sie alle erfolgen aus dem öffentlichen Budget ohne jede Gegenleistung des Empfängers.

Mit Hilfe von Steuern werden auch **öffentliche Güter** finanziert, die nicht nur einem privaten Haushalt allein, sondern einer Vielzahl von Haushalten gleichzeitig Nutzen stiften können und für deren Inanspruchnahme man keinen Preis entrichten muß. Auch diese Güterform werden wir noch näher kennenlernen.

Eine Umverteilung der Einkommen findet zudem durch die **Sozialversicherungsträger** statt, etwa die Arbeitslosenversicherung oder die Rentenversicherung. Sie erheben bei der arbeitenden Bevölkerung Zwangsbeiträge und verteilen diese dann an Arbeitslose und an Rentnerinnen und Rentner, also ganz allgemein an bedürftige Personen.

1.9 Das Prinzip des innovativen Wandels

Als letztes wichtiges Prinzip wollen wir den innovativen Wandel innerhalb von Volkswirtschaften ansprechen. Es handelt sich hierbei um ein dynamisches Prinzip, das man erst in jüngerer Zeit als wesentlich für die wirtschaftliche Entwicklung und das Wachstum moderner Volkswirtschaften erkannt hat.

Betrachtet man die Entwicklung heutiger Volkswirtschaften über längere Zeitabschnitte hinweg, so macht man die Beobachtung, daß sich insbesondere in den letzten Jahrzehnten die Art und Qualität von Gütern, die Techniken der Güterproduktion sowie auch die Organisation von Produktions- und Distributionsprozessen zum Teil erheblich verändert und weiterentwickelt haben. Diese Fortschritte, die überall im Wirtschaftsleben an Bedeutung gewinnen, bezeichnet man auch als Neuerungen oder **Innovationen**. Diskutieren wir kurz, was man sich darunter konkret vorzustellen hat.

Nehmen wir beispielsweise das Spektrum der Güter, das während der letzten hundert Jahre für den Konsum und die Produktion zu Verfügung stand. Es lassen sich hier enorme Veränderung feststellen. Alte Güter wurden durch neue, moderne und qualitativ höherwertigere Produkte verdrängt, wie etwa das Schwarz-Weiß-Fernsehgerät durch das Farb-TV oder die Schallplatte durch die CD. Daneben hat aber auch die Verschiedenartigkeit oder Varietät der Güter zugenommen; man denke nur an die heute erhältlichen verschiedenen PKW-Typen im Vergleich zu der sehr eingeschränkten Auswahl etwa zu Anfang der Automobilentwicklung Ende des 19. und Anfang des 20. Jahrhunderts. Diese neuen und auch qualitativ höherwertigen Güter nennt man **Produktinnovationen**.

Aber auch im Produktionsbereich hat sich die Art und Weise, wie in Unternehmen Güter erstellt werden, also die eingesetzten Produktionstechniken, in einer teilweise revolutionären Form fortentwickelt. So wurden etwa mehr und mehr Produktionsverfahren, die in der Vergangenheit noch eine Vielzahl von Arbeitskräften benötigten, in neuerer Zeit durch Produktionsweisen ersetzt, die hauptsächlich automatisierte Maschinen verwenden. Ein typisches Beispiel dafür ist die Fertigung von Zeitungen, für welche man früher hunderte von Setzern und Druckern benötigte und die heute fast ohne menschliche Arbeitskraft auskommt. Mit Hilfe der Computertechnik werden die Texte einfach direkt von den Redakteuren auf die Druckmaschinen übertragenen und von diesen automatisch weiterverarbeitet. Derartige Neuerungen bezeichnet man auch als **Prozeß**- oder **Verfahrensinnovationen**.

Die Entscheidungen, neue Produkte und Verfahren zu entwickeln und vermarkten, werden in aller Regel von **Unternehmern** und von **Firmen** getroffen, wobei die Absicht, **Profite** zu erzielen, die wesentliche Motivation für deren innovatives Verhalten darstellt. Dabei erwarten die Innovatoren, daß sie, im Vergleich zu schon länger bekannten und auf breiter Ebene verfügbaren Produkten und Verfahren, mit den Neuerungen wesentlich höhere Profite erwirtschaften können. Solche innovativen Entscheidungen sind in der Regel weit in die Zukunft gerichtet und haben daher Wirkungen zu berücksichtigen, die oft nicht kalkulierbare Risiken oder Unsicherheiten beinhalten. Neben der Bereitschaft, Risiko zu übernehmen, stellen für den innovativen Unternehmer insbesondere dessen Kreativität und seine Fähigkeit, Visionen umzusetzen eine notwendige, wenn auch nicht hinreichende Voraussetzungen für wirtschaftlichen Erfolg dar.

Das Zusammenwirken vieler unternehmerischer und innovativer Anstrengungen wird heutzutage als wichtigste Determinante des wirtschaftlichen Wachstums angesehen. In aller Regel hat man es dabei allerdings nicht mit einem gleichförmigen harmonischen Prozeß der Weiterentwicklung von Volkswirtschaften zu tun, sondern eher mit einem Vorgang, der vielleicht am besten mit dem Begriff der **kreativen Zerstörung** umschrieben werden kann. Damit will man zum Ausdruck bringen, daß Innovationen zwar einerseits als etwas Kreatives und Neues anzusehen sind, andererseits damit aber notwendigerweise auch die Zerstörung von Altem, bisher Bekanntem, einhergeht. Sichtbar wird dies vor allem in den strukturellen Veränderungen, welche sich als Folge von Innovationstätigkeiten in allen Bereichen einer Volkswirtschaft ergeben können, auf der Konsumenten- und Unternehmensebene ebenso wie im gesamntwirtschaftlichen.

Die wesentlichen Merkmale des Strukturwandels in einer Volkswirtschaft ergeben sich, so gesehen, aus der Art, der Quelle und der Intensität der vielfältigen Innovationsvorhaben von Unternehmern und Firmen. Längerfristige Betrachtungen zeigen dabei, daß sich Phasen hoher innovativer Aktivitäten mit solchen abwechseln, in denen vergleichsweise weniger Neuerungen vorangebracht werden. Man vergleiche hierzu etwa die Gründerwelle, die sich gegenwärtig im Sog der neuen Informations- und Kommunikationstechnologien zu vollzieht mit den eher ruhigeren Perioden in den vorangegangenen Jahrzehnten. Andererseits kann man auch beobachten, daß sich immer nur wenige Sektoren als hauptsächliche Quellen von Innovationsaktivitäten hervortun, während die anderen Branchen an Bedeutung verlieren. Waren die wichtigsten innovativen Sektoren während des 20. Jahrhunderts hauptsächlich die Chemie- und Kunststoff- sowie die Automobilindustrie, so zeichnet sich Anfang unseres Jahrhunderts bereits eine ökonomische Dominanz des Informations- und Telekommunikationssektors sowie der Biotechnologie ab.

Eine zusätzliche Begleiterscheinung des innovativen Wandels stellt die Veränderung der Struktur der internationalen Wirtschaftsbezeihungen dar, die man gerne auch als **Globalisierung** bezeichnet. Hierunter versteht man die Intensivierung des internationalen Warenaustausches über Außenhandelsbeziehungen, die Zunahme der

Anzahl von sogenannten Multinationalen Unternehmen, sowie auch das Zusammenwachsen der nationalen und regionalen Finanzmärkte zu einem globalen Kapitalmarkt. Ohne die technologischen Neuerungen im Informations- und Kommunikationsbereich, vor allem aber der Einführung des Internets und dessen intensiver Nutzung, hätten sich diese Entwicklungen so nicht vollzogen.

Phasen hoher Innovationsintensität und eines raschen Wechsels der innovativ dominanten Sektoren einer Volkswirtschaft sind, wie gesagt, mit großen wirtschaftlichen Strukturveränderungen innerhalb und zwischen Volkswirtschaften verbunden. Davon wiederum sind nicht nur die Chancen und Risiken von Unternehmen betroffen, sondern auch die Arbeits- und Lebensverhältnisse der Arbeitskräfte, das Bildungs- und Ausbildungssystem in einem Lande u.v.a.m. Viele Ökonomen erachten daher die innovativen Anstrengungen von Unternehmen und letztlich die Innovationen selbst als das "Salz in der Suppe" einer positiven ökonomischen Entwicklung von Volkswirtschaften.

Kontrollfragen zu Kapitel 1:

1. Welches sind die ökonomischen Grundprobleme eines jeden Wirtschaftssystems?

2. Woraus ergibt sich die Notwendigkeit des Wirtschaftens?

3. Was besagt der ökonomische Begriff der Knappheit?

4. Was versteht man unter Produktion? Nennen Sie die wichtigsten Produktionsfaktoren. Wodurch unterscheiden sie sich?

5. Grenzen Sie gegeneinander ab:
   -freie/knappe Güter
   -öffentliche/private Güter
   -Investitions-/Konsumgüter

6. Welche Arten öffentlicher Güter lassen sich unterscheiden?

7. Nehmen Sie Stellung zur Behauptung: "Öffentliche Güter sind frei, da ihr Preis Null ist".

8. Was versteht man unter einem Wirtschaftssystem? Welche Möglichkeiten zur Lösung der optimalen Faktorallokation gibt es in der Marktwirtschaft?

9. Welche Bedeutung haben die Preise in einer Marktwirtschaft?

10. Welche Aufgaben hat der Staat in einer Marktwirtschaft zu erfüllen?

11. Was versteht man unter dem innovativen Wandel einer Volkswirtschaft?

2. Knappheit, Tausch und Effizienz

Wir haben im ersten Kapitel erfahren, daß die Knappheit als Grundtatbestand des menschlichen Wirtschaftens überhaupt anzusehen ist. Wir haben dort weiterhin gehört, daß Güter nur im begrenzten Umfang zur Verfügung stehen, um die prinzipiell unbegrenzten menschlichen Bedürfnisse zu befriedigen. Dies liegt, wie wir argumentierten, in der Knappheit der Produktionsfaktoren begründet, denn Güter entstehen ja erst als das Ergebnis eines Produktionsprozesses, in welchem Produktionsfaktoren miteinander kombiniert werden. Es kommt also zu der allseits bekannten Verwendungskonkurrenz der Güter um die knappen Produktionsfaktoren.

Ein anderes Prinzip der Volkswirtschaftslehre, das wir im letzten Kapitel kennengelernt haben, besagt, daß Individuen Vorteile aus dem Austausch von Gütern ziehen können. Das ist der Grund, warum Leute miteinander Handel treiben, und auch der Grund, warum Länder in Handelsbeziehungen miteinander treten. Neben der bestmöglichen Verwendung der Produktionsfaktoren in der Produktion ist dies eine weitere Form, mit dem Problem der Knappheit umzugehen. Und es ist genau diese Konstellation, die wir tagtäglich erfahren und auf die wir uns auch verlassen können. Jeden Tag versorgen uns zahllose Menschen rund um die Welt und rund um die Uhr mit Gütern und mit Leistungen, deren wir bedürfen und die wir uns wünschen. Das geschieht natürlich nicht von selbst. Es wird ermöglicht, weil Wirtschaftssubjekte und Länder untereinander Handel treiben. Dies tun sie natürlich nicht uneigennützig, oder weil sie durch irgendeine staatliche Behörde dazu gezwungen wären. Sie tun dies ausschließlich aus einem verständlichen Grunde: Sie wissen, daß sie im Austausch gegen die von ihnen angebotenen Güter und Dienste etwas zurückbekommen, das den Tausch auch für sie vorteilhaft erscheinen läßt. Auf diese Weise sind alle Akteure in einer Volkswirtschaft und in der ganzen Welt - freien Handel vorausgesetzt - untereinander verbunden.

In diesem Kapitel wollen wir uns daher zunächst mit dem Phänomen der Knappheit intensiver auseinandersetzen und uns danach grundlegende Prinzipien des Tausches näher ansehen.

2.1 Die Produktionsmöglichkeiten

Betrachten wir also als erstes man nun vereinfachend eine Volkswirtschaft in der Knappheit herrscht und in der nur zwei Güter hergestellt werden. Dann lassen sich die alternativen Produktionsmöglichkeiten, unter denen die dortige Gesellschaft prinzipiell wählen kann, durch die sogenannte **Produktionsmöglichkeiten-** oder **Transformationskurve** beschreiben. Auf sie wollen wir nachfolgend etwas genauer eingehen.

2.1.1 Transformationskurve

Die Transformationskurve gibt allgemein an, welche Mengen von verschiedenen Gütern man mit den vorhandenen Ressourcen und mit dem vorhandenen technischen Wissen in einer Volkswirtschaft produzieren kann. Sehen wir uns zur Erläuterung und zum besseren Verständnis die Abbildungen 2.1 und 2.2 an. Die erste Darstellung bringt ein einfaches Zahlenbeispiel:

Abb. 2.1: Die Produktionsmöglichkeiten

	A	*B*	*C*	*D*	*E*
x	0	1	2	3	4
y	10	9	7	4	0

In einer Volkswirtschaft sollen die vorhandenen Ressourcen entweder für die Produktion des Gutes x, etwa Nahrungsmittel, oder für die Herstellung des Gutes y, etwa Industriegüter, verwendet werden. Die alternativen Möglichkeiten, die sich dabei ergeben, sind mit den großen Buchstaben **A** bis **E** bezeichnet. Man sieht, daß man beispielsweise im Fall **A** 10 Einheiten von Gut y produzieren kann, wenn man auf die Produktion von Gut x völlig verzichtet. Umgekehrt lassen sich im Fall **E** 4 Einheiten von Gut x herstellen, wenn man die Produktion von y gänzlich einstellt. Dazwischen liegen jene Fälle, in denen vom einen oder anderen Gut mehr oder weniger produziert werden kann, je nachdem, ob man von der Situation **A** oder von **E** ausgeht.

Dieses Zahlenbeispiel haben wir in der zweiten Darstellung in eine Graphik übertragen. Die Abszisse gibt hier die produzierte Menge des Gutes x an und die Ordinate die des Gutes y, während die Punkte **A** bis **E** die alternativen Produktionsmöglichkeiten bezeichnen. Verbindet man nun die einzelnen Punkte durch eine Linie, so erhält man die eben schon erwähnte Transformationskurve, die die Produktionsmöglichkeiten in der betrachteten Volkswirtschaft beschreibt.

Abb. 2.2: Die Transformationskurve

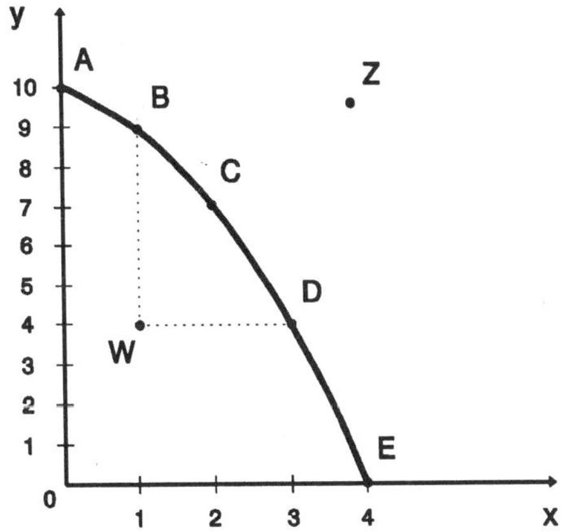

Was fällt uns an dieser Kurve auf?

Zum einen läßt sich festhalten, daß Outputkombinationen außerhalb der Transformationskurve, etwa der Punkt **Z**, mit den vorhandenen Ressourcen und technischen Möglichkeiten grundsätzlich nicht realisierbar sind. Dagegen können Punkte innerhalb der Transformationskurve durchaus zum Zuge kommen. In den Fällen jedoch wären die eingesetzten Ressourcen nicht effizient genutzt. Es wäre jederzeit möglich, von einem Gut mehr zu produzieren, ohne dafür entsprechend auf das andere verzichten zu müssen. So ließen sich etwa, ausgehend von **W**, ohne weiteres die Punkte **B** oder **D** auf der Transformationskurve erreichen, die eine eindeutige Verbesserung der Ausgangssituation bedeuten.

Zum zweiten tritt die Transformationskurve in der Regel, so wie auch in unserem Beispiel, als zum Ursprung hin **konkave** Funktion auf. Dies bedeutet aus ökonomischer Sicht, daß zur Produktion einer zusätzlichen Einheit eines Gutes auf immer mehr Einheiten eines anderen verzichtet werden muß. Will man in unserem Fall ausgehend von Punkt **B** beim Gut x die Menge von einer Einheit auf zwei Einheiten steigern, dann ist das nur möglich, wenn die Produktion von y um zwei Einheiten verringert wird. Will man die Produktion von x noch um eine weitere Einheit steigern, dann muß man schon auf drei Einheiten von y verzichten.

In dieser Eigenschaft der Transformationsfunktion drückt sich, ganz allgemein, das **Gesetz der zunehmenden Opportunitätskosten** aus. Als Opportunitätskosten oder Alternativkosten bezeichnet man gewöhnlich den Wert einer "entgangenen

Gelegenheit" (opportunity foregone). Die entgangene Gelegenheit besteht hier einfach in der Menge des Gutes y, auf die man verzichten muß, wenn man von Gut x mehr produzieren will. So verstanden nehmen die Opportunitätskosten der Produktion einer zusätzlichen Einheit des Gutes x immer mehr zu, weil im Gegenzug auf immer mehr Einheiten von Gut y verzichtet werden muß. Die Opportunitätskosten drücken deshalb exakt die Knappheit von Gütern aus und damit auch die Verwendungskonkurrenz der Produktionsfaktoren. Dabei sind die Opportunitätskosten eines Gutes umso höher, je mehr man davon produziert, und je knapper dadurch ein alternatives Gut wird.

Wie kann man sich nun die Existenz der Transformationskurve und ihre nach außen gewölbte Form erklären? Um diese Frage zu beantworten, müssen wir zunächst die Produktion eines einzelnen Gutes näher untersuchen.

2.1.2 Produktionsfunktion und Ertragsgesetz

Wenn wir uns erinnern, so sind wir dem Begriff der Produktion bereits in Kapitel 1 begegnet. Dort haben wir damit ganz allgemein die Herstellung von Gütern und Dienstleistungen als Kombination von Produktionsfaktoren mit einer vorhandenen Technologie umschrieben. Zu den wichtigsten Ressourcen zählten wir die Faktoren Arbeit, Boden, Kapital und technisches Wissen. Auch den Begriff des Produktionsprozesses haben wir dort schon eingehend erläutert. Hier nun wollen wir ergänzend auf die Beziehungen zwischen Input und Output eingehen, so wie sie die sogenannte **Produktionsfunktion** beschreibt.

Eine Produktionsfunktion stellt allgemein auf die Abhängigkeit ab zwischen dem Output x und dem Einsatz von Produktionsfaktoren, also von Arbeit (A), Boden (B), Kapital (K) und technischem Wissen (T). Formal schreiben wir dafür:

$$x = f(A,B,K,T) \quad .$$

Die Produktionsfunktion f gibt demnach an, welche Outputmengen x maximal produziert werden können, wenn man bestimmte Mengen der Produktionsfaktoren miteinander kombiniert.

Im folgenden wollen wir die Produktionsfunktion auch graphisch veranschaulichen. Dazu nehmen wir vereinfachend an, daß der Einsatz nur eines Produktionsfaktors, etwa des Faktors Arbeit, sich verändere, derjenige aller anderen aber konstant bleibe, auf dem Niveau $\overline{B}$, $\overline{K}$ und $\overline{T}$. Wir können dann die Outputmenge x eines Gutes nur als Funktion der eingesetzten Arbeitsmenge angeben. In der Literatur spricht man in dem Zusammenhang von einer **partiellen Faktorvariation**. Sehen wir uns hierzu Schaubild 2.3 an.

Abb. 2.3: Die Produktionsfunktion

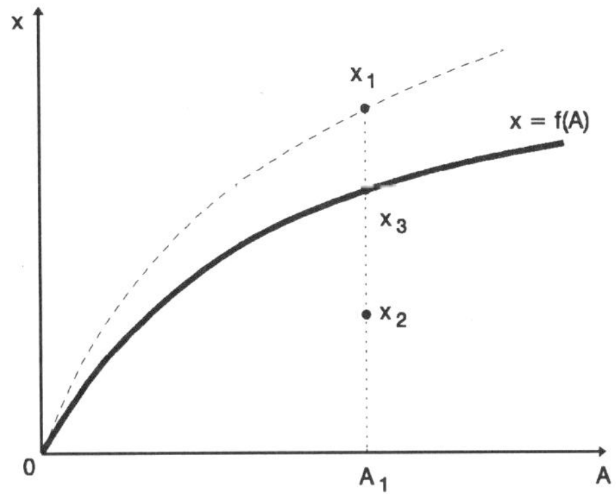

Auf der Abszisse des Schaubildes ist die Menge des Produktionsfaktors Arbeit A abgetragen, auf der Ordinate die des produzierten Gutes x. Auf der Produktionsfunktion $x = f(A,\overline{B},\overline{K},\overline{T})$ liegen dann alle Outputmengen, die mit einem bestimmten Arbeitsinput jeweils maximal erstellt werden können. Outputmengen unterhalb der Produktionsfunktion, etwa x_2, könnten zwar prinzipiell auch produziert werden, es wären aber ineffiziente Produktionspunkte, da bei dem angewandten Produktionsverfahren mit der gleichen Inputmenge ein größerer Output erzielbar wäre, nämlich die Outputmenge x_3, die sich genau auf der Produktionsfunktion befindet. Outputmengen oberhalb der Produktionsfunktion hingegen lassen sich mit dem zugrundeliegenden Produktionsverfahren nicht realisieren, so etwa der Punkt x_1, der beim gegebenen Arbeitseinsatz A_1 außerhalb der Produktionsmöglichkeiten liegt.

Die hier dargestellte Produktionsfunktion weist einen für die Volkswirtschaftslehre typischen, nämlich **ertragsgesetzlichen Verlauf** auf. Dies bedeutet zunächst einmal, daß der Output mit dem vermehrten Einsatz eines Produktionsfaktors, hier des Faktors Arbeit zunimmt. Die Zunahme des Outputs, also der Ertragszuwachs, schwächt sich dann jedoch immer mehr ab, je mehr vom Faktor Arbeit eingesetzt wird. Den durch eine zusätzliche Einheit eines Faktors hervorgerufenen Ertragszuwachs nennt man auch **Grenzproduktivität**.

Auf diesen Zusammenhang hat als erster der Nationalökonom **A.R.J. Turgot** (1727-1781) hingewiesen. Er beobachtete zu seiner Zeit, daß der Ertrag einer begrenzten, fest umrissenen landwirtschaftlich bebauten Fläche mit vermehrtem Arbeitseinsatz zwar anstieg, daß die Ertragszuwächse aber nach anfänglicher Zunahme immer geringer wurden. Der Bereich zunehmender Ertragszuwächse hat in vielen Bereichen der Volkswirtschaftslehre nur relativ geringe Bedeutung, meist geht man dort davon aus, daß Ertragszuwächse von Anfang an abnehmen. Auch zur Ableitung der Transformationskurve stützt man sich auf diese Annahme. Ausgehend von der Landwirtschaft hat man später den Zusammenhang auch auf andere, industrielle Produktionsprozesse übertragen. Wir werden auf diese Zusammenhänge in Kapitel 14 noch einmal ausführlich zurückkommen.

An dieser Stelle möchten wir nochmals darauf hinweisen, daß die Produktionsfunktion unter der ceteris paribus-Annahme formuliert wurde, also insbesondere eine bestimmte Technologie und ein fester Bestand an technischem Wissen vorausgesetzt wird. Neue Technologien und, ganz allgemein, der **technische Fortschritt** können die Produktionsfunktion nach oben verschieben, was jeweils höhere Outputmengen bei gleichem Einsatz an Produktionsfaktoren ermöglicht. Schaubild 2.3 zeigt dies beispielhaft anhand der gestrichelten Produktionsfunktion. Man sieht, daß beispielsweise die Menge x_1, die vorher außerhalb der Produktionsmöglichkeiten lag, nunmehr aufgrund des technischen Fortschritts durchaus produzierbar wird.

2.1.3 Transformationskurve und Produktionsfunktion

Nachdem wir jetzt wissen, was wir als Ökonomen unter der Produktion eines Gutes zu verstehen haben, wollen wir wieder auf unsere ursprüngliche Fragestellung zurückkommen und das Zustandekommen der Transformationskurve erklären. Dazu nehmen wir wieder der Einfachheit halber an, daß nur ein Produktionsfaktor, nämlich Arbeit, in den Produktionsprozeß gelangt. Er kann alternativ für die Produktion eines Gütertyps x oder eines Gütertyps y verwendet werden. Es besteht also die bekannte Verwendungskonkurrenz der Güter um den Produktionsfaktor Arbeit. Bei x soll es sich auch hier um Nahrungsmittel, bei y um Industriegüter handeln. Die Herstellung dieser Güter werde jeweils durch eine ertragsgesetzliche Produktionsfunktion beschrieben, wie wir sie eben kennengelernt haben.

Betrachten wir dazu die Abbildung 2.4. Sie will auf graphische Weise den Zusammenhang erläutern, der zwischen der Transformationskurve, der Produktionsfunktion und einem gegebenem Bestand des Faktors Arbeit besteht.

Die Darstellung ist in vier Quadranten unterteilt. Der erste Quadrant gibt die Transformationskurve für Nahrungsmittel und Industriegüter wieder. Im zweiten Quadranten haben wir die Produktionsfunktion für Industriegüter eingezeichnet mit der Outputmenge y auf der Vertikalen und dem Arbeitsinput A_2 auf der Horizontalen. Hierbei müssen wir allerdings beachten, daß die Funktion im Unterschied zur üblichen Darstellung spiegelbildlich erscheint. Im vierten Quadranten finden wir die Produktionsfunktion für Nahrungsmittel. Deren Outputmenge x wurde auf der Horizontalen, die Einsatzmenge des Faktors Arbeit A_1 auf der Vertikalen aufgetragen. Der gesamte Bestand an Arbeit ist im dritten Quadranten durch die Strecke **OF** auf der horizontalen Achse A_2 beziehungsweise durch die gleichlange Strecke **OG** auf der vertikalen Achse A_1 begrenzt.

Abb. 2.4: Transformationskurve und Produktionsfunktion

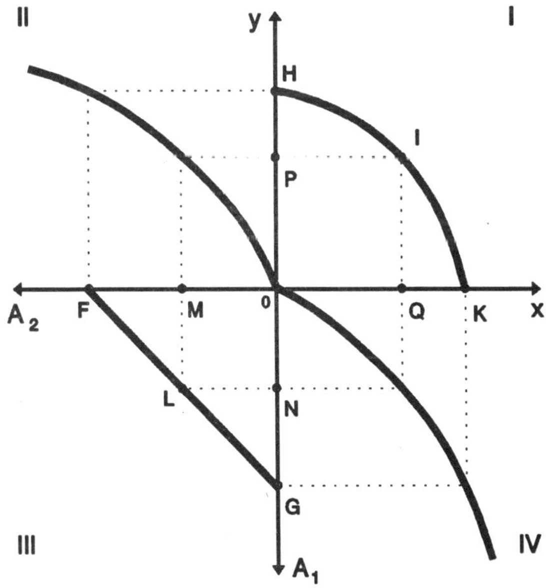

Die Frage ist nun, wie sich in dieser Darstellung die Transformationskurve im ersten Quadranten ableiten läßt. Beginnen wir unsere Erklärung mit den Strecken **OF** und **OG** im dritten Quadranten. Wir haben es hierbei mit einer Situation zu tun, in der die gesamte verfügbare Arbeitsmenge entweder für die Produktion von Nahrungsmitteln oder Industriegütern eingesetzt wird. Im einen Fall wird auf der Transformationskurve der Punkt **K**, im anderen der Punkt **H** realisiert. Beide stellen gleichzeitig die Endpunkte der Transformationskurve dar.

Dazwischen liegen Punkte, die man erhält, wenn man den Faktor Arbeit teilweise dem Gut *x* und teilweise dem Gut *y* zuweist. Dazu wählt man einfach einen beliebigen Punkt auf der Verbindungslinie **FG** im dritten Quadranten. Jeder Punkt auf dieser Geraden nämlich teilt den Produktionsfaktor Arbeit so auf die alternativen Verwendungen auf, daß sich die Einsatzmengen für *x* und *y* immer zur Gesamtmenge addieren. Im Punkt **L** beispielsweise kommt zum Ausdruck, daß die Arbeitsmenge **OM** zur Produktion von *y* und der Arbeitsinput **ON** zur Produktion von *x* verwendet wird. Die dazugehörigen Outputmengen für beide Güterarten geben die Punkte **P** und **Q** an. Diese liegen auch im ersten Quadranten und bestimmen dort den Punkt **I** auf der Transformationskurve. Mit ihm wiederum werden die Produktionsmöglichkeiten abgesteckt, die in der angenommenen Situation für die Herstellung von Nahrungsmitteln und Industriegütern bestehen. In analoger Weise können so auch alle anderen Punkte der Transformationskurve gefunden werden, was der Leser für sich selbst einmal nachvollziehen mag.

2.1.4 Ineffizienzen

Nachdem wir die Entstehung der Transformationskurve kennengelernt haben, können wir auch einige ihrer Eigenschaften besser verstehen. Wir haben vorhin gesagt, daß die Transformationskurve die Grenze der Produktionsmöglichkeiten angibt. Punkte außerhalb der Transformationskurve lassen sich mit dem gegebenem Faktorbestand und dem vorhandenen technischen Wissen nicht realisieren. Punkte innerhalb der Transformationskurve wiederum zeigen an, daß man

- entweder nicht alle verfügbaren Produktionsfaktoren in der Produktion eingesetzt hat (Unterbeschäftigung),
- oder daß man auf einen Produktionsprozeß zurückgreift, der mit Verschwendung einhergeht.

Beide Male bedeutet dies eine **ineffiziente Allokation der Ressourcen**. Würde man nämlich die Ressourcen anders verwenden, dann wäre es möglich, von einem Gut mehr herzustellen, ohne gleichzeitig die Produktionsmenge eines anderen Gutes reduzieren zu müssen. Alle effizienten Produktionskombinationen liegen also auf der Transformationskurve. Dort ist es nicht mehr möglich, von einem Gut mehr zu produzieren, ohne bei einem anderen Verzicht zu üben.

Betrachten wir den Fall der **Unterbeschäftigung** noch anhand eines graphischen Beispiels: Abbildung 2.5 bezieht sich auf eine Volkswirtschaft, in der wieder die beiden Güter *x* und *y* mit Hilfe des Faktors Arbeit hergestellt werden. Zur Produktion von *y* setzt man davon die Menge **OR** ein, so daß für die Herstellung von *x* noch die Menge **OS** an Arbeitskraft verbliebe. Tatsächlich wird jedoch nur die Menge **OT** beschäftigt, woraus sich eine Unterbeschäftigung in Höhe von **TS** ergibt. Daher kann auch nur der Punkt **W** unterhalb der Transformationskurve erreicht werden. Die betrachtete Volkswirtschaft ist nicht fähig, ihre Produktionsmöglichkeiten voll auszuschöpfen.

Abb. 2.5: Ineffizienz

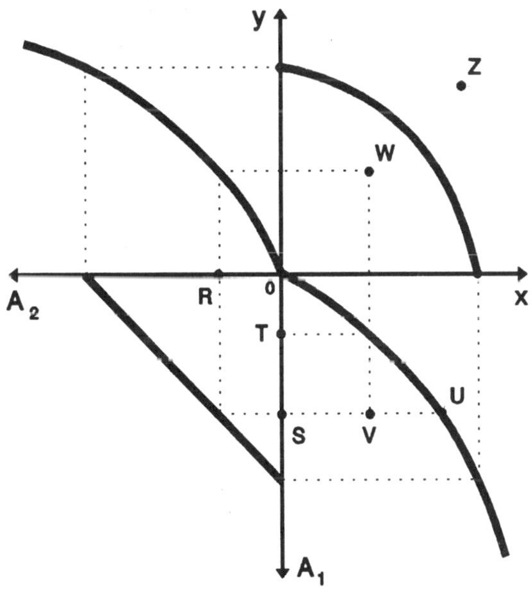

Zum gleichen Ergebnis gelangt man, wenn zwar der Produktionsfaktor Arbeit vollbeschäftigt ist, aber die technischen Möglichkeiten nicht ausgeschöpft werden. An anderer Stelle haben wir ausgeführt, daß die Produktionsfunktion immer die maximal mögliche Outputmenge angibt, die mit einem bestimmten Faktorinput zu erzielen ist. Wenn nun bei gegebenem Faktorinput nicht der maximal mögliche, sondern ein geringerer Output unterhalb der Produktionsfunktion erzeugt wird, liegt eindeutig eine **Verschwendung** von Ressourcen vor.

Auch diese Situation läßt sich anhand des Schaubilds 2.5 veranschaulichen. Wird vom Produktionsfaktor Arbeit die Menge **OR** für *y* im Industriegütersektor und die verbleibende Menge **OS** für *x* im Nahrungsmittelbereich eingesetzt, dann herrscht zwar Vollbeschäftigung in unserer Wirtschaft, dennoch wird bei der Produktion des Gutes *x* nur der Punkt **V** anstatt des möglichen Outputs **U** realisiert. Es kommt zu einer Verschwendung von Ressourcen im Nahrungsmittelsektor, mit den gleichen gesamtwirtschaftlichen Wirkungen wie im Beispiel der Unterbeschäftigung. Die Volkswirtschaft muß sich mit einer ineffizienten Outputkombination **W** zufriedengeben.

2.1.5 Technischer Fortschritt und Zunahme des Faktorbestands

Wir haben vorhin gesagt, daß bei einem gegebenen Faktorbestand und einem gegebenen Stand des technischen Wissens Outputkombinationen außerhalb der Transformationskurve, in unserem Beispiel etwa der Punkt **Z**, nicht erreichbar sind. Dies wäre nur möglich, wenn sich die Grenze der Produktionsmöglichkeiten nach außen hin erweitern würde. Fragen wir uns also als nächstes, wie es zu solchen Verschiebungen der Transformationskurve kommen kann.

Die Erweiterung des Produktionspotentials einer Volkswirtschaft kann auf zweierlei Weise erfolgen:

- einmal durch ein Anwachsen des Faktorbestandes,
- zum anderen durch eine Zunahme des technischen Wissens.

Sehen wir uns diese Möglichkeiten anhand der Abbildungen 2.6 und 2.7 näher an.

In Abbildung 2.6 ist eine Situation dargestellt, in der die **Menge des Faktors Arbeit** ansteigt, bedingt durch die demographische Entwicklung in einem Land oder den Zuzug von Gastarbeitern. In diesem Fall verschiebt sich die Begrenzungslinie für den Faktor Arbeit nach außen und mit dieser auch die Transformationskurve. Es kann von beiden Gütern *x* und *y* mehr produziert werden.

Abb. 2.6: Erhöhung des Faktorbestands

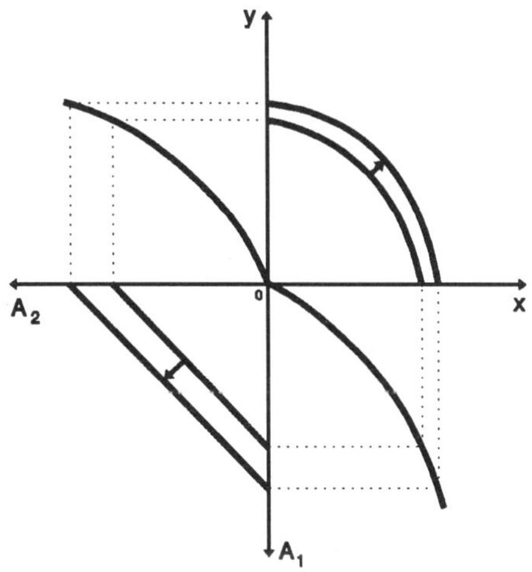

Abbildung 2.7 kennzeichnet eine Situation, in der im Industriegütersektor **technischer Fortschritt** auftritt.

Abb. 2.7: Technischer Fortschritt I

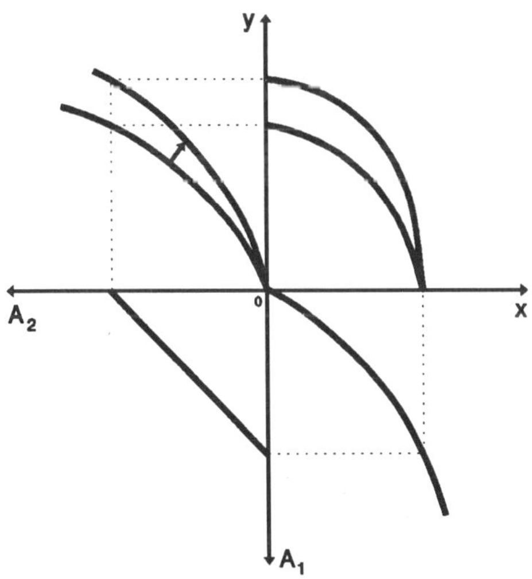

Dadurch wird die Produktionsfunktion für das Gut *y* nach oben verschoben, so daß bei jeder Inputmenge nunmehr ein größerer Output erzeugt werden kann. Als Folge verschiebt sich auch die Transformationskurve nach außen, so wie dies unser

Schaubild darstellt. Die Wirkung des technischen Fortschritts kann sich dabei sowohl auf das Gut *y* wie auch auf das Gut *x* verteilen. Es ist also, zum einen, eine Lösung denkbar, in der sich eine Volkswirtschaft dafür entscheidet, allein von Gut *y* mehr zu produzieren. Ebenso ist aber auch denkbar, daß die zusätzlich eingesparten Ressourcen beim Gut *y* dazu verwendet werden, die Herstellungsmenge von *x* zu erhöhen. Die Outputmenge im Industriegütersektor bleibt dann konstant und die Ressourcenersparnis wandert allein in die Produktion von Nahrungsmitteln.

Allerdings ist zu berücksichtigen, daß in diesem Falle der maximal mögliche Output an Nahrungsmitteln, also die Menge, die realisierbar wäre, wenn der gesamte Faktorbestand der Volkswirtschaft dort eingesetzt würde, sich nicht erhöhen läßt. In Abbildung 2.7 gehen daher die neue und die alte Transformationskurve durch den gleichen Punkt auf der *x*-Achse.

Analoge Überlegungen kann man natürlich auch für den Fall anstellen, daß technischer Fortschritt allein im Nahrungsmittelsektor oder in beiden Sektoren gleichzeitig auftritt. Im einen Fall wird sich dann die Transformationskurve etwa wie in Abbildung 2.8 (a), im anderen Fall wie in Abbildung 2.8 (b) verschieben. Der Leser möge diese beiden Fälle mit Hilfe des Vierquadrantensystems einmal selbst durchspielen.

Abb. 2.8: Technischer Fortschritt II

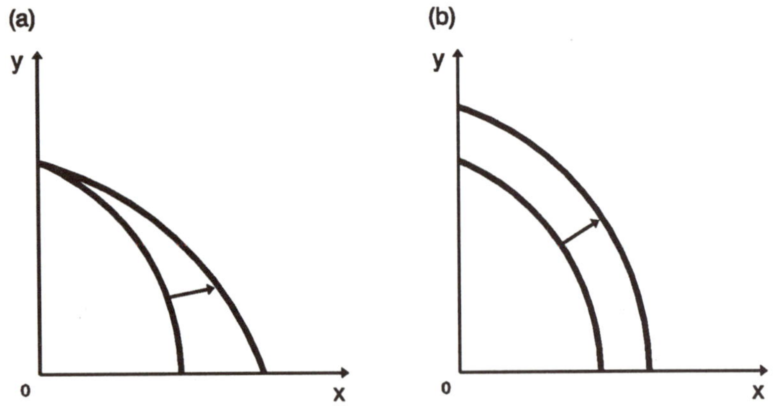

2.1.6 Das Gesetz der zunehmenden Opportunitätskosten

Zum Schluß sollten wir noch einmal einen Zusammenhang aufgreifen und zu erklären versuchen, den wir eingangs bereits formuliert, aber noch nicht bewiesen haben, nämlich das Gesetz der zunehmenden Opportunitätskosten. Was hat man darunter zu verstehen?

Dieses Gesetz hängt eng mit den Input-Output-Beziehungen in den einzelnen Sektoren einer Volkswirtschaft und hier insbesondere mit dem Ertragsgesetz zusammen. Betrachten wir dazu nochmals unsere Abbildung 2.2. Geht man dort von der Outputkombination **A** zu **B**, von **B** zu **C**, und so fort, bis hin zu **E**, so muß man auf immer größere Mengen des Gutes y verzichten, um eine zusätzliche Einheit von x herzustellen. Hier wirkt sich bei der Produktion von x das Ertragsgesetz aus: Je mehr man von x bereits produziert hat, umso höher ist der Faktorinput, der zur Produktion einer zusätzlichen Einheit benötigt wird. Diese Ressourcen müssen natürlich der Produktion des Gutes y entzogen werden. Da jedoch im Sektor y ebenfalls das Ertragsgesetz gilt, werden dort umso weniger Ressourcen freigesetzt, je geringer die Produktion ausfällt.

Zusammengefaßt kann man also sagen, daß bei einem Übergang der Produktion von Gut y zu Gut x folgendes passiert:

- Es können, zum einen, pro Einheit immer weniger Ressourcen aus der Produktion des Gutes y abgezogen werden, je weniger von diesem produziert wird.
- Zum anderen aber benötigt man immer mehr Ressourcen für zusätzliche Einheiten von x, je mehr man von diesem Gut herstellen möchte.

Diese Abhängigkeiten erklären den konkaven Verlauf der Transformationskurve und sind die Grundlage für das Gesetz der zunehmenden Opportunitätskosten.

Man kann sich dieses Gesetz auch noch in anderer Weise klarmachen. Geht man in Abbildung 2.2 vom Punkt **A** aus, also einer Situation, in der nur y produziert wird und zieht jeweils eine Einheit des Arbeitsinputs aus der Industriegüterproduktion ab, dann muß man aufgrund des Ertragsgesetzes auf immer größere Mengen von y verzichten. Andererseits kann man mit den eingesparten Ressourcen, wiederum aufgrund des Ertragsgesetzes, pro Inputeinheit immer weniger von Gut x, den Nahrungsmitteln erzeugen. Mit den freigesetzten Ressourcen kann also immer weniger von x produziert, gleichzeitig muß auf immer mehr Einheiten von y verzichtet werden.

Ein Maß für die Transformierbarkeit der beiden Güter x und y in einem bestimmten Punkt auf der Transformationskurve stellt die Steigung dieser Kurve in dem betreffenden Punkt dar. Sie wird auch als **Transformationsrate** bezeichnet und gibt an, auf wieviele Einheiten von y man verzichten muß, um eine Einheit von x mehr produzieren zu können. Mathematisch erhält man sie als erste Ableitung der Transformationsfunktion in einem bestimmten Punkt. Wir werden darauf im nächsten Kapitel noch zurückkommen.

2.2 Tausch

Im letzten Abschnitt haben wir gesehen, wie eine Gesellschaft einen gegebenen Bestand an Produktionsfaktoren einsetzen sollte, um damit die bestmöglichen Kombinationen von Gütern und Dienstleistungen zu produzieren. Die Kurve der Produktionsmöglichkeiten markiert dabei die Grenze zwischen den Kombinationen, die produziert werden können, und jenen, die nicht mehr produziert werden können. Die **effizienten Kombinationen** liegen auf dieser Grenze selbst, und jeder Punkt auf dieser Kurve gibt an, wieviel von zwei Gütern in einer Volkswirtschaft für Konsum- oder Investitionszwecke vorhanden ist, wenn sich die Gesellschaft für eine solche Kombination entscheidet. In Abbildung 2.9 könnte dies etwa der Punkt **A** sein.

Nun besteht eine Volkswirtschaft nicht nur aus einer Person, in deren Besitz sich der gesamte volkswirtschaftliche Output befindet, sondern immer aus einer Vielzahl von Individuen, auf die sich die vorhandenen Güter verteilen. Die Frage, die wir uns jetzt stellen wollen, ist, wie sich die Wirtschaftssubjekte durch einen Tausch der Güter, über die sie gerade verfügen, besserstellen können. Man spricht in diesem Fall von einem **Naturaltausch**, den man als eine ganz elementare Form eines Marktes auffassen kann. Auf einem solchen Markt wird ein Tausch von Gütern zwischen Tauschpartnern nur dann stattfinden, wenn er sich für beide Seiten lohnt. Denn würde sich ein Tauschpartner dabei schlechter stellen, wäre er sicher nicht bereit zu tauschen, sofern er sich, wie wir stets annehmen wollen, eigennützig verhält.

Abb. 2.9: Durchführbarer Gütertausch

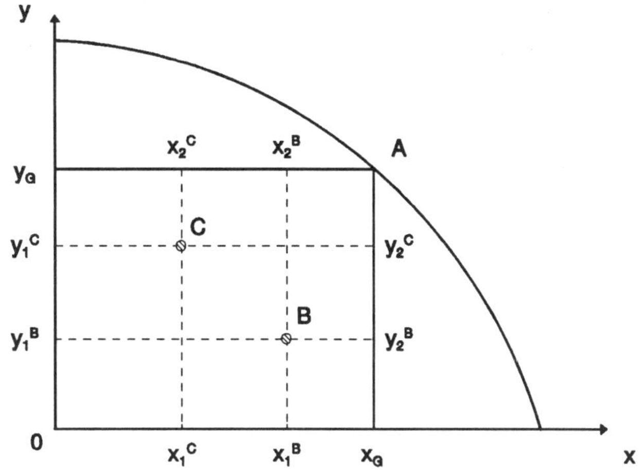

Nehmen wir auch hier vereinfachend an, daß die von uns in Abbildung 2.9 betrachtete Volkswirtschaft nur aus zwei Personen bestünde, dem Konsument 1 und dem Konsument 2, denen zwei Güter x und y zur Verfügung stehen. Nehmen wir weiterhin an, beide Konsumenten möchten diese Güter miteinander tauschen. Für den Tausch sollen beide eine Gesamtmenge beider Güter einsetzen können, die genau durch den Punkt **A** auf der Produktionsmöglichkeitenkurve gegeben ist. In Abbildung 2.9 wird diese Menge durch ein Rechteck mit den Seitenlängen x_G und y_G ausgedrückt, das innerhalb der Kurve der Transformationsmöglichkeiten liegt. Jeder Punkt innerhalb des Rechtecks beschreibt nun, wie sich der volkswirtschaftliche Output auf die beiden Konsumenten aufteilen kann. Gehen wir einmal von einer beliebigen Verteilung aus und wählen hierfür den Punkt **B**. Wie sieht in dieser Situation die Anfangsausstattung unserer beiden Konsumenten mit den Gütern x und y aus? Die Anfangsausstattung des Konsumenten 1 wollen wir dabei vom Ursprung 0 aus messen, die des Konsumenten 2 hingegen vom Punkt **A** aus. Bei einer Anfangsverteilung in **B** verfügt der Konsument 1 über die Menge x_1^B von Gut x und die Menge y_1^B von Gut y. Der Konsument 2 kann dem entsprechend nur noch über den verbleibenden Rest dieser beiden Güter verfügen. Es sind dies von **A** aus gemessen die Mengen $x_2^B = x_G - x_1^B$ und $y_2^B = y_G - y_1^B$.

Bevor wir nun einen Schritt weitergehen und uns überlegen, ob die beiden Konsumenten mit dieser Anfangsausstattung **B** zufrieden sind, oder ob sie Ihre Situation durch eine Tausch verbessern wollen, müssen wir definieren, was ein Tausch eigentlich ist und wie er sich in der obigen Graphik darstellen läßt.

Unsere Graphik entspricht einem Diagramm, wie es zum ersten Mal von dem englischen Ökonomen **F.I. Edgeworth** (1845-1926) verwendet wurde und daher auch Edgeworth-Box genannt wird. Darin läßt sich ein Tausch ganz allgemein als ein Akt definieren, bei dem zwei Personen von zwei Gütern, über die sie verfügen, jeweils eine bestimmte Menge austauschen, ohne daß sich dabei die Gesamtmenge der beiden Güter ändert. Ein solcher Tausch kann in unserer Darstellung etwa als Übergang vom Punkt **B** zu einem neuen Punkt **C** beschrieben werden. Um vom Punkt **B** zu Punkt **C** zu gelangen, muss der Konsument 1 von Gut x die Menge x_1^B-x_1^C abgeben, und er erhält dafür im Austausch von Konsument 2 die Menge y_2^B-y_2^C. Da dieser Tausch sich im Rahmen der Gesamtmengen an zur Verfügung stehenden Gütern bewegt, spricht man hier auch von einem durchführbaren Tausch.

Wenn ein Tausch durchführbar ist, heißt dies noch lange nicht, dass er zwischen den beiden Konsumenten auch zustande kommt. Ein Tausch wird, wie wir eingangs schon sagten, nur dann zustande kommen, wenn sich beide Konsumenten dabei nicht schlechter stellen als im anderen Fall. Ob sich ein Konsument beim Übergang von einer Güterallokation zu einer anderen schlechter oder besser stellt, hängt von der **Wertschätzung** ab, die er einer bestimmten Güterkombination, man sagt auch einem Güterbündel, entgegen bringt. In unserem Fall besteht das Güterbündel aus genau zwei Gütern, den Gütern x und y, von denen jeder Konsument, wie dargelegt, zu Anfang einen bestimmten Anteil besitzt. Die Wertschätzung eines Konsumenten für ein bestimmtes Güterbündel in seinem Besitz wird in der Volkswirtschaftslehre gewöhnlich als eine **Rangordnung** ausgedrückt, in die der Konsument alternative Güterbündel bringt. Als alternative Güterbündel gelten aus seiner Sicht das Güterbündel, das er zu Beginn bereits besitzt, sowie alle weiteren Güterbündel, in deren Besitz er durch den Tausch von Gütern gelangen kann. In dem Zusammenhang nimmt man weiterhin an, daß Güter dem Konsumenten Nutzen stiften, wobei Nutzen lediglich als eine andere Umschreibung für die Befriedigung der Bedürfnisse, Wünsche oder Ziele aufzufassen ist, die mit dem Konsum von Gütern verbunden ist. In der Wertschätzung eines Konsumenten wird daher ein Güterbündel dann den ersten Rang erhalten, wenn es dem Konsumenten den höchsten Nutzen einbringt. Güterbündel mit entsprechend geringerem Nutzen werden in der Wertschätzung des Konsumenten einen niedrigeren Rang einnehmen. Ist ein Konsument zwischen zwei oder mehreren Güterbündeln indifferent, das heißt, haben sie für ihn den gleichen Nutzen, dann wird er ihnen in seiner Wertschätzung auch den gleichen Rang zuordnen.

Welche Güterbündel bringen aber nun dem Konsumenten einen höheren und welche einen geringeren Nutzen ein? Diese Frage müssen wir als nächstes beantworten bevor wir verstehen können, wie alternative Güterbündel von ihm geordnet werden.

Wie wir im vorhergehenden Kapitel bereits erläutert haben, nimmt man in der gängigen Volkswirtschaftslehre an, daß sich Konsumenten eigennützig verhalten und daß ihre Bedürfnisse im Grunde unbegrenzt sind. Unter dieser Annahme sind für einen Konsumenten zunächst einmal nur diejenigen Güter interessant, über die er selbst verfügen kann, während er sich um die Konsummöglichkeiten von anderen Konsumenten nicht weiter kümmert. Ferner erfährt er eine Nutzensteigerung immer dann, wenn er von irgendeinem Gut mehr konsumieren kann, ohne dies mit Einbußen bei anderen Gütern erkaufen zu müssen. Allerdings geht man bei dieser Überlegung auch davon aus, daß der zusätzliche Nutzen, der durch den Mehrkonsum eines Gutes entsteht, immer stärker abnimmt, je mehr ein Konsument von diesem Gut bereits besitzt. Dahinter steht die Vorstellung, daß der Konsument ein Gut als um so wertvoller einschätzt, je knapper es für ihn ist, also je weniger er davon hat. Dies sind die wesentlichen Eigenschaften, die Güterbündel in den Augen eines Konsumenten auszeichnen und ihm erlauben, eine Aussage darüber zu treffen, wie stark er sie im Vergleich zu anderen Alternativen präferiert. Die Präferenz ist dabei nur ein anderer Ausdruck für die Wertschätzung, die ein Konsument für die ihm zugänglichen Güterbündel aufbringt.

Wie lassen sich nun die Wertvorstellungen von Konsumenten in der Edgeworth-Box darstellen? Wir betrachten hierzu zunächst einmal nur den Konsumenten 1.

In Abbildung 2.10 ist dargestellt, welche Güterbündel dieser Konsument genauso hoch schätzt wie seine Anfangsausstattung **B**. Diese Güterbündel liegen sämtlich auf der Linie durch die Punkte **B** und **D**. Zum Beispiel wird das Güterbündel **D** vom Konsumenten 1 genauso hoch geschätzt wie das Güterbündel **B**. Es enthält zwar weniger von Gut x, dafür aber mehr von Gut y. Offensichtlich kann der Mehrkonsum von Gut y den Minderkonsum von Gut x in den Augen des Konsumenten 1 so kompensieren, daß er dies nicht als Nutzeneinbuße, aber auch nicht als Nutzengewinn empfindet. Er ist schlicht zwischen beiden Güterbündeln indifferent. Deswegen nennt man die Kurve **BD** auch **Indifferenzkurve**. Sie hat einen gekrümmten, genauer gesagt einen zum Ursprung **0** hin konvexen Verlauf. Darin drückt sich letztlich das Gesetz der Knappheit aus.

Abb. 2.10: Präferenzen des Konsumenten 1

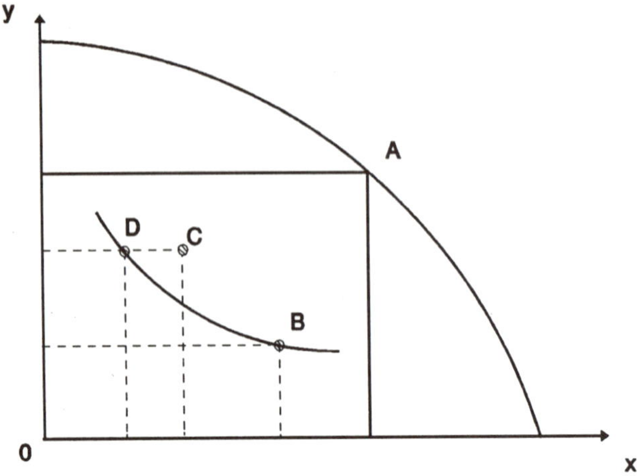

Am Verlauf der Indifferenzkurve kann man recht gut erkennen, daß das Gut *x* in den Augen des Konsumenten durch das Gut *y* um so schwerer zu ersetzen ist, je weniger er davon in seinem Güterbündel besitzt. Die Substituierbarkeit der Güter untereinander wird nämlich durch die Steigung der Indifferenzkurve gemessen. Sie gibt allgemein an, welche zusätzliche Menge von Gut *y* benötigt wird, um den Verlust einer Einheit des Gutes *x* auf die Weise auszugleichen, daß der Konsument dies nicht als Nutzeneinbuße empfindet. Diese Steigung heißt auch **Substitutionsrate** zwischen Gut *y* und Gut *x*. Man sieht, daß die Substitutionsrate im Punkt **B** betragsmäßig geringer ist als im Punkt **D**. Man benötigt also im Punkt **B** geringere Mengen von Gut *y*, um Gut *x* zu ersetzen als im Punkt **D**. Dort muß man dem Konsumenten wesentlich mehr von *y* geben, um ihm den Verlust von jeweils einer Einheit von Gut *x* zu ersetzen. Wir werden gleich sehen, daß die Substitutionsrate beziehungsweise das Austauschverhältnis zwischen den beiden Gütern ein entscheidendes Kriterium dafür ist, ob sich der Tausch für einen Konsumenten lohnt.

Die Indifferenzkurve mißt nicht nur das Austauschverhältnis zwischen den beiden Gütern, sie stellt auch die Trennungslinie dar zwischen den Güterbündeln, die höher als **B** oder **D**, und denen, die niedriger als diese eingeschätzt werden. Und zwar liegen die stärker präferierten Güterbündel oberhalb der Indifferenzkurve, während die weniger gewünschten sich unterhalb befinden. So wird etwa der Punkt **C** von Person 1 dem Güterbündel **B** vorgezogen. Eine einleuchtende Erklärung dafür ist, dass im Bündel **C** verglichen mit dem Bündel **D** mehr von Gut *x* und gleich viel von Gut *y* enthalten ist. **C** wird daher gegenüber **D** präferiert, und da der Konsument zwischen **D** und **B** indifferent ist, wird er auch **C** gegenüber **B** präferieren.

Analoge Überlegungen können wir nun auch für den Konsumenten 2 anstellen. Betrachten wir hierzu die Abbildung 2.11.

Auch hier haben wir wieder eine Indifferenzkurve durch die Anfangsausstattung **B** eingezeichnet. Ein weiterer Punkt auf dieser Kurve ist etwa der Punkt **E**. Die Indifferenzkurve verläuft wieder konvex, und zwar vom Ursprung **A** aus betrachtet.

Abb. 2.11: Präferenzen des Konsumenten 2

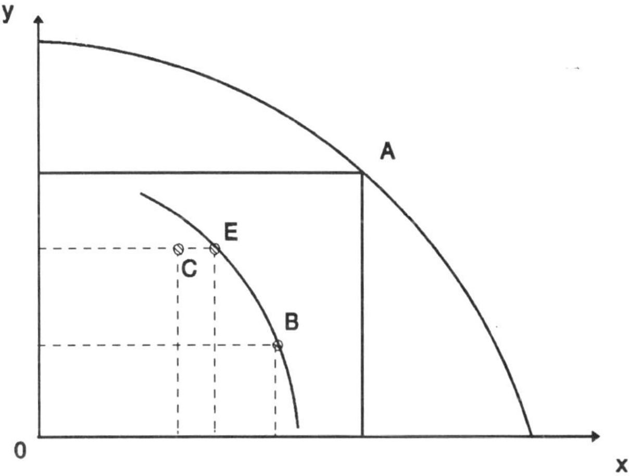

Unterhalb dieser Indifferenzkurve, stets von Punkt **A** aus gesehen, liegen Güterbündel, die vom Konsumenten weniger geschätzt werden, und oberhalb der Indifferenzkurve befinden sich die Güterbündel, die vom Konsumenten mehr geschätzt werden als diejenigen, die sich auf der Indifferenzkurve selbst befinden. Insofern wird das Güterbündel **C** aufgrund der gleichen Überlegung, wie wir sie schon für den Konsumenten 1 angestellt haben, gegenüber der Anfangsausstattung **B** präferiert.

Kommen wir nun zur Frage zurück, ob sich ausgehend von Punkt **B** ein Tausch von Gütern zwischen den beiden Konsumenten lohnt. Zur Beantwortung verbinden wir einfach Abbildung 2.10 und 2.11 und erhalten Abbildung 2.12.

Offenbar liegen alle Allokationen, die beide Konsumenten gegenüber ihrer Anfangsausstattung **B** präferieren, in dem linsenförmigen, schraffierten Bereich, der von den beiden Indifferenzkurven durch **B** eingegrenzt wird. Auch Allokationen auf den Indifferenzkurven wären der Anfangsausstattung **B** noch vorzuziehen, weil sich zumindest ein Konsument besser stellt und der andere sich nicht schlechter stellt. So würde sich Konsument 1 bei Allokationen auf der Indifferenzkurve des Konsumenten 2 verbessen, und Konsument 2 könnte einem entsprechenden Tausch immer noch zustimmen, weil er sich gegenüber seiner Anfangsausstattung nicht verschlechtert. Eine analoge Argumentation gilt für den Konsumenten 2.

Abb. 2.12: Vorteilhafte Tauschmenge

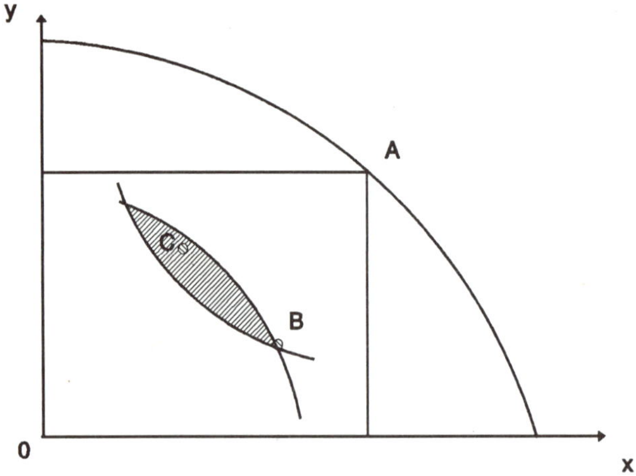

Wie wir sehen, gibt es also eine Menge von Allokationen, die für mindestens einen Konsumenten vorteilhaft sind, und die sich durch **Gütertausch** auch realisieren ließen. Die Frage ist nur, ob sich die Konsumenten auch über einen Tausch verständigen können, denn jeder Konsument achtet lediglich darauf, seine eigene Position zu verbessern oder sie zumindest nicht zu verschlechtern, während er sich nicht darum kümmert, wie es seinem Gegenüber bei einem Tausch ergeht. Betrachten wir daher die Tauschangebote, die die Konsumenten im Punkt **B** dem Tauschpartner jeweils unterbreiten können, und fragen wir, ob davon ausgehend Einigung über einen Tausch erzielt werden kann. Jeder Konsument orientiert sich dabei an seiner Substitutionsrate, die ihm angibt, wieviel er gegen ein Gut eintauschen muss, damit er sich zumindest nicht schlechter stellt.

Wie man sieht, unterscheiden sich die Substitutionsraten der beiden Konsumenten in der Anfangsausstattung **B** voneinander. Angenommen die Substitutionsrate des Konsumenten 1 zwischen Gut *y* und Gut *x* betrüge 10 und die entsprechende Substitutionsrate des anderen Konsumenten sei 20. Dann wird Konsument 1 zehn Einheiten des Gutes *y* für eine Einheit des Gutes *x* fordern, während Konsument 2 sogar bereit wäre, zwanzig Einheiten von Gut *y* für eine Einheit von Gut *x* abzugeben. Damit der Tausch zustande kommt, muß Konsument 2 allerdings nur zehn Einheiten von Gut *y* abgeben und kann zehn Einheiten für sich behalten, wodurch er sich gegenüber seiner Anfangsausstattung besser stellt. Man kann sich nun leicht vorstellen, daß sich an diesen Tausch weitere Tauschakte anschließen, weil diese zumindest für einen Konsumenten Vorteile bringen, und zwar so lange, wie sich die Substitutionsraten der beiden Konsumenten nach einem Tausch noch unterscheiden. Der Prozess des Tauschens kommt offenbar erst dann zum Stillstand, wenn die Substitutionsraten der beiden Konsumenten übereinstimmen, was gleichzeitig auch bedeutet, daß das Verhältnis, in dem die Güter getauscht werden, übereinstimmt. Dann besteht für keine Seite mehr ein Anreiz, den Tauschprozess noch weiter fortzusetzen, weil sich dabei stets zumindest eine Person verschlechtern würde.

Abb. 2.13: Paretoeffizienter Tausch

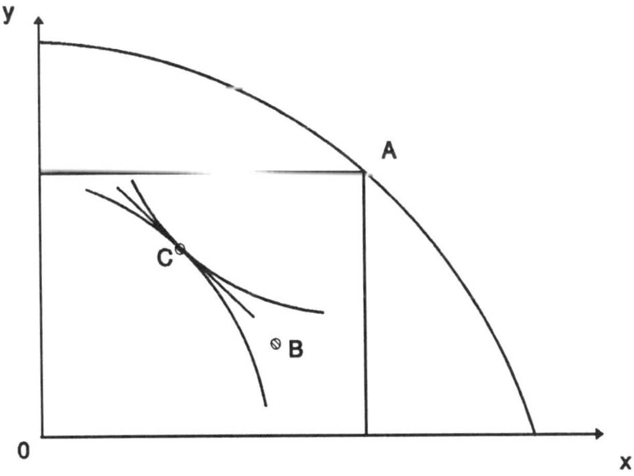

Dieser Endzustand ist in Abbildung 2.13 dargestellt: Nach Abschluß aller vorteilhaften Tauschakte ergibt sich dort die Allokation **C**, die dadurch charakterisiert ist, daß sich die Indifferenzkurven der beiden Konsumenten berühren und der linsenförmige Bereich zu einem einzigen Punkt zusammengeschmolzen ist. Die

Substitutionsraten stimmen dort überein und entsprechen dem Austauschverhältnis der beiden Güter. Dieses Austauschverhältnis ist durch die Gerade **BC** gegeben, die ja gleichzeitig die Steigung an die beiden Indifferenzkurven im Punkt **C** misst.

2.3 Effizienz

Bisher haben wir untersucht, wann ein Tausch zwischen Individuen (Konsumenten) zustande kommt. Die Individuen gehen dabei eigennutzorientiert vor. Daher stellt sich als nächstes die Frage, ob ein vorgenommener Tausch auch aus der Sicht der Gesellschaft wünschenswert ist oder, anders ausgedrückt, ob er gesellschaftlich effizient ist. Zur Beurteilung dieser Effizienz alternativer Allokationen bedient sich die Volkswirtschaftslehre eines berühmten Kriteriums, das nach seinem geistigen Vater, dem Ökonomen **V. Pareto** (1848-1923) benannt ist, nämlich des Paretokriteriums.

Nach dem **Paretokriterium** gilt eine Allokation dann als effizient, wenn es nicht mehr möglich ist, durch eine Reallokation von Produktionsfaktoren auf Unternehmen oder durch eine Umverteilung von Gütern (Leistungen) auf Konsumenten ein Wirtschaftssubjekt besserzustellen, ohne dabei gleichzeitig ein oder mehrere andere schlechterstellen zu müssen. Dies impliziert zugleich, daß beim Übergang von einer Allokation zu einer anderen Allokation, etwa beim Tausch von Gütern, eine Paretoverbesserung nur dann eintritt, wenn ein Individuum bessergestellt wird und sich niemand sonst schlechterstellt. Man darf demnach zurecht davon ausgehen, daß der Tausch zwischen zwei Individuen, die jeweils nur ihren eigenen Interessen nachgehen, auch aus gesellschaftlicher Sicht effizient ist. Die Vermutung, daß sich Wirtschaftssubjekte durch den Tausch von Gütern immer nur auf Kosten anderer besserstellen könnten und den Tauschpartner "übers Ohr hauen" würden, wie es im Volksmund so schön heißt, trifft also nicht zu. Vielmehr dient der Tausch immer auch dem Gemeinwohl, jedenfalls dann, wenn man sich dieses, oder anders ausgedrückt, die gesellschaftliche Wohlfahrt als ein Aggregat der individuellen Nutzen vorstellt und das Paretokriterium heranzieht um zu beurteilen, ob und wann sich die gesellschaftliche Wohlfahrt erhöht hat. In diesem Sinne können wir festhalten, daß der Tausch von Gütern immer zu einer Pareto-Verbesserung führt und sich nach Abschluß aller Tauschvorgänge ein paretoeffizienter Zustand einstellt, weil sich dann ein Tauschpartner nur noch auf Kosten des anderen Vorteile verschaffen könnte.

Kontrollfragen zu Kapitel 2:

1. Erläutern Sie das Konzept der Produktionsfunktion. Inwiefern wird der Produktionsprozeß darin in eine "black box" verbannt?

2. Was sagt die Transformationskurve aus? Warum hat sie bei Produktionsfunktionen mit sinkenden Grenzproduktivitäten einen konkaven Verlauf?

3. Erläutern Sie das Gesetz von der abnehmenden Grenzrate der Transformation.

4. Wie verändert sich die Produktionsmöglichkeitenkurve, wenn von einem Produktionsfaktor insgesamt weniger zur Verfügung steht und davon die Produktion beider Güter betroffen ist?

5. Warum befindet sich eine Volkswirtschaft im Falle einer Unterbeschäftigung immer innerhalb der Produktionsmöglichkeitenkurve?

6. Inwieweit sieht sich eine Volkswirtschaft mit unterbeschäftigten oder nicht effizient eingesetzten Produktionsfaktoren teilweise mit den gleichen Problemen konfrontiert?

7. Was versteht man unter dem technischen Fortschritt? Wie verändert sich die Kurve der Produktionsmöglichkeiten, wenn bei der Produktion eines Gutes technischer Fortschritt auftritt?

8. Warum bietet der Tausch von Gütern beiden Tauschpartnern die Möglichkeit, ihren Nutzen zu erhöhen und wann wird dieser Tauschprozeß ein Ende finden?

9. Erläutern Sie das Kriterium der Pareto-Effizienz?

3. Märkte und Preise

In Kapitel 2 haben wir gesehen, welche alternativen Verwendungen des Bestandes an Produktionsfaktoren in einer Volkswirtschaft es gibt und auch wie Individuen durch den Tausch von Gütern ihre Bedürfnisse besser befriedigen können. Es sind dabei jedoch noch viele Fragen unbeantwortet geblieben. Das betrifft vor allem das Problem der Koordination der Akteure, sowohl der Produzenten als auch der Konsumenten. Denn die Koordination der individuellen Entscheidungen und Handlungen ist eine weitere Voraussetzung, damit zum einen eine bestimmte Allokation auf der Produktionsmöglichkeitenkurve realisiert wird und keine Ressourcen verschwendet werden und zum anderen die, der Tausch von Gütern in einer solchen Weise organisieren wird, daß dessen enorme Vorteile für die Gesellschaft nutzbar gemacht werden können. Ferner geht es um die Frage der Abstimmung der Produktion auf die Präferenzen der Konsumenten, also um die Koordination der Shpären von Produktions und Konsum in einer Volkswirtschaft.

Es ist nun kaum anzunehmen, daß es in einer Gesellschaft irgendeine Person oder eine Instanz gibt, die einerseits die Produktionsmöglichkeiten und andererseits auch die Präferenzen der Individuen genau kennt und beide so aufeinander abstimmen könnte, daß für die Gesellschaft das bestmögliche Ergebnis herauskommt. In der Realität ist ja nicht nur, wie in unserem einfachen Fall, über die Produktion und Verteilung von zwei Gütern und die bestmögliche Allokation der dafür benötigten Produktionsfaktoren zu entscheiden, sondern es müssen tagtäglich zahllose Aktivitäten der Wirtschaftssubjekte, konsumptiver und produktiver Art, optimiert und koordiniert werden. Diese Aufgabe übernehmen in einer marktwirtschaftlichen Ordnung, wie wir wissen, die Preise. Mit der Funktion der Preise in einer marktwirtschaftlichen Ordnung wollen wir uns daher im folgenden noch einmal ausgiebiger beschäftigen. Wir werden uns dabei insbesondere genauer ansehen, wie sich Preise auf den Märkten aus Angebot und Nachfrage bilden, wie sich die verschiedenen Wirtschaftssubjekte in ihren Entscheidungen an sie anpassen und ihre Pläne so aufeinander abstimmen, daß eine optimale Güterstruktur und Allokation der Produktionsfaktoren in einer Volkswirtschaft erreicht wird.

3.1 Der Markt als Koordinationsmechanismus

Wir haben schon mehrfach betont, daß in einer marktwirtschaftlichen Ordnung Haushalte und Unternehmen ihre ökonomischen Entscheidungen autonom treffen. Sie stellen eigene Wirtschaftspläne auf, die auf Märkten koordiniert werden. Der Markt stellt also den Koordinationsmechanismus für die einzelwirtschaftlichen Entscheidungen zur Verfügung. Man kann ihn daher ganz einfach als gedanklichen Ort des Zusammentreffens von Angebot und Nachfrage definieren.

Wir wissen auch schon, daß man grob zwischen **Gütermärkten** und **Faktormärkten** unterscheiden kann, von denen es in der Realität jeweils sehr viele gibt. Auf den Gütermärkten treten die Haushalte als Nachfrager und die Unternehmen als Anbieter von Konsumgütern auf. Genau das umgekehrte Bild erhalten wir für die Faktormärkte. Hier sind die Haushalte Anbieter von Produktionsfaktoren, die Unternehmen fragen diese nach. Auf dem Faktormarkt wird also Faktorangebot und Faktornachfrage, auf dem Gütermarkt Güterangebot und Güternachfrage in Übereinstimmung gebracht.

In Abbildung 3.1 sind die Angebots- und Nachfragebeziehungen zwischen Haushalten und Unternehmen auf Güter- und Faktormärkten nochmals zusammengestellt.

Abb. 3.1: Angebots-Nachfragebeziehungen auf Güter- und Faktormärkten

Art des Marktes / Marktpartner	Faktormarkt	Gütermarkt
Anbieter	Haushalte (Faktorangebot)	Unternehmen (Güterangebot)
Nachfrager	Unternehmen (Faktornachfrage)	Haushalte (Güternachfrage)

Um die Preisbildung auf den Güter- und Faktormärkten analysieren zu können, hat man in der Volkswirtschaftslehre die Vorstellung von einem idealen Markt, der sogenannten **vollständigen Konkurrenz** entwickelt. Dies ist eine gedankliche Konstruktion, die vor allem zwei Merkmale aufweist:

- Vorhandensein eines Polypols,
- Existenz eines vollkommenen Marktes.

Ein **Polypol** oder, anders ausgedrückt, die atomistische Konkurrenz ist eine Marktform, bei der sich eine Vielzahl von Anbietern und eine Vielzahl von Nachfragern gegenüberstehen. Der Marktanteil eines einzelnen Marktteilnehmers ist daher so gering, daß dieser auf den Marktpreis keinen Einfluß ausüben kann. Den Marktpreis nehmen sowohl die Nachfrager wie auch die Anbieter als vorgegebenes Datum, dem sie sich mit der nachgefragten, beziehungsweise angebotenen Gütermenge anzupassen haben, wollen sie ihre jeweiligen Ziele verfolgen. Man bezeichnet die Marktteilnehmer auf dem Polypolmarkt aus diesem Grunde auch als **Mengenanpasser**.

Wie steht es um die zweite Eigenschaft der vollständigen Konkurrenz, der Bedingung, daß ein **vollkommener Markt** gegeben sein muß?

Einen Markt darf man dann vollkommen nennen, wenn

- die dort getauschten Güter homogen sind
  und
- Markttransparenz vorliegt.

Bei **homogenen Gütern** darf es keine sachlichen, persönlichen, räumlichen und zeitlichen Präferenzen geben:

Sachliche Präferenzen wären immer dann vorhanden, wenn ein Konsument ein Gut einem anderen vorzieht, weil er Unterschiede in dessen Eigenschaften, etwa in der Verpackung oder Qualität, wahrzunehmen meint.

Unter **persönlichen Präferenzen** versteht man die Bevorzugung bestimmter Anbieter gegenüber anderen, die das gleiche Gut zum gleichen Preis anbieten. Dazu kann es beispielsweise kommen, wenn man mit dem Verkaufer gut bekannt ist oder für diesen bestimmte Sympathien hegt. Auch die Verkäufer können sich natürlich von persönlichen Präferenzen leiten lassen, etwa wenn sie ein begehrtes Gut zunächst an Stammkunden verkaufen und dann erst die Laufkundschaft bedienen.

Räumliche Präferenzen liegen vor, wenn der Standort eines Anbieters die Kaufentscheidung der Kunden mitbeeinflußt, also ein Konsument etwa seine Frühstücksbrötchen bei dem Bäcker kauft, der seiner Wohnung am nächsten liegt.

Zeitliche Präferenzen schließlich bedeuten, daß ein Käufer seine Entscheidung davon abhängig macht, ob er über ein Gut sofort oder erst später verfügen kann, also beispielsweise ein Möbelstück oder ein Auto bei dem Anbieter kauft, der es ihm zum gewünschten Termin liefern kann.

Wenn Präferenzen solcher Art vorhanden sind, kann man nicht mehr von **homogenen**, das heißt von gleichartigen Gütern sprechen. Konkret bedeutet dies, daß eben Brötchen vom Bäcker in der Nachbarschaft nicht das gleiche Gut verkörpern wie Brötchen einer entfernt gelegenen Bäckerei, auch wenn sie sich sonst in nichts unterscheiden. Ebenso sind identische Möbelstücke, einmal sofort, ein ander Mal später erst geliefert, nicht mehr als homogene Güter zu betrachten. Die gleichen Schmuckstücke können allein schon aufgrund ihrer unterschiedlichen Präsentation, im schicken Juwelierladen oder im unübersichtlichen Kaufhaus, von einem Interessenten als gänzlich verschiedene Produkte angesehen werden. Und, sicher würden viele ihr Kleidungsstück lieber bei einem freundlichen und sympathischen Händler kaufen als in der Anonymität eines Selbstbedienungsladens.

Zu einem vollkommenen Markt gehört auch die **Markttransparenz**. Damit meint man insbesondere die vollständige Information der Käufer und Verkäufer über den Preis eines Gutes. Alle Marktteilnehmer müssen über alle Preise informiert sein, die zwischen Verkäufern und Käufern für das gleiche Gut ausgehandelt werden. Die Käufer müssen also wissen, wo sie ein Gut am billigsten erwerben können und die Verkäufer müssen wissen, wer für das Gut am meisten bezahlen möchte. Ist diese **vollkommene Preisinformation** nicht sichergestellt, dann wäre es jederzeit möglich, Preise zu differenzieren und somit Preisdiskriminierung zu betreiben. In dem Fall würde ein Verkäufer einem Kunden ein Gut zu einem höheren Preis verkaufen als einem anderen, sobald er nämlich im Laufe des Verkaufsgespräches merkt, daß ersterer den höheren Preis zu zahlen bereit ist.

Sind Homogenität und Markttransparenz als Bedingungen für den vollkommenen Markt erfüllt, kann es auf diesem Markt **nur einen Preis** geben. Da nämlich Käufer und Verkäufer die Preise der angebotenen Güter genau kennen und diese zudem homogen sind, würde niemand bei einem Anbieter kaufen, der einen höheren Preis verlangt. Und kein Anbieter würde an einen Nachfrager verkaufen, der nur einen niedrigeren Preis bezahlen möchte. Unterschiedliche Preise kämen, zum einen, nur dann zustande, wenn die Käufer über ein billigeres Angebot nicht informiert wären, oder die Verkäufer nicht wüßten, daß sie auch zu einem höheren Preis verkaufen könnten. Zum anderen vermag natürlich auch die Existenz von Präferenzen der oben angesprochenen Art unterschiedliche Preise für ein und dasselbe Gut zu begründen. Man kann dies am Beispiel der räumlichen Präferenzen recht gut demonstrieren. Kauft ein Kunde ein Gut von einem weiter entfernt liegenden Anbieter, entstehen ihm Transportkosten. Diese (und den Zeitverlust für Fahrten) wird er nur dann auf sich nehmen wollen, wenn dort der Preis für das ansonsten gleichartige Gut geringer ist und so die Entfernungsnachteile aufwiegt.

Auf unvollkommenen Märkten gibt es, falls große Preisunterschiede bestehen, prinzipiell Möglichkeiten zur **Arbitrage**. Es lassen sich dann die vorhandenen Preisunterschiede geschäftlich ausnutzen, indem man Güter auf einem Markt mit niedrigem Preis kauft und auf einem anderen mit höherem Preis verkauft. Allerdings entstehen dem Arbitrageur dadurch auch Kosten, nämlich zum einen Transportkosten, weil Märkte zumeist räumlich voneinander getrennt sind und, zum anderen, Informationskosten, weil er sich über die Preise hier wie dort zu informieren hat. Streng genommen, müßte der Arbitrageur auch noch die Opportunitätskosten für entstandene Zeitverluste in seiner Kalkulation ansetzen. Dies wird die Vorteile, die er aus Preisdifferenzen zu ziehen vermag, wieder schmälern oder sogar ganz verschwinden lassen.

Insgesamt gesehen führt Arbitrage auf unvollkommenen Märkten letztlich dazu, daß sich Preisunterschiede angleichen. Denn die zusätzliche Nachfrage des Arbitrageurs auf dem Niedrigpreismarkt läßt hier den Preis ansteigen und sein zusätzliches Angebot auf dem Hochpreismarkt führt dort zu einer Preissenkung.

3.2 Pläne der privaten Haushalte

Einen privaten Haushalt haben wir charakterisiert als eine Person oder eine Gruppe von Personen, die Faktoreinkommen beziehen und diese für den Konsum von Gütern oder das Sparen verwenden. Das Ziel eines privaten Haushalts besteht darin, wie wir wissen, die Bedürfnisbefriedigung, die er aus dem Konsum von Gütern erfährt, zu maximieren. Güter stiften dem Konsumenten Nutzen, wobei dieser allein von der Wertschätzung abhängt, die ein Konsument Gütern entgegenbringt.

In der Mikroökonomie stellt man sich diesen Zusammenhang wie folgt vor: Der Konsument ist einfach in der Lage, verschiedene Güter oder Bündel von Gütern gemäß seiner Wertschätzung so zu ordnen, daß ein Güterbündel einen höheren Rang einnimmt, wenn es einem anderen Güterbündel vorgezogen wird. Man unterstellt dann, daß sich der Konsument **rational** verhält und am Gütermarkt diejenigen Güter nachfragt, die ihm, nach diesem Prozeß des Abwägens, den größten Nutzen bringen.

Um seinen Nutzen zu maximieren, müßte ein Konsument eigentlich von jedem Gut möglichst viel nachfragen, weil man bei ihm ja prinzipiell von unbegrenzten Bedürfnissen ausgehen darf. In der Realität freilich muß er bei seiner Nachfrage sowohl sein beschränktes Einkommen wie auch die Preise der Güter berücksichtigen, aus denen sich die Kaufkraft seines Einkommens bestimmt. Steigen die Güterpreise, dann nimmt natürlich die Kaufkraft des Einkommens ab, bei sinkenden Güterpreisen nimmt sie entsprechend zu.

Plant der Konsument den Kauf bestimmter Güter, dann nimmt er deren Preis auf dem Markt als gegeben hin. Denn schon aufgrund der hohen Zahl von Nachfragern, die in der Regel das von ihm gewünschte Güterbündel ebenfalls haben möchten, kann er nicht davon ausgehen, daß seine Nachfrage den Preis merklich beeinflußt. Er wählt dann dasjenige Güterbündel aus, das ihm den größten Nutzen bringt und das er, bei gegebenen Marktpreisen, aus seinem Einkommen bezahlen kann. Daraus ergibt sich letztendlich die Nachfrage des Konsumenten auf dem Gütermarkt.

Ein Konsument gibt sein Einkommen jedoch nicht nur für den gegenwärtigen Konsum aus, er muß sich auch darüber klar werden, welchen Teil des Einkommens er **sparen** möchte. Sparen bedeutet für ihn natürlich einen Konsumverzicht in der Gegenwart. Als Gegenleistung erhält er dafür ein Zinseinkommen, das seine Konsummöglichkeiten in der Zukunft erhöht. Diese Zinsen zahlen diejenigen Wirtschaftssubjekte, denen die Ersparnisse zum Kauf von Konsumgütern oder Produktionsfaktoren überlassen werden. Beim **Zins** handelt es sich also um einen Preis, den ein Haushalt dafür erhält, daß er Konsumverzicht übt und es auf diese Weise ermöglicht, daß entweder andere Haushalte mehr konsumieren oder bestimmte Unternehmen dafür Investitionsgüter kaufen können.

Die Entscheidung eines Konsumenten über die Höhe seiner Ersparnis wird also einmal vom Zins und damit seinen zukünftigen Konsummöglichkeiten abhängen, zum anderen aber auch davon bestimmt sein, wie er zukünftigen im Vergleich zum gegenwärtigen Konsum bewertet. Diese Bewertung kommt in der **Zeitpräferenzrate** des Konsumenten zum Ausdruck.

In der Ökonomie geht man normalerweise von einer **positiven** Zeitpräferenzrate aus. Das heißt, man unterstellt, daß Konsumenten den Nutzen einer bestimmten Gütermenge, die sie sofort verbrauchen können, höher bewerten als den Nutzen der gleichen Gütermenge zu einem späteren Zeitpunkt. Oder, anders ausgedrückt, ein Konsument schätzt zwei Güterbündel, von denen er das eine sofort, das andere erst später konsumieren kann, nur dann gleich hoch ein, wenn er beim letzteren mehr erhält. Unter dieser Bedingung wird ein Konsument überhaupt nur dann sparen, wenn der Zins positiv ist und die Kaufkraft seines Einkommens in der Zukunft nicht abnimmt, er also später damit mehr kaufen kann als zum gegenwärtigen Zeitpunkt.

Bevor ein Haushalt auf dem Gütermarkt als Nachfrager auftreten kann, muß er natürlich ein Einkommen haben. Das erforderliche Einkommen kann er erzielen, indem er die in seinem Besitz befindlichen Produktionsfaktoren auf den Faktormärkten verkauft. Es handelt sich hierbei im wesentlichen um die Faktoren Arbeit, Kapital und Boden. Diese Produktionsfaktoren werden den Unternehmen angeboten, die sie nachfragen und in der Produktion einsetzen. Dafür erhalten die Haushalte eine **Faktorentlohnung**, in Form von Löhnen, Zinsen und Renten, die ihr Einkommen ausmachen.

Abb. 3.2: Pläne der Haushalte

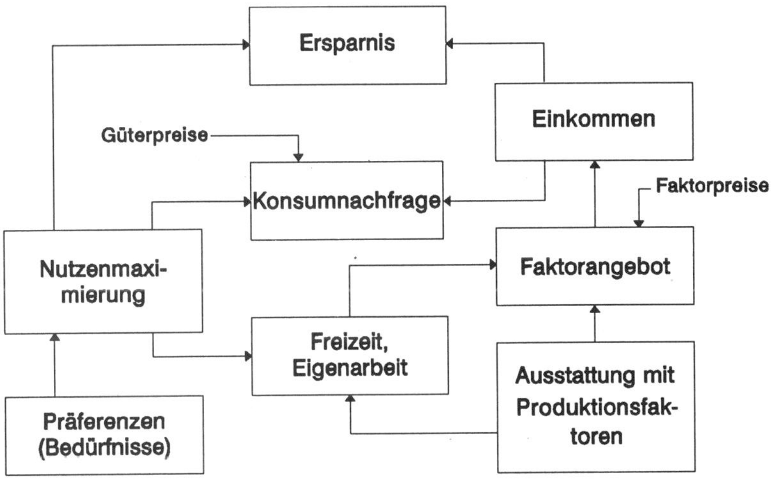

Da Konsumenten möglichst viel konsumieren möchten, sind sie natürlich an einem möglichst hohen Einkommen interessiert. Dies betrifft vor allem ihr Arbeitseinkommen, welches sich, bei gegebenem Lohnsatz, allerdings nur dann steigern läßt, wenn der Haushalt seine angebotene Arbeitszeit erhöht. Davon aber wird maßgeblich seine Freizeit tangiert. Auch die aufgewendete Zeit für Hausarbeit und andere Eigenarbeiten muß er entsprechend verringern. Dies wiederum führt zu Nutzeneinbußen, weil der Nutzen nicht nur vom Konsum von Marktgütern, sondern auch von der verfügbaren Freizeit und den selbsterstellten Gütern abhängt. Insofern besteht ein **Zielkonflikt zwischen dem Konsum von Gütern und der Freizeit**, denn ein Konsument möchte natürlich möglichst viel konsumieren, gleichzeitig aber auch möglichst wenig dafür arbeiten.

Die verschiedenen Einflußgrößen und die Zusammenhänge, die auf den Wirtschaftsplan eines privaten Haushalts einwirken, haben wir in Abbildung 3.2 noch einmal schematisch zusammengefaßt.

3.3 Pläne der Unternehmen

Das Wesen und die Aufgaben von Unternehmen in einer Marktwirtschaft haben wir im ersten Kapitel schon kennengelernt. Versuchen wir dennoch, zur Vertiefung und zum besseren Verständnis, das Essentielle hier nochmals zu wiederholen.

Unternehmen sind verantwortlich für die Produktion von Gütern, die durch die Kombination von Produktionsfaktoren in einem technischen Produktionsprozeß entstehen. Die dafür benötigten Produktionsfaktoren kaufen sie auf den Faktormärkten, während sie die erstellten Produkte auf Gütermärkten verkaufen. Unternehmen treten also auf Faktormärkten als Nachfrager und auf Gütermärkten als Anbieter auf.

Wirtschaftliches Ziel eines Unternehmens ist normalerweise die Maximierung des Gewinns. Dieser ergibt sich aus der Differenz zwischen dem Erlös, den das Unternehmen aus dem Verkauf von Gütern erzielt, und den Kosten, die ihm aus dem Einsatz von Produktionsfaktoren entstehen. Um seinen Gewinn zu maximieren, muß ein Unternehmen demnach jede Outputmenge, die es anbieten möchte, mit möglichst geringen Kosten produzieren. Dabei darf es die Faktorpreise als gegeben hinnehmen, sofern auf dem Faktormarkt vollkommene Konkurrenz herrscht. Dann nämlich macht die Faktornachfrage eines einzelnen Unternehmens nur einen geringen Teil der Gesamtnachfrage aus und dieses kann daher die Faktorpreise nicht beeinflussen. Ein Unternehmen hat andererseits jedoch zumeist die Möglichkeit, ein und dieselbe Outputmenge mit ganz unterschiedlichen Kombinationen der Produktionsfaktoren herzustellen. In diesem Fall kommt es für das Unternehmen besonders darauf an, bei gegebenen Faktorpreisen, diejenige Faktorkombination zu wählen, die die geringsten Kosten verursacht. Man nennt dies auch die **Minimalkostenkombination**.

Die Produktion zu minimalen Kosten ist zwar eine ganz wichtige Voraussetzung für die Maximierung des Gewinns, sie reicht dafür allein aber nicht aus. Denn der Gewinn hängt bekanntlich auch von den **Erlösen** ab, die ein Unternehmen für sein Angebot auf dem Gütermarkt erzielt. Bieten dort noch viele Konkurrenten das gleiche Gut an, so wird ein einzelnes Unternehmen von sich aus den Preis dieses

Gutes nicht beeinflussen können. (Wir kommen auf die Preisbildung am Gütermarkt gleich zu sprechen.) Es kann sich lediglich mit der angebotenen Menge anpassen und so versuchen, den Gewinn zu maximieren. Bei gegebenem Preis bietet das Unternehmen diejenige Menge eines Gutes an, bei der die Differenz zwischen den erzielten Erlösen und den aufzuwendenden Kosten am größten ist.

Mit dieser **gewinnmaximalen Outputmenge** wird gleichzeitig die Nachfrage des Unternehmens nach Produktionsfaktoren festgelegt. Denn das Unternehmen weiß ja, welche Faktormengen es zur kostenminimalen Produktion des gewinnmaximalen Outputs benötigt. Damit ist der Kreis von der Gewinnmaximierung hin zum Güterangebot und zur Faktornachfrage geschlossen.

Abb. 3.3: Pläne der Unternehmen

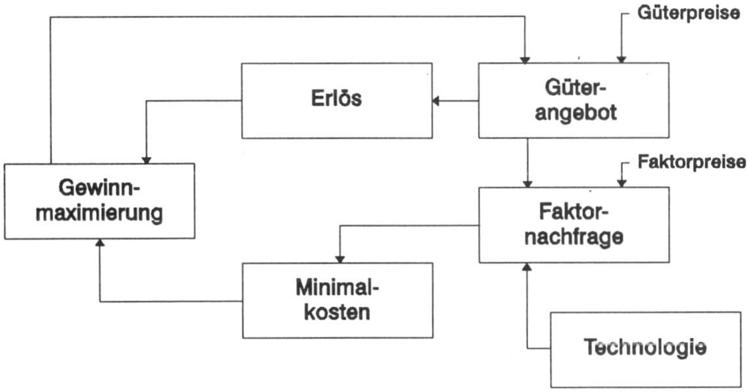

Auch den Entscheidungsablauf für den Unternehmenssektor haben wir noch einmal in Abbildung 3.3 schematisch dargestellt.

3.4 Preisbildung auf dem Gütermarkt

Im folgenden behandeln wir die Preisbildung auf dem Gütermarkt bei **vollständiger Konkurrenz**. Der Preis bildet sich grundsätzlich aus Angebot und Nachfrage. Um daher die Preisbildung zu verstehen, müssen wir zunächst fragen, welche Determinanten die Nachfrage und welche das Angebot bestimmen. Güternachfrage und -angebot leiten sich, wie wir wissen, aus den Plänen der Haushalte und Unternehmen ab, die wir soeben ausführlich behandelt haben. Betrachten wir zunächst die Nachfrage nach einem Gut.

3.4.1 Die Nachfragefunktion

Nehmen wir an, ein Konsument hätte die Entscheidung über sein Arbeitsangebot, und damit über die Höhe seines Einkommens schon getroffen und auch schon entschieden, welchen Teil er davon sparen möchte. Seine Nachfrage nach einem bestimmten Gut hängt dann nur noch von folgenden **Determinanten** ab:

- den Präferenzen,
- dem Einkommen,
- dem Preis des Gutes,
- den Preisen der anderen Güter.

Die **Präferenzen** des Konsumenten sind ein Ausdruck dafür, ob ein Gut von ihm überhaupt gewünscht wird. Die **Preise** der Güter und das für den Konsum verwendbare **Einkommen** legen fest, welche Güter und welche Mengen davon er am Markt kaufen kann.

Um auch die Beziehung zwischen der nachgefragten Menge eines Gutes und ihrer Determinanten analysieren zu können, wenden wir wieder die ceteris-paribus - Klausel an. Wir betrachten alle Bestimmungsgrößen bis auf den Preis des Gutes als unveränderlich und fragen dann, wie die Nachfrage vom Preis abhängt. Die Beziehung zwischen nachgefragter Menge und dem Preis des Gutes bezeichnet man auch als **Nachfragefunktion**. In ihr kommt eine allgemeine Erfahrung zum Ausdruck, die jeder von uns schon gemacht hat: Je höher der Preis eines Gutes ist, umso weniger wird davon nachgefragt, und je niedriger der Preis ist, desto höher beläuft sich die nachgefragte Menge.

In einem Koordinatensystem, in dem wir den Preis p auf der Ordinate und die nachgefragte Menge x^N auf der Abszisse abtragen, hat die Nachfragefunktion einen **fallenden Verlauf**, wie es das Beispiel in Abbildung 3.4 zeigt.

Wir sehen, daß bei dem niedrigen Preis p_1 eine große Menge x_1^N nachgefragt wird. Bei dem hohen Preis p_2 hingegen wird eine nur geringe Menge x_2^N gewünscht. Wie kann man sich diesen fallenden Verlauf der Nachfragekurve erklären?

Dafür gibt es im wesentlichen zwei Gründe:

(a) Eine Erhöhung des Güterpreises, bei konstantem Einkommen und konstanten Preisen für die anderen Güter, hat einen Kaufkraftverlust zur Folge. Denn der Konsument kann jetzt mit seinem Einkommen von dem teurer gewordenen Gut, und wahrscheinlich auch von den anderen Gütern, nur noch weniger nachfragen. Dies nennt man den **Einkommenseffekt** einer Preiserhöhung.

Abb. 3.4: Nachfragefunktion

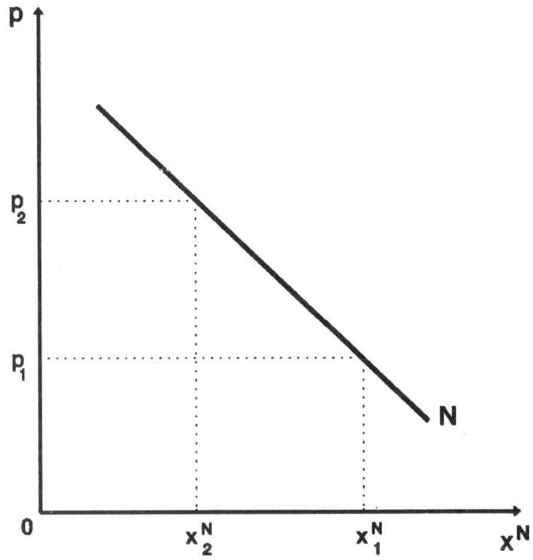

(b) Wenn ein Konsument von einem Gut weniger kaufen kann, dann erleidet er auch eine Nutzeneinbuße. Deshalb wird er versuchen, das teurer gewordene Gut durch ein anderes, preiswerteres zu substituieren, indem er vom teureren weniger und vom anderen Gut mehr nachfragt. Dies nennt man den **Substitutionseffekt** einer Preiserhöhung.

Beide Effekte führen zu einer Verringerung der Nachfrage nach einem Gut, wenn dessen Preis steigt.

Bei der Ableitung der Nachfragefunktion sind wir von der Konstanz der übrigen Einflußgrößen ausgegangen. In Wirklichkeit aber wirken sich diese, genau wie der Preis des Gutes selbst, ebenfalls auf die Nachfragemengen aus. Wie sieht nun deren Wirkungsweise aus?

Betrachten wir zunächst beispielhaft eine **Einkommensänderung** und sehen uns dazu die Abbildung 3.5 an. Eine **Erhöhung** des Einkommens bewirkt im allgemeinen, daß von jedem Gut, bei gleichen Preisen, mehr nachgefragt werden kann. Dadurch verschiebt sich die Nachfragekurve in der Abbildung 3.5 nach rechts von N_1 zu N_2. Eine **Senkung** des Einkommens hingegen führt zu einer Verschiebung nach links, von N_1 zu N_3. Vom betrachteten Gut kann nunmehr nur noch weniger nachgefragt werden. Einkommensänderungen bewirken also eine **Verschiebung** der Nachfragekurve.

Abb. 3.5: Verschiebung der Nachfragefunktion

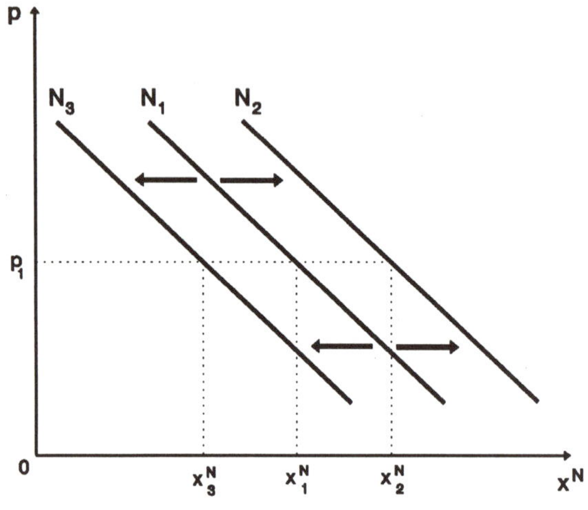

Güter, die in der aufgezeigten Weise auf Einkommensänderungen reagieren, nennt man **superiore** oder **normale** Güter. Es gibt allerdings auch andere, die **inferioren** Güter, deren Nachfrage bei einer Erhöhung des Einkommens zurückgeht. Sie werden dann durch Güter substituiert, die ein Konsument an sich höher bewertet, die er sich aber bei dem niedrigeren Einkommen noch nicht leisten konnte. Beispiele für inferiore Güter sind etwa Kartoffeln und Malzkaffee, die durch Fleisch und Bohnenkaffee ersetzt werden.

Erhöhen wir als nächstes, ceteris paribus, den **Preis eines anderen Gutes**. Dann erhöht sich die Nachfrage nach dem bisher betrachteten Gut und dessen Nachfragekurve verschiebt sich nach rechts, falls es das teurer gewordene Gut ersetzt. In diesem Fall spricht man von einem **Substitutionsgut**, wofür Füllfederhalter und Kugelschreiber ein Beispiel darstellen. Es ist jedoch auch möglich, daß als Folge der Preiserhöhung die Nachfrage nach beiden Gütern sinkt und sich die Nachfragekurve nach links verschiebt. Dann hat man es mit **Komplementärgütern** zu tun. Beispiele für solche Güter gibt es genügend, das Auto und das Benzin etwa gehören sehr eng zusammen.

Insgesamt sollten wir uns merken, daß man als Folge von Veränderungen einzelner Determinanten der Nachfrage streng zwischen einer **Bewegung auf der Nachfragekurve** und einer **Verschiebung der Nachfragekurve** unterscheiden muß. Bei Änderungen des Güterpreises bewegt man sich auf der Nachfragekurve, während jede Änderung der übrigen Parameter zu einer Verschiebung der Nachfragekurve führt.

3.4.2 Die Angebotsfunktion

Die am Markt angebotene Menge eines Gutes leitet sich aus den Plänen der Unternehmen ab. Dabei wirken auf das Güterangebot, wie wir eingangs schon erwähnten, die folgenden Determinanten ein:

- der **Preis** des Gutes
  und
- die entstehenden **Produktionskosten**.

Die Produktionskosten wiederum hängen von der angewandten **Technologie** und den **Faktorpreisen** ab. Wendet man auch hier die ceteris paribus-Klausel an und verändert die Technologie und die Faktorpreise nicht, dann läßt sich folgender Zusammenhang zwischen Preis und angebotener Gütermenge feststellen:

Die Unternehmen bieten bei einem niedrigeren Preis geringere Mengen und bei einem höheren Preis größere Mengen an. Diese Beziehung zwischen angebotener Menge eines Gutes und seinem Preis bezeichnet man als **Angebotsfunktion**.

Die Angebotsfunktion stellt das Gegenstück zur Nachfragefunktion dar und kann, wie jene, ebenfalls graphisch veranschaulicht werden. Sehen wir uns hierzu die Abbildung 3.6 an.

Auf der Abszisse ist die angebotene Menge x^A und auf der Ordinate wieder der Preis p des betrachteten Gutes abgetragen. Man sieht, daß bei dem hohem Preis p_1 relativ viel (x_1^A) und bei dem niedrigen Preis p_2 relativ wenig (x_2^A) angeboten wird. Die Angebotskurve weist also einen **steigenden Verlauf** auf. Darin kommt zum Ausdruck, daß die minimalen Kosten der Produktion einer weiteren Einheit des Gutes, an denen die Unternehmen ihre Preise ausrichten, mit steigender Produktionsmenge zunehmen.

Abb. 3.6: Angebotsfunktion

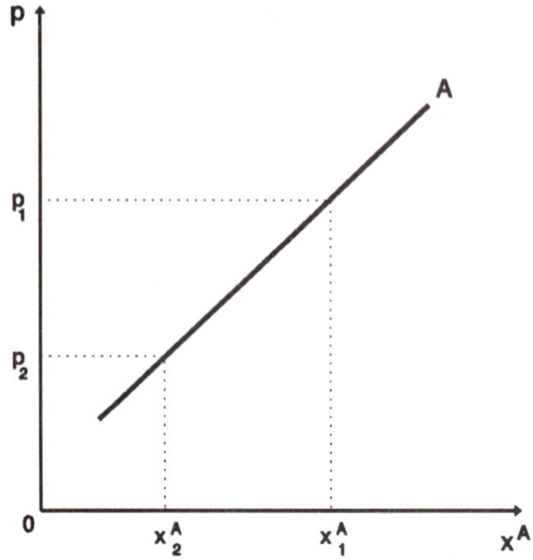

Änderungen der übrigen Determinanten äußern sich wieder in einer Verschiebung der Angebotsfunktion. Steigen etwa die **Faktorpreise** und damit die Kosten der Produktion, so wird das Unternehmen zu jedem Preis nun weniger anbieten. Die Angebotsfunktion verschiebt sich als Folge nach links. Dieser Fall ist in Abbildung 3.7 dargestellt, wo beispielhaft die Angebotskurve von A_1 nach A_2 wandert.

Abb. 3.7: Verschiebung der Angebotsfunktion

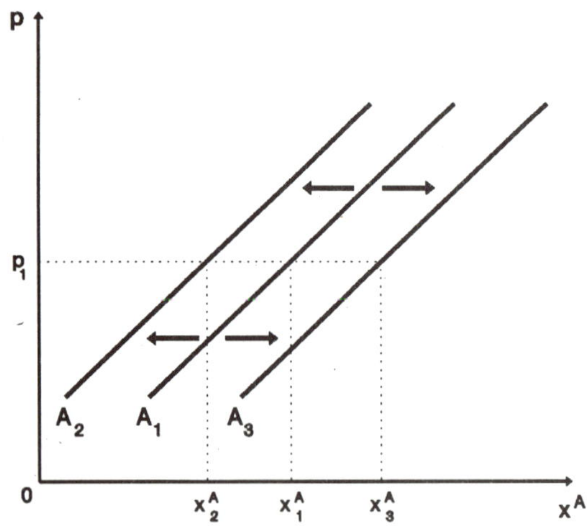

Bessere **Produktionstechnologien** wiederum, mit deren Hilfe Ressourcen eingespart werden können, senken die Produktionskosten (Rationalisierung), was sich als Rechtsverschiebung der Angebotsfunktion auswirkt. In Abbildung 3.7 rückt die Angebotskurve von A_1 nach A_3. Zu jedem Preis kann nun eine größere Menge des Gutes angeboten werden.

3.4.3 Das Marktgleichgewicht

Im allgemeinen werden die Pläne der Unternehmen und die der Haushalte natürlich nicht übereinstimmen. Vereinfacht ausgedrückt kann man sagen, daß bei niedrigen Preisen die Unternehmen wenig anbieten, die Haushalte aber viel nachfragen. Bei hohen Preisen hingegen werden die Haushalte wenig nachfragen und die Unternehmen viel anbieten. Im einen Fall bleiben einige Unternehmen auf ihren Gütern sitzen, im anderen Fall gehen einige Nachfrager leer aus. Die Planungen der Haushalte und der Unternehmen sind also nicht miteinander vereinbar; Angebot und Nachfrage befinden sich nicht im Gleichgewicht.

Die Vorstellung und Idee eines **gleichgewichtigen Marktes** gehört zu den zentralen Konzepten in der Volkswirtschaftslehre überhaupt. Das Marktgleichgewicht definiert man dabei als einen Zustand, in dem die auf einem Markt angebotene Menge eines Gutes genau der nachgefragten Menge entspricht. Dieses Gleichgewicht wird durch den Preis herbeigeführt, der Angebot und Nachfrage in Übereinstimmung bringt. Man spricht bei diesem Gleichgewichtszustand daher präziser auch von einem **notionalen** Gleichgewicht, da es keine Konsumentenwünsche unbefriedigt läßt und auch die Produzenten ihre Waren alle absetzen können. Betrachten wir dazu die Abbildung 3.8.

Das Marktgleichgewicht ergibt sich in unserer Darstellung im Schnittpunkt von Angebots- und Nachfragekurve. Zu beachten ist hier, daß diese Kurven diesmal das Gesamtangebot und die Gesamtnachfrage nach dem betrachteten Gut wiedergeben, die sich aus der Addition der Nachfrage der einzelnen Konsumenten beziehungsweise des Angebots der einzelnen Unternehmen auf dem betrachteten Gütermarkt ergeben. Im Ergebnis erhalten wir dann p^* als den Gleichgewichtspreis und x^* als die gleichgewichtige Menge.

Besonders festhalten sollten wir hier, daß der **Gleichgewichtspreis den Markt räumt**: Jeder Käufer findet einen Verkäufer, da das Gesamtangebot exakt der Gesamtnachfrage entspricht. Auch werden Marktungleichgewichte durch den

Gleichgewichtspreis beseitigt. Wie aber kommt ein solches Marktgleichgewicht zustande?

Werfen wir zum besseren Verständnis nochmals einen Blick auf die Abbildung 3.8. Dort haben wir auch eine Situation eingezeichnet, in der der Preis p_2 über dem Gleichgewichtspreis p^* liegt. Wir können erkennen, daß zu diesem Preis die angebotene Menge größer ist als die nachgefragte Menge. Die Differenz bezeichnet man als **Angebotsüberschuß**. Einige Anbieter werden bei diesem Preis auf ihren Waren sitzenbleiben. Um dies zu vermeiden, müssen sie den Preis senken, was wiederum die Nachfrager veranlaßt, von dem Gut mehr nachzufragen. Als Folge wird der Angebotsüberschuß zurückgehen.

Abb. 3.8: Marktgleichgewicht

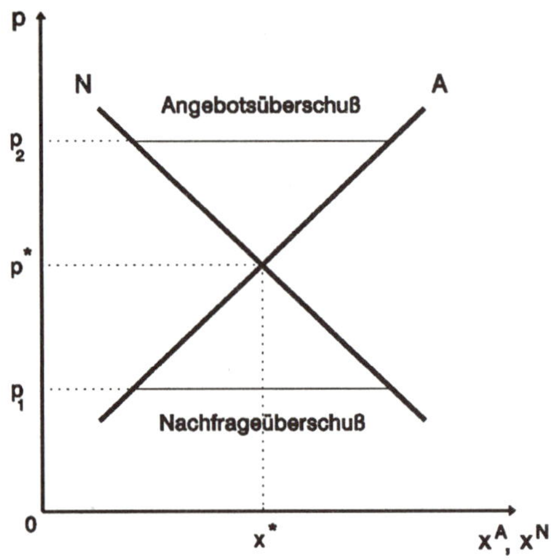

Analoge Überlegungen lassen sich auch für den Preis p_1 anstellen, der unter dem Gleichgewichtspreis liegt. Hier ist die Nachfrage größer als das Angebot. Die Differenz bezeichnet man entsprechend als **Nachfrageüberschuß**. Bei diesem niedrigen Preis kann die vorhandene Nachfrage nicht befriedigt werden, weshalb sich die Nachfrager veranlaßt sehen, ihre Preisgebote zu erhöhen, aber auch ihre Nachfrage einzuschränken. Darauf reagieren die Anbieter wiederum mit einer Ausweitung ihres Angebots, was, zusammen mit der zurückgehenden Nachfrage, den vorhandenen Nachfrageüberschuß abbauen wird.

Sowohl bei einem Nachfrage- als auch bei einem Angebotsüberschuß läßt sich also eine Tendenz zum Gleichgewicht hin feststellen. Solche Gleichgewichte heißen auch

stabile Gleichgewichte, weil sie bestehen bleiben, wenn der Gleichgewichtspreis einmal erreicht ist, oder sich wieder einstellen, wenn das Marktgleichgewicht in Unordnung gerät. Ein stabiles Gleichgewicht kann nur durch Verschiebungen der Nachfrage- oder der Angebotskurve in seiner Lage verändert werden. Diese Situationen haben wir in den Abbildungen 3.9 und 3.10 dargestellt.

Abb. 3.9: Nachfrageerhöhung

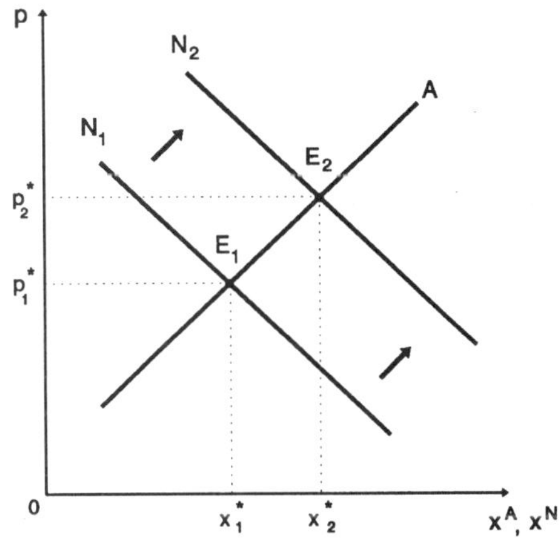

In Abbildung 3.9 verschiebt sich die Nachfragekurve nach rechts, von N_1 zu N_2. Diese Verschiebung kann, zum Beispiel, durch eine Einkommenserhöhung bewirkt sein. Zu jedem Preis wird nun mehr von dem betrachteten Gut nachgefragt. Dies führt zu einem neuen Marktgleichgewicht mit einem höheren Gleichgewichtspreis p_2^* und einer höheren Gleichgewichtsmenge x_2^*.

Die Abbildung 3.10 zeigt demgegenüber, wie sich eine Verschiebung der Angebotsfunktion nach links auswirkt. Eine solche Verschiebung könnte sich, zum Beispiel, durch eine Erhöhung der Faktorpreise einstellen. Zu jedem Preis wird nun eine geringere Menge des betrachteten Gutes angeboten. Der Gleichgewichtspunkt verschiebt sich infolgedessen nach links oben und der gleichgewichtige Preis steigt entsprechend von p_1^* auf p_2^*, während die gleichgewichtige Menge von x_1^* auf x_2^* sinkt.

Auch an dieser Stelle möchten wir besonders darauf hinweisen, daß man Bewegungen auf einer Angebots- oder Nachfragekurve genau von Verschiebungen der Angebots- und Nachfragekurve trennen sollte. Halten wir also nochmals fest:

Abb. 3.10: Angebotssenkung

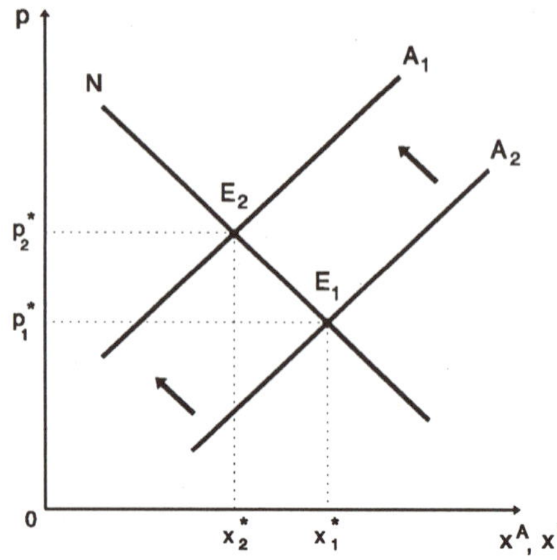

(a) Da die Nachfragefunktion, beziehungsweise die Angebotsfunktion, den Zusammenhang zwischen der nachgefragten, beziehungsweise angebotenen Menge eines Gutes und dem Preis dieses Gutes unter der ceteris paribus-Annahme beschreibt, bewegt man sich auf der Kurve, wenn sich der Preis des Gutes ändert. Eine Preisänderung führt dann zur Änderung der angebotenen oder nachgefragten Menge. Steigt der Preis, geht die nachgefragte Menge zurück und die angebotene Menge nimmt zu. Das umgekehrte Bild ergibt sich bei einer Preissenkung.

(b) Streng davon zu unterscheiden sind Verschiebungen der Nachfrage- oder Angebotskurve. Sie kommen dadurch zustande, daß sich eine der übrigen Determinanten der Nachfrage oder des Angebots ändert, wie zum Beispiel das Einkommen eines Konsumenten oder die Faktorpreise. Bei einer Einkommenserhöhung wird zu jedem möglichen Preis eines Gutes eine größere Menge nachgefragt und bei einer Kostenerhöhung wird zu jedem möglichen Preis weniger angeboten.

Warum ist dieser Unterschied zwischen einer Bewegung auf der Kurve und der Verschiebung einer Kurve so wichtig?

Wir haben gesehen, daß durch **Bewegungen auf der Nachfrage- und Angebotskurve** die Prozesse beschrieben werden, die zu einem Gleichgewichtspunkt hin führen. Damit ein stabiles Gleichgewicht entsteht, müssen bei einem Angebotsüberschuß die Unternehmen den Preis senken und das überschüssige Angebot muß infolge der Preissenkung zurückgehen. Bei einem Nachfrageüberschuß müssen die

Käufer ihre Preisgebote erhöhen und infolge der Preiserhöhung muß sich die überschüssige Nachfrage abbauen. Sowohl Anbieter als auch Nachfrager bewegen sich dabei auf der Angebots- beziehungsweise Nachfragekurve, bis das Gleichgewicht erreicht ist.

Durch **Verschiebungen der Nachfrage- oder Angebotskurve** verändert sich die Lage des Gleichgewichts. Man spricht in diesem Fall auch von exogenen Einflüssen auf das Marktgleichgewicht. Es wirken dann Faktoren auf die Nachfrage oder das Angebot ein, die außerhalb des betrachteten Marktes liegen und so das vorhandene Gleichgewicht verändern.

3.4.4 Angebots- und Nachfrageelastizitäten

Wir haben im letzten Abschnitt gesehen, wie sich der Markt an Veränderungen der Determinanten von Angebot und Nachfrage anpaßt. Um die Stärke der Anpassungsreaktion zu messen, wird in der Volkswirtschaftslehre häufig auf das Konzept der Elastizität zurückgegriffen. Was hat man darunter zu verstehen?

Die **Elastizität** ist ganz allgemein definiert als ein Maß für die prozentuale Veränderung einer abhängigen Variablen zur prozentualen Veränderung einer unabhängigen Variablen. Betrachten wir dazu speziell die Preiselastizität der Nachfrage und des Angebots.

Die **Preiselastizität der Nachfrage** gibt an, um wieviel Prozent sich die nachgefragte Menge eines Gutes ändert, wenn sich der Preis des Gutes um ein Prozent ändert, und alle anderen Determinanten der Nachfrage konstant bleiben. In entsprechender Weise ist auch die **Preiselastizität des Angebots** definiert. Sie mißt die prozentuale Veränderung der angebotenen Menge bei einer Veränderung des Güterpreises um ein Prozent.

Wie wertvoll der Elastizitätsbegriff für den Ökonomen ist, wollen wir anhand folgender Beispiele aufzeigen. Betrachten wir dazu Abbildung 3.11.

Wir haben es in den Teilbildern (a) und (b) mit zwei Gütermärkten zu tun, die identische Angebotskurven aufweisen. Die Angebotskurve verschiebe sich nun auf beiden Märkten von A_1 nach A_2, wobei wir offenlassen wollen, wodurch diese Verschiebung verursacht wurde. Die Unternehmen verlangen nun also für die gleiche Gütermenge einen höheren Preis. Auf die Nachfragekurve hat diese

Veränderung keinen Einfluß, ihre Lage bleibt die alte. Nur das Gleichgewicht paßt sich der Verschiebung der Angebotskurve an und wandert jeweils von E_1 nach E_2. Der gleichgewichtige Preis steigt dadurch von p_1^* auf p_2^* und die gleichgewichtige Menge sinkt von x_1^* auf x_2^*. Man sieht, daß in Abbildung (a) die Preisänderung relativ groß ausfällt, während in Abbildung (b) die Mengenänderung überwiegt.

Abb. 3.11: Nachfrageelastizitäten

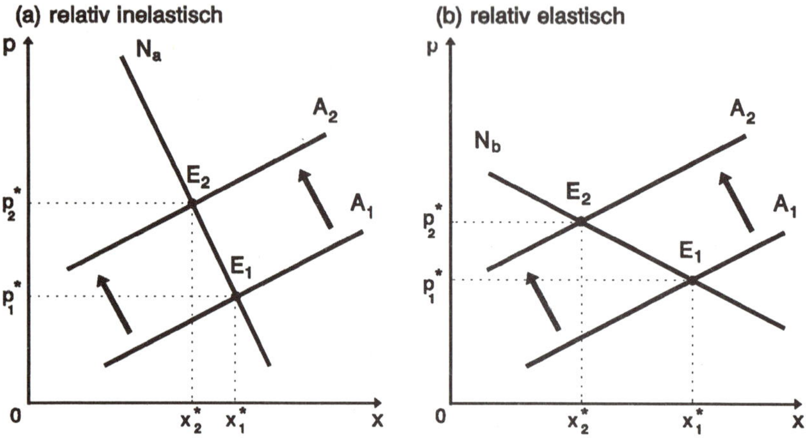

Offensichtlich reagiert im einen Fall die nachgefragte Menge auf Preisänderungen nicht so stark wie im anderen. Die Preiselastizität der Nachfrage im alten Gleichgewichtspunkt E_1 ist in Teilbild (a) geringer als in Teilbild (b).

Sucht man in der Realität nach einem Markt mit einer relativ inelastischen Nachfrage, wie wir sie im Teilbild (a) angenommen haben, so stößt man schnell auf den Ölmarkt. Als gegen Ende des Jahres 1973 die Organisation erdölexportierender Länder (OPEC), zu jener Zeit der Hauptexporteur von Erdöl, aufgrund von Kartellabsprachen den Preis um 200 Prozent erhöhte, ging die Nachfrage nach Öl in den ersten Jahren danach nur geringfügig zurück, weil die Preiselastizität der Nachfrage für Öl gering ist. Da die Ölförderländer eine nahezu unveränderte Fördermenge zu wesentlich höheren Preisen absetzen konnten, erhöhten sich ihre Einnahmen immens. Diese Steigerung mußte von den importierenden Staaten aufgebracht werden, die einen entsprechend hohen Anteil ihres Sozialprodukts dafür einzusetzen hatten.

Eine elastische Nachfrage, wie sie in Teilbild (b) unterstellt ist, findet sich zum Beispiel auf dem Markt für Blumen und Pflanzen, oder bei Körperpflegeartikeln und Sportausrüstungen. Deren Nachfrage reagiert äußerst sensibel auf Preisänderungen.

Die gleichen Überlegungen kann man auch für die Angebotsseite anstellen. Wir haben dies in der Abbildung 3.12 getan. Nunmehr unterstellen wir für beide Märkte eine identische Nachfragekurve und verschieben diese Kurve von N_1 nach N_2. Eine solche Verschiebung könnte durch eine Erhöhung der Einkommen ausgelöst sein. Das Gleichgewicht verändert daraufhin seine Lage und wandert von E_1 nach E_2 entlang der Angebotskurve. Wir sehen, daß auch hier die Preis- und Mengenänderungen durch die Lage der Angebotskurve bestimmt werden. In Teilbild (a) sind die Mengenänderungen, in Teilbild (b) die Preisänderungen relativ groß. Offensichtlich reagiert die angebotene Menge auf Preisänderungen in Teilbild (a) wesentlich stärker als in Teilbild (b). Dies liegt an der unterschiedlichen Preiselastizität des Angebots im alten Gleichgewichtspunkt E_1. Man erhält dort für die Angebotsfunktion A_a einen wesentlich höheren Wert als für die Angebotskurve A_b.

Abb. 3.12: Angebotselastizitäten

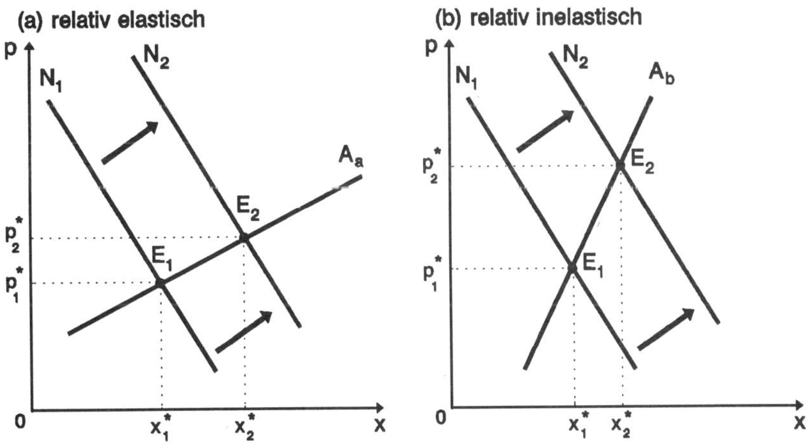

Ein praktisches Beispiel für ein relativ inelastisches Angebot, vergleichbar mit der Angebotskurve A_b, dürfte der Markt für idyllisch am Seeufer oder am Waldrand gelegene Grundstücke sein. Hier sollte auch eine kräftige Nachfrageerhöhung kaum zu einem wesentlich höheren Angebot führen, weil solche Grundstücke zum einen nicht beliebig vermehrbar sind, und nach den Vorstellungen der Städte- und

Landesplaner auch gar nicht bebaut werden sollten, und weil zum anderen die jeweiligen Eigentümer normalerweise einen so attraktiven Besitz nicht aufgeben, es sei denn, sie fänden ein vergleichbares Grundstück zu günstigeren Bedingungen.

Eine relativ flache Angebotskurve, wie sie die Kurve A_a zeigt, dürfte etwa auf dem Markt für Devisen gegeben sein. Auf einem Devisenmarkt wird die Währung einer Volkswirtschaft gegen Währungen des Auslands getauscht, beispielsweise DM gegen Dollar. Dort wird man ein relativ elastisches Angebot vorfinden: Eine geringe Änderung des Devisenkurses, das heißt des Preises für eine Einheit der ausländischen Währung, ausgedrückt in Einheiten der inländischen Währung, hat dann eine relativ große Änderung des Devisenangebots zur Folge.

3.5 Die Effizienz der vollständigen Konkurrenz

Bisher haben wir das Verhalten einzelner Wirtschaftssubjekte und die Koordination ihrer Pläne auf den Märkten betrachtet. Nunmehr wollen wir uns fragen, ob diese Märkte ihre Aufgaben auch effizient zu erfüllen vermögen. Denn der Markt sorgt zwar, wie wir gesehen haben, für ein Gleichgewicht zwischen Angebot und Nachfrage, damit ist aber noch längst nicht sichergestellt, daß dieser Ausgleich der Interessen auch dem Gemeinwohl dient. Marktteilnehmer nämlich verfolgen ja zuerst und ausschließlich eigene Ziele: Konsumenten wollen ihren Nutzen, Unternehmen ihren Gewinn maximieren. Ob sie damit auch anderen Individuen nützen, spielt bei diesen Überlegungen keine Rolle. Wie sich jedoch zeigen läßt, koordinieren die Märkte Akteure auf eine für die gesamte Gesellschaft vorteilhafte Art und Weise. Zu dem Zwecke müssen Märkte so organisiert sein, wie wir es weiter oben schon beschrieben haben. Sie haben als wichtigste Voraussetzung die Anforderungen der vollständigen Konkurrenz zu erfüllen. Sehen wir uns also unter dem Gesichtspunkt der **Effizienz** die Funktionsweise des Modells der vollständigen Konkurrenz noch einmal etwas genauer an.

Paretoeffizienz

Effizienzüberlegungen, die wir bereits früher für den Fall des reinen Tausches angestellt haben, gelten nicht nur dort, sondern auch für alle Kaufakte auf den Gütermärkten und für Vertragsabschlüsse auf dem Markt für Produktionsfaktoren. Indem beide Seiten aus einem Tauschprozeß Vorteile ziehen und ihre ökonomische Situation verbessern, tragen sie auch gleichzeitig zu einer **Steigerung der gesellschaftlichen Wohlfahrt** bei. Um die Wohlfahrt in der Gesellschaft zu erhöhen, genügt es, den Nutzen mindestens eines Individuums zu steigern, ohne den Nutzen eines anderen zu verringern.

Nutzenänderungen ergeben sich bei Individuen normalerweise immer dann, wenn in der Gesellschaft die Produktionsfaktoren anders verwendet werden: sei es, daß man Güter mit einer anderen Faktorkombination produziert, sei es, daß die Mengen der produzierten Güter sich verändern, oder daß die Konsumenten über eine andere Ausstattung mit Produktionsfaktoren verfügen, was in der Folge auch eine Umverteilung der insgesamt produzierten Güter auf die einzelnen Konsumenten mit sich bringt. Den Zustand, der

- eine ganz bestimmte Verteilung der Ressourcen auf die einzelnen Verwendungszwecke in der Produktion,
- eine bestimmte Güterstruktur
- und eine bestimmte Verteilung der produzierten Güter auf die Konsumenten

beschreibt, nennt man auch eine **Allokation**. Dieser Begriff ist uns bereits mehrfach begegnet und er wird uns auch zukünftig noch häufig beschäftigen.

Jede Gesellschaft hat natürlich ein starkes Interesse daran, unter allen möglichen Allokationen diejenigen zu realisieren, die ihr eine möglichst hohe Wohlfahrt garantieren. Man spricht hier, etwas präziser, auch von **effizienten** Allokationen. Das Problem für jede Gesellschaft besteht nun darin, die einzelwirtschaftlichen Aktivitäten so zu koordinieren, daß ein Paretooptimum auch tatsächlich erreicht wird.

"Invisible hand"

Da diese Koordinationsaufgabe, wie wir an anderer Stelle auch schon darlegten, den menschlichen Geist bei weitem übersteigt und auch mit den größten Rechenanlagen nicht zu bewältigen ist, wird sie in der Marktwirtschaft dezentralisiert und den Märkten überlassen. Diese sorgen nicht nur für eine Abstimmung der zahllosen Aktivitäten der einzelnen Wirtschaftssubjekte an sich, sondern auch für eine Koordination, die effizient erfolgt. Daß Tauschprozesse zur Besserstellung von Individuen führen und daher sehr viel mit Effizienz zu tun haben, haben wir ja früher schon gesehen. Wie von einer **"unsichtbaren Hand"** gelenkt, sorgen die Märkte und die sich aus Angebot und Nachfrage bildenden Preise dafür, daß die Marktteilnehmer, indem sie eigene Ziele verfolgen und auf den Märkten konkurrieren, gleichzeitig auch dem Gemeinwohl dienen.

Dies ist die entscheidende und sicherlich auch revolutionäre Botschaft von **Adam Smith** (1723-1790), dem geistigen Vater der marktwirtschaftlichen Idee und einem der Begründer der Volkswirtschaftslehre als akademischer Disziplin. Er hat auch den oben zitierten Begriff der "invisible hand" geprägt. Stellen wir seine epochale Erkenntnis noch einmal heraus:

Indem Konsumenten und Produzenten ausschließlich eigennutzorientiert und gewinnorientiert agieren und ihre eigenen Ziele verfolgen, handeln sie auch im Interesse des Gemeinwohls. Die konfligierenden Eigeninteressen werden durch den Markt aufeinander abgestimmt und zum Ausgleich gebracht. Dies geschieht überdies in effizienter Weise, demnach ohne jede Verschwendung knapper Ressourcen in der Produktion und auch ohne ein "zuviel" oder "zuwenig" des einen oder anderen Güterangebots, was einfach nur heißt, daß am Bedarf nicht vorbei produziert wird.

Der Preismechanismus

Im Marktprozeß spielen die Preise, die als Indikatoren für die Knappheit der Güter dienen, die entscheidende Rolle. Alle Akteure orientieren sich ausschließlich an ihnen. Weitere Informationen, etwa über die Produktions- und Konsumpläne der anderen Marktteilnehmer, stehen unmittelbar nicht zur Verfügung; sie sind jedoch indirekt in den Preisen ebenfalls enthalten: Den Konsumenten geben Preise Aufschluß über den Ressourceneinsatz und die Produktionskosten, die die von ihnen gewünschten Güter verursachen. Den Produzenten liefern sie Hinweise auf den Wert, den die Konsumenten einem bestimmten Güterangebot beimessen.

Wir müssen hier jedoch ein weiteres Mal betonen, daß Preise, streng genommen, ihre Funktion nur dann erfüllen können, wenn die Märkte, sowohl für Güter wie für Produktionsfaktoren, der Idealvorstellung der vollständigen Konkurrenz entsprechen. Eine effiziente Allokation der Ressourcen in der Marktwirtschaft ist daher stets an diese essentielle Bedingung geknüpft.

Sehen wir uns diesen für die Marktwirtschaft so bedeutsamen Zusammenhang im folgenden noch etwas genauer an. Wie werden die Ressourcen durch den Preismechanismus in ihre effizienten Verwendungen gelenkt?

Am Beispiel des reinen Gütertausches haben wir das Grundprinzip ja schon kennengelernt. Die Konsumenten passen ihre Substitutionsraten einer für beide Seiten optimalen Tauschrate an, die gleichzeitig das Preisverhältnis der Güter repräsentiert. Dabei wurden allerdings die insgesamt verfügbaren Mengen der beiden Güter als gegeben angenommen. Im folgenden wollen wir dieses einfache Tauschmodell erweitern, indem wir auch die Produktionssphäre in die Analyse einbeziehen. Zu dem Zweck betrachten wir eine Volkswirtschaft mit nur zwei Gütermärkten, die stellvertretend für die vielen Märkte stehen sollen, die eine moderne Volkswirtschaft von heute kennzeichnen. Die Produktionsmöglichkeiten denke man sich durch eine Transformationskurve beschrieben, in der Art, wie wir sie ja bereits ausführlich kennengelernt haben. Was passiert nun in diesem neuen institutionellen Rahmen?

Zunächst bilden sich auf beiden Märkten Preise. Dabei kommt es weniger auf die absolute Höhe der Einzelpreise an, sondern auf das **Verhältnis**, in dem diese zueinander stehen. Denn dieses signalisiert zweierlei:

(a) Zum einen entspricht das Preisverhältnis immer der Grenzrate der Transformation zwischen den beiden Gütern. Letztere gibt an, wenn wir uns erinnern, welche Mengen von einem Gut zusätzlich produziert werden können, wenn man auf die Produktion einer Einheit eines anderen Gutes verzichtet. Die Mehrproduktion des einen und die Minderproduktion des anderen Gutes geht zugleich mit einer Reallokation der Ressourcen einher, die aus dem einen Sektor abgezogen und dafür im anderen Sektor eingesetzt werden. Die Kosten der Produktion des einen Gutes erfaßt man dabei anhand der **Opportunitätskosten**, also in Form des Verzichts auf eine bestimmte Menge des jeweils anderen Gutes.

(b) Zum zweiten spiegelt das Preisverhältnis die **relative Wertschätzung** der Konsumenten für die beiden Güter wieder. Als Maß dafür dient die Substitutionsrate, die wir vorhin schon ausführlich erklärt haben.

Eine **effiziente Allokation** erfordert nun, daß der Wert eines Gutes, den es im Vergleich zu anderen Gütern in den Augen der Konsumenten hat, mit seinen Opportunitätskosten in der Produktion übereinstimmt, und somit eine Gleichheit zwischen Substitutions- und Transformationsrate besteht. Diese Bedingung ist leicht einzusehen:

Angenommen, unsere Ökonomie befände sich in einer Situation, in der die Substitutionsrate irgendeines Konsumenten nicht mit der Transformationsrate übereinstimmt. Eine solche Situation kann nicht paretooptimal sein. Denn dann gibt es immer eine Möglichkeit, durch Reallokation der Produktionsfaktoren wenigstens einen Konsumenten besserzustellen, ohne einen anderen in seiner Stellung zu verschlechtern. Bei einer Substitutionsrate von 1 etwa wären die Konsumenten bereit, eine Einheit des einen Gutes gegen eine Einheit des anderen einzutauschen. Beträgt die Transformationsrate im Vergleich dazu aber etwa 2 oder 1/2, dann lassen sich durch Reallokation zwei Einheiten des einen Gutes in eine Einheit des anderen transformieren. Damit wird es ermöglicht, einen Konsumenten für den Verlust einer Einheit des einen mit zwei Einheiten des anderen Gutes zu kompensieren. Dies sollte seinen Nutzen sicherlich erhöhen, da er ja zuvor bereits einem Tausch von 1:1 indifferent gegenüberstand.

Auf vollständigen Konkurrenzmärkten ist die Gleichheit von Substitutions- und Transformationsrate immer gegeben, weil diese im Gleichgewicht mit dem Preisverhältnis übereinstimmen. Die **Relativpreise** signalisieren somit:

- dem **Konsumenten**, relativ wenig von einem Gut nachzufragen, wenn dessen Opportunitätskosten relativ hoch sind, und
- dem **Produzenten**, relativ viel von einem Gut und relativ wenig von anderen zu produzieren, falls die Wertschätzung der Konsumenten für dieses Gut relativ hoch ist.

Der große Vorteil dieses Mechanismus besteht ohne Frage darin, daß das Allokationsproblem auf **dezentraler** Ebene gelöst wird. Die Funktion des Wegweisers für die einzelwirtschaftlichen Aktivitäten übernehmen hierbei der **Gewinn** und der **Nutzen**. Ein steigender Gewinn bedeutet, daß die Konsumenten für ein Gut noch mehr zu zahlen bereit sind, als die Produktion einer zusätzlichen Einheit mindestens kostet. Und ein steigender Nutzen besagt, daß die Wertschätzung des Konsumenten für zusätzliche Einheiten eines Gutes noch größer ist, als die Kosten, die ihre Produktion mindestens verursacht.

Das daraus resultierende **Gleichgewicht**, bei dem die zusätzlichen Kosten der Produktion einer weiteren Einheit genau dem Wert entsprechen, den ihm die Konsumenten beimessen, beschreibt gleichzeitig einen **paretoeffizienten Zustand**. Um ihn zu erreichen, genügt es vollkommen, wenn Konsumenten und Produzenten vollständige Information über die Relativpreise besitzen.

Jede Änderung in den Produktionsbedingungen oder in der Wertschätzung für ein Gut drückt sich dann in einer Änderung der relativen Preise aus und führt so zu einer Reallokation der Produktionsfaktoren:

- **Steigende Produktionskosten** etwa erhöhen den relativen Preis des Gutes, worauf Konsumenten ihre Nachfrage dafür einschränken. Als Folge geht dessen Produktion zurück, wodurch Ressourcen freigesetzt werden, die für andere Güter verwendet werden können, deren Preise relativ gefallen und deren Nachfragen daher entsprechend angestiegen sind.

- Eine **steigende Wertschätzung** der Konsumenten für ein Gut führt zu einem ähnlichen Anpassungsprozeß. Dessen Relativpreis wird steigen und den Unternehmen signalisieren, mehr von diesem Gut zu produzieren, was den Einsatz zusätzlicher Ressourcen im zugehörigen Sektor notwendig macht. Die Mehrproduktion wird so lange anhalten, bis die Produktionskosten, die aufgrund des Ertragsgesetzes stetig zunehmen, wieder dem Wert des Gutes im Konsum entsprechen.

Das Verteilungsproblem

Mit einem gegebenem Bestand an Ressourcen läßt sich in einer Volkswirtschaft nicht nur ein paretooptimaler Zustand erreichen. Es existieren davon sehr viele, die sich nicht nur in Art und Umfang der produzierten Güter, sondern auch in der **Verteilung** der Güter auf die einzelnen Konsumenten unterscheiden. Ein paretooptimaler Zustand, beispielsweise, könnte mit einer extrem ungleichen Güterverteilung einhergehen, bei der einige wenige Individuen fast alles, die meisten fast nichts besitzen. Ein anderer wiederum mag durch Gleichverteilung charakterisiert sein, bei der jeder von allem gleichviel erhält. Das endgültige Ergebnis hängt letztlich von der **Anfangsausstattung** der Konsumenten mit Produktionsfaktoren und der daraus resultierenden Einkommensverteilung ab.

Welche der möglichen Verteilungen man freilich als **gerecht** oder als **fair** bezeichnen darf, darüber macht das Paretokriterium keine Aussage. Da es zudem in gemischten Wirtschaftsordnungen kaum eine wirtschafts- oder sozialpolitische Maßnahme gibt, die nicht wenigstens einen Konsumenten schlechter stellt, wäre eine Gesellschaft ziemlich schnell entscheidungsunfähig, wenn sie sich allein nach dem Paretokriterium richten wollte. Dieses ist im Grunde nur für eine Welt geschaffen, in der es überhaupt keine Staatseingriffe gibt und in der die Allokation voll den Märkten überlassen bleibt. Jene haben dann für Paretoeffizienz zu sorgen.

Andererseits sollte Paretoeffizienz als Ziel in einer Gesellschaft auch nicht ernsthaft umstritten sein, weil dieses im Grunde nur verlangt, daß Ressourcen nicht verschwendet werden dürfen. Nur so nämlich läßt sich verhindern, daß Individuen nicht schlechter gestellt werden, als sie es bei einer effizienten Allokation der Ressourcen wären. Das Verteilungsproblem bleibt bei dieser Forderung selbstverständlich ungelöst. Um darüber zu entscheiden, benötigt man zusätzliche Kriterien, von der Art etwa, wie sie in bestimmten Vorstellungen zur Egalität oder in Prinzipien der Fairness enthalten sind. Solche normativen Vorgaben zielen im wesentlichen darauf ab, die materielle Ungleichheit unter den Mitgliedern einer Gesellschaft zu verringern. Sie erfordern Eingriffe des Staates in den Marktprozeß, die auf eine Umverteilung der Einkommen hinauslaufen und somit eine Reallokation von Ressourcen und Gütern bewirken. Wir werden darauf später wieder zurückkommen.

Kontrollfragen zu Kapitel 3:

1. Was versteht man unter einem Markt? Wie unterscheiden sich Produkt- und Faktormärkte hinsichtlich der dort herrschenden Angebots-Nachfragebeziehungen?

2. Erläutern Sie die für die Pläne eines privaten Haushalts relevanten Ziele, Daten und Entscheidungsvariablen.

3. Nennen Sie die Determinanten des Angebots eines Unternehmens für ein privates Gut.

4. Wodurch ist ein vollkommener Markt charakterisiert? Warum kann es auf ihm nur einen einheitlichen Preis geben? Könnte man die Verhältnisse auf einem städtischen Wochenmarkt als vollkommen in diesem Sinne ansehen?

5. Stellen Sie das Marktgleichgewicht auf einem vollkommenen Gütermarkt graphisch dar und erläutern Sie den Preismechanismus, der zu einem Gleichgewicht führt.

6. Inwiefern sind in der Marktwirtschaft die Preise Knappheitsanzeiger? Welche Lenkungsaufgabe kommt ihnen zu?

7. Erläutern Sie, was man unter der Preiselastizität des Angebots und der Nachfrage versteht.

8. Was besagt der Ausdruck "invisible hand" des Marktmechanismus?

9. Welche Mechanismen führen in der Marktwirtschaft zu allokativer Effizienz?

10. Welche Zusammenhänge bestehen zwischen allokativer Effizienz und Güterverteilung?

4. Der Staat

Geht man von der Idealvorstellung vollkommener Märkte aus, wie wir sie im letzten Kapitel beschrieben haben, dann gibt es natürlich aus ökonomischer Sicht keine Begründung für eine Betätigung des Staates, die über die Setzung des rechtlichen Rahmens und die damit verbundenen Verwaltungsdienste hinausginge. Dann hätte man es mit einem sogenannten "**Nachtwächterstaat**" zu tun, der lediglich die Vertragsfreiheit und die Eigentumsrechte seiner Bürger zu schützen hat. In der Realität jedoch sind solche Idealmärkte, wie wir im letzten Kapitel auch schon anklingen ließen, fast nirgendwo anzutreffen, wenngleich man zweifelsohne einräumen muß, daß der Preismechanismus, selbst dann, durchaus für eine vergleichsweise effiziente Produktion und Distribution der Güter zu sorgen vermag. Andererseits darf man natürlich nicht von vornherein ausschließen, daß das freie Spiel der Marktkräfte (Prinzip des "laissez-faire") auch in die Irre führen kann, nämlich immer dann, wenn im Marktmechanismus **Mängel** auftreten, die verhindern, daß ein Pareto-optimaler Zustand erreicht wird.

Wie nun die **Theorie des Marktversagens** aufzeigt, sind solche Mängel in der Realität stets und sogar zahlreich anzutreffen. So kann der Markt etwa zu **Ineffizienzen** führen, wenn es um die Bereitstellung von öffentlichen Gütern geht, er externe Effekte verursacht oder auf der Angebotsseite die Konzentration von Unternehmen zu Marktmacht und überhöhten Unternehmensgewinnen führt.

Auch haben Marktwirtschaften immer mit **konjunkturellen Schwankungen** zu kämpfen, in denen Arbeitslosigkeit und inflationäre Tendenzen auftreten. Hierbei handelt es sich sogar um Grundübel der Marktwirtschaft, wie wir im makroökonomischen Teil noch sehen werden.

Schließlich kann die **Verteilung der Einkommen und Vermögen**, wie sie sich am Markt ergibt (primäre Verteilung), aus ethischen Erwägungen heraus unerwünscht sein, was dann nach einer Korrektur verlangt.

Marktwirtschaftliche Ordnungen kommen deshalb in den westlichen Industrieländern nicht mehr in reiner Form vor, sondern als **gemischte Wirtschaftsordnungen**, in denen der Staat ganz bestimmte Aufgaben übernimmt. Diese ergeben sich nahezu zwangsläufig aus dem Versagen des Marktes. Wenn man nun die verschiedenen Tätigkeiten, für die der Staat heute bereits verantwortlich zeichnet, nach ökonomischen Kriterien grob aufzugliedern versucht, dann läßt sich folgende Systematik der **staatlichen Aufgabenbereiche** aufstellen:

- **Effiziente Allokation,**
- **Konjunkturelle Stabilisierung,**
- **Korrektur der primären Verteilung von Einkommen und Vermögen.**

Mit diesen drei Bereichen wollen wir uns nachfolgend etwas intensiver auseinandersetzen.

4.1 Allokationspolitik

Wir haben im letzten Kapitel gezeigt, daß die Preise Knappheitsanzeiger sowohl für Güter als auch für Produktionsfaktoren darstellen. Als solche koordinieren sie die einzelwirtschaftlichen Entscheidungen und lenken die Produktionsfaktoren in die Verwendungen, die für die Gesellschaft den größten Nutzen erbringen. Das Preissystem kann diese Funktion, streng genommen, jedoch nur bei vollständiger Konkurrenz erfüllen. Auf Märkten, die von dieser Idealvorstellung abweichen, treten immer **Effizienzverluste** auf. Der Güterberg, den das Marktsystem hervorzubringen vermag, wird sich infolgedessen verringern, und es kommt, salopp gesprochen, zu Wohlfahrtsverlusten in der Gesellschaft.

4.1.1 Wettbewerbspolitik

Die Vorstellung des Polypolmarktes ist ein Idealkonzept, das sich, wie wir schon mehrmals betonten, in der Realität wohl nirgendwo finden läßt. Eigentlich dient es primär dazu, die Effizienz des Marktsystems auf stringente und didaktisch überzeugende Weise aufzuzeigen. Die Realität einer Marktwirtschaft hingegen zeichnet sich durch eine Vielfalt von Marktformen aus. Neben dem Polypol, bei dem bekanntlich sehr viele Anbieter und sehr viele Nachfrager miteinander im Wettbewerb stehen, gibt es andere Marktformen, bei denen entweder auf der Angebots- oder auf der Nachfrageseite, oder auf beiden, eine geringere Zahl von Marktteilnehmern vorhanden ist. Diese besitzen daher einen höheren Marktanteil und können, im Gegensatz zur vollkommenen Konkurrenz, die Preise der dort gehandelten Güter beeinflussen. Sie müssen sich also nicht länger mit der Rolle des reinen Mengenanpassers und Preisnehmers begnügen.

Unvollkommene Märkte

Die Volkswirtschaftslehre kennt nach einer Klassifikation von **A. Cournot** (1801-1877) traditionell neun Marktformen, für die jeweils die Anzahl der Marktteilnehmer auf der Nachfrage- und Angebotsseite maßgeblich sind. Unterschieden wird dabei zwischen einem, wenigen und vielen Marktteilnehmern, was in der Kombination die insgesamt neun Marktformen ergibt. Darunter sind neben dem Polypol sicherlich das Oligopol und das Monopol am bedeutendsten, die durch Konzentrationen auf der Anbieterseite charakterisiert sind. Darauf wollen wir gleich noch genauer eingehen. Die übrigen Fälle hingegen, wo Konzentrationen auf der Nachfrageseite vorherrschen, dürften heute weit weniger anzutreffen sein und sie sollen deshalb hier nicht im einzelnen behandelt werden. Eine starke Konzentration der Nachfrage kommt auf Gütermärkten höchstens dann vor, wenn der Staat als Kunde auftritt. Private Unternehmen jedoch werden zumeist versuchen, den Wettbewerb auf der Anbieterseite einzuschränken, eine Entwicklung, der unter dem Stichwort "Konzentration in der Wirtschaft" in den letzten Jahren eine erhöhte Aufmerksamkeit zukommt und die den Staat zu **wettbewerbspolitischen Maßnahmen** aufruft.

Was ist nun für die Preisbildung auf konzentrierten Anbietermärkten charakteristisch? Betrachten wir dazu zunächst den einfachen Fall des Monopolmarkts.

Als **Monopolmarkt** bezeichnet man einen Markt, auf dem es nur einen Anbieter, aber viele Nachfrager gibt. Der Monopolist sieht sich auf diesem Markt der gesamten Nachfrage der Konsumenten gegenüber. Während der Polypolist, wie wir wissen, auf den Preis nicht einwirken kann und sich daher mit seiner Menge anpaßt, vermag der Monopolist den Preis durchaus zu beeinflussen, indem er seine Absatzmenge variiert. Die Konsumenten nämlich werden für ein geringeres Angebot einen höheren Preis zu zahlen bereit sein. Der Monopolist bietet nun diejenige Menge an, die ihm den größtmöglichen Gewinn einbringt. Dies wird im Endeffekt, verglichen mit dem Fall des Polypolisten, eine geringere Menge zu einem höheren Preis sein. Damit ist der Monopolist in der Lage, sogenannte **Monopolrenten** abzuschöpfen. Vereinfacht ausgedrückt, sind dies Gewinne, die nur dadurch entstehen, daß die Konsumenten für das gleiche Gut mehr bezahlen müssen als auf einem Konkurrenzmarkt. Da sie davon auch noch weniger konsumieren können, ist dieses Marktergebnis für die Gesellschaft natürlich nicht Pareto-effizient. Die Konsumenten erleiden **Wohlfahrtsverluste**. (Die Preisbildung im Monopol werden wir im Teil Mikroökonomie (Kapitel 8) noch ausführlich auf formale Art behandeln).

Einen weiteren mängelbehafteten Markt, der aufgrund von Unternehmenskonzentrationen gerade in der letzten Zeit zunehmend Bedeutung erlangt, bildet der **Oligopolmarkt**. Hier konkurrieren nur wenige Anbieter um die Nachfrage der zahlreichen Konsumenten. Es besteht deshalb immer die Gefahr, daß der Wettbewerb beschränkt wird.

Dies kann einmal durch Preisabsprachen geschehen, die auch stillschweigend getroffen werden können, indem ein Unternehmen die **Preisführerschaft** übernimmt und alle anderen diesem folgen. Oligopolisten werden auch gerne so verfahren, weil sie genau wissen, daß ein Preiswettbewerb auf Dauer ihren Gewinn verringert, selbst wenn sie vielleicht kurzfristig durch eine Preissenkung ihren Marktanteil erhöhen können. In diesem Fall müssen sie aber jederzeit damit rechnen, daß die Konkurrenzanbieter ebenfalls die Preise senken, und somit der Gewinn aller Unternehmen wieder zurückgeht.

Oligopolisten können, zum zweiten, den Wettbewerb auch dadurch beschränken, daß sie die Preise drastisch senken, um durch diese Art von **ruinöser Konkurrenz** die restlichen Wettbewerber aus dem Markt zu drängen. Gelingt ihnen dies, dann können sie danach eine Monopolstellung einnehmen und die entsprechenden Monopolrenten abschöpfen.

In diesem Zusammenhang gilt es nun danach zu fragen, welche Maßnahmen der Staat ergreifen kann, um die auf solchen unvollkommenen Märkten entstehenden Wohlfahrtsverluste so gering wie möglich zu halten.

Wettbewerbspolitische Maßnahmen

Der Staat muß sich vor allem darauf konzentrieren, die Marktmacht von Unternehmen zu beschränken, falls diese überwiegend dazu benutzt wird, durch überhöhte Preise die Konsumenten zu übervorteilen. Hier ist dann in erster Linie die staatliche **Wettbewerbspolitik** ("anti-trust policy") gefordert. Die gesetzliche Grundlage hierzu liefert in der Bundesrepublik Deutschland das "**Gesetz gegen Wettbewerbsbeschränkungen**", das durch das Kartellamt in Berlin überwacht wird. Es enthält ein grundsätzliches Kartellverbot und untersagt die Fusion von Unternehmen, wenn dadurch auf einem oder mehreren Märkten eine marktbeherrschende Stellung entstehen würde. Außerdem übt das Kartellamt eine Mißbrauchsaufsicht bei ungerechtfertigten Preiserhöhungen von Unternehmen in marktbeherrschender Stellung aus.

Diesem wettbewerbspolitischen Ansatz liegt als Leitbild die vollständige Konkurrenz zugrunde, die sich aus allokativer Sicht vor allen anderen Marktformen auszeichnet. Staatliche Maßnahmen zielen hier im wesentlichen darauf ab, eine möglichst große Annäherung der tatsächlichen Marktverhältnisse an den Idealzustand der Konkurrenzmärkte zu erreichen.

Nun behaupten andererseits viele Ökonomen, daß ein **funktionsfähiger Wettbewerb** ("workable competition") nicht nur auf vollkommenen Polypolmärkten, sondern auch auf weltweit umkämpften Oligopolmärkten stattfinden kann, heute etwa auf dem Markt für Unterhaltungselektronik oder für Computertechnik. Sie haben dabei ein wettbewerbspolitisches Leitbild im Auge, das sich nicht so sehr an der eher statischen mikroökonomischen Preistheorie ausrichtet, derart, wie wir sie bislang kennengelernt haben und später noch eingehender vorstellen werden. Sie betonen vielmehr die **Dynamik** des marktwirtschaflichen Wettbewerbs, eine Vorstellung, die letztlich auf **Joseph A. Schumpeter** (1883-1950) zurückgeht:

Schumpeter war der Ansicht, daß der Kampf um Marktanteile die Unternehmen zur Durchsetzung sowohl von neuen Produktionsverfahren als auch von neuen Produkten zwinge. Diese Innovationen seien in erster Linie dynamischen oder Pionierunternehmen zu verdanken. Sie werden von der Chance vorübergehender Monopolgewinne motiviert und durch diese für das eingegangene Risiko entlohnt, das stets mit dem Einsatz produktiver Mittel für Forschung und Entwicklung verbunden ist. Solche (vorübergehenden) Gewinne rufen dann Imitatoren auf den Plan, die für eine Diffusion der Innovationen sorgen sowie für deren dauerhafte Etablierung in verschiedenen Bereichen einer Volkswirtschaft. Dies wiederum muß zu einer Steigerung der gesellschaftlichen Wohlfahrt führen.

Auf diese Weise wird ein dynamischer Wettbewerb in Gang gesetzt, der durch eine ständige Suche nach Innovationen und einem damit verbundenen Prozeß der "**kreativen Zerstörung**" gekennzeichnet ist. Ineffiziente Produktionsverfahren oder veraltete Produkte unterliegen dem technologischen Wandel und müssen früher oder später erfolgreichen Neuerungen weichen.

In einem solchen Rahmen kommen auf den Staat natürlich gänzlich andere Aufgaben zu als im Falle eines am Polypolmarkt orientierten Wettbewerbskonzepts. Er hat etwa die Forschung und Entwicklung der Unternehmen durch direkte oder indirekte Maßnahmen zu fördern, so durch Steuererleichterungen oder durch Subventionen für entsprechende Projekte. In diesem Zusammenhang ist auch die staatliche Grundlagenforschung an Universitäten und öffentlichen Forschungsinstituten zu nennen, deren Ergebnisse allen Unternehmen zugänglich sein sollten. Der Innovations- und Diffusionsprozeß wird des weiteren durch die wirtschaftlichen Rahmenbedingungen beeinflußt. Hier spielt vor allem das Patentgesetz eine besondere Rolle, das die Amortisation getätigter Investitionen in die Forschung und Entwicklung ermöglichen sollte.

Alle aufgezählten Maßnahmen sind eher einer Wirtschaftspolitik zuzuordnen, die auf die privaten Unternehmen und damit auf das Angebot in einer Volkswirtschaft abzielt. Wir werden darauf, und auf den Schumpeterianischen Ansatz im allgemeinen, im Teil angebotsorientierte Makroökonomik (Kapitel 16) noch ausführlich zu sprechen kommen.

4.1.2 Externe Effekte und Umweltpolitik

Fehlallokationen von Produktionsfaktoren und Ineffizienzen auf einem Markt können auch durch sogenannte externe Effekte bedingt sein. Was ist darunter zu verstehen?

Als **externe Effekte** bezeichnet man Kosten oder Nutzen, die durch die Produktion oder den Konsum von Gütern verursacht werden und die bei unbeteiligten Wirtschaftssubjekten außerhalb des Marktes anfallen, ohne daß diese für die entstandenen Kosten entschädigt würden oder für die empfangenen Nutzen einen Preis bezahlen müßten. Externe Effekte oder Externalitäten lassen sich also insbesondere durch zwei Merkmale charakterisieren:

(a) Es müssen von einzelwirtschaftlichen Aktivitäten auf den Märkten Wirkungen auf Wirtschaftssubjekte außerhalb des Marktes ausgehen.
(b) Diese Wirkungen werden nicht über den Markt entschädigt oder abgegolten.

Man kann auf diese Weise positive und negative externe Effekte unterscheiden, die sowohl in der Produktion als auch durch den Konsum entstehen und sich ebenso auf Produktion oder Konsum auswirken können. In schematischer Betrachtung kommt man so zu insgesamt acht unterscheidbaren Kategorien, die wir in Abbildung 4.1 zusammengestellt und jeweils mit einem praktischen Beispiel versehen haben.

Als ökonomisch besonders bedeutsam gelten in der heutigen Zeit die **negativen externen Effekte der Produktion**, aber auch die des Konsums. Betrachten wir dazu ein recht einleuchtendes Beispiel aus dem **Verkehrsbereich**.

Abb. 4.1: Externe Effekte

Entstehung \ Wirkung		Produktion	Konsum
Produktion	negativ	geringere Fischfangquoten durch Gewässerverschmutzung mit Schwermetallen	Abgase, Lärm von LKW's
	positiv	Designentwicklung bei Automobilen	Pflege des Waldes durch Forstwirtschaft
Konsum	negativ	höherer Ausschuß bei Chipproduktion durch Luftverschmutzung des Individualverkehrs	Lärmbelastung durch private PKW's
	positiv	geringerer Krankenstand in Unternehmen durch gesundheitsbewußte Lebensweise der Arbeitnehmer	Schrebergartenpflege

Ein Transportunternehmen befördert Güter von Ort A nach Ort B. Der Preis für die Transportleistung richtet sich dabei, wie wir im letzten Kapitel erfahren haben, nach den betriebswirtschaftlichen Kosten (zum Beispiel Treibstoffkosten, Personalkosten, Abschreibung für den Wertverlust des Lkw, Reparaturkosten, etc.). Durch den Transport der Güter entstehen jedoch nicht nur solche Kosten, für die der Transportunternehmer selbst aufzukommen hat und die in seine betriebswirtschaftliche Kostenrechnung eingehen, sondern auch andere finanzielle Belastungen, die die Allgemeinheit oder vom Lkw-Verkehr betroffene Wirtschaftssubjekte tragen müssen. Dazu gehören zum Beispiel die Kosten der Luftverschmutzung, die zu Gesundheitsbeeinträchtigungen und einem höheren Erhaltungsaufwand für öffentliche und private Gebäude führen, oder Kosten für Schallschutzfenster, die den vom Lkw-Verkehr verursachten Lärm reduzieren sollen.

Der Transport von Gütern erfordert also in der gesamten Volkswirtschaft einen Einsatz von Produktionsfaktoren, der über den reinen betriebswirtschaftlichen Aufwand hinausgeht und den man daher als **soziale Kosten** der Produktion in Rechnung zu stellen hat. In der einzelwirtschaftlichen Kalkulation taucht davon nur ein Teil, nämlich die **internen** oder **privaten Kosten** auf. Den anderen Teil machen die **externen Kosten** aus, also bewertete negative externe Effekte, die Teile der Allgemeinheit treffen.

Fragen wir uns als nächstes, wie sich die fehlende Internalisierung der externen Kosten in das einzelwirtschaftliche Rechnungswesen auf die allokative Effizienz in einer Volkswirtschaft auswirkt?

Ist die Herstellung eines Gutes *x* mit vergleichsweise hohen Externalitäten verbunden und verursacht andererseits die Produktion eines Gutes *y* so gut wie keine externen Kosten, dann wird der Preis des Gutes *x* verglichen mit dem von *y*, also sein relativer Preis, zu niedrig sein, wenn beide Güter auf vollkommenen Konkurrenzmärkten getauscht werden, auf denen sich das Angebot an den einzelwirtschaftlichen Grenzkosten orientiert. Da sich weiterhin die Konsumenten bei ihren Käufen nach den Relativpreisen richten, wird demzufolge von Gut *x* vergleichsweise zuviel und von Gut *y* vergleichsweise zu wenig nachgefragt. Die Preise können also in diesem Fall ihre Funktion als Knappheitsanzeiger nicht länger erfüllen. Sie reflektieren nicht mehr den Wert des gesamten für die Produktion eines Gutes benötigten Faktoreinsatzes in einer Volkswirtschaft.

Häufig sind Produkte, die einen hohen Anteil externer Kosten aufweisen, auch diejenigen, die die **Umwelt** am meisten schädigen. Da ihr Preis zu niedrig ist, wird davon zuviel nachgefragt und produziert. Würden ihre externen Kosten internalisiert, das heißt in betriebswirtschaftliche Kosten übergeführt, dann stiege auch ihr Preis und die Nachfrage nach ihnen müßte normalerweise zurückgehen. Denn die Konsumenten würden die umweltschädigenden Produkte durch andere substituieren und/oder den Kaufkraftverlust aus deren Preiserhöhung kompensieren, indem sie davon weniger verbrauchen.

Um Verzerrungen in der Preisstruktur und daraus folgende Ineffizienzen zu vermeiden, ist es also notwendig, **Externalitäten zu internalisieren** und damit dem Verursacher aufzuerlegen. Da diese Aufgabe der Marktmechanismus selbst nicht leisten kann, und auch Verhandlungslösungen zwischen den Verursachern und Betroffenen nur dann zustande kommen, wenn Eigentumsrechte klar definiert sind, müssen **staatliche Eingriffe** in die Märkte die notwendigen Korrekturen herbeiführen. Dies ist die ureigenste Domäne der staatlichen **Umweltpolitik**, der angesichts der fortschreitenden Schädigung von Klima und Natur durch eine zu intensive Nutzung in der Produktion und im Konsum eine wachsende Bedeutung zukommt.

Sie kann sich hierbei zum einen **administrativer Auflagen** beziehungsweise **gesetzlicher Verbote** bedienen. Der Staat könnte also, um bei unserem Beispiel zu bleiben, der Privatwirtschaft zwingend vorschreiben, nur noch lärm- und abgasarme Kraftwagen zu verwenden, deren Mehrkosten dann die Eigentümer selbst zu tragen hätten. Andererseits kommen auch **Eingriffe in den Preismechanismus** selbst in Frage. So kann der Staat versuchen, die verzerrten Marktpreise für Transportleistungen zu korrigieren, indem er etwa die Mineralölsteuer erhöht oder eine Straßenbenutzungsgebühr einführt.

Betrachten wir kurz die Wirkungen einer solchen indirekten steuerlichen Maßnahme, die in diesem Fall den Charakter einer **Umweltsteuer** hat. Die Erhebung einer Umweltsteuer auf jede Einheit der produzierten Menge verändert die Angebotsfunktion eines Unternehmens. Jede Outputmenge wird nun zu einem entsprechend höheren Preis angeboten, der den Steueraufschlag beinhaltet. Der Verkaufspreis steigt und die abgesetzte Menge des unerwünschten Produkts wird zurückgehen. Denn zum einen sinkt der Produktionsanreiz für die Unternehmen, da sie mit diesem Produkt nur noch geringere Gewinne erwirtschaften können. Zum anderen reagieren die Verbraucher auf den höheren Preis mit einer Reduktion ihrer Nachfrage nach dem Gut. Wieweit jedoch Produktion und Absatz eingeschränkt werden, hängt entscheidend von der **Preiselastizität der Nachfrage** ab. Ist diese groß, dann werden die Verbraucher schon auf geringe Preisaufschläge mit einer erheblichen Reduzierung ihrer Nachfrage antworten. Im anderen Fall werden sie nicht bereit sein, sich sehr stark einzuschränken. Letzteres dürfte leider auf zahlreiche Produkte zutreffen, die heute für Umweltschädigungen in besonderer Weise verantwortlich sind. Wir denken hier vor allem an die Nachfrage nach Automobilen und Kraftstoffen, als Ausdruck für die Mobilitätswünsche der Bevölkerung, aber auch an die Nachfrage nach Tabak und Zigaretten oder Alkoholika, wo die Verbraucher, häufig aus einem Suchtverhalten heraus, nahezu jeden Preis zu zahlen bereit sind. Dem Staat bleibt in diesen Fällen praktisch nicht viel anderes übrig, als die Einnahmen aus der Besteuerung dieser Güter für die Prävention oder die Beseitigung von Schäden zu verwenden, die durch ihren Konsum entstehen.

Letztlich aber dienen staatliche Maßnahmen des Umweltschutzes vor allem dazu, das **Verursacherprinzip** durchzusetzen. Dies besagt, daß derjenige, der Schäden zu verantworten hat, auch dafür aufkommen muß. Beim Verursacher, sei es ein Unternehmen oder ein Konsument, will man damit Anreize schaffen, jene Produktionsfaktoren oder Verbrauchsgüter, die vorher falsch bewertet waren, wieder zu den Preisen zu kalkulieren, die ihrer tatsächlichen Knappheit entsprechen. Andernfalls kommt es unvermeidlich zur Diskrepanz zwischen einzel- und gesamtwirtschaftlicher Rationalität. Das Ziel der Maximierung von Gewinn und Nutzen nämlich legt es jedem Wirtschaftssubjekt nahe, Konsumgüter oder

Produktionsfaktoren, die mit externen Effekten verbunden sind, auf exzessive Weise zu gebrauchen.

4.1.3 Öffentliche Güter

Märkte bieten zumeist nur private Güter an, sie versagen jedoch im allgemeinen, wenn es um die Bereitstellung sogenannter **öffentlicher Güter** geht. Auch wenn in einer Gesellschaft dafür genügend Bedarf vorhanden ist, kann dieser über den Markt überhaupt nicht oder nur bedingt gedeckt werden. Fragen wir uns also als nächstes, wieso es eigentlich zu dieser Art von Marktversagen kommt.

Konsumenten, die ein privates Gut auf dem Markt kaufen, erwerben damit zugleich das Recht, das erstandene Gut allein zu konsumieren. Andere werden dann vom Verbrauch des Gutes ausgeschlossen. Dieser Ausschluß wird also allein schon über den Preis erreicht. Da ein privates Gut, etwa ein Anzug oder ein Paar Schuhe, immer nur von einer Person gleichzeitig genutzt werden kann, besteht zudem zwischen den einzelnen Verbrauchern eine ausgeprägte Rivalität im Konsum.

Bei öffentlichen Gütern ist dies völlig anders. Sie sind, wie wir auch an anderer Stelle schon darlegten, durch die Kriterien

- der **Nichtrivalität im Konsum**
  und
- der **Nichtausschließbarkeit**

charakterisiert.

"Nichtrivalität im Konsum" bedeutet, daß ein öffentliches Gut von mehreren Individuen gleichzeitig genutzt werden kann, ohne daß sich diese in ihrem Konsum gegenseitig beeinträchtigen. "Nichtausschließbarkeit" besagt, daß es kein dem Preis vergleichbares Instrument gibt, mit dessen Hilfe es gelänge, die Individuen vom gewünschten Konsum eines Gutes auszuschließen.

Weist ein öffentliches Gut beide Eigenschaften zugleich auf, so spricht man, von einem **reinen öffentlichen Gut**. Beispiele für solche Güter sind etwa die militärische Landesverteidigung oder so selbstverständliche Dinge wie die Straßenbeleuchtung oder die Werbung an Litfaßsäulen. Für jeden, der abends einen

Stadtbummel unternimmt, leuchten die Straßenlaternen und ihr Licht wird auch nicht schwächer, wenn die Zahl der Spaziergänger zunimmt.

Daß reine öffentliche Güter nicht von privaten Unternehmen angeboten werden, muß also an deren besonderen Eigenschaften liegen. Für nicht ausschließbare Güter sind Konsumenten eben nicht gezwungen, ihre Zahlungsbereitschaft, also den Preis, den sie eigentlich zu zahlen bereit wären, zu offenbaren. Jeder nämlich hofft, daß ein anderer für das Gut bezahlt und er selbst dann sozusagen kostenlos an dessen Konsum teilhaben kann. Dieses Phänomen bezeichnet man recht anschaulich auch als **Trittbrettfahrerverhalten**.

Zwischen den beiden Extremen des privaten und des öffentlichen Gutes liegt, noch eine dritte Güterkategorie, die sogenannten **gemischten öffentlichen Güter**. Beispiele dafür stellen etwa Kulturveranstaltungen oder öffentliche Verkehrsleistungen dar. Bei diesen Gütern kann man zwar ohne weiteres über den Preis Interessenten vom Konsum ausschließen, aber das Kriterium der Nichtrivalität im Konsum bleibt weiterhin bestehen. Allerdings kommt dieses nur bis zu einer gewissen Kapazitätsgrenze zum Tragen, ab der sich die Nutzer durch Überfüllung (congestion) wieder gegenseitig im Konsum beeinträchtigen. So kann eine Konzertveranstaltung problemlos von vielen Personen gleichzeitig besucht werden, aber die Zahl der Besucher muß auf die vorhandenen Sitzplätze (und Stehplätze) begrenzt bleiben, soll der Genuß an der künstlerischen Darbietung nicht rapide absinken. Auch viele Autofahrer machen tagtäglich die Erfahrung, daß die Kapazität einer öffentlichen Straße beschränkt ist und es zu Stauungen und, damit verbunden, zu erheblichen Beeinträchtigungen kommt, wenn diese überschritten wird.

Bei reinen öffentlichen Gütern hat allein der Staat für die Bereitstellung zu sorgen. Er finanziert das notwendige Güterangebot dann überwiegend aus **Steuereinnahmen**, die ein Zwangsinstrument der Kostenabdeckung darstellen. Insofern zahlen die Konsumenten natürlich auch für diese Güter ein entsprechendes Entgelt. Dieses aber wird nicht nach dem Äquivalenzprinzip des "do ut des" bestimmt, wie es den Preis am Markt kennzeichnet. Steuereinnahmen nämlich sind im allgemeinen nicht zweckgebunden, sie wandern vielmehr in einen gemeinsamen Topf und dürfen daher nicht als direkte finanzielle Gegenleistung für ein bestimmtes Güterangebot des Staates verwendet werden (Nonaffektationsprinzip).

Während der Staat im Wege der Besteuerung Individuen oder Haushalte selbst dann zwangsweise zur Finanzierung eines öffentlichen Gutes heranzieht, wenn sie dieses gar nicht nutzen, besteht bei **Gebühren**, einem zweiten wichtigen Finanzierungsinstrument der öffentlichen Hand, ein unmittelbarer Zusammenhang zur Nutzung. Auch wenn die Höhe der Gebühren nicht in jedem Falle mit den Kosten der Erstellung einer öffentlichen Leistung übereinstimmt, eröffnet diese Finanzierungsform doch die Möglichkeit, potentielle Nutzer auszuschließen. Gebühren kommen daher eigentlich nur zur Finanzierung von gemischten öffentlichen Gütern in Betracht. Bei reinen öffentlichen Gütern wäre dies aus den bekannten Gründen weder sinnvoll noch praktikabel. So erhebt man mittlerweile in vielen Ländern in und außerhalb Europas Straßenbenutzungsgebühren, die sich als durchaus einnahmenwirksam erweisen.

Als Anbieter von gebührenfinanzierten Leistungen kommen dann freilich nicht mehr nur die öffentlichen Hände, sondern auch private Unternehmen in Frage. Die Möglichkeiten zur **Privatisierung** von öffentlichen Leistungen hängen dabei jedoch in hohem Maße von den Gewinnerwartungen ab, die die Privatwirtschaft damit verbindet. So sind stark subventionierte staatliche Bereiche, wie zum Beispiel der öffentliche Kulturbetrieb, für Privatunternehmen weniger interessant als Bereiche, die eine hohe Rentabilität versprechen, wie etwa der Sektor Kommunikationsdienstleistungen. Bei der Entscheidung darüber, ob man besser privatisieren oder bei einem staatlichen Angebot mit weitreichender Subventionierung verbleiben sollte, spielt zudem das Kriterium der Verteilungsgerechtigkeit eine gewichtige Rolle. Darauf kann der Markt, wie wir noch sehen werden, keine entsprechende Rücksicht nehmen.

Gemischte öffentliche Güter werden in verschiedenen Ländern mit unterschiedlichen Anteilen vom Staat und von privaten Unternehmen produziert und angeboten. So überwiegt in den USA, zum Beispiel, die Neigung, hierfür die Privatwirtschaft heranzuziehen, während sich in Europa, und speziell in der Bundesrepublik, eher der Hang zur öffentlichen Wirtschaft als Produzent und Anbieter herausgebildet hat. Dies erklärt zu großen Teilen auch die Unterschiede, die sich für verschiedene westliche Länder in der Aufteilung der volkswirtschaftlichen Ressourcen auf Markt- und Staatswirtschaft ergeben. Wir werden darauf gleich noch zu sprechen kommen.

Neben Steuern und Gebühren kommt als dritte Möglichkeit der Finanzierung von öffentlichen Leistungen noch die **Staatsverschuldung** in Betracht. Ihre Bedeutung in den Industrieländern der westlichen Welt hat in der Vergangenheit stetig zugenommen, erst in der jüngsten Zeit weisen einige westliche Industrienationen, wie die USA, Budgetüberschüsse auf.

4.2 Stabilisierungspolitik

In marktwirtschaftlichen Ordnungen kann es, immer wieder zu krisenhaften Erscheinungen kommen, insbesondere zu Arbeitslosigkeit und Inflation, die unter Umständen sogar die sozialen und politischen Verhältnisse in einem Land zu destabilisieren vermögen. Dieses Auf und Ab im wirtschaftlichen Ablauf einer Volkswirtschaft bezeichnet man auch als **Konjunkturschwankungen**. Auf die Art und Weise ihres Zustandekommens, auf die Ursachen und Folgen dieses Phänomens werden wir im Teil Makroökonomik noch ausführlich zu sprechen kommen.

Hier genügt es zu wissen, daß, vereinfacht ausgedrückt, jede Volkswirtschaft die Fähigkeit hat, bei Vollbeschäftigung ihrer Produktionsfaktoren eine ganz bestimmte Menge an Gütern hervorzubringen. Im Falle zweier Güter läßt sich dies bekanntlich anhand der Produktionsmöglichkeitenkurve beschreiben. Den maximal produzierbaren volkswirtschaftlichen Output bezeichnet man auch als **Produktionspotential**. Jede Gesellschaft wird natürlich bestrebt sein, ihr Produktionspotential im Laufe der Zeit zu erweitern, ein Vorgang, den man Wachstum des Produktionspotentials nennt.

Dieses Wachstum wird überlagert durch die zu einem bestimmten Zeitpunkt jeweils vorhandene Auslastung des Produktionspotentials, die die **tatsächliche Produktion** angibt. Sie kann in Zeiten der Hochkonjunktur, etwa durch Ableistung von Überstunden, kurzfristig sogar über dem Produktionspotential liegen. Im wirtschaftlichen Abschwung aber oder in einer Rezession bleibt die effektive Produktion erheblich hinter den Produktionsmöglichkeiten zurück.

Dies äußert sich in den schon erwähnten Konjunkturschwankungen, die der Staat einzuebnen oder, anders ausgedrückt, zu verstetigen hat. Die staatliche Politik konzentriert sich dabei im wesentlichen auf vier makroökonomische Ziele, die in allen entwickelten Industrieländern des Westens Gültigkeit besitzen, und die für die Bundesrepublik Deutschland im **Stabilitäts- und Wachstumsgesetz** verankert sind. Es handelt sich dabei um die Ziele:

- **Wirtschaftswachstum**
- **Preisniveaustabilität**
- **Vollbeschäftigung** und
- **Außenwirtschaftliches Gleichgewicht**.

Man bezeichnet diese Ziele mitunter auch als "**magisches Viereck**" - einerseits, weil der Staat alle Ziele gleichzeitig anstreben muß, andererseits, weil es nahezu magischer Fähigkeiten bedarf, wenn dies wirklich gelingen soll. So darf man durchaus behaupten, daß es bisher keinem Land möglich war, für einen längeren Zeitraum Vollbeschäftigung und Preisniveaustabilität zu gewährleisten. Nach dem zweiten Weltkrieg läßt sich zwar in den meisten westlichen Industrienationen, alles in allem, ein anhaltender Wirtschaftsaufschwung feststellen. Aber, seit der letzten Ölkrise Anfang der 70er Jahre hatten diese Volkswirtschaften zwischenzeitlich auch mit einem besonders heimtückischen Phänomen zu kämpfen, der sogenannten **Stagflation**. Allein schon die Wortschöpfung weist auf das Besondere dieses Übels hin, nämlich auf das gleichzeitige Vorhandensein von Inflation und Arbeitslosigkeit. Hinzu kommt, daß die Wirtschaftspolitik heute nicht nur mit dem magischen Viereck konfrontiert ist, sondern daß man in dem Zusammenhang sogar von magischen Vielecken sprechen kann. Denn zu den klassischen vier Zielen gesellte sich in jüngster Zeit ein weiteres bedeutsames Ziel hinzu, das des Umweltschutzes.

Wir können in diesem Abschnitt natürlich nicht näher auf die Maßnahmen und Instrumente eingehen, die der Staat ergreifen kann, um obige Ziele zu erreichen. Dies wird im Rahmen des Teiles "Makroökonomik" geschehen.

4.3 Verteilungspolitik

Im letzten Kapitel haben wir gesehen, daß der Marktmechanismus - sofern perfekte Konkurrenzmärkte existieren - auf Effizienz gerichtet ist und eine Allokation von Gütern und Produktionsfaktoren erzeugt, bei der kein Individuum bessergestellt werden kann, ohne gleichzeitig ein anderes Individuum schlechter zu stellen (Pareto-Optimum). Damit ist zwar sichergestellt, daß in einer Volkswirtschaft keine Ressourcen verschwendet werden, das Paretokriterium sagt jedoch überhaupt nichts darüber aus, wie die Güter auf die Gesellschaftsmitglieder verteilt sind. Eine Pareto-effiziente Allokation nämlich kann ohne weiteres mit einer äußerst ungleichen Güterverteilung einhergehen, bei der sehr wenige Individuen relativ viel und alle übrigen relativ wenig erhalten. Auf der anderen Seite dürfte es in einer demokratischen Gesellschaft von heute kaum umstritten sein, daß eine gleichere Verteilung der Einkommen und Vermögen, sofern sie auch dem Prinzip der Fairness entspricht, gegenüber einer ungleicheren Verteilung präferiert werden sollte.

Primäre und sekundäre Einkommensverteilung

Einkommen entstehen, wie wir wissen, am Markt durch die Entlohnung der Produktionsfaktoren in Form von Löhnen und Gehältern, Renten, Zinsen und Dividenden. Vermögen ergibt sich durch die Akkumulation von gespartem Einkommen im Zeitablauf und führt wiederum zu Einkommen. Die Einkommens- und Vermögensverteilung, wie sie der Markt hervorbringt, bezeichnet man auch als **primäre Einkommensverteilung**. Sie richtet sich in erster Linie nach dem Leistungsfähigkeitsprinzip (justitia comutativa) und wird vom Staat durch Besteuerung und Transferzahlungen korrigiert. Dieser sollte sich dabei von den in einer Gesellschaft akzeptierten Prinzipien der Verteilungsgerechtigkeit (justitia distributiva) leiten lassen.

Durch die Umverteilungsmaßnahmen des Staates entsteht aus der primären die sogenannte **sekundäre Einkommensverteilung**. Sie ist im Ergebnis gleicher angelegt als die primäre Verteilung, und wird deshalb, im allgemeinen, von der Gesellschaft auch als gerechter empfunden. Die Verteilungswirkungen hin zu mehr Gleichheit lassen sich zum einen auf das progressive Steuersystem zurückführen, das denjenigen Bürgern eine höhere Steuerlast aufbürdet, die als leistungsfähiger gelten und daher am Markt ein höheres Einkommen erzielen. Zum anderen sind dafür Transferzahlungen im System der sozialen Sicherung verantwortlich. Auf sie haben in der Regel nur Personen einen Anspruch, die auch bedürftig sind, die also kein eigenes, oder jedenfalls nur ein recht bescheidenes Einkommen erhalten.

Unterschieden wird häufig auch zwischen der sogenannten

- funktionalen
  und der
- personalen Einkommensverteilung.

Funktionale Einkommensverteilung

Wie der Name schon sagt, betrachtet die **funktionale Einkommensverteilung**, wie sich das Volkseinkommen aus der Entlohnung der verschiedenen im volkswirtschaftlichen Produktionsprozeß eingesetzten Faktoren aufteilt. Dazu werden, in recht grober Aufteilung, lediglich zwei große Aggregate gebildet:

- die Einkommen aus unselbständiger Arbeit einerseits
- und die aus Unternehmertätigkeit und Vermögen andererseits.

Den Anteil der Einkommen aus unselbständiger Arbeit am Volkseinkommen mißt man dann mit Hilfe der **Lohnquote**. Den Anteil aus Unternehmertätigkeit und Vermögen drückt die **Gewinnquote** aus.

Man beachte hierbei, daß sich Lohnquote und Gewinnquote allein schon dadurch verändern können, daß sich die Struktur der Erwerbspersonen in einer Volkswirtschaft verändert. So kann sich die Lohnquote einfach schon dadurch erhöhen, daß die Zahl der Arbeitnehmer zu- und die der Selbständigen abnimmt. An der materiellen Position der einzelnen Einkommensempfänger muß sich dabei nichts geändert haben. Teile des Volkseinkommens, die bisher als Gewinn ausgeschüttet wurden, werden nun als Lohneinkommen gezahlt.

Um solche Einflüsse auszuschalten, berechnet man eine "bereinigte" Lohn- und Gewinnquote, bei der die Erwerbstätigenstruktur eines Basisjahres (hier 1991) konstant gehalten wird. Ihre Entwicklung zeigt die Abbildung 4.2.

Abb. 4.2: Funktionale Verteilung des Volkseinkommens

Zeitraum[1]	Lohnquote[2]
1960	60,1
1970	68,0
1975	74,1
1980	75,8
1985	73,0
1990	69,6
1991	72,3
1992	73,6
1993	74,5
1994	73,6
1995	73,1
1996	72,8
1997	71,6

[1] Bis 1990 früheres Bundesgebiet, ab 1991 Deutschland.
[2] Bruttoeinkommen aus unselbständiger Arbeit in % des Volkseinkommens.

Quelle: Institut der Deutschen Wirtschaft Köln: Zahlen zur wirtschaftlichen Entwicklung der Bundesrepublik Deutschland, Ausgaben 1997 und 2000.

Auffallend ist hier der starke Anstieg der Lohnquote in der ersten Hälfte der 70er Jahre. Ab 1980 setzt dann ein anhaltender Rückgang ein, der die Lohnquote bis fast auf den tiefsten Stand in der Geschichte der Bundesrepublik zurückführte.

Personale Einkommensverteilung

Von der funktionalen Einkommensverteilung kann im allgemeinen nicht auf die Verteilung der Einkommen auf einzelne Personen oder Personengruppen, also auf die **personale Verteilung** geschlossen werden. Zum einen gibt es durchaus Personen, die neben ihrem Einkommen aus selbständiger Tätigkeit auch Einkünfte aus Unternehmertätigkeit und Vermögen (Mieten, Dividenden, Sparzinsen) beziehen. Zum anderen ist zu berücksichtigen, daß in der Lohnquote auch überaus hohe Einkommen, etwa von angestellten Spitzenmanagern, enthalten sind. Genauso können Einkommen von Selbständigen nur äußerst gering ausfallen.

Zur Darstellung der personalen Verteilung des Volkseinkommens verwendet die Volkswirtschaftslehre gerne das statistische Instrument der **Lorenzkurve**. Was hat man darunter zu verstehen? Sehen wir uns dazu die Abbildung 4.3 an.

Abb. 4.3: Lorenzkurven

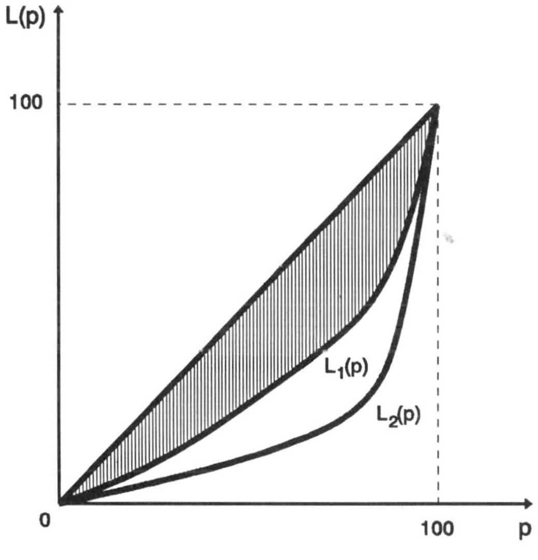

Um die Lorenzkurve zu bilden, ordnet man die Einkommensbezieher zunächst nach der Höhe ihres Einkommens in aufsteigender Reihenfolge und betrachtet, wieviel Prozent des gesamten Volkseinkommens die jeweils *p*-Prozent ärmsten Einkommensbezieher besitzen. Die Lorenzkurve $L=L(p)$ stellt dann einfach eine Beziehung zwischen den nach ihrer Armut kumulierten Einkommensbeziehern p und ihrem kumulierten Einkommen $L(p)$ her, wobei beide Größen in der Regel als Prozentwerte gemessen werden. $L(p)$ gibt also an, daß die *p*-Prozent ärmsten Einkommensbezieher über genau *L(p)* Prozent des Gesamteinkommens verfügen. In unserem Koordinatensystem haben wir *p* auf der Abszisse und *L(p)* auf der Ordinate abgetragen. Wir sehen, daß aufgrund dieser Definition die Lorenzkurve jeder Verteilung durch die Punkte (0,0) und (100,100) geht, weil die 0 Prozent am wenigsten Verdienenden natürlich 0 Prozent vom Gesamteinkommen und alle Einkommensbezieher zusammen natürlich 100 Prozent vom Gesamteinkommen erhalten.

Bei einer totalen Gleichverteilung aller Einkommen bekommt jeder Einkommensbezieher das gleiche Einkommen. In diesem Falle läßt sich die Lorenzkurve durch die Winkelhalbierende des ersten Quadranten wiedergeben, weil dann irgend *x*-Prozent der Personen genau *x* Prozent vom Gesamteinkommen erhalten. In der Realität jedoch wird die Lorenzkurve von der Gleichverteilung mehr oder weniger weit entfernt sein und typischerweise einen **konvexen** Verlauf haben, wie es in Abbildung 4.3 die Kurven $L_1(p)$ und $L_2(p)$ zeigen.

Mit Hilfe der Lorenzkurve kann man nun recht gut die **Ungleichheit einer Verteilung** der Einkommen auf Personen oder Haushalte veranschaulichen. Eine Verteilung ist umso ungleicher, je weiter sich ihre Lorenzkurve von der Linie der Gleichverteilung entfernt. Auf dieser Vorstellung beruht auch das Kriterium der **Lorenzdominanz**. Es stuft eine Verteilung der Einkommen gleicher ein als eine andere Verteilung, wenn die Lorenzkurve der einen überall oberhalb der Lorenzkurve der anderen liegt und wenn sich die beiden Lorenzkurven nicht schneiden. In unserer Abbildung trifft dies für die Kurve $L_1(p)$ im Vergleich zur Kurve $L_2(p)$ zu. Im Falle sich schneidender Lorenzkurven kann mit diesem Kriterium allerdings über die Ungleichheit einer Verteilung nichts mehr ausgesagt werden.

In einem solchen Falle liegt es nahe, die Fläche zwischen der Lorenzkurve und der Linie der Gleichverteilung - in unserer Abbildung schraffiert für $L_1(p)$ - als Maß für die Ungleichheit einer Verteilung heranzuziehen. In der Statistik hat es sich zudem eingebürgert, nicht die absolute Flächengröße, sondern deren Anteil an der Fläche des gesamten Dreiecks mit den Eckpunten (0,0), (0,100) und (100,100) zu verwenden. Dieses Maß heißt auch **Gini-Koeffizient** und nimmt definitionsgemäß Werte zwischen 0 bei Gleichverteilung und 1 bei totaler Ungleichheit an. Je größer der Gini-Koeffizient ist, umso ungleicher verläuft auch die zugrundeliegende Verteilung.

Wie die Lorenzkurve der Netto-Einkommensverteilung für die Bundesrepublik Deutschland im Jahre 1983 aussieht, zeigt die Abbildung 4.4.

Die der Lorenzkurve zugrundeliegenden Daten werden leider nur in größeren Zeitabständen erhoben und weisen daher auch nicht die gewünschte Aktualität auf. Darüber hinaus beansprucht die Auswertung durch das Statistische Bundesamt in der Regel eine längere Zeit.

Wie man sieht, liegt die Lorenzkurve für die BRD im Jahre 1983 unterhalb der Linie der Gleichverteilung, was für sich genommen noch nicht viel besagt. Aus ihr läßt sich jedoch auch entnehmen, daß das ärmste Drittel der Einkommensbezieher damals nur über weniger als 15 Prozent des Gesamteinkommens, die reichsten 20 Prozent hingegen über rund 40 Prozent des Volkseinkommens verfügten.

Abb. 4.4: Lorenzkurve der sekundären Einkommensverteilung, BRD 1983

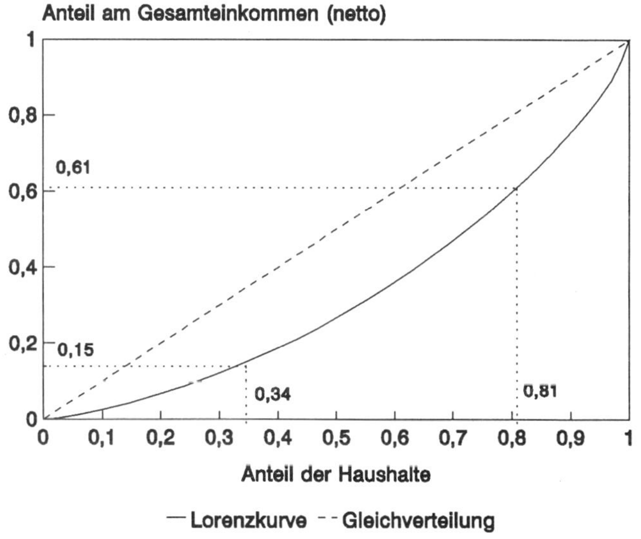

Quelle: Statistisches Bundesamt, o.O., o.J.

Der dazugehörige Gini-Koeffizient hatte im Jahre 1983 den Wert 0,34. Er war damit geringfügig höher als in den Jahren 1978 (0,32), 1973 (0,31) und 1969 (0,32), für die derartige Zahlen ebenfalls vorliegen.

Vielleicht sollte man noch besonders erwähnen, daß alle statistischen Angaben auf den Nettoeinkommen beruhen, also die Ungleichheit der Einkommensverteilung nach erfolgter Umverteilung der Einkommen durch den Staat aufzeigen.

4.4 Die Staatstätigkeit in der Bundesrepublik Deutschland

Wir wollen uns abschließend noch ein Bild darüber machen, in welchem Umfang sich der Staat am wirtschaftlichen Geschehen in der Bundesrepublik beteiligt. Ein grobes Maß dafür stellt die **Höhe des Staatsanteils am Sozialprodukt** dar, der das Ausmaß der staatlichen Wirtschaftstätigkeit reflektiert. Statistisch gemessen wird dieser Anteil in der Regel, indem man für ein bestimmtes Jahr die Höhe der Staatsausgaben von Bund, Ländern, Gemeinden und den Sozialversicherungsträgern zur Höhe des Sozialprodukts in Beziehung setzt und auf diese Weise die sogenannte **Staatsquote** berechnet.

Staatsquote

Diese Berechnungsweise liegt auch der Abbildung 4.5 zugrunde, die sich, wie alle Abbildungen, auf die wir im folgenden verweisen, im Anhang zu diesem Kapitel findet.

In diesem Schaubild sind für den Zeitraum von 1960 bis 1997 die Ausgaben der Gebietskörperschaften und der Sozialversicherungsträger ins Verhältnis gesetzt zum Bruttosozialprodukt zu Marktpreisen. Als Trend ist erkennbar, daß in dem betrachteten Zeitraum der Staatsanteil stetig zugenommen hat, bis auf die 2. Hälfte der 80er Jahre, in denen er wieder rückläufig war. In der Literatur spricht man daher sogar von einem **Gesetz der wachsenden Staatsausgaben**. Heute beträgt der Anteil des öffentlichen Sektors inklusive der Sozialversicherungsträger rund 50 Prozent, nicht zuletzt aufgrund der hohen Vereinigungskosten, die zu einem starken Anstieg der öffentlichen Verschuldung geführt haben. In allerjüngster Zeit ist die Staatsquote allerdings im Sinken begriffen.

Interessant ist auch, die Staatsquoten der wichtigsten Industrienationen der westlichen Welt miteinander zu vergleichen, wie wir dies in Abbildung 4.6 versucht haben. Man sieht, daß die Staatsquoten bis in die 90er Jahre mit Ausnahme weniger Länder stetig angestiegen sind. Auch hier ist in den letzten Jahren allerdings wieder ein leichter Rückgang zu beobachten.

Wodurch es zu dem in vielen Ländern in den letzten Jahrzehnten zu beobachtenden Wachstumstrend der Staatsausgaben und zu den hohen Staatsquoten kam, ist noch nicht völlig geklärt. In der Literatur werden dafür mehrere Gründe genannt, so daß von einer multikausalen Erklärung gesprochen werden muß. Von den dort angeführten Gründen leuchten sicherlich solche am ehesten ein, die als Pendant zur

Theorie des Marktversagens gleichsam eine **Theorie des Staatsversagens** zu begründen suchen.

Von einem Staatsversagen kann man allgemein immer dann sprechen, wenn die Produktion und das Angebot öffentlicher Güter nicht paretoeffizient erfolgt, wenn also am Bedarf vorbei oder mit zu hohen Kosten erstellt wird. Dies wird zum Beispiel dann der Fall sein, wenn der Wettbewerb der politischen Parteien um Wählerstimmen dazu führt, daß zu viele öffentliche Güter versprochen und auch bereitgestellt werden, zumal die Wähler häufig einer Finanzierungsillusion unterliegen. Bürger sind sich dann der Kosten öffentlicher Leistungen nicht bewußt. Dies mag vor allem bei der Besteuerung als Finanzierungsinstrument der Fall sein, da bei dieser, als einer Zwangsabgabe, der direkte Zusammenhang zwischen Kosten und Finanzierungslast des einzelnen Bürgers verlorengeht. Zudem glaubt man aus empirischen Untersuchungen auf eine sehr geringe Preiselastizität und eine relativ hohe Einkommenselastizität für öffentliche Güter schließen zu können. Dies würde bedeuten, daß zum einen die Nachfrage nach öffentlichen Gütern nur wenig oder mitunter gar nicht zurückgeht, falls sich diese Güter verteuern. Zum anderen wird ein wachsendes Volkseinkommen zumeist mit einer noch stärker zunehmenden Nachfrage nach öffentlichen Gütern einhergehen.

Ineffizienzen im Staatssektor können auch bei der Produktion von öffentlichen Gütern selbst auftreten, wofür letztlich die Bürokratie verantwortlich zu machen ist. Hier wird argumentiert, daß staatliche Bürokraten aufgrund ihrer monopolartigen Stellung gegenüber den Politikern und Wählern und wegen ihres Informationsvorsprungs hinsichtlich der Produktionsbedingungen in der Lage seien, ein höheres Budget zu verlangen, als sie eigentlich zu einer effizienten Bereitstellung bei minimalen Kosten benötigen würden. Dieses sogenannte **diskretionäre Budget** würden die Bürokraten dann für ihre eigenen Ziele einsetzen, etwa für angenehme Arbeitsbedingungen, großzügige Verwaltungsbauten oder für eine Aufblähung des Verwaltungsapparates über das notwendige Maß hinaus. Kurz, ein Teil des Budgets werde verschwendet und nicht für die Produktion öffentlicher Güter eingesetzt, so wie dies vom Parlament eigentlich beabsichtigt und bewilligt worden war. Da dieser Teil in den öffentlichen Haushalten aber nicht eigens ausgewiesen wird, sondern sich in den gesamten Kosten verbirgt, bleiben diese Vorgänge den Politikern und Wählern weitgehend verborgen. Denn diese besitzen keine Kenntnisse darüber, wieviel ein öffentliches Gut bei effizienter Produktion eigentlich hätte kosten dürfen. So können die öffentlichen Haushalte immer ausgeglichen gestaltet werden und Bürokraten der Forderung nach Kostendeckung, formal gesehen, immer nachkommen. Dies aber sind die einzigen Kriterien, nach denen ihre Arbeit beurteilt wird.

Staatstätigkeit in ausgewählten Aufgabenbereichen

Sehen wir uns als nächstes an, wie sich die Staatstätigkeit in ausgewählten Aufgabenbereichen der öffentlichen Hände entwickelt hat (Abbildung 4.7).

Hier sind die Ausgaben für einige ausgewählte Funktionalbereiche der öffentlichen Haushalte für den Zeitraum von 1950 bis 1995 aufgezeichnet. Die Sozialversicherungsträger haben wir ab dem Jahre 1974 nicht mehr berücksichtigt, da sie ab diesem Jahr in einer eigenen Rechnung geführt werden und wir sie anschließend noch gesondert betrachten wollen.

Die wichtigsten Haushaltsposten stellen heute die Bereiche Soziale Sicherung, Bildung und Wissenschaft, der Schuldendienst und das Gesundheitswesen dar. Man kann weiterhin erkennen, daß vor allem im Bereich der Bildung und bei der Zinsbelastung in den letzten Jahrzehnten ein überproportional starkes Wachstum der Ausgaben stattgefunden hat. Dies trifft auch für den Bereich der Sozialen Sicherung zu, jedenfalls dann, wenn man die Ausgaben der Sozialversicherungsträger, auf die wir im folgenden noch etwas genauer eingehen, hinzunimmt.

Sozialversicherungsträger

Hier konnte der Ausgabenanstieg bis heute noch nicht entscheidend gebremst werden. Wie sich die Ausgabentätigkeit entwickelt hat, zeigt für den Zeitraum von 1960 bis 1997 die Abbildung 4.8.

Man sieht den ungebrochenen Trend in der Ausgabenentwicklung, der im Laufe der Zeit zu steigenden Quoten (Ausgaben der Sozialversicherung in % des BSP) geführt hat. Zwar gelang es Ende der 80er Jahre, vorübergehend den Ausgabenanstieg zu begrenzen und die Belastung von Arbeitnehmern und Arbeitgebern zu verringern. Doch insbesondere die mit der Transformation der ehemaligen DDR-Wirtschaft in großem Umfang auch aus der Sozialversicherung getätigten Transfers in die Neuen Bundesländer haben diese Anstrengungen teilweise wieder rückgängig gemacht.

Staatseinnahmen

Wenden wir uns abschließend den Staatseinnahmen zu. Wie die öffentlichen Ausgaben in der Bundesrepublik Deutschland finanziert werden, will das Schaubild 4.9 aufzeigen.

In dieser Graphik ist die Entwicklung der wichtigsten Einnahmearten der öffentlichen Hand für den Zeitraum von 1950 bis 1997 festgehalten. Der staatliche Sektor finanziert sich im wesentlichen durch Steuern, zu einem geringen Teil durch Gebühren und natürlich auch durch Schuldenaufnahme. Daneben gibt es noch sonstige Einnahmen, die aber umfangmäßig keine große Bedeutung aufweisen. Es fällt auf, daß vor allem seit 1973 die Staatsverschuldung stark zugenommen hat. Nicht zuletzt diese Entwicklung war es, die in der Bundesrepublik Deutschland im Jahre 1981 zu der sogenannten politischen Wende geführt hat. Hauptziel der damaligen Finanzpolitik war es, die Zunahme der Staatsverschuldung zu beschneiden und durch eine Reduktion der Staatsausgaben die öffentlichen Haushalte wieder zu sanieren.

Für den Bereich des Bundes scheint dies in Grenzen gelungen zu sein. Der Beitritt der ehemaligen Deutschen Demokratischen Republik zur Bundesrepublik Deutschland im Oktober 1990 und die damit verbundenen Aufgaben der Sanierung und des Wiederaufbaus freilich lies den Kreditbedarf des Staates wieder enorm ansteigen. Die jüngste Entwicklung in der Bundesrepublik aber geht wieder dahin, die Staatsverschuldung zurückzuführen, nicht zuletzt mit Blick auf die Konvergenzkriterien, die für den Beitritt zur Europäischen Währungunion zu erfüllen waren. In einigen anderen Ländern, insbesondere den USA, aber auch einigen europäischen Ländern wie den Niederlanden, Schweden und Norwegen ist dies bereits eindruckvoll gelungen.

Anhang: Tabellen zur Staatstätigkeit

Abb. 4.5: Staatsanteil am BSP, BRD 1960-1997

Zeitraum	BSP in jeweiligen Preisen, in Mrd	Gesamtausgaben Staat[1] in Mrd	Gesamtausgaben Staat[1] v.H.d. BSPs
1960	303,00	99,66	32,9
1965	458,20	170,23	37,1
1966	487,40	181,59	37,2
1967	493,70	193,56	39,2
1968	533,70	211,08	39,6
1969	597,80	233,33	39,1
1970	675,70	264,13	39,1
1971	750,40	304,30	40,6
1972	824,60	340,99	41,4
1973	918,80	386,36	42,1
1974	983,70	444,76	45,2
1975	1027,70	509,10	49,6
1976	1123,80	546,20	48,7
1977	1195,60	582,68	48,7
1978	1289,40	620,47	48,3
1979	1393,80	669,64	48,2
1980	1477,40	721,88	49,0
1981	1539,60	765,70	49,9
1982	1590,30	795,71	50,1
1983	1675,70	816,40	48,9
1984	1763,30	848,82	48,5
1985	1834,50	875,27	48,0
1986	1936,10	912,18	47,4
1987	2003,00	949,56	47,7
1988	2108,00	991,06	47,3
1989	2249,10	1018,86	45,8
1990	2448,60	1118,12	46,1
Deutschland			
1991	2882,10	1395,04	48,9
1992	3097,60	1525,21	49,5
1993	3168,80	1600,01	50,6
1994	3320,20	1668,01	50,1
1995[2]	3426,60	1984,66	57,6
1996	3497,50	1771,55	50,3
1997	3600,10	1776,24	49,0

[1] Gemeinsamer Haushalt der Gebietskörperschaften und der Sozialversicherung in der Abgrenzung der Volkswirtschaftlichen Gesamtrechnungen;
[2] Einmaliger Effekt durch die Übernahme der Schulden der Treuhandanstalt und eines Teils der Altschulden der ostdeutschen Wohnungswirtschaft in den öffentlichen Sektor.

Quelle: Sachverständigenrat zur Begutachtung der gesamtwirtschaftlichen Entwicklung: Jahresgutachten 1998/99, Tab.21*, Tab.33*.

Abb. 4.6 Staatsquote[1] in verschiedenen Industrienationen

Land	1970	1980	1990	1998
Belgien	36,5	59,0	55,0	50,8
BR Deutschland	38,6	48,5	45,1	47,3[2]
Dänemark	40,2	56,2	58,6	55,5
Frankreich	38,9	46,1	49,8	52,4
Griechenland	22,4	30,5	46,4	49,6
Großbritannien	39,8	44,8	39,9	40,1
Irland	39,6	50,8	41,2	-
Italien	34,2	41,7	51,2	48,6
Niederlande	43,9	57,5	54,1	43,5
Portugal	21,6	25,9	41,8	43,5
Spanien	22,2	32,9	42,0	39,4
Finnland	30,5	36,6	45,4	48,6
Norwegen	41,0	48,3	49,2	46,4
Schweden	43,3	61,6	59,1	56,6
Österreich	39,2	48,9	48,6	49,7
Schweiz	21,3	29,3	30,4	-
Kanada	34,8	40,5	46,0	42,6
USA	31,6	33,7	33,3	35,2
Japan	19,4	32,6	31,7	36,9

[1] Gesamtausgaben des Staates in Prozent des Bruttoinlandproduktes.
[2] Einschließlich neue Bundesländer.

Quelle: Institut der deutschen Wirtschaft Köln: Zahlen zur wirtschaftlichen Entwicklung der Bundesrepublik Deutschland, verschiedene Ausgaben.

Abb. 4.7: Staatsausgaben in ausgewählten Aufgabenbereichen[1)]

Zeitraum[2)]	Staatsausgaben insgesamt	darunter in %							
		Zinsausgaben	Verteidigung	Öffentl. Sicherheit u. Ordnung, Rechtsschutz	Schulen, Hochschulen, übriges Bildungswesen	Wissenschaftl. Forsch., Entwicklung außerh. d.Hochschulen	Soziale Sicherung o. Ausgaben der Sozialvers.	Gesundheit, Sport u. Erholung	Verkehr u. Nachrichtenwesen
1950	28141	2,2	16,7	4,0	7,0	0,4	27,1	3,6	4,5
1960	64555	3,0	13,1	4,0	8,6	0,8	23,9	3,9	7,2
1970	196330	3,5	10,1	4,0	12,6	1,4	20,6	5,2	9,0
1975	527240	2,8	6,1	2,9	10,2	1,1	23,0	4,2	4,5
1978	636954	3,4	5,8	2,9	9,6	1,2	22,2	4,1	4,2
1979	688919	3,6	5,6	2,9	9,6	1,3	21,9	4,3	4,5
1980	741627	4,0	5,5	3,0	9,9	1,3	21,8	4,4	4,2
1981	791199	4,6	5,6	3,0	9,7	1,3	22,2	4,3	3,9
1982	828482	5,5	5,6	2,9	9,4	1,4	22,0	4,2	3,5
1983	849178	6,1	5,7	2,9	9,3	1,3	22,0	4,3	3,2
1984	876812	6,1	5,7	2,9	8,9	1,3	22,6	4,2	3,2
1985	907128	6,1	5,6	2,9	8,9	1,4	22,7	4,3	3,1
1986	941710	6,1	5,5	2,9	8,9	1,3	23,1	4,3	3,1
1987	978701	6,0	5,4	3,0	8,9	1,2	23,2	4,3	3,0
1988	1021106	5,9	5,2	3,0	8,7	1,2	23,5	4,2	2,9
1989	1053249	5,8	5,2	3,0	8,7	1,1	23,0	4,4	2,9
1990	1144607	5,7	4,8	2,9	8,5	1,1	23,0	4,3	2,8
1991	1411825	5,5	3,9	2,6	7,7	1,1	28,2	3,9	2,6
1992	1618715	6,2	3,4	2,8	8,9	1,0	24,1	4,5	2,9
1993	1693850	6,0	3,0	2,8	9,1	1,0	23,9	4,4	2,7
1994	1778593	6,4	2,7	2,8	8,9	0,9	22,8	4,3	2,6
1995	1859060	7,0	2,6	2,8	8,9	0,9	22,4	4,3	2,5

[1)] Bund, Lastenausgleichfonds, ERP-Sondervermögen (ab 1962), Fonds "Deutsche Einheit" (ab 1990), Länder und Gemeinden/Gv. (ab 1961 einschl. des Saarlandes); ab 1974 einschl. Sozialversicherungsträgern, Bundesanstalt für Arbeit, Zusatzversorgungskassen, kommunaler Zweckverbände, Finanzanteil der BRD an den Europäischen Gemeinschaften sowie Ausgaben der Krankenhäuser und Hochschulkliniken mit kaufmännischem Rechnungswesen. 1960 Rumpfrechnungsjahr (1.4.-31.12.1960).

[2)] Ab 1992 einschließlich neue Bundesländer, 1991 mit den Vorjahren nur eingeschränkt vergleichbar.

Quelle: Statistisches Bundesamt (Hrsg.): Statistisches Jahrbuch 1996, S.486 f. und 1998, S. 481; Sachverständigenrat zur Begutachtung der gesamtwirtschaftlichen Entwicklung: Jahresgutachten 1996/97, Tab 38*, eigene Berechnungen.

Abb. 4.8: Unmittelbare Ausgaben der Sozialversicherungsträger, BRD 1960-1997

Zeitraum[1)]	BSP in jeweiligen Preisen, in Mrd	Sozialversicherung Ausgaben insgesamt[2)]	
		in Mrd	v.H.d. BSPs
Früheres Bundesgebiet			
1960	303,00	34,00	11,2
1965	458,20	53,39	11,7
1970	675,70	87,91	13,0
1971	750,40	101,14	13,5
1972	824,60	117,22	14,2
1973	918,80	136,08	14,8
1974	983,70	162,49	16,5
1975	1027,70	193,46	18,8
1976	1123,80	211,81	18,8
1977	1195,60	225,92	18,9
1978	1289,40	238,35	18,5
1979	1393,80	253,88	18,2
1980	1477,40	273,03	18,2
1981	1539,60	294,72	19,1
1982	1590,30	311,28	19,5
1983	1675,70	318,54	19,0
1984	1763,30	332,16	18,8
1985	1834,50	343,15	18,7
1986	1936,10	355,05	18,3
1987	2003,00	372,23	18,6
1988	2108,00	396,26	18,8
1989	2249,10	401,86	17,9
1990	2448,60	428,08	17,5
1991	2668,10	482,70	18,1
1992	2821,20	534,22	18,9
1993	2841,10	559,31	19,7
1994	2950,10	588,09	19,9
Deutschland			
1991	2882,10	552,15	19,2
1992	3097,60	630,74	20,4
1993	3168,80	672,34	21,2
1994	3320,20	708,16	21,3
1995	3426,60	756,31	22,1
1996	3497,50	798,43	22,8
1997	3600,10	807,40	22,4

[1)]Ab 1991 vorläufige Ergebnisse.

[2)] Subventionen, soziale Leistungen, Zinsen, Staatsverbrauch, geleistete Vermögensübertragungen (einschließlich der Vermögensübertragungen an die Gebietskörperschaften), Bruttoinvestitionen und sonstige laufende Übertragungen.

Quelle: Sachverständigenrat zur Begutachtung der gesamtwirtschaftlichen Entwicklung: Jahresgutachten 1998/99, Tab.21*, Tab.33*, eigene Berechnungen.

Abb. 4.9: Einnahmen von Bund, Ländern und Gemeinden nach Arten[1], BRD 1950-1997

Zeitraum[2]	Brutto-einnahmen in Mill	darunter in %		Zeitraum[2]	Nettokredit-aufnahme in Mill	Verhältnis Nettokreditaufnahme zu Bruttoeinnahmen in %
		Steuern u. steuerähnl. Abgaben	Gebühren, sonstige Entgelte			
Früheres Bundesgebiet				Früheres Bundesgegiet		
1950	26443	79,8	5,9	1950	606	2,3
1960	65460	81,8	5,9	1960	605	0,9
1970	188305	82,3	7,0	1970	6302	3,4
1975	460712	86,4	5,5	1975	54237	11,8
1977	559056	87,1	5,5	1977	31981	5,7
1978	596366	86,7	5,6	1978	40918	6,9
1979	643824	86,5	5,5	1979	43673	6,8
1980	690009	86,4	5,5	1980	54096	7,8
1981	723581	85,7	5,6	1981	69877	9,7
1982	763480	84,2	5,8	1982	68689	9,0
1983	792636	84,2	6,0	1983	56252	7,1
1984	827497	84,4	6,0	1984	49756	6,0
1985	870067	84,5	6,0	1985	40560	4,7
1986	905869	84,6	6,1	1986	41476	4,6
1987	932821	85,2	6,2	1987	48790	5,2
1988	967521	85,8	6,2	1988	55808	5,8
1989	1039967	85,9	7,0	1989	28999	2,8
1990	1091309	85,4	7,4	1990	72600	6,6
Deutschland				Deutschland		
1991	1339529	85,5	-	1991	120006	9,0
1992	1496272	84,5	6,7	1992	108381	7,2
1993	1559719	84,4	6,8	1993	132623	8,5
1994	1664130	83,6	6,8	1994	82290	4,9
1995	1745750	83,4	6,5	1995	94236	5,4
1996	1745513	84,3	6,5	1996	108028	6,2
1997	1787720	83,6	6,2	1997	94967	5,3

[1] Bund, Lastenausgleichsfonds, ERP-Sondervermögen (ab 1962), Fonds "Deutsche Einheit" (ab 1990) und Kreditabwicklungsfonds (ab 1991), Länder und Gemeinden/Gv. (ab 1961 einschl. des Saarlandes); ab 1974 einschl. Sozialversicherungsträgern, Bundesanstalt für Arbeit, Zusatzversorgungskassen kommunaler Zweckverbände, Finanzanteilen der Bundesrepublik Deutschland an den Europäischen Gemeinschaften sowie Finanzen der Krankenhäuser und Hochschulkliniken mit kaufmännischem Rechnungswesen. - 1960 Rumpfrechnungsjahr (1.4.-31.12.1960).

[2] Ab 1994 teilweise geschätzt.

Quelle: Statistisches Bundesamt (Hrsg.): Statistisches Jahrbuch 1993, S.529, 1996, S.486, und 1998, S. 482, eigene Berechnungen.

Kontrollfragen zu Kapitel 4:

1. Welche Aufgaben hat der Staat in einer Marktwirtschaft zu erfüllen?

2. Welche wettbewerbspolitischen Leitbilder lassen sich unterscheiden?

3. Wie wirkt sich wirtschaftliche Macht auf den Gütermärkten aus?

4. Vergleichen Sie Gleichgewichtspreis und gleichgewichtige Menge auf einem Monopolmarkt und einem vollständigen Konkurrenzmarkt.

5. Was versteht man unter einem statischen, was unter dynamischem Wettbewerb?

6. Nennen Sie Beispiele für negative externe Effekte der Produktion und des Konsums.

7. Durch welche Kriterien ist ein öffentliches Gut charakterisiert?

8. Muß ein öffentliches Gut immer vom Staat produziert werden?

9. Nennen Sie die vier wirtschaftspolitischen Ziele des "Magischen Vierecks". Warum kann man heute schon von wirtschaftspolitischen Vielecken sprechen?

10. Worin besteht der Unterschied zwischen der Primär- und der Sekundärverteilung des Volkseinkommens?

11. Wie verändert sich die Lorenzkurve der Einkommensverteilung, wenn eine ärmere Person einer reicheren Person etwas von ihrem Einkommen abgibt?

12. Was besagt die Theorie des Staatsversagens?

13. Nennen Sie Gründe für eine wachsende Staatstätigkeit.

5. Methodische Fragen

Den ersten Teil zu den Grundlagen wollen wir abschließen mit einem Kapitel über die zentralen Fragen, die aus methodischer Sicht die heutige Volkswirtschaftslehre beschäftigen. Darin werden wir zur weiteren Vertiefung zunächst nochmals kurz auf wesentliche Charakteristika und Problemstellungen der Volkswirtschaftslehre als Wissenschaft eingehen. Danach erfolgt die eigentlich methodische Diskussion, in der wir versuchen, die wichtigsten Vorgehensweisen der Volkswirtschaftslehre darzustellen und in ihrer jeweiligen Bedeutung zu würdigen. Diese Darlegung kann zugleich als Überleitung zu den nachfolgenden Teilen der Mikro- und Makroökonomik dienen und zum besseren Verständnis der dort verwendeten methodischen Ansätze beitragen.

5.1 Gesetzmäßigkeiten in der Volkswirtschaftslehre

Erkenntnisobjekt der Volkswirtschaftslehre ist die wirtschaftliche Wirklichkeit oder, umgangssprachlich ausgedrückt, die "Welt der Wirtschaft". Die Volkswirtschaftslehre hat sich dabei zum Ziel gesetzt, **Gesetzmäßigkeiten** der wirtschaftlichen Realität zu erkennen und diese in Form von Kausalabhängigkeiten zwischen ökonomischen Größen zu beschreiben. Damit soll es möglich werden, wirtschaftliche Phänomene und Ereignisse zu erklären und zu prognostizieren. Man möchte also gerne eine Antwort haben auf die Frage: "Was wäre wenn?". Das heißt, man möchte wissen, welches Ereignis unter bestimmten Bedingungen eintritt (Prognose) oder, umgekehrt, welche Bedingungen für ein beobachtetes ökonomisches Phänomen als ursächlich anzusehen sind (Erklärung). Beispiele für solche Kausalabhängigkeiten findet man viele, so etwa die Beziehung, die zwischen dem Preis eines Gutes und dessen nachgefragter Menge existiert, oder die Relation, in der sich volkswirtschaftlicher Konsum und Volkseinkommen befinden.

Das erste Beispiel haben wir der Mikroökonomie, das zweite der Makroökonomie entnommen. In diese beiden großen Disziplinen kann man, fürs erste jedenfalls, auch die Volkswirtschaftslehre einteilen:

- Die **Mikroökonomie** versucht, die ökonomischen Aktivitäten der kleinsten Wirtschaftseinheiten (Wirtschaftssubjekte) und ihr Zusammenspiel auf den Märkten zu untersuchen.

- Untersuchungsobjekt der **Makroökonomie** hingegen sind volkswirtschaftliche Aggregate und die Kausalabhängigkeiten zwischen ihnen.

Volkswirtschaftliche Aggregate entstehen, indem man mehrere einzelwirtschaftliche Vorgänge (meist ähnlicher Art) zusammenfaßt. So bildet, zum Beispiel, der volkswirtschaftliche Konsum einfach die Summe des Konsums aller Haushalte und das Volkseinkommen wird als Summe der Faktoreinkommen aller Wirtschaftssubjekte in einer Volkswirtschaft definiert.

Die kausale Abhängigkeit, die zwischen Volkseinkommen Y und volkswirtschaftlichem Konsum C besteht, läßt sich auch in Form einer mathematischen Funktion $C(Y)$ schreiben, die jedem möglichen Volkseinkommen den gesamtwirtschaftlichen Konsum zuordnet:

$$C = C(Y) = cY + C_a , \quad 0<c<1, \; C_a>0 \text{ (konstant)} .$$

Man nennt diese Funktion die **makroökonomische Konsumfunktion** und sie besagt, daß der gesamtwirtschaftliche Konsum linear vom Volkseinkommen abhängt. Den Faktor c bezeichnet man als marginale Konsumneigung. Wie wir an anderer Stelle noch sehen werden (Kapitel 13), gibt er an, um wieviele Einheiten der Konsum zunimmt, wenn das Volkseinkommen um eine Einheit steigt. Hinzu kommt noch ein konstanter Faktor C_a, der den sogenannten autonomen oder Basiskonsum darstellt. Er erfaßt den lebensnotwendigen Minimalkonsum, der auch bei einem Einkommen von Null getätigt werden muß.

Eine solche Funktion läßt sich natürlich auch graphisch veranschaulichen, wie wir dies in Abbildung 5.1 getan haben.

Abb. 5.1: Die Konsumfunktion

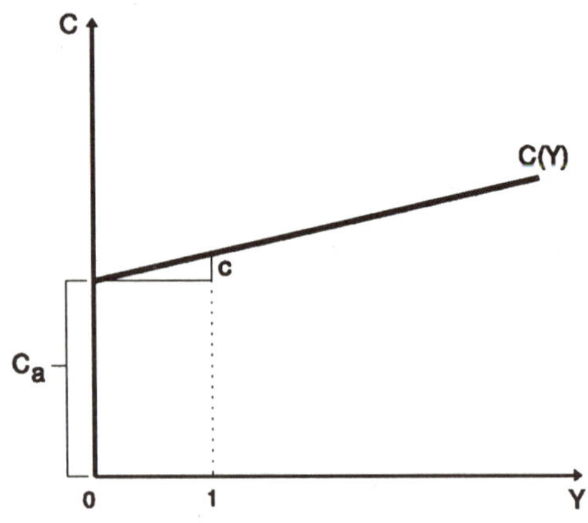

Die obige Funktion mag auch als ein Beispiel dafür stehen, daß man es in der Volkswirtschaftslehre nicht mit der gleichen Art von Gesetzmäßigkeiten zu tun hat wie in den Naturwissenschaften oder in der Mathematik. Denn die Funktion ***C(Y)*** drückt zunächst nur eine **Hypothese** aus, also einen vermuteten Zusammenhang, den die Realität jederzeit widerlegen kann. Es gilt heute wohl als unbestritten, daß es in den Wirtschaftswissenschaften keine generellen Gesetzmäßigkeiten gibt, die sich im Raum oder in der Zeit nicht veränderten und mithin allgemeingültig wären. Warum ist das so und was unterscheidet unsere Wissenschaft von den oben genannten Disziplinen?

5.2 Erkenntnisobjekt der Volkswirtschaftslehre

Die Schwierigkeiten der Ökonomie, zu allgemeingültigen Gesetzen zu gelangen, liegen in der Natur ihres Erkenntnisobjekts begründet. Erfahrungsobjekt ist, wie gesagt, die wirtschaftliche Realität, die aus einer Vielzahl von Konsumenten, Arbeitern, Firmen, Institutionen, aus verschiedenen Gütern und Ressourcen besteht. Die Nationalökonomie ist somit zuallererst eine **Realwissenschaft**. Sie versucht Erscheinungen zu erforschen, die in der Realität tatsächlich auftreten.

Die Volkswirtschaftslehre versteht sich, im Unterschied zu den Naturwissenschaften, aber auch als eine **Sozialwissenschaft**, weil sie die Entscheidungen und Handlungen von Individuen oder von Gruppen und die von ihnen geschaffenen Institutionen in ihre Erklärungsansätze einzubringen hat. Dabei müssen Individuen ihre Aktivitäten keineswegs nur an der ökonomischen Rationalität ausrichten. Es können auch habituelle oder imitierende Verhaltensweisen, Prestigedenken, Machtstreben und andere Faktoren psychologischer und sozialer Art eine Rolle spielen.

Die wirtschaftliche Realität ist also immer auch das Ergebnis von sozialen Beziehungen, was die Volkswirtschaftslehre freilich allzu gern vernachlässigt. Man denke nur an den Kauf eines Automobils, der sicher nicht nur vom Einkommen des Erwerbers sowie dem Preis oder dem Gebrauchswert des gewünschten Fahrzeugs abhängt, sondern vielleicht auch vom Imponiergehabe oder dem Repräsentationsdenken des Käufers. Auch ideelle Werte, etwa die Verwirklichung von individuellen Freiheiten, die ein Automobil symbolisieren mag, spielen sicherlich in die Kaufentscheidung mit hinein.

Komplexität und historische Einmaligkeit wirtschaftlicher Realität

Zu beachten ist zudem, daß Entscheidungen und Aktivitäten von Wirtschaftssubjekten nicht unabhängig voneinander erfolgen, sondern sich gegenseitig beeinflussen und bedingen. Die wirtschaftliche Realität kann so als ein vernetztes System angesehen werden, in dem sich, zum Beispiel, eine auf einem Markt getroffene Entscheidung über den Preis wieder auf die Entscheidungen anderer Individuen und ihrer Aktivitäten auf weiteren Märkten auswirkt. Solche gegenseitigen Abhängigkeiten, man spricht hier auch von **Interdependenzen**, drücken sich besonders deutlich in den Lieferverflechtungen aus, die aufgrund der Arbeitsteilung zwischen der Vielzahl von Unternehmen in einer Volkswirtschaft bestehen.

Die Interdependenz des Geschehens, in Verbindung mit dem menschlichen Faktor, darf man letztlich auch dafür verantwortlich machen, daß die Wirtschaftswissenschaft ihre Aussagen nicht auf allgemeine Gesetzmäßigkeiten stützen kann, die für alle Zeiten und Räume gelten würden. Die wirtschaftliche Realität ist dafür leider viel zu **komplex** gestaltet.

Die Komplexität der Realität bedingt, daß in der ökonomischen Modellbetrachtung häufig eine ähnliche Vorgehensweise wie in Laborexperimenten gewählt werden muß, bei der ebenfalls bestimmte Determinanten (gedanklich) konstant gesetzt und nur einige wenige, als wichtig erachtete Einflußgrößen variiert werden. Die daraus abgeleiteten Erkenntnisse kann man jedoch in den meisten Fällen nicht in der Empirie testen. Denn der Wirtschaftswissenschaftler findet nur selten eine reale Situation vor, auf die seine im Modell getroffenen Annahmen genau zutreffen. In der Realität ist es ihm eben nicht möglich, die als konstant angenommenen Randbedingungen (man spricht hier auch von der **ceteris paribus-Klausel**) umfassend zu beobachten und zu kontrollieren.

Die gewünschte Situation wird sich allein schon deshalb überhaupt nicht oder nur zufällig einstellen, weil jede ökonomische Maßnahme und jeder Eingriff in den Wirtschaftsablauf im Grunde von den handelnden Wirtschaftssubjekten auf gewisse Weise antizipiert und in die eigenen Strategien einbezogen werden. Auf diesem Wege können die erhofften Ergebnisse andauernd durch Verhaltensänderungen der Individuen konterkarriert werden. Will etwa der Staat aus haushaltspolitischen Überlegungen heraus Kapitaleinkünfte an der Quelle ihres Entstehens, das heißt im Bankensystem besteuern (Quellensteuer), so werden die Anleger versucht sein, Teile ihres Finanzvermögens in Länder zu verlegen, die eine solche Steuer nicht kennen. Als Folge davon wird zum einen das Steueraufkommen nicht im erhofften

Umfang steigen, zum anderen treten zusätzlich noch negative Einflüsse auf die Kapitalbildung in der Volkswirtschaft auf.

Überhaupt muß man bezweifeln, ob ökonomische Ereignisse sich in unveränderter Form wiederholen und in der Realität immer wiederkehren können. Die Dynamik des Wirtschaftslebens und der technische Fortschritt nämlich schaffen laufend veränderte Bedingungen für alle am Wirtschaftsprozeß Beteiligten. Vor allem letzterer bringt ständig neue Produkte oder neue Produktionsverfahren hervor. Er induziert auch laufend neue Gewohnheiten und Wertvorstellungen, also all das, was man am besten mit dem Begriff "Zeitgeist" umschreibt. Dies alles mag als Indiz gelten für die **historische Einmaligkeit** bestimmter Konstellationen in einer Volkswirtschaft. Da sich darin alles stetig und schnell ändert, fällt auch jede Prognose über zukünftige Entwicklungen besonders schwer. Denn Erfindungen oder Verhaltensmuster, die erst noch entstehen müssen, lassen sich eben nicht hinreichend genau voraussehen..

Fassen wir also zusammen: In der Empirie wird es praktisch fast nie vorkommen, daß die in einem ökonomischen Modell konstant gehaltenen Einflußfaktoren eines zu erklärenden Phänomens auch wirklich unverändert bleiben. Daher können im Modell gewonnene Aussagen nur schwer auf ihre allgemeine Geltung hin empirisch überprüft werden. Hat sich das vom Forscher erhoffte Ergebnis nicht eingestellt, weiß dieser zudem nie genau, ob sein Modell falsch war, oder ob er es nur auf eine dafür ungeeignete ökonomische Situation übertragen hat.

Die Werturteilsproblematik

Eine weitere Schwierigkeit für die Volkswirtschaftslehre ergibt sich aus der Vielfalt der **Zielsetzungen** ökonomisch handelnder Subjekte, die zum Teil miteinander konfligieren. Dies bedeutet, daß man bestimmte Ziele, wenn überhaupt, immer nur auf Kosten anderer Ziele verfolgen und realisieren kann.

So besteht, zum Beispiel, ein grundlegender Konflikt zwischen den Zielen "Effizienz" und "Verteilung": Wenn alle Wirtschaftssubjekte, ganz gleich was und wieviel sie tun, immer nur das gleiche Einkommen bekämen, dann möchte niemand mehr als der andere arbeiten, sofern Arbeit von allen lediglich als Mittel angesehen wird, um Einkommen zu erzielen und Konsumbedürfnisse zu befriedigen. Ein anderes, uns bestens bekanntes Beispiel für einen Zielkonflikt stellt die Verwendungskonkurrenz um die knappen Ressourcen dar: Im allgemeinen geht der Mehrkonsum eines Konsumenten stets mit dem Konsumverzicht von anderen einher.

Überhaupt dürfte es kaum einen ökonomischen Vorgang geben, der sich nicht für einige Individuen positiv, für andere jedoch negativ auswirkt.

Wirtschaftliche Maßnahmen setzen in den meisten Fällen **Werturteile** voraus, denn es ist notwendig, Prioritäten unter den Zielen festzulegen, die es zu erreichen gilt. Unter einem Werturteil verstehen wir dabei eine Aussage, die offen oder versteckt eine Empfehlung irgendeiner Art enthält.

Soweit in die Volkswirtschaftslehre Wertvorstellungen eingehen, ist sie eine **normative Wissenschaft**. Sie beinhaltet in diesen Fällen, wenn es etwa um die Frage einer Erhöhung der Wohlfahrt in einer Gesellschaft geht, auch Anleitungen zur Gestaltung des menschlichen Daseins im ethischen Sinne. Die Volkswirtschaftslehre darf dann auch nicht, wie die Naturwissenschaften, einen absoluten Wahrheitswert beanspruchen. Denn allen Empfehlungen oder Werturteilen liegen vorrangig Prinzipien zugrunde, für die man nicht beweisen kann, ob sie richtig oder falsch sind.

Nehmen wir wieder ein einleuchtendes Beispiel: Man kann, im allgemeinen, empirisch überprüfen, ob eine bestimmte Maßnahme das Sozialprodukt erhöht. Nicht nachprüfbar bleibt allerdings die Frage, ob man diese Steigerung auch wirklich als wünschenswert ansehen darf. Denn dazu müßte man eine Empfehlung abgeben, in der das Wohlbefinden, die Zufriedenheit, das gute Leben, kurz die "Wohlfahrt" eines Individuums allein auf den Konsum von möglichst vielen Gütern zurückgeführt wird.

Natürlich versucht die Volkswirtschaftslehre, Werturteile weitgehend zu vermeiden. Insofern ist sie auch eine **positive Wissenschaft**. Diesen Anspruch auszufüllen, gelingt ihr jedoch nicht immer, weil Wertvorstellungen oft in versteckter Form in ihre Argumente einfließen und, bewußt oder unbewußt, nicht offen dargelegt werden. Den Vorwurf mangelnder "Wertfreiheit" muß man dann wohl an den Wissenschaftler selbst richten, oft aber trifft diesen auch keine Schuld. Denn Werturteile können sich in den Wirtschaftswissenschaften manchmal über Jahre oder sogar Jahrzehnte hinweg halten, bevor sie, durch aufwendige Forschungen, endlich offengelegt werden. Man vertritt heute sogar die Meinung, daß es eine wertfreie Volkswirtschaftslehre überhaupt nicht geben kann, weil sich immer, gewollt oder ungewollt, bestimmte Wertvorstellungen in die Analyse einschleichen.

Vor dem Hintergrund dieser grundsätzlichen Schwierigkeiten, mit denen es die ökonomische Wissenschaft zu tun hat, wollen wir uns nun mit der **Modell-** und

Theoriebildung und ihrer empirischen Anwendung näher beschäftigen. In dem Zusammenhang müssen wir auch eine Reihe von Begriffen präzisieren, die wir eingangs schon des öfteren verwendet haben.

5.3 Modelle

Die Volkswirtschaftslehre steht also vor dem fundamentalen Problem, der Komplexität ihres Untersuchungsobjekts einigermaßen gerecht zu werden. Für den menschlichen Geist nämlich ist es schlicht unmöglich, auf die verschiedenen Facetten der wirtschaftlichen Realität vollständig und umfassend einzugehen. Deshalb ist der Ökonom auch gezwungen, modellhaft zu denken.

Ein **Modell** stellt einfach eine Abstraktion von der Wirklichkeit dar; es verkörpert somit ein vereinfachtes Abbild der Realität. In ihm werden also nur einige wenige, als wichtig erachtete Beziehungen zwischen ökonomischen Größen berücksichtigt. Zusammenhänge und Einflüsse, die darüber hinaus in der Realität noch vorhanden sein mögen, bleiben darin unbeachtet.

Welchen Ausschnitt der Realität man abbilden möchte und welchen Grad der Vereinfachung man wählt, hängt von dem Untersuchungszweck ab, dem ein Modell dienen soll. Wir werden darauf gleich noch ausführlich eingehen. Ganz allgemein aber hat die Modellbildung den Sinn, durch **Simplifizierung** Erkenntnisse zu gewinnen, die man in der komplexen Wirklichkeit wohl nicht entdecken würde. Wir sollten jedoch schon an dieser Stelle ausdrücklich betonen, daß jede Erkenntnis zunächst einmal nur innerhalb des Modells selbst Gültigkeit beanspruchen darf und ihre Übertragbarkeit auf reale ökonomische Situationen eigens zu prüfen ist.

Modelle können in **verbaler**, **graphischer** und **analytischer** Form vorliegen. So bildet unsere Hypothese, der volkswirtschaftliche Konsum hänge vom Volkseinkommen ab, bereits ein Modell, dessen Informationsgehalt sich allerdings beträchtlich steigern läßt, wenn man die Art der Abhängigkeit noch präzisiert. Ein solches **verbales Modell** bedient sich, wie der Name schon sagt, der Sprache als Darstellungsmittel. Der semantische Kontext freilich wird hier viel präziser festgelegt als dies die einfache Umgangssprache vermag. So müssen vor allem Begriffe, die in der Umgangssprache mehrere Bedeutungen haben, vom jeweiligen Konstrukteur eines Modells ganz genau festgelegt werden. In dem Zusammenhang spricht man auch von **Fachbegriffen** oder der **Fachsprache**, die dem breiten

Publikum oft genug auch wie ein "Fach-Chinesisch" anmutet, weil sie nur noch von Spezialisten verstanden werden kann.

Gute Beispiele für die **graphische** Modelldarstellung geben die sogenannten Kreislaufmodelle in der Makroökonomie ab. Im einfachsten Fall veranschaulicht man damit die Beziehungen zwischen Haushalten und Unternehmen durch Güterströme und durch Geldströme zwischen zwei Polen. Die beiden Pole repräsentieren den zusammengefaßten Haushalts- und Unternehmenssektor, enthalten also jeweils alle Haushalte und Unternehmen einer Volkswirtschaft. Es fließt dann ein Strom von Faktorleistungen von den Haushalten zu den Unternehmen und ein entgegengerichteter Strom von Konsumgütern von den Unternehmen zu den Haushalten, wodurch ein geschlossener Kreislauf zustande kommt.

Dem Güterkreislauf entspricht ein Geldkreislauf. Die Unternehmen zahlen für die Faktorleistungen eine Faktorentlohnung an die Haushalte, die wieder für den Kauf von Konsumgütern ausgegeben wird und als Konsumausgaben von den Haushalten zu den Unternehmen gelangt. Dieses einfache Modell eines Wirtschaftskreislaufs haben wir in der Abbildung 5.2 graphisch veranschaulicht.

Abb. 5.2: Einfaches Kreislaufmodell

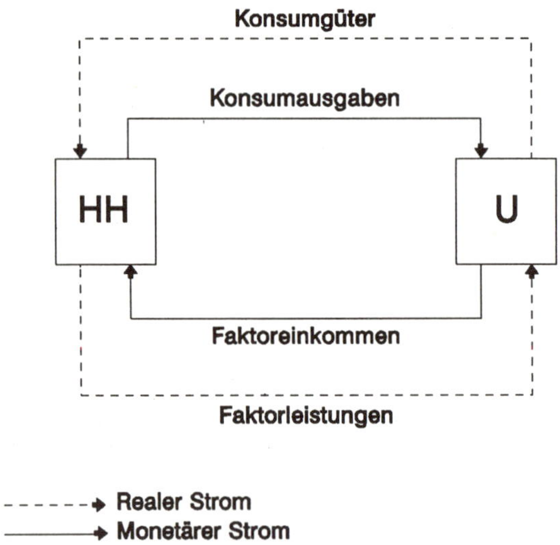

Im Laufe ihrer Geschichte ging die Volkswirtschaftslehre immer mehr von verbalen und graphischen zu **analytischen** Modellen über. Analytische Modelle werden in der Sprache der Mathematik dargestellt, also in Form von Variablen und mathematischen Beziehungen zwischen Variablen formuliert. Die bekannteste Beziehung zwischen zwei (oder mehreren) Variablen bildet in der Mathematik wohl die **Funktion**, die ganz allgemein jedem Wert einer unabhängigen Variablen x genau einen Wert der abhängigen Variablen y zuordnet. Als Beispiel dafür kann die uns schon bekannte gesamtwirtschaftliche Konsumfunktion dienen.

Natürlich wird ein analytisches Modell in der Regel nicht nur aus zwei Variablen und einer Gleichung bestehen, wie dies im Beispiel der Konsumfunktion der Fall ist, sondern aus wesentlich mehr Veränderlichen und einem ganzen System von mathematischen Relationen und Funktionen, so etwa aus Gleichungen, Ungleichungen, Zielfunktionen, Nebenbedingungen, etc.

Der Vorteil eines analytischen Modells liegt vor allem darin, daß man es in der Sprache und mit den Regeln der Mathematik behandeln kann, um zu Ergebnissen und Aussagen zu kommen. Die mathematischen Operationen und Umformungen der ursprünglichen Gleichungen können dabei völlig unabhängig von der ökonomischen Bedeutung erfolgen, die die Variablen und Gleichungen besitzen. Man braucht sich also um den ökonomischen Gehalt des Modells zunächst einmal nicht zu kümmern, sondern kann allein durch mathematische Manipulationen neue Gleichungen und Beziehungen zwischen den einzelnen Elementen herleiten, was in verbaler Form zumeist nicht möglich ist. Zudem kann das Ergebnis zumindest auf seine mathematische Richtigkeit und Widerspruchsfreiheit hin überprüft werden. Der ökonomische Bedeutungsinhalt ergibt sich danach erst aus einer geeigneten Interpretation der formal abgeleiteten Ergebnisse, die jetzt auf die wirtschaftliche Bedeutung der mathematischen Symbole rekurriert. Diese erfolgt auf verbale Weise und ist auf die Darlegung aller mathematischen Zwischenschritte nicht mehr angewiesen.

Im Anhang zu diesem Kapitel haben wir zum besseren Verständnis die Vorgehensweise der (mathematischen) Modellbildung anhand eines einfachen Beispiels illustriert, bei dem der Zusammenhang zwischen gesamtwirtschaftlichem Konsum und Höhe des Volkseinkommens im Vordergrund steht. Der Leser sei zur Vertiefung des hier Dargelegten auf die dortigen Ausführungen verwiesen.

Annahmensysteme

Was darf man nun als gemeinsames Kennzeichen von Modellen herausstellen?

Jedes Modell stellt bekanntlich eine geeignete Abstraktion von der Realität dar. Man könnte deshalb bei ihm auch von einem Gefüge von Annahmen über die Realität sprechen, also von einer Vorstellung, die wir uns von der Realität machen. So gesehen beinhaltet jedes Modell ein **System von Annahmen**.

In ökonomischen Modellen unterscheidet man im wesentlichen zwei Arten von Annahmen,

- Definitionen
  und
- Hypothesen.

Definitionen dienen der Begriffsbestimmung, Abgrenzung oder Quantifizierung ökonomischer Variablen, die auch als Aggregate auftreten können. Auch Beziehungen zwischen ökonomischen Variablen können definitorischer Art sein, etwa in Form von **Definitionsgleichungen** vorliegen. Besonders gekennzeichnet sind solche Gleichungen dadurch, daß sie immer erfüllt sind, weil sie eben ausschließlich definitorische Zusammenhänge wiedergeben. Nehmen wir als Beispiel die Gleichung für das Volkseinkommen in einer geschlossenen Volkswirtschaft ohne Staat:

$$Y = C + I \quad .$$

Das Volkseinkommen Y setzt sich hier aus Konsumgütern C und Investitionsgütern I zusammen. Dabei darf man davon ausgehen, daß diese Gleichung ex post immer gilt, wenn man Investitionsgüter als den Teil der Güterproduktion definiert, der nicht konsumiert wird, und hierzu auch die Lagerbildung zählt, die in Form von unfreiwilligen Investitionen erfolgt.

Mit solchen Annahmen freilich läßt sich die Realität lediglich **beschreiben**, nicht aber im strengen Sinne erklären und prognostizieren. Trotzdem gibt es in der Ökonomie eine Reihe von Modellen, die nur aus definitorischen Annahmen bestehen. Das vorhin beschriebene Kreislaufmodell mag dafür als gutes Beispiel dienen. Es beschreibt einen Tatbestand, der ex post betrachtet in einer Volkswirtschaft ohne Kapitalbildung, ohne staatliche Aktivität und ohne Beziehungen zum Ausland immer erfüllt ist, nämlich die Identität der Konsumausgaben und der Faktoreinkommen. Dieses Modell eignet sich jedoch nicht, um die Höhe der Faktoreinkommen zu erklären oder vorauszusagen.

Dennoch haben auch beschreibende Annahmensysteme unzweifelhaft einen Erkenntniswert, weil sie eine Abstraktion von der Realität und damit ein Modell darstellen, mit dessen Hilfe die komplexe Wirklichkeit **geordnet** werden kann. Selbst ein deskriptives Modell setzt somit eine bestimmte Vorstellung von der Realität voraus; es reduziert die komplexe Wirklichkeit und bringt auf diese Weise einen Zuwachs an (deskriptiver) Information.

Will man im Rahmen eines Modells die ökonomische Wirklichkeit nicht nur beschreiben, sondern auch **erklären**, dann hat darin, wie oft gefordert wird, wenigstens eine Annahme eine ökonomische Gesetzmäßigkeit zu repräsentieren. Allerdings kann damit kein raumzeitlich invariantes Gesetz gemeint sein, weil, wie wir eingangs schon deutlich zu machen versuchten, in der Volkswirtschaftslehre solche allgemeingültigen Gesetze, jedenfalls bislang, noch nicht entdeckt wurden. Stattdessen sollte man hier besser von **Hypothesen über Kausalabhängigkeiten** sprechen, die ökonomische Variablen oder das Verhalten von Wirtschaftssubjekten (Verhaltenshypothesen) betreffen.

Die gesamtwirtschaftliche Konsumfunktion, zum Beispiel, wie sie das von uns im Anhang beschriebene analytische Modell enthält, stellt eine solche Hypothese über die Kausalität zwischen dem gesamtwirtschaftlichen Konsum und dem Volkseinkommen dar. Beispiele für **Verhaltenshypothesen**, die man in ökonomischen Modellen häufig verwendet, bilden die Annahme der Nutzenmaximierung der Konsumenten oder die der Gewinnmaximierung der Unternehmen.

Auch wenn Hypothesen nur raumzeitlich beschränkte Geltung beanspruchen dürfen, können volkswirtschaftliche Modelle auf sie dennoch zur Erklärung und Prognose nicht verzichten. Sie haben sich vor allem auch deshalb als besonders brauchbar erwiesen, weil makroökonomische Zusammenhänge sich oft als erstaunlich stabil erweisen und, auf mikroökonomischer Ebene, das Verhalten von Wirtschaftssubjekten oder Gruppen ebenfalls nur selten abrupt wechselt.

5.4 Theorien

Der Begriff Theorie wird uns in den späteren Kapiteln immer wieder begegnen. So spricht man etwa von der Konsumtheorie, der Produktionstheorie und der Preistheorie, die zum mikroökonomischen Theoriebereich gehören, oder von der Konjunkturtheorie, der Wachstumstheorie und der Beschäftigungstheorie, die der Makroökonomik zuzurechnen sind.

Im **wissenschaftstheoretischen** Sinn verstehen wir unter einer Theorie ganz allgemein die Gesamtheit der aus einem Modell, also aus einem Annahmensystem, ableitbaren Aussagen (Sätze). Theorien sollen die Erklärung oder Prognose bestimmter ökonomischer Ereignisse ermöglichen. Und Erklärungen wiederum beinhalten die logischen Folgerungen aus dem gewählten Annahmensystem.

Natürlich sollte jede Theorie der ökonomischen Realität möglichst nahekommen. Aber eine simple Übertragung in den Bereich der Empirie hinein ist im Grunde nur dann zulässig, wenn die Annahmen des zugrundeliegenden Modells in der Realität wenigstens annähernd erfüllt sind. Ein Annahmensystem muß also **empirischen Gehalt** haben, wenn man die daraus abgeleitete Theorie auf die Realität anwenden oder ihre Anwendbarkeit überhaupt erst prüfen möchte.

Darauf werden wir noch ausführlich eingehen. Betrachten wir jedoch im folgenden zunächst, wie man eine Theorie überhaupt entwickeln kann. Dazu gibt es im wesentlichen zwei Methoden, die **Deduktion** und die **Induktion**.

5.4.1 Deduktion

Theorien können mit Hilfe der Methode der Deduktion gebildet werden. Damit meint man die Ableitung von Sätzen aus Annahmen. Ein Satz gehört also dann zu einer Theorie, wenn er sich als logische Folge einer (oder mehrerer) Annahmen ergibt. Man sagt auch, daß die Annahmen den Satz **implizieren** oder daß der Satz aus den Annahmen **deduziert** (abgeleitet, gefolgert) wird.

Beispielsweise ist die Ableitung der Aussage A5) in dem im Anhang beschriebenen analytischen Modell zur Bestimmung des Volkseinkommens eine logische Folge aus den Annahmen A1) bis A4). Wir haben diese Ableitung allein durch die Anwendung mathematischer Rechenregeln gewonnen.

An diesem Beispiel wird auch deutlich, daß eine Theorie und die in ihr enthaltenen Sätze in einem logischen Sinne immer wahr sind: Sind die Annahmen wahr, dann müssen es auch die aus ihnen deduzierten Aussagen sein, soweit sie logisch fehlerfrei hergeleitet wurden. Liegt ein in der Sprache der Mathematik formuliertes Annahmensystem vor, dann kann man die **logische Richtigkeit** immer nachprüfen, indem man darauf mathematisch-formale Regeln anwendet.

Eine Theorie hat man weiterhin, im logischen Sinne, auch auf ihre **Widerspruchsfreiheit** hin zu überprüfen. Widerspruchsfrei bedeutet hier, daß die Theorie nicht gleichzeitig einen Satz und dessen Verneinung (also die gegenteilige Aussage) beinhalten darf. Deshalb muß das Annahmensystem selbst widerspruchsfrei formuliert sein und darf nicht gleichzeitig die Deduktion eines Satzes und dessen Negation ermöglichen. Mit einer widersprüchlichen Theorie kann man natürlich nichts anfangen, weil sich damit beliebige, insbesondere aber inkonsistente und sich widersprechende Aussagen begründen lassen.

Die Deduktion als methodische Hilfe, um eine Theorie aufzubauen, ist in der Volkswirtschaftslehre heute weitgehend anerkannt, wohl auch deshalb, weil man sich hier zumeist des Hilfsmittels der Mathematik bedienen kann. Dadurch läßt sich ein beträchtlicher Erkenntnisgewinn erzielen. Das einfache Urteilsvermögen des menschlichen Geistes allein reicht häufig nicht aus, alle möglichen Aussagen, die ein Annahmensystem impliziert, sofort zu erkennen. Hier hilft die formale Deduktion weiter, weil "das erkennbar (wird, d.V.), was unerkannt in den Voraussetzungen liegt" (**E. Schneider**). Allerdings, und auf diesen Einwand können wir nicht oft genug hinweisen, das Annahmensystem selbst enthält bereits vollständig den **Informationsgehalt** einer Theorie.

Auch die **Kontrolle** und **Nachvollziehbarkeit** einer Theorie durch andere Forscher wird durch das deduktive Vorgehen weitgehend erleichtert. Außerdem erfordert dieses, notwendigerweise, die explizite Angabe der zugrundeliegenden Annahmen. Dieser Zwang zur Offenlegung ermöglicht es zum einen jederzeit, Theorie und ökonomische Realität miteinander zu konfrontieren. Zum anderen lassen sich dadurch auch alle in einer Theorie implizit enthaltenen Werturteile relativ einfach aufdecken.

5.4.2 Induktion

Mit Hilfe der Methode der Induktion wird versucht, "von besonderen Sätzen, die zum Beispiel Beobachtungen, Experimente usw. beschreiben, auf allgemeine Sätze, auf Hypothesen ...." zu schließen (**K. Popper**). Ein Empiriker beobachtet in n Fällen, daß eine bestimmte Abhängigkeit zwischen zwei ökonomischen Größen vorliegt oder sich Wirtschaftssubjekte ähnlich verhalten, und schließt daraus auf die Existenz einer allgemeinen "Gesetzmäßigkeit". Betrachten wir als ein Beispiel dafür wieder die makroökonomische Konsumfunktion:

Angenommen, es lägen das Volkseinkommen und die Konsumausgaben eines bestimmten Jahres in verschiedenen Ländern oder in nur einem Land für verschiedene Jahre statistisch erfaßt vor. Damit verfügt man über eine gewisse Anzahl von Beobachtungen, im ersten Fall über einen Querschnitt, im zweiten Fall über eine Zeitreihe. Diese Beobachtungen können in ein Koordinatensystem mit dem Volkseinkommen als Abszisse und dem makroökonomischen Konsum als Ordinate übertragen werden, so wie wir dies in der Abbildung 5.3 beispielhaft getan haben.

Abb. 5.3: Ökonometrische Schätzung von Konsumfunktionen

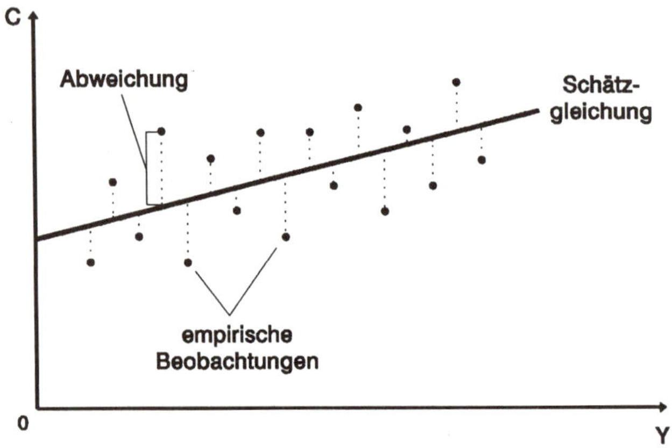

Mit Hilfe der Induktion soll daraus nun eine Hypothese über den generellen Zusammenhang zwischen dem Volkseinkommen und den Konsumausgaben gewonnen werden. Dies geschieht in der Volkswirtschaftslehre in der Regel durch die **statistische Schätzung** der funktionalen Abhängigkeit zwischen den beiden Größen. In unserem Fall kann etwa mit Hilfe des Verfahrens der Regressionsanalyse eine Funktion geschätzt werden, die eine gute Annäherung an die Beobachtungspunkte darstellt, indem man, zum Beispiel, die Summe der quadrierten Abweichungen der Funktionswerte von den tatsächlichen Werten minimiert (Methode der kleinsten Quadrate). Abweichungen kommen deshalb vor, weil der gesamtwirtschaftliche Konsum in der Realität vermutlich nicht nur vom Volkseinkommen, sondern auch noch von anderen Faktoren (Determinanten) abhängt, die jedoch in der geschätzten Funktionsgleichung unberücksichtigt bleiben mußten. Wir haben es also auch hier mit einem Modell zu tun. Da der Bereich der Volkswirtschaftslehre, in dem solche statistischen Verfahren zur Anwendung gelangen,

Ökonometrie genannt wird, spricht man in dem Zusammenhang auch von einem **ökonometrischen Modell**.

Eine Funktion läßt sich nur schätzen, wenn die abhängigen und unabhängigen Variablen sowie der Funktionstyp zuvor festgelegt sind, das heißt, wenn die Schätzgleichung spezifiziert ist. Diese Spezifizierung kann nur vor dem Hintergrund einer Theorie erfolgen, die Vorstellungen davon vermittelt, welche Variablen man zu berücksichtigen und auszuwählen hat, wie es um deren empirische Messung steht und welche kausalen Abhängigkeiten zwischen den Variablen existieren. Diese Aufgabe läßt sich ohne eine Abstraktion von der Realität nicht leisten. Auch bei induktivem Vorgehen und empirisch ausgerichteter Forschung wird somit modellhaftes Denken verlangt, um die Fülle der Daten und statistisch erhobenen Informationen zu selektieren und auf ein handhabbares Maß zu reduzieren, um sie zu ordnen und in einen vernünftigen Zusammenhang zu bringen.

Bedürfen also ökonometrische Modelle einerseits der theoretischen Fundierung, so lassen sie sich andererseits selbst dazu benutzen, Hypothesen und deduktiv aufgebaute Theorien hinsichtlich ihrer Anwendbarkeit in der Realität zu testen. So könnte man beispielsweise damit die in unserem analytischen Modell im Anhang als Hypothese A2) verwendete lineare Konsumfunktion empirisch testen. Denn denkbar wäre ja ebenso ein nichtlinearer Zusammenhang oder es könnte sein, daß wichtige Determinanten außer acht gelassen wurden. Dies würde selbstverständlich die Gültigkcit und die Anwendbarkeit der deduzierten Aussagen beträchtlich einschränken. Auf dieses Problem wollen wir nun eingehen.

5.5 Gültigkeit und Anwendbarkeit von Theorien

Theorien lassen sich auf die ökonomische Realität nur dann anwenden, wenn sie empirisch gehaltvoll formuliert sind. Dazu müssen die zugrundegelegten Annahmen **Realitätsbezug** und **Informationsgehalt** aufweisen. Daß sich Annahmen auf die wirtschaftliche Realität beziehen oder zumindest fähig sein sollten, einen Ausschnitt davon zu erfassen, muß man an sich als selbstverständlich voraussetzen. Vereinfacht ausgedrückt nimmt dabei der Informationsgehalt einer Annahme umso mehr zu, je mehr sie verbietet.

Sehen wir uns als Beispiel noch einmal den Zusammenhang zwischen volkswirtschaftlichem Konsum und Volkseinkommen an. Wir erhalten dazu umso mehr

Informationen, je präziser wir diese Beziehung formulieren und je mehr wir im folgenden von A1) ausgehend bis hin zu A4) den Funktionsverlauf einschränken:

A1) Der volkswirtschaftliche Konsum hängt vom Volkseinkommen ab:

$$C = C(Y) \quad .$$

A2) Der volkswirtschaftliche Konsum nimmt mit steigendem Volkseinkommen zu. Die Funktion *C(Y)* ist also eine streng monoton wachsende Funktion des Volkseinkommens.

A3) Der volkswirtschaftliche Konsum stellt eine lineare Funktion des Volkseinkommens dar:

$$C = C(Y) = cY + C_a \,, \qquad 0<c<1,\ C_a>0 \text{ (konstant)} \ .$$

A4) $C = \frac{4}{5}Y,$ d.h. es sind $c = \frac{4}{5}\,, \quad C_a = 0 \ .$

Theorien können, wie wir schon öfters betont haben, keine Allgemeingültigkeit beanspruchen. Sie gelten lediglich von Fall zu Fall, sofern sichergestellt ist, daß die darin enthaltenen Annahmen in der Realität wenigstens annähernd erfüllt sind. Die Anwendbarkeit einer Theorie setzt also einen gewissen empirischen Gehalt voraus, den man wiederum mit Hilfe von ökonometrischen Methoden überprüfen kann. Wenn eine Theorie dieser Überprüfung nicht standhält, dann gilt sie als **falsifiziert** (widerlegt).

Andererseits gibt es jedoch keinen empirischen Beweis für die Richtigkeit oder Wahrheit einer Theorie. Selbst wenn diese in der Empirie schon bestätigt wurde, läßt sich nie völlig ausschließen, daß in der Realität doch noch irgendwann ein Anwendungsfall vorkommen kann, der die Theorie widerlegt. Dazu müßte man nur eine Situation finden, in der zwar die in der Theorie zugrundegelegten Annahmen erfüllt sind, die daraus abgeleiteten Schlußfolgerungen indessen auf die Realität nicht zutreffen.

Dieses Prinzip ist in der Wissenschaftstheorie auch als **Popper-Kriterium** bekannt, benannt nach dem englischen Philosophen **K. Popper**. Demnach sollte man nicht nach Fakten suchen, die eine Theorie stützen, sondern diese gezielten Versuchen der **Falsifizierung** aussetzen. Die Möglichkeit des Scheiterns einer Theorie ist dabei umso größer, je mehr Realitätsbezug und Informationsgehalt diese besitzt.

Allerdings existieren mittlerweile in der Volkswirtschaftslehre eine Reihe von Theorien, die gegen solche Falsifizierungsversuche als quasi immun gelten. Sie beruhen zumeist auf Annahmen, die so realitätsfern und idealisierend formuliert sind, daß man fast nie eine reale Situation finden wird, auf die sie zutreffen könnten. Dies hat auch der Volkswirtschaftslehre den möglicherweise durchaus berechtigten Vorwurf des "Modell-Platonismus" eingebracht.

Die Immunisierung einer Theorie gegenüber der Erfahrung liegt in erster Linie in der Anwendung der **ceteris paribus-Klausel** begründet. Ceteris paribus bedeutet: "Unter sonst gleichen Bedingungen". Damit ist die (gedankliche) Konstanz aller Zusammenhänge und Einflußfaktoren gemeint, die in der Realität vorkommen, im Modell aber nicht explizit berücksichtigt werden. So gilt beispielsweise unsere makroökonomische Konsumfunktion, wie wir gesehen haben, nur ceteris paribus, nämlich unter der Annahme, daß sich alle anderen ökonomischen Größen nicht verändern, die neben dem Volkseinkommen den gesamtwirtschaftlichen Konsum in der Realität sonst noch beeinflussen.

Wenn man aber auf die ceteris paribus-Klausel zurückgreift, dann eröffnet sich einem stets die Möglichkeit, zu argumentieren, daß diese nicht erfüllt war, sobald eine Theorie nicht mit der Realität übereinstimmt. Also kann dies noch nicht als Beweis für ihre endgültige Falsifikation gelten. Da es in der Ökonomie zudem kaum möglich ist, wie wir wissen, Theorien unter Laborbedingungen zu testen, die genau den Annahmen des benutzten Modells entsprächen, muß also die ceteris paribus-Klausel notwendigerweise dazu führen, daß Theorien gegenüber Falsifizierungen immun werden.

So gibt es in der Literatur heute eine Vielzahl **konkurrierender Theorien**, die manchmal fast ausschließlich didaktischen Zwecken dienen und für die Realität so gut wie keine Bedeutung haben. Selbst Theorien, die in der Wirtschaftspolitik völlig versagt haben, werden nur selten aufgegeben, weil man immer behaupten kann, daß sie auf die jeweilige Situation nicht anwendbar waren. Der Vergleich der Volkswirtschaftslehre mit einem prall gefüllten Werkzeugkasten, aus dem man lediglich, von Fall zu Fall, die geeignete Theorie herauszunehmen hätte, zeichnet daher wohl ein viel zu optimistisches Bild von deren Zustand. Man muß, ehrlicherweise, vielmehr einräumen, daß die Ökonomen, öfter als es der Gesellschaft lieb sein kann, ratlos oder unter sich uneins sind und keineswegs immer über die richtigen

Rezepte und Vorschläge für wirtschaftspolitische Maßnahmen verfügen. Allerdings sollte man bei jeder kritischen Beurteilung der ökonomischen Wissenschaft unter keinen Umständen die Schwierigkeiten vergessen, denen sie sich als empirische Disziplin gegenübersieht und die wir eingangs dieses Kapitels ausführlich zu würdigen versucht haben.

5.6 Experimentelle Ökonomie

In jüngster Zeit hat sich in der Ökonomie eine Forschungsmethode entwickelt, die sogenannte Experimentelle Ökonomie, die nach dem Vorbild der Naturwissenschaften ökonomische Phänomene mit Hilfe von **Laborexperimenten** erklären will. Solche Experimente haben ja in den Naturwissenschaften, etwa in der Physik oder Chemie, den Zweck, kontrollierbare Bedingungen herzustellen, unter denen die variablen Größen eines Modells sich verändern, während die übrige Umwelt, also alle anderen Bedingungen, konstant bleiben. Diese Vorgehensweise hilft dem Forscher ganz wesentlich zu überprüfen, ob seine im Modell vorausgesagten Ergebnisse, zumindest unter Laborbedingungen, tatsächlich eintreten oder ob sie falsch sind.

Laborexperimente stellen so eine weitere, wichtige Voraussetzung dar, um Gesetzmäßigkeiten zu überprüfen. In den Wirtschaftswissenschaften jedoch vermitteln sie nur sehr begrenzte Einsichten, da sich auch unter Laborbedingungen nicht alle Faktoren kontrollieren lassen, die Entscheidungen von Personen bestimmen. Dennoch werden in jüngster Zeit verstärkt Experimente durchgeführt, in denen eine Gruppe von Versuchspersonen mit einer künstlichen ökonomischen Entscheidungssituation konfrontiert wird. Das in einem solchen Experiment beobachtete Verhalten kann anschließend mit den Vorhersagen der Wirtschaftstheorie verglichen werden. Dabei stellt sich häufig heraus, daß das unter den Rationalitätsannahmen der Mikroökonomie, theoretisch abgeleitete Ergebnis im Experiment nicht reproduziert werden kann. Dies bedeutet letztlich, daß Individuen ihre Entscheidungen vermutlich nicht ausschließlich an der Maximierung ihres Nutzens ausrichten, sondern vielmehr etwa an bestimmten Prozeduren des Lernens, wobei die sie die in der Vergangenheit gemachten Erfahrungen offenbar dazu benützen, die ihren Entscheidungen zugrundegelegten Regeln ständig zu aktualisieren und zu verbessern. Für die experimentell arbeitenden Ökonomen kommt es dann darauf an, das an solchen Regeln orientierte Verhalten der Wirtschaftssubjekte möglichst genau zu beschreiben, das heißt, geeignete Verhaltensweisen dafür zu finden, wofür Anleihen aus Theorien des soziologischen Verhaltens oder aus psychologischen Theorien des Lernens genommen werden. Letztere sind in den Argumenten der Experimentellen Ökonomie bisweilen weit besser in der Lage, den Ausgang ökonomischer Experimente zu erklären als dies die Nutzenmaximierungshypothese der neoklassischen Ökonomie in Verbindung mit dem Konzept der spieltheoretischen Gleichgewichte vermag. Von daher verwundert es nicht, daß sich die Experimentelle Ökonomie mittlerweile als ein Teilgebiet der Volkswirtschaftslehre etabliert hat.

Anhang: Beispiel für die Bildung eines mathematischen Modells

Betrachten wir zur Illustration der Vorgehensweise der mathematischen Modellbildung ein Beispiel, das als eine der Annahmen die gesamtwirtschaftliche Konsumfunktion enthält und aus dem sich Aussagen zur Höhe des Volkseinkommens ableiten lassen. Es ist insgesamt durch folgende Annahmen gekennzeichnet:

A1) Es gibt in einer Volkswirtschaft nur zwei Sektoren: Private Haushalte und private Unternehmen. Der Staat ist wirtschaftlich nicht aktiv, Beziehungen zum Ausland bestehen nicht.

A2) Der von den Haushalten geplante Konsum C hängt linear vom Volkseinkommen Y ab. Die Konsumfunktion lautet

$$C = C(Y) = cY + C_a \,, \quad 0<c<1, \; C_a>0 \text{ (konstant)} \,. \tag{1}$$

A3) Die Unternehmen planen ihre Investitionen autonom (das heißt unabhängig von anderen Einflußfaktoren) in einer Höhe von

$$I = I_a \,, \quad (I_a>0 \text{ konstant}) \,. \tag{2}$$

A4) "Gleichgewichtsbedingung": Das Volkseinkommen Y soll im Gleichgewicht der Gesamtnachfrage entsprechen, die sich aus der Konsumgüter- und Investitionsgüternachfrage zusammensetzt:

$$Y = C + I \,. \tag{3}$$

Dieses Modell enthält drei endogene Variablen, Y, C und I, wobei I nur einen Wert, nämlich I_a annehmen kann, und drei exogene Variablen, c, C_a und I_a. Als endogen bezeichnet man Variablen, die innerhalb des Modells bestimmt werden. Exogene Variablen werden, im Gegensatz dazu, von außen in das Modell eingeführt. Man sollte deshalb auch besser von Parametern oder Daten sprechen, die bereits vorgegeben sind. Natürlich können auch diese unterschiedliche Werte annehmen, aber innerhalb des Modells ändern sie sich nicht. Der Faktor c steht auch hier für die marginale Konsumneigung, der Parameter C_a erfaßt den uns bekannten Basiskonsum. I_a schließlich stellt die vom Unternehmenssektor geplanten autonomen Investitionen dar.

Die Variablen Y, C und I werden im Modell als Lösungen der Gleichungen (1)-(3) bestimmt. Die Lösungen, die wir mit Y^*, C^* und I^* bezeichnen, heißen Gleichgewichtswerte, weil hier das produzierte Volkseinkommen Y^* genau ausreicht, um den geplanten Konsum der Konsumenten C^* und die geplanten Investitionen der Produzenten I^* zu realisieren. Durch Einsetzen von C und I in die Gleichgewichtsbedingung erhält man nach einigen Umformungen:

$$Y^* = \frac{C_a + I_a}{1-c}, \quad C^* = \frac{1}{1-c} C_a + \frac{c}{1-c} I_a, \quad I^* = I_a. \tag{4}$$

In diesem Modell führen also mathematische Rechenregeln automatisch von den Gleichungen (1)-(3) zu den Gleichgewichtswerten in (4), ohne daß dafür die ökonomische Bedeutung der Variablen Y, C und I herangezogen werden müßte. Y^* und C^* lassen sich anschließend wieder ökonomisch interpretieren. Die Gleichgewichtswerte hängen in bestimmter Weise von den exogenen Variablen ab. Beispielsweise steigt Y^* mit I_a, dem Basiskonsum C_a und mit steigender marginaler Konsumneigung c.

Würde man weiterhin die Parameter c, C_a und I_a spezifizieren, also mit numerischen Werten versehen, dann erhielte man für das gleichgewichtige Volkseinkommen und den gleichgewichtigen Konsum auch ganz bestimmte Werte. Die endogenen Variablen hängen nämlich in eindeutiger Weise nur von den exogenen Variablen ab. In dem Fall ließe sich auch analysieren, wie das Volkseinkommen und der Konsum auf eine Veränderung der Randbedingungen reagieren, beispielsweise der marginalen Konsumneigung, die im Modell als ein Parameter behandelt wird. Diese Vorgehensweise hat in der Volkswirtschaftslehre große Bedeutung, man spricht hier von der **komparativen Statik**. Es wird dabei untersucht, wie die im Modell bestimmten endogenen Variablen reagieren, wenn sich exogene Variablen (von außen) verändern.

Kontrollfragen zu Kapitel 5:

1. Worin unterscheiden sich Mikroökonomie und Makroökonomie voneinander?

2. Wie unterscheiden sich die Aufgaben der Volkswirtschaftslehre: Deskription, Erklärung und Prognose voneinander?

3. Wofür werden in der Ökonomie Modelle benötigt? Wie unterscheiden sie sich von Theorien?

4. Erläutern Sie die unterschiedlichen Vorgehensweisen bei der Deduktion und Induktion ökonomischer Theorien.

5. Warum kann ein Modell der ökonomischen Realität nicht alle Details enthalten, die in der Realität vorhanden sind?

6. Welchen Nachteil bringt die ceteris paribus Klausel mit sich? Wieso ist sie dennoch in der Theoriebildung unerläßlich?

7. Warum können die Modelle der Volkswirtschaftslehre nicht immer an der Realität überprüft werden?

8. Kennzeichnen Sie die Vorgehensweise bei der Aufstellung und Überprüfung von Theorien.

9. Erläutern Sie die grundsätzlichen Möglichkeiten wirtschaftswissenschaftlicher Betrachtungsweise: Positive Ökonomik und normative Ökonomik.

10. Welche spezielle Vorgehensweise zeichnet die Experimentelle Ökonomie aus?

Verwendete Literatur zu Teil I

1. BAUMOL, W.J., A.S. BLINDER, Economics - Principles and Policy, Fort Worth, 2000, 8. Auflage.
2. BRONFENBRENNER, M., W. SICHEL, W. GARDNER, Economics, Boston, 1990, 3. Auflage.
3. EICHHORN, W., Die Begriffe Modell und Theorie in der Wirtschaftswissenschaft 1, 2, WiSt 7/8, 1972.
4. FISCHER, S., R. DORNBUSCH, R. SCHMALENSEE, Economics, New York, 1988, 2. Auflage.
5. HARDES, H.-D., KROL, G.-J., F. RAHMEYER, A. SCHMID, Volkswirtschaftslehre, Eine problemorientierte Einführung, Tübingen, 1995, 20. Auflage.
6. HÜBL, L., W. MEYER, W. STRÖBELE, Grundkurs in Volkswirtschaftslehre, Berlin, 1989, 4. Auflage.
7. KLUMP, R., Einführung in die Wirtschaftspolitik, Theoretische Grundlagen und Anwendungsbeispiele, München, 1998, 3. Auflage.
8. MANKIW, N.G., Principles of Economics, Fort Worth, 1998.
9. OTT, A.E., Wirtschaftstheorie, Eine erste Einführung, Göttingen, 1992, 2. Auflage.
10. SAMUELSON, P.A., W.D. NORDHAUS, Economics, Boston, 1998, 16. Auflage.
11. SIEBERT, H., Einführung in die Volkswirtschaftslehre, Stuttgart, 2000, 13. Auflage.
12. STOBBE, A., Volkswirtschaftliches Rechnungswesen, Heidelberg, 1994, 8. Auflage.

TEIL II
MIKROÖKONOMISCHE THEORIE

Die Mikroökonomie untersucht die ökonomischen Aktivitäten der kleinsten Wirtschaftseinheiten, von Konsumenten und Produzenten, und ihr Zusammenspiel auf den Märkten. Man kann deshalb die Mikroökonomie grob einteilen in die

- Konsum- oder Haushaltstheorie,
- Produktions- oder Unternehmenstheorie,
- Preis- oder Gleichgewichtstheorie,
- Theorie des Arbeitsmarktes,
- Theorie des Marktversagens und der Staatseingriffe.

Die **Konsumtheorie** behandelt die Pläne der Haushalte und versucht vor allem, die Nachfrage nach Gütern und das Angebot an Produktionsfaktoren zu erklären. Das Pendant dazu stellt die **Produktionstheorie** dar, die sich mit den Plänen der Unternehmen befaßt und daraus insbesondere das Güterangebot und die Faktornachfrage ableiten will. Die **Preistheorie** untersucht dann, wie die einzelwirtschaftlichen Pläne mit Hilfe des Preismechanismus auf den Märkten koordiniert werden, wobei vor allem die Ableitung von Gleichgewichtspreisen von Interesse ist. In der **Theorie des Arbeitmarktes** wird die Determinanten des Arbeitsangebotes und der Arbeitsnachfrage eingeangen und aufgezeigt, wie sich bei vollkommen flexiblen Löhnen ein Gleichgewicht einstellt, das keine (unfreiwillige) Arbeitslosigkeit aufweist. Die **Theorie des Marktversagens und der Staatseingriffe** möchte mit ökonomischen Argumenten und auf mikroökonomischer Grundlage nachweisen, daß Märkte auch zu unerwünschten Ergebnissen führen können und dann der Staat aufgerufen ist, mit entsprechenden Eingriffen und politischen Instrumenten für eine Verbesserung der Marktergebnisse zu sorgen.

Diesem groben Schema wird auch hier gefolgt. Dabei möchte wir einige der Erkenntnisse zu Knappheit, Tausch und Marktprinzip, die wir bereits in den ersten Kapiteln kennegelernt haben, nunmehr in formalisierter Weise vertiefen. In den folgenden Kapiteln soll nun der traditionelle Lehrstoff der Mikroökonomie in den Grundzügen dargelegt werden. Dabei wollen wir mit der Konsumtheorie beginnen, die im allgemeinen einen guten Zugang zur mikroökonomischen Denkweise ermöglicht.

6. Konsum und Nachfrage

Wie wir eben schon ausführten, wird manches von dem, was wir nachfolgend darlegen werden, dem Leser bereits bekannt vorkommen. Dies trifft insbesondere auf den nächsten Abschnitt zu, in dem wir nach den Determinanten der mikroökonomischen Nachfrage fragen. Der Leser möge daher auftretende Wiederholungen als willkommene Gelegenheit ansehen, sein Wissen auf dem entsprechenden Gebiet noch einmal aufzufrischen.

6.1 Determinanten der Nachfrage

Der Konsum von Gütern stellt, wie wir wissen, eine der wichtigsten ökonomischen Aktivitäten dar. Er wird vielfach sogar als die wichtigste wirtschaftliche Betätigung angesehen, der letztlich alle anderen Aktivitäten, wie Investieren oder Produzieren, dienen.

Konsumgüter haben wir bereits an anderer Stelle definiert als Güter, die nicht wieder zur Produktion weiterer Güter verwendet werden, also keine Vorleistungen oder Faktorleistungen darstellen. In den Wirtschaftswissenschaften beschäftigt sich auf mikroökonomischer Grundlage mit dem Konsum von Gütern vor allem die **Konsumtheorie**. Sie untersucht insbesondere das Problem, welche Güter in welchen Mengen konsumiert und nachgefragt werden. Sie will also wissen und erklären, wie die Nachfrage nach Konsumgütern zustande kommt und von welchen Einflußfaktoren sie abhängt. Als Determinanten der Nachfrage werden zum einen

- die **Preise** der Güter und
- das **Einkommen** eines Konsumenten

angesehen. Von diesen beiden Faktoren hängt es letztlich ab, ob ein Konsument ein gewünschtes Güterbündel überhaupt kaufen kann und wieviel er davon tatsächlich erwerben wird.

Neben diesen mehr durch äußere wirtschaftliche Vorgänge bestimmten Einflußgrößen spielen zum anderen auch die inneren Wertvorstellungen eines Konsumenten eine bedeutsame Rolle für die Bestimmung seiner Nachfrage. Diese subjektiven Vorstellungen spiegeln sich, ökonomisch gesehen, in den **Präferenzen** eines Konsumenten wieder. Und die Präferenzen wiederum sind zugleich ein Ausdruck des **Nutzens**, den die Güter einem Konsumenten stiften.

Die mikroökonomische Konsumtheorie nimmt weiterhin an, daß sich ein Konsument beim Kauf von Konsumgütern rational verhält. Der Begriff "rational" bedeutet in dem Zusammenhang, daß er jene Güter zum Kauf auswählt, die ihm den größten Nutzen einbringen. Man spricht deshalb auch von einer **Rationaltheorie des Haushalts**. Beachtet man schließlich noch, daß die Nachfrage nach Gütern beim einzelnen oder beim Haushalt auf Beschränkungen des Einkommens stößt, so läßt sich mit Hilfe dieser Nebenbedingung das Kaufkalkül eines Konsumenten ableiten. Dieser wird versuchen, im Rahmen seines begrenzten Einkommens jenes Güterbündel zu erwerben, das ihm den höchstmöglichen Nutzen zur Verfügung stellt. Man spricht deshalb in der Konsumtheorie auch vom **nutzenmaximierenden** Verhalten des Konsumenten.

So gesehen kann der Kauf von Konsumgütern als ein **Entscheidungsproblem** des Haushalts aufgefaßt werden: Ein Konsument wählt unter der Rationalitätsannahme immer dasjenige Güterbündel, das ihm von allen Bündeln, die er mit seinem Einkommen kaufen kann, den größten Nutzen einbringt.

Im folgenden wollen wir dieses Entscheidungsproblem in Form eines **Optimierungsmodells** fassen, dem die folgenden Annahmen zugrunde liegen:

A1) Auf dem Markt für Konsumgüter herrsche ein **Preissystem**, auf das der Konsument keinen Einfluß hat. Die Preise betrachtet er als Datum.

A2) Der Konsument verfüge über ein bestimmtes **Budget** für Konsumgüterkäufe, über das er schon entschieden hat. Er hat also insbesondere schon eine Entscheidung über sein Faktorangebot und die Verwendung des daraus resultierenden Einkommens für Konsumzwecke und Ersparnis getroffen.

A3) Ein Konsument besitze **Präferenzen** für Güter, die ganz bestimmte, noch näher zu untersuchende Eigenschaften aufweisen sollen.

A4) Ein Konsument verhalte sich rational und sei bestrebt, seinen Nutzen zu maximieren (**Verhaltensannahme**).

Wir gehen nun auf die einzelnen Elemente dieses Annahmengebäudes näher ein. Beginnen wir mit den Präferenzen als einer Determinante der Nachfrage.

6.2 Präferenzen und Präferenzordnungen

Sehen wir uns zunächst an, wie es zur Bildung von Präferenzen kommt.

Bildung von Präferenzen

Die Entscheidung eines Konsumenten beim Kauf von Konsumgütern hängt, wie wir eben schon erwähnten, zu einem großen Teil von seinen **inneren Wertvorstellungen** ab. Dahinter verbergen sich subjektive Ziele, individuelle Bedürfnisse und Wünsche sowie sonstige Phänomene psychischer Natur. Solche Einflußfaktoren können natürlich überaus komplex gestaltet sein, und es ist daher vor allem für den Ökonomen äußerst schwer, sie in richtiger Weise zu erfassen und zu erklären. Um diesem Dilemma zu entgehen, greift die traditionelle Konsumtheorie gerne auf einen einfachen Ausweg zurück. Sie kümmert sich nicht weiter um das Zustandekommen von Wertvorstellungen, sondern befaßt sich ausschließlich mit deren (beobachtbaren) **Ergebnissen**. Sie geht also von einer vorgegebenen Wertvorstellung eines Konsumenten gegenüber Gütern aus und begnügt sich mit der Feststellung, daß der Konsument bestimmte Güterbündel, oder besser bestimmte Sortimente von Gütern, anderen beim Kauf vorzieht.

Hat also ein Konsument seine Wertvorstellung gegenüber verschiedenen Güterbündeln gebildet, so bedeutet dies, daß er fähig ist, diese seinem Maßstab gemäß in eine **Rangfolge** zu bringen. Man sagt auch, der Konsument würde auf einer Menge von alternativen Konsumgüterbündeln eine **Ordnung** herstellen können. In dieser Ordnung rangieren dann gewisse Güterbündel vor anderen. Das heißt, die Güterbündel stehen in einer gewissen Relation zueinander, nämlich in der, daß bestimmte Alternativen anderen vorgezogen werden.

Um diesen Zusammenhang noch genauer auszudrücken, greift die Konsumtheorie gerne auf die formale, mathematische Darstellungsweise zurück. Wertvorstellungen werden dann gleichgesetzt mit gewissen **binären Relationen** auf der Menge der Konsumgüterbündel, die einem Konsumenten zugänglich sind. Daraus läßt sich dann exakt angeben, was man unter der Präferenz eines Konsumenten zu verstehen hat. Fassen wir dazu die Menge aller Konsumgüterbündel in der Alternativenmenge Ω zusammen und formulieren:

Definition der Präferenz

Eine (schwache) **Präferenz** ist definiert als eine binäre Relation $\boldsymbol{R} \subseteq \Omega \times \Omega$ auf der Menge der Konsumgüterbündel Ω.

Dabei steht ein Güterbündel x in der Relation R zu einem Güterbündel y , wenn x vom Konsumenten mindestens so hoch geschätzt wird wie y. Formal schreibt man dafür:

$$(x,y) \in R \quad \Leftrightarrow \quad x \text{ wird mindestens so hoch geschätzt wie } y \quad .$$

An Stelle von $(x,y) \in R$ setzen wir im folgenden kurz xRy und für den Fall, daß x und y nicht in der Beziehung R zueinander stehen, schreiben wir $(x,y) \notin R$ oder kurz $\neg(xRy)$.

Aus der Mathematik wissen wir, daß Relationen ganz allgemein Beziehungen zwischen den Elementen zweier Mengen angeben. In unserem Fall wird durch die Relation R eine Beziehung zwischen je zwei Güterbündeln hergestellt, weshalb man sie eben als binäre Relation bezeichnet. Ob eine Kombination zweier Güterbündel in der Relation R enthalten ist und somit eine Beziehung zwischen ihnen besteht, hängt ganz allein von der Wertschätzung des Konsumenten ab, oder, anders ausgedrückt, von seiner Präferenz. Wird ein Güterbündel x mindestens genauso hoch geschätzt wie ein Güterbündel y, dann kann (x,y) als ein Element der Relation R identifiziert werden und dies ist auch der Grund, weshalb man Präferenzen so gut mit binären Relationen beschreiben kann.

Allerdings sind mit dieser eher harmlos erscheinenden Identifikation von Wertvorstellungen mit binären Relationen auch bedenkenswerte **Implikationen** verbunden, auf die wir kurz hinweisen sollten:

Es ist leicht einzusehen, daß ein Konsument zumeist mehrere Kriterien heranziehen wird, wenn er sich Klarheit darüber verschaffen will, was ihm das eine oder das andere Konsumgut eigentlich bedeutet. Bei dieser Einschätzung können natürlich viele, ganz verschiedene Gesichtspunkte eine Rolle spielen. Für ein Kleidungsstück etwa ist dessen Haltbarkeit, sein Schnitt, seine modische Gestaltung und vieles andere mehr zu berücksichtigen. Natürlich sollte es auch zu anderen Kleidungsstücken passen. Berücksichtigt man eine solche Vielzahl von Kriterien, wird verständlicherweise ein Vergleich zweier Alternativen außerordentlich erschwert. So könnte in unserem Beispiel etwa ein Kleidungsstück x nach einem Kriterium K_1 dem Kleidungsstück y vorgezogen werden, nach einem Kriterium K_2 aber könnte genau das Gegenteil passieren. Die Folge wäre dann, daß man keine eindeutigen Aussagen mehr über die Präferenz zwischen zwei Gütern machen könnte. Um dieser Schwierigkeit zu entgehen, muß sich die Konsumtheorie notgedrungen auf einen einfacheren Weg besinnen. Sie verzichtet auf alle Differenzierungen in der

Wahl der Beurteilungskriterien eines Gutes oder Güterbündels und läßt allein eine **summarische Bewertung** zu, die sich in einem "mehr oder weniger Dafür" ausdrückt.

Der Ausdruck für die (schwache) Präferenz, wie wir ihn oben definiert haben, bedeutet also, daß darin nur ein **eindimensionaler** Maßstab zur Beurteilung von Alternativen herangezogen wird. Dies ist natürlich eine fragwürdige Simplifizierung. Denn einem Konsumenten dürfte es in der Realität kaum je gelingen, die verschiedenen Aspekte, die in seine Präferenzfindung eingehen, so zusammenzufassen, daß eine pauschale Einschätzung möglich wird.

Nachdem wir ganz allgemein festgestellt haben, was die Konsumtheorie unter einer Präferenz versteht, müssen wir uns im folgenden noch etwas eingehender mit der Frage beschäftigen, welche sonstigen Eigenschaften die Präferenz eines Konsumenten aufweisen muß, damit dieser zu einer rationalen Kaufentscheidung gelangen kann. Diese Frage wird gewöhnlich unter der Überschrift "Präferenzordnung" abgehandelt.

Präferenzordnung

Damit ein Konsument alle in der Alternativenmenge enthaltenen Güterbündel in eine Rangfolge bringen kann, muß seine Präferenz noch zusätzliche Eigenschaften besitzen, nämlich die der

- Reflexivität,
- Transitivität,
- Vollständigkeit.

Wie sind diese Eigenschaften formal definiert und welche ökonomischen Charakteristika verbergen sich dahinter?

(a) **Reflexivität**

Eine Präferenz $\boldsymbol{R} \subseteq \Omega \times \Omega$ heißt reflexiv, wenn

$$x R x \text{ für alle } x \in \Omega \quad .$$

Ökonomisch betrachtet besagt dies, daß jede Alternative mindestens so hoch geschätzt wird wie sie selbst. Diese Interpretation mutet jedoch immer noch als nicht besonders erhellend an. Plausibler ist aber die folgende Deutung:

Eine Alternative, die mit sich selbst verglichen wird, etwa derart, daß man sie zu zwei verschiedenen, nicht sehr weit auseinanderliegenden Zeitpunkten betrachtet, sollte vorher und nachher nicht unterschiedlich beurteilt werden.

(b) **Transitivität**

Die Transitivität wird häufig als ein Indiz für das rationale Verhalten eines Konsumenten angesehen. Sie verlangt nämlich, daß ein Güterbündel x mindestens so hoch geschätzt wird wie ein Güterbündel z, wenn ein drittes Güterbündel y existiert, das mindestens so hoch wie z geschätzt wird und gleichzeitig höchstens so hoch wie x. Formal bedeutet dies

$$xRy \wedge yRz \Rightarrow xRz \quad \text{für alle } x,y,z \in \Omega \quad .$$

Das Güterbündel y dient hier dazu, einen Vergleich zwischen den Güterbündeln x und z anzustellen, den der Konsument ursprünglich nicht vorgenommen hat, weil (x,z) nicht in seiner Präferenz R enthalten sein muß. Erst wenn R der Transitivität genügt, weiß man, daß auch (x,z) zu R gehört, falls darin sowohl (x,y) als auch (y,z) enthalten sind.

Eine nichttransitive Präferenz, die man bezeichnenderweise auch als inkonsistente Präferenz bezeichnet, erzeugt ein oder mehrere Zyklen derart, daß zum Beispiel (x,y), (y,z), (z,x) in R enthalten sein können und daher die Bildung einer Rangordnung verhindern. Denn ein Zyklus liegt in unserem Beispiel deshalb vor, weil x nicht hinter y, y nicht hinter z und z nicht hinter x rangiert, was als inkonsistente Entscheidung des Konsumenten angesehen wird.

(c) **Vollständigkeit**

Die Vollständigkeit einer Präferenz postuliert, daß ein Konsument beim Vergleich zweier beliebiger Alternativen $x,y \in \Omega$ immer ein Urteil darüber abgeben kann, ob die Alternative x mindestens so hoch wie y einzuschätzen ist, oder ob umgekehrt y mindestens so hoch wie x bewertet werden muß, oder ob beides zutrifft. Es darf demnach in einer vollständigen Präferenz keine unvergleichbaren Alternativen geben.

Die Vollständigkeit läßt sich somit formal definieren als:

$$xRy \lor yRx \quad \text{für alle } x,y\in\Omega \quad .$$

Die Vollständigkeit stellt zusammen mit der Transitivität und Reflexivität sicher, daß alle Güterbündel der Alternativenmenge in eine lineare Rangordnung gebracht werden können, in der jedes Güterbündel einen bestimmten Platz einnimmt. Eine solche Ordnung heißt schwache Präferenzordnung. Darin rangiert ein Güterbündel y nicht vor einem Güterbündel x, falls xRy gilt.

Allerdings läßt dieser Vergleich noch keine Aussage darüber zu, ob das Güterbündel x dem Bündel y nun strikt vorgezogen wird, oder ob der Konsument beide als gleichwertig einschätzt. Um dies zu beurteilen, müssen wir das Konzept der Präferenz noch weiter präzisieren. Dies geschieht durch die Definition der strikten Präferenz und der Indifferenz, die beide aus der schwachen Präferenz hervorgehen.

Strikte Präferenz und Indifferenz

Eine strikte Präferenz bedeutet, wie der Name schon sagt, daß ein Güterbündel x einem Güterbündel y strikt vorgezogen wird. Das ist genau dann der Fall, wenn x mindestens so hoch bewertet wird wie y, gleichzeitig y aber nicht mindestens so hoch wie x. Falls also R eine schwache Präferenz auf Ω ist, dann heißt die für alle $x,y\in\Omega$ durch

$$xPy \Leftrightarrow xRy \land \neg(yRx) \quad .$$

definierte binäre Relation $P\subseteq\Omega\times\Omega$ **strikte Präferenz**.

Indifferenz liegt dann vor, wenn zwei alternative Güterbündel als gleichwertig eingeschätzt werden. Offensichtlich ist dies der Fall, wenn man x mindestens so hoch bewertet wie y und gleichzeitig y mindestens so hoch wie x eingestuft wird. Ist R wieder eine schwache Präferenz auf Ω, dann heißt die für alle $x,y\in\Omega$ durch

$$xIy \Leftrightarrow xRy \land yRx \quad .$$

definierte binäre Relation $I\subseteq\Omega\times\Omega$ **Indifferenz**.

Wie leicht einzusehen ist, besteht zwischen der schwachen Präferenz, der Indifferenz und der strikten Präferenz ein einfacher Zusammenhang. Es gilt nämlich

$$xRy \Leftrightarrow xPy \vee xIy \quad \text{für alle } x,y \in \Omega \quad .$$

Demnach wird eine Alternative x vom Konsumenten mindestens genauso hoch wie y bewertet, wenn dieser entweder x dem y strikt vorzieht oder x und y als gleichwertig betrachtet. Damit ist es nun möglich geworden, jeder Alternative einen ganz bestimmten Platz in der Wertschätzung des Konsumenten zuzuweisen, wie das die Abbildung 6.1 beispielhaft zeigt. Hier nehmen die Alternativen x und y gemeinsam den ersten Rang ein, der Konsument ist zwischen beiden indifferent, schätzt aber beide höher als die Alternative z ein.

Abb. 6.1: Präferenzordnung

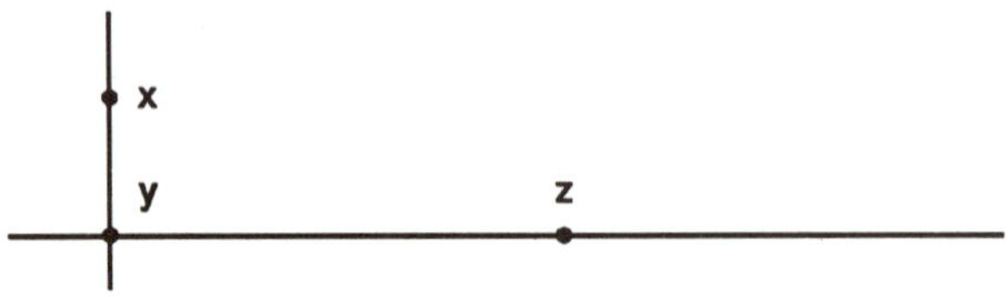

Präferenzordnungen begegnen uns in der Realität recht häufig. Beispiele sind etwa Hitlisten, Sporttabellen oder Schönheitswettbewerbe. Das bedeutet jedoch nicht, daß es immer möglich ist, zu einer Alternativenmenge auch eine Präferenzordnung anzugeben. Präferenzen können auch höchst unvollständig sein; bestimmte Konsumgüterbündel, vor allem wenn sie inhomogen sind, lassen sich für Konsumenten oft nicht miteinander vergleichen. Trotzdem geht man in der Mikroökonomie quasi selbstverständlich davon aus, daß für alle Konsumenten in einer Volkswirtschaft Präferenzordnungen existieren. Der Grund für diese Unterstellung ist mehr methodischer Natur: Präferenzordnungen lassen sich, wie wir gleich sehen werden, auf relativ einfache Weise durch Nutzenfunktionen repräsentieren.

6.3 Nutzenfunktionen

Wir haben bislang gelernt, daß die mikroökonomische Konsumtheorie die Wertvorstellungen eines Konsumenten mit dem Konzept der Präferenz identifiziert. Wertvorstellungen können jedoch noch mit einem anderen formalen Instrumentarium, den **Nutzenfunktionen**, beschrieben werden, das prinzipiell das gleiche leistet.

Es liegt nämlich nahe, den Alternativen gemäß ihrer Stellung in der Präferenzordnung des Konsumenten reelle Zahlen zuzuordnen, derart, daß

- von zwei Güterbündeln dasjenige eine höhere Zahl bekommt, das dem anderen strikt vorgezogen wird und

- zwei Güterbündel die gleiche Zahl erhalten, wenn sich der Konsument zwischen ihnen indifferent verhält.

Damit wird eine Abbildung $u: \Omega \rightarrow \mathbb{R}_+$ von der Menge der Konsumgüterbündel Ω in die reellen Zahlen $\mathbb{R}_+$ geschaffen, die der Vorschrift

$$u(x) > u(y) \Leftrightarrow xPy ,$$

$$u(x) = u(y) \Leftrightarrow xIy , \quad x,y \in \Omega$$

genügt. Zusammengenommen sind diese beiden Forderungen äquivalent mit der Eigenschaft:

$$u(x) \geq u(y) \Leftrightarrow xRy , \quad x,y \in \Omega ,$$

was eigentlich nur heißt, daß der Wert für x mindestens so hoch sein muß wie der für y, wenn x mindestens so hoch wie y bewertet wird. Die Funktion u ist die schon erwähnte **Nutzenfunktion** und der Funktionswert $u(x)$ heißt Nutzen von x.

In der Umgangssprache wird der Begriff "Nutzen" gewöhnlich als ein Ausdruck verwendet, mit dem man Phänomene zu erfassen versucht, die im psychischen Bereich eines Individuums angesiedelt sind. Hier jedoch versteht man darunter ein **abstraktes Konzept**, in welchem die Wertschätzung von Konsumenten gegenüber Bündeln von Konsumgütern zum Ausdruck kommt. In diesem Konzept schmilzt die Wertvorstellung eines Konsumenten zusammen und hat nur noch eine lineare Ausdrucksform: "besser", "schlechter" oder "indifferent". Dies geht, synonym dazu, mit einem höheren, niedrigeren oder gleichen Nutzen einher.

Aus der Definition geht hervor, was eine Nutzenfunktion eigentlich bewirkt: Sie überträgt einfach die auf Ω definierte Präferenzordnung des Konsumenten in die "$\geq$" Relation auf den reellen Zahlen. Deshalb spricht man auch von einer R repräsentierenden Nutzenfunktion. Dabei kommt es auf die absolute Höhe der

Nutzenwerte nicht an, allein entscheidend ist, daß die Ordnung der Alternativen durch die Abbildung u erhalten bleibt.

Deshalb existiert auch nicht nur eine Nutzenfunktion, sondern es gibt genau betrachtet unendlich viele, die die gleiche Präferenzordnung repräsentieren. Man bezeichnet diesen Typ von Nutzenfunktion daher genauer auch als **ordinale Nutzenfunktion**, weil sie die Alternativen nur ordnet. Ihre Skala kann beliebig gewählt werden, mit der einzigen Einschränkung, daß die Präferenzordnung bei allen Skalen erhalten bleiben muß. Dies wollen wir wieder am Beispiel der Präferenzordnung aus Abbildung 6.1 deutlich machen. Die Präferenzordnung kann mit der Alternativenmenge $\Omega=\{x,y,z\}$ als $xIyPz$ geschrieben werden. Die Funktion

$$u\colon \Omega \to \mathbb{R}_+ \quad \text{mit}$$

$$u(x) = 5\,,\quad u(y) = 5\,,\quad u(z) = 4$$

ist eine mögliche Nutzenfunktion, um die Präferenzordnung zu repräsentieren. Eine andere Möglichkeit stellt die durch

$$\bar{u}(x) = 10\,,\quad \bar{u}(y) = 10\,,\quad \bar{u}(z) = 8$$

definierte Nutzenfunktion $\bar{u}$ dar.

6.4 Eigenschaften von Nutzenfunktionen

Wir wollen nun Alternativenmengen betrachten, bei denen jedes Güterbündel genau zwei Güter enthält. Dann können Nutzenfunktionen im Anschauungsraum graphisch als ein Nutzengebirge dargestellt werden, wie es die Abbildung 6.2 beispielhaft zeigt.

Darin entspricht jeder Punkt in der Grundebene einem Güterbündel; die Menge des Gutes 1 werde auf der x_1-Achse, die Menge des Gutes 2 auf der x_2-Achse gemessen. Jedem Punkt in der Grundebene wird nun durch die Nutzenfunktion u ein Nutzenwert zugeordnet, wodurch sich über der Grundebene eine Fläche aufspannt, die die Nutzenfunktion veranschaulicht.

Diese Darstellung impliziert natürlich zwei wesentliche Annahmen. Einmal bedeutet sie, daß die Nutzenfunktion u auf dem ganzen $\mathbb{R}^2_+$ definiert ist, also jedem Güterbündel ein Nutzenwert zugeordnet wird, was die **unendliche Teilbarkeit** der

Güter voraussetzt. Benachbarte Güterbündel unterscheiden sich damit immer nur durch eine marginal größere oder kleinere Gütermenge voneinander. Zum anderen wird in der Darstellung auch die **Stetigkeit** der Funktion ***u*** angenommen, was bedeutet, daß sich der Nutzen von Güterbündeln, die sich nur marginal voneinander unterscheiden, nicht abrupt ändert.

Abb. 6.2: Nutzengebirge

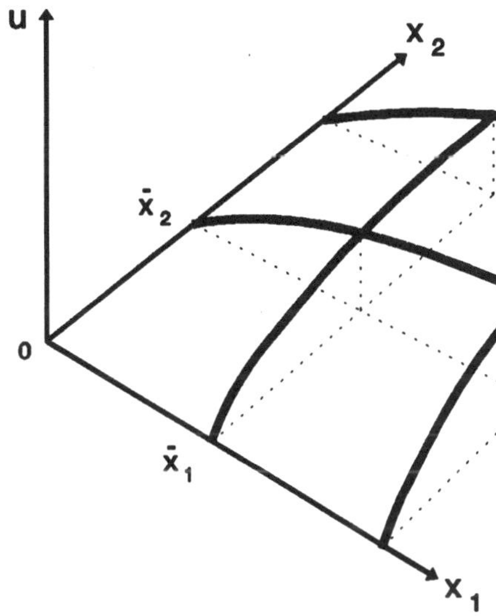

Während diese Implikationen ökonomisch nicht leicht zu interpretieren und teilweise nur technisch motiviert sind, werden die beiden nachfolgenden Eigenschaften in der Ökonomie als charakteristisch für die Wertvorstellungen und Präferenzen eines Konsumenten betrachtet. Die erste ist die Annahme eines **positiven Grenznutzens**.

Sie macht eine Aussage über die Veränderung des Nutzens bei einer Veränderung der Menge nur eines Gutes im Konsumgüterbündel. Hier geht man davon aus, daß der Konsument bereits dann eine Nutzensteigerung erfährt, wenn er von mindestens einem Gut, etwa Gut 1, etwas mehr erhält, ohne von dem anderen weniger zu bekommen.

Graphisch ergibt sich dieser Zusammenhang aus dem Nutzengebirge durch einen Schnitt mit einer Ebene parallel zur u,x_1-Ebene in Höhe von $\bar{x}_2$. Die Abbildung 6.3 stellt die entsprechende Schnittmenge $\tilde{u}(x_1)=u(x_1,\bar{x}_2)$ dar. Die gleichen Überlegungen gelten auch, falls x_2 variabel ist und x_1 konstant bleibt.

Abb. 6.3: Grenznutzen

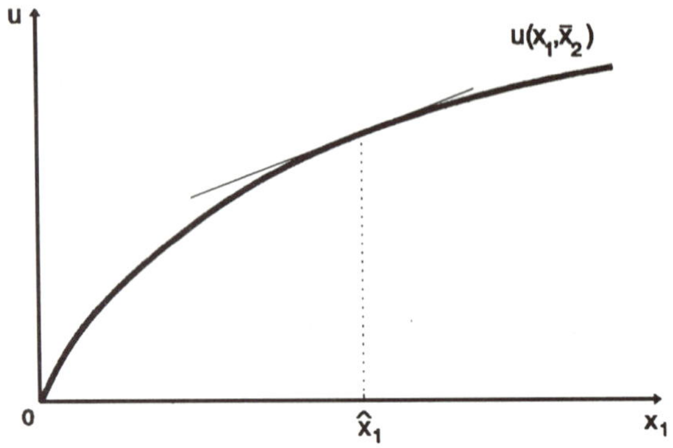

Mathematisch ausgedrückt heißt dies, daß Nutzenfunktionen streng monoton wachsend sind. Ihre partielle Ableitung ist wie in Punkt $\hat{x}_1$ überall positiv. Sie wird auch als **Grenznutzen eines Gutes** bezeichnet und gibt an, wie sich der Nutzen ändert, wenn von einem Gut eine marginale Einheit mehr zur Verfügung steht.

Falls also u partiell nach beiden Argumenten differenzierbar ist, dann muß stets

$$\frac{\partial u}{\partial x_i} > 0 \quad \text{für } x_i \geq 0 \;, \quad i = 1,2$$

gelten. Bei ordinalen Nutzenfunktionen darf man hier jedoch nur mit dem positiven Vorzeichen argumentieren. Der Wert der Steigung sagt in dem Fall nämlich nichts über die Höhe der Zunahme des Nutzens aus, da diese Information in einer ordinalen Nutzenfunktion nicht enthalten ist.

Versucht man die Annahme streng monoton wachsender Nutzenfunktionen ökonomisch zu interpretieren, so spiegelt sich darin ein Bild des Konsumenten wieder, der als ein habgieriges, unbescheidenes Wesen mit prinzipiell grenzenlosen Bedürfnissen charakterisiert wird. Ob diese Beschreibung in der Realität tatsächlich und häufig zutrifft, muß eher offen bleiben. So gibt es jedenfalls eine Reihe von Gütern (zum Beispiel alkoholsiche Getränke), die, obwohl sie zunächst durchaus erwünscht sind, zu Nutzeneinbußen führen, wenn der Konsum eine bestimmte Menge überschreitet. Allerdings kann ein Konsument nicht nur aus dem Verzehr beziehungsweise aus dem Gebrauch bestimmter Güter einen Nutzen ziehen, sondern allein schon aus deren Besitz. Dann aber muß man auch davon ausgehen, daß die Kosten der Lagerung und der Beseitigung verdorbener Ware, etwa von Lebensmitteln, für ihn Nutzeneinbußen mit sich bringen. Andere Güter, wie beispielsweise Bücher oder Kleider, werden zwar gekauft, aber nicht gelesen oder getragen, weil sie nach dem Kauf für den Konsumenten uninteressant geworden sind oder weil für die Beschäftigung mit ihnen die erforderliche Zeit fehlt. Teilweise mag der Besitzer ihnen auch eine gänzlich andere Funktion als die gemeinhin intendierte zuschreiben, so etwa, wenn sie auf dessen Bildungsniveau hinweisen oder seinen Reichtum zum Ausdruck bringen sollen.

6.5 Indifferenzkurven

Die zweite Eigenschaft, die wir von Nutzenfunktionen fordern wollen, betrifft Veränderungen von Gütern im Konsumgüterbündel, die über die **relative Wertschätzung** der einzelnen Güter Aufschluß geben sollen. Im Zwei-Güter-Fall kann man sich nämlich fragen, wieviele Einheiten dem Konsumenten von einem Gut 2 zusätzlich gegeben werden müssen, um den Rückgang einer Einheit des Gutes 1 so zu kompensieren, daß sich der Nutzen des Konsumenten nicht verändert. Dazu führen wir das Konzept der Indifferenzkurve ein.

Abb. 6.4: Indifferenzkurven

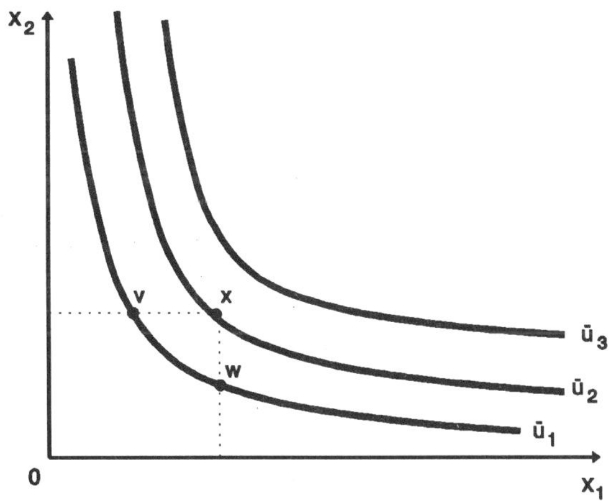

Auf einer **Indifferenzkurve** liegen alle Konsumgüterbündel, die dem Konsumenten den gleichen Nutzen, etwa $\overline{u}$, stiften.

Graphische Ableitung

Geometrisch erhält man die Indifferenzkurve aus dem Nutzengebirge durch einen Schnitt mit einer Ebene parallel zur Grundebene in Höhe $\bar{u}$. Variiert man das Nutzenniveau $\bar{u}$ und projeziert die Schnittmenge jeweils auf die Grundebene, ergibt sich eine Indifferenzkurvenschar, wie wir sie in Abbildung 6.4 dargestellt haben.

Dort repräsentiert eine Indifferenzkurve, die weiter vom Ursprung entfernt liegt, ein höheres Nutzenniveau als die darunter liegende Indifferenzkurve. In unserer Darstellung gilt also $\bar{u}_1 < \bar{u}_2 < \bar{u}_3$.

Diese Reihung folgt sofort aus der Monotonieeigenschaft der Nutzenfunktion. Denn in dem Güterbündel x auf der Indifferenzkurve mit dem Nutzenniveau $\bar{u}_2$ ist im Vergleich zu w genauso viel vom Gut 1 enthalten, aber mehr vom Gut 2, und vergleicht man x mit v, dann enthält x mehr vom Gut 1 und gleich viel vom Gut 2. Wegen des monotonen Verlaufs der Nutzenfunktion muß dann die Indifferenzkurve $\bar{u}_1$, auf der v und w liegen, ein geringeres Nutzenniveau aufweisen als die Indifferenzkurve von x. Diese Überlegung kann man für alle Güterbündel auf einer Indifferenzkurve anstellen.

Abb. 6.5: Indifferenzkurven schneiden sich nicht

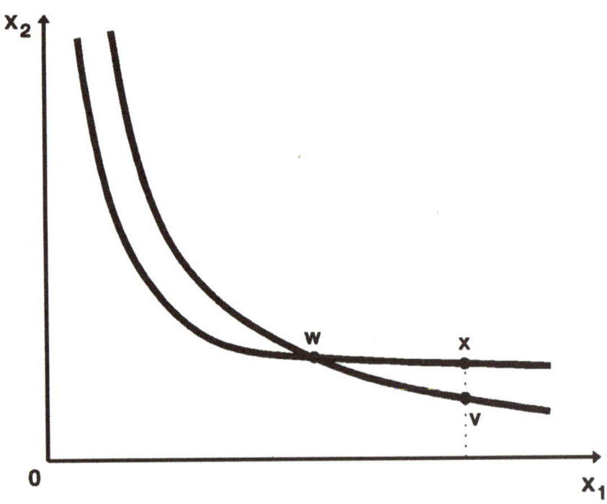

Indifferenzkurven können sich auch **nicht schneiden**. Betrachten wir dazu das Beispiel der Abbildung 6.5.

Im Güterbündel x ist im Vergleich zu v mehr von Gut 2 und gleich viel von Gut 1 vorhanden, also ist der Nutzen von x höher als der von v. Der Nutzen von w ist genauso groß wie der von x und der von v, da w sowohl auf der Indifferenzkurve von v als auch auf der Indifferenzkurve von x liegt. Folglich müßten x und v den gleichen Nutzen haben, was jedoch der Monotonieannahme widerspricht.

Analytische Ableitung

Analytisch wird die Indifferenzkurve mit dem Nutzenniveau $\bar{u}$ implizit durch $u(x_1,x_2)=\bar{u}$ bestimmt. Löst man diese Gleichung nach einer Variablen, etwa x_2 auf, erhält man die Indifferenzkurve in Form einer Funktion $\hat{u}$, bei der x_2 von x_1 und dem Niveau $\bar{u}$ abhängt:

$$x_2 = \hat{u}(x_1,\bar{u}) \quad .$$

Aufgrund der Monotonie der Nutzenfunktion weist die Indifferenzkurve einen fallenden Verlauf auf, so wie ihn auch die Abbildung 6.4 zeigt. Aus ökonomischer Sicht bedeutet dies, daß der Minderkonsum eines Gutes nur durch den Mehrkonsum eines anderen Gutes kompensiert werden kann.

Ein Maß für diese Substituierbarkeit der Güter stellt die Steigung der Indifferenzkurve dar. Den Betrag dieser Steigung

$$-\frac{dx_2}{dx_1} = \frac{d\hat{u}(x_1,\bar{u})}{dx_1}$$

nennt man auch **Grenzrate der Substitution**. Diese ist uns auch an anderer Stelle schon begegnet (vgl. Kapitel 3.5). Sie gibt, wie wir wissen, näherungsweise an, um wieviele Einheiten man den Konsum des Gutes 2 erhöhen muß, um den Rückgang um eine Einheit beim Gut 1 so zu kompensieren, daß der Konsument auf dem Nutzenniveau $\bar{u}$ verbleibt.

Hier sei noch erwähnt, daß sich die Grenzrate der Substitution auch durch die partiellen Ableitungen der Nutzenfunktion ausdrücken lassen. Bei einer Bewegung auf der Indifferenzkurve gilt für das totale Differential der Nutzenfunktion nämlich

$$du = dx_1 \frac{\partial u}{\partial x_1} + dx_2 \frac{\partial u}{\partial x_2} = 0 \quad .$$

Daraus folgt

$$-\frac{dx_2}{dx_1} = \frac{\frac{\partial u}{\partial x_1}}{\frac{\partial u}{\partial x_2}} \quad .$$

Demnach stimmt die Grenzrate der Substitution mit dem Verhältnis der Grenznutzen von Gut 1 und Gut 2 überein. Diese Beziehung werden wir bei der Ableitung des optimalen Konsumplans eines Haushaltes wieder benötigen.

Wenn wir nochmals einen Blick auf die Abbildung 6.4 werfen, so können wir dort gut erkennen, daß die Grenzrate der Substitution mit zunehmender Menge des Gutes 1 immer mehr abnimmt. Dies kommt in den zum Ursprung hin **konvex** verlaufenden Indifferenzkurven zum Ausdruck. Dahinter steht die Vorstellung, daß man ein Gut umso schwerer ersetzen kann, je knapper es für den Konsum verfügbar ist. In unserem Beispiel werden also, wenn die Menge von Gut 1 im Güterbündel zurückgeht, umso größere Mengen von Gut 2 benötigt, um eine Einheit des Gutes 1 im Güterbündel ohne Nutzeneinbuße zu ersetzen.

Wir begegnen demnach hier wieder einmal dem Phänomen der Knappheit. Aus ihr leitet der Konsument seine Wertschätzung ab, die er für ein bestimmtes Gut im Vergleich zu anderen Gütern empfindet. Dieser Sachverhalt firmiert in der Mikroökonomie unter dem "**Gesetz der abnehmenden Grenzrate der Substitution**".

6.6 Nutzenmaximierung

Wie wir nicht müde werden, zu betonen, unterstellt die traditionelle Volkswirtschaftslehre dem Konsumenten das Ziel, seinen Nutzen zu maximieren. Beschränkt wird der Konsument dabei durch sein für den Konsum bestimmtes Einkommen und die Preise der Güter. Von diesen Größen hängt es ab, welche Güterbündel er überhaupt kaufen kann. Dabei wird die Menge der für ihn erwerbbaren Güterbündel durch die sogenannte **Budgetrestriktion** festgelegt:

$$p_1 x_1 + p_2 x_2 \leq E \quad .$$

Hierbei bezeichnen p_1 und p_2 die Preise der zwei zur Verfügung stehenden Güter und E setzt das Budget des Konsumenten fest. Dieser nimmt die Preise als gegeben hin und hat, annahmegemäß, auch schon über sein Budget entschieden. Die Budgetrestriktion verlangt dann, daß die Ausgaben für Konsumgüterkäufe nie größer als das Budget sein dürfen. Dies schließt Verschuldung und Kreditaufnahme aus.

Abb. 6.6: Budgetrestriktion

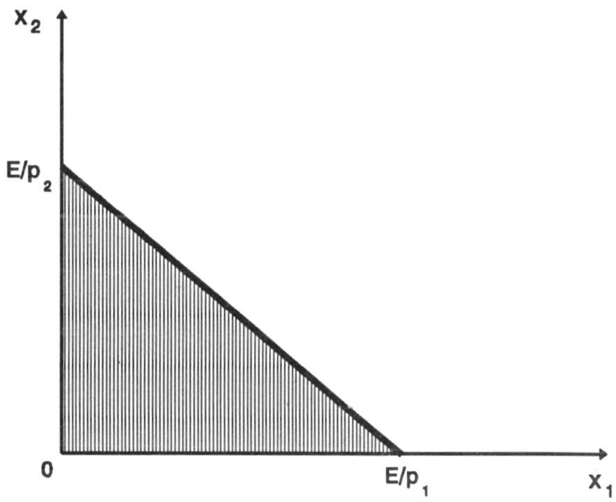

Die wählbaren Konsumgüterbündel sind in der Abbildung 6.6 nochmals graphisch veranschaulicht. Sie liegen auf oder unterhalb der **Budgetgeraden**

$$x_2 = \frac{E}{p_2} - \frac{p_1}{p_2} x_1 \quad .$$

Diese bezeichnet die äußerste Grenze der erwerbbaren Güterbündel, bei der das ganze Einkommen für den Konsum ausgegeben wird. Die Steigung der Budgetgeraden entspricht betragsmäßig dem Preisverhältnis p_1/p_2 und wird auch als **Transformationsrate** bezeichnet. Sie gibt an, wieviele Einheiten von Gut 2 ein Konsument für eine Einheit von Gut 1 eintauschen kann, wenn er sein gesamtes Budget für Konsumgüter verausgabt.

Das Entscheidungsproblem des Konsumenten

Wir sind nun in der Lage, das Entscheidungsproblem des Haushalts als **beschränktes Maximierungsproblem** zu formulieren:

$$\begin{aligned} &\max \ u(x) \\ &N.B. \quad p_1 x_1 + p_2 x_2 \leq E \ . \end{aligned} \qquad \textbf{(P)}$$

Gesucht wird das optimale Konsumgüterbündel x^*, also die Lösung des Problems **(P)**. Wir beschränken uns an dieser Stelle auf eine graphische Darstellung, die analytische Lösung findet sich im Anhang zu diesem Kapitel.

Betrachten wir dazu die Abbildung 6.7.

Abb. 6.7: Haushaltsoptimum

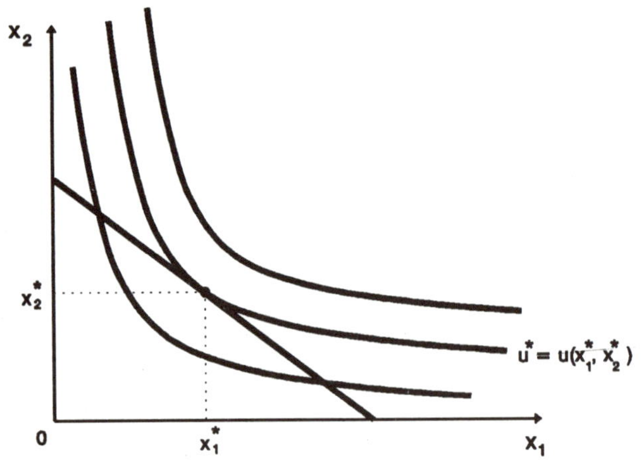

Eine einfache Überlegung zeigt, daß wegen der Monotonieannahme alle optimalen Konsumgüterbündel auf der Budgetgeraden liegen müssen. Ein Güterbündel unterhalb der Budgetgeraden kann nicht optimal sein. Denn, wenn der Nutzen streng monoton wächst, wird der Konsument ein Nutzenmaximum nur erreichen können, falls er sein ganzes Einkommen für Konsumgüterkäufe ausgibt. Würde er das nicht tun, dann könnte er den gesparten Teil des Einkommens für den Kauf einer größeren Menge des Gutes 1 oder des Gutes 2 verwenden und damit seinen Nutzen noch weiter steigern.

Welcher der Punkte auf der Budgetgeraden ist dann optimal?

Sehen wir uns hierzu die Indifferenzkurvenschar in der x_1,x_2-Ebene an. Ziel des Konsumenten ist es, eine Indifferenzkurve mit maximalem Nutzenniveau zu erreichen. Das ist die am weitesten vom Ursprung entfernt liegende Indifferenzkurve, die mit der Budgetgeraden wenigstens noch einen Punkt gemeinsam hat. Optimal ist also derjenige Punkt (x_1^*,x_2^*) auf der Budgetgeraden, wo die am weitesten vom Ursprung entfernt liegende Indifferenzkurve die Budgetgerade gerade noch berührt.

Dort entspricht die **Transformationsrate genau der Grenzrate der Substitution**,

$$-\frac{dx_2}{dx_1} = \frac{p_1}{p_2} \quad ,$$

weil die Steigungen von Budgetgeraden und Indifferenzkurve übereinstimmen.

Dies ist auch leicht einsichtig. Würden sich nämlich beide Raten unterscheiden, dann könnte der Konsument durch eine Transformation des einen Gutes in das andere seinen Nutzen erhöhen. Beispielsweise könnte er bei einer Transformationsrate von 2 zwei Einheiten des Gutes 2 gegen eine Einheit des Gutes 1 eintauschen, wodurch sein Nutzen etwa bei einer Substitutionsrate von 1 steigen würde, da er jetzt über eine Einheit des Gutes 2 mehr verfügt als es notwendig gewesen wäre, um auf seinem ursprünglichen Nutzenniveau zu verbleiben.

Damit allerdings die Lösung überhaupt existiert und als eindeutig bezeichnet werden kann, müssen wir annehmen, daß die Indifferenzkurve eine streng konvexe Funktion von x_1 darstellt. Man sagt auch, die Indifferenzkurven sind zum Ursprung hin konvex. Dies trifft immer dann zu, wenn das Gesetz der abnehmenden Grenzrate der Substitution erfüllt ist.

6.7 Nachfragefunktionen

Im letzten Abschnitt wurde das optimale Konsumgüterbündel für eine gegebene Konstellation von Preisen und Einkommen bestimmt. Nun wollen wir uns ergänzend dazu überlegen, wie sich die Nachfrage nach Gütern ändert, wenn sich die Preise der angebotenen Güter und das Einkommen eines Konsumenten ändern. Es geht also um die Ableitung von **allgemeinen** Nachfragefunktionen für Güter.

Nachfragefunktionen basieren auf dem Kalkül der Nutzenmaximierung von Konsumenten. Ändern sich die Preise und das Einkommen eines Konsumenten, so führt dies zu einer neuen Budgetgeraden und damit, in der Regel, auch zu einem neuen optimalen Güterbündel. In der analytischen Betrachtung hängt dann die Lösung x^*, die sich aus den notwendigen Bedingungen für ein Nutzenmaximum ergibt, von den Parametern p_1, p_2, E ab. Wir können also die optimalen Gütermengen als Funktionen der Preise und des Einkommens schreiben. Sie werden allgemein als **Nachfragefunktionen** bezeichnet:

$$x_1^* = x_1^*(p_1,p_2,E)$$
$$x_2^* = x_2^*(p_1,p_2,E)$$

Da die nachgefragten Mengen immer die optimalen Mengen darstellen, kann man der Einfachheit halber das Symbol (*) auch weglassen. Um die Reaktion der Nachfrage auf Preis- und Einkommensänderungen zu studieren, empfiehlt es sich weiterhin, in den Nachfragefunktionen nicht alle Parameter gleichzeitig zu variieren, sondern immer nur einen und die anderen konstant zu halten. Beginnen wir mit dem Einkommen und sehen uns dazu die Abbildung 6.8 an.

Abb. 6.8: Einkommensvariation

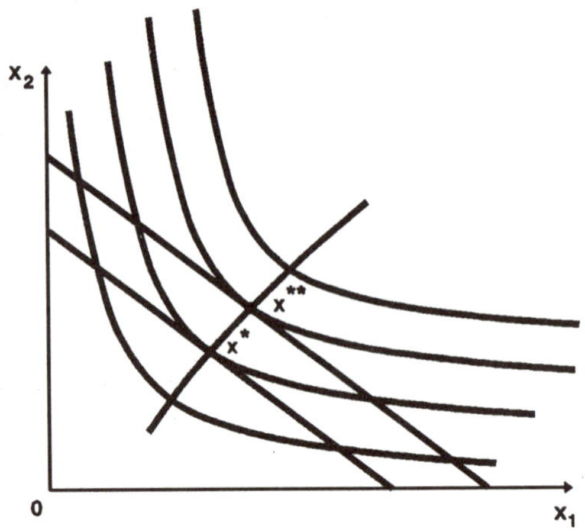

6.7.1 Einkommensänderungen

In der Abbildung 6.8 verschiebt eine **Erhöhung des Einkommens** die Budgetgerade parallel nach rechts außen. Die Steigung der Budgetgeraden ändert sich hierbei nicht, da das Preisverhältnis bei Konstanz beider Preise gleichbleibt. Durch die

Parallelverschiebung ergibt sich ein neuer Tangentialpunkt x^{**} mit einer höher gelegenen Indifferenzkurve, der Konsument erreicht also ein höheres Nutzenniveau.

Normalerweise ist zu erwarten, daß mit steigendem Einkommen die Nachfrage nach jedem Gut steigt. Dieser Fall ist auch in der Abbildung 6.8 berücksichtigt. Güter, bei denen mit wachsendem Einkommen die Nachfrage zunimmt, bezeichnet man als **normale Güter**.

Der Effekt der steigenden Nachfrage muß sich jedoch nicht immer als zwingend ergeben. Ein höheres Einkommen kann auch das Gegenteil bewirken und bei einem bestimmten Gut (jedoch nicht bei allen) zu einer Verringerung des Konsums führen. Dieses Gut bezeichnet man dann als **inferiores Gut**. Als Beispiele dafür nennt man gewöhnlich Kartoffeln oder Malzkaffee, die bei steigendem Einkommen weniger nachgefragt werden, weil der Konsument sie durch Fleisch beziehungsweise Bohnenkaffee ersetzt, die er sich vorher vielleicht nicht leisten konnte.

Ob Güter inferior oder normal sind, hängt von den Präferenzen und damit von den Indifferenzkurven eines Konsumenten ab. Die jeweiligen Eigenschaften zeigen sich besonders deutlich, wenn man in der graphischen Darstellung die Budgetgerade immer weiter nach außen verschiebt und die Punkte für alle sich nun ergebenden optimalen Konsumgüterbündel miteinander verbindet. Man erhält auf diese Weise die sogenannte **Einkommens-Konsumkurve**.

Abb. 6.9: Engel-Kurve

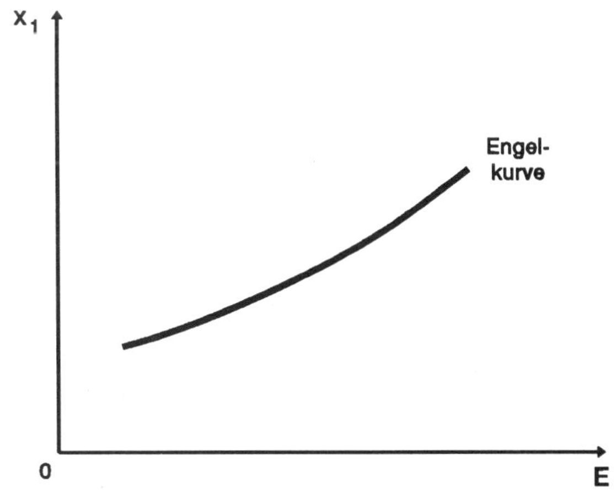

Überträgt man sodann noch die geänderten Einkommen und die jeweils zugehörigen Nachfragemengen für jedes Gut in ein gesondertes Diagramm, dann ergibt sich daraus die bekannte **Engel-Kurve**, benannt nach dem deutschen Ökonomen **E. Engel** (1826-1896). Sie drückt die nachgefragte Menge eines Gutes als Funktion des Einkommens aus.

Wir haben diese Form der Darstellung in Abbildung 6.9 beispielhaft für ein normales Gut aufgezeigt. Wie man sieht, steigt für diesen Gütertyp die Engel-Kurve an. Für inferiore Güter würde sie hingegen fallend verlaufen.

6.7.2 Preisänderungen

Wenden wir uns nun den Preisänderungen zu und nehmen wir an, der Preis des Gutes 1 würde sinken, während der Preis des Gutes 2 und das Einkommen konstant bleiben. Dieser Fall ist in Abbildung 6.10 dargestellt.

Abb. 6.10: Preisänderung

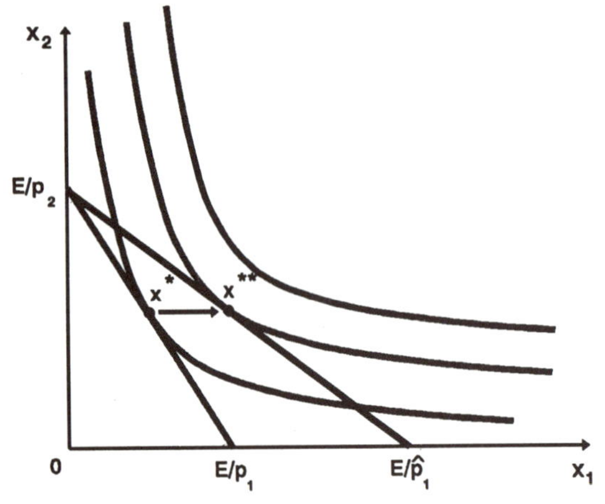

Wir können erkennen, daß die Budgetgerade flacher wird, wenn der Preis des Gutes 1 sinkt. Sie dreht sich (wegen der Konstanz von p_2) um den Ordinatenabschnitt, und der Abszissenabschnitt wandert nach rechts. Zu jeder dieser Budgetgeraden gibt es einen neuen Tangentialpunkt mit einer Indifferenzkurve. Im Normalfall erhöht sich, wie in unserem graphischen Beispiel, dadurch die nachgefragte Menge von Gut 1.

Die Verbindung aller optimalen Konsumgüterbündel, die sich ergeben, wenn man den Preis eines Gutes variiert, heißt **Preis-Konsumkurve**. Sie stellt die Güterbündel dar, die bei verschiedenen Preisen des Gutes 1 nachgefragt werden.

Daraus läßt sich sofort die **Nachfragekurve** nach Gut 1 gewinnen: Man muß dazu nur die Preise und die zugehörigen optimalen Mengen von Gut 1 in ein Preis-Mengendiagramm übertragen, so wie wir dies in Abbildung 6.11 getan haben.

Wenn in der Mikroökonomie einfach von **der** Nachfragefunktion gesprochen wird, so ist immer die Funktion zwischen der Menge eines Gutes und seinem Preis gemeint. Analytisch erhält man sie, im Zwei-Güter-Fall, aus den notwendigen Bedingungen für ein Nutzenmaximum, wenn p_2 und E als gegeben betrachtet werden. Die nachgefragte Menge ist dann nur noch eine Funktion des Preises

$$x_1^* = x_1^*(p_1) \quad ,$$

wobei üblicherweise wieder das Symbol (*) weggelassen wird.

Abb. 6.11: Nachfragekurve nach einem Gut

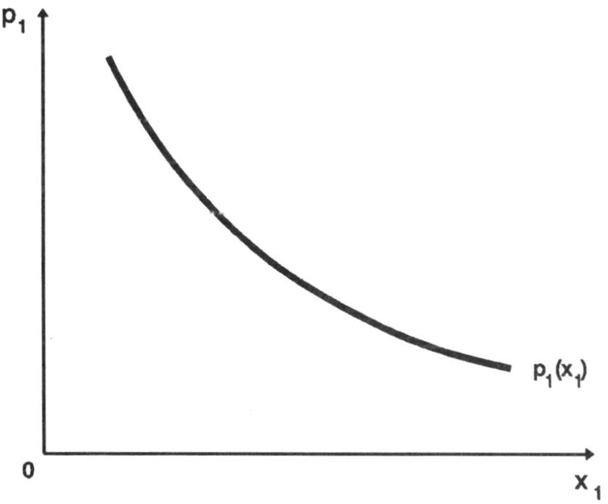

Im Normalfall hat die Nachfragefunktion eine **negative** Steigung:

- Steigt der Preis, dann sinkt die nachgefragte Menge.
  Oder, was dasselbe ist:
- Sinkt der Preis, dann steigt die nachgefragte Menge.

Dieser Fall liegt auch dem graphischen Beispiel der Abbildung 6.11 zugrunde. Man beachte jedoch, daß darin, einer Konvention in der Ökonomie folgend, die nachgefragte Menge auf der Abszisse und der Preis auf der Ordinate abgetragen sind. Die Beziehung zwischen Preis und Menge eines Gutes kann nämlich genauso gut durch die **inverse Nachfragefunktion**

$$p_1 = p_1(x_1)$$

ausgedrückt werden, mit dem einzigen Unterschied, daß dann der Preis von der nachgefragten Menge abhängt.

Wie läßt sich nun der fallende Verlauf der Nachfragefunktion erklären?

Einkommens- und Substitutionseffekt

Eine Preisänderung hat, wie wir auch von anderer Stelle bereits wissen, im wesentlichen zwei Effekte:

- einen Einkommenseffekt
  und
- einen Substitutionseffekt.

Eine Preiserhöhung, beispielsweise, bewirkt zum einen eine Änderung der relativen Preise, die der Konsument dadurch auszugleichen versucht, daß er weniger von dem relativ verteuerten Gut und mehr von dem relativ billiger gewordenen Gut nachfragt. Dies ist der **Substitutionseffekt**.

Zum anderen führt die Preiserhöhung aber auch zu einer sinkenden Kaufkraft des Einkommens. Obwohl das Einkommen nominal gleich bleibt, wirkt der Kaufkraftverlust doch wie eine (Quasi-)Reduktion des Einkommens. Aufgrund seines geschmälerten (realen) Einkommens wird ein Konsument von dem teurer gewordenen Gut (und wahrscheinlich auch von den anderen Gütern) weniger kaufen, wenn es sich nicht gerade um ein inferiores Gut handelt. Dies ist der **Einkommenseffekt**.

Der Einkommenseffekt wird den Substitutionseffekt noch verstärken, woraus sich insgesamt der fallende Verlauf der Nachfragefunktion erklärt.

Giffen-Güter

In Ausnahmefällen ist es jedoch auch möglich, daß bei steigendem Preis eines Gutes die Nachfrage nach diesem Gut ebenfalls steigt. Solche Güter werden **Giffen-Güter** genannt, nach dem englischen Ökonomen **R. Giffen** (1837-1910), der dieses Phänomen als erster entdeckt hat. Güter dieses Typs dürften zwar in der Realität nur selten vorkommen, sie sind aber durchaus mit der traditionellen Nutzentheorie vereinbar.

Stellen wir uns dazu die Situation einer armen Familie vor, die nur wenig Fleisch und viel Kartoffeln verbraucht. Steigen durch eine Mißernte die Kartoffelpreise stark an, dann sinkt die Kaufkraft des Einkommens unserer Familie unter Umständen so weit ab, daß sie sich vielleicht überhaupt kein Fleisch mehr leisten kann und noch mehr Kartoffeln als zuvor nachfragen wird, um ihren Bedarf an Nahrungsmitteln zu decken. Hier hat sich der Einkommenseffekt ins Gegenteil von dem verkehrt, was wir normalerweise bei einem inferioren Gut wie der Kartoffel beobachten können. Der Substitutionseffekt hat zwar nach wie vor einen negativen Wert, er wird jedoch vom Einkommenseffekt überkompensiert.

Entsprechende Überlegungen lassen sich auch für den Fall einer Preissenkung anstellen. Dann erhöht sich die Kaufkraft des Einkommens, sie wird aber im Endeffekt nicht für den Kauf des billiger gewordenen Gutes, sondern für den Erwerb anderer Güter verwendet, die man sich vorher nicht leisten konnte.

Substitutions- und Komplementärgüter

Betrachten wir als letztes, wie sich die Nachfrage nach dem zweiten Gut ändert, wenn sich der Preis des ersten Gutes erhöht. Hier gibt es zwei Möglichkeiten:

Bei **Substitutionsgütern**, wie etwa Tee und Kaffee, führt ein Anstieg des Teepreises zu einer höheren Nachfrage nach Kaffee, weil die Konsumenten normalerweise das teurere Gut durch das billigere substitutieren. Wenn andererseits bei steigendem Preis des ersten Gutes die Nachfrage nach dem zweiten Gut sinkt, dann spricht man von **Komplementärgütern**. Solche Güter gehören, wie wir auch an anderer Stelle schon darlegten, als Konsumgüter sehr eng zusammen, so wie dies bei Benzin und Automobilen der Fall ist. Steigt der Benzinpreis merklich an, dann geht auch die Automobilnachfrage zurück.

Anhang zu Kapitel 6

Wie wir oben gezeigt haben, können wir das Maximierungsproblem **(P)** ersetzen durch das Problem

$$\begin{aligned} &\max\ u(x) \\ &p_1 x_1 + p_2 x_2 = E \ , \end{aligned} \qquad \textbf{(P')}$$

bei dem die Nebenbedingung nun in Form einer Gleichung vorliegt. Die Lösung (x_1^*, x_2^*) von **(P')** kann nämlich auch **(P)** lösen. Als analytischen Ansatz hierfür verwendet man das aus der Mathematik bekannte Lagrange-Verfahren.

Dazu bilden wir die **Lagrange-Funktion**

$$\mathcal{L}(x_1, x_2, \lambda) = u(x_1, x_2) + \lambda (E - p_1 x_1 - p_2 x_2)$$

mit dem Lagrangemultiplikator λ. Er kann als Grenznutzen des Einkommens interpretiert werden und gibt an, um wieviel der Nutzen eines Konsumenten ansteigt, wenn sich sein Einkommen um eine Einheit erhöht. Da der Grenznutzen der Güter auf dem ganzen Bereich der Nutzenfunktion als positiv angenommen wurde, ist auch λ positiv.

Für ein Maximum müssen die Bedingungen erster und zweiter Ordnung erfüllt sein:

Die **Bedingungen erster Ordnung** erhält man durch partielle Differentation der Lagrange-Funktion nach den unabhängigen Variablen, wobei die Ableitungen gleich Null zu setzen sind:

$$\frac{\partial \mathcal{L}}{\partial x_1} = \frac{\partial u}{\partial x_1} - \lambda p_1 = 0 \ , \qquad \textbf{(1)}$$

$$\frac{\partial \mathcal{L}}{\partial x_2} = \frac{\partial u}{\partial x_2} - \lambda p_2 = 0 \ , \qquad \textbf{(2)}$$

$$\frac{\partial \mathcal{L}}{\partial \lambda} = E - p_1 x_1 - p_2 x_2 = 0 \ . \qquad \textbf{(3)}$$

Aus den ersten beiden Gleichungen folgt:

$$\frac{\dfrac{\partial u}{\partial x_1}}{\dfrac{\partial u}{\partial x_2}} = \frac{p_1}{p_2} \quad .$$

Wir sehen also, daß im Nutzenmaximum eines Konsumenten das Verhältnis der Grenznutzen der beiden Güter dem Preisverhältnis entsprechen muß. Da das Verhältnis der Grenznutzen aber auch gleich der Substitutionsrate ist, wird das optimale Konsumgüterbündel zudem durch die Gleichheit von Substitutionsrate und Transformationsrate bestimmt. Als dritte Bedingung schließlich wird verlangt, daß die optimale Lösung auf der Budgetgeraden liegen muß.

Die **Bedingungen zweiter Ordnung** verlangen die strenge Quasi-Konkavität der Nutzenfunktion. Darauf wollen wir hier nicht näher eingehen, sondern nur festhalten, daß die Indifferenzkurven einer streng-quasi konkaven Funktion zum Ursprung hin konvex sind, also genau die Form aufweisen, die wir bei der graphischen Ableitung des optimalen Konsumgüterbündels vorausgesetzt haben.

Kontrollfragen zu Kapitel 6:

1. Warum geht man in der Konsumtheorie von transitiven und vollständigen Präferenzen aus?

2. Was versteht man unter einer Nutzenfunktion und wie ist diese definiert?

3. Erläutern Sie die Eigenschaften, die man von einer Nutzenfunktion gewöhnlich fordert und nehmen Sie kritisch Stellung dazu.

4. Beschreiben Sie verbal, graphisch und mathematisch den Begriff Grenznutzen. Welche Bedeutung hat er für die optimale Entscheidung des Haushalts?

5. Was zeichnet eine Indifferenzkurve aus? Erläutern Sie in dem Zusammenhang insbesondere das Konzept der Substitutionsrate.

6. Wodurch ist ein Haushalt bei der Planung seines Konsums beschränkt? Zeichnen Sie für den Zwei-Güter-Fall eine Bilanzgerade in ein Verbrauchsmengendiagramm.

7. Leiten Sie graphisch den optimalen Verbrauchsplan eines Haushalts ab. Welche Bedingung ist dabei erfüllt und was bedeutet sie ökonomisch?

8. Wie leitet sich aus dem optimalen Verbrauchsplan die Nachfrage eines Haushalts ab?

9. Was versteht man unter dem Substitutions- und Einkommenseffekt?

10. Wie kann man die Existenz von Giffen-Gütern erklären?

7. Produktion und Angebot

Wir haben im vorangegangenen Kapitel gesehen, daß die mikroökonomische Konsum- oder Nachfragetheorie einen Konsumenten im Auge hat, dessen Entscheidungen und Wahlhandlungen auf fest umrissenen Annahmen beruhen.

Diese bilden gleichsam die Fundamente eines theoretischen Gebäudes, in dem sich sodann, ohne inneren Widerspruch, Stein für Stein die einzelnen Elemente der Theorie zusammenfügen lassen. Als Ergebnis erhält man am Ende die individuelle Entscheidung eines Konsumenten, der unter den verschiedenen Alternativen, die ihm zur Verfügung stehen, jenes Güterbündel für sich auswählt, das ihm den höchsten Nutzen stiftet für das Einkommen, das er für den Konsum auszugeben bereit ist.

Ähnlich stringent ist auch das Pendant zur mikroökonomischen Nachfragetheorie, die mikroökonomische **Angebotstheorie** aufgebaut, mit der wir uns nachfolgend beschäftigen werden.

Auch hierbei wird uns das eine oder andere Argument wieder begegnen, das wir in vereinfachter Form an anderer Stelle schon kennengelernt haben.

7.1 Determinanten des Angebots

Im Mittelpunkt der Angebotstheorie steht nicht mehr der Konsument, als Individium oder als privater Haushalt, sondern das **Unternehmen**. Ein Unternehmen wird dabei verstanden als eine technisch-organisatorische Einheit, in der bestimmte Produktionsprozesse ablaufen.

Ein **Produktionsprozeß** wiederum ist definiert als ein technischer Vorgang, bei dem Produktionsfaktoren (Boden, Arbeit, Kapital) in Güter und Dienstleistungen transformiert werden. Die Produktionsfaktoren beschafft sich das Unternehmen auf den Faktormärkten. Daraus entstehen dem Unternehmen **Kosten**.

Die Vorgänge der Güterherstellung allein vermögen jedoch das Wesen eines Unternehmens und das Spektrum seiner Tätigkeiten nicht voll zu erfassen. Neben die Produktionstätigkeit tritt ergänzend und notwendig noch der **Absatz**. Das Unternehmen hat all das, was es herstellt, auf den sogenannten Gütermärkten zu verkaufen. Diese Verkäufe bringen ihm einen bestimmten **Erlös** ein.

Aus der Differenz zwischen dem erzielten Erlös und den aufgewendeten Kosten errechnet sich der **Gewinn** des Unternehmens. Dabei wird in der Mikroökonomie zumeist recht rigoros unterstellt, daß es das wichtigste Ziel eines Unternehmens sei, den Gewinn zu **maximieren**. Besteht auf dem Gütermarkt vollständige Konkurrenz, - was man darunter zu verstehen hat, haben wir in Kapitel 3.1 schon kurz erklärt und werden darauf später noch tiefer eingehen - dann kann sich ein Unternehmen, um den Gewinn zu maximieren, an veränderten Marktlagen nur mit der Menge der angebotenen Güter anpassen. Es wird also diejenige Gütermenge am Markt anbieten, die ihm den höchst möglichen Gewinn einbringt.

Als Hauptbestimmungsgröße der Menge, die ein Unternehmen von einem bestimmten Gut anbietet, wird dessen **Preis** angesehen. Vom herrschenden Marktpreis hängen wiederum der Erlös und damit auch der Gewinn eines Unternehmens ab. Auf der anderen Seite setzt ein Gewinnmaximum auch voraus, daß das Unternehmen mit **minimalen Kosten** produziert. Determinanten der Produktionskosten sind die Technologie, die im Unternehmen zum Einsatz kommt, und die Preise der Produktionsfaktoren, die dafür benötigt werden.

Die technischen Beziehungen zwischen den eingesetzten Mengen an Produktionsfaktoren und dem damit erzielten Ergebnis (Output) lassen sich formal mit Hilfe einer **Produktionsfunktion** beschreiben. Aus ihr kann man entnehmen, welche Faktoreinsatzmengen zur Herstellung einer bestimmten Gütermenge benötigt werden. Sind die Faktorpreise bekannt, dann kann daraus sofort auf die Produktionskosten geschlossen werden. Da die Produktionsfaktoren häufig in gewissen Grenzen untereinander austauschbar sind, muß aus allen möglichen Kombinationen der Produktionsfaktoren diejenige Kombination gefunden werden, die minimale Kosten verursacht. Sie hängt von der Produktionsfunktion und den Faktorpreisen ab.

Mit diesen Begriffen und den angesprochenen Zusammenhängen haben wir ganz grob bereits das theoretische Gebäude kennengelernt, in welchem die mikroökonomische Angebotstheorie angesiedelt ist. Im folgenden müssen wir nun im Detail auf die einzelnen Elemente eingehen. Beginnen wollen wir mit der Produktionsseite des Unternehmens.

7.2 Die Produktionsfunktion

7.2.1 Allgemeine Definitionen

Unter **Produktion** versteht man die Kombination von Produktionsfaktoren zur Erstellung von Gütern. Produktionsfaktoren wie Kapital, Boden, Arbeit werden im Produktionsprozeß in Güter transformiert. Betrachten wir einen einfachen Produktionsprozeß, in dem ein Gut der Menge x durch Kombination zweier Produktionsfaktoren mit den Einsatzmengen v_1 und v_2 hergestellt wird. Dieser Produktionsprozeß läßt sich mathematisch durch eine **Produktionsfunktion** beschreiben:

$$x = f(v_1, v_2) \; .$$

Darin wird jeder Kombination (v_1, v_2) der beiden Produktionsfaktoren (Inputs) ein bestimmter Ertrag (Output) als Funktionswert zugeordnet. Die Funktion f repräsentiert die angewandte Technologie. Besonders merken sollten wir uns, daß mit der Angabe von f von vornherein vorausgesetzt wird, daß dieses f zu jeder möglichen Kombination der Produktionsfaktoren immer nur den jeweils maximal produzierbaren Output angibt. Man spricht hier auch von **technischer Effizienz**. Im Konzept der Produktionsfunktion ist also implizit die Vorstellung enthalten, daß ein Unternehmen stets technisch effizient produziert, das heißt, daß es die Produktionsmöglichkeiten, die ihm bei vorhandener Technologie offenstehen, auch immer voll ausschöpft.

Limitationale und substitutionale Produktionsfunktionen

Die Produktionstheorie unterscheidet gewöhnlich zwischen

- **limitationalen** Produktionsfunktionen
  und
- **substitutionalen** Produktionsfunktionen.

Bei ersteren können zwei Produktionsfaktoren immer nur in einem exakt vorherbestimmten Verhältnis miteinander kombiniert werden. Eine Variationsmöglichkeit in der Faktor-Kombination besteht also nicht, sie ist limitational.

Bei letzteren ist es möglich, ein bestimmtes Outputniveau mit alternativen Faktorkombinationen zu erzeugen. Die Faktoren lassen sich also austauschen, sie sind substituierbar.

Abb. 7.1: Ertragsgebirge

(a) Substitutionale Produktionsfunktion

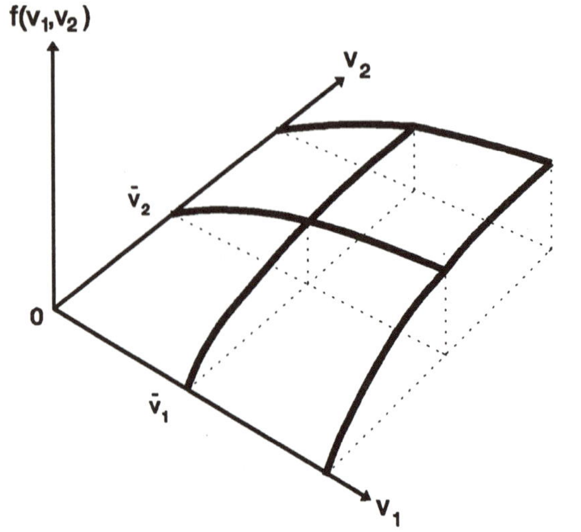

(b) Limitationale Produktionsfunktion

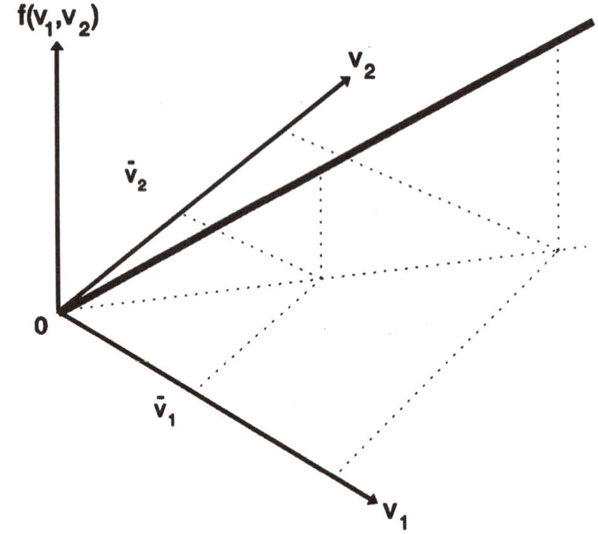

Ähnlich wie wir die Nutzenfunktion durch das Bild eines Nutzengebirges visuell vorstellbar zu machen versuchten, kann man auch die Produktionsfunktion geometrisch durch das Bild eines **Ertragsgebirges** darstellen. Wir haben dies in Abbildung 7.1 getan.

Das Ertragsgebirge einer substitutionalen Produktionsfunktion ist hier einfach als Fläche in einem dreidimensionalen Vektorraum eingezeichnet. Diese Fläche liegt über einer Ebene, die durch die Einsatzmengen der Produktionsfaktoren v_1 und v_2 gebildet wird, und sie erhebt sich als Outputmenge, die durch die Funktion $f(v_1, v_2)$ bestimmt ist (Teilbild (a)).

Bei limitationalen Produktionsfunktionen besteht das Ertragsgebirge lediglich aus einer Linie im Anschauungsraum, auf der alle möglichen Outputmengen liegen, die sich bei einem festen Einsatzverhältnis der beiden Faktoren ergeben (Teilbild (b)).

Bei der Nutzenfunktion mußten wir, wenn wir uns erinnern, bestimmte Eigenschaften voraussetzen, damit wir mit Gewißheit sagen konnten, ein Konsument treffe tatsächlich die bestmögliche Kaufentscheidung. Bei der Produktionsfunktion nun müssen wir ebenso vorgehen, um zu gewährleisten, daß unser Unternehmen wirklich auf effiziente Weise produziert. Wir wollen uns dabei zunächst auf die substitutionalen Produktionsfunktionen konzentrieren. Welches sind also die Eigenschaften, die eine Produktionsfunktion zu erfüllen hat?

7.2.2 Partielle Faktorvariation

Um diese Frage zu beantworten, gehen wir auch hier wieder schrittweise vor und betrachten zunächst einen einfachen Fall. Wir unterstellen, wie eben schon, daß die Produktion unseres Unternehmens nur vom Einsatz zweier Produktionsfaktoren v_1 und v_2 abhängig sei. Weiterhin nehmen wir an, daß die Einsatzmengen dieser Faktoren auf ganz bestimmte Weise variiert werden:

Es verändert sich nur die Menge des einen Faktors v_1, während die Einsatzmenge des anderen Faktors v_2 festgeschrieben wird und auf dem konstanten Niveau $\bar{v}_2$ verharren soll. Man spricht in diesem Fall auch von **partieller Faktorvariation**.

Mit Hilfe dieser vereinfachenden Vorgehensweise kann man sodann den Output x eines Produktionsprozesses als Funktion $\tilde{f}$ nur des Faktors v_1 darstellen:

$$x = \tilde{f}(v_1) = f(v_1, \bar{v}_2) \quad .$$

In geometrischer Betrachtung läßt sich die Funktion $\tilde{f}$ aus dem Ertragsgebirge unserer Abbildung 7.1 gewinnen. Wir müssen hierzu darin nur einen vertikalen Schnitt parallel zur v_1-Achse in Höhe von $\bar{v}_2$ legen. Für unser Beispiel ergibt sich dann in der v_1,x-Ebene das folgende Bild.

Abb. 7.2: Partielle Faktorvariation und Grenzproduktivität

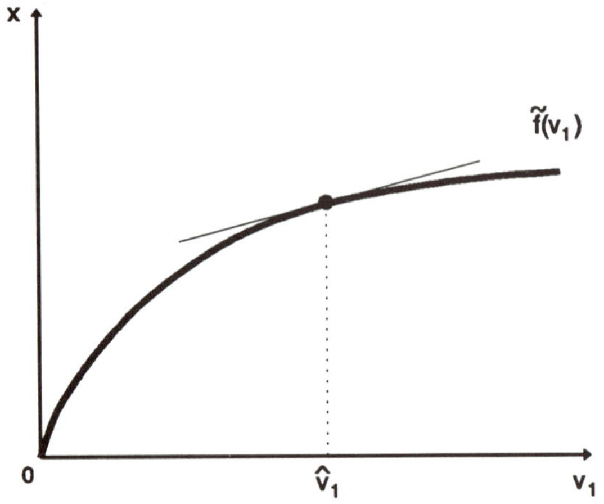

Die Steigung der Funktion $\tilde{f}$ in einem Punkt $\hat{v}_1$ nennt man auch die **Grenzproduktivität** des Faktors 1 im Punkt $\hat{v}_1$. Sie gibt an, um wieviel sich der Output ändert, wenn vom Faktor 1 eine Einheit mehr eingesetzt wird (und Faktor 2 auf dem Niveau $\bar{v}_2$ verbleibt). Formal wird die Grenzproduktivität eines Faktors i durch die partielle Ableitung der Funktion f nach v_i beschrieben:

$$\frac{\partial f(v_i, v_j)}{\partial v_i} \qquad i,j = 1,2 \quad \text{mit} \quad i \neq j \quad .$$

Hierbei wird natürlich sowohl die Stetigkeit wie auch die Differenzierbarkeit der Funktion f auf dem ganzen Definitionsbereich $\boldsymbol{R}_+ \times \boldsymbol{R}_+$ vorausgesetzt.

Die in der Produktionstheorie betrachteten Produktionsfunktionen besitzen durchweg **positive Grenzproduktivitäten**. Das heißt, die mikroökonomische Produktionstheorie geht gewöhnlich davon aus, daß in einem Unternehmen Produktionsprozesse stattfinden, bei denen der Output mit der Einsatzmenge eines Faktors zunimmt, so wie dies auch in unserem graphischen Beispiel unterstellt ist.

Natürlich sind auch Produktionsprozesse vorstellbar, bei denen der Output sinkt, nämlich dann, wenn ein Produktionsfaktor in einem Umfang eingesetzt wird, der eine kritische Grenze übersteigt. Man denke etwa an den Arbeitsablauf an einem Fließband, an dem zu viele Arbeiter beschäftigt sind und sich daher gegenseitig stark behindern. Auf Effizienz bedachte Unternehmen werden freilich wissen, wie man diesen fallenden Bereich verhindern kann. Ihr Rationalkalkül legt es nahe, einen Produktionsfaktor nicht in solcher Menge einzusetzen, daß die damit erzielbare Grenzproduktivität negativ wird. Dies würde die Produktionskosten eines Unternehmens unnötig erhöhen und, bei unveränderter Nachfrage, auch den Gewinn entsprechend schmälern. Im ineffizienten Bereich kann das Gewinnmaximum also auf keinen Fall liegen. Er hat daher, ökonomisch gesehen, für das Konzept der Produktionsfunktion keine Relevanz.

Das Ertragsgesetz

In der Regel kann man, wie wir dies in unserer Abbildung 7.2 taten, von streng monoton wachsenden Produktionsfunktionen ausgehen. Zudem wird in der Produktionstheorie häufig noch unterstellt, daß eine Produktionsfunktion dem **Gesetz des abnehmenden Ertragszuwachses** genügt. Diese als "**Ertragsgesetz**" bekannte Beziehung wurde, wie wir bereits wissen, zuerst von **A.R.J. Turgot** (1767) entdeckt und formuliert. Turgot lebte in einer Zeit, in der man den Produktionsfaktor Boden als die wichtigste Quelle des Reichtums einer Nation ansah (Physiokraten). Daher lag es nahe, daß er das Ertragsgesetz aus dem Bereich der Landwirtschaft ableitete. So beobachtete er, daß der zusätzliche Ertrag, also der Ertragszuwachs, einer gegebenen (konstanten) landwirtschaftlich genutzten Fläche bei zunehmendem Arbeitseinsatz zunächst anstieg, dann aber immer geringer wurde.

Betrachten wir hierzu ein einfaches Beispiel. Auf einem Bauernhof wird mit Hilfe von zunächst einer Arbeitskraft ein Stück Land kultiviert, um darauf Weizen anzubauen. Danach sollen mehr und mehr Arbeitskräfte in den "Produktionsprozeß" eingesetzt werden. Was läßt sich dann über das Ergebnis dieser Anstrengungen aussagen?

Anfangs wird eine höhere Zahl von eingesetzten Arbeitern zu einer intensiveren Nutzung des Bodens und zu einer überproportionalen Erhöhung der Ernteerträge führen. Nachdem jedoch diese Mehrerträge realisiert sind, wird ein zusätzlicher Arbeitseinsatz, bei gleichbleibender Landfläche, die Ertrags**zuwächse** lediglich verringern. Die Grenzproduktivität der Arbeit bleibt zwar noch positiv, sie nimmt aber immer mehr ab.

Ganz allgemein genügt eine Produktionsfunktion also dem Ertragsgesetz, wenn die Grenzproduktivität eines variablen Faktors bei dessen vermehrtem Einsatz abnimmt. Dabei kommt es nicht darauf an, ob die Grenzproduktivitäten zunächst zunehmen oder, wie in unserem graphischen Beispiel, von Anfang an abnehmen. Das Ertragsgesetz schließt beide Möglichkeiten ein. Entscheidend ist allein die schließliche Abnahme der Grenzerträge bei vermehrtem Einsatz eines variablen Faktors.

7.2.3 Isoquanten

Alle möglichen Faktorkombinationen, die eine bestimmte Outputmenge hervorbringen, liegen auf einer **Isoquante**. Diese ist somit für einen festgeschriebenen Output $\bar{x}$ definiert und schließt alle Faktorkombinationen ein, mit deren Hilfe man die gleiche Gütermenge, eben $\bar{x}$, herstellen kann.

Isoquanten kann man auch geometrisch aus dem Ertragsgebirge herleiten. Sehen wir uns dazu die Abbildung 7.3 an.

Abb. 7.3: Isoquantenschar

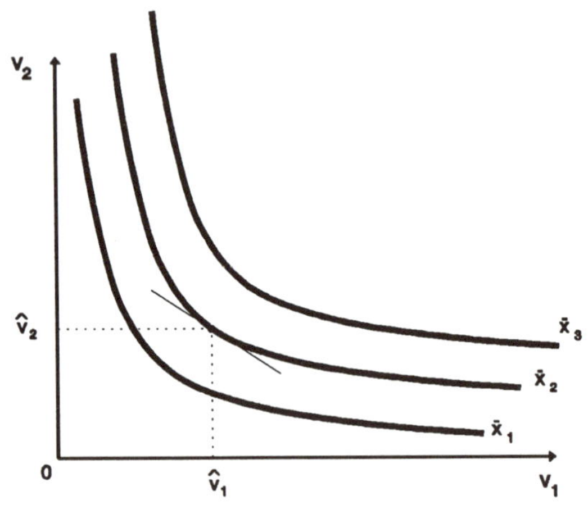

Man erhält eine Isoquante in der graphischen Darstellung, indem man in Höhe der Produktionsmenge $\bar{x}$ einen horizontalen Schnitt durch das Ertragsgebirge legt. Setzt man weiterhin den Output $\bar{x}$ in unterschiedlicher Höhe fest, variiert man also die "Schnitthöhe", und projeziert die resultierende Schnittmenge in die v_1, v_2-Ebene, so erhält man eine **Isoquantenschar**. Eine solche ist in Abbildung 7.3 für unser obiges Beispiel ebenfalls eingezeichnet.

Eine weiter vom Ursprung entfernt liegende Isoquante gibt jeweils ein höheres Outputniveau an, es gilt also $\bar{x}_1 < \bar{x}_2 < \bar{x}_3$. Diese Eigenschaft besitzen alle streng monoton wachsenden Produktionsfunktionen.

Analytisch wird eine Isoquante (implizit) durch

$$f(v_1, v_2) - \bar{x} = 0$$

bestimmt, wobei $\bar{x}$ wieder das Outputniveau der Isoquante darstellt.

Grenzrate der technischen Substitution

Als Maß für die Substituierbarkeit zweier Produktionsfaktoren hat die Produktionstheorie die sogenannte **Grenzrate der technischen Substitution** entwickelt. Sie gibt in unserem Fall für einen bestimmten Punkt $(\hat{v}_1, \hat{v}_2)$ des Ertragsgebirges an, wie der Faktor 2 im Produktionsprozeß durch den Faktor 1 ersetzt werden kann. Noch exakter formuliert zeigt sie an, auf welche Mengen des Faktors 2 man, ohne an Output einzubüßen, verzichten kann, wenn man vom Faktor 1 eine Einheit mehr einsetzt.

Geometrisch ist die Grenzrate der technischen Substitution gegeben durch die negative Steigung der Isoquante im Punkt $(\hat{v}_1, \hat{v}_2)$, wie auch der Abbildung 7.3 zu entnehmen ist. Analytisch erhält man sie aus dem totalen Differential der Produktionsfunktion:

$$df = dv_1 \frac{\partial f}{\partial v_1} + dv_2 \frac{\partial f}{\partial v_2} \quad .$$

Damit wird die Veränderung des Outputs bei Variation **aller** eingesetzten Faktoren erfaßt.

Da für Bewegungen auf einer Isoquante definitionsgemäß keine Veränderungen beim Output auftreten dürfen, also $df=0$ gilt, folgt hieraus

$$-\frac{dv_2}{dv_1} = \frac{\frac{\partial f}{\partial v_1}}{\frac{\partial f}{\partial v_2}} \quad .$$

Die Grenzrate der technischen Substitution von Faktor 2 durch Faktor 1, $-dv_2/dv_1$, ist somit gleich dem Verhältnis der Grenzproduktivitäten von Faktor 1 zu Faktor 2. Bei streng monoton wachsenden Produktionsfunktionen ist die Steigung der Isoquante stets negativ, die Grenzrate der technischen Substitution mithin positiv.

Welchen Verlauf die Isoquanten nehmen, hängt natürlich von der zugrundeliegenden Produktionsfunktion ab. Die gängige Produktionstheorie konzentriert dabei ihr Interesse vor allem auf Produktionsfunktionen, die **konvexe** Isoquanten besitzen. Für solche Isoquanten nimmt die Grenzrate der Substitution ab und dies bedeutet im 2-Faktoren Fall:

Man benötigt umso größere Mengen von Faktor 1, um eine Einheit von Faktor 2 zu ersetzen, je weniger von Faktor 2 in der Produktion eingesetzt ist. Um diese Bedingung zu erfüllen, muß die Produktionsfunktion streng quasi konkav sein. Die Gültigkeit des Ertragsgesetzes hingegen ist zwar eine hinreichende, jedoch keine notwendige Voraussetzung für die Konvexität der Isoquanten.

7.2.4 Niveauvariation und Skalenerträge

Produktionsfunktionen sind neben ihren Grenzproduktivitäten und der Grenzrate der technischen Substitution noch durch eine dritte Eigenschaft, die **Skalenerträge** charakterisiert. Diese machen eine Aussage darüber, wie sich der Ertrag verändert, wenn das Einsatzverhältnis aller Produktionsfaktoren zwar konstant bleibt, dieses aber um einen bestimmten Faktor λ erhöht oder verringert wird. Man sagt dann auch, ein und derselbe Produktionsprozeß finde auf dem λ-fachen Niveau statt und spricht von einer **Niveauvariation** im Produktionsverfahren.

Wenn wir uns erinnern, wird im Unterschied zur Niveauvariation bei der Grenzproduktivität nur ein Faktor beliebig variiert, bei Konstanz aller anderen Faktoren. Und bei der Grenzrate der technischen Substitution haben wir die Produktionsfaktoren in der Art miteinander kombiniert, daß man immer zum gleichen Produktionsergebnis gelangte, also auf derselben Isoquante blieb.

Niveauvariation und Skalenerträge stehen in einem bestimmten Zusammenhang. Grundsätzlich können Niveauvariationen die folgenden drei Arten von Skalenerträgen hervorbringen:

- konstante Skalenerträge,
- steigende Skalenerträge,
- sinkende Skalenerträge.

Von **konstanten Skalenerträgen** spricht man, wenn bei einer proportionalen Veränderung aller Produktionsfaktoren um den Faktor λ auch der Ertrag um den Faktor λ ansteigt:

$$f(\lambda v_1, \lambda v_2) = \lambda f(v_1, v_2) \quad .$$

Steigende Skalenerträge liegen vor, wenn der Ertrag um mehr als λ zunimmt:

$$f(\lambda v_1, \lambda v_2) > \lambda f(v_1, v_2) \quad .$$

Mit **sinkenden Skalenerträgen** hat man es zu tun, wenn der Ertrag nur unterproportional wächst:

$$f(\lambda v_1, \lambda v_2) < \lambda f(v_1, v_2) \quad .$$

Auch die Niveauvariation wollen wir abschließend noch geometrisch ableiten. Sehen wir uns dazu Abbildung 7.4 an.

Niveauvariation bedeutet in dieser Darstellung, daß wir uns in der v_1, v_2-Ebene entlang einer Geraden aus dem Ursprung bewegen. Diese Gerade bezeichnet man als **Prozeßstrahl**. Auf ihm bleibt das Einsatzverhältnis der Produktionsfaktoren konstant, während die Isoquanten in bestimmten Abständen geschnitten werden. Aus den verschiedenen Abständen wiederum wird die Art der Skalenerträge ersichtlich.

Hier können wir erkennen, daß der Abstand zwischen den Isoquanten x_0, x_0+1, x_0+2, x_0+3, die sich um eine Outputeinheit unterscheiden, entlang eines Prozeßstrahls konstant bleibt. Wir haben es in dem Fall also mit konstanten Skalenerträgen zu tun (Teilbild (a)).

Abb. 7.4: Niveauvariation und Skalenerträge

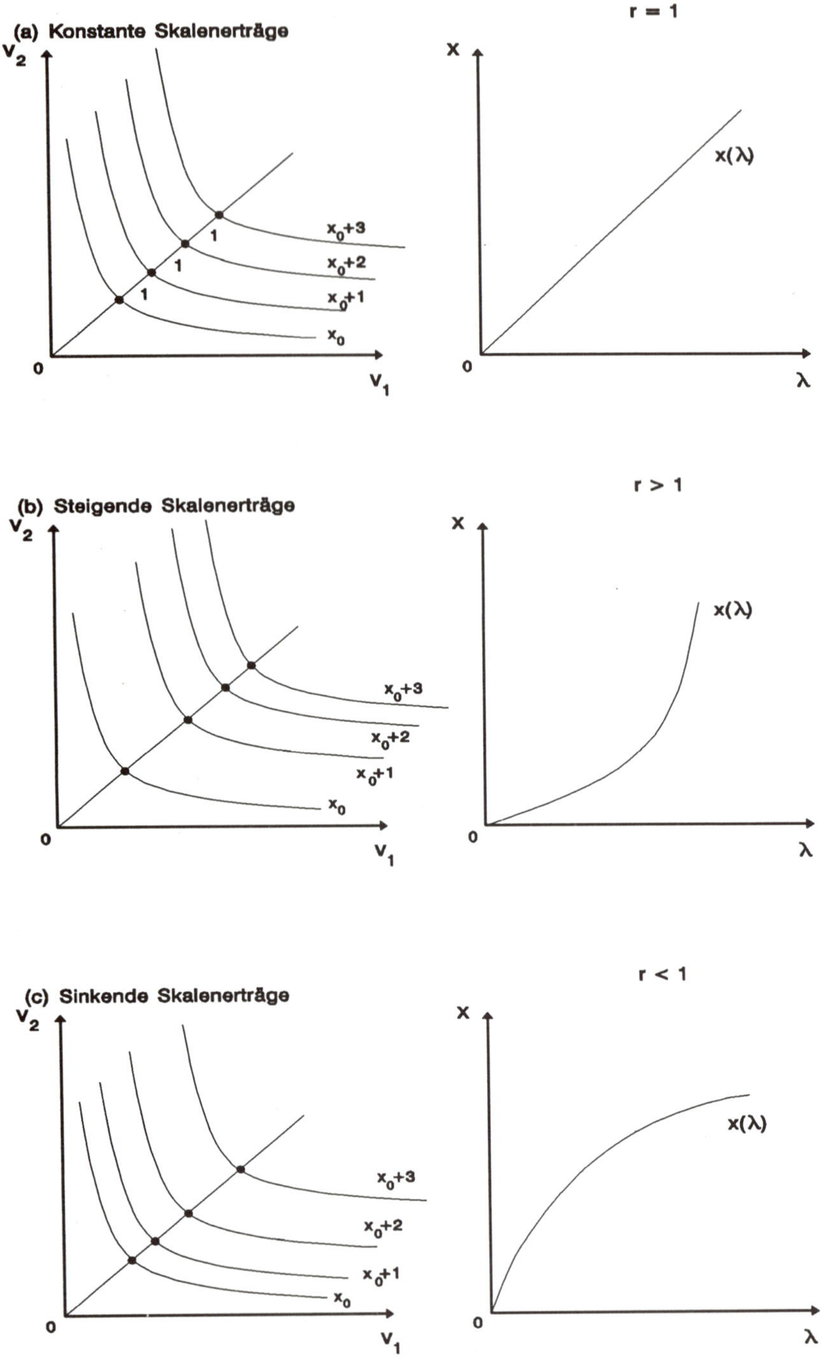

Liegen steigende Skalenerträge vor, dann nimmt der Abstand zwischen den Isoquanten ständig ab, da der Output mit einem proportional höheren Faktoreinsatz überproportional wächst (Teilbild (b)).

Bei sinkenden Skalenerträgen nimmt der Abstand zwischen den Isoquanten immer mehr zu, weil der Output nur unterproportional wächst (Teilbild (c)).

Homogene Produktionsfunktionen

In der Produktions- und Kostentheorie greift man häufig auf sogenannte **homogene Produktionsfunktionen** zurück, da man für sie die Skalenerträge relativ einfach angeben kann. Eine Produktionsfunktion wird dann als **homogen vom Grade *r*** bezeichnet, wenn eine Variation der eingesetzten Produktionsfaktoren um einen bestimmten Faktor $\lambda > 0$ zu einer Erhöhung des Outputs um einen (konstanten) Faktor λ^r führt.

Für unseren 2-Faktoren-Fall können wir also schreiben

$$f(\lambda v_1, \lambda v_2) = \lambda^r f(v_1, v_2) \quad ,$$

wobei $r > 0$ eine konstante reelle Zahl darstellt.

Skalenerträge sind somit

- steigend für $r > 1$,
- konstant für $r = 1$
- und fallend für $r < 1$.

Sehen wir uns dazu noch einmal die Abbildung 7.4 an. Dort ist auf der rechten Seite jeweils der Output $x(\lambda)$ in Abhängigkeit des Variationsparameters λ dargestellt. Man erhält dafür einen linearen, konvexen oder konkaven Verlauf, je nachdem, ob konstante ($r = 1$), steigende ($r > 1$) oder sinkende Skalenerträge ($r < 1$) vorliegen.

Die wohl bekannteste homogene Produktionsfunktion stellt die **Cobb-Douglas Produktionsfunktion** dar. Sie wurde 1928 von dem Mathematiker **J. Cobb** und dem Ökonomen **D. Douglas** entwickelt. Definiert ist diese Funktion als

$$x = \gamma v_1^{\alpha} v_2^{\beta} \quad 0 < \alpha, \beta < 1, \; \gamma > 0 \quad .$$

Für die Cobb-Douglas Funktion gilt das Ertragsgesetz, ihre Grenzproduktivitäten nehmen von Anfang an ab und ihre Isoquanten verlaufen konvex zum Ursprung. Die Skalenerträge sind im Falle von $\alpha+\beta=1$ konstant. Dann gehört die Cobb-Douglas Funktion zu den **linear-homogenen** Produktionsfunktionen.

7.2.5 Linear-limitationale Produktionsfunktionen

Wir haben uns bisher eingehend nur mit substitutionalen Produktionsfunktionen beschäftigt. Diese sind, um es nochmals zu wiederholen, dadurch charakterisiert, daß bei ihnen die Produktionsfaktoren gegeneinander austauschbar sind, mit der Einschränkung, daß kein Faktor durch einen anderen vollständig ersetzt werden kann. Im Unterschied dazu stehen die sogenannten **linear-limitationalen** Produktionsfunktionen. Bei ihnen ist keiner der verwendeten Produktionsfaktoren substituierbar. Alle Faktoren müssen in einem bestimmten Mengenverhältnis eingesetzt werden. Wir haben darauf eingangs schon kurz hingewiesen.

Abb. 7.5: Isoquanten der linear-limitationalen Produktionsfunktion

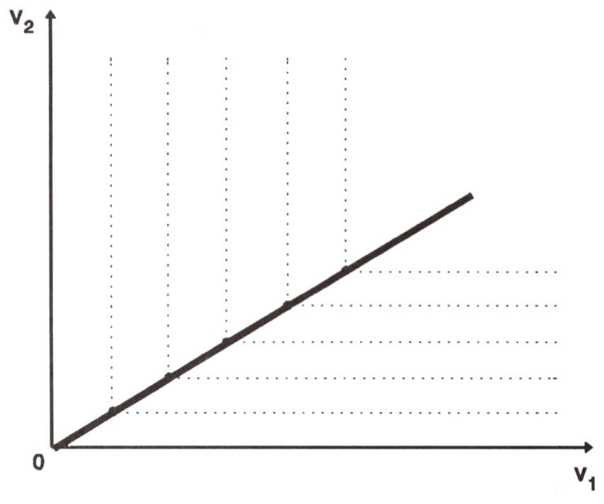

Linear-limitationale Produktionsprozesse sind häufig in der chemischen Industrie anzutreffen. Dort können aufgrund naturgesetzlicher Gegebenheiten chemische Elemente nur in einem ganz bestimmten Einsatzverhältnis miteinander verbunden werden, um ein gewünschtes Produkt hervorzubringen.

Analytisch läßt sich die Beschränkung in der Faktorkombination ausdrücken durch:

$$x = \frac{1}{a_i} v_i \quad , \quad i = 1,2 \quad , \quad a_i > 0 \quad .$$

Dabei ist a_i ein konstanter Produktionskoeffizient. Es gilt weiterhin:

$$\frac{v_2}{v_1} = \frac{a_2}{a_1} \quad .$$

In der geometrischen Darstellung (siehe Abbildung 7.5) bestehen die Isoquanten einer linear-limitationalen Produktionsfunktion lediglich aus einzelnen Punkten. Diese liegen auf einem Prozeßstrahl mit dem konstanten Faktoreinsatzverhältnis a_2/a_1. Die Skalenerträge sind hier konstant.

7.3 Kostenminimierung

Mit Hilfe von Produktionsfunktionen konnten wir die Bedingungen deutlich machen, denen ein Unternehmen von der technologischen Seite her unterworfen ist. In einem nächsten Schritt wollen wir nun überlegen, mit welcher Faktorkombination eine gewünschte Outputmenge produziert werden sollte. Natürlich wird ein Unternehmen bestrebt sein, diejenige Faktorkombination zu wählen, die **minimale** Kosten verursacht. Dies ist, wie wir noch sehen werden, eine notwendige Voraussetzung, damit es seinen Gewinn maximiert. Denn solange das Unternehmen eine bestimmte Outputmenge x nicht mit minimalen Kosten herstellt, kann es den Gewinn jederzeit erhöhen, indem es auf eine kostengünstigere Faktorkombination zurückgreift.

7.3.1 Minimalkostenkombination

Zur Bestimmung der **Minimalkostenkombination** gehen wir von vollständiger Konkurrenz auf den Faktormärkten aus. Was man unter diesem Konkurrenztyp zu verstehen hat, haben wir grundlegend schon in Kapitel 4.1 kennengelernt. Wir werden darauf aber später, im Zusammenhang mit Gütermärkten, noch einmal detailliert eingehen.

Wir betrachten wiederum zwei Produktionsfaktoren 1 und 2, deren Faktorpreise wir mit q_1 und q_2 bezeichnen wollen. Wenn wir, im konkreten Fall, von Arbeit und Kapital als eingesetzten Produktionsfaktoren ausgehen, heißen die Preise Lohnsatz und Zins. Diese Faktorpreise sind aus der Sicht des Unternehmens Parameter, auf die es keinen Einfluß hat.

Kennt man zudem die Mengen der im Produktionsprozeß benötigten Faktoren *(v_1, v_2)*, so lassen sich bereits die **Produktionskosten** des betrachteten Unternehmens angeben. Sie sind durch die folgende **Kostengleichung** gegeben:

$$C = v_1 q_1 + v_2 q_2 \quad .$$

Geometrische Darstellung

In geometrischer Betrachtung im v_1, v_2-Diagramm bestimmt diese Kostengleichung für ein bestimmtes Kostenniveau eine Gerade, die man als **Isokostenlinie** bezeichnet (siehe Abbildung 7.6). Auf ihr sind alle Faktorkombinationen versammelt, die die gleichen Kosten verursachen. Die Steigung der Isokostenlinie entspricht, dem Betrag nach, dem Verhältnis der Faktorpreise.

Abb. 7.6: Minimalkostenkombination

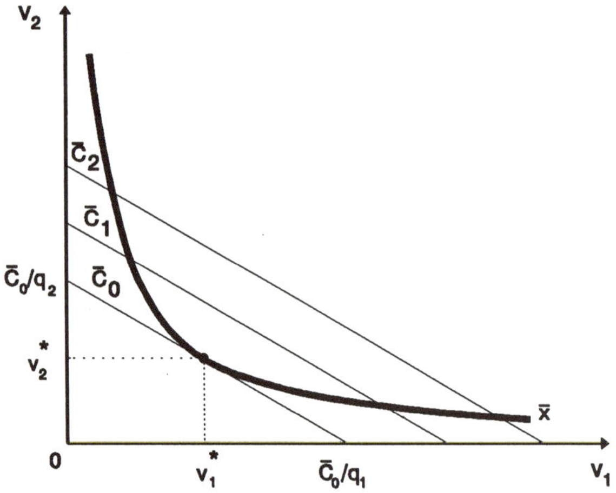

Verändert man das Kostenniveau eines Unternehmens, so erhält man eine Vielzahl von Isokostenlinien in der v_1, v_2-Ebene. Dabei liegen Isokostenlinien mit höherem Kostenniveau weiter vom Ursprung entfernt als Linien mit niedrigerem Kostenniveau. In Abbildung 7.6 wird dies durch die Geraden $\overline{C}_0$, $\overline{C}_1$ und $\overline{C}_2$ ausgedrückt.

Gehen wir nun weiterhin davon aus, daß unser Unternehmen einen festgeschriebenen Output $\overline{x}$ herstellt. Wo liegt dann dessen kostenminimale Faktorkombination zur Produktion dieses Outputs? Ein Blick auf die Abbildung 7.6 kann uns darauf die Antwort geben.

Die kostenminimale Faktorkombination ist offensichtlich im Tangentialpunkt (v_1^*, v_2^*) gegeben. Denn nur dort erfolgt die Herstellung von $\overline{x}$ auf der am tiefsten liegenden Isokostenlinie $\overline{C}_0$. In die Produktion wird hier von Faktor 1 die Menge v_1^* und von Faktor 2 die Menge v_2^* eingesetzt.

Alle anderen Faktorkombinationen auf der Isoquante $\overline{x}$ verursachen hingegen höhere Produktionskosten, da die zugehörigen Isokostenlinien weiter vom Ursprung entfernt liegen. Im Tangentialpunkt (v_1^*, v_2^*) stimmt die Steigung der Isokostenlinie mit jener der Isoquante überein. Dies bedeutet, daß die Grenzrate der technischen Substitution exakt dem Verhältnis der Faktorpreise entspricht, daß heißt es gilt

$$-\frac{dv_2}{dv_1} = \frac{q_1}{q_2} \quad .$$

Für eine formal-analytische Darstellung der Kostenminimierung mit Hilfe des Lagrange-Ansatzes sei auf den Anhang zu diesem Kapitel verwiesen.

Das oben dargelegte Konzept der Kostenminimierung kann man auch in anderer, in dualer Weise als Problem der **Outputmaximierung** formulieren und kommt dabei zum gleichen Ergebnis. Dann ist für ein gegebenes Kostenniveau $\overline{C}(v_1, v_2)$ der maximal mögliche Output $f(v_1, v_2)$ zu bestimmen.

Auf die duale Vorgehensweise von Kostenminimierung und Outputmaximierung stellt auch Abbildung 7.7 ab. Sie zeigt, daß sich jeder Tangentialpunkt zwischen einer Isoquante und einer Isokostenlinie sowohl als ein (beschränktes) Kostenminimum als auch als ein (beschränktes) Outputmaximum interpretieren läßt. Wenn beispielsweise x_1 den maximalen Output beim Kostenniveau C_1 angibt, so stellt andererseits C_1 die minimalen Kosten dar, die nötig sind, um das Outputniveau x_1 herzustellen.

7.3.2 Expansionspfad einer Unternehmung

Die Verbindungslinie aller Tangentialpunkte zwischen Isoquanten und Isokostenlinien (in Abbildung 7.7 die Kurve *g*) nennt man den **Expansionspfad** einer Unternehmung. Auf ihm liegen bei einer Variation des Outputniveaus deren kostenminimalen Faktorkombinationen.

Abb. 7.7: Expansionspfad einer Unternehmung

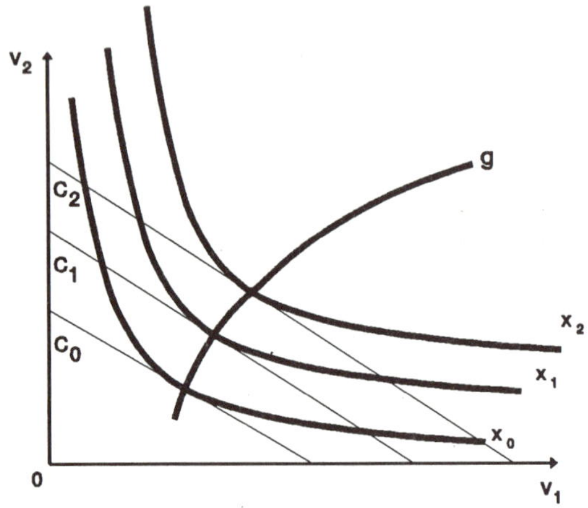

Für homogene Produktionsfunktionen stellt der Expansionspfad allgemein eine Gerade dar, weil jeder Ursprungsstrahl die Isoquanten in Punkten gleicher Steigung schneidet. Für die uns bereits bekannte Cobb-Douglas-Produktionsfunktion ist das kostenminimale Faktoreinsatzverhältnis zudem dem reziproken Verhältnis der Faktorpreise proportional.

Liegen limitationale Produktionsfunktionen vor, dann stellt sich das Problem der Kostenminimierung überhaupt nicht. Jeder Output kann dann nur mit einer einzigen effizienten Faktorkombination produziert werden, die durch die Produktionsfunktion festliegt. Die minimalen Kosten der Produktion einer Outputmenge *x* erhält man in diesem Fall relativ einfach, indem man die Faktoreinsätze mit den Faktorpreisen multipliziert und anschließend aufsummiert.

7.4 Kostenfunktionen

Der Expansionspfad beschreibt, wie wir sahen, einen eindeutigen Zusammenhang zwischen Minimalkosten und produziertem Output. Diese Abhängigkeit kann man auch als Kostenfunktion formulieren, die auf die Gesamtkosten einer Unternehmung abstellt.

Gesamtkosten

Eine Gesamtkostenfunktion ordnet jeder Outputmenge x die minimalen Kosten $C(x)$ zu und läßt sich folgendermaßen gewinnen:

Man wähle einen Punkt auf dem Expansionspfad aus, setze die optimale Faktorkombination in die Produktionsfunktion ein, um den zugehörigen Output zu erhalten, und multipliziere die Faktoreinsätze mit den Faktorpreisen. Dies ergibt am Ende dann die zugehörigen Minimalkosten. Genaugenommen müßte man die Minimalkosten noch durch einen (*) kennzeichnen, etwa $C^*(x)$. Da jedoch immer Kostenminimierung unterstellt wird, wenn die Kosten als Funktion des Outputs geschrieben werden, und Verwechslungen nicht zu befürchten sind, können wir das Symbol (*), wie allgemein üblich, auch weglassen.

Dieser Zusammenhang zwischen Minimalkosten und Output läßt sich natürlich auch geometrisch darstellen. Wir haben dies in Abbildung 7.8 getan.

Abb. 7.8: Gesamtkostenfunktion

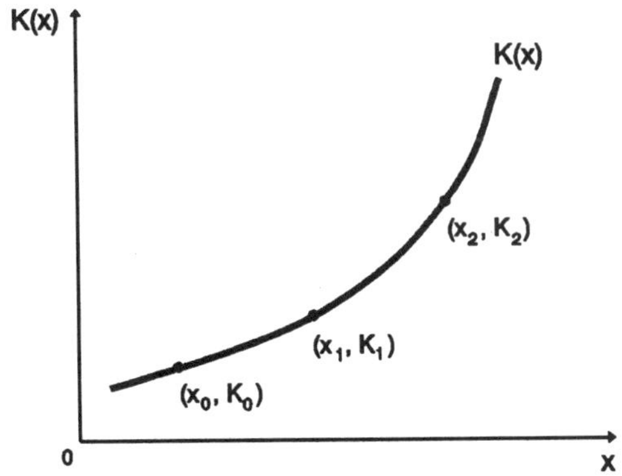

Abbildung 7.8 stellt ein Kosten-Output-Diagramm dar, in das wir die Minimalkosten (C_0, C_1, C_2) und den Output (x_0, x_1, x_2) einer Unternehmung übertragen haben, der jeweils zu einer optimalen Faktorkombination gehört. Aus der Verbindung der sich so ergebenden Punkte erhält man die Kostenfunktion der Unternehmung, $C(x)$.

In unserer Abbildung haben wir einen ganz bestimmten Verlauf der Kostenfunktion unterstellt. Allgemein sind natürlich auch gänzlich andere Kostenverläufe denkbar. Bei gegebenem Faktorpreisverhältnis hängen diese allein vom Isoquantensystem und damit von der Produktionsfunktion ab. Für homogene Produktionsfunktionen läßt sich zeigen, daß die zugehörigen Kostenfunktionen wie folgt gestaltet sind:

- konkav bei steigenden Skalenerträgen ($r>1$),
- konvex bei sinkenden Skalenerträgen ($r<1$) und
- linear bei konstanten Skalenerträgen ($r=1$).

Abb. 7.9: Mögliche Verläufe der Gesamtkostenfunktion

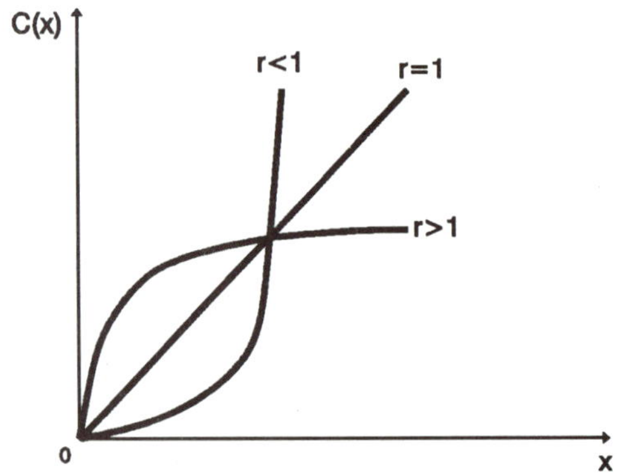

In der Abbildung 7.9 haben wir diese möglichen Verläufe graphisch veranschaulicht.

Der eben beschriebene Zusammenhang läßt sich nochmals einleuchtend darlegen, wenn man nicht länger auf die Gesamtkosten einer Unternehmung, sondern auf deren Durchschnitts- und Grenzkosten blickt.

Durchschnitts- und Grenzkosten

Die **Durchschnitts- oder Stückkosten** $AC(x)$ sind allgemein definiert als Kosten pro Mengeneinheit x:

$$AC(x) = \frac{C(x)}{x} \quad , \quad x > 0 \quad .$$

Der Begriff der **Grenzkosten** ist uns schon mehrfach begegnet. Die Grenzkosten ***MC(x)*** der Menge ***x*** sind definiert als Kosten einer zusätzlich produzierten Outputeinheit:

$$MC(x) = \frac{\partial C(x)}{\partial x} \quad , \quad x > 0 \quad .$$

Nehmen wir nun weiterhin an, wir hätten das Problem der Kostenminimierung für eine Outputeinheit gelöst und kennen die **minimalen Kosten** ***C(1)*** für eine Einheit. Die Minimalkosten, die man aufwenden muß, um ***x*** Einheiten herzustellen, betragen dann

- bei **konstanten Skalenerträgen**

  $$C(x) = C(1) \cdot x \quad .$$

  Von allen Produktionsfaktoren muß jetzt ***x***-mal soviel eingesetzt werden wie zur Produktion einer Einheit nötig ist. Daraus ergeben sich zwangsläufig die Durchschnittskosten als Kosten für eine Einheit. Diese betragen:

  $$AC(x) = \frac{C(x)}{x} = \frac{C(1) \cdot x}{x} = C(1) \quad .$$

  Die Durchschnittskosten sind demnach eine konstante Größe; sie berechnen sich unabhängig vom Outputniveau.

- Bei **steigenden Skalenerträgen** wird sich der Output mehr als λ-fach vergrößern, wenn alle Faktoren in λ-facher Menge eingesetzt werden. Der λ-fache Output läßt sich demnach mit weniger als den λ-fachen Kosten produzieren. Folglich werden die Durchschnittskosten sinken. Aber auch die Grenzkosten müssen sinken, da man jede zusätzliche Outputeinheit mit geringeren Kosten herstellen kann.

- Bei **sinkenden Skalenerträgen** steigen die Durchschnittskosten, weil man nunmehr zur Produktion des λ-fachen Outputs mehr als die λ-fache Menge von allen Inputfaktoren benötigt. Dementsprechend nehmen auch die Grenzkosten zu.

Abb. 7.10: Mögliche Verläufe der Durchschnitts- und Grenzkostenkurve

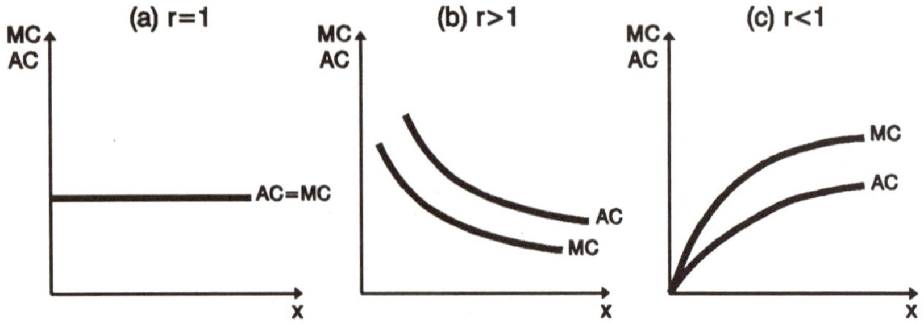

Diese möglichen Verläufe der Durchschnitts- und der Grenzkostenkurve für homogene Produktionsfunktionen will die Abbildung 7.10 graphisch aufzeigen.

Wir erkennen in Teilbild (a) die Kurvenverläufe für den Fall konstanter Skalenerträge ($r=1$), im Teilbild (b) den Fall steigender Skalenerträge ($r>1$) und in Teilbild (c) ist die Situation für abnehmende Skalenerträge ($r<1$) dargestellt.

Wie wir an anderer Stelle auch schon erwähnten, kann eine Technologie, die in einem Unternehmen zum Einsatz kommt, Bereiche mit unterschiedlichen Skalenerträgen aufweisen. So sind etwa Produktionsfunktionen denkbar, bei denen die Herstellung bestimmter Güter zunächst mit steigenden und danach mit sinkenden Skalenerträgen erfolgt. Die dazugehörigen Kostenfunktionen steigen in dem Fall zunächst langsamer an, um sich dann mit zunehmendem Output beschleunigt nach oben hin zu entwickeln. Insgesamt erhält man somit für diesen Fall einen S-förmigen Verlauf der Gesamtkostenkurve $C(x)$, wie ihn etwa Abbildung 7.11 aufzeigt.

Kurzfristige und langfristige Kostenfunktionen

Bisher sind wir davon ausgegangen, daß es einem Unternehmen immer möglich sei, sein Kostenminimum zu erreichen, da es die eingesetzten Produktionsfaktoren entsprechend anpassen könne. Solche anpaßbaren Faktoren bezeichnet man in der Produktionstheorie als variable Faktoren und ihre Kosten als **variable Kosten**.

In der langfristigen Betrachtung darf man alle Produktionsfaktoren als variabel unterstellen. Will ein Unternehmen jedoch kurzfristig Veränderungen in seiner Produktion vornehmen, so wird es durchaus auf Einsatzgrößen stoßen, die sich nicht variieren lassen, die also **fix** sind. Dies ist beispielsweise bei Gebäuden und Grundstücken der Fall. Die Nutzungskosten dafür, sei es in Form von Mieten und

Abb. 7.11: S-förmiger Kostenverlauf

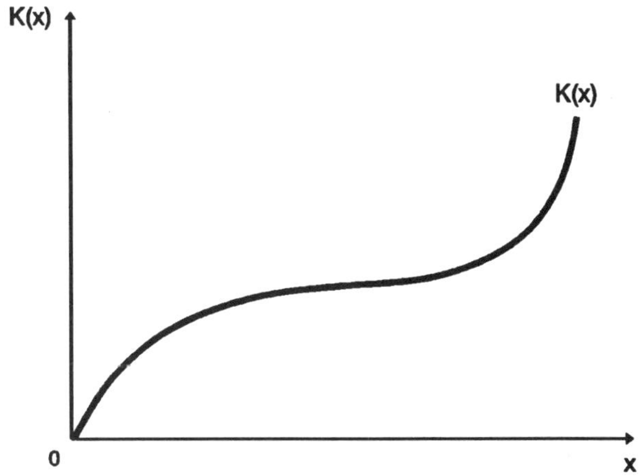

Pachten oder in Form von Abschreibungen, fallen unabhängig davon an, wieviel ein Unternehmen produziert und ob es überhaupt etwas herstellt. Man nennt diese Kosten deshalb auch **Fixkosten**.

Die Produktionstheorie unterscheidet daher aus gutem Grunde zwischen kurzfristigen und langfristigen Kostenfunktionen:

- In **langfristigen Kostenfunktionen** sind alle Faktoren variabel; sie hängen also vollständig vom produzierten Output ab.

- In **kurzfristigen Kostenfunktionen** müssen zu den variablen Kosten $C_v(x)$ noch die Fixkosten F addiert werden:

$$C(x) = C_v(x) + F \quad .$$

Konzentrieren wir uns zunächst auf die kurzfristige Betrachtung und nehmen dazu eine Produktionsfunktion an mit zwei Faktoren, von denen ein Faktor fix und ein Faktor variabel einsetzbar sein soll. In diesem Fall kann die kurzfristige Kostenfunktion, als Ausdruck der Minimalkosten der Produktion, relativ einfach abgeleitet werden. Da nur ein Faktor sich verändern kann, gibt es zwischen ihm und dem anderen Faktor keine Substitutionsmöglichkeiten. Damit entfällt auch die Bestimmung der Minimalkostenkombination entlang eines Expansionspfades.

Veranschaulichen wir uns diesen Zusammenhang auch graphisch. Hierzu wählen wir eine konkave Produktionsfunktion mit variablem Faktor v_1 (etwa Arbeit) und einem fixem Faktor $\bar{v}_2$ (etwa Boden). Also:

$$x = f(v_1, \bar{v}_2) \quad .$$

Diese Funktion gibt an, wie sich der Output ändert, wenn der Arbeitseinsatz variiert wird. Ihren Verlauf können wir der Abbildung 7.12 entnehmen.

Abb. 7.12: Produktions- und Verbrauchsfunktion

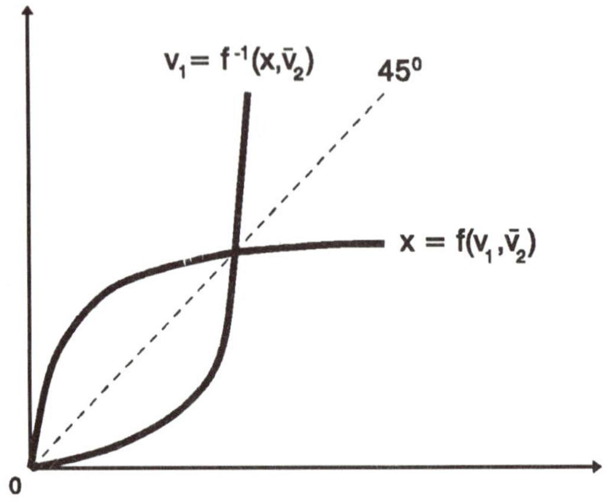

Interpretiert man den eben dargelegten Zusammenhang in umgekehrter Richtung, so erhält man die sogenannte **Verbrauchsfunktion** für den Faktor v_1. In unserem Falle gibt sie die Abhängigkeit des Arbeitseinsatzes vom gewünschten Output an. Sie bestimmt also, wie hoch der Arbeitseinsatz mindestens sein muß, damit man einen bestimmten Output produzieren kann.

Mathematisch stellt die Verbrauchsfunktion die Umkehrfunktion zur Produktionsfunktion dar,

$$v_1 = f^{-1}(x, \bar{v}_2) \quad .$$

Und in der geometrischen Darstellung erhält man sie, indem man die Produktionsfunktion an der 45°-Linie spiegelt und für die Variablen Abszisse und Ordinate tauscht (siehe Abbildung 7.12).

Aus der Verbrauchsfunktion lassen sich in einem nächsten Schritt die variablen Kosten gewinnen, durch einfache Multiplikation des Faktorverbrauchs v_1 mit dem

Faktorpreis q_1. Man beachte, daß diese Kosten auch vom Niveau des fixen Faktors abhängen:

$$C_v(x,\bar{v}_2) = v_1(x,\bar{v}_2)\cdot q_1 \quad .$$

Für die von uns gewählte konkave Technologie haben die variablen Kosten einen konvexen Verlauf. Das ist auch leicht einsichtig. Wenn nämlich der Output bei zusätzlichem Arbeitseinsatz immer weniger steigt, dann müssen die variablen Kosten immer mehr zunehmen. Denn jeder zusätzliche Arbeiter erzeugt einen geringeren Outputzuwachs als die bereits beschäftigten Arbeitskräfte, aber verursacht dabei die gleichen Kosten (siehe dazu nochmals die Abbildung 7.12).

Addiert man die Fixkosten zu den variablen Kosten, so erhält man wieder die Gesamtkosten der Produktion. Die Fixkosten ergeben sich dabei als Produkt aus dem Einsatzniveau des fixen Faktors $\bar{v}_2$ und dessen Preis q_2. Also:

$$C(x,\bar{v}_2) = v_1(x,\bar{v}_2)\cdot q_1 + \bar{v}_2\cdot q_2 \quad .$$

Aus den Gesamtkosten wiederum lassen sich die Durchschnittskosten ableiten. Deren Funktion ***AC(x)*** weist jetzt einen u-förmigen Verlauf auf, wie wir auch der Abbildung 7.13 entnehmen können.

Abb. 7.13: Langfristiger Durchschnitts- und Grenzkostenverlauf

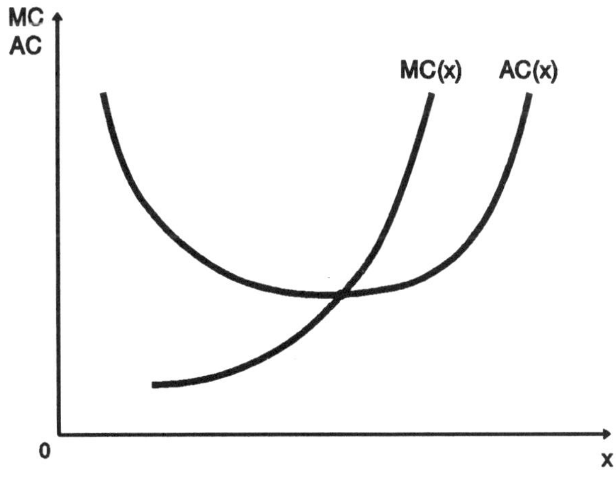

Dabei ist der anfängliche Rückgang der Durchschnittskosten auf einen sinkenden Anteil der Fixkosten zurückzuführen. Die durchschnittlichen Fixkosten ***F/x*** nämlich nehmen mit steigendem Output immer mehr ab, da sie sich auf immer größere

Outputmengen aufteilen. Dem aber wirkt der Anstieg der durchschnittlichen variablen Kosten $C_v(x)/x$ entgegen, so daß ab einer bestimmten Menge die gesamten Durchschnittskosten wieder zunehmen.

Dort, wo die Grenzkostenkurve *MC(x)* die Durchschnittskostenkurve *AC(x)* schneidet, liegt das **Minimum der Durchschnittskosten** (siehe nochmals Abbildung 7.13). Mathematisch ausgedrückt gilt hierfür:

$$\frac{d\frac{C(x)}{x}}{dx} = \frac{xC'(x) - C(x)}{x^2} = 0$$

$$\Leftrightarrow \quad C'(x) = \frac{C(x)}{x}, \quad x>0 \quad .$$

Der Ausdruck *C'(x)* steht für die erste Ableitung der Gesamtkostenkurve und entspricht somit den Grenzkosten.

7.5 Gewinnmaximierung

Die Kenntnis der Minimalkostenfunktion stellt eine notwendige Voraussetzung dar, damit ein Unternehmen seinen Gewinn maximieren und damit dem eigentlichen Ziel seines Wirtschaftens entsprechen kann. Der Gewinn **Π(x)** ist, wie wir wissen, ganz allgemein definiert als Differenz zwischen Erlös ***R(x)*** und Kosten ***C(x)***. Alle drei Größen hängen vom Output ab. Gesucht ist nun derjenige Output, der den Gewinn maximiert. Wir können also schreiben:

$$\Pi(x) = R(x) - C(x) \quad \Rightarrow \quad \max \quad .$$

Die Bedingung erster Ordnung für ein **Gewinnmaximum** lautet:

$$\Pi'(x) = R'(x) - C'(x) = 0$$

$$\Leftrightarrow \quad R'(x) = C'(x) \quad .$$

Diese Bedingung besagt:

Im Gewinnmaximum muß der **Grenzerlös** ***R'(x)*** eines Unternehmens **gleich den Grenzkosten** ***C'(x)*** seiner Produktion sein.

Dies wiederum heißt, daß der Gewinn dort maximal ist, wo die Kosten der Herstellung einer weiteren Outputeinheit genauso groß sind wie der Erlös, der sich damit am Markte erzielen läßt. Denn dann ist der Grenzgewinn einer zusätzlichen Einheit Null und der Gesamtgewinn kann folglich nicht mehr gesteigert werden.

Die obige Bedingung gilt für alle Marktformen, für die vollständige Konkurrenz ebenso wie für das Monopol. Auf den Prozeß der Preisbildung bei diesen Marktformen werden wir gleich noch genauer eingehen. Hier genügt es, wenn wir auf die uns bereits bekannte Tatsache zurückgreifen, daß sich Unternehmen auf einem Markt mit vollständiger Konkurrenz als Mengenanpasser verhalten.

Auf einem solchen Markt ist also der Marktpreis ***p*** dem Unternehmen bekannt und für dieses ein unveränderbares Datum. Dann ergibt sich der **Erlös** des Unternehmens einfach aus der Formel **Menge mal Preis**:

$$R(x) = p \cdot x \quad .$$

Und der **Grenzerlös entspricht dem Marktpreis**:

$$R'(x) = p \quad .$$

Die Bedingung für ein Gewinnmaximum konkretisiert sich in diesem Fall zu:

$$p = C'(x) \quad .$$

Sie besagt: Wenn ein Unternehmen seinen Gewinn maximieren möchte, muß es seine Produktion soweit ausdehnen, bis die **Grenzkosten dem Preis entsprechen**.

Die Bedingung 2. Ordnung für ein Gewinnmaximum verlangt,

$$\frac{d^2\Pi(x)}{dx^2} < 0 \quad \Leftrightarrow \quad \frac{d^2C(x)}{dx^2} > 0 \quad .$$

Die gewinnmaximale Ausbringungsmenge muß also im Bereich **steigender Grenzkosten** liegen.

Bei einer streng konvexen Kostenfunktion, was wiederum eine streng konkave Produktionsfunktion impliziert, ist die obige Bedingung immer erfüllt: Links vom optimalen Output sind dann nämlich die Grenzkosten geringer als der Preis und der Gewinn kann hier durch eine Ausdehnung der Produktion noch erhöht werden. Rechts vom Optimum liegen die Grenzkosten über dem Preis und jede zusätzlich produzierte Einheit wird den Gewinn wieder verringern.

Die **Fixkosten** haben auf den optimalen Output keinen Einfluß, da sie, mathematisch gesehen, bei der Differentiation verschwinden und, ökonomisch betrachtet, die Grenzkosten unberührt lassen. Es gibt jedoch eine Ausnahme, die die Differentialrechnung nicht aufzudecken vermag:

Ein Unternehmen könnte seine Produktion einstellen und einen Verlust in Höhe der fixen Kosten hinnehmen. Eine solche Strategie wäre dann angebracht, wenn das Unternehmen bei jeder Ausbringungsmenge eines Gutes Verlust macht und der geringste Verlust immer noch über den Fixkosten liegt. Dann liegen die durchschnittlichen variablen Kosten eines Gutes noch über seinem Marktpreis. In einem solchen Fall ist es daher günstiger, die Herstellung ganz einzustellen. Denn das Unternehmen verliert hierbei lediglich die Fixkosten, während es bei fortgesetzter Produktion weit mehr einbüßt, nämlich zusätzlich noch die Differenz zwischen variablen Kosten und Preis.

Abb. 7.14: Gewinnmaximierung bei vollständiger Konkurrenz

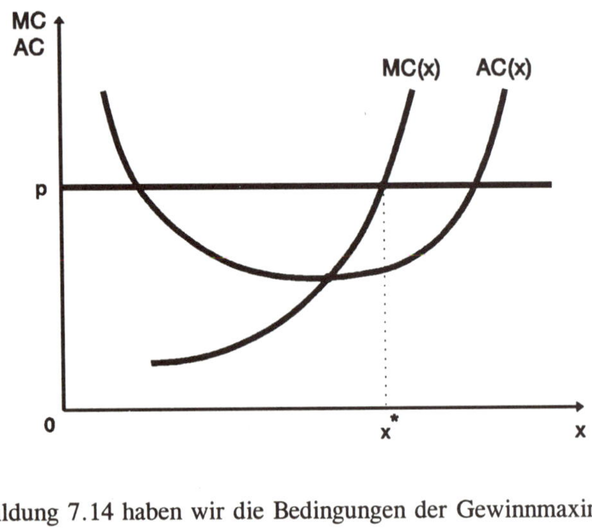

In der Abbildung 7.14 haben wir die Bedingungen der Gewinnmaximierung noch einmal graphisch veranschaulicht.

Wir erkennen, daß die optimale Ausstoßmenge x^* eines Unternehmens genau im Schnittpunkt von Preisgerade und aufsteigendem Ast der Grenzkostenfunktion liegt. Die Preisgerade haben wir hier als eine Horizontale eingezeichnet, was typisch ist für den Fall der vollkommenen Konkurrenz. Das einzelne Unternehmen kann also von sich aus auf den am Markt erzielten Preis durch seine Ausbringung keinen Einfluß nehmen.

7.6 Die Angebotsfunktion

Die Angebotsfunktion eines Unternehmens bei vollkommener Konkurrenz gibt die gewinnmaximale Outputmenge x^A als Funktion des Marktpreises an:

$$x^A = x^A(p) \quad .$$

Diese gewinnmaximale Menge wird, wie wir wissen, durch die Bedingung "Grenzkosten gleich Preis" bestimmt.

Im Unterschied zu vorhin, wo wir von einem einzigen, gegebenen Marktpreis ausgingen und dafür das Gewinnmaximum ableiteten, wollen wir hier nun Veränderungen beim Preis zulassen. Fällt der Preis, dann wird ein Unternehmen die angebotene Menge reduzieren, steigt der Preis, so wird es die Menge ausdehnen. Dieses "Gesetz" der Marktanpassung ist uns bereits zu Beginn dieses Lehrbuchs in Kapitel 3.4.2 begegnet. Hier nun können wir genau bestimmen, wie der Anpassungsprozeß an Preisänderungen abläuft: Er findet statt entlang der Grenzkostenkurve eines Unternehmens. Es ist die Grenzkostenkurve, die angibt, wieviel zu einem bestimmten Preis ein Unternehmen von einem Gut herstellt und es ist somit diese Kurve, die für die **Angebotsfunktion** des Unternehmens steht.

Dabei müssen wir freilich eine Einschränkung beachten: In der kurzfristigen Betrachtung wird ein Unternehmen erst dann mit einem Angebot auf den Markt kommen, wenn der dort vorgefundene Preis mindestens die durchschnittlichen Kosten deckt. Denn bei niedrigerem Preis würde es einen Verlust machen, da die Fixkosten nicht gedeckt werden können. Die Angebotsfunktion beginnt also erst im Minimum der durchschnittlichen Kosten.

Als Maß dafür, wie stark die Angebotsmenge auf Preisänderungen reagiert, verwendet man die **Preiselastizität des Angebots** $\epsilon_{x,p}$:

$$\varepsilon_{x,p} = \frac{\frac{\partial x^A}{x^A}}{\frac{\partial p}{p}} \quad .$$

Sie gibt näherungsweise an, um wieviel Prozent sich die angebotene Menge ändert, wenn sich der Preis eines Gutes um ein Prozent bewegt. Je flacher dabei die Angebotsfunktion verläuft, desto stärker reagiert die angebotene Menge auf Preisänderungen.

Untersucht man die Wirkungen von Preisänderungen auf die angebotene Menge, so bewegt man sich auf einer Angebotskurve, deren Lage man genau kennt. Diese wird bestimmt durch die Faktorpreise und die Produktionsfunktion, die wir jeweils als gegeben angenommen haben. Änderungen dieser Parameter werden die Angebotsfunktion wie folgt verschieben:

- Erhöhen sich die Faktorpreise, so steigen als Folge die Grenzkosten, was zu einer Verschiebung der Angebotsfunktion nach oben führt. Jede Ausbringungsmenge wird dann zu einem höheren Preis angeboten.

- Ändert sich die Produktionsfunktion, etwa indem ein effizienteres Produktionsverfahren zum Zuge kommt, so senkt dies die Grenzkosten und verschiebt die Angebotsfunktion nach unten. Ein Unternehmen kann nun zu billigeren Preisen anbieten, denn es vermag jetzt mit gleichem Faktoreinsatz mehr Output, oder umgekehrt, mit weniger Faktoreinsatz den gleichen Output zu erzeugen.

Anhang zu Kapitel 7

Das Problem der Kostenminimierung läßt sich formal-analytisch darstellen. Man schreibt hierfür:

$$C(v_1,v_2) = v_1 q_1 + v_2 q_2 \Rightarrow \text{min}$$
$$N.B. \quad \bar{x} = f(v_1,v_2) \quad .$$

Zu minimieren sind also die Produktionskosten $C(v_1, v_2)$ unter der Nebenbedingung eines gegebenen Produktionsniveaus $\bar{x}$.

Wir bilden in einem nächsten Schritt die **Lagrange-Funktion**

$$\mathcal{L}(v_1,v_2,\lambda) = v_1 q_1 + v_2 q_2 + \lambda(\bar{x} - f(v_1,v_2)) \quad .$$

Der Lagrangemultiplikator λ ist hier zu interpretieren als die Grenzkosten der Produktion, also als diejenigen Kosten, die bei der Produktion einer zusätzlichen Outputeinheit entstehen.

Die **Bedingungen 1.Ordnung** für ein Optimum lauten:

$$\frac{\partial \mathcal{L}}{\partial v_1} = q_1 - \lambda \frac{\partial f}{\partial v_1} = 0 \quad , \tag{1}$$

$$\frac{\partial \mathcal{L}}{\partial v_2} = q_2 - \lambda \frac{\partial f}{\partial v_2} = 0 \quad , \tag{2}$$

$$\frac{\partial \mathcal{L}}{\partial \lambda} = \bar{x} - f(v_1,v_2) = 0 \quad . \tag{3}$$

Die Bedingung (3) ist die Nebenbedingung und besagt einfach, daß die optimale Faktorkombination auf der Isoquante $\bar{x}$ liegen muß. Aus (1) und (2) folgt als weitere Bedingung

$$\frac{\dfrac{\partial f}{\partial v_1}}{\dfrac{\partial f}{\partial v_2}} = \frac{q_1}{q_2} \quad ,$$

beziehungsweise

$$-\frac{dv_2}{dv_1} = \frac{q_1}{q_2} \quad .$$

Die geometrische Interpretation der letzten Bedingung ist uns wohlbekannt. Sie verlangt, daß die Minimalkosten durch jene Isokostenlinie gegeben sind, die die Isoquante $\bar{x}$ berührt. Dort ist das Verhältnis der Grenzproduktivitäten der Faktoren

1 und 2 beziehungsweise die Grenzrate der technischen Substitution von Faktor 2 durch Faktor 1 gleich dem Verhältnis der Faktorpreise.

Die **Bedingungen der 2. Ordnung** setzen die strenge Quasikonkavität der Produktionsfunktion voraus. Das bedeutet, daß ihre Isoquanten streng konvex sein müssen, was wir in der Abbildung 7.6 auch implizit vorausgesetzt haben. Damit ist die Existenz und die Eindeutigkeit des Optimums gesichert.

Kontrollfragen zu Kapitel 7:

1. Welche Arten von Produktionsfunktionen werden in der Produktionstheorie unterschieden?

2. Erläutern Sie die Eigenschaften einer Cobb-Douglas-Produktionsfunktion bei partieller und totaler Faktorvariation.

3. Wie läßt sich das "Gesetz" vom abnehmenden Ertragszuwachs erklären?

4. Welche Arten von Skalenerträgen kann man unterscheiden?

5. Wie unterscheiden sich die variablen von den fixen Kosten? Warum fallen fixe Kosten überhaupt an?

6. Definieren Sie die Begriffe Erlös, Kosten und Gewinn. Bestimmen Sie geometrisch und analytisch das Gewinnmaximum. Welche Rolle spielen dabei der Grenzerlös und die Grenzkosten?

7. Warum unterscheidet man kurzfristige und langfristige Kostenfunktionen?

8. Wie sieht die Güterangebotsfunktion eines Polypolisten auf einem vollkommenen Markt aus und wie leitet sie sich ab?

9. Welche Auswirkungen hat eine Senkung des Lohnsatzes auf die Güterangebotsfunktion?

8. Preisbildung auf den Gütermärkten

Bisher haben wir Ziele und Verhaltensweisen von einzelnen Wirtschaftssubjekten untersucht. Aus deren Sicht war der Preis eines Gutes ein Datum, auf das sie keinen Einfluß nehmen konnten - ein einzelner Konsument kauft, bei gegebenen Güterpreisen, diejenige Mengenkombination, die seinen Nutzen maximiert. Daraus leitet sich die individuelle Nachfrage nach Konsumgütern ab. Ein einzelnes Unternehmen produziert, bei gegebenem Güterpreis, diejenige Gütermenge, die seinen Gewinn maximiert. Daraus leitet sich die Angebotsfunktion des Unternehmens ab.

Es stellt sich nun die Frage, ob die Vorstellungen der einzelnen Haushalte und Unternehmen, die ja völlig unabhängig und unter ganz verschiedenen Zielsetzungen zustande kommen, miteinander vereinbar sind.

Wie wir schon wissen, werden die einzelwirtschaftlichen Pläne auf dem Markt koordiniert. Ein Markt bezeichnet dabei einfach die Beziehungen, die zwischen Anbietern und Nachfragern existieren. Auf dem Markt für Konsumgüter treten die Unternehmen als Anbieter und die Konsumenten als Nachfrager auf, wobei man sich für jedes homogene (vergleichbare) Gut einen eigenen Markt vorzustellen hat.

Die Nachfrage **aller** Konsumenten und das Angebot **aller** Produzenten auf dem Markt für ein spezifisches Gut bestimmen dann dessen Preis, der, wie gesagt, für jeden einzelnen Marktteilnehmer ein Datum ist. Der zustande gekommene Preis ist ein Gleichgewichtspreis in dem Sinne, daß zu diesem Preis die Konsumenten die von ihnen gewünschte Menge auch kaufen und alle Unternehmen die gewünschte Menge auch verkaufen können. Es besteht also ein notionales Gleichgewicht zwischen Angebot und Nachfrage.

Diese allgemeine Umschreibung des Marktprinzips ist uns wohlbekannt. Wie aber sehen die genauen Bedingungen aus, die erfüllt sein müssen, damit der Preismechanismus auf den Märkten auch tatsächlich funktioniert? Betrachten wir dazu im folgenden zunächst einen Markt, auf dem vollständige Konkurrenz herrscht, anschließend einen Monopolmarkt.

8.1 Vollständige Konkurrenz

Bei der Marktform der vollständigen Konkurrenz handelt es sich um die Idealvorstellung eines perfekten Marktes. Sie ist im wesentlichen durch Vorhandensein eines Polypols und Vollkommenheit gekennzeichnet. Darauf sind wir ja an anderer Stelle schon ausführlich eingegangen (siehe Kapitel 3.1). Rufen wir uns die wichtigsten Charakteristika nochmals ins Gedächtnis.

Das **Polypol** stellt einen Markt dar, auf dem sehr viele Anbieter und sehr viele Nachfrager auftreten. Konsumenten und Produzenten passen auf einem solchen Markt daher ihre Nachfrage beziehungsweise ihr Angebot dem herrschenden Marktpreis an, ohne zu berücksichtigen, daß ihre Käufe und Verkäufe wiederum den Preis beeinflussen können. Man sagt auch, sie seien **Preisnehmer**.

Die zweite Bedingung verlangt, daß der betrachtete Polypolmarkt ein **vollkommener Markt** ist. Dazu muß das dort gehandelte Gut **homogen** sein. Es dürfen weder persönliche noch räumliche, zeitliche oder sachliche Präferenzen vorhanden sein, die dazu führen könnten, daß etwa persönliche Beziehungen zwischen Käufer und Verkäufer, räumliche Faktoren (Standorte), die zeitliche Verfügbarkeit eines Gutes (Liefertermine) oder sachliche Unterschiede etwa in der Verpackung und Werbung (Markenware) für die Kaufentscheidung eine Rolle spielen.

Markttransparenz als zweite Bedingung der Vollkommenheit verlangt, daß Anbieter und Nachfrager über die zustandegekommenen Preise vollständig informiert sind. Es besteht also vollkommene Preisinformation. Dies wiederum impliziert, daß es für ein homogenes Gut nur einen Preis geben kann. Denn gäbe es dafür verschiedene Preise und wären die Nachfrager und Anbieter darüber informiert, so würde am Ende das Gut doch nur zum niedrigst möglichen Preis gekauft beziehungsweise zum höchst möglichen Preis verkauft werden.

8.2 Gesamtnachfrage

Die Nachfragekurve für den gesamten Markt eines bestimmten Gutes setzt sich aus den Nachfragefunktionen aller Konsumenten zusammen. Die hierfür notwendige Aggregation erfolgt in der Weise, daß man für jeden Preis die jeweils individuell nachgefragten Mengen aufaddiert. Da dies im gewöhnlichen Preis-Mengen Diagramm horizontal über die Mengenachse geschieht, spricht man auch von einer

horizontalen Aggregation. Wir haben diese in Abbildung 8.1 beispielhaft für zwei Haushalte aufgezeigt.

Abb. 8.1: Horizontale Aggregation individueller Nachfragefunktionen

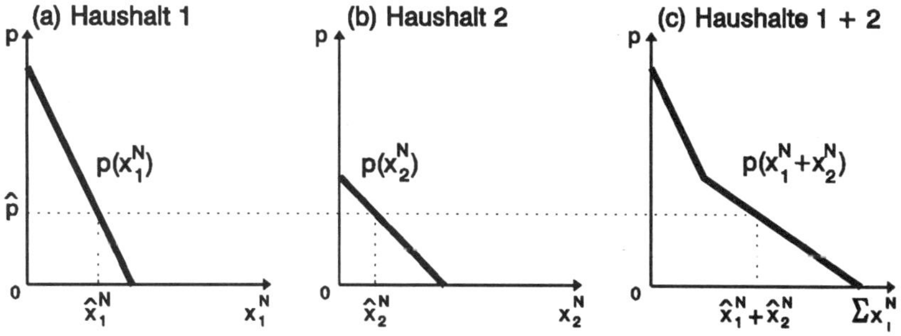

In Teilbild (a) ist die Konsumententscheidung für Haushalt 1, in Teilbild (b) diejenige für Haushalt 2 aufgezeichnet. Ersterer fragt beim Preis $\hat{p}$ die Menge $\hat{x}_1^N$ nach, letzterer die Menge $\hat{x}_2^N$. Die Gesamtnachfrage x^N auf dem betrachteten Markt wird dann beim Preis $\hat{p}$ durch die (horizontale) Summe $\hat{x}_1^N+\hat{x}_2^N$ der individuellen Nachfragen der beiden Haushalte gebildet. Verfährt man bei allen anderen Preisen in der Aggregation ebenso, so erhält man am Ende die gesamte Marktnachfragekurve. Sie weist, wie wir in Teilbild (c) sehen können, einen Knick auf.

Betrachten wir nun allgemein einen Markt mit n Konsumenten. Dabei sei die Nachfragefunktion eines Konsumenten i gegeben durch

$$x_i^N = x_i^N(p) \ , \quad i=1,...,n \ ,$$

wobei wir hier den Preis als unabhängige und die nachgefragte Menge als abhängige Variable gewählt haben. Für die **Gesamtnachfrage** erhalten wir durch Aufsummierung

$$x^N(p) = \sum_{i=1}^{n} x_i^N(p) \ .$$

Man kann jetzt zeigen, daß bei normalen individuellen Nachfragefunktionen auch die Gesamtnachfragekurve normal verläuft. Das heißt, mit zunehmendem Preis fällt die Marktnachfrage. Ihre Lage im Preis-Mengen-Diagramm wiederum hängt, ebenso wie die der individuellen Nachfragefunktionen, von den Preisen anderer

Güter und den Einkommen der Konsumenten ab. Diese Parameter haben wir hier als gegeben angenommen. Falls sie sich ändern, verschiebt sich natürlich auch die Gesamtnachfragekurve. Sogar eine Umverteilung der Einkommen von reicheren zu ärmeren Einkommensbeziehern hat erhebliche Auswirkungen auf die Gesamtnachfrage, selbst dann, wenn das Gesamteinkommen dabei gleich bleibt.

Bei sehr vielen Nachfragern, wie sie ja kennzeichnend sind für die vollständige Konkurrenz auf einem Markt, wird die Gesamtnachfrage viele "Knicke" aufweisen. Diese dürften jedoch nicht sehr ausgeprägt sein. Deshalb zeichnet man der Einfachheit halber die Gesamtnachfragekurve in der Regel ohne Knicke, so wie wir dies in Abbildung 8.2 auch getan haben.

Abb. 8.2: Gesamtnachfragekurve

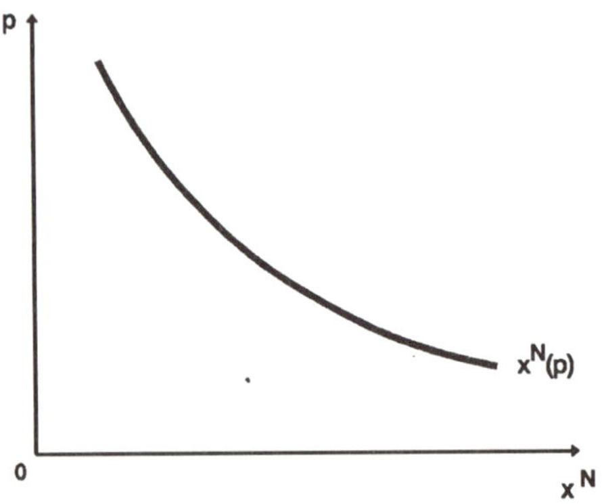

8.3 Gesamtangebot

Die Angebotskurven der einzelnen Unternehmen werden prinzipiell auf die gleiche Weise zu einer Kurve des Gesamtangebots zusammengefaßt, wie wir dies bei den individuellen Nachfragefunktionen kennengelernt haben. Auch sie hat man "horizontal" zu addieren. Wir haben diese Aggregation für den Fall zweier Unternehmen in Abbildung 8.3 durchgeführt.

In den Teilbildern (a) und (b) werden für einen Preis $\hat{p}$ die angebotenen Mengen des Unternehmens 1 und 2 für ein homogenes Gut abgeleitet. Sie betragen $\hat{x}_1^A$ und $\hat{x}_2^A$. In Teilbild (c) sind die Einzelangebote zum Gesamtangebot $\hat{x}_1^A+\hat{x}_2^A$ aufaddiert. Nimmt man diese Addition nicht nur für den Preis $\hat{p}$ vor, sondern auch für alle anderen möglichen Preise, so erhält man die Kurve für das Gesamtangebot x^A. Diese Kurve weist, wie man sehen kann, auch einen Knick auf.

Abb. 8.3: Aggregation einzelner Angebotsfunktionen

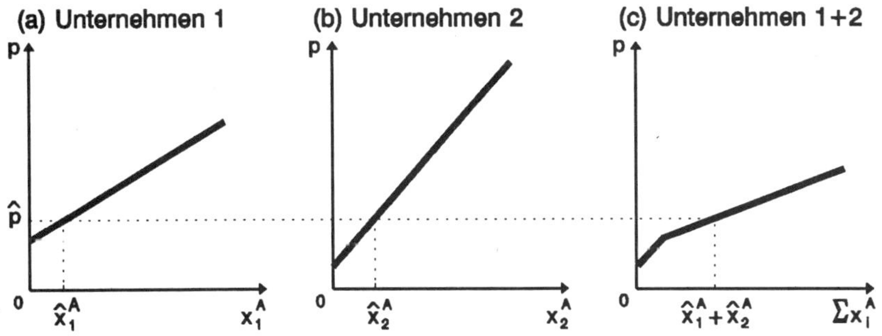

Bei ***n*** Anbietern ist die **Gesamtangebotsfunktion** gegeben durch

$$x^A(p) = \sum_{i=1}^{n} x_i^A(p) \quad .$$

Hierbei bezeichnet $x_i^A(p)$ die Angebotsfunktion des i-ten Unternehmens.

Abb. 8.4: Gesamtangebotskurve

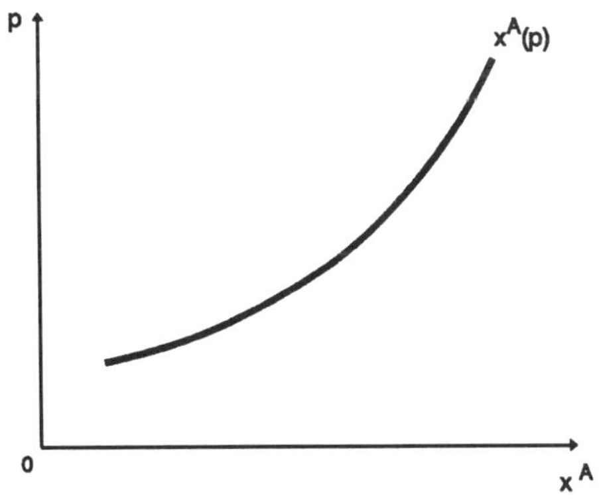

Im allgemeinen verläuft die Gesamtangebotsfunktion monoton steigend, da auch die Angebotsfunktionen der einzelnen Unternehmen monoton steigend sind. Die Unternehmen werden also insgesamt bei steigenden Preisen mehr anbieten. Wir haben diesen üblichen Verlauf in Abbildung 8.4 aufgezeichnet, wobei auch hier wieder die "Knicke" vernachlässigt wurden.

Man beachte weiterhin, daß die Angebotsfunktionen der einzelnen Unternehmen und somit auch die Gesamtangebotskurve nur unter der ceteris paribus-Annahme gelten. Das heißt, wir haben unveränderte Faktorpreise und eine gegebene Technologie unterstellt. Jede Veränderung in diesen Parametern wird zu einer Verschiebung der Angebotsfunktion führen.

8.4 Marktgleichgewicht bei vollständiger Konkurrenz

Nachdem wir nun die Gesamtnachfrage und das Gesamtangebot auf dem Markt für ein homogenes Gut kennen, können wir als nächstes das Marktgleichgewicht bei vollständiger Konkurrenz bestimmen.

Ableitung des Marktgleichgewichts

Marktgleichgewicht herrscht, wenn die insgesamt nachgefragte Menge mit der insgesamt angebotenen Menge übereinstimmt. Die formale Bedingung dafür lautet:

$$x^N(p) = x^A(p) \quad .$$

Aus dieser Gleichung ergeben sich als Lösung der **gleichgewichtige Preis p^*** und die **gleichgewichtige Menge x^***. In der graphischen Darstellung erhalten wir das Marktgleichgewicht im Schnittpunkt von Angebotskurve und Nachfragekurve. Sehen wir uns dazu Abbildung 8.5 an.

Bei Preisen, die über dem Gleichgewichtspreis p^* liegen, stellt sich ein **Angebotsüberschuß** ein. Die Konsumenten fragen weniger nach als die Unternehmen zu diesen Preisen produzieren wollen. Preise unter dem Gleichgewichtspreis führen zu einem **Nachfrageüberschuß**. Die Unternehmen bieten bei diesen Preisen insgesamt weniger an als die Konsumenten kaufen wollen. In beiden Fällen ist der Markt im Ungleichgewicht, die Pläne der Unternehmen und der Konsumenten sind nicht miteinander vereinbar. Erst der Gleichgewichtspreis bringt Angebot und Nachfrage wieder ins Gleichgewicht; jeder Marktteilnehmer kann nun seine Pläne realisieren.

Ob das eben beschriebene Gleichgewicht überhaupt existiert und ob es eindeutig ist, hängt, wie man sieht, vom Verlauf der Angebots- und der Nachfragefunktion ab. In der Regel wird es bei steigender Angebots- und fallender Nachfragefunktion, wovon man üblicherweise ausgeht, ein eindeutiges Gleichgewicht geben, obwohl auch hier Fälle denkbar sind, in denen ein Gleichgewicht nicht existiert.

Abb. 8.5: Marktgleichgewicht bei vollständiger Konkurrenz

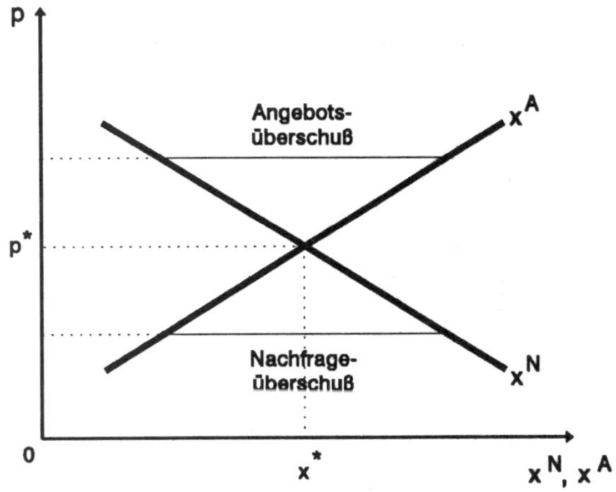

In der Abbildung 8.6 haben wir dazu noch einen für die wirtschaftliche Praxis durchaus bedeutsamen Fall aufgezeichnet.

Abb. 8.6: Nichtexistenz des Marktgleichgewichts

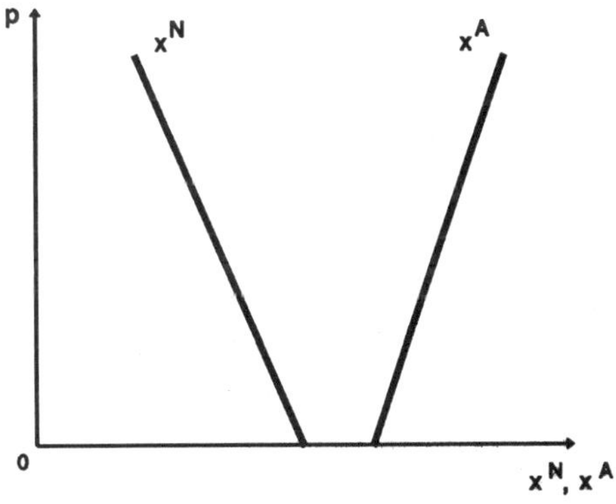

Wie wir sehen, übersteigt hier bei jedem positiven Preis das Angebot die Nachfrage. Es gibt folglich keinen Schnittpunkt zwischen Angebots- und Nachfragekurve und damit auch kein Marktgleichgewicht. Dieser Fall trifft vor allem für freie Güter wie Luft und Wasser zu. Solche freien Güter werden zu einem Preis von Null im Überfluß angeboten. Die Konsumenten können somit ihren gesamten Bedarf umsonst decken und werden davon weit mehr verbrauchen als es dem eigentlichen Wert der Güter entspricht.

Stabilität des Gleichgewichts

Die Gleichgewichtstheorie sagt zwar viel über einen Gleichgewichtszustand selbst und seine Eigenschaften aus, über sein Zustandekommen jedoch ungleich weniger. Man kann indessen nicht so ohne weiteres davon ausgehen, daß ein Gleichgewichtspreis "einfach da" sei. Man muß auch die Mechanismen kennen und erklären, die ein Gleichgewicht herbeiführen und es zu stabilisieren vermögen. Eine der bekanntesten Vorstellungen dazu ist die von **Leon Walras** (1834-1910) entwickelte Idee des **Auktionators**.

Nehmen wir an, ein Konsument interessiert sich für ein bestimmtes Gut und bietet dafür zunächst einen Preis p_0. Dieser Preis wird von einem Auktionator, der als Unparteiischer alle Kaufabschlüsse kennt und beobachtet, veröffentlicht. Käufer und Verkäufer schließen dann zu diesem Preis Verträge ab, von denen sie allerdings zurücktreten dürfen, wenn sie das Gut anderweitig günstiger kaufen beziehungsweise verkaufen können. Ist der anfängliche Preis p_0 höher als der Gleichgewichtspreis, dann werden einige Verkäufer keinen Käufer finden. Um zu vermeiden, daß sie auf ihren Gütern sitzenbleiben, werden diese Produzenten den Preis senken. Der neue Preis wird wieder vom Auktionator veröffentlicht. Konsumenten, die bereits zu einem höheren Preis abgeschlossen hatten, werden daraufhin nun neue Verträge zu dem niedrigeren Preis eingehen (Rekontrakte). Der Prozeß der Rekontrakte wiederholt sich solange, bis am Ende der Gleichgewichtspreis erreicht ist. Bei diesem Preis kann kein Marktteilnehmer mehr einen vorteilhafteren Vertrag abschließen. Analoge Überlegungen gelten auch für den Fall, daß der anfängliche Preis unter dem Gleichgewichtspreis liegt.

Damit der eben beschriebene Prozeß aber tatsächlich zu einem Gleichgewicht führt, muß eine wichtige Bedingung erfüllt sein, die man als **Walras-Stabilität** bezeichnet. Es ist offensichtlich notwendig, daß die Käufer bei einem Nachfrageüberschuß ihre Preisgebote erhöhen und die Verkäufer bei einem Angebotsüberschuß die Preise senken. Definiert man

$$x^E(p) := x^N(p) - x^A(p)$$

als überschüssige Nachfrage zum Preis p, dann ist ein Markt unter den getroffenen Verhaltensannahmen stabil, wenn eine Preiserhöhung diese überschüssige Nachfrage verringert. Es muß also gelten:

$$\frac{dx^E(p)}{dp} < 0 \quad \Leftrightarrow \quad \frac{dx^N(p)}{dp} < \frac{dx^A(p)}{dp} \quad .$$

Diese Bedingung ist für alle steigenden Angebotskurven und alle fallenden Nachfragekurven automatisch erfüllt.

8.5 Preisbildung auf dem Monopolmarkt

Ein **Monopol** ist ein Markt, auf dem es nur einen Anbieter, aber viele Nachfrager gibt. Der Monopolist sieht sich deshalb der gesamten Nachfrage aller Konsumenten dieses Marktes gegenüber; die für ihn relevante Nachfragekurve ist also die aggregierte Marktnachfragekurve. Das Monopolunternehmen hat damit sozusagen einen Marktanteil von 100 Prozent. Daher muß es damit rechnen, daß der Preis mit zunehmender Ausbringungsmenge fallen wird.

Für ein Unternehmen auf einem Konkurrenzmarkt stellt sich, wie wir wissen, die Nachfragekurve als Horizontale dar. Aus seiner Sicht kann es wegen seines geringen Marktanteils zum herrschenden Marktpreis jede beliebige Menge absetzen, ohne den vorgefundenen Marktpreis (nennenswert) beeinflussen zu können. Der Monopolist hingegen kann zur Maximierung seines Gewinns von sich aus entweder den Preis oder die Menge festsetzen. Die jeweils andere Größe ist dann durch die Nachfragefunktion gegeben.

Versuchen wir, diese Preissetzung des Monopolisten auch analytisch nachzuvollziehen.

Auf einem Gütermarkt sei ***x(p)*** die Nachfragefunktion, die man sich wieder als aggregierte Funktion der individuellen Nachfragefunktionen denken muß und die, wie üblich, mit steigendem Preis fallen soll. Der Erlös des Monopolisten ***R(x)*** beträgt in diesem Fall

$$R(x) = x \cdot p(x) \quad ,$$

wobei ***p(x)*** die (eindeutige) Inverse der Nachfragefunktion darstellt. Der Gewinn des Monopolunternehmens ist, genau wie bei jedem anderen Unternehmen auch, dort maximal, wo Grenzerlös und Grenzkosten übereinstimmen, also

$$\frac{\partial R(x)}{\partial x} = \frac{\partial C(x)}{\partial x} \quad .$$

Im Unterschied zur vollständigen Konkurrenz entspricht hier aber der Grenzerlös nicht mehr dem Preis, sondern er liegt darunter

$$\frac{\partial R(x)}{\partial x} = p(x) + x\,\frac{\partial p(x)}{\partial x} < p(x) \quad .$$

Denn bei fallender Nachfrage muß der Preisverfall ***x(∂p(x)/∂x)*** vom Preis noch abgezogen werden. Deshalb gilt im Gewinnmaximum auch

$$p(x) > \frac{\partial C(x)}{\partial x} \quad .$$

Das heißt, der Preis liegt über den Grenzkosten.

Diese Strategie führt im Endeffekt dazu, daß auf Monopolmärkten eine geringere Menge zu einem höheren Preis als auf vergleichbaren Konkurrenzmärkten gehandelt wird. In der Abbildung 8.7 haben wir die Monopollösung nochmals graphisch dargestellt.

Abb. 8.7: Preisbildung auf einem Monopolmarkt

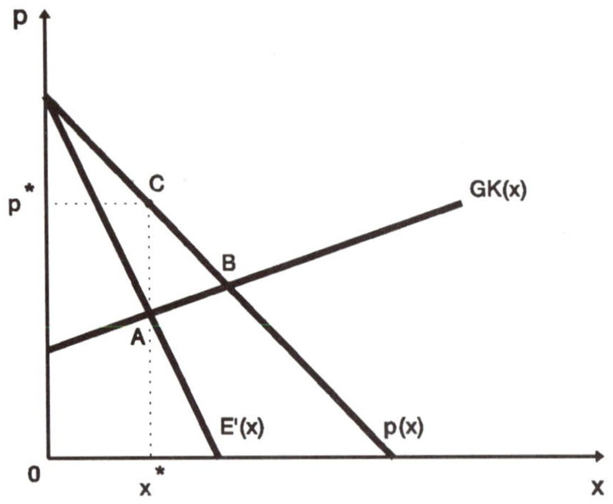

Die Marktnachfragefunktion ***p(x)*** ist in dieser Darstellung zur Vereinfachung als Gerade angenommen. Die Grenzerlöskurve ***R'(x)*** stellt sich dann ebenfalls als eine Gerade dar, mit betragsmäßig doppelt so großer Steigung wie sie die Nachfragekurve besitzt. Die gewinnmaximale Menge x^*, die gleichzeitig die Gleichgewichtsmenge auf dem Monopolmarkt ist, wird durch den Schnittpunkt **A** von Grenzerlös- und Grenzkostenkurve bestimmt. Der zur Menge x^* zugehörige Monopolpreis ergibt sich auf der Nachfragekurve im sogenannten **Cournot-Punkt C**. Auf einem vergleichbaren Konkurrenzmarkt mit aggregierter Angebotsfunktion würde sich das Marktgleichgewicht in Punkt **B** einstellen und, vergleichsweise, zu einem niedrigeren Gleichgewichtspreis und einer größeren Gleichgewichtsmenge führen.

Kontrollfragen zu Kapitel 8:

1. Wie läßt sich aus den individuellen Nachfragekurven der Haushalte die Nachfragekurve des Marktes konstruieren?

2. Wie faßt man die Güterangebotsfunktionen einzelner Unternehmen zu einer Angebotsfunktion des Marktes zusammen?

3. Erläutern Sie die von Leon Walras entwickelte Idee eines Auktionators.

4. Welche Bedingungen müssen erfüllt sein, damit ein Marktgleichgewicht als stabil gelten darf?

5. Wie unterscheidet sich die Nachfragekurve, der sich ein Polypolist gegenübersieht, von derjenigen eines Monopolisten?

6. Wodurch unterscheidet sich das Verhalten eines Mengenanpassers von dem eines Monopolisten?

7. Ermitteln Sie graphisch die optimale Preis- und Absatzplanung eines Monopolisten. Was besagt in dem Zusammenhang der Cournot'sche Punkt?

9. Der Arbeitsmarkt

Faktormärkte sind Märkte, auf denen Produktionsfaktoren getauscht werden. Der wohl bekannteste Faktormarkt ist der Arbeitsmarkt, auf den wir uns in diesem Kapitel beschränken wollen.

Auf dem **Arbeitsmarkt** treten die Unternehmen als Nachfrager nach dem Faktor Arbeit auf, Haushalte beziehungsweise Konsumenten bieten dort ihre Arbeitskraft an. Als Preis der Arbeit bildet sich der Lohnsatz. Dieser ist völlig flexibel, wenn der Arbeitsmarkt die Bedingungen eines vollständigen Konkurrenzmarktes erfüllt. Flexible Löhne garantieren damit zugleich, daß sich auf dem Arbeitsmarkt ein Gleichgewicht zwischen dem Arbeitsangebot und der Arbeitsnachfrage einstellt. Somit herrscht auf vollständigen Arbeitsmärkten stets Vollbeschäftigung, die sich dadurch auszeichnet, daß alle Personen genau so viel arbeiten können, wie sie beim herrschenden Lohnsatz beabsichtigen. Ebenso können die Unternehmen den Faktor Arbeit genau in dem von ihren gewünschten Umfang in der Produktion beschäftigen.

Wenn wir also im folgenden vom Lohnsatz sprechen, so ist damit immer der Gleichgewichtslohnsatz gemeint. Ihn betrachten die Unternehmen und Haushalte als gegeben und passen sich mit ihrem individuellen Arbeitsangebot beziehungsweise ihrer Arbeitsnachfrage an ihn an. In diesem Fall kann das Arbeitsangebot und die Arbeitsnachfrage aus dem Verhalten der einzelnen Wirtschaftssubjekte abgeleitet werden. Dieses wiederum wird bestimmt vom Prinzip der Nutzenmaximierung bei den Konsumenten und dem der Gewinnmaximierung bei den Unternehmen. Die Nachfrage und das Angebot am Arbeitsmarkt werden dann durch Aggregation des individuellen Arbeitsangebots aller Konsumenten und der Arbeitsnachfrage aller am Markt agierenden Unternehmen ermittelt und schließlich durch den Lohnsatz in Übereinstimmung gebracht.

Die Vorstellung eines vollständigen Arbeitsmarktes stößt vielfach auf Widerspruch, weil mit ihm menschliche Arbeit wie eine gewöhnliche Ware behandelt wird, deren Wert Angebot und Nachfrage unterworfen ist. Mindestens ebenso schwer wiegt jedoch aus unserer Sicht der Umstand, daß dieses Modell Arbeitslosigkeit nicht zu erklären vermag. Denn tatsächlich sind die Löhne bei weitem nicht so flexibel, wie es dort vorausgesetzt wird und Marktmacht spielt auf dem Arbeitsmarkt für die Preisbildung eine herausragende Rolle. Desgleichen sind auch andere Annahmen eines vollständigen Marktes verletzt, etwa die Annahme perfekter Information, wie wir in 9.4 noch ausführlich erläutern werden.

Wenn in diesem Modell Unterbeschäftigung also nicht vorkommt (sieht man von dem Fall der Setzung von Mindestlöhnen ab), können daraus auch keine Implikationen für geeignete Maßnahmen zur Reduktion oder Beseitigung von Arbeitslosigkeit abgeleitet werden. Dazu bedarf es anderer Modelle, die allerdings an der generellen Vorstellung eines Arbeitsmarktes und der Lohn-Preisbildung aus Angebot und Nachfrage festhalten. Allerdings sind die dort bestimmten Preise nicht mehr markträumend. Insofern ist der Fall vollständiger Arbeitsmärkte lediglich in didaktischer Hinsicht interessant.

Den Arbeitsmarkt wollen wir uns zunächst wieder getrennt für das Angebot und die Nachfrage ansehen und am Ende aufzeigen, wie sich der Lohn als Gleichgewichtspreis (bei vollkommener Konkurrenz) bildet. Daran schließt sich eine Diskussion der Arbeitslosigkeit und möglicher Erklärungen dafür an.

9.1 Das Arbeitsangebot

Wir nehmen an, daß ein Konsument, der seine Arbeitskraft auf dem Markt anbieten möchte, sich rational verhält und bestrebt ist, seinen Nutzen zu maximieren. Dabei spielte, wenn wir uns erinnern, auf dem Markt für Konsumgüter das Einkommen des Konsumenten eine große Rolle für dessen Entscheidungen. Dort hatten wir es als exogen gegeben angenommen. Tatsächlich aber stellt es die Entlohnung dar für die in einem Unternehmen erbrachte Arbeitsleistung.

Hier wird es nun zu einer endogenen Größe von nicht minderer Bedeutung. Um die Zusammenhänge, die dahinter stehen, etwas genauer aufzuzeigen, wollen wir wieder ein einfaches Modell konstruieren und dabei von folgenden Annahmen ausgehen:

A1) Unser Konsument soll über ein Zeitbudget T verfügen. Dieses beläuft sich naturgemäß auf 24 Stunden pro Tag. Das Zeitbudget kann er auf Arbeitszeit L und Freizeit F aufteilen. Freizeit ist dabei als die gesamte restliche Zeit aufzufassen, die nicht für Lohnarbeit verwendet wird. Die **Zeitrestriktion** des Konsumenten lautet somit:

(1) $$T = L + F \quad .$$

A2) Auf dem für den Konsumenten relevanten Arbeitsmarkt soll ein Lohnsatz von **w** gegeben sein. Ist der Konsument bereit, zu diesem Lohnsatz einen Arbeitseinsatz von **L** zu leisten, so kann er ein Einkommen von **wL** erzielen. Dies entspricht genau dem Einkommen, das wir vordem als gegeben angenommen hatten. Wenn er dieses Einkommen vollständig für Konsumgüter ausgibt, lautet seine **Einkommensrestriktion:**

(2)
$$p \cdot x = w \cdot L \quad .$$

Wir betrachten hier, der Einfachheit halber, nur ein Gut, das auf dem entsprechenden Markt in der Menge **x** und zum Preis **p** angeboten wird.

Setzen wir nun weiterhin die Zeitrestriktion (1) unseres Konsumenten in seine Einkommensrestriktion (2) ein, dann erhalten wir einen Ausdruck, den wir mit **Einkommens-Zeitrestriktion** bezeichnen wollen. Er lautet:

(3)
$$p \cdot x + w \cdot F = w \cdot T \quad .$$

Diese Gleichung gibt an, in welchem Verhältnis Freizeit und der Konsum von Gütern zueinander stehen, wie sie gegenseitig transformiert werden können: Würde ein Konsument sein gesamtes Zeitbudget **T** am Arbeitsmarkt anbieten (was wohl kaum realistisch ist), dann würde er ein Einkommen von **wT** erzielen. Arbeitet er weniger, dann bekommt er entsprechend weniger Einkommen und sein Konsum geht zurück. Gleichzeitig nimmt seine Freizeit zu. Die Transformationsrate von Freizeit und Konsum entspricht dabei dem Verhältnis aus Lohnsatz und Preis des Konsumgutes, also dem **Reallohn:**

(4)
$$x = \frac{w}{p} \cdot T - \frac{w}{p} \cdot F \quad .$$

Wie wir wissen, gibt der Reallohn auch die Kaufkraft des Einkommens an. Er mißt mithin den zusätzlichen Konsum (gemessen in Gütereinheiten), den man durch Mehrarbeit erreichen kann. Andererseits vermag er auf diese Weise auch den realen Wert eines Konsumverzichts auszudrücken, der entsteht, wenn man die bereits gewonnene Freizeit noch verlängert. Er ist damit gleichzeitig als der **Wert der Freizeit** aufzufassen.

Nun wird auch die Botschaft unserer Gleichung (3), der Einkommens-Zeitrestriktion, noch verständlicher. Sie verlangt, daß der Wert der Freizeit und der Wert der erworbenen Güter eines Konsumenten genau dem Wert seiner insgesamt verfügbaren Zeit entsprechen muß.

Die Zeit aber geht nicht nur in die Budgetrestriktion eines Konsumenten ein. Sie ist, in Form der Freizeit, auch Bestandteil seiner Nutzenfunktion. Der individuelle Nutzen hängt also nicht allein von dem Konsum von Gütern ab, so wie wir dies bislang angenommen hatten, sondern zusätzlich auch noch von der individuell verfügbaren Freizeit. Dabei hat die Freizeit, genau wie ein Konsumgut, einen positiven und abnehmenden Grenznutzen.

Wenn wir also nunmehr von der Nutzenfunktion

(5) $$u = u(x,F)$$

ausgehen, dann soll als Ausdruck für den Grenznutzen der Freizeit gelten:

$$\frac{\partial u}{\partial F} > 0 \quad , \quad \frac{\partial^2 u}{\partial F^2} < 0 \quad .$$

In dieser Formulierung besagt die Nutzenfunktion, daß ein Konsument möglichst viel konsumieren, gleichzeitig aber auch möglichst viel Freizeit haben möchte. Da der Konsum von Gütern jedoch vom Einkommen und das Einkommen, bei gegebenem Lohnsatz, wiederum vom Arbeitseinsatz abhängt, gibt es einen "trade-off" zwischen Konsum und Freizeit, sobald die gesamte verfügbare Zeit ***T*** vollständig ausgeschöpft wird. Dann kann jemand seinen Konsum von Gütern nur erhöhen, wenn er seine Freizeit einschränkt, und umgekehrt.

Wir haben also wieder ein Maximierungsproblem unter Nebenbedingungen vor uns, das über den Lagrangeansatz gelöst werden kann. Konkret ist die Nutzenfunktion (5) unter der Restriktion (3) zu maximieren. Die Lagrangefunktion hierfür lautet:

(6) $$\mathcal{L} = u(x,F) + \lambda(wT - px - wF) \rightarrow \max$$

Als Bedingungen erster Ordnung erhalten wir:

(7) $$\frac{\partial \mathcal{L}}{\partial x} = \frac{\partial u}{\partial x} - \lambda p = 0 \quad ,$$

(8) $$\frac{\partial \mathcal{L}}{\partial F} = \frac{\partial u}{\partial F} - \lambda w = 0 \quad ,$$

(9) $$\frac{\partial \mathcal{L}}{\partial \lambda} = wT - px - wF = 0 \quad .$$

Aus (7) und (8) folgt:

(10) $$\frac{\frac{\partial u}{\partial F}}{\frac{\partial u}{\partial x}} = \frac{w}{p} \quad .$$

Unter den gegebenen Restriktionen ist demnach eine solche Kombination aus Konsum und Freizeit nutzenmaximal, bei der die Grenzrate der Substitution zwischen Konsum und Freizeit der Transformationsrate, also dem Reallohn entspricht.

In Abbildung 9.1 ist diese Optimallösung nochmals graphisch veranschaulicht. Die Arbeitszeit wird auf der Abszisse (ausgehend von *T*) von rechts, die Freizeit vom Ursprung aus gemessen.

Abb. 9.1: Arbeitsangebot

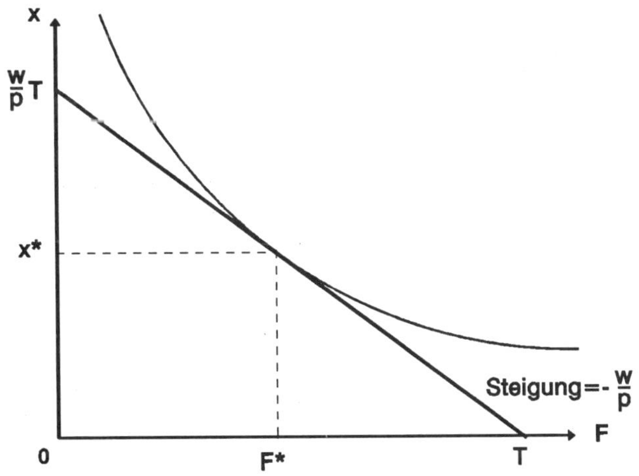

Das Optimum liegt in einem Punkt auf der Einkommens-Zeitrestriktion, wo die Indifferenzkurve mit dem höchsten Nutzenniveau die Budgetgerade berührt. Dort stimmen die Grenzrate der Substitution und die Steigung der Budgetgerade, die der Grenzrate der Transformation entspricht, überein.

Ein Vergleich dieses Modells mit dem reinen Konsumgütermodell zeigt, daß beide völlig identisch sind, wenn Freizeit wie jedes andere Konsumgut interpretiert und mit dem Lohnsatz bewertet wird. Freizeit wird dann wie jedes andere Gut auch solange nachgefragt, wie ihr Nutzenzuwachs höher als ihr Schattenpreis ist. Der Schattenpreis der Freizeit ist dabei durch λw gegeben, wobei λ den Grenznutzen der Zeit angibt. Entsprechend mißt λw den **Schattenpreis** eines marginal höheren Freizeitkonsums.

Kommt es nun zu einer Erhöhung des Reallohns, so wirkt dies natürlich auf das Arbeitsangebot zurück. Wie im Fall der Preiserhöhung eines Konsumgutes kann die Wirkung auch hier in einen Substitutions- und einen Einkommenseffekt zerlegt werden. Der Substitutionseffekt wirkt immer positiv. Denn im Zuge des Reallohnanstiegs nimmt auch der Schattenpreis der Freizeit zu, mit der Folge, daß Freizeit durch Arbeitszeit, beziehungsweise durch Konsum ersetzt wird. Dies entspricht somit genau dem Effekt, den man erhält, wenn ein relativ teurer gewordenes Gut, bei gleichem Einkommen eines Konsumenten, durch ein relativ billiger gewordenes Gut substituiert wird.

Der Einkommenseffekt hingegen führt zu einer Reduzierung der Arbeitszeit, vorausgesetzt Freizeit ist kein inferiores Gut. Denn nun läßt sich, bedingt durch die höhere Kaufkraft des Einkommens, der gleiche Konsum mit weniger Arbeitseinsatz realisieren.

Der Gesamteffekt einer Reallohnerhöhung setzt sich also aus zwei gegensätzlichen Einzelwirkungen zusammen und kann daher nicht eindeutig bestimmt werden. Dies wiederum bedeutet, daß die individuelle Arbeitsangebotskurve als Komplement der Freizeitnachfrage sowohl fallend als auch steigend verlaufen kann. Welchen Verlauf sie im Einzelfall tatsächlich nimmt, hängt letztlich davon ab, wie ein Konsument Freizeit und Konsum in seiner Nutzenfunktion bewertet und welcher Effekt, der Substitutions- oder Einkommenseffekt, überwiegt. Formal stellt sich die individuelle Arbeitsangebotsfunktion eines Haushalts i jedenfalls als Funktion des Reallohns dar:

(11) $$L_i^D = L_i^D\left(\frac{p}{w}\right) \quad .$$

9.2 Die Arbeitsnachfrage

Betrachten wir als nächstes die Nachfrage eines Unternehmens nach dem Produktionsfaktor Arbeit. Wir unterstellen auch hier wieder als Unternehmensziel die Gewinnmaximierung. Anders als bei der Ableitung des Güterangebots gehen wir diesmal jedoch nicht von einer Minimalkostenfunktion, sondern von einer Produktionsfunktion zweier Produktionsfaktoren, etwa Arbeit L und Kapital K aus:

(12) $$x = f(L,K) \quad .$$

Die Funktion f soll die üblichen Eigenschaften haben, also insbesondere positive, aber abnehmende Grenzproduktivitäten aufweisen. Die Preise der Produktionsfaktoren werden als gegeben angenommen, w sei wie vorher der Lohnsatz, r der Preis für den Einsatz einer Einheit des Kapitals. Die Produktionskosten sind dann durch die Kostengleichung

(13) $$C = w \cdot L + r \cdot K$$

gegeben, wobei wir hier zunächst von Fixkosten absehen, d.h. die Variabilität aller Produktionsfaktoren unterstellen. Wie wir schon wissen, darf diese Gleichung keineswegs mit den Minimalkosten verwechselt werden, sie gibt nur die Produktionskosten in Abhängigkeit von den Faktoreinsatzmengen an. Die optimale Faktorkombination leitet sich aus der Gewinnmaximierung ab. Der Gewinn eines Unternehmens auf einem vollständigen Konkurrenzmarkt ist wie üblich als Differenz zwischen Erlös und Kosten definiert:

(14) $$\pi(L,K) = p \cdot f(L,K) - wL - rK \quad .$$

Die Maximierung der Gewinnfunktion nach den Faktoreinsatzmengen ergibt (wie der Leser selbst leicht nachprüfen möge):

(15) $$p \frac{\partial f}{\partial L} = w \quad ,$$

(16) $$p \frac{\partial f}{\partial K} = r \quad .$$

Die obigen Bedingungen erster Ordnung für ein Gewinnmaximum besagen, daß das Wertgrenzprodukt eines Faktors seinem Faktorpreis entsprechen muß. Dabei gibt das Wertgrenzprodukt an, um wieviel der Erlös zunimmt, wenn von einem

Faktor eine Einheit mehr eingesetzt wird. Ist das Wertgrenzprodukt eines Faktors größer als der Faktorpreis, dann kann durch einen vermehrten Einsatz dieses Faktors der Gewinn noch gesteigert werden. Ist es geringer als der Faktorpreis, dann ist der zusätzliche Erlös eines Faktors geringer als die Faktorkosten. Der Gewinn sinkt. Deshalb ist eine Einsatzmenge optimal, bei der der zusätzliche Erlös einer weiteren Faktoreinheit genau den Kosten des Mehreinsatzes, also dem Faktorpreis entspricht. Für die **optimale Faktorkombination** ergibt sich aus (15) und (16):

(17)
$$\frac{\dfrac{\partial f}{\partial L}}{\dfrac{\partial f}{\partial K}} = \frac{w}{r} \quad .$$

Demnach muß die Grenzrate der Substitution zwischen Arbeit und Kapital dem Faktorpreisverhältnis entsprechen. Die optimale Faktorkombination ist gleichzeitig auch effizient, d.h. sie liegt auf dem Expansionspfad. Im Gewinnmaximum stellen sich die Produktionskosten also als Minimalkosten dar, was wir damals bei der Ableitung des Güterangebots der Unternehmung auch von vornherein vorausgesetzt haben. Jedem Punkt auf dem Expansionspfad entspricht, wie wir wissen, ein bestimmtes Outputniveau. Bei der Gewinnmaximierung wird nun einfach derjenige Punkt auf dem Expansionspfad und damit ein Outputniveau gewählt, bei dem der Gewinn maximal wird. Dies setzt die optimale Verwendung der Produktionsfaktoren voraus. Es sei noch erwähnt, daß die Bedingungen zweiter Ordnung Produktionsfunktionen verlangen, deren Isoquanten konvex verlaufen, was bekanntlich von den gängigen Produktionsfunktionen, wie wir sie in Kapitel 7 formuliert haben, erfüllt wird.

Die Nachfrage nach den Produktionsfaktoren kann nun einfach aus den Optimalbedingungen (15) und (16) ermittelt werden. Hier liegt ganz allgemein ein Gleichungssystem mit den Unbekannten L und K vor. Löst man es nach L und K auf, dann erhält man bei einer komparativ-statischen Variation von w (und konstantem r) die Arbeitsnachfrage eines Unternehmens i als Funktion des Real-Lohnsatzes:

(18)
$$L_i^S = L_i^S\left(\frac{w}{p}\right) \quad .$$

Das macht man sich am besten anhand des einfachen Beispiels einer Produktionsfunktion mit nur einem variablen Produktionsfaktor, etwa Arbeit, klar. Der Faktor Kapital sei fix.

Wir betrachten die Produktionsfunktion

(19) $$x = L^{\alpha} \cdot \bar{K} \quad , \qquad 0 < \alpha < 1 \quad ,$$

die auf dem ganzen Bereich $L > 0$ streng konkav ist.

Der Gewinn des Unternehmens lautet:

(20) $$\pi(L) = p \cdot L^{\alpha} \cdot \bar{K} - wL - r\bar{K} \quad .$$

Aus der Gewinnmaximierung über L erhält man die Faktornachfragefunktion

(21) $$L^{*} = \left(\frac{w}{p}\right)^{-\frac{1}{1-\alpha}} \cdot \left(\alpha \cdot \bar{K}\right)^{\frac{1}{1-\alpha}} \quad .$$

Wie man erkennt, geht die Faktornachfrage nach dem Produktionsfaktor Arbeit hier mit steigendem Reallohnsatz zurück. Dies wird in Abbildung 9.2 nochmals graphisch belegt.

Abb. 9.2: Arbeitsnachfrage

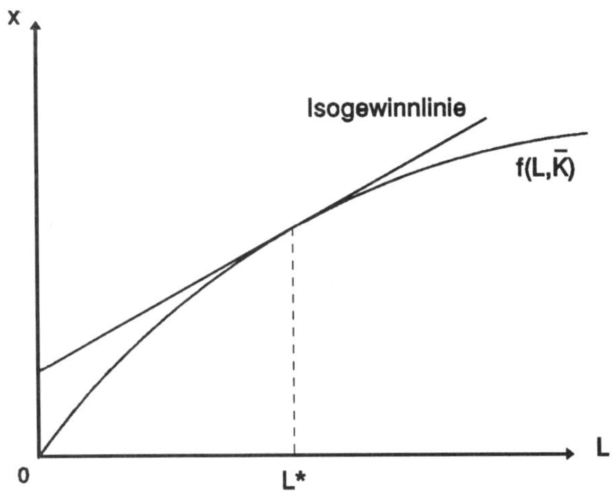

Die gekrümmte Linie stellt die Produktionsfunktion dar. Die gerade Linie repräsentiert eine sogenannte Isogewinnlinie. Sie drückt den Output x als Funktion der Einsatzmenge des Faktors Arbeit aus, wobei angenommen wird, daß sich der Gewinn für alle Kombinationen aus Output und Faktoreinsatz auf dieser Linie nicht verändert.

Man erhält sie einfach durch Auflösen der Gewinngleichung

(22) $$\bar{\pi} = px - wL - r\bar{K}$$

nach x, wobei $\bar{\pi}$ als konstant betrachtet wird:

(23) $$x = \frac{\bar{\pi}}{p} + \frac{r}{p}\bar{K} + \frac{w}{p}L \quad .$$

Die Steigung der Isogewinnlinie entspricht dem Reallohn. Die optimale Arbeitsnachfrage liegt nun in einem Punkt auf der Produktionsfunktion, wo die am weitesten oben liegende Isogewinnlinie die Produktionsfunktion tangiert. Dort ist das Wertgrenzprodukt der Arbeit gleich dem Lohnsatz. Bei einer Erhöhung des Reallohnsatzes oder einer Preissenkung verlaufen die Isogewinnlinien steiler und berühren die Produktionsfunktion weiter links, wodurch die Arbeitsnachfrage, wie oben gezeigt, zurückgeht.

9.3 Gleichgewicht auf dem Arbeitsmarkt

Wie wir bereits wissen, bestimmt sich der gleichgewichtige Reallohn auf dem Arbeitsmarkt aus Arbeitsangebot und -Nachfrage. Dabei ergibt sich das Arbeitsangebot aus der Aggregation der individuellen Arbeitsangebote aller Haushalte, und die Arbeitsnachfrage ist entsprechend das Aggregat der individuellen Arbeitsnachfrage aller Unternehmen.

Bezeichnet man mit $L_i^D(w/p)$ die Nachfrage des Unternehmens i, die bekanntlich nur vom Reallohn abhängt (bei Konstanz der übrigen Faktorpreise) und immer negativ geneigt ist, dann erhalten wir die Gesamtnachfrage durch einfache horizontale Summation der einzelnen nachgefragten Arbeitsmengen

(24) $$L^D\left(\frac{w}{p}\right) = \sum_{i=1}^{m} L_i^D\left(\frac{w}{p}\right) \quad ,$$

wobei hier von ***m*** Unternehmen ausgegangen wird. Die Gesamtnachfrage auf dem Arbeitsmarkt wird eine fallende Kurve sein (vgl. Abb. 9.3).

Analog dazu ergibt sich das Gesamtangebot auf dem Arbeitsmarkt durch Aggregation der individuell angebotenen Arbeitsmengen

(25) $$L^S\left(\frac{w}{p}\right) = \sum_{i=1}^{n} L_i^S\left(\frac{w}{p}\right) \quad ,$$

wobei $L_i^S(w/p)$ das Arbeitsangebot von Person ***i*** bezeichne, das wiederum vom Reallohn abhängt, und ***n*** Individuen am Markt als Anbieter auftreten. In der Regel nimmt man für die Funktion des Gesamtangebots an Arbeit den in Abbildung 9.3 dargestellten Verlauf an.

Abb. 9.3: Arbeitsmarktgleichgewicht

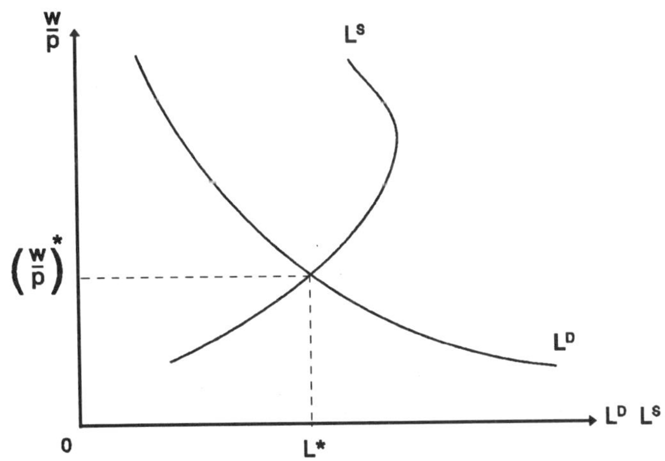

Bei sehr geringen Lohnsätzen dürfte **Freizeit ein inferiores Gut** sein und der Substitutionseffekt den Einkommenseffekt überwiegen. Das Arbeitsangebot steigt dann mit zunehmendem Reallohn an. Sobald aber der Reallohn weiter steigt und die Freizeit in entwickelten Volkswirtschaften entsprechend hoch bewertet wird, dürfte der Einkommenseffekt den Substitutionseffekt überwiegen, so daß das Arbeitsangebot mit zunehmendem Reallohn wieder zurückgeht.

Das Gleichgewicht auf dem Arbeitsmarkt ist nun dann gegeben, wenn Angebot und Nachfrage übereinstimmen:

$$L^D\left(\frac{w}{p}\right) = L^S\left(\frac{w}{p}\right) \quad . \tag{26}$$

Daraus läßt sich ein eindeutiger **Gleichgewichtslohnsatz** ableiten $(w/p)^*$, der den Markt räumt.

Ein solches Gleichgewicht haben wir in der Abbildung 9.3 nochmals graphisch veranschaulicht, es ist im Schnittpunkt zwischen Angebots- und Nachfragekurve zu finden.

9.4 Arbeitslosigkeit

Die Theorie des vollkommenen Arbeitsmarktes ist in der Literatur heftig kritisiert worden, weil sie die weithin beobachtbare Unterbeschäftigung des Faktors Arbeit nicht zu erklären vermag. Denn Arbeitslosigkeit kann, wie wir gesehen haben, auf einem solchen Markt überhaupt nicht existieren, da die Löhne so flexibel reagieren, also gegebenenfalls so weit fallen, daß ein Überschußangebot sofort beseitigt wird. Ob Löhne allerdings in der Realität diese Flexibilität auch aufweisen, ist äußerst fraglich. Vielmehr werden in der Arbeitsmarkttheorie bestimmte **Lohnrigiditäten** für die Arbeitslosigkeit verantwortlich gemacht. Wie lassen sich nun ihrerseits die behaupteten Lohnrigiditäten begründen?

Dazu gibt es mehrere konkurrierende Modelle, die in der Arbeitsmarkttheorie in den letzten Jahren entwickelt wurden und nicht zuletzt auch in mikrofundierten Makromodellen Verwendung finden. Ohne darauf an dieser Stelle im einzelnen eingehen zu können, seien zwei Theorien kurz erwähnt. Da ist zum einen die **Effizienzlohntheorie** zu nennen. Sie basiert auf dem Prinzipal-Agenten-Ansatz und geht davon aus, daß ein Unternehmen nicht in der Lage ist, die Arbeitsanstrengungen eines Arbeitnehmers umfassend zu kontrollieren. Arbeitnehmer unterscheiden sich nämlich im allgemeinen nach ihren Fähigkeiten oder auch dadurch, wie hart sie zu arbeiten gewillt sind und welche Anstrengungen sie auf ihre Arbeit verwenden. Wenn aber die Arbeitsanstrengung von Arbeitnehmern nicht vollständig beobachtbar ist, und ein Arbeitnehmer darüber sehr viel besser

Bescheid weiß als das Unternehmen, liegen asymmetrische Informationen vor. Nimmt man nun noch an, daß die mit der Arbeit verbundene Anstrengung vom Konsumenten als Nutzeneinbuße empfunden wird, hat jener einen Anreiz, seine Arbeitsanstrengung einzuschränken. Aus der Sicht des Unternehmens aber bedeutet dies, daß es einen höheren Lohn zahlen muß, den sogenannten Effizienzlohn, um den Anreiz, den Arbeitseinsatzes zu reduzieren, so zu kompensieren, daß der Arbeitnehmer den vom Unternehmen gewünschten Arbeitseinsatz erbringt. Der Effizienzlohn enthält dabei eine Informationsrente, also einen Bestandteil, den der Arbeitnehmer lediglich aufgrund der intimen Kenntnis seiner eigenen Arbeitsanstrengung erzielen kann, und liegt über dem Lohn, der sich nach dem Wertgrenzprodukt der Arbeit einstellen würde. Für die Beschäftigung heißt dies, daß letztendlich Löhne gezahlt werden, bei denen die Unternehmen u. U. weit weniger Arbeit nachfragen als insgesamt von den Haushalten angeboten wird, also Unterbeschäftigung herrscht.

Alternative Erklärungen von Lohnrigiditäten greifen zum zweiten auf sogenannte **Gewerkschaftsmodelle** zurück. Sie sehen die Preisbildung auf dem Arbeitsmarkt als Ergebnis von Verhandlungen zwischen Arbeitgeberverbänden und Gewerkschaften, bei denen beide Seiten über eine gewisse Marktmacht verfügen. Was die Gewerkschaften angeht, wird meist angenommen, daß sie den Nutzen ihrer Mitglieder zu maximieren versuchen, und grob gesprochen dazu Lohnsätze fordern, die ein gewisses Maß an Unterbeschäftigung durchaus in Kauf nehmen. Jedenfalls liegen die geforderten Löhne über denen, die "unorganisierte" Arbeitnehmer (ohne entsprechende Marktmacht) durchsetzen könnten. Als Konsequenz können nicht alle Arbeitnehmer so viel arbeiten, wie sie dies beim herrschenden Lohn gerne möchten, und es entsteht Unterbeschäftigung. Dieser Effekt wird dann noch verstärkt, wenn auf Seite der Arbeitgeber sich die Arbeitsnachfrage an Effizienzlöhnen orientieren sollte.

Kontrollfragen zu Kapitel 9:

1. In wiefern handelt es sich bei dem Arbeitsmarkt überhaupt um einen Markt und wie unterscheidet er sich von Gütermärkten?

2. Welche Rolle spielt die Zeit für das von Konsumenten erzielbare Einkommen?

3. Erläutern Sie die Einkommens-Zeitrestriktion.

4. Wie ist der Reallohn definiert?

5. Was bezeichnet man als den Wert der Freizeit?

6. Nach welcher Regel bestimmen Konsumenten ihre Arbeitsangebot?

7. Woraus leiten Unternehmen ihre Nachfrage nach Arbeit ab?

8. Erläutern Sie die Wertgrenzproduktregel.

9. Wie bestimmt sich im Gleichgewicht der Lohnsatz?

10. Wie kann man Arbeitlosigkeit aus der Theorie der Marktfehler bezogen auf den Arbeitsmarkt ökonomisch erklären?

10. Marktversagen und Staatseingriffe

Unsere primäre Aufgabe in diesem Kapitel besteht nicht darin, Art und Umfang der Staatstätigkeit allgemein zu beschreiben, das haben wir ja bereits in Kapitel 4 getan, sondern vielmehr darin, die Rolle des Staates speziell bei der Korrektur von Marktfehlern zu analysieren. Marktfehler stellen bekanntlich einen der Gründe für staatliche Eingriffe in die Märkte dar. Als Marktfehler kann man ganz allgemein die Unfähigkeit von unregulierten Märkten bezeichnen, allokative Effizienz unter bestimmten Bedingungen zu gewährleisten. Wie wir bereits wissen, tritt allokative Effizienz immer dann auf, wenn Ressourcen in irgendeiner Weise verschwendet werden. Oder noch präziser ausgedrückt, allokative Ineffizienz liegt vor, wenn es durch eine Reallokation von Ressourcen möglich wird, irgendeine Person in einer Volkswirtschaft besser zu stellen, ohne eine andere Person dabei schlechter stellen zu müssen. Nun gibt es verschiedene Gründe, warum Märkte nicht effizient funktionieren und daran schließt sich natürlich sofort die Frage an, ob der Staat in diesen Fällen korrigierend in die Märkte eingreifen kann und welche Instrumente dafür geeignet sind. Der Staat ist dabei natürlich bestrebt, Marktfehler zu beseitigen, wenn auch nicht vollständig, so doch wenigstens teilweise, und damit die Effizienz von Märkten zu erhöhen. Ob stets eine perfekte Korrektur von Marktfehlern möglich ist und Märkte danach wieder dem Idealbild der vollständigen Konkurrenz entsprechen, lässt sich nicht allgemein beantworten. Dies hängt von der Art der Marktfehler und der Verfügbarkeit geeigneter Instrumente ab. So kann es durchaus vorkommen, daß Marktfehler durch staatliche Eingriffe in die Märkte, man sagt auch durch die Regulierung von Märkten, nicht ganz beseitigt werden können.

Sehen wir uns nun im einzelnen drei Arten von Marktfehlern und die zugehörigen staatlichen Instrumente zur ihrer Korrektur an. Es handelt sich dabei um sogenannte externe Effekte, das Vorliegen von Marktmacht und die Existenz von öffentlichen Gütern. Voraussetzung für die Analyse dieser Arten von Ineffizienz ist allerdings, zunächst einmal zu präzisieren, wie man allokative Ineffizienz eigentlich mißt. Wir haben dafür zwar schon das Paretokriterium kennengelernt, und es bleibt natürlich nach wie vor gültig, man verwendet jedoch für den hier verfolgten Untersuchungszweck ein davon abgeleitetes Kriterium, mit dem es möglich ist, Effizienzverluste monetär zu messen. Es handelt sich dabei um die Konsumenten- und Produzentenrente als ein Maß für den gesellschaftlichen Nutzen, oder anders ausgedrückt, die gesellschaftliche Wohlfahrt, die mit der Produktion eines Gutes verbunden ist. Je größer die Summe aus Konsumenten- und Produzentenrente ausfällt, desto höher ist die allokative Effizienz. Wie sind nun Konsumentenrente und Produzentenrente definiert?

10.1 Konsumenten- und Produzentenrente

Das Konzept der **Konsumentenrente** ist eng verknüpft mit der Nachfrage nach einem Gut, wie sie die Konsumenten auf einem Markt äußern. Betrachten wir hierzu die Abbildung 10.1, die eine fallende Nachfrage für ein Gut der Menge x mit Preis p zeigt.

Abb. 10.1: Konsumentenrente (1)

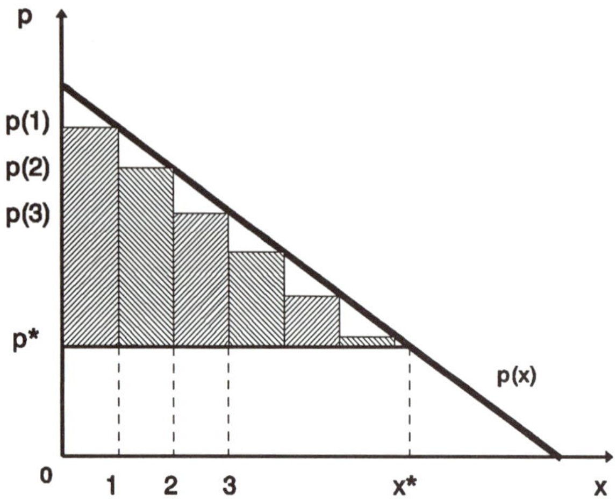

Wie wir bereits wissen, ist die Nachfragekurve ein Ausdruck für den Grenznutzen, den ein Gut den Konsumenten stiftet. Und der fallende Verlauf erklärt sich aus der Tatsache, daß Konsumenten ein Gut im allgemeinen um so höher schätzen, je knapper es ist, und dann auch bereit sind, dafür einen höheren Preis zu entrichten. Daher reflektiert die Nachfragfunktion gleichzeitig auch die Zahlungsbereitschaft der Konsumenten, und man sieht daß die Zahlungsbereitschaft für eine weitere Einheit des Gutes abnimmt, je mehr davon schon am Markt bereitgestellt wird. Am Markt bildet sich nun ein einheitlicher Preis für das Gut, eben ein Preis, der für alle gehandelten Mengen stets der gleiche ist. Dieser Preis bestimmt, wieviel die Konsumenten letztlich für eine Einheit des Gutes bezahlen müssen, wenn sie davon eine bestimmte Menge erwerben wollen. Und dieser Preis entspricht ja der Zahlungsbereitschaft der Konsumenten für die zuletzt nachgefragte Menge. Tatsächlich aber wären sie bereit, für die allererste Einheit des Gutes einen weit höheren Preis zu entrichten, nämlich den Preis $p(1)$, und nicht nur den Marktpreis p^* und für jede weitere Einheit einen Preis, der, obwohl er stetig sinkt, immer noch über dem Marktpreis liegt. Dies setzt sich bis zur gleichgewichtigen Menge fort, wo schließlich die Zahlungsbereitschaft der Konsumenten für ein Gut genau dem Marktpreis entspricht.

Der Vorteil, der den Konsumenten aus der Differenz zwischen der Zahlungsbereitschaft und dem Marktpreis entsteht, nennt man Konsumentenrente. Sie ergibt sich einfach durch die Summe aller Vorteile, in Abbildung 10.2 also die Fläche zwischen der Nachfragekurve und der horizontalen Preislinie.

Abb. 10.2: Konsumentenrente (2)

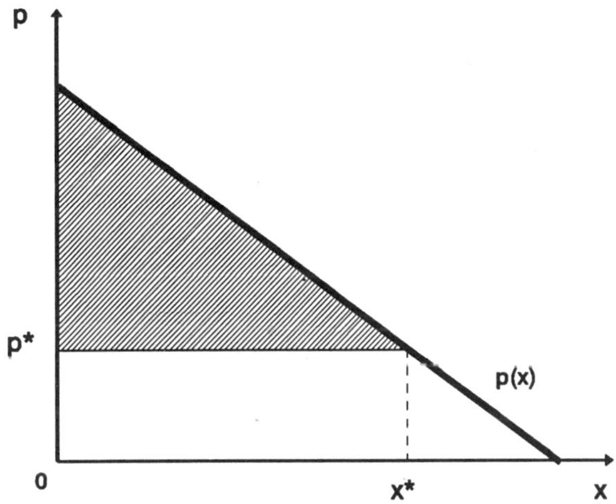

Dabei ist natürlich unterstellt, daß die Mengeneinheiten marginal klein werden. Mathematisch gesprochen ist die Konsumentenrente gegeben durch das Integral unter der Nachfragekurve in den Grenzen **0** und x^* abzüglich der Ausgaben, welche die Konsumenten für dieses Gut am Markt tätigen.

$$KR = \int_0^{x^*} p(x)\,dx - p^* \cdot x^* \quad .$$

Eine alternative Darstellung mit Hilfe der Inversen Nachfragefunktion basiert auf der Integration über die Preisachse mit p^* und $p(0)$ als Grenzen

$$KR = \int_{p^*}^{p(0)} x(p^o)\,dp^o \quad .$$

Analoge Überlegungen lassen sich nun für die **Produzentenrente** anstellen. Die Produzentenrente gibt entsprechend die Vorteile an, die einem Unternehmen bei der Produktion eines Gutes entstehen, und zwar dadurch, daß die Grenzkosten der Produktion für alle Mengeneinheiten links von der gleichgewichtigen Menge kleiner sind als der Preis, den die Produzenten dafür am Markt erzielen. Die Produzentenrente entspricht damit gleichzeitig dem Gewinn der auf einem Markt auftretenden Unternehmen. Betrachten wir hierzu Abbildung 10.3.

Abb. 10.3: Produzentenrente

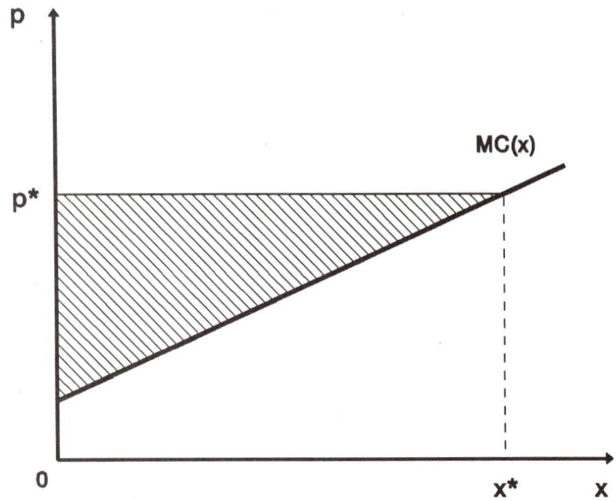

Auf einem vollkommenen Markt reflektiert die Angebotsfunktion die Grenzkosten der Produktion, und sie ist hier wie üblich als steigend angenommen. An sich wären die Unternehmen bereit, eine geringere Menge als die Gleichgewichtsmenge auch zu einem niedrigeren Preis zu verkaufen, weil eben die Grenzkosten der Produktion für eine kleinere Menge geringer sind als die Grenzkosten der Produktion für eine größere Menge. Eben diese Tatsache kommt wie gesagt in der steigenden Angebotsfunktion zum Ausdruck. Tatsächlich aber erzielen die Unternehmen für jede Einheit, die am Markt verkauft wird, den gleichgewichtigen Preis p^*, und es entsteht eine Differenz zwischen den Kosten der Produktion einer jeden Einheit links von der gleichgewichtigen Menge und dem dafür am Markt erzielten Preis. Die Differenz zwischen Grenzkosten und dem Marktpreis p^*, aufsummiert über alle Mengeneinheiten bis zur gleichgewichtigen Menge x^*, bezeichnet man als Produzentenrente. Für die zuletzt verkaufte Menge entsprechen die Grenzkosten exakt dem Preis. Die Produzentenrente ist also gegeben als Fläche zwischen der horizontalen Preisgeraden p^* und der Angebotsfunktion in den

Grenzen **0** und x^*. Mathematisch erhält man die Produzentenrente, indem man das Integral unter der Angebotsfunktion als Maß für die Produktionskosten vom Erlös, den das Unternehmen erzielt, abzieht:

$$PR = p^* \cdot x^* - \int_0^{x^*} MC(x)\,dx \quad .$$

Nach diesen Vorüberlegungen können wir nun auf die Frage der allokativen Effizienz zurückkommen. Nehmen wir dazu an, daß der Staat daran interessiert ist, Güter effizient zu allozieren. Dieses Bestreben entspricht in dem hier diskutierten Zusammenhang dem Ziel, die Summe aus Konsumentenrente und Produzentenrente, also die gesellschaftliche Wohlfahrt, zu maximieren. Sie ist hier definiert als Summe aus Konsumentenrente und Produzentenrente:

$$w(x) = KR(x) + PR(x) \quad .$$

Wie man leicht aufzeigen kann, ist dies bei vollkommenen Märkten stets gewährleistet. Das Gut wird nämlich genau in einer Menge bereitgestellt, nämlich der gleichgewichtigen Menge x^*, bei der die Wertschätzung der Konsumenten für eine zusätzlich zu produzierende Einheit des Gutes genau mit den zusätzlichen Kosten einer weiteren Einheit übereinstimmt. Die Summe aus Konsumentenrente und Produzentenrente, graphisch gegeben durch die Fläche zwischen der Nachfragefunktion und den Grenzkosten, ist bei dieser Menge maximal. Würde man ausgehend von x^* noch weitere Einheiten des Gutes produzieren, dann wäre dafür die gesellschaftliche Wertschätzung stets geringer als die zusätzlich entstehenden Kosten, und die Konsumenten würden für diese zusätzliche Menge einen Verlust erleiden.

Wir können also festhalten, daß vollkommene Märkte stets zu einer effizienten Allokation der Ressourcen führen. Diese Erkenntnis ist in der Mikroökonomie in einer allgemeineren und präziseren Formulierung als erster Hauptsatz der Wohlfahrtstheorie bekannt. Wir wollen darauf im einzelnen nicht eingehen.

An dieser Stelle sei jedoch erwähnt, daß man die allokativ effiziente Menge eines Gutes ableiten kann, ohne dies sofort mit einem bestimmten Markt dafür verknüpfen zu müssen. Das Wohlfahrtsoptimum läßt sich nämlich bestimmen, indem man die Kunstfigur des 'Sozialen Planers' einführt, der einfach nur das Ziel hat, die Summe aus Produzentenrente und Konsumentenrente zu maximieren. Dies geschieht zunächst völlig unabhängig von irgendwelchen Märkten und Preisen, und erst danach würde sich die Frage anschließen, welches nun denn die geeigneten Institutionen sind, um die gewünschte Menge auch in der Praxis zu implementieren. Auf diese Weise gelangt man zum sogenannten zweiten Theorem der Wohlfahrtstheorie, das besagt, daß es stets einen Preis für ein Gut gibt, der die wohlfahrtsoptimale Menge garantiert. Ein solcher Preis kann sich nur auf einem vollkommenen Markt bilden. Weichen Märkte von dem Idealbild des vollkommenen Marktes ab, dann sind die Preise, die sich dort bilden, nicht allokativ effizient. Auch darauf können wir nicht im einzelnen eingehen, aber die Soziale Planer-Lösung wollen wir im folgenden näher betrachten.

Ein Sozialer Planer hätte wie erwähnt die soziale Wohlfahrt zu maximieren, also folgendes unbeschränktes Optimierungsproblem zu lösen:

$$\max_{x} \int_{0}^{x} \left(p(x^o) - MC(x^o)\right) dx^o \quad .$$

Man beachte hier zunächst, daß die Ausgaben der Konsumenten für Konsumgüter beziehungsweise die Einnahmen der Unternehmen in der obigen Formel nicht mehr aufscheinen. Addiert man nämlich die Konsumentenrente und die Produzentenrente, dann heben sich diese beiden Komponenten auf. Desweiteren sieht man, daß die optimale Menge x zu bestimmen ist.

Die Bedingung erster Ordnung für das Maximierungsproblem lautet:

$$\frac{\partial w}{\partial x} = p(x) - MC(x) = 0 \quad \Leftrightarrow \quad MC(x) = p(x) \quad .$$

Wie man sieht, ist die wohlfahrtsoptimale Menge im Schnittpunkt zwischen Nachfragefunktion und Grenzkostenfunktion gegeben. Sie entspricht genau der Menge, die sich auf einem vollkommenen Markt im Gleichgewicht einstellen würde.

10.3 Marktversagen

Wir betrachten nun drei Arten von **Marktversagen** etwas genauer: Marktmacht, Externe Effekte und Öffentliche Güter.

10.3.1 Monopolmacht

Im folgenden wird gezeigt, daß ein Grund für Effizienzverluste darin bestehen kann, daß es auf einer Marktseite **Marktmacht** gibt. Betrachten wir hierzu den Monopolmarkt als Beispiel. In Abbildung 10.4 ist nochmals das Gleichgewicht auf einem solchen Markt dargestellt.

Abb. 10.4: Monopolmarkt und Wohlfahrtsverlust

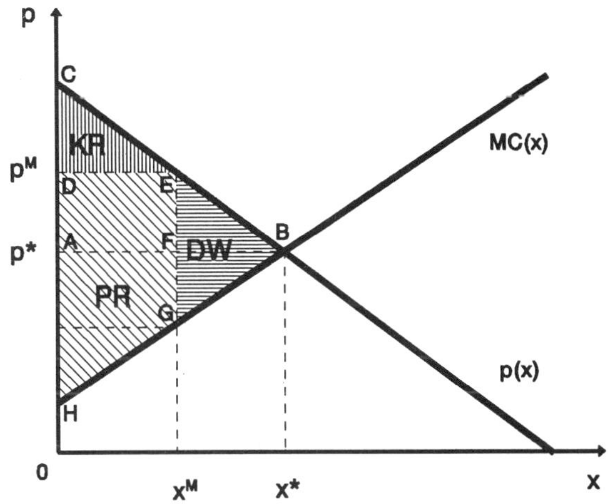

Wie sich das Gleichgewicht bildet, ist uns bereits von Kapitel 8 her bekannt. Hier interessiert uns vielmehr, ob die Preiserhöhung, die ein Monopolist vornimmt, um seinen Gewinn zu maximieren, eine Reduktion der gesellschaftlichen Wohlfahrt mit sich bringt, und wie groß der Effizienzverlust gegebenfalls ausfällt. Versuchen wir also, den Verlust an Konsumentenrente und Produzentenrente zu identifizieren. Das Monopolmarktgleichgewicht ist hier mit x_M und p_M bezeichnet. Verglichen mit dem Gleichgewicht, das sich auf einem entsprechenden Konkurrenzmarkt mit der gleichen Nachfragefunktion und den gleichen Grenzkosten ergeben würde und hier mit p^* und x^* bezeichnet ist, ist im Monopol die Menge des Gutes geringer und der Preis des Gutes höher. Man sieht also, daß ein Monopolist einen Anreiz hat, die Menge einzuschränken, um dadurch einen höheren Preis erzielen zu können. Die Konsumentenrente verringert sich dadurch von der Fläche ABC auf die Fläche DEC. Die Fläche AFED davon geht nun an die Produzenten, wird also zur Produzentenrente, und die Dreiecksfläche BEF geht verloren, kommt also weder den Konsumenten noch den Produzenten zugute. Die Produzenten gewinnen dementsprechend die Fläche AFED hinzu, im Vergleich zur Situation bei vollkommener Konkurrenz büßen sie allerdings die Dreiecksfläche GFB ein; diese Fläche wiederum stellt einen Verlust an Rente dar, der keinem Marktteilnehmer mehr zugute kommen kann. Insgesamt stellen sich die Produzenten natürlich besser, denn ihr Rentenzuwachs ist stets größer als ihr Rentenverlust, sonst hätten sie ja eine andere als die Monopolmenge gewählt. Die gesamte Produzentenrente entspricht der Fläche HGED.

Wir können also als Zwischenergebnis zunächst festhalten, daß die Konsumenten Rente einbüßen und die Produzenten ihren Gewinn und damit ihre Rente erhöhen können. Aus gesellschaftlicher Sicht steht jedoch nicht im Vordergrund, wie sich die Position einzelner Marktteilnehmer verändert, sondern maßgeblich ist die Änderung, die sich insgesamt ergibt, wenn man Konsumentenrente und Produzentenrente zusammen nimmt. Demnach ist vor allem das Dreieck GBE von Interesse, das überhaupt erst durch die Mengenreduktion entsteht und den Teil an Produzenten- und Konsumentenrente misst, der auf einem Monopolmarkt unweigerlich verlorengeht. Man bezeichnet dieses Dreieck daher auch als **Wohlfahrtsverlust** beziehungsweise mit einem englischen Ausdruck als **deadweight loss**. Es ist damit gleichzeitig ein Maß für die allokative Ineffizienz, die stets mit Monopolmärkten verbunden ist.

Um die Effizienz auf diesen Märkten zu verbessern, kann der Staat Instrumente einsetzen, mit denen die Einschränkung von Wettbewerb durch Unternehmen verhindert werden soll. Wir haben in diesem Zusammenhang an früherer Stelle bereits das Gesetz gegen Wettbewerbsbeschränkungen als Teil der Wettbewerbspolitik erwähnt. Darauf soll an dieser Stelle nicht nochmals eingegangen werden. Zuweilen versucht der Staat auch, Monopole zu regulieren, das heißt Unternehmen vorzuschreiben, welche Preise sie am Markt verlangen dürfen. Dabei wird der Staat natürlich einen niedrigeren als den Monopolpreis vorschreiben, was automatisch zu einer höheren als der Monopolmenge führt. Dadurch würde sich auch der deadweight loss verringern lassen. Im Idealfall würde überhaupt kein Wohlfahrtsverlust entstehen, wenn der Staat Grenzkostenpreise vorschreiben würde. Der Monopolist würde dann eine Menge produzieren, die der auf einem Konkurrenzmarkt entspricht, nämlich x^*.

Daß der Staat ein Monopol bestehen lässt und lediglich den Preis zu regulieren versucht, kann durchaus von Vorteil sein bei Gütern, die durch economies of scale in der Produktion gekennzeichnet sind. In diesem Falle ist ein Unternehmen in der Lage, ein Gut wesentlich billiger zu produzieren als dies mehrere Unternehmen vermögen, weil eben die Stückkosten der Produktion immer mehr abnehmen.

Abnehmende Stückkosten entstehen dann, wenn die Produktion mit hohen Fixkosten verbunden ist und die Grenzkosten zumindest nicht steigen. Dies ist insbesondere bei den sogenannten Versorgungsleistungen der Fall, die eine netzartige Infrastruktur voraussetzen, wie etwa die Elektrizitätsversorgung, die Wasserversorgung, die Abwasserversorgung oder der Öffentliche Personennahverkehr.

Ein gravierendes Problem bei der **Grenzkostenpreisregulierung** ist allerdings das Informationsproblem, denn man darf im allgemeinen nicht davon ausgehen, daß eine Regulierungsbehörde die Grenzkosten eines Monopolproduzenten auch nur annähernd kennt. Dann besteht für den Monopolisten ein Anreiz, gegenüber der Regulierungsbehörde überhöhte Kosten zu suggerieren, um damit höhere Preise genehmigt zu bekommen und einen entsprechenden Gewinn zu erzielen. Ein anderes Problem besteht darin, daß bei Grenzkostenpreisen das Unternehmen seine Fixkosten nicht decken kann, so daß der Regulator entweder das Unternehmen subventionieren muß oder dem Unternehmen **Durchschnittskostenpreise** erlaubt. Das Informationsproblem stellt sich auch hierbei wieder, denn für eine effiziente Regulierung muß der Regulator die Fixkosten bzw. die Durchschnittskosten kennen.

Betrachten wir hierzu die Abbildung 10.5.

Abb. 10.5: Regulierung mit Hilfe der Durchschnittskosten

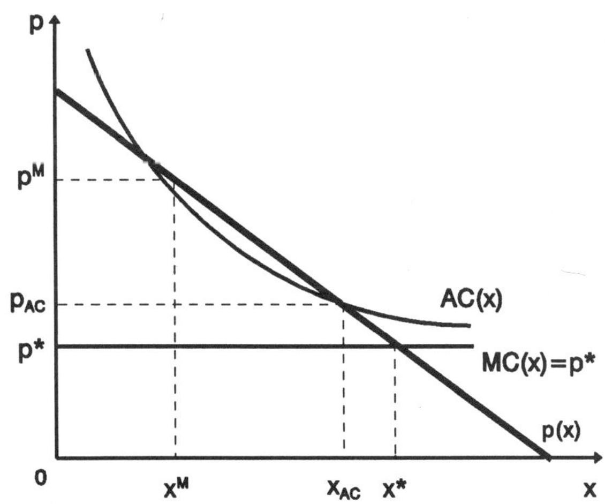

Die Grenzkosten sind hier als konstant mit ***c*** angenommen und Fixkosten existieren in Höhe von ***F***, die sich in der Graphik natürlich nicht einzeichnen lassen. Sie kommen allerdings in der fallenden Durchschnittskostenkurve ***AC(x)*** zum Ausdruck.

Die Grenzkostenpreisregulierung ist gegeben durch die Lösung p^* und x^*, und entspricht der Konkurrenzlösung. Allerdings wäre dabei das Unternehmen in Höhe der Fixkosten zu subventionieren. Die Stücksubvention, also die Subvention pro Stück, wäre durch die Differenz zwischen $AC(x^*)$ und p^* gegeben. Die Durchschnittskostenpreis-Regulierung ergibt sich im Punkt (x_{AC}, p_{AC}). Die Menge geht dabei etwas zurück und der Preis steigt etwas an, dafür besteht hierbei keine Notwendigkeit, das Unternehmen zu subventionieren.

10.3.2 Externe Effekte

Betrachten wir im folgenden den Wohlfahrtsverlust, der durch das Auftreten von externen Effekten entsteht, am Beispiel eines negativen externen Effekts der Produktion. Solche Wohlfahrtsverluste entstehen, wie wir an früherer Stelle schon gesehen haben, etwa im Verkehrssektor in Form von Umweltschäden.

In der Abbildung 10.6 ist diese Art von externen Effekten dargestellt. Vor uns haben wir einen Markt für ein Gut x mit der Angebotsfunktion $MPC(x)$. Die Angebotsfunktion reflektiert hierbei die privaten Grenzkosten der Produktion.

Abb. 10.6: Externe Effekte und Wohlfahrtsverluste

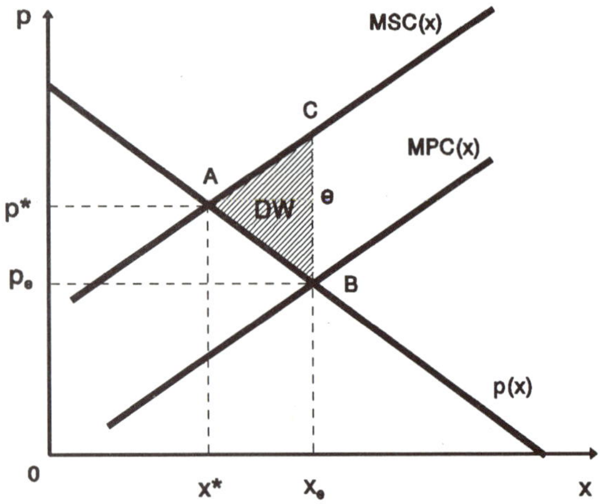

Die Marktnachfrage ist durch $p(x)$ gegeben. Das Gut x verursache nun annahmegemäß externe Kosten pro Mengeneinheit in Höhe von e, die bei unbeteiligten Dritten anfallen. Die externen Kosten sollen pro Mengeneinheit konstant (und damit unabhängig von der Menge) sein. Die sozialen Grenzkosten der Produktion des Gutes x, also die Kosten, die in der Gesellschaft insgesamt durch die Produktion von x verursacht werden, an welcher Stelle auch immer, werden durch die Kurve ***MSC(x)*** beschrieben, die graphisch betrachtet parallel zur Kurve ***MPC(x)*** im Abstand e verläuft. Wohlfahrtsoptimal wäre nun ein Output in Höhe von x^* zum Preis von p^*, bei dem die sozialen Grenzkosten der Produktion der Wertschätzung der Konsumenten, also der Marktnachfrage, entsprechen. Tatsächlich aber wird auf dem hier betrachteten Markt der Output x_e zum Preis p_e produziert, mithin mehr als die parertooptimale Menge zu einem geringeren Preis. Dies kommt daher, daß die externen Kosten e in die Angebotsfunktion des Unternehmens nicht einkalkuliert sind und die Unternehmen daher bereit sind, dieses Gut zu einem niedrigeren Preis abzugeben als dem, den sie verlangen müßten, wenn sie auch die externen Kosten zu tragen hätten. Man sagt auch, die externen Kosten sind nicht in die einzelwirtschaftliche Rechnung internalisiert. Sie werden eben externalisiert, und werden damit nicht in den Marktpreisen reflektiert.

Wie hoch ist nun der Wohlfahrtsverlust, der durch die fehlende Internalisierung der externen Kosten verursacht wird? Wie man leicht sieht, entsteht durch jede Einheit des Gutes, die über die Menge x^* hinaus produziert wird, ein Rentenverlust, der mit steigender Menge immer mehr zunimmt. Er ist jeweils durch die Differenz zwischen den sozialen Grenzkosten und der Nachfrage bei einer bestimmten Menge gegeben. Summiert man diese Verluste ausgehend von der Menge x^* bis zur Menge x_e auf, ergibt sich die schraffierte Dreieckfläche ABC.

Der Staat kann nun korrigierend in die Preisbildung auf diesem Markt eingreifen und versuchen, durch eine Internalisierung des externen Effekts das Entstehen von Wohlfahrtsverlusten zu vermeiden. Eine Möglichkeit hierzu ist die Erhebung einer sogenannten Öko-Steuer, die entweder dem Konsumenten oder dem Produzenten auferlegt werden könnte. Nehmen wir an, daß der Staat eine Steuer genau in Höhe von e pro Mengeneinheit festsetzen würde, also eine Mengensteuer in Höhe des externen Effekts, und die Unternehmen diese Steuer zu tragen hätten. Die Unternehmen würden als Reaktion hierauf ihr Angebot einschränken, indem sie für jede Menge nunmehr einen um e erhöhten Preis fordern. Ihre Angebotsfunktion verschiebt sich dadurch von ***MPC(x)*** parallel nach oben zu ***MSC(x)*** und entspricht damit exakt den sozialen Grenzkosten der Produktion. Konsequenterweise ergibt sich dann im Gleichgewicht die wohlfahrtsoptimale Menge x^*, bei der sämtliche Effizienzverluste vermieden werden. Der Preis steigt vom alten Marktpreis p_e auf den Preis p^* und die Menge geht von x_e auf x^* zurück, was ja gerade erwünscht war. Denn die unerwünschte Folge der Externalisierung von Produktionskosten liegt ja gerade in der Ausdehnung der Produktion umweltschädigender Güter auf eine Menge, bei der die gesellschaftliche Wertschätzung schon nicht mehr den sozialen Kosten der Produktion entspricht.

10.3.3 Öffentliche Güter

Wodurch öffentliche Güter charakterisiert sind, haben wir in Kapitel 5 schon ausführlich diskutiert. In erster Linie ist es die Nichtrivalitätseigenschaft, die öffentliche Güter von privaten Gütern unterscheiden. Die Nichtrivalitätseigenschaft im Konsum hat gleichzeitig zur Folge, daß Individuen vom Konsum eines öffentlichen Gutes im Grunde nicht ausgeschlossen werden können. Das Versagen des Ausschlußprinzips wiederum ist die Ursache, warum private Märkte bei der Bereitstellung reiner öffentlicher Güter versagen. Denn Unternehmen sind auf das Funktionieren des Ausschlußprinzips angewiesen. Sie können ihre Produktionskosten nur dann decken (und unter Umständen auch einen Gewinn erzielen), wenn Konsumenten gezwungen sind, ihre Zahlungsbereitschaft für ein Gut offenzulegen und den entsprechenden Preis dafür zu entrichten, um dieses Gut konsumieren zu können.

Dies ist bei privaten Gütern auch durchweg der Fall. Bei öffentlichen Gütern allerdings besteht für die Konsumenten ein Anreiz, sich als Trittbrettfahrer zu verhalten, ohne befürchten zu müssen, vom Konsum dieses Gutes ausgeschlossen zu werden. Wenn Konsumenten ihre Zahlungsbereitschaft aber nicht offenlegen müssen, kommt eine Bereitstellung über den Markt auch nicht zustande, weil die Unternehmen für das öffentliche Gut auch keinen Preis erzielen können. Insofern kann man die Existenz von öffentlichen Gütern als eine Art Marktversagen ansehen, und es ist nach anderen Mechanismen zu suchen, die die effiziente Bereitstellung reiner öffentlicher Güter garantieren. Im übrigen unterscheiden sich natürlich auch die Kriterien, nach denen die Bereitstellung eines öffentlichen Gutes als effizient gelten darf, von denen für die private Produktion. Betrachten wir dies etwas genauer.

Zunächst einmal gilt aufgrund der **Nichtrivalitätseigenschaft in Konsum** für öffentliche Güter in einer Ökonomie mit zwei Personen die Bedingung, daß beide Konsumenten die gleiche Menge des öffentlichen Gutes konsumieren müssen:

$$y = y_1 = y_2 \quad .$$

Hierbei bezeichnen y_i, i=1,2 die Menge eines öffentlichen Guts, die Person i konsumiert, und y die Gesamtmenge an öffentlichen Gütern. Dies könnte z.B. ein öffentlich zugänglicher Park sein. Ebenso wie private Güter stiften öffentliche Güter den Konsumenten natürlich Nutzen, die sich, monetär bewertet, in Form der **Zahlungsbereitschaft** für dieses Gut ausdrücken lassen. Dabei ist die Zahlungsbereitschaft für ein öffentliches Gut mit der Nachfrage für private Güter vergleichbar. Genauer handelt es sich um die sogenannte marginale Zahlungsbereitschaft, und diese gibt an, wieviel ein Konsument für die Bereitstellung einer weiteren Einheit des öffentlichen Gutes zu zahlen bereit wäre. Dies gilt zunächst völlig unabhängig davon, ob ein Konsument auch tatsächlich gewillt ist, seine Zahlungsbereitschaft offenzulegen oder ob er dies nicht tun möchte. Während sich Konsumenten bei privaten Gütern jedoch einem bestimmten Marktpreis, den sie als unbeeinflussbar ansehen, anpassen und somit eine Entscheidung darüber treffen, welche Menge eines privaten Gutes sie bei diesem Preis nachzufragen gedenken, sieht ihre Überlegung bei öffentlichen Gütern anders aus. Hier müssen sie aufgrund der Tatsache, daß alle Konsumenten die gleiche Menge eines öffentlichen Gutes konsumieren, ohne sich dabei gegenseitig zu beeinträchtigen, die Menge als von ihnen weitgehend unbeeinflussbar ansehen. Konsumenten bleibt daher nur, sich mit ihrer Zahlungsbereitschaft an eine gegebene Menge anzupassen.

Die marginale Zahlungsbereitschaft für ein öffentliches Gut wird zwischen den Konsumenten im allgemeinen variieren, je nachdem, welchen Wert sie einem öffentlichen Gut beimessen und wie hoch also jeweils ihre Präferenz für öffentliche Güter ist. Natürlich spielen dabei auch das Einkommen und die Preise anderer Güter eine Rolle, und Konsumenten dürfen weiterhin davon ausgehen, daß sie gemäß ihrer Zahlungsbereitschaft zur Finanzierung des öffentlichen Gutes herangezogen werden, etwa in Form der Besteuerung oder der Erhebung von Gebühren. Wie sich daraus die marginale Zahlungsbereitschaft eines Konsumenten ableiten lässt, wollen wir hier nicht im einzelnen erläutern. Vielmehr nehmen wir im folgenden einfach an, daß die marginale Zahlungsbereitschaft umso mehr abnimmt, je mehr von einem öffentlichen Gut bereitgestellt wird.

In Abbildung 10.7 nun sind die marginalen Zahlungsbereitschaften zweier Personen durch die beiden Kurven $p_1(y)$ und $p_2(y)$ dargestellt. Sie hängen wie erwähnt von der Menge y ab.

Abb. 10.7: Optimale Bereitstellung öffentlicher Güter

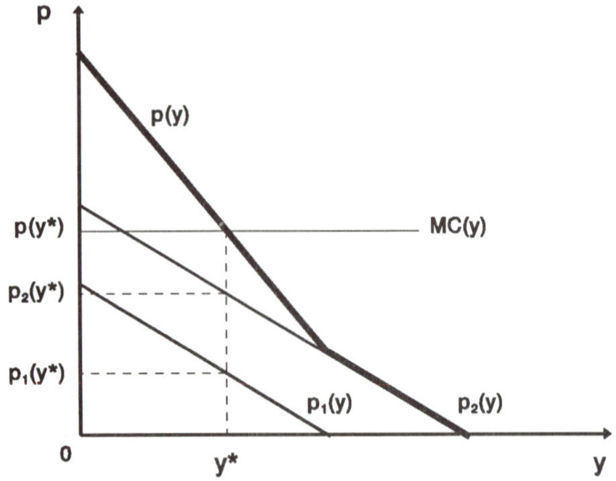

Nehmen wir an dieser Stelle die Ausgangsfrage wieder auf, nämlich die nach der optimalen Allokation öffentlicher Güter und das unausweichliche Versagen des Marktes hierfür. Was benötigt wird, um dieses Problem zu behandeln, ist offenbar die Funktion der Zahlungsbereitschaft, die in der Gesellschaft insgesamt für das öffentliche Gut vorhanden ist. Sie stellt das Gegenstück zur Marktnachfragefunktion bei privaten Gütern dar und ermittelt sich wie jene auch aus der Aggregation der individuellen Zahlungsbereitschaften. Allerdings erfolgt diese Aggregation hier vertikal, indem man für jede Menge y die individuellen Zahlungsbereitschaften aufaddiert. In unserem Beispiel erhält man dafür die Kurve $p(y)$. Im unteren Teil ist sie mit der Zahlungsbereitschaft des Konsumenten 2 identisch, weil in diesem Bereich der Konsument 1 für das öffentliche Gut keine Zahlungsbereitschaft mehr äußert. Im oberen Teil ergibt sie sich einfach aus der Summe der beiden individuellen Zahlungsbereitschaften, die in diesem Bereich beide positiv sind.

Welche Menge des öffentlichen Gutes ist nun wohlfahrtsoptimal? Wohlfahrtsoptimal ist genau diejenige Menge, bei der die Wertschätzung der Gesellschaft für eine zusätzliche Einheit des öffentlichen Gutes genau ihren Grenzkosten entspricht, in unserem Falle also die Menge y^*. Diese Menge wird von beiden Personen gemeinsam konsumiert. Der Einfachheit halber sind die Grenzkosten hier als konstant angenommen und sie entsprechen damit den Stückkosten. Teilt man die Finanzierungslast gemäß der individuellen Zahlungsbereitschaften auf die beiden Personen auf, dann müßte Person 1 den Beitrag $p_1(y^*)$ und Person 2 den Beitrag $p_2(y^*)$ entrichten. Damit wären die Produktionskosten exakt gedeckt.

Stellen wir also fest: Eine effiziente Allokation öffentlicher Güter muß der Bedingung genügen, daß die Summe der individuellen marginalen Zahlungsbereitschaften genau den Grenzkosten der Produktion entspricht.

Nunmehr lässt sich auch die Frage beantworten, ob die private Bereitstellung eines öffentlichen Gutes über Märkte dieser Bedingung genügt oder ob nicht doch Marktversagen auftritt.

Abb. 10.8: Trittbrettfahrerproblem

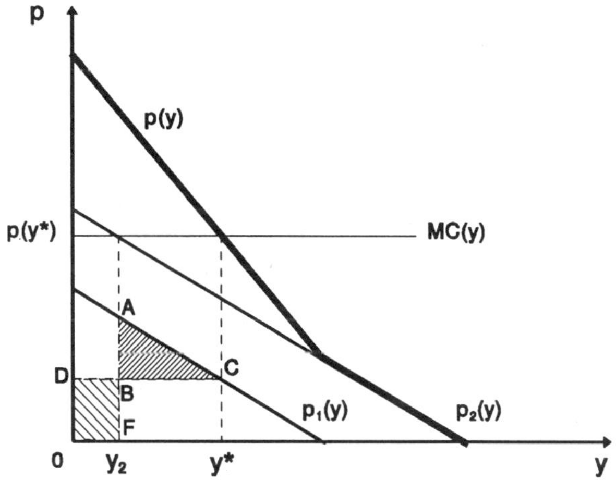

Betrachten wir hierzu die Abbildung 10.8, wo aufgezeigt wird, daß es sich für eine Person, hier die Person 1, lohnt, sich als Trittbrettfahrer zu verhalten. Wenn Person 1 ihre Zahlungsbereitschaft nicht offenlegt, wird eine geringere Menge des öffentlichen Gutes, nämlich y_2, bereitgestellt für die der Konsument 1 keinen Beitrag entrichten muss, obwohl er daraus eine Konsumentenrente in Höhe der schraffierten Fläche zieht. Diese Konsumentenrente ist in der Regel höher als in der vorherigen Situation, wo er zwar eine höhere Menge vorfindet, andererseits aber auch einen Finanzierungsbeitrag hierfür leisten muss. Er würde dabei zwar die Fläche ABC als Rente gewinnen, gleichzeitig aber die größere Rechtecksfläche DEFB einbüßen. Gleiche Überlegungen gelten für den Konsumenten 2. Unter der Erwartung, daß Konsument 1 seine Zahlungsbereitschaft äußert und er damit kostenlos in den Genuß einer entsprechenden Menge des öffentlichen Gutes kommt, ohne dafür einen Beitrag leisten zu müssen, ist Trittbrettfahrerverhalten für ihn optimal. Eine private Bereitstellung des öffentlichen Gutes kommt damit nicht zustande, da niemand einen Anreiz hat, seine Zahlungsbereitschaft zu äußern.

Kontrollfragen zu Kapitel 10:

1. Warum kommt es auf Märkten zu Ineffizienzen? Nennen Sie einige Bedingungen dafür.

2. Welche Arten von Marktversagen kennen Sie?

3. Wie nennt man die Vorteile, die Konsumenten aus dem Konsum von Gütern ziehen?

4. Wie heißen die entsprechenden Vorteile der Produktion von Gütern für Unternehmen?

5. Wie mißt man die Konsumentenrente?

6. Wie wird die Produzentenrente gemessen?

7. Welches Ziel hat ein Sozialer Planer?

8. Wie ist die gesellschaftliche Wohlfahrt in der Mikroökonomie definiert?

9. Warum stellt ein vollkommener Markt eine Implemetierung für die Soziale-Planer-Lösung dar?

10. Wie hoch ist der Wohlfahrtsverlust im Monopol?

11. Warum ist es vorteilhaft, Monopole zu regulieren?

12. Unter welchen Bedingungen treten externe Effekte auf?

13. Welche Arten von externen Effekten sind Ihnen bekannt?

14. Welche Wohlfahrtsverluste sind mit externen Effekten verbunden?

15. Wie lautet die Bedingung für die optimale Bereitstsellung öffentlicher Güter?

16. Was versteht man unter dem Trittbrettfahrer-Problem?

Verwendete Literatur zu Teil II

1. BOSSERT, W., F. STEHLING, Theorie kollektiver Entscheidungen, Heidelberg, 1990.
2. HENDERSON, J. M., R. E. QUANDT, Mikroökonomische Theorie, Eine mathematische Darstellung, München, 1983, 5. Auflage.
3. NEUMANN, M., Theoretische Volkswirtschaftslehre II, Produktion, Nachfrage und Allokation, München, 1995, 4. Auflage.
4. SCHUMANN, J., Grundzüge der mikroökonomischen Theorie, Berlin, Heidelberg, New York, 1999, 7. Auflage.
5. VARIAN, H. R., Mikroökonomie, München, 1994, 3. Auflage.
6. VARIAN, H. R., Grundzüge der Mikroökonomik, München, 1999, 4. Auflage.

TEIL III

MAKROÖKONOMISCHE THEORIE UND POLITIK

Im Gegensatz zur Mikroökonomik, wie wir sie in den vorangegangenen Kapiteln untersucht haben, untersucht die Makroökonomik volkswirtschaftliche Aggregate und versucht, kausale Abhängigkeiten zwischen diesen Aggregaten zu identfizieren. Man kann in der Makroökonomik grob unterscheiden zwischen einer Sichtweise, die sich auf die volkswirtschaftliche Nachfrage konzentriert, um Arbeitslosigkeit und Inflation zu erklären und einer Sichtweise, die das volkswirtschaftliche Angebot in den Vordergrund rückt. Diesen Ideen wird auch hier gefolgt.

Zunächst beschreiben wir einige definitorische Zusammenhänge zwischen volkswirtschaftlichen Aggregaten und einige Sozialproduktskonzepte, wie sie in der volkswirtschaftlichen Gesamtrechnung entwickelt worden sind. Danach wenden wir uns dem Zusammenspiel zwischen aggregierter Nachfrage und aggregiertem Angebot im allgemeinen zu. Wir beschäftigen uns dann mit der keynes´schen Theorie, die als der Ausgangspunkt der modernen formalisierten Makroökonomik gelten darf. Als nächstes wird die Makroökonomik um die Diskussion der Rolle des Geldes erweitert und der Zusammenhang zwischen Inflation und Arbeitslosigkeit im Rahmen des Konzeptes der sogenannten Phillips-Kurve diskutiert. Daran schließen sich verschiedene Ansätze zur Erklärung des makroökonomischen Angebots und seiner Wirkungen in dynamischer Betrachtung an. Mit dem abschließenden Kapitel über die Außenwirtschaftstheorie möchten wir den Blick von einer geschlossenen auf eine offene Volkswirtschaft erweitern, was nicht zuletzt im Zuge der heutigen Globalisierung ökonomischer Aktivitäten immer bedeutender wird.

11. Wirtschaftskreislauf und Sozialprodukt

11.1 Grundlegende Berechnungsmethoden des Sozialprodukts

Der Begriff Sozialprodukt ist uns in Teil I immer wieder begegnet. Wir sollten uns daher eingehender fragen, was man darunter eigentlich versteht.

Das **Sozialprodukt** ist definiert als der in Geld gemessene Wert aller in einer Volkswirtschaft innerhalb einer Wirtschaftsperiode, meist einem Jahr, erzeugten Sachgüter und Dienstleistungen.

Dies ist eine gängige Definition des Sozialprodukts, wie man sie in jedem Lehrbuch der Volkswirtschaftslehre findet. Man erhält also das Sozialprodukt, indem man die vielen, verschiedenen Güter - zum Beispiel Äpfel, Autos, Schuhe, Maschinen - , die jede Gesellschaft mit Hilfe ihrer Produktionsfaktoren Arbeit, Kapital und Boden produziert, auf den gemeinsamen Nenner des Geldwertes bringt und aufsummiert.

Das Sozialprodukt gilt in der Ökonomie als Maßstab für die Leistungsfähigkeit einer Volkswirtschaft, als Indikator des wirtschaftlichen Wohlstands. Es ist daher verständlich, daß sich die Volkswirtschaftslehre bemüht, diesen Indikator möglichst genau zu erfassen. Man kann dazu an verschiedenen Stellen im Wirtschaftskreislauf ansetzen,

- bei der **Entstehung** des Sozialprodukts, als der Summe aller Wertschöpfungen in den Unternehmen;

- bei seiner **Verwendung** in der Güternachfrage (Konsum, Investitionen sowie Nachfrage des Staates).

Daraus gehen verschiedene Sozialproduktskonzepte hervor, die jedoch eng miteinander zusammenhängen und im Prinzip zum gleichen Ergebnis gelangen. Sehen wir uns also die verschiedenen Berechnungsmethoden im einzelnen an.

11.2 Das Sozialprodukt in einer stationären Volkswirtschaft

Der grundlegende Gedanke, wie man den Umfang des Sozialprodukts in Geldgrößen ausgedrückt messen könnte, ist einfach. Er läßt sich dem nachfolgenden Schaubild 11.1 entnehmen, das uns im Kapitel 3 in anderem Zusammenhang auch schon begegnet ist. Die Darstellung stellt auf ein ganz einfaches Modell der Volkswirtschaft ab, in der es keine Investitions- und Spartätigkeit, keinen Staat und keine

Einflüsse aus dem Ausland gibt. Wir werden später - Schritt für Schritt - die Berechnung des Sozialprodukts auch auf diese Situationen hin erweitern.

Abb. 11.1: Einfaches Modell des Wirtschaftskreislaufs mit Haushalten und Unternehmen

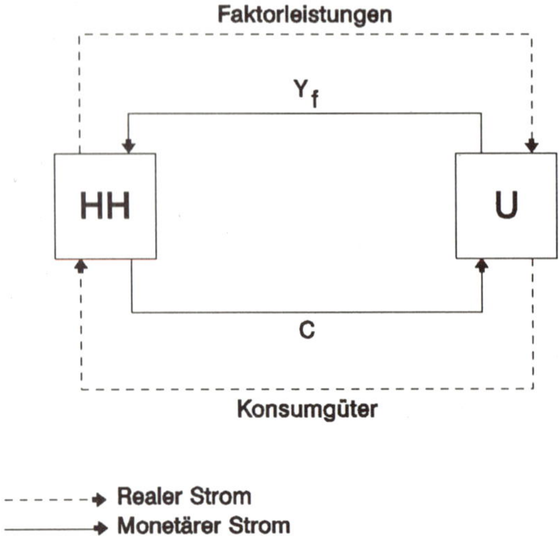

Das obige Schaubild erfaßt also den Wirtschaftskreislauf für eine einfache Volkswirtschaft, in der nur Haushalte und Unternehmen existieren, die zu Sektoren, nämlich dem Sektor Haushalte und dem Sektor Unternehmen, zusammengefaßt sind. Zwischen diesen beiden Sektoren kommt es zu **Güterströmen** auf der einen und zu **Geldströmen** auf der anderen Seite. Geld- und Güterströme laufen jeweils in entgegengesetzter Richtung ab. Die Haushalte bieten den Unternehmen ihre Faktorleistungen (Arbeit, Kapital, Boden) an und erhalten dafür von den Unternehmen eine Faktorentlohnung beziehungsweise ein Faktoreinkommen. Dieses ist in Abbildung 11.1 mit Y_f angegeben. Umgekehrt liefern die Unternehmen Konsumgüter an die Haushalte, die diese mit ihrem Einkommen bezahlen. Den Unternehmen fließen dadurch Konsumausgaben zu, die sie wieder zur Entlohnung der Produktionsfaktoren verwenden. Konsumausgaben werden in der Volkswirtschaftslehre gemeinhin mit C bezeichnet.

Dem realen Strom der Faktorleistungen entspricht also monetär die Faktorentlohnung, dem realen Strom von Konsumgütern entsprechen die Konsumausgaben der Haushalte. Auf diese Weise entsteht ein Kreislauf zwischen Haushalten und Unternehmen: Die Einkommen der Haushalte werden vollständig für den Kauf von

Konsumgütern verwendet, die Unternehmen wenden ihre Einnahmen für die Entlohnung der Produktionsfaktoren auf. Es besteht also eine Identität zwischen Faktoreinkommen und Konsumausgaben:

$$Y_f = C \quad .$$

Man kann nun das Sozialprodukt grundsätzlich auf zwei Arten erfassen:

- Im ersten Fall rekurriert man auf den **Güterausgabenstrom** (Verwendungsrechnung),
- im zweiten Fall greift man auf den **Faktoreinkommenstrom** (Entstehungsrechnung) zurück.

Beide Methoden stehen in der Volkswirtschaftlichen Gesamtrechnung gleichberechtigt nebeneinander, beide führen zu dem gleichen Ergebnis.

Das Sozialprodukt, nach der **Güterausgabenstrommethode** gemessen, ist definiert als Summe aller Sachgüter und Dienstleistungen, die für die Endnachfrage produziert werden, bewertet zu Marktpreisen. Man spricht daher auch vom Bruttosozialprodukt zu Marktpreisen Y_m^{br}. Vorprodukte, die von Unternehmen an andere Unternehmen verkauft werden, bleiben dabei außer Betracht. Sonst würde dies zu Doppelzählungen führen, da in den Marktpreisen der Endprodukte auch die Kosten für Vorleistungen enthalten sind.

Weiterhin ist zu beachten, daß man auch in einer stationären Volkswirtschaft, das heißt in einer Ökonomie, die kein Wachstum des Kapitalbestands kennt, nicht nur Konsumgüter, sondern auch Investitionsgüter für den Ersatz bestehender Anlagen produziert. Den Verzehr von Kapitalgütern erfassen wertmäßig die **Abschreibungen**, die wir vorhin schon kurz kennengelernt haben. Den Unternehmen wird dabei das Recht eingeräumt, nach bestimmten Vorschriften, in der Regel sind dies steuerrechtliche Vorschriften, den Wert, den eine Investition einmal hatte, von Periode zu Periode um einen bestimmten Betrag zu vermindern. Je nach deren Ausgestaltung können Abschreibungen **linear** erfolgen, das heißt zeitlich in gleichbleibenden Beträgen, oder aber **progressiv** oder **degressiv** vorgenommen werden. Das heißt sie können in der zeitlichen Abfolge entweder betragsmäßig zunehmen oder abnehmen.

Zieht man die Abschreibungen D vom Bruttosozialprodukt Y_m^{br} ab, so erhält man das **Nettosozialprodukt zu Marktpreisen** Y_m^n:

$$Y_m^n = Y_m^{br} - D \quad .$$

Mißt man das Sozialprodukt über den **Einkommensstrom**, so ist es definiert als die Summe der Faktoreinkommen (Löhne, Renten, Zinsen, Gewinne), die in der Produktion entstehen und in den Unternehmen zu Kosten führen. Man spricht deshalb auch vom **Nettosozialprodukt zu Faktorkosten** oder vom **Volkseinkommen**.

Bei der Einkommensstrommethode beziehungsweise der Entstehungsrechnung des Sozialprodukts besteht die Gefahr der Doppelzählung nicht, weil nur jeweils die Wertschöpfung der einzelnen Unternehmen aggregiert wird. Betrachten wir dies noch etwas genauer.

Als **Wertschöpfung** bezeichnet man die in einem Unternehmen entstandenen Faktoreinkommen. Die Vorleistungen, die schon in anderen Unternehmen zu Faktoreinkommen geführt haben, sind darin nicht enthalten. Auch die Abschreibungen, die bekanntlich nur den Kapitalverzehr messen und deshalb nicht einkommenswirksam werden können, gehen darin nicht ein. Als Einkommensstrom gemessen erhält man daher das Volkseinkommen einfach als die **Summe der Wertschöpfungen** aller Unternehmen.

Zu den Faktoreinkommen zählt auch der **Gewinn** der Unternehmen. Dazu sollten wir noch eine zusätzliche Erläuterung geben. In einer stationären Wirtschaft kann es keine im Unternehmen einbehaltenen Gewinne geben, da kein zusätzliches Kapital gebildet wird. Die Unternehmen schütten also ihre Gewinne vollständig als Residualeinkommen an die Kapitaleigner aus. Bei Einzel- und Personengesellschaften geschieht dies in Form von Einkommen, das die Selbständigenhaushalte für Unternehmertätigkeit und die Verzinsung des eingesetzten Eigenkapitals erhalten. Bei den Kapitalgesellschaften wird der Gewinn vollständig in Form von Dividenden an die Aktionäre weitergegeben.

Da der Gewinn als Residualgröße definiert ist, die von den Einnahmen eines Unternehmens aus Güterverkäufen nach Abzug aller Kosten für die Entlohnung der Produktionsfaktoren verbleibt, muß der Faktoreinkommensstrom immer genauso groß sein wie der Güterausgabenstrom.

Die eben erläuterten Zusammenhänge zwischen dem Bruttosozialprodukt zu Marktpreisen und dem Volkseinkommen gehen auch aus der folgenden Abbildung 11.2 hervor.

Abb. 11.2: Bruttosozialprodukt zu Marktpreisen und Volkseinkommen

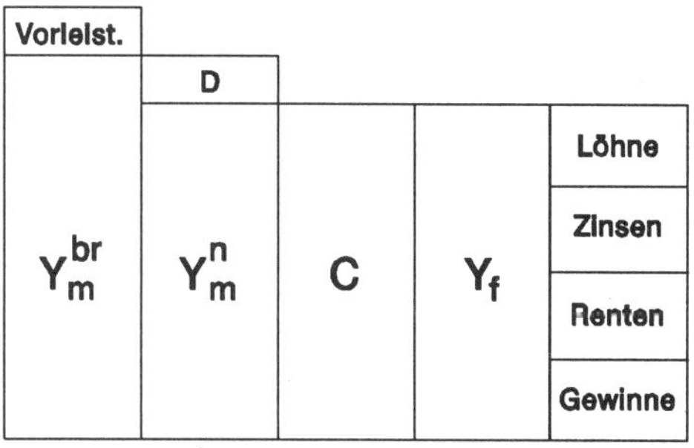

Die obige Übersicht ist wie folgt zu verstehen: Das Bruttosozialprodukt als der Marktwert aller Endprodukte Y_m^{br} ergibt sich als Summe aller produzierten Güter und Dienstleistungen abzüglich der Vorleistungen. Zieht man davon noch die Abschreibungen D ab, dann erhält man das Volkseinkommen als Summe der Wertschöpfung in den Unternehmen (Y_f). In einer stationären Volkswirtschaft entspricht dieses zugleich den gesamten Konsumausgaben oder dem gesamten Faktoreinkommen, das sich wiederum aus Löhnen, Renten, Zinsen und Gewinnen zusammensetzt.

11.3 Das Sozialprodukt in einer Volkswirtschaft mit Kapitalbildung

Bislang beschränkten wir uns darauf, eine stationäre Volkswirtschaft zu betrachten, in der Güter und Dienstleistungen, von Ersatzinvestitionen abgesehen, allein für den Konsum produziert werden. In Wirklichkeit aber wollen die Haushalte nicht nur konsumieren, sondern einen Teil ihres Einkommens auch **sparen**, das heißt, sie wollen Konsum von der Gegenwart in die Zukunft verlagern. Die Unternehmen wiederum produzieren nicht nur Konsumgüter, sondern tätigen auch **Nettoinvestitionen**. Betrachten wir dies noch etwas genauer.

Brutto- und Nettoinvestitionen

Sicher werden Sie sich daran erinnern, daß wir an anderer Stelle **Investitionen** allgemein als Güter definiert haben, die nicht für den Konsum verwendet werden.

Dabei kann es sich um Lagerinvestitionen handeln, also um Güter, die auf Lager gelegt werden, oder um Investitionsgüter, die verbrauchtes Kapital ersetzen oder den vorhandenen Kapitalbestand erhöhen sollen. Zu unterscheiden ist demzufolge zwischen Bruttoinvestitionen und Nettoinvestitionen:

Bei den **Bruttoinvestitionen I_{br}** handelt es sich um eine unbereinigte Schätzung des Bestandszuwachses an Gebäuden, Ausrüstungen, Vorräten und ähnlichem mehr in einer Volkswirtschaft. Dieser Bestandszuwachs bezieht sich allerdings nur auf **reale** Größen, Finanzinvestitionen kommen nicht in Betracht. Wesentlich hierbei ist, daß es sich um eine Bruttoschätzung handelt. In sie geht der Kapitalverzehr, also die Abnutzung des eingesetzten Kapitalstocks, die in einer Volkswirtschaft durch den Produktionsprozeß bedingt in jeder Periode stattfindet, nicht ein. Zieht man den Kapitalverzehr, der bekanntlich durch die Abschreibungen statistisch erfaßt wird, von den Bruttoinvestitionen I_{br} ab, dann erhält man die **Nettoinvestitionen I_n**. Diese berechnen sich demnach wie folgt:

$$I_n = I_{br} - D \quad .$$

Eine Volkswirtschaft, in der Nettoinvestitionen getätigt werden, heißt **wachsende** Volkswirtschaft.

Vermögensänderungskonto

Um die Erhöhung des Kapitalstocks im Wirtschaftskreislauf zu berücksichtigen, müssen wir unser Zweisektorenmodell um einen weiteren Sektor erweitern, der die Vermögensänderung in der Volkswirtschaft erfaßt. Diesen Sektor nennen wir **Vermögensänderungskonto** (VÄ). Er wird durch zwei Ströme gespeist:

Zum einen erhöht die **Ersparnis der Haushalte S_H** das Gesamtvermögen in der Volkswirtschaft. Sie fließt als monetärer Strom von den Haushalten zum Vermögensänderungskonto. Zum anderen können wir nun auch einbehaltene Gewinne der Kapitalgesellschaften berücksichtigen. Sie werden im Kreislauf als **Ersparnis der Unternehmen S_U** behandelt und fließen vom Unternehmenssektor ebenfalls zum Vermögensänderungskonto.

Die Ersparnis der Unternehmen und Haushalte wiederum ermöglicht es, Investitionen zu tätigen, sei es in Form von Lager- oder in Form von Anlageinvestitionen . Diese stellen dann einen monetären Strom vom Vermögensänderungskonto zu den Unternehmen dar. Dieser Strom wird als Nettogröße erfaßt. Da die Abschreibungen ja bekanntlich nicht vermögenswirksam sind, können sie auch zu keiner Vermögensänderung führen. Es wäre natürlich auch möglich, statt den Nettoinvestitionen die Bruttoinvestitionen zu verwenden. Dann müßte man allerdings die Abschreibungen als einen monetären Strom von den Unternehmen zum Vermögensänderungskonto in den Kreislauf einfügen.

Für eine nicht stationäre Volkswirtschaft sieht der Wirtschaftskreislauf nunmehr wie in Abbildung 11.3 dargestellt aus.

Abb. 11.3: Wirtschaftskreislauf für eine wachsende Volkswirtschaft

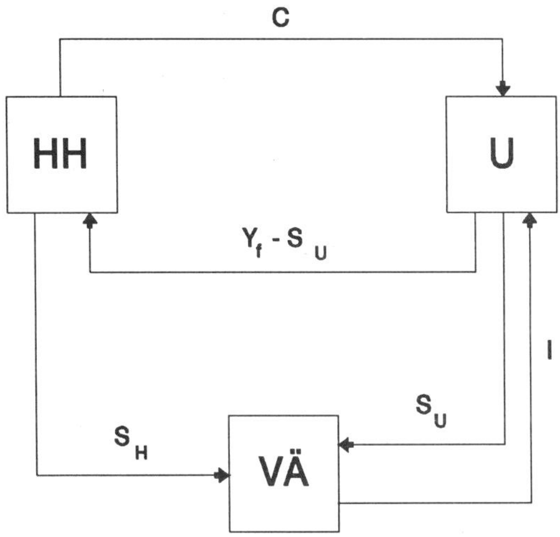

Identität von Ersparnis und Investition

Aus dem obigen Kreislaufschema läßt sich eine weitere Erkenntnis gewinnen, die in der Volkswirtschaftlichen Gesamtrechnung große Bedeutung hat. Man kann leicht erkennen, daß eine Identität zwischen Ersparnis und Investition besteht. Unterteilt man das Sparen in das der Haushalte S_H und in jenes der Unternehmen S_U, dann gilt:

$$S_H + S_U = I_n \quad .$$

Diese Übereinstimmung ist auch leicht einzusehen: Denn die Ersparnis stellt den Teil des Sozialprodukts dar, der nicht für Konsumgüter ausgegeben wird, und Investitionen bilden den Teil der Güterproduktion, der nicht konsumiert wird. Zu beachten ist allerdings, daß diese Identität immer nur **ex post**, also am Ende einer betrachteten Periode gilt. Die **geplanten Ersparnisse** und die **geplanten Investitionen** müssen dagegen nicht übereinstimmen.

Ein Ungleichgewicht wird beispielsweise entstehen, wenn die Haushalte vorhaben, einen bestimmten Teil ihres Einkommens zu sparen, die Unternehmen aber nicht investieren wollen. Dann werden die Unternehmen zu **unfreiwilligen** Investitionen gezwungen, sie müssen ihre Produkte auf Lager legen. Ex ante stimmen in dem Fall Investitionen und Ersparnisse nicht überein. Ex post aber ist durch die unfreiwilligen Investitionen die Identität zwischen realisierter Investition und tatsächlich erfolgter Ersparnis stets gegeben.

Welche Folgen ergeben sich nun aus der Berücksichtigung von Investitionen für die Verwendungs- und die Entstehungsrechnung des Sozialprodukts?

Investitionen in der Verwendungs- und Entstehungsrechnung

Die Verwendungsrechnung des Sozialprodukts verändert sich beträchtlich. Darin gehen jetzt neben den Konsumausgaben auch die Investitionen ein, die beide zusammen die Güternachfrage in einer Volkswirtschaft bilden. Je nachdem, ob man dabei die Bruttoinvestitionen I_{br} oder die Nettoinvestitionen I_n zu den Konsumausgaben C addiert, erhält man das Bruttosozialprodukt zu Marktpreisen oder das Nettosozialprodukt zu Marktpreisen. Es gilt also:

$$Y_m^{br} = C + I_{br} \quad \text{und} \quad Y_m^n = C + I_n \quad .$$

Daraus ergibt sich unter Verwendung der Abschreibungen wiederum unsere bekannte Beziehung:

$$Y_m^{br} = Y_m^n + D \quad .$$

An der Entstehungsrechnung ändert sich im Vergleich zur stationären Volkswirtschaft nichts. Das Volkseinkommen erfaßt nach wie vor die Summe aller Wertschöpfungen, da es hier unerheblich ist, ob Konsumgüter oder Investitionsgüter produziert werden. Allerdings sollte man noch beachten, daß diesmal nicht das gesamte Volkseinkommen zu den Haushalten fließt, sondern das Einkommen der Haushalte um die Ersparnis der Unternehmen vermindert ist.

11.4 Der Staat in der Volkswirtschaftlichen Gesamtrechnung

Bislang haben wir nur auf private Konsumenten und Produzenten als Wirtschaftssubjekte abgestellt, den größten Wirtschaftssektor im Lande aber, den **Staat** (Bund, Länder, Gemeinden) haben wir nicht beachtet. Der Staat greift, wenn wir uns erinnern, in den Wirtschaftskreislauf an mehreren Stellen ein:

Einmal fließen von den Haushalten und den Unternehmen **direkte Steuern** T^H_{dir} und T^U_{dir} in den öffentlichen Sektor; es handelt sich hierbei im wesentlichen um die Lohn- und Einkommensteuern und die Körperschaftssteuern. Sodann müssen **indirekte Steuern** T_{ind}, die in den Preisen der Güter enthalten sind, von den Unternehmen an den Staat abgeführt werden, etwa die Mehrwertsteuer und eine Vielzahl spezieller Verbrauchssteuern (Mineralölsteuer, Alkoholsteuer, Tabaksteuer, etc.).

Der Staat wiederum verwendet die Einnahmen für den Kauf von Gütern und Produktionsfaktoren bei den Unternehmen und Haushalten. Diese stellen dann die Grundlage dar für sein eigenes Angebot, das er als öffentliche Güter den Konsumenten unentgeltlich zur Verfügung stellt. Die hierfür notwendigen Ausgaben bezeichnet man einfach als **Staatsausgaben** A_{St}.

Gleichzeitig fließen **Transfers** Tr an Haushalte (Unterstützungszahlungen, die ohne Gegenleistung gewährt werden) und **Subventionen** Z an Unternehmen.

Falls zudem die gesamten Ausgaben des Staates größer sind als seine gesamten Einnahmen, entsteht ein **Budgetdefizit**. Dieses muß durch Verschuldung des Staates gedeckt werden. **Verschuldung** zeigt sich im Kreislauf als Strom vom Vermögensänderungskonto zum Staat und wird als negative Ersparnis des Staates $S_{St}(-)$ bezeichnet.

Falls jedoch die Einnahmen die Ausgaben übersteigen sollten, was in modernen Volkswirtschaften fast nie vorkommt, wäre dieser Überschuß im Kreislauf als ein Strom $S_{St}(+)$ in umgekehrter Richtung einzuzeichnen. Das heißt, der Staat trägt dann zur Ersparnisbildung in der Volkswirtschaft bei.

Wenn wir nun in Abbildung 11.4 unseren Wirtschaftskreislauf um den Staatssektor erweitern, erhalten wir folgendes Bild:

Wie aber läßt sich der Staat in die Berechnung des Sozialprodukts integrieren?

Abb. 11.4: Modell des Wirtschaftskreislaufs mit staatlicher Aktivität

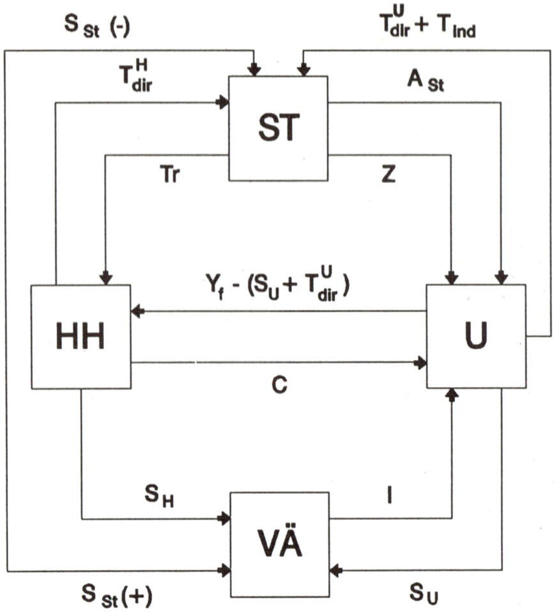

Die Volkswirtschaftliche Gesamtrechnung beruht durchwegs auf Konventionen, auf die sich Statistiker geeinigt haben. Dies gilt insbesondere für die Vorgehensweise in den Industrieländern der westlichen Welt, den sogenannten OECD-Ländern. Eine der wichtigsten Konventionen dabei ist, daß man den Staat in möglichst einfacher Weise in die Berechnung des Sozialprodukts einzubringen versucht.

In der **Verwendungsrechnung** werden die Ausgaben des Staates zum privaten Konsum und zu den Investitionen addiert. Relevant sind dabei nur die Ausgaben, die der Staat für Güter und Dienste tätigt, denn nur sie stellen Güternachfrage dar. Transferzahlungen und Subventionen dürfen dagegen nicht berücksichtigt werden, denn dabei handelt es sich um reine Übertragungen und keine Zahlungen für geleistete Güter und Dienste. Unter dieser Annahme berechnet sich das Bruttosozialprodukt zu Marktpreisen wie folgt:

$$Y_m^{br} = C + I_{br} + A_{St} \quad .$$

Für das Nettosozialprodukt zu Marktpreisen gilt entsprechend:
In diesem Zusammenhang möchten wir besonders auf ein spezielles Problem der Volkswirtschaftlichen Gesamtrechnung hinweisen. Wie eben dargelegt, werden

$$Y_m^n = C + I_n + A_{St} \quad .$$

darin die Staatsausgaben als Größe für die Wertschöpfung des Staates verwendet. Dies aber bedeutet, daß man den **Output** im öffentlichen Sektor gleichsam über die **Ausgaben** mißt. Dessen Bewertung erfolgt also nicht über Marktpreise für das öffentliche Angebot, da dieses in der Regel nicht auf Märkten gehandelt wird und Preise dafür nicht existieren. Man verwendet lediglich reine Inputpreise und funktioniert die Input- zu einer Outputbewertung um.

Leider gibt es in der Volkswirtschaftlichen Gesamtrechnung bis heute keine anderen Möglichkeiten, die Leistungen des Staates zu bewerten. Auch die staatliche **Kapitalbildung** wird nicht in der Form berücksichtigt, wie wir sie bei den privaten Unternehmen kennengelernt haben. Der Staatssektor kennt in der Regel **keine** Abschreibungen. Öffentliche Investitionen werden, genau wie die anderen Ausgaben des Staates für Güter und Dienste, als Konsum des Staates behandelt (Staatsverbrauch). Dies führt zum Ergebnis, daß der Staat in der Volkswirtschaftlichen Gesamtrechnung als Konsument seiner eigenen Leistungen erscheint.

Mißt man das Sozialprodukt am **Faktoreinkommensstrom** (Entstehungsrechnung), dann sind alle Eingriffe des Staates in die Preisbildung herauszurechnen, wenn man vom Nettosozialprodukt zu Marktpreisen zum Volkseinkommen übergeht. Es sind dann einmal die indirekten Steuern abzuziehen, da sie die Marktpreise erhöhen. Andererseits müssen Subventionen hinzuaddiert werden, weil in ihrem Fall die Faktorkosten eines Unternehmens höher liegen als die subventionierten Marktpreise. Man erhält auf diese Weise das Volkseinkommen Y_f wie folgt:

$$Y_f = Y_m^n + Z - T_{ind} \quad .$$

Zu beachten ist weiterhin, daß das Volkseinkommen in einer Volkswirtschaft mit Staatsaktivität nicht identisch ist mit dem **persönlichen Einkommen Y_p**. Dieses ist definiert als derjenige Teil des Volkseinkommens, den die privaten Haushalte erhalten. Vom Volkseinkommen sind demzufolge die direkten Steuern der Unternehmen abzuziehen, da diese der Staat abschöpft und sie so bei den Haushalten nicht einkommenswirksam werden können. Das gleiche gilt für die nicht ausgeschütteten Gewinne der Unternehmen. Andererseits ist das Volkseinkommen um die Transferzahlungen des Staates zu erhöhen. Das persönliche Einkommen berechnet sich demnach wie folgt:

$$Y_p = Y_f - S_U - T_{dir}^U + Tr \quad .$$

Vom persönlichen Einkommen zu unterscheiden ist wiederum das **persönlich verfügbare Einkommen Y_p^v**. Hierbei handelt es sich um das Einkommen, das die Haushalte letztlich für den Konsum oder die Ersparnis verwenden können. Da auch den Haushalten vom Staat Einkommen in Form von direkten Steuern entzogen wird, müssen diese das persönliche Einkommen entsprechend vermindern. Man kommt somit auf folgende Weise zum persönlich verfügbaren Einkommen:

$$Y_p^v = Y_p - T_{dir}^H \quad .$$

11.5 Berechnung des Sozialprodukts in einer offenen Volkswirtschaft

Die Volkswirtschaftliche Gesamtrechnung muß weiterhin berücksichtigen, daß ein Land in der Regel wirtschaftlich mit dem Ausland verbunden ist. Man spricht in dem Fall von einer **offenen Volkswirtschaft**. Das Land wird nun Güter und Dienste auch an das Ausland verkaufen und von dort Güter und Dienste beziehen. Verkäufe an das Ausland erfolgen in Form von **Exporten**, Einkäufe aus dem Ausland werden als **Importe** bezeichnet. Der Saldo zwischen Exporten und Importen heißt **Außenbeitrag**. Er ist positiv bei einem Exportüberschuß und negativ bei einem Importüberschuß. Der Außenbeitrag muß natürlich in der Berechnung des Sozialprodukts berücksichtigt werden. In welcher Weise geschieht dies?

Mißt man das Sozialprodukt am Güterausgabenstrom, so werden Exporte X zu den Konsumausgaben, den Investitionen und den Staatsausgaben addiert. Importe M werden hingegen abgezogen. Der Grund hierfür liegt darin, daß Exporte Nachfrage des Auslands nach den im Inland produzierten Gütern darstellen, Importgüter jedoch nicht im eigenen Land, sondern im Ausland produziert werden und dort das Sozialprodukt erhöhen. Das Bruttosozialprodukt zu Marktpreisen setzt sich demnach unter Berücksichtigung des Auslandes wie folgt zusammen:

$$Y_m^{br} = C + I_{br} + A_{St} + (X - M) \quad .$$

Das Bruttosozialprodukt in einer offenen Volkswirtschaft wird also neben den Ausgaben der Inländer für Konsum- und Investitionsgüter und den Staatsverbrauch auch für den Außenbeitrag verwendet.

An der **Entstehungsrechnung** des Sozialprodukts ändert sich nichts, wenn man den Außenhandel berücksichtigt. Denn die Entstehung des Volkseinkommens, also die Wertschöpfung, geschieht unabhängig von der Verwendung des Sozialprodukts.

Abb. 11.5: Modell des Wirtschaftskreislaufs mit Ausland, ohne Staatssektor

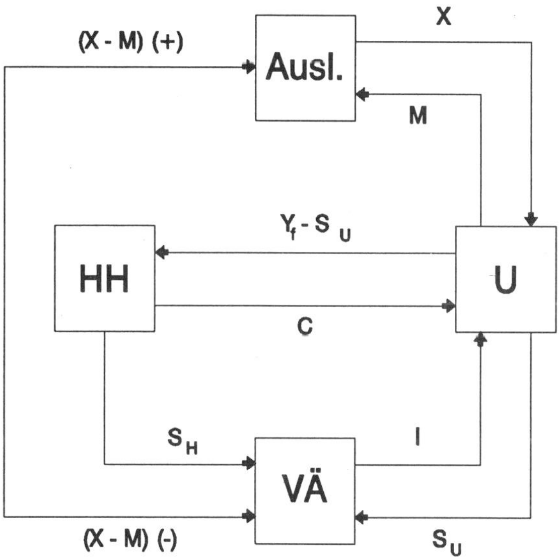

Abbildung 11.5 zeigt, wie sich das Ausland in den Wirtschaftskreislauf einfügt. Vereinfachend wird dabei angenommen, daß Importe M und Exporte X ausschließlich durch private Unternehmen erfolgen, im Falle der Importe beispielsweise durch Händler, die sie im Inland an die Verbraucher weiter veräußern. Der Staatssektor spielt demnach in dieser Darstellung keine Rolle.

Zwischen dem Ausland und dem inländischen Unternehmenssektor fließen nun Import- und Exportströme. Damit der Kreislauf geschlossen wird, geht bei einem Exportüberschuß ein monetärer Strom vom Vermögensänderungskonto an das Ausland, der dem ausländischen Finanzierungsdefizit entspricht. Bei einem Importüberschuß würde sich dieser Strom umkehren. Er ist dann als Finanzierungsdefizit des Inlands zu verstehen. Ex-post betrachtet gilt also immer die Identität:

$$I_n + (X - M) = S_H + S_U \quad .$$

In einer offenen Volkswirtschaft besteht in jedem Zeitraum eine Identität zwischen der gesamten Ersparnis und der Summe aus Nettoinvestition und Außenbeitrag.

In diesem Zusammenhang ist noch zu erwähnen, daß bisweilen zwischen dem **Inländerprodukt** und dem **Inlandsprodukt** unterschieden wird. Das Inlandsprodukt bezeichnet alle Güter und Dienstleistungen, die innerhalb der geographischen Grenzen eines Landes erzeugt werden, unabhängig davon, wer dafür die Produktionsfaktoren zur Verfügung stellt. Demgegenüber zählt man zum Inländerprodukt alle Güter und Dienstleistungen, die unabhängig von ihrem Produktionsort mit Produktionsfaktoren erwirtschaftet werden, die sich im Besitz von Inländern befinden.

Wenn man vom Sozialprodukt spricht, dann ist immer das Inländerprodukt gemeint. Zieht man vom Bruttosozialprodukt (=Bruttoinländerprodukt) die vom Ausland empfangenen Faktoreinkommen ab und zählt die ins Ausland geflossenen hinzu, dann erhält man das Bruttoinlandsprodukt.

11.6 Überblick über die Sozialproduktsberechnung

Wir haben gesehen, daß Entstehungs- und Verwendungsrechnung des Sozialprodukts prinzipiell zu den gleichen Ergebnissen führen. Die folgende Abbildung 11.6 gibt nochmals einen Überblick, wie die daraus hervorgehenden Sozialproduktskonzepte miteinander zusammenhängen.

Den Übergang vom Bruttosozialprodukt zu Marktpreisen zum Volkseinkommen, der in den ersten vier "Balken" der Abbildung 11.6 zum Ausdruck kommt, haben wir ja schon beschrieben (siehe auch Abbildung 11.2). Das persönliche Einkommen entsteht dann aus dem Volkseinkommen, indem man die direkten Unternehmenssteuern sowie die einbehaltenen Unternehmensgewinne abzieht und die Transfers hinzuaddiert. Zieht man vom persönlichen Einkommen die direkten Steuern der Haushalte ab, erhält man das persönlich verfügbare Einkommen, das sich wiederum aus den Konsumausgaben und der Ersparnis der Haushalte zusammensetzt.

Neben der Entstehungs- und der Verwendungsrechnung kennt die Volkswirtschaftliche Gesamtrechnung noch die **Verteilungsrechnung**. Diese geht aus der

Abb. 11.6: Überblick über die verschiedenen Sozialproduktskonzepte

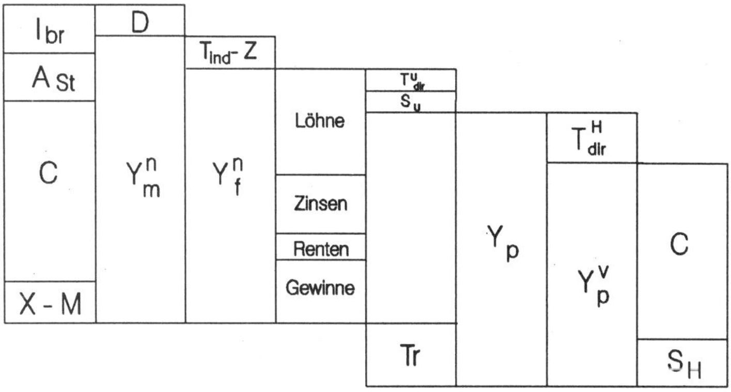

Entstehungsrechnung hervor. Sie informiert darüber, wie sich das Volkseinkommen auf die Produktionsfaktoren verteilt. Von Interesse sind hier insbesondere die Bruttoeinkommen aus unselbständiger Arbeit und die Bruttoeinkommen aus Unternehmertätigkeit und Vermögen, also die **funktionale Einkommensverteilung**, auf die wir an anderer Stelle ja schon ausführlich eingegangen sind (siehe Kapitel 5.3).

11.7 Schwächen der Volkswirtschaftlichen Gesamtrechnung

Die Volkswirtschaftliche Gesamtrechnung gründet, wie wir schon andeuteten, auf einer allgemeinen Übereinkunft der statistischen Ämter. Sie weist dabei allerdings eine Reihe von Schwächen auf, die zwar erkannt sind und immer wieder diskutiert werden, zu deren Behebung man sich aber bislang nicht durchzuringen vermochte. Zu ihren gravierendsten Mängeln zählen insbesondere die beiden folgenden:

(a) Die Erstellung von Gütern und Diensten, deren Wert nicht über den Markt festgestellt und gemessen wird, geht in das Sozialprodukt nicht ein. Es handelt sich hierbei um die Problematik der sogenannten **Untergrund**- oder **Schattenwirtschaft**, also von Wirtschaftstätigkeiten, die außerhalb des Marktes geschehen. Aber auch die **Hausfrauenarbeit**, die als Eigenleistung für die Familien erbracht wird, erhält in der Volkswirtschaftlichen Gesamtrechnung keine Wertzuweisung.

(b) Auch der Verzehr von Gütern und Faktoren, der nicht über den Markt bewertet wird, weil er in Form von **externen Effekten** geschieht, findet keinen Platz in der Sozialproduktsberechnung. Externe Effekte treten, wie wir wissen, als externe Nutzen oder als externe Kosten auf, die bei unbeteiligten Dritten durch die Produktion oder den Konsum von Gütern und Diensten entstehen. Dazu gehört bekanntlich insbesondere der gesamte Bereich der heute so bedeutenden **Umweltzerstörung**. Er wird im Sozialprodukt nur insoweit erfaßt, als er zu Kosten in den Unternehmen führt. Aufwendungen, die in dem Zusammenhang von privaten Haushalten oder vom Staat getragen werden, gehen darin jedoch nicht als negative Größen ein. Im Gegenteil, sie erhöhen an anderer Stelle höchstens noch das Sozialprodukt, etwa in Form von öffentlichen Ausgaben, die für die Reinigung von verschmutzten Gewässern in den Kläranlagen der Städte und Gemeinden aufzubringen sind.

Auf die Problematik, die bei der **Integration der Staatswirtschaft** in die Volkswirtschaftliche Gesamtrechnung entsteht, sind wir vorhin schon eingegangen. Auch hierfür gibt es bis heute noch keine zufriedenstellenden Lösungsansätze.

11.8 Erfassung von Arbeitslosigkeit und Inflation

Neben dem Rechenwerk der Volkswirtschaftlichen Gesamtrechnung existieren noch weitere sogenannte Nebenrechnungen. Für die makroökonomische Analyse der nächsten Kapitel von besonderer Bedeutung sind die Arbeitsmarkt- und die Preisniveaustatistiken. Mit deren Hilfe lassen sich Indikatoren zu Arbeitslosigkeit und Inflation ableiten. Wir wollen kurz auf die wichtigsten Indikatoren hierzu eingehen.

Arbeitslosigkeit

Die in einer Volkswirtschaft herrschende Arbeitslosigkeit wird anhand der **Arbeitslosenquote** gemessen. Sie ist in der Bundesrepublik Deutschland definiert als Anteil der "registrierten" Arbeitslosen an den abhängigen Erwerbspersonen, die sich wiederum aus den abhängigen Erwerbstätigen und den Arbeitslosen zusammensetzen. Die Rubrik "registrierte Arbeitslose" erfaßt allerdings nur einen Teil der Beschäftigungswilligen ohne Arbeit, nämlich die beim Arbeitsamt registrierten Arbeitslosen. Man spricht in diesem Fall auch von **offener Arbeitslosigkeit**. Daneben gibt es die sogenannte "**Stille Reserve**". Hierzu zählen alle Personen, die eine Arbeit suchen, ohne beim Arbeitsamt gemeldet zu sein. Es handelt sich hierbei hauptsächlich um Frauen, neu in das Erwerbsleben kommende Jugendliche und vorzeitig ins Rentenalter eintretende Arbeitnehmer. Auch werden seit 1985 arbeitslose Personen, die 58 Jahre und älter sind oder die einen erwerbstätigen Partner haben, nicht mehr zu den registrierten Arbeitslosen gezählt. Dadurch sinkt die Arbeitslosenquote natürlich ab. Sie ist ferner auch deshalb ungenau, weil in ihr die Zahl der Kurzarbeiter, die nur einen Teil der "normalen" Arbeitszeit beschäftigt sind, nicht enthalten ist.

Die Arbeitslosenquote hängt nicht nur von der Zahl der Arbeitslosen, sondern auch von der Beschäftigtenzahl ab. So kann die Arbeitslosenquote sinken, wenn die Zahl der abhängigen Erwerbstätigen zunimmt, ohne daß sich dabei die Zahl der registrierten Arbeitslosen verändern muß. Entsprechend kann sie steigen, wenn die Beschäftigtenzahl abnimmt.

Preisniveau und Inflation

Da es in einer Volkswirtschaft eine Vielzahl von Güterpreisen gibt, die sich zudem in ganz unterschiedlicher Weise entwickeln können, verwendet man zur Messung der Preisniveaustabilität sogenannte **Preisindizes**, die diese unterschiedlichen Preisbewegungen zu einer Maßzahl verschmelzen. Wir wollen nun der Frage nachgehen, was unter dem **Preisniveau** zu verstehen ist und wie es gemessen wird.

Man kann sich leicht vorstellen, daß sich die Preise der Güter im Zeitablauf verändern, denn sie sorgen, wie wir gesehen haben, für ein Gleichgewicht zwischen Angebot und Nachfrage (Kapitel 3). Wenn sich nun angebotene und nachgefragte Menge eines Gutes ändern, dann muß sich auch der Preis verändern, um ein neues Gleichgewicht zu erzeugen. Da es in einer Volkswirtschaft sehr viele Güter und zu jedem Gut einen Preis gibt, muß man die Preisentwicklung beziehungsweise das Preisniveau aus der Veränderung vieler Preise ermitteln. Dieses Problem wäre einfach zu lösen, wenn alle Preise gefallen beziehungsweise alle Preise gestiegen wären. Dann könnte man von einem fallenden beziehungsweise steigenden Preisniveau sprechen. Im allgemeinen werden aber bei einem Teil der Güter die Preise fallen und bei einem anderen Teil steigen. Wie also kann man in diesem Falle Veränderungen des Preisniveaus messen?

Zur Messung der Preisentwicklung verwendet man sogenannte **Preisindizes**. Preisindizes sind, vereinfacht ausgedrückt, Funktionen, die die Preise und deren Veränderungen aggregieren und zu einer Meßzahl zusammenfassen, die eine Aussage über die Preisentwicklung als Ganzes zuläßt. Praktisch geht man so vor, daß man einen "**Warenkorb**" für ein bestimmtes Basisjahr bildet. In diesem Warenkorb werden die verschiedenen Güter und Dienste je nach ihrem Einkommensanteil gewichtet, den die Konsumenten dafür aufwenden. Der Preisindex mißt nun die Veränderung der Güterpreise in dem Warenkorb über einen bestimmten Zeitraum im Vergleich zum Basisjahr, indem die gewichteten Einzelpreisveränderungen aggregiert werden.

Die bekanntesten Preisindizes sind der **Laspeyres**- und der **Paasche-Preisindex**.

Bezeichnen wir mit

$p^0 = (p_1^0, \ldots, p_n^0)$ den Vektor der Preise der Güter 1 bis n zum Zeitpunkt t_0 ,
$p^1 = (p_1^1, \ldots, p_n^1)$ den Preisvektor der Güter zum Zeitpunkt t_1,
$q^0 = (q_1^0, \ldots, q_n^0)$ den Vektor der Mengen von Gut 1 bis n zum Zeitpunkt t_0,
$q^1 = (q_1^1, \ldots, q_n^1)$ den Vektor der Mengen der Güter zum Zeitpunkt t_1.

Den **Laspeyres-Preisindex P_L** erhält man dann als

$$P_L(p^0, q^0, p^1, q^1) = \frac{\sum_{i=1}^{n} q_i^0 p_i^1}{\sum_{i=1}^{n} q_i^0 p_i^0}$$

und den **Paasche-Index P_P** als

$$P_P(p^0, q^0, p^1, q^1) = \frac{\sum_{i=1}^{n} q_i^1 p_i^1}{\sum_{i=1}^{n} q_i^1 p_i^0} \quad .$$

Man sieht, im Laspeyres-Index werden die Preise mit dem Warenkorb der Basisperiode, im Paasche-Index mit dem Warenkorb der Vergleichsperiode gewichtet. Der Vorteil des Laspeyres-Index besteht darin, daß man nicht in jedem Vergleichsjahr den Warenkorb neu berechnen muß. Dies bringt allerdings auch eine Schwäche dieses Index mit sich, denn der Warenkorb im Basisjahr, das schon weit zurückliegen kann, muß nicht mehr repräsentativ für das Kaufverhalten im Vergleichsjahr sein. Dies ist ja auch der Grund, weshalb der Laspeyres-Index von Zeit zu Zeit auf eine neue Basis gestellt werden muß. Von daher betrachtet böte sich eher der Paasche-Index an, der mit dem Warenkorb der Vergleichsperiode berechnet wird. Allerdings läßt sich damit nicht mehr gewährleisten, daß der Warenkorb der Vergleichsperiode als repräsentativ für weiter zurückliegende Jahre gelten kann.

Ein weiteres Problem, das mit der Verwendung des Laspeyres-Preisindex einhergeht, besteht darin, daß dieser die Inflationsrate überschätzt. So zeigt eine detaillierte Untersuchung des Konsumentenpreisindex in den USA aus dem Jahre 1996, daß die Inflationsrate dort pro Jahr um etwa 1% überschätzt wird. Die Ursachen hierfür liegen darin, daß der Laspeyres-Preisindex ein starres Gewichtungsschema (der Basisperiode) verwendet. Dadurch werden Substitutionsvorgänge aufgrund von unterschiedlichen Preisänderungen bei einzelnen Gütern nur bei Änderungen des Warenkorbes und damit erst mit großer zeitlicher Verzögerung erfaßt. Der Großteil der Überschätztung liegt jedoch bei der verzögerten Erfassung neuer Güter und der konsistenten Berücksichtigung von Qualitätsveränderungen im Preisindex begründet.

Da die statistischen Ämter der meisten Industriestaaten ihre Preisniveauzahlen auf vergleichbare Weise wie die USA berechnen, dürften sie ebenfalls von diesen Problemen betroffen sein. Man kann daher bei ihnen von einer ähnlich hohen Überschätzung der Inflationsraten ausgehen, wie sie für die USA vorzuliegen scheint. Bei den sehr niedrigen Inflationsraten, die heute viele Länder aufweisen, darf man unter Umständen sogar annehmen, daß dort eher deflatorische als inflatorische Tendenzen vorherrschen.

Unter **Inflation** versteht man den Anstieg der Preise in einer Volkswirtschaft, der dazu führen kann, daß die Kaufkraft der Einkommen immer mehr abnimmt. Dies wird der Fall sein, wenn die Einkommen der Haushalte langsamer steigen als die Preise der Güter. Der Geldwert des Einkommens, der bekanntlich ja nur einen Anspruch auf einen Teil der in einer Volkswirtschaft erwirtschafteten Gütermenge darstellt, muß als Folge absinken. Die Konsumenten können mit ihrem Einkommen nunmehr weniger Güter kaufen als zuvor.

Kontrollfragen zu Kapitel 11:

1. An welchen Stellen des gesamtwirtschaftlichen Kreislaufs kann man ansetzen, um das Sozialprodukt statistisch zu messen?

2. Welche alternativen Darstellungsformen des Wirtschaftskreislaufs sind grundsätzlich möglich?

3. Stellen Sie graphisch den monetären und realen Wirtschafskreislauf für eine stationäre Volkswirtschaft mit den Sektoren Haushalte und Unternehmen dar und bezeichnen Sie die Ströme.

4. Warum kann man die Begriffe Volkseinkommen und Nettosozialprodukt zu Faktorkosten synonym verwenden?

5. Welche Arten von Investitionen unterscheidet man in der Verwendungsrechnung des Sozialprodukts?

6. Warum entspricht in einer geschlossenen Volkswirtschaft ohne staatliche Aktivität ex-post die Ersparnis der Nettoinvestition?

7. Warum sind die Abschreibungen im Nettosozialprodukt nicht enthalten?

8. Wie unterscheiden sich Volkseinkommen, persönliches Einkommen und persönlich verfügbares Einkommen?

9. Diskutieren Sie Schwächen der Volkswirtschaftlichen Gesamtrechnung.

10. Welche Indikatoren können zur Messung der Arbeitslosigkeit und der Inflation benutzt werden?

12. Grundzusammenhänge der Makroökonomik: Aggregiertes Angebot und aggregierte Nachfrage

In den nachfolgenden Kapiteln werden wir uns mit zentralen Fragen und Problemen der Makroökonomik beschäftigen. Diese hat, wie wir wissen, das Geschehen und das Verhalten der gesamten Volkswirtschaft zum Inhalt. Es geht also in erster Linie um die Bestimmungsgründe für die Höhe des Bruttosozialprodukts und der Beschäftigung der Produktionsfaktoren in einer Ökonomie. Desweiteren werden wir nach den Entstehungsgründen von konjunkturellen Abläufen fragen und, nicht zuletzt, uns eingehend mit der Frage von Ursache und Wirkung einer Inflation auseinandersetzen. Von besonderem Interesse sind diese Fragestellungen nicht nur aus theoretischer Sicht, sondern insbesondere auch für den Bereich der Wirtschafts- und Finanzpolitik, also für konkrete Maßnahmen des Staates oder anderer wirtschaftspolitischer Träger, um, auf der Grundlage makroökonomischer Erkenntnisse, Einfluß zu nehmen auf das gesamtwirtschaftliche Geschehen. Beginnen wir also unsere Betrachtungen damit, daß wir uns zunächst einen Überblick verschaffen über die makroökonomischen Grundzusammenhänge in einer Volkswirtschaft.

12.1 Die Grundzusammenhänge im Überblick

12.1.1 System der Volkswirtschaft aus theoretischer Sicht

Die Abbildung 12.1 bringt, aus makroökonomischer Sicht, einen Überblick über das System der Volkswirtschaft. Es baut auf der Vorstellung von Angebot und Nachfrage auf, wie wir sie in anderem Zusammenhang schon kennengelernt haben. Hier nun steht die **aggregierte** oder **gesamtwirtschaftliche Nachfrage** und das **aggregierte** oder **gesamtwirtschaftliche** Angebot im Mittelpunkt unseres Interesses. Beide werden, als endogene oder **abhängige** Größen, in vielfältiger Weise beeinflußt.

Auf die **gesamtwirtschaftliche Nachfrage** beispielsweise wirken Ausgaben der Wirtschaftssubjekte ein, nämlich die von Konsumenten, Produzenten und auch von staatlichen Entscheidungsträgern. Das Geldwesen eines Landes, die steuerlichen Rahmenbedingungen sowie andere, sonstige Kräfte spielen ebenfalls eine Rolle. Diese Einflußfaktoren bezeichnet man als **unabhängige** oder exogene makroökonomische Variablen.

Abb. 12.1: Das System der Volkswirtschaft

Auch das **gesamtwirtschaftliche Angebot** hängt von solchen unabhängigen Einflußgrößen ab. Hierzu zählen der Arbeits- und der Kapitaleinsatz, die vorhandenen Bodenschätze in einer Volkswirtschaft und, natürlich, als besonders einflußreiche Variable die jeweilige Technologie, die im Produktionsbereich angewandt wird.

Ebenso wie auf einem einzelnen Markt kommt es auch in der gesamten Volkswirtschaft auf das Zusammenspiel von Angebot und Nachfrage an. Über die Interaktion von gesamtwirtschaftlichem Angebot und gesamtwirtschaftlicher Nachfrage werden drei Grundvariablen der Makroökonomik bestimmt:

- das volkswirtschaftliche **Produktionsvolumen**, auch Output einer Volkswirtschaft genannt,
- die **Beschäftigung**
  und
- das **Preisniveau**.

Anders formuliert geht es also darum,

- in welcher Weise das Zusammenwirken von Nachfrage und Angebot das (reale) **Bruttosozialprodukt** bestimmt und
- inwieweit davon **Arbeitslosigkeit** und **Inflation** betroffen sind.

Diese drei abhängigen Variablen sind die **elementaren Größen** der gesamtwirtschaftlichen Betrachtungsweise. Mit ihnen werden wir es zukünftig immer wieder zu tun haben. Ihre Erklärung haben alle gängigen makroökonomischen Theorien zum Inhalt.

12.1.2 System der Volkswirtschaft in politischer Betrachtung

Das hier dargestellte System einer Volkswirtschaft zeigt den Wirkungsablauf, dem auf gesamtwirtschaftlicher Ebene Angebot und Nachfrage unterliegen. Es hat dabei eine primär theoretisch-analytische Orientierung. Der Grundzusammenhang läßt sich allerdings auch in den Bereich der **Wirtschaftspolitik** übertragen. Variablen, die in der Theorie als abhängig gelten, werden dann zu sogenannten **Zielvariablen** der Politik. Die unabhängigen Variablen wiederum bezeichnet man als **Instrumente** oder **Maßnahmen**, die der Politik zur Verfügung stehen.

Als Träger der Wirtschaftspolitik kommen in der Hauptsache der Staat und die Zentral- oder Notenbank eines Landes oder einer Ländergemeinschaft in Frage.

Die **Ziele** der Politik richten sich auf die Größen Output, Beschäftigung und Preisniveau, die es bestmöglich zu beeinflussen gilt. In einer offenen Volkswirtschaft kommt auch noch der Außenhandel hinzu.

Die Instrumente der Wirtschaftspolitik bilden im wesentlichen die:

- **Fiskalpolitik** (Staatsausgaben und Steuerpolitik des Staates),
- **Geldpolitik** (Geldmengen- und Zinspolitik der Zentralbank),
- **Außenwirtschaftspolitik** (Währungspolitik von Staat und Zentralbank).

Als Größen, die auf das Geschehen in einer Volkswirtschaft einwirken, können auch **externe Variablen** eine Rolle spielen, wie unvorhergesehene Angebots- oder Nachfrageschocks (zum Beispiel der Ölpreisschock von 1973/74, kriegerische Auseinandersetzungen oder sonstige politische Umwälzungen), die Wirtschaftskraft des Auslandes oder sogar das Wetter.

Den Zusammenhang, durch den auf diese Weise die Wirtschaftspolitik eines Landes gekennzeichnet ist, gibt die nachfolgende Abbildung 12.2 wieder.

Abb. 12.2: System der Volkswirtschaft in politischer Betrachtung

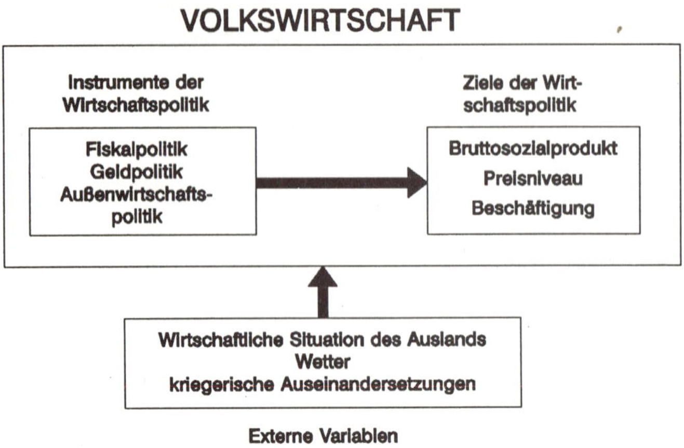

Man sieht, daß zwei Komponenten auf die Ziele der Wirtschaftspolitik einwirken können. Zum einen die Instrumente der Wirtschaftspolitik, die zielgerichtet einsetzbar sind, zum anderen externe Variablen, die außerhalb des eigentlichen volkswirtschaftlichen Geschehens angesiedelt sind, und daher von den wirtschaftspolitischen Akteuren nicht unmittelbar gesteuert werden können. Der Wirkungszusammenhang zwischen unabhängigen und abhängigen Variablen, wie ihn die makroökonomische Theorie aufzeigt, findet also sein Analogon in der **Mittel-Ziel-Betrachtung** der Wirtschaftspolitik. Politische Aktivitäten geben demnach ohne ein theoretisches Gerüst, in dem die zahlreichen und verschiedenen Vorgänge in einer Volkswirtschaft eine systematische Erklärung finden, wenig Sinn. Umgekehrt lassen sich natürlich aus jeder vernünftig konzipierten makroökonomischen Theorie auch wirtschaftspolitische Folgerungen ziehen.

Man kann sich nun leicht vorstellen, daß es in der Volkswirtschaftslehre unterschiedliche Meinungen dazu gibt, wie das gesamtwirtschaftliche Angebot aussieht, welche Bedeutung die gesamtwirtschaftliche Nachfrage hat und wie es zum Zusammenspiel von Angebot und Nachfrage kommt. Gerade in diesen Punkten unterscheiden sich die wichtigsten Makrotheorien, die die Volkswirtschaftslehre kennt. Es handelt sich dabei im wesentlichen um die

- **Theorie der Klassik**,
- die **Keynes'sche Theorie** sowie
- die sogenannte **neoklassische Synthese**, die diese beiden Theorien zu einem einheitlichen Konzept verbinden möchte.

Sehen wir uns also zunächst an, welche Vorstellungen diese Theorien von der aggregierten Nachfrage und vom aggregierten Angebot haben, wie sich darin das Zusammenspiel von Angebot und Nachfrage gestaltet, und welchen Stellenwert Phänomene wie Inflation und Arbeitslosigkeit besitzen. Später werden wir dann noch andere, neuere Entwicklungen näher kennenlernen, insbesondere den **Monetarismus**, der das Geldwesen eines Landes in den Mittelpunkt seiner Überlegungen stellt, und die **angebotsorientierte Makroökonomik**, bei der Produktivität und Wachstum einer Volkswirtschaft die Hauptrolle spielen.

12.2 Die aggregierte Nachfrage

Allgemeine Anmerkungen

Die aggregierte Nachfrage bereitet der Volkswirtschaftslehre keine allzu großen Probleme. Klassik, Keynes'sche Theorie und neoklassische Synthese stimmen in deren Konzeption weitgehend überein.

Die aggregierte Nachfrage gibt an, wieviel die Wirtschaftssubjekte einer Volkswirtschaft in ihrer Gesamtheit in einem bestimmten Zeitraum und in einer bestimmten gesamtwirtschaftlichen Situation für Güter und Dienste auszugeben bereit sind. Als Wirtschaftssubjekte firmieren dabei

- die privaten **Haushalte** (Konsumenten),
- die **Unternehmen** (Produzenten),
- der **Staat**
  und
- in einer offenen Volkswirtschaft auch das **Ausland**.

Die volkswirtschaftliche Situation ist vor allem gekennzeichnet durch vorgegebene Preise und Einkommen. Daneben spielen noch andere Variablen eine gewisse Rolle, etwa die Zukunftserwartungen der Konsumenten, die politische Lage in einem Land oder das Geldangebot, das von der Notenbank gesteuert wird. Auch sie wirken auf die aggregierte Nachfrage ein.

Wie bei unserer allgemeinen Darstellung der Nachfrage in Abschnitt 4.4, läßt sich auch hier die aggregierte Nachfrage in einem Preis-Mengen-Diagramm wiedergeben. Allerdings ist auf der Ordinate dieses Diagramms nunmehr das **Preisniveau** abgetragen und auf der Abszisse erscheint der **makroökonomische Output**. Wir sollten uns also gut merken, daß bei der makroökonomischen Nachfrage- wie auch bei der Angebotskurve nicht mehr auf einzelne Preise, sondern auf das Preisniveau abgestellt wird. Ebenso dient als Maß für die Produktion nicht mehr eine einzelne Mengengröße, sondern der gesamtwirtschaftliche Output, den man mit Hilfe des realen Bruttosozialprodukts erfassen kann. Das methodische Vorgehen zur Bestimmung von Preisniveau und realem BSP haben wir im einzelnen bereits an anderer Stelle kennengelernt, (vergleiche die Kapitel 5, 6), so daß wir hier darauf nicht nochmals näher eingehen müssen. Merken sollten wir uns jedoch, daß immer auf das **reale** Bruttosozialprodukt abgestellt wird, also die inflationäre oder deflationäre Komponente aus dem Sozialprodukt herausgerechnet ist.

In einem solchen makroökonomischen Angebots-Nachfrage-Diagramm bedeuten also Bewegungen auf der Ordinate nach oben Inflation (steigendes Preisniveau) und Bewegungen nach unten Deflation (sinkendes Preisniveau). Auf der Abszisse wiederum zeigen Bewegungen nach links, daß das reale Bruttosozialprodukt gesunken ist und damit nicht alle vorhandenen Produktionsfaktoren voll zum Einsatz kommen können, daß also Unterbeschäftigung herrscht. Bewegungen nach rechts hingegen weisen auf einen Zuwachs des realen Bruttosozialprodukts hin, was wiederum mit einer Zunahme der Beschäftigung von Produktionsfaktoren einhergeht.

Verlauf der aggregierten Nachfragekurve

Wie aber sieht nun der **Verlauf**, insbesondere die **Steigung** der aggregierten Nachfragekurve aus? Gilt auch hier die allgemeine Vorstellung, daß mit sinkenden Preisen die nachgefragte Menge zunimmt? Existiert also der uns bekannte Verlauf der Kurve von links oben nach rechts unten?

Sehen wir uns hierzu die Abbildung 12.3 an. Wir können erkennen, daß tatsächlich auch in makroökonomischer Betrachtung die altbekannte Form der Nachfragekurve gegeben ist. Ein Anstieg des Preisniveaus (der unabhängigen Variablen) führt zu Reduktionen des nachgefragten Bruttosozialprodukts (der abhängigen Variablen), und ein Absinken des Preisniveaus hat einen Anstieg des nachgefragten Bruttosozialprodukts zur Folge. Dieser Zusammenhang gilt freilich nur für eine ganz bestimmte Situation, nämlich dann, wenn wir außer dem Preisniveau und der nachgefragten Menge alle anderen Größen, die auf die gesamtwirtschaftliche Nachfrage Einfluß haben können, konstant setzen, also unter der ceteris paribus--Klausel betrachten.

Abb. 12.3: Verlauf der aggregierten Nachfragekurve

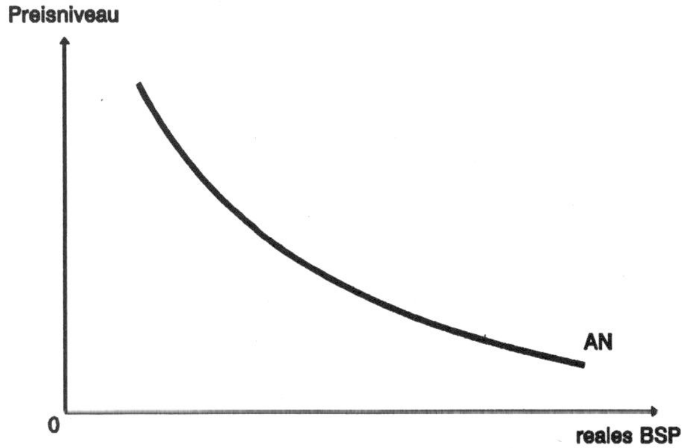

Welche Erklärung gibt es nun für diesen Verlauf der aggregierten Nachfragekurve *AN*?

Hier gilt es vor allem auf den Ansatz des sogenannten "**real balance Effekts**" oder **Realkasseneffekts** hinzuweisen.

Ein Anstieg des Preisniveaus bedeutet in diesem Erklärungsansatz, daß die Wirtschaftssubjekte nunmehr, in realen Größen gemessen, ärmer geworden sind. Ihr persönlicher Reichtum hat sich vermindert, vor allem dann, wenn sie diesen in Geld oder in geldwerten Anlagen halten, also etwa in langfristigen Anleihen. Das Äquivalent dieser Anlagen, gemessen in Gütern und Diensten, die man damit kaufen kann, hat sich verringert. Der Realkasseneffekt postuliert somit einen Zusammenhang zwischen der Realkasse auf der einen und realen Variablen, wie zum Beispiel Konsum oder Investitionen, auf der anderen Seite.

Bei einer Reduktion des Preisniveaus, also bei niedrigeren Preisen, kann man umgekehrt für dasselbe Geld mehr Güter und Dienste kaufen als zuvor: die reale Kaufkraft des vorhandenen Einkommens und Vermögens hat zugenommen.

Lage der aggregierten Nachfragekurve

Wir sollten hier noch einmal darauf hinweisen, daß die Lage der aggregierten Nachfragekurve immer nur für eine ganz bestimmte makroökonomische Situation gilt. Wir umschrieben dies mit der ceteris paribus-Klausel. Die Nachfragekurve kann sich natürlich, in unserem Diagramm, nach links oder nach rechts bewegen, sich also verschieben, wenn bestimmte Einflußfaktoren, die neben dem Preis auf die nachgefragte Menge einwirken, sich ebenfalls verändern. Wie wir wissen, gibt es eine ganze Reihe solcher Faktoren und viele von ihnen sind auch politisch beeinflußbar.

Wenn zum Beispiel das verfügbare Einkommen der Konsumenten steigt, weil der Staat die Einkommensteuer herabgesetzt hat, wird sich die Nachfragekurve nach rechts verschieben. Dies bedeutet, daß nunmehr bei einem gegebenen Preisniveau Güter und Dienste in größerem Umfang gekauft und konsumiert werden können. Auf der anderen Seite verschiebt sich die aggregierte Nachfragekurve nach links, wenn der Staat beispielsweise seine Ausgaben senkt. In diesem Fall wird zu einem jeweils gegebenen Preisniveau weniger nachgefragt, da der Staat als Nachfrager nach Güter und Dienstleistungen nun in geringerem Umfang als zuvor am Markte auftritt.

Kommen wir als nächstes zum aggregierten Angebot.

12.3 Aggregiertes Angebot

Das aggregierte Angebot stellt die Menge von Gütern und Dienstleistungen dar, die Unternehmen in einem bestimmten Zeitraum und in einer bestimmten gesamtwirtschaftlichen Situation produzieren wollen. Die gesamtwirtschaftliche Situation ist dabei im wesentlichen gekennzeichnet durch:

- die herrschenden **Preise**,
- die vorhandenen **Produktionskapazitäten** und
- die gesamtwirtschaftliche **Kostensituation**.

Im allgemeinen wird der Unternehmenssektor den Output, den er herstellen kann, also den potentiellen Output, auch tatsächlich produzieren wollen. Es mag aber immer wieder auch zu Situationen kommen, in denen Unternehmen **weniger** herstellen möchten, als es ihre Produktionskapazität erlaubt. Dies wird, bei gegebener Nachfrage, vor allem dann der Fall sein, wenn in ihren Augen entweder die Güterpreise, die sie für ihre Produkte erzielen können, als zu niedrig ansehen oder aber die Kosten der Produktion als zu hoch empfinden. Die Produktionskapazitäten werden dann nicht voll ausgelastet, es kommt zu einer Unterbeschäftigung der Produktionsfaktoren.

Ebenso ist natürlich auch eine Situation denkbar, in der die Unternehmen **mehr** herstellen wollen, als sie dies im Rahmen der vorhandenen Produktionsanlagen überhaupt können. Diese Situation wird vor allem dann eintreten, wenn die Unternehmen die hergestellten Waren und Dienste zu besonders günstigen Preisen absetzen können, oder wenn sie die Produktionskosten als außerordentlich niedrig erachten. Lassen sich ihre Wunschvorstellungen aufgrund der beschränkten Produktionskapazitäten nicht sogleich verwirklichen, so muß es in der betrachteten Volkswirtschaft zu einer Anhebung des Preisniveaus kommen.

Doch beschränken wir unsere Betrachtung des aggregierten Angebots auf den Zusammenhang von Preisniveau und angebotenem makroökonomischen Output. Das heißt, wir wollen neben der Auslastung der vorhandenen Produktionskapazitäten auch die Kostensituation für das aggregierte Angebot als gegeben voraussetzen. Welchen Verlauf hat dann die aggregierte Angebotskurve in unserem bekannten Preis-Mengen-Diagramm?

Die Beantwortung dieser Frage zählt zu den kniffligsten Aufgabenstellungen der Wirtschaftswissenschaft. Denn in der Beurteilung des Verlaufs und auch der Lage der gesamtwirtschaftlichen Angebotskurve unterscheiden sich gerade Klassik und Keynes'sche Theorie ganz wesentlich. Die aggregierte Angebotskurve ist somit von zentraler Bedeutung für das Verständnis der Volkswirtschaftslehre. Sehen wir uns also genauer an, wo die Unterschiede in der Interpretation dieser Kurve liegen und welche Folgen sich daraus für die Diskussion unserer drei makroökonomischen Problemkreise Bruttosozialprodukt, Preisniveau und Beschäftigung ergeben.

12.3.1 Klassik

Das Konzept der Klassik bestimmte seit **Adam Smith** ("The Wealth of Nations", 1776) bis in die erste Hälfte unseres Jahrhunderts hinein weitgehend die Vorstellungen über makroökonomische Zusammenhänge. Erst mit dem Aufkommen der Keynes'schen Theorie verlor die klassische Lehre an Bedeutung. In neuerer Zeit allerdings, in den 70er und 80er Jahren, erfährt sie eine unvorhergesehene Renaissance in Form der "Neuen Klassischen Makroökonomik". Wir werden darauf später noch kurz zu sprechen kommen (siehe Abschnitt 11.6).

Welche Vorstellung vom Verlauf der aggregierten Angebotskurve haben also die Klassiker?

Betrachten wir dazu die nachfolgende Abbildung 12.4.

Abb. 12.4: Verlauf der aggregierten Angebotskurve in der Theorie der Klassik

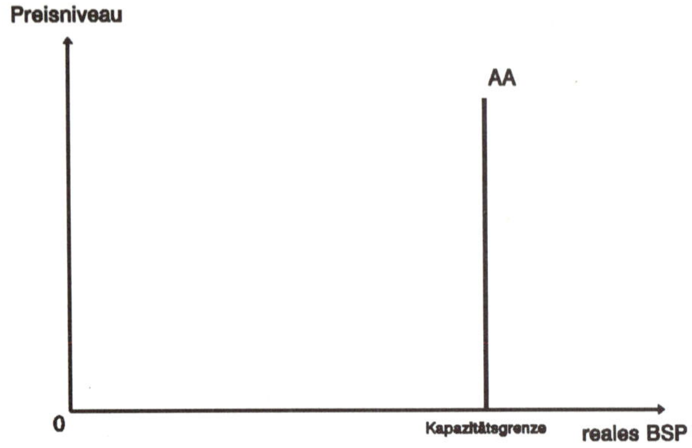

Wir sehen, daß die aggregierte Angebotskurve *AA* in der klassischen Theorie vertikal verläuft, und zwar genau an der Kapazitätsgrenze einer Volkswirtschaft. Die tatsächliche Produktion entspricht also dem Vollbeschäftigungsoutput, das heißt der Menge an Gütern und Dienstleistungen, die eine Volkswirtschaft hervorzubringen vermag, wenn alle vorhandenen Faktoren voll eingesetzt sind. Dies impliziert sogleich, daß es bei den Klassikern **keine** Arbeitslosigkeit geben kann. Wie aber wird diese Vorstellung begründet?

Das Hauptargument der Klassik besteht darin, daß sich alle Märkte für Güter und

Dienstleistungen ebenso wie alle Märkte für Faktoren (hierzu zählt natürlich auch der Arbeitsmarkt) in einem **notionalen Gleichgewicht** befinden. In diesem Gleichgewicht entspricht, wie wir wissen, stets das **gewünschte Angebot** der **gewünschten Nachfrage**. Es handelt sich also um ein idealtypisches Gleichgewicht, das die Klassiker vor allem mit einem Axiom begründen:

Sie sind der festen Überzeugung, daß die Preise für Güter und Dienste wie auch für Faktoren (Zinsen, Löhne) **vollkommen flexibel** sind und sich unendlich schnell an veränderte Situationen anpassen. Die Preise bringen auf diese Weise Angebot und Nachfrage immer zu einem Ausgleich, der die Wünsche aller Marktteilnehmer erfüllt und damit auch stets mit Markträumung und einer vollbeschäftigten Volkswirtschaft verbunden ist.

Wir haben bereits in Kapitel 4 den Begriff der **Preiselastizität** kennengelernt. Charakterisieren wir mit Hilfe dieses Begriffes die *AA*-Kurve der Klassiker, so stellen wir fest, daß sie eine Preiselastizität von Null aufweist, also vollkommen preisunelastisch ist. Dies wiederum bedeutet, daß eine Veränderung des Preisniveaus keine Auswirkungen auf den angebotenen Output hat. Die Volkswirtschaft produziert stets den maximalen Output und kann diesen - zumindest kurzfristig - auch durch wirtschaftspolitische Maßnahmen nicht verändern.

12.3.2 Keynes'sche Theorie

Die Keynes'sche Theorie hat ihren eigentlichen Ursprung im Jahre 1936, dem Erscheinungsjahr der von **John Maynard Keynes** verfaßten "General Theory of Employment, Interest and Money". Zu jener Zeit herrschte immer noch die große weltwirtschaftliche Depression und die makroökonomische Situation war in vielen Ländern durch hohe Arbeitslosigkeit und Unterauslastung der Produktionskapazitäten gekennzeichnet. Diese Ausgangslage hat die Vorstellungen von Keynes nachhaltig geprägt.

Keynes brachte mit seiner "General Theory" eine völlig neue Sicht der makroökonomischen Zusammenhänge in die Volkswirtschaftslehre ein, die sich in einem zur Klassik gänzlich unterschiedlichen Verlauf der aggregierten Angebotskurve ausdrücken läßt. Das Kernstück seines Ansatzes liegt dabei in der Aufhebung des Postulats der Flexibilität von Preisen und Löhnen, das ja im Zentrum der klassischen Lehre steht. Makroökonomische Anpassungen erfolgen bei ihm nicht mehr durch flexible Löhne und Preise. An ihre Stelle treten vielmehr andere Anpassungsmechanismen, so jener, der die Ausgaben der Haushalte an veränderte Einkommen anbindet. Wie dieser Anpassungsmechanismus funktioniert, werden wir im nächsten Kapitel noch im einzelnen kennenlernen. Hier wollen wir nur die Schlüsselrolle aufzeigen, die die Einschränkung der Preisflexibilität in seinem System einnimmt.

Wie konnte Keynes eigentlich annehmen, daß Preise inflexibel oder rigide seien?

Für inflexible Preise und Löhne sprechen mehrere Gründe. Vor allem zwei Argumente werden in der Keynes'schen Theorie, so wie man sie heute in den Lehrbüchern dargestellt findet, als Ursache starrer Löhne und Preise angeführt:

Das erste Hauptargument behauptet, daß Löhne und Preise in **Kontrakten**, die für einen längeren Zeitraum gelten, festgesetzt sind. So werden Mindestlöhne in Tarifvereinbarungen zwischen Gewerkschaften und Unternehmensverbänden festgeschrieben, die dann für die Dauer des Tarifvertrags fix bleiben. Das Kontraktargument hat auch dann Bedeutung, wenn eine Volkswirtschaft sich in der Situation der Vollbeschäftigung befindet.

Darüber hinaus sind sowohl Arbeitgeber als auch Arbeitnehmer daran interessiert, daß Arbeitsverhältnisse über einen **längeren Zeitraum** hinweg bestehen bleiben. Dadurch sparen sich die Unternehmen Kosten für das Finden, Auswählen und Einarbeiten neuer Arbeitskräfte. Die Arbeitnehmer wiederum ersparen sich den Ärger und den Aufwand, der in der Regel mit der Kündigung sowie der Suche nach einer neuen Arbeitsstelle verbunden ist. Vor diesem Hintergrund werden Unternehmen, im Falle einer schlechten Konjunkturlage, nicht aggressiv die Löhne kürzen, und auch nicht sofort zum Mittel der Entlassung greifen, wenn ihr Personal notwendige Kürzungen des Gehalts nicht einfach hinzunehmen bereit ist. Die Arbeitnehmer, auf der anderen Seite, werden nicht sofort zum Streik übergehen, wenn sie in Zeiten der Hochkonjunktur, also in einer guten Wirtschaftslage, nicht die geforderten Lohnerhöhungen erhalten.

Ein zweiter Hauptgrund, der für inflexible Löhne und Preise spricht, hängt mit der **besonderen Verhandlungsposition** zusammen, in der Unternehmen sich befinden, wenn eine Volkswirtschaft durch Unterbeschäftigung gekennzeichnet ist - und diese Situation wird bei Keynes als die "normale" Wirtschaftslage angesehen. Bei Arbeitslosigkeit können Unternehmen Personal einstellen, ohne höhere Löhne anbieten zu müssen, was bei Vollbeschäftigung nicht möglich wäre. Denn bei Vollbeschäftigung lassen sich Arbeitskräfte nur durch Verbesserungen ihres Einkommens dazu bewegen, den Arbeitsplatz zu wechseln. Arbeitslosigkeit hingegen garantiert die Konstanz der Löhne. Gleichbleibende Löhne aber bedeuten, daß sich auch die Durchschnittskosten eines Unternehmens, also die Kosten einer Outputeinheit, nicht wesentlich verändern. Da diese wiederum den Preis eines Produktes maßgeblich bestimmen, kann man ableiten, daß auch das Preisniveau bei Unterbeschäftigung sich nicht erhöht. Bei gleichbleibenden Durchschnittskosten nämlich sehen die Unternehmen keinen besonderen Grund, die Preise anzuheben. Dieses Argument, das behauptet, bei konstanten Durchschnittskosten würden sich auch die Preise nicht (nach oben) verändern, bezeichnet man in der Literatur als das **Kostenargument** für rigide Preise.

Als weiteres Argument wird zumeist auch auf die **Trägheit großer Organisationen**, etwa von Großunternehmen hingewiesen, wenn es um Preisänderungen geht. Man möchte die Preise möglichst für einen längeren Zeitraum festgelegt haben, etwa als Katalogpreise oder als Listenpreise, um so die Produktions- und Absatzplanung auf einem vermeintlich sicheren Informationsniveau vornehmen zu können.

In einer Volkswirtschaft gibt es daneben auch eine Reihe von **regulierten Preisen**, die sich nicht nach dem Wettbewerbsprinzip bilden, sondern auf die der Staat einen gewissen Einfluß ausübt und die zumeist für einen längeren Zeitraum festgelegt werden. Hierzu zählen Telefongebühren, Gebühren für Elektrizität, Gas, Wasser, oder die Preise für Transportleistungen der öffentlichen Wirtschaft (Bundesbahn- und Flugtarife).

Wie nun wirkt sich Preisträgheit in unserem Angebots-Nachfrage-Diagramm auf den Verlauf der aggregierten Angebotskurve aus? Sehen wir uns hierzu Abbildung 12.5 an.

Im Gegensatz zur Klassik geht Keynes, wie wir schon andeuteten, davon aus, daß in einer Volkswirtschaft die **Unterbeschäftigung** der Produktionsfaktoren und somit Arbeitslosigkeit der Normalfall sei. Vollbeschäftigung hingegen stelle eher eine Ausnahme dar. Da Keynes kurzfristig sogar **starre** Preise und Löhne unterstellt, kann es in absehbarer Zeit auch nicht automatisch über den Preismechanismus zur Vollbeschäftigung kommen.

Wie wir schon ausführten, fällt es den Unternehmen bei Unterbeschäftigung relativ leicht, zu den gegenwärtigen Löhnen die gewünschten Arbeitskräfte zu bekommen. Sie können daher, falls sie es für erforderlich halten, ohne weiteres ihre Produktion im Rahmen der vorhandenen Kapazitäten ausdehnen und müssen nicht mit steigenden Durchschnittskosten rechnen. Sollte nun die Nachfrage nach ihren Produkten zunehmen, werden die Unternehmen sofort bereit sein, ihren Output zu erhöhen, ohne zugleich die Preise anzuheben. Die aggregierte Angebotskurve *AA* verläuft deshalb **horizontal**. Erst dann, wenn die Kapazitätsgrenze einer Volkswirtschaft erreicht ist, geht der horizontale in einen vertikalen Verlauf der *AA*-Kurve über. Dann nämlich läßt sich die Produktion nicht mehr ohne weiteres ausdehnen; zumindest kurzfristig treten Kostensteigerungen auf, die über Preiserhöhungen an die Nachfrager weitergegeben werden müssen.

Abb. 12.5: Verlauf der aggregierten Angebotskurve in der Keynes'schen Theorie

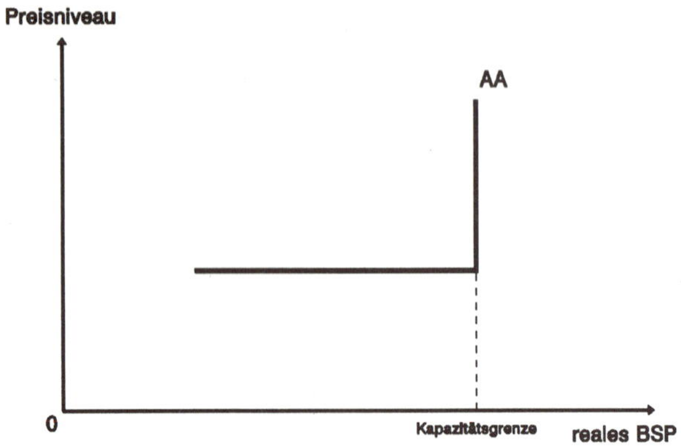

In der Literatur bezeichnet man den Bereich, innerhalb dem die *AA*-Kurve horizontal verläuft, als den **Keynes'schen-** oder den **Depressionsbereich**. Man beachte, daß hier die Preiselastizität des aggregierten Angebots gegen unendlich geht. Das heißt, bereits kleine Preisänderungen würden, falls sie eintreten könnten, zu einer überaus großen Zunahme des volkswirtschaftlichen Angebots führen. Dies ist auch leicht einzusehen, wenn man bedenkt, daß die Unternehmen mehr produzieren und absetzen können, ohne mit höheren Durchschnittskosten rechnen zu müssen. Denn damit nimmt natürlich auch ihr zu erwartender Gewinn zu.

Nur dann, wenn die Volkswirtschaft den Zustand der Vollbeschäftigung erreicht, verändert sich der Anpassungsmechanismus von Preisen und Mengen. Auch im Keynes'schen System müssen Preise und Löhne jetzt, verglichen mit dem Depressionsbereich, als weitaus flexibler unterstellt werden. Ob sie allerdings den Grad der vollkommenen Flexibilität erreichen können, so wie ihn die Klassik unterstellt, ist eine strittige Frage. Zumindest in der kurzen Frist werden, auch bei Vollbeschäftigung, weiterhin Elemente vorhanden sein (etwa bindende Kontrakte), die die Anpassungsfähigkeit des Preissystems behindern. Wir sind darauf eben schon eingegangen.

In unserer Abbildung 12.5 ist für das Keynes'sche System ein vertikaler Verlauf der aggregierten Angebotskurve an der Kapazitätsgrenze unterstellt, da diese Form der Darstellung sich auch in den meisten der neueren volkswirtschaftlichen Lehrbücher wiederfindet.

Als nächstes wollen wir uns nun der dritten zentralen Lehrmeinung zuwenden, die eine eigene Ansicht zum Verlauf der aggregierten Angebotskurve hat, der "neoklassischen Synthese". In der Literatur wird diese Richtung der makroökonomischen Theorie häufig auch als "Keynesianische Theorie" bezeichnet. In diesem Fall darf man dann allerdings nicht mehr die ursprüngliche Konzeption der Klassik oder die Theorie von Keynes verstehen.

Die neoklassische Synthese bildet heute noch immer die Grundlage der sogenannten "mainstream economics". Sie stellt also die Hauptrichtung der Volkswirtschaftslehre dar, so wie sie weltweit an den meisten Universitäten unterrichtet und in den gängigen Lehrbüchern dargestellt wird.

12.3.3 Die Neoklassische Synthese

Die modernen Ökonomen der neoklassischen Synthese machen eine Unterscheidung, die in unseren bisherigen Ausführungen eine eher untergeordnete Rolle spielte. Sie differenzieren explizit zwischen einer **kurz-** und einer **langfristigen** Betrachtung, wenn sie sich mit der aggregierten Angebotskurve beschäftigen. Sehen wir uns zunächst, im bekannten Preis-Mengen-Diagramm, die kurzfristige aggregierte Angebotskurve an.

12.3.3.1 Kurzfristige Betrachtung

Die Abbildung 12.6 zeigt den Verlauf der aggregierten Angebotskurve in der kurzen Frist, so wie ihn die neoklassische Synthese gemeinhin annimmt.

Abb. 12.6: Kurzfristige Angebotskurve in der neoklassischen Synthese

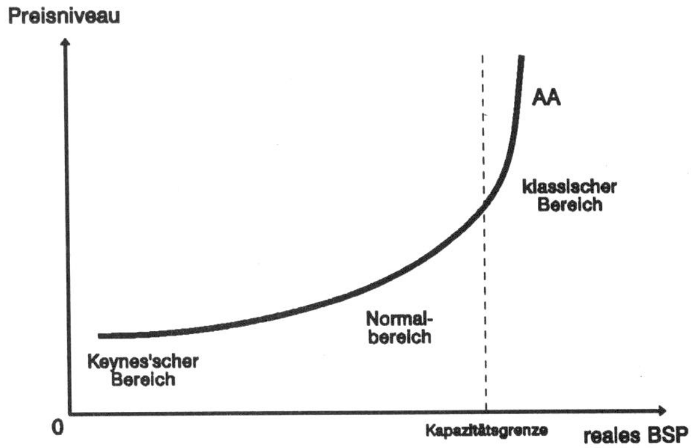

Wir erkennen, daß die kurzfristige aggregierte Angebotskurve in der Sicht der "Neoklassik" von links unten nach rechts oben ansteigt. Dies bedeutet, daß eine Zunahme des realen BSP mit einem steigenden Preisniveau einhergeht. Die Kurve läßt sich dabei in drei Bereiche unterteilen:

- den uns bereits bekannten "Keynes'schen Bereich"
- einen "normalen Bereich" und
- einen "klassischen Bereich", der uns ebenfalls bereits begegnet ist.

Der Verlauf der Kurve für diese Bereiche ist unterschiedlich:

Im ersten Segment besitzt die Kurve nur eine relativ geringe Steigung. Hier befindet sich die Volkswirtschaft in einer Situation der Unterbeschäftigung, wie sie für Keynes typisch ist. Allerdings, und dies ist wichtig: Es kann bereits hier zu einem, wenn auch nur geringfügigen Anstieg des Preisniveaus kommen, wenn sich die gesamtwirtschaftliche Nachfrage und mit ihr zusammen auch die gesamtwirtschaftliche Produktion ausdehnt.

Daran schließt sich ein zweites Segment an, das einen zunehmenden Anstieg der Angebotskurve aufweist und als typisch für normale Zeiten einer Volkswirtschaft gelten kann. Je weiter sich eine Volkswirtschaft in diesem Bereich der Kapazitätsgrenze nähert, umso stärker fällt der Preisanstieg aus, der mit zunehmender Produktion einhergeht.

Das dritte Segment verläuft nahezu vertikal und fällt mit der Kapazitätsgrenze einer Volkswirtschaft zusammen. Hier herrscht Vollbeschäftigung der Produktionsfaktoren, also jene Situation, die die Klassik als einzig relevante erachtet.

Sehen wir uns nun die verschiedenen Segmente im einzelnen noch etwas näher an.

Keynes'scher Bereich

Das erste Segment der gesamtwirtschaftlichen Angebotskurve beschreibt eine gesamtwirtschaftliche Situation, wie wir sie ähnlich bereits bei Keynes kennengelernt haben. In einer Volkswirtschaft sind hier im großen Umfang unterbeschäftigte Ressourcen vorhanden. Unausgelastete Kapazitäten, also Unterbeschäftigung von Maschinen und Faktoren in (nahezu) allen Industrien, lösen, wie wir wissen, schon bei geringen Veränderungen der Nachfrage große Reaktionen auf der Produktionsseite aus. Aber auch das Preisniveau kann sich, im Gegensatz zur Keynes'schen Betrachtung, nunmehr ebenfalls, wenn auch geringfügig nach oben bewegen.

Im Konzept der neoklassischen Synthese steigt also, insgesamt gesehen, die *AA*-Kurve (geringfügig) an. Wodurch freilich, so muß man sich fragen, kann es selbst im Keynes'schen Bereich zu einem Anstieg der kurzfristigen Angebotskurve kommen?

Die heutige Makroökonomik, wenn sie sich an der neoklassischen Synthese orientiert, greift bei der Erklärung des Verlaufs der *AA*-Kurve zum einen auf eine Vorstellung zurück, die uns bei Keynes bereits begegnet ist, nämlich die der **temporären Rigidität** der Kosten. Zum anderen aber vertreten Anhänger dieser Lehrmeinung die Ansicht, daß neben diesen zeitlich gebundenen Kostenelementen zusätzlich **flexible** Kosten auftreten, die dazu führen, daß sich die Durchschnittskosten der Produktion mit zunehmendem Output (etwas) erhöhen. Als Folge davon werden auch die Preise, die die Unternehmen für ihre Produkte verlangen, bei steigender Produktion zunehmen. Diese Preissteigerungen freilich werden eher gering ausfallen. Denn in der Situation der massiven Unterbeschäftigung müssen die Unternehmen auch auf die Reaktion der Nachfrager ihrer Güter Rücksicht nehmen und eine vorsichtige Preispolitik betreiben. Auch der Wettbewerbsdruck, dem die einzelnen Unternehmen am Markte ausgesetzt sind, wird zusätzlich dafür sorgen, daß die Preise nur leicht ansteigen. Denn dieser ist umso stärker ausgeprägt, je mehr Produktionskapazitäten in einer Volkswirtschaft nicht ausgelastet sind.

Im Ergebnis zeichnet sich somit der Keynes'sche Bereich der aggregierten Angebotskurve in der neoklassischen Synthese dadurch aus, daß bei zunehmender Nachfrage die Produktion sehr stark, das Preisniveau hingegen lediglich geringfügig zunimmt.

Neoklassischer Normalbereich

Die Argumentation, die zur Begründung des Anstiegs der *AA*-Kurve im Keynes'schen Bereich herangezogen wurde, gilt im wesentlichen auch für den Neoklassischen Normalbereich. Allerdings wird diese noch durch eine weitere Überlegung in der Weise ergänzt, daß der Anstieg der Kurve im Normalbereich insgesamt steiler ausfällt.

Die neoklassische Synthese behauptet nämlich, in normalen Zeiten sei eine Volkswirtschaft dadurch gekennzeichnet, daß bestimmte Unternehmen und Industriezweige ihre Kapazitäten stärker auslasten könnten und andere weniger beschäftigt seien. Es kommt also auf einzelwirtschaftlicher und auf sektoraler Ebene zu Unterschieden in der Produktionsauslastung. Manchen Unternehmen geht es besser und anderen schlechter als sie dies erwartet hatten. Die einen arbeiten mit voller Kapazitätsauslastung und bei anderen sind noch genügend Produktionsspielräume vorhanden. Die Volkswirtschaft ist also nicht mehr durch eine einheitliche, für alle Unternehmen geltende Wirtschaftslage charakterisiert, sondern durch **strukturelle Differenzen**. In diesen spiegeln sich dann die konjunkturellen, technologischen, wettbewerbsmäßigen und sonstigen Bedingungen wieder, wie sie für verschiedene Sektoren innerhalb der Gesamtwirtschaft typisch sind.

Stärker ausgelastete Industrien werden natürlich bei einem Anstieg der Nachfrage ihren Output nicht ohne weiteres ausdehnen können. Sie müssen zuvor erst durch zusätzliche Investitionen ihre Produktionskapazitäten ausbauen. Dadurch entstehen zusätzliche Kosten, die es zu kompensieren gilt. Zum anderen fällt es auch schwer, für die hinzukommenden Kapazitäten die notwendigen Arbeitskräfte zu den alten Bedingungen einzustellen. Die Unternehmen müssen vielmehr Lohnerhöhungen akzeptieren und sehen sich daher steigenden Kosten gegenüber. Die Gesamt- sowie die Durchschnittskosten von Unternehmen mit stark ausgelasteten Kapazitäten steigen also kräftig an und veranlassen diese, auch die Preise kräftig anzuheben. Dies führt, für die gesamte Volkswirtschaft betrachtet, dazu, daß bei einer Anhebung der Nachfrage

(a) die Reaktion des realen Outputs viel geringer als im Keynes'schen Bereich ausfällt und
(b) das Preisniveau umso stärker ansteigt, je mehr sich die gesamte Volkswirtschaft, das heißt je mehr sich alle Produktionssektoren ihrer Kapazitätsgrenze annähern.

Der Anstieg der *AA*-Kurve in der kurzen Frist hängt also von der spezifischen Situation ab, in der sich eine Volkswirtschaft befindet. Von zentraler Bedeutung ist dabei das Kriterium der **Beschäftigung**. Je näher man sich an die gesamtwirtschaftliche Kapazitätsgrenze heranbegibt, umso steiler verläuft die aggregierte Angebotskurve.

Klassischer Bereich

Die *AA*-Kurve mündet schließlich in den sogenannten klassischen Bereich, wenn alle Kapazitäten voll ausgelastet sind. In dieser Situation läßt sich die Produktion kurzfristig nicht mehr weiter ausdehnen, selbst dann nicht, wenn sich die Nachfrage sehr stark nach oben bewegen sollte.

Dieser "klassische Fall" verkörpert aber in der kurzfristigen Betrachtung der neoklassischen Synthese eher eine Grenzsituation, ein spezielles Beispiel mehr theoretischer Natur. Wie sieht es dagegen in der langfristigen Analyse aus?

12.3.3.2 Langfristige Betrachtung

Dehnt man die Betrachtung des gesamtwirtschaflichen Angebots auf eine sehr lange Zeitdauer aus, so nimmt der Verlauf der Angebotskurve eine gänzlich andere Gestalt an als in der kurzen Frist. In der langen Frist verläuft die aggregierte Angebotskurve nämlich vertikal, so wie dies Abbildung 12.7 zeigt. Über diese Verlaufsform sind sich auch alle Ökonomen der neoklassischen Synthese einig.

Abb. 12.7: Langfristiger Verlauf der aggregierten Angebotskurve in der neoklassischen Synthese

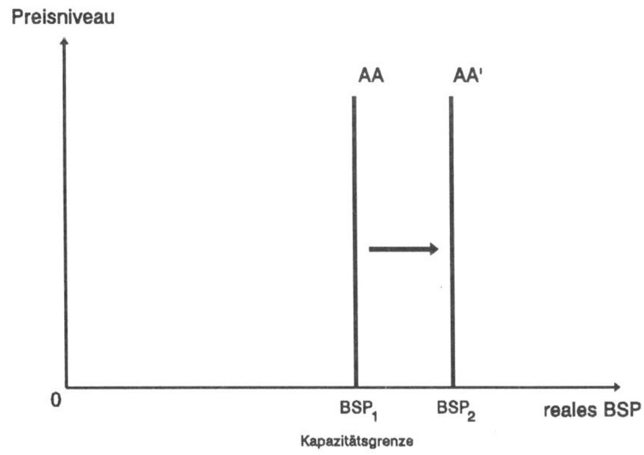

Welche Begründung läßt sich nun für die vertikale langfristige Angebotskurve finden?

In der langen Frist sind, so meint man, die Preise auf allen Märkten flexibel. Es gibt keine temporär gebundenen Kostenbestandteile mehr. Zudem wird dann auch das potentielle Outputniveau einer Volkswirtschaft erreicht. Änderungen bei den Produktionskosten können sich nun nur noch als Veränderung bei den Güterpreisen auswirken. Das allgemeine Preisniveau wird ansteigen, ohne daß es zu entsprechenden Mengenänderungen kommen kann. Sobald nämlich die temporär gebundenen Kostenbestandteile nicht mehr existieren, haben die Unternehmen auch keine Veranlassung, ihre Produktion bei einer Zunahme der Nachfrage auszudehnen, denn sie können dadurch ja keine zusätzlichen Kostenvorteile mehr erzielen. Sie werden allein darauf achten, den Anstieg der Produktionskosten voll über die Produktpreise an die Nachfrager weiterzugeben. In der langen Frist entspricht also der Verlauf der aggregierten Angebotskurve demjenigen, den wir als typisch für die klassische Ökonomie unterstellt hatten.

In der langfristigen Betrachtung wird sich natürlich nicht nur das Preisniveau verändern, sondern auch andere Größen, die auf das Produktionspotential einer Volkswirtschaft Einfluß haben. Hierzu zählen insbesondere die **Technologie**, die **Zahl der Arbeitskräfte** sowie die **Art ihrer Ausbildung**, der **Umfang** und die **Struktur des Kapitalstocks** und andere Faktoren mehr. Weil natürlich diese Faktoren nicht konstant bleiben, wird es zu einer Verlagerung der vertikalen langfristigen Angebotskurve kommen. In der Regel wird diese sich nach rechts verschieben und damit auch das Produktionspotential einer Volkswirtschaft erweitern.

Wir haben dies in Abbildung 12.7 durch die Verlagerung der aggregierten Angebotskurve von ***AA*** nach ***AA'*** ausgedrückt, mit einer entsprechenden Ausweitung der volkswirtschaftlichen Produktionskapazität von $\boldsymbol{BSP_1}$ auf $\boldsymbol{BSP_2}$.

Es kann aber auch zu Einschränkungen des Produktionspotentials kommen, vor allem dann, wenn sich beispielsweise die einsetzbaren Arbeitskräfte aufgrund zurückgehender Geburtenraten stark vermindern. Sorgt der technologische Fortschritt, über eine Erhöhung der Arbeitsproduktivität, dann nicht für einen entsprechenden Ausgleich, muß notwendigerweise auch das Produktionspotential schrumpfen. Mit diesem Phänomen könnten wir es unter Umständen in der Bundesrepublik Deutschland in den ersten Jahrzehnten des nächsten Jahrtausends zu tun bekommen. Dann nämlich dürfte, entsprechenden Statistiken zufolge, die arbeitsfähige Bevölkerung drastisch zurückgehen. Soll das Produktionspotential auch unter diesen Bedingungen weiter wachsen, so kann nur eine vermehrte Kapitalakkumulation und der damit einhergehende technische Fortschritt die notwendigen Voraussetzungen dafür schaffen.

Nachdem wir uns mit der aggregierten Nachfrage und dem aggregierten Angebot eingehend beschäftigt haben, wollen wir im nächsten Abschnitt auf das dritte Element näher eingehen, welches das makroökonomische Geschehen mitbestimmt, nämlich das Zusammenspiel von Angebot und Nachfrage.

12.4 Zusammenspiel von aggregierter Nachfrage und aggregiertem Angebot

Wie bereits in den vorhergehenden Abschnitten wollen wir unsere Betrachtung auch hier für die drei Lehrmeinungen Klassik, Keynes und neoklassische Synthese getrennt vornehmen und jeweils eine Situation herausstellen, die für die einzelnen Ansichten als typisch gelten kann. Beginnen wir wieder mit der Klassik.

12.4.1 Inflation und Deflation in der Klassik

Das Zusammenspiel von Angebot und Nachfrage im System der Klassik wollen wir anhand von Abbildung 12.8 kennenlernen.

Abb. 12.8: Zusammenspiel von Angebot und Nachfrage im System der Klassik

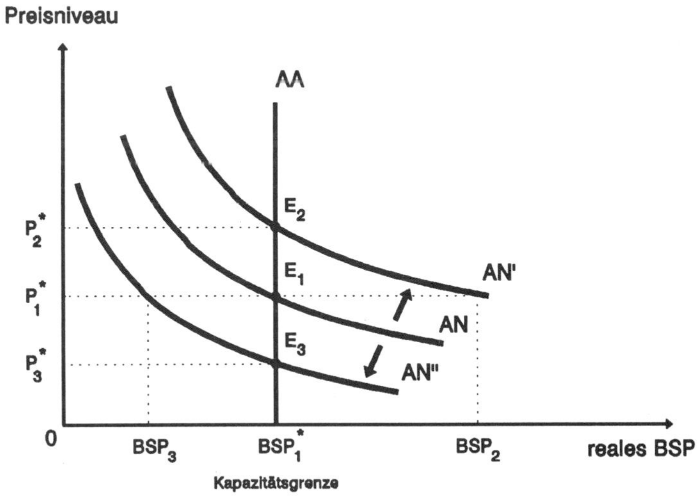

Wir sehen, daß die *AA*-Kurve den für die Klassik typischen vertikalen Verlauf aufweist. Im Schnittpunkt der *AN*- und *AA*-Kurve (Punkt $\mathbf{E_1}$) herrscht Gleichgewicht zwischen dem aggregierten Angebot und der aggregierten Nachfrage. Das

Preisniveau im Gleichgewicht entspricht P_1^* und der gleichgewichtige Output BSP_1^* stellt zugleich die Vollbeschäftigung in der Volkswirtschaft sicher.

Nachfrageinduzierte Inflation

Verschiebt sich nun die aggregierte Nachfragekurve nach rechts von *AN* auf *AN'*, so wird zu jedem Preisniveau mehr nachgefragt. Die nachgefragte Menge, die dem Gleichgewichtspreis P_1^* entspricht, ist jetzt nicht mehr BSP_1^*, sondern BSP_2. Zu einer solchen Verschiebung der *AN*-Kurve kann es zum Beispiel kommen, wenn die Staatsausgaben ansteigen, oder wenn die Unternehmen mehr investieren.

Die Unternehmen werden sich sofort auf die neue Situation einstellen und bemüht sein, die nachgefragte Menge BSP_2 zu produzieren. Sie werden als erstes darangehen, mehr Arbeitskräfte einzustellen und auch bereit sein, dafür höhere Löhne anzubieten. Da aber in der Volkswirtschaft Vollbeschäftigung herrscht und keine freien Arbeitskräfte mehr verfügbar sind, muß ihr Vorhaben sehr schnell scheitern. Mit ihrem Konkurrenzkampf um Arbeitskräfte treiben sie lediglich die Löhne steil nach oben. Als Folge müssen auch die Preise, die die Unternehmen für ihre Produkte verlangen, entsprechend steigen. Am Ende dieses Anpassungsprozesses stellt sich ein neues Gleichgewicht im Punkt E_2 ein, in dem der alte Vollbeschäftigungsoutput BSP_1^* angeboten wird, jedoch nun zu einem höheren Preisniveau P_2^*. Das Resultat einer solchen Nachfrageverschiebung ist also **Inflation**. Da hierfür allein die Nachfrage verantwortlich ist, bezeichnet man diese Art von Inflation als **nachfrageinduzierte** oder **demand-pull** Inflation.

Deflation

Eine Linksverschiebung der aggregierten Nachfragekurve von *AN* nach *AN''* bewirkt folgendes:

Zu dem ursprünglichen Gleichgewichtspreisniveau P_1^* wird jetzt nur noch die Menge BSP_3 nachgefragt. Die Unternehmen passen sich diesem Rückgang der Nachfrage an, indem sie Arbeitskräfte entlassen. Als Folge sinken die Löhne augenblicklich so stark ab, daß es für die Unternehmen wieder lohnt, neue Arbeitskräfte einzustellen. Dadurch wird ein entgegengesetzter Prozeß in Gang gebracht, der zum alten Gleichgewichtsoutput BSP_1^* hinführt. Aufgrund der gesunkenen Löhne und der damit einhergehenden Anpassungen bei den Produktpreisen wird dieser Output nun zu einem niedrigeren Preisniveau P_3^* angeboten. Das Ergebnis ist in diesem Falle also **Deflation**.

Erwähnen sollten wir noch, daß der Anpassungsprozeß der Unternehmen an die veränderte Nachfrage natürlich nicht nur den Arbeitsmarkt einschließt. Betroffen sind davon selbstverständlich auch die Märkte für alle anderen Inputfaktoren, beispielsweise der Markt für Investitionsgüter. Der Wirkungsablauf dort unterscheidet sich jedoch nicht grundsätzlich von dem von uns beschriebenen auf dem Arbeitsmarkt, weshalb wir darauf nicht weiter einzugehen brauchen.

Wirtschaftspolitische Implikationen

Nachdem uns die Wirkungsweise des klassischen Modells bekannt ist, können wir auch die **wirtschaftspolitischen** Implikationen ableiten, die sich daraus ergeben.

Versucht der Staat, das Beschäftigungs- oder Outputniveau einer Volkswirtschaft durch erhöhte Staatsausgaben oder durch niedrigere Steuern zu beeinflussen, so hat dies nur Auswirkungen auf das Preisniveau. Die vollständig flexiblen Löhne und Preise garantieren hingegen, daß stets der maximal mögliche Output, der Vollbeschäftigungsoutput produziert wird.

Diese Betrachtungsweise gilt unabhängig davon, ob sich die Lage der aggregierten Angebotskurve ***AA*** verändert. Diese könnte sich, wie wir wissen, nach rechts oder nach links verschieben, was mit einem wachsenden oder sinkendem Produktionspotential verbunden wäre. Auf solche Veränderungen werden wir in Kapitel 9 ausführlich eingehen, wenn wir die Konzeption der angebotsorientierten Makroökonomik kennenlernen.

12.4.2 Veränderung der Nachfrage im Keynes'schen Modell

Schon bei der Darstellung der aggregierten Angebotskurve haben wir darauf hingewiesen, daß im Keynes'schen System die Unterbeschäftigung in einer Volkswirtschaft als Normalfall gilt. Bei Keynes kommt es also zu einem Gleichgewicht von aggregierter Nachfrage und aggregiertem Angebot bei einem Output, der unterhalb des Vollbeschäftigungsniveaus liegt. Diese Situation ist in der Abbildung 12.9 dargestellt.

Wir betrachten eine Volkswirtschaft, die sich im Punkt $\mathbf{E_1}$ im Gleichgewicht befindet. Das gleichgewichtige Preisniveau beträgt $\boldsymbol{P^*}$ und der Gleichgewichtsoutput ist $\boldsymbol{BSP_1^*}$. Was passiert nun, wenn sich in dieser Situation die aggregierte Nachfrage verändert, nämlich von ***AN*** nach ***AN'***?

Abb. 12.9: Zusammenspiel von Angebot und Nachfrage im Keynes'schen System

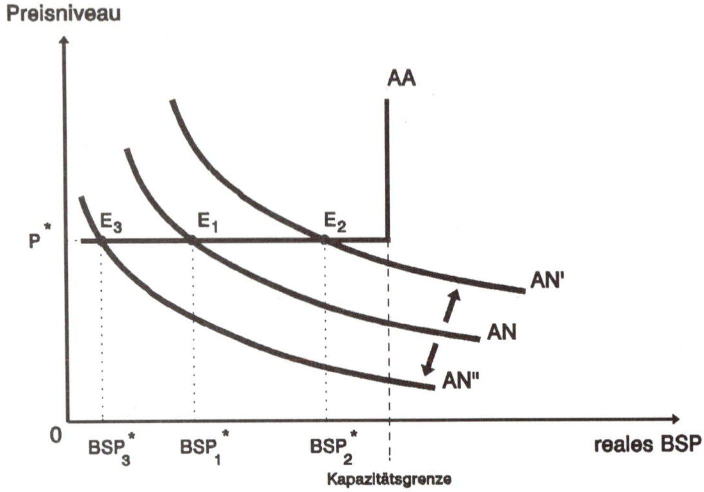

Die Unternehmen werden auf diese Veränderung reagieren, indem sie Arbeitskräfte einstellen und ihren Output von BSP_1^* auf BSP_2^* ausdehnen. Da sie dies, unter den uns bekannten Keynes'schen Annahmen, zu konstanten Durchschnittskosten tun können, verändert sich das Preisniveau nicht. Das neue Gleichgewicht wird im Punkt E_2 zum alten Preisniveau P^* und dem höheren Output BSP_2^* erreicht.

Verschiebt sich hingegen die aggregierte Nachfragekurve von *AN* nach *AN''*, so stellt sich nun zum kurzfristig fixen Preisniveau P^* ein Gleichgewicht im Punkt E_3 ein, wobei die Menge BSP_3^* produziert wird.

Wir sehen, daß im Keynes'schen Modell die aggregierte Nachfragekurve die dominierende Rolle spielt, wenn man das Preisniveau, den Output und die Beschäftigung in einer Volkswirtschaft bestimmen möchte. Die Theorie von Keynes steht daher auch im Zentrum der nachfrageorientierten Makroökonomik, die wir in Kapitel 13 detailliert darstellen werden.

Der **Wirtschaftspolitik** kommt in diesem System primär die Aufgabe zu, die aggregierte Nachfrage so zu beeinflussen, daß der volkswirtschaftliche Output steigt und die Unterbeschäftigung zurückgeht. Sie kann dies beispielsweise durch eine Erhöhung der Staatsausgaben oder eine Senkung der Steuern erreichen. Wie solche Maßnahmen im einzelnen wirken, werden wir ebenfalls in Kapitel 8 aufzeigen.

12.4.3 Nachfrage- und Angebotsschocks in der Konzeption der neoklassischen Synthese

Wir wissen bereits, daß die Theorie der neoklassischen Synthese bei der Betrachtung der aggregierten Angebotskurve zwischen einer kurzen und langen Frist unterscheidet. Langfristig stimmt der Verlauf der *AA*-Kurve mit dem der Klassiker überein und die Ergebnisse, die wir für eine Nachfrageveränderung im System der Klassik abgeleitet haben, gelten auch hier. Wir werden uns deshalb im folgenden auf eine kurzfristige Betrachtung des Marktgeschehens beschränken. Sehen wir uns hier zunächst Abbildung 12.10 an.

Nachfrageschocks

Die hier dargestellte Volkswirtschaft befindet sich im Punkt $\mathbf{E_1}$, dem Schnittpunkt der *AN*- und *AA*-Kurve im Gleichgewicht. Angenommen, es kommt nun durch übermäßig erhöhte Staatsausgaben oder durch einen starken Anstieg der Einkommen bei den privaten Haushalten zu einem Nachfrageboom, dann verschiebt sich die *AN*-Kurve kräftig nach rechts auf *AN'*. Man hat es in dem Fall mit einem **Nachfrageschock** zu tun, der die Volkswirtschaft trifft.

Das neue Gleichgewicht wird in Punkt $\mathbf{E_2}$ erreicht. Als Folge dieser Ausdehnung der Nachfrage tritt die uns bereits bekannte demand-pull Inflation auf, verbunden mit einer höheren Produktion. Dabei gilt, daß die Preissteigerung umso größer, und die Zunahme des Outputs umso geringer ausfällt, je näher sich die Volkswirtschaft im Ausgangszustand am Vollbeschäftigungsoutput befindet. Man spricht in diesem Fall von einer **Konjunkturüberhitzung**. Erst dann, wenn die Nachfrage wieder eingedämmt wird, kann das Preisniveau absinken.

Im entgegengesetzten Fall, bei einer Linksverschiebung der *AN*-Kurve auf *AN''*, ergibt sich ein niedrigeres Preisniveau und gleichzeitig ein geringeres Sozialprodukt. In Abbildung 12.10 stellt sich das neue Gleichgewicht im Punkt $\mathbf{E_3}$ ein. Das Preisniveau beträgt nun P_3^* und der Output fällt auf BSP_3^*.

Angebotsschocks

Kommen wir nun zu einem anderen interessanten Fall im System der neoklassischen Synthese, der Verschiebung der aggregierten Angebotskurve und betrachten wir hierzu Abbildung 12.11.

Wir sehen wieder eine Volkswirtschaft, die sich im Punkt E_1 im Gleichgewicht befindet. Was passiert nun in dieser Volkswirtschaft, wenn plötzlich die Preise für bestimmte Ressourcen stark ansteigen, so wie dies in den Jahren 1973/74 und 1979/80 beim Erdöl der Fall war?

Zunächst einmal führt dies dazu, daß die Unternehmen mehr Geld für den Inputfaktor Energie aufwenden müssen; ihre Kosten erhöhen sich. Als Folge werden sie natürlich auch für ihre Produkte höhere Preise verlangen. Volkswirtschaftlich gesehen bedeutet dies, daß sich die *AA*-Kurve nach links auf *AA'* verlagert. Man spricht in diesem Fall auch von einem **kontraktiven Angebotsschock**, den die Volkswirtschaft erleidet.

Abb. 12.10: Angebotsschocks

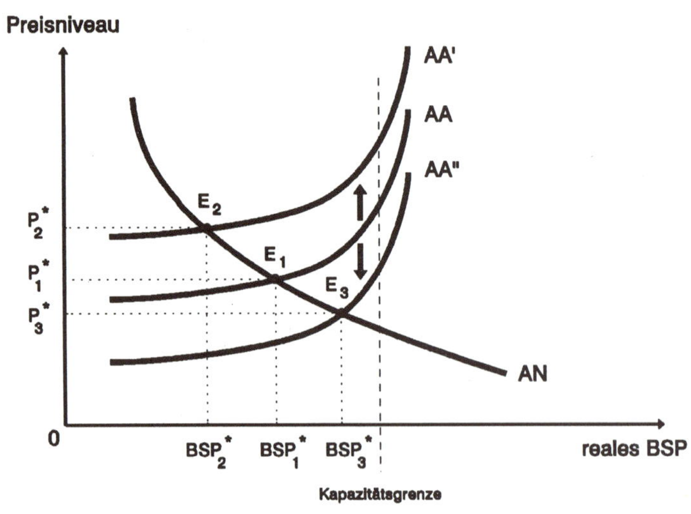

Als Ergebnis eines solchen Angebotsschocks treten, wie man der Abbildung 12.11 entnehmen kann, zugleich Inflation und eine niedrigere Produktion ein: Das Preisniveau steigt von P_1^* auf P_2^* und das reale Bruttosozialprodukt sinkt von BSP_1^* auf BSP_2^*. Hier allerdings handelt es sich um keine demand-pull Inflation, sondern um einen Anstieg des Preisniveaus, dessen Grund in höheren Produktionskosten und einer damit verbundenen Linksverschiebung der *AA*-Kurve liegt. Man bezeichnet diese Art der Inflation daher auch als **kosteninduzierte** oder **cost-push Inflation**.

Durch den Ölpreisschock sind also in unserer Volkswirtschaft nicht nur die Preise gestiegen, auch die Produktion ging zurück. Eine Situation, in der Inflation und gleichzeitig Stagnation, das heißt ein Rückgang in der Produktion auftreten, bezeichnet man als **Stagflation**. Eine Volkswirtschaft, die davon betroffen ist, hat es mit zwei Übeln zugleich zu tun. Sie leidet unter dem Rückgang in der Produktion und unter einem starken Anstieg des Preisniveaus. Die wirtschaftspolitischen Mittel, die dem Staat in diesem Fall zur Verfügung stehen, sind stark beschränkt. Er könnte zwar versuchen, durch höhere Staatsausgaben die aggregierte Nachfrage zu erhöhen und auf diese Weise auch die Produktion zu steigern, aber dies würde sogleich zu noch höheren Preisen führen. Angesichts der bereits herrschenden Inflation läßt sich diese Politik wohl kaum durchsetzen.

Was passiert andererseits im entgegengesetzten Fall, wenn sich die *AA*-Kurve nach rechts verschiebt?

Abbildung 12.11 macht deutlich, daß durch eine Rechtsverschiebung der *AA*-Kurve auf *AA''* ebenfalls zwei Effekte eintreten: In der betroffenen Volkswirtschaft sinkt das Preisniveau (von P_1^* auf P_3^*) und die Produktion nimmt zu (von BSP_1^* auf BSP_3^*). Man spricht in diesem Fall von einem **expansiven Angebotsschock**.

Der Grund für solch einen Schock kann beispielsweise in stark gesunkenen Energiepreisen liegen, wie dies 1986 der Fall war. In der Bundesrepublik Deutschland etwa hat dies zu kräftigem Wirtschaftswachstum bei relativ konstanten Preisen geführt. Als weiteren Grund kann man auf die sogenannten Basisinnovationen hinweisen. Es handelt sich dabei um grundlegende Neuerungen im Produktbereich oder im Verfahrensbereich einer Volkswirtschaft, die zu einer starken Konjunkturbelebung führen (siehe dazu auch Kapital 15). Zu nennen sind hier beispielsweise Entwicklungen im Bereich der Computertechnologie, der Biotechnologie, der Elektronik oder der Luft- und Raumfahrt mit der damit eng verbundenen Werkstofftechnik. Natürlich ist solch ein expansiver Angebotsschock in höchstem Maße wünschenswert und jede Regierung wird ihn als einen ökonomischen Glücksfall betrachten.

Kontrollfragen zu Kapitel 12:

1. Nennen Sie abhängige und unabhängige makroökonomische Variable einer Volkswirtschaft. Durch welche wirtschaftspolitischen Mittel lassen sich endogene Variablen beeinflußen?

2. Was besagt der Realkasseneffekt? Wieso wird er zur Begründung des Verlaufs der aggregierten Nachfragekurve verwendet?

3. Wie wird die Annahme inflexibler Löhne und Preise in der Keynes'schen Theorie begründet? Wie unterscheidet sich hiervon die neoklassische Synthese?

4. Begründen Sie den Verlauf der *AA*-Kurve in der Klassik, im Keynesianismus und in der neoklassischen Synthese!

5. Nehmen wir an, die Lohnkosten in einer Volkswirtschaft steigen drastisch an. Welche Folgen lassen sich daraus aus der Sicht der Klassik und aus Sicht des Keynesianismus ableiten? Diskutieren Sie anhand eines *AA-AN*-Diagramms.

6. Ein Entwicklungsland sei hochgradig von Rohstoffexporten abhängig. Wie wirkt sich ein Preisverfall der Rohstoffe auf die kurzfristige Angebotskurve und auf die Nachfragekurve dieses Landes aus, gemäß der neoklassischen Synthese?

7. Die gesamtwirtschaftliche Angebotsfunktion sei

$$P(Y) = 20 + 15Y + Y^2 , \quad \text{für } 0 \leq Y \leq 100$$

mit

P: Preisniveau

Y: Bruttosozialprodukt.

Die Kapazitätsgrenze sei bei $\overline{Y}=100$ erreicht.
Die gesamtwirtschaftliche Nachfragefunktion ist

$$P(Y) = 100 - Y \quad .$$

Wie groß ist das Preisniveau und das Bruttosozialprodukt im Gleichgewicht?
(Lösung: $Y^*=4$, $P^*=96$)

8. Was besagt der Begriff "Stagflation"?

13. Nachfrageorientierte Makroökonomik

Wir wollen uns im folgenden mit der Bedeutung der **aggregierten Nachfrage** für das Volkseinkommen auseinandersetzen und dabei sowohl auf theoretische wie auch auf politische Argumente und Konzepte eingehen. Da die Nachfrage, wie wir im letzten Kapitel schon andeuteten, im Zentrum der Keynes'schen Makroökonomik steht, wird es in der Hauptsache um Überlegungen gehen, die für das System von Keynes charakteristisch und bedeutsam sind. Zunächst werden wir in den Grundzügen die **Theorie des Multiplikators** darstellen und im Anschluß daran die wirtschaftspolitischen Schlußfolgerungen ziehen, die sich daraus ergeben. Dies wird im Rahmen der sogenannten **Fiskalpolitik** geschehen.

13.1 Einfache Theorie des Multiplikators

Wir sagten schon, daß in der Keynes'schen Theorie die aggregierte Nachfrage eine zentrale Rolle einnimmt, um das gleichgewichtige Volkseinkommen bei Vollbeschäftigung zu bestimmen. Um Vollbeschäftigung zu garantieren, muß die aggregierte Nachfrage nach Konsumgütern und Investitionsgütern eine Höhe aufweisen, die fähig ist, das gesamte produzierbare Sozialprodukt in einem Lande auszuschöpfen. Fragen wir uns also zunächst, was sich hinter der gesamtwirtschaftlichen Nachfrage ökonomisch eigentlich verbirgt, wie man sie theoretisch und statistisch erfassen kann.

13.1.1 Keynes'sche Kreislaufbetrachtung

Betrachten wir ein einfaches Modell der Volkswirtschaft, in dem der Staat und das Ausland nicht berücksichtigt sind.

Investition, Konsum und Sparen

Wie wir aus der Volkswirtschaftlichen Gesamtrechnung wissen, gibt es dann zwei Hauptverwendungszwecke für das Volkseinkommen:

- **Konsumieren**
  und
- **Investieren**.

Nimmt man den Staatssektor in die Betrachtung mit hinein, so werden die obigen Verwendungszwecke noch durch die Ausgabentätigkeit der öffentlichen Hand ergänzt. Auch das Ausland spielt über Exporte und Importe in einer offenen Volkswirtschaft eine Rolle. Doch abstrahieren wir zunächst, wie gesagt, für unsere Zwecke vom Staat und vom Ausland.

Die Verwendung des Volkseinkommens für Konsum und Investition bestimmt zugleich die gesamtwirtschaftliche Nachfrage, also jenen Teil unseres Makromodells, der für die Keynes'sche Theorie die Hauptbedeutung hat. Die Verwendung des Einkommens ist nämlich mit einem "Strom von Geldausgaben" verbunden, der sich auf den Märkten für Güter und Dienstleistungen als Nachfrage artikuliert. Allerdings - und dies ist ein ganz wichtiger Punkt, auf den es schon an dieser Stelle hinzuweisen gilt - in diesem Kapitel werden wir Konsum und Investitionen nicht im nachhinein, also ex-post betrachten, sondern wir haben es immer mit dem von den Haushalten geplanten Konsum beziehungsweise den von Unternehmen geplanten Investitionen zu tun.

Der Konsum hat, wie wir wissen, ein Pendant:

- das **Sparen**.

Sparen aber kann sich nicht als Nachfrage auf Märkten niederschlagen. Denn Sparen bedeutet einen zeitweiligen Entzug von Einkommensteilen aus dem Prozeß des sofortigen Konsumierens. Über das Sparen werden Einkommensteile dem laufenden Geldstrom, der von den Haushalten zu den Unternehmen fließt, für eine bestimmte Zeitdauer entzogen. Sie fließen aus diesem gleichsam ab. Die Abbildung 13.1 versucht diesen Zusammenhang graphisch aufzuzeigen.

Damit aber eine Volkswirtschaft die vorhandenen Produktivkräfte stets voll beschäftigen kann, darf natürlich über den "Sparkanal" nicht zuviel abfließen. Bei fixen Preisen, wie sie das Keynes'sche System voraussetzt, können dann nämlich die produzierbaren Mengen von Gütern und Diensten nicht mehr an die Haushalte abgesetzt werden. Es wird bei diesen zu einem Zuviel an Sparen und zu einem Zuwenig an Konsum kommen. Als Folge bilden sich bei den Unternehmen zunächst Läger, danach kommt es zu Anpassungsprozessen in der Produktion, zu einem reduzierten Volumen des Outputs, zu Entlassungen bei den Arbeitskräften und schließlich eben zu einer Unterbeschäftigung der vorhandenen Produktionsfaktoren.

Der Konsumstrom der Haushalte ist also ein Hauptbestandteil der aggregierten Nachfrage und damit auch ein Hauptelement der Keynes'schen Theorie der Volkseinkommensbestimmung.

Abb. 13.1: Konsum und Sparen als Kreislaufgrößen

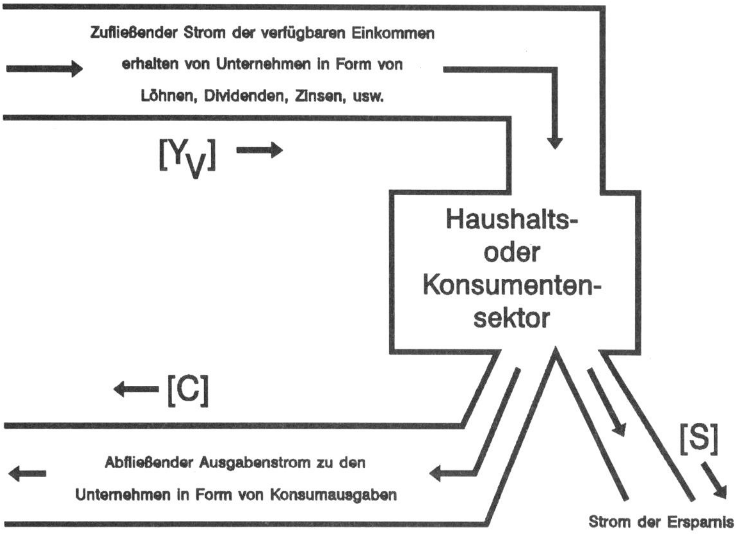

Wie aber setzt sich dieser Konsumstrom im einzelnen zusammen? Welche Faktoren bestimmen ihn?

Bestimmungsfaktoren von Konsum und Sparen

Nach Keynes ist es vor allem ein Faktor, der den Konsum in einer Volkswirtschaft bestimmt:

- Die **Höhe des verfügbaren Einkommens**, das Individuen, Haushalte oder Familien erhalten.

Psychologische Faktoren werden dagegen im Keynes'schen Konzept als vernachlässigbar gering angesehen. Auch der Zinssatz spielt, im Gegensatz zur Klassik, keine Rolle. Wenn man also bei Keynes die Einkommenshöhe der Haushalte kennt, so läßt sich daraus in etwa abschätzen, wieviel diese für Konsumausgaben verwenden und wieviel sie sparen werden. Von Familie zu Familie kann es hierbei sicherlich Unterschiede geben, aber insgesamt läßt sich für eine bestimmte Volkswirtschaft doch ein ziemlich robustes Raster erstellen, das auch über längere Zeiträume hinweg Bestand hat. Die Verwendung der Einkommen für Konsum und Sparen ist demnach für Keynes ein Prozeß, der strukturell und zeitlich nur relativ geringen Veränderungen unterliegt.

Um eine Weiterentwicklung dieser These von Keynes bemühten sich vor allem **M. Friedman** und **F. Modigliani**:

Friedman ist der Auffassung, daß die Höhe des Konsums nicht in erster Linie vom verfügbaren laufenden Einkommen abhängt, sondern vielmehr vom permanenten oder normalen Einkommen, das weitgehend durch den Grad der Fähigkeiten sowie durch das vorhandene Geld- und Sachvermögen eines Individuums bestimmt wird. Man spricht daher in diesem Fall von der **permanenten Einkommenshypothese**.

Modigliani behauptet in seiner **Lebenszyklushypothese**, daß Haushalte bestrebt sind, ihre Konsumausgaben möglichst optimal auf ihre gesamte Lebenszeit zu verteilen. Dies impliziert, daß sie in der Zeit ihres Arbeitslebens vor allem sparen, indem sie beispielsweise Finanzanlagen anhäufen. Diese können sie danach veräußern und bis zu ihrem Lebensende auch verkonsumieren.

Obwohl beide Ansichten in der modernen Theorie eine gewisse Bedeutung erlangt haben, wollen wir uns damit hier nicht weiter auseinandersetzen, sondern unsere weiteren Ausführungen auf die Überlegungen von Keynes beschränken.

Zu deren Illustration möchte auch die nachfolgende Abbildung 13.2 beitragen und beispielhaft für die Bundesrepublik Deutschland aufzeigen, wie hier in den verschiedenen Einkommensklassen die vorhandenen Einkommen für verschiedene Verwendungszwecke ausgegeben werden.

In dieser Abbildung sind zwei Punkte von besonderem Interesse. Zum einen kann man der Graphik entnehmen, daß Sparen und die Konsumausgaben sich immer zum verfügbaren Einkommen ergänzen. Die eingezeichnete 45°-Linie macht dies deutlich. Zum anderen wird die Abhängigkeit des Sparens und der Konsumausgaben von der Höhe des verfügbaren Einkommens klar ersichtlich. Mit wachsendem Einkommen steigen auch die Konsumausgaben in den verschiedenen Verwendungszwecken. Dabei verändert sich der prozentuale Anteil der einzelnen Gütergruppen an den gesamten Konsumausgaben mit dem Einkommen. So nehmen die Ausgaben für Nahrung mit steigendem Einkommen in ihrer Bedeutung relativ ab und diejenigen für Verkehr und Kommunikation etwa relativ zu. Darauf wollen wir nicht im einzelnen eingehen.

Abb. 13.2: Verwendungszwecke der privaten Ausgaben in der BRD, 1983

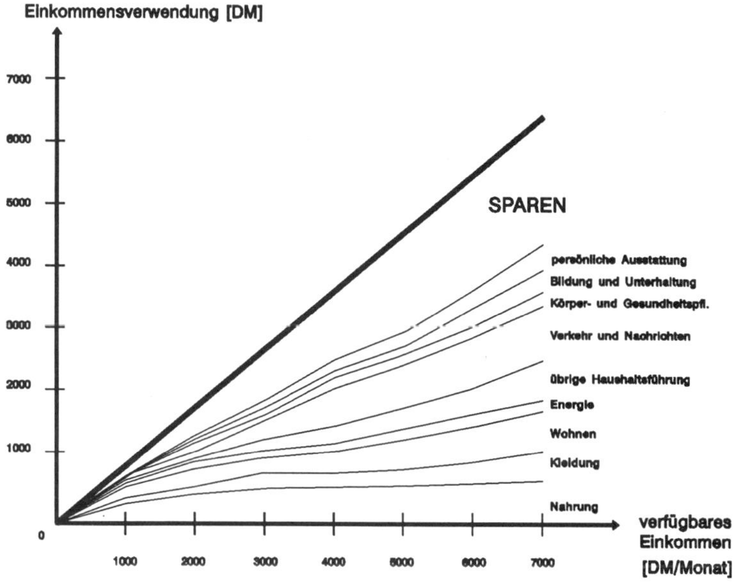

Quelle: Einkommens- und Verbrauchsstichprobe 1983, Statistisches Bundesamt, Statistisches Jahrbuch 1987 für die BRD.

Abstrahieren wir von diesen Details, läßt sich grob ein gewisser linearer Zusammenhang zwischen Konsum und Einkommen erkennen, den wir uns später bei der Formulierung der makroökonomischen Konsumfunktion zunutze machen. Das gleiche gilt für das Sparen, auch wenn es relativ zum Konsum mit steigendem Einkommen etwas zunehmen dürfte. Das Sparen setzt zudem erst bei einer bestimmten Einkommenshöhe ein, wie leicht einzusehen ist. Die unteren Einkommensschichten haben eben zunächst einmal die notwendige Lebenshaltung zu bestreiten.

Daraus kann man allgemein schließen, daß eine Änderung im verfügbaren Einkommen auch eine Änderung bei den Konsumausgaben bewirken wird. Mit dieser Betrachtung von Veränderungen lernen wir wieder einmal das in der Ökonomie wichtige und weit verbreitete methodische Konzept der **Marginalbetrachtung** kennen, das wir in Kapitel 5 im Zusammenhang mit der Modellbetrachtung in der Volkswirtschaftslehre, schon angesprochen haben. Sehen wir uns hierzu die nachfolgende Tabelle an:

Abb. 13.3: Marginale Konsum- und marginale Sparneigung

Verfügbares Einkommen	Konsum	marginale Konsumneigung	Ersparnis	marginale Sparneigung
1500	1400		100	
		$\frac{300}{400} = 0{,}75$		$\frac{100}{400} = 0{,}25$
1900	1700		200	
		$\frac{700}{900} = 0{,}78$		$\frac{200}{900} = 0{,}22$
2800	2400		400	
		$\frac{740}{1000} = 0{,}74$		$\frac{260}{1000} = 0{,}26$
3800	3140		660	

In der obigen Tabelle haben wir anhand eines Zahlenbeispiels die **marginale Konsumneigung** (Grenzneigung zum Konsum) in Spalte 3 und die **marginale Sparneigung** (Grenzneigung zum Sparen) in Spalte 5 abgeleitet. Bei beiden wird nicht mehr auf die Gesamthöhe des Konsums und des Sparens abgestellt, sondern wir wollen wissen, wieviel von einer **zusätzlichen** Einkommenseinheit **zusätzlich** gespart und konsumiert wird.

Die Grenzneigung zum Konsum ist dann definiert als das Verhältnis von zusätzlichem Konsum ΔC und zusätzlichem persönlich verfügbaren Einkommen ΔY_p^v, also:

$$\frac{\text{zusätzlicher Konsum}}{\text{zusätzliches verfügbares Einkommen}} = \frac{\Delta C}{\Delta Y_p^v} .$$

Werfen wir hierzu noch einmal einen kurzen Blick auf obige Tabelle. Wir erkennen, daß im gewählten Beispiel, das sich an den Daten für die Bundesrepublik Deutschland anlehnt, die Konsumneigung nahezu konstant ist. Dieses Ergebnis hat im Keynes'schen System eine zentrale Bedeutung, wie wir gleich bei der Formulierung der Konsumfunktion noch sehen werden.

Doch nun sollten wir uns der zweiten Komponente der aggregierten Nachfrage, dem Strom der Investitionsausgaben zuwenden.

Bestimmungsfaktoren der Investitionsausgaben

Investitionen werden, wie wir wissen, von den Unternehmen getätigt, sie kaufen Kapitalgüter, errichten Gebäude, neue Anlagen. Diese Investitionen können von einer Vielzahl von Faktoren beeinflußt sein, sowohl von ökonomischen als auch von psychologischen. Zudem unterliegen sie, verständlicherweise, im Zeitablauf großen Unsicherheiten. In der Nationalökonomie herrscht daher bis heute große Uneinigkeit darüber, welche Faktoren in welcher Weise auf die privaten Investitionen tatsächlich einwirken. Die Investitionsausgaben der Unternehmen sind aus diesem Grunde viel schwerer zu bestimmen als die Konsumausgaben der privaten Haushalte. Gängigerweise unterstellt man, daß die folgenden Einflußgrößen von Bedeutung sind:

- Die **Kosten** einer Investition.

Hier vor allem scheint der **Zins**, den man für die Entlohnung des eingesetzten Kapitals berechnen muß, eine besondere Rolle zu spielen, gleichgültig ob er für eingesetztes Fremd- oder für das Eigenkapital einer Unternehmung kalkuliert wird.

- Der **Strom an erwarteten Einnahmen**, die ein Anleger mit seiner Investition verbindet.

Solche Erwartungen lassen sich natürlich nur sehr schwer bestimmen. Sie hängen von vielen zusätzlichen Einflußgrößen ab: der allgemeinen wirtschaftlichen Lage, dem Wettbewerbsdruck, dem ein Unternehmen unterliegt, der politischen Situation in einem Lande und vielen anderen Faktoren mehr.

In diesem Zusammenhang sind sich Keynes und Klassik weitgehend darin einig, daß die Investitionen von der **Rendite** des eingesetzten Kapitals determiniert sind. Ein Unternehmen wird eine Investition nur dann durchführen, wenn deren Rendite über dem Marktzins liegt. Gesamtwirtschaftlich gesehen, geht also in beiden Konzeptionen die Investitionsnachfrage zurück, wenn der Marktzins steigt, weil dann immer mehr Investitionen unrentabel werden. Sinkt hingegen der Marktzins, so kommen ehedem unrentable Investitionen wieder in die Gewinnzone und die Investitionsnachfrage wird steigen.

Über diesen grundlegenden Mechanismus herrscht also Übereinstimmung. Unterschiede gibt es "nur" in der funktionalen Ausgestaltung des Abhängigkeitsverhältnisses von Investition und Zins, das heißt der sogenannten **Investitionsfunktion**. Während nämlich die klassische Investitionsfunktion auf die rein **technische Grenzproduktivität** des Kapitals abstellt, und Kapital so lange eingesetzt wird, bis diese dem realen Marktzins entspricht, spielen bei Keynes Erwartungen über die gesamtwirtschaftliche Lage für die Investitionsentscheidungen eine wesentliche Rolle. Denn diese bestimmen nach seiner Ansicht die erwarteten Einnahmen eines Unternehmens entscheidend mit. Deshalb verwendet er auch anstelle des Begriffs der Grenzproduktivität des Kapitals das Konzept der **Grenzleistungsfähigkeit des Kapitals**. Was hat man darunter zu verstehen?

Die Grenzleistungsfähigkeit des Kapitals bezeichnet jenen Diskontfaktor, mit dem man die erwarteten Einnahmen einer Investition abzinsen muß, damit sie genau deren Anschaffungskosten entsprechen. Übersteigt nun dieser Faktor den Marktzins, dann gilt die Investition als rentabel und sie sollte somit auch durchgeführt werden. Liegt die Grenzleistungsfähigkeit hingegen unter dem Marktzins, sollte man besser auf die Investition verzichten.

Auf den ersten Blick wird der Unterschied zwischen der Klassischen und der Keynes'schen Investitionstheorie eigentlich nicht recht deutlich: Bei beiden hängen die Investitionen letztlich negativ vom Marktzins ab. Die entscheidende Abweichung kommt erst durch die Bedeutung hinein, die Keynes den **Erwartungen** beimißt. So kann bei Keynes eine Verschlechterung des wirtschaftlichen Klimas die Investitionsnachfrage, bei unveränderter Produktionsfunktion und unverändertem Marktzins, abrupt absenken, während dies im System der Klassik überhaupt keine Wirkung zeigt. Welche makroökonomischen Konsequenzen sich aus dieser Differenzierung ergeben, werden wir im Kapitel 10 noch im einzelnen darlegen, wenn wir uns mit der Wirksamkeit der Geld- und Fiskalpolitik im Vergleich beschäftigen.

In unserem Kreislaufschema stellen sich die abgehandelten Zusammenhänge nunmehr wie in Abbildung 13.4 dar.

Wir erkennen, daß in den Unternehmenssektor zwei geplante Geldströme hineinfließen und dabei die aggregierte Nachfrage bilden: ein Geldstrom, der für Konsumgüterkäufe ausgegeben wird und ein weiterer, der sich aus den Investitionsgüterkäufen zusammensetzt. Der erste kommt aus dem Haushaltssektor, der zweite aus dem Sektor Vermögensbildung.

Abb. 13.4: Unternehmenssektor in Keynes'scher Kreislaufbetrachtung

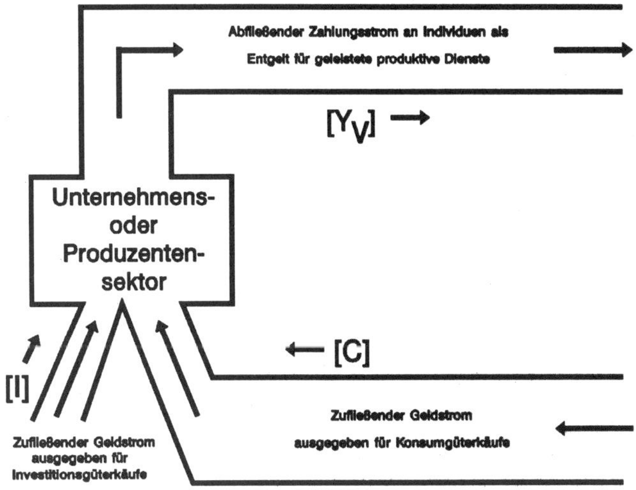

Wenn wir weiterhin die Kreislaufbetrachtung ergänzen und zum Produktionssektor zusätzlich den Konsumsektor hinzunehmen, erhalten wir die Abbildung 13.5.

Abb. 13.5: Unternehmen und Haushalte in Keynes'scher Kreislaufbetrachtung

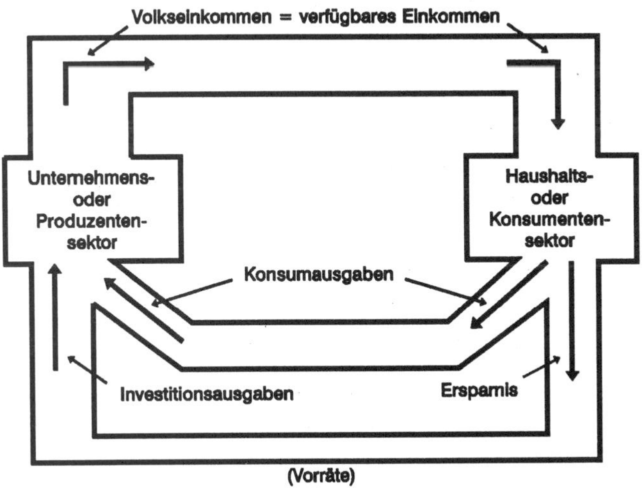

Man sieht, daß in unserer einfachen Kreislaufbetrachtung, die nur einen Unternehmens- und einen Haushaltssektor kennt, ein Fluß von Ausgaben und Einnahmen stattfindet, der die beiden Sektoren miteinander verbindet. Wichtig dabei ist die Erkenntnis, daß laufend über das Sparen Gelder aus dem Haushaltssektor abfließen und laufend über die Investitionsausgaben ein Zufluß an Geldern in den Produktionssektor hinein stattfindet. Der Abfluß und der Zufluß sind über die Vermögens- und Kapitalbildung in einer Volkswirtschaft miteinander verbunden, wie wir auch im Kapitel über die Volkswirtschaftliche Gesamtrechnung schon dargelegt haben. Hierzu zählt auch die Lagerhaltung. Sie stellt, wie leicht einzusehen ist, **keine** Komponente der aggregierten Nachfrage dar, falls sie **unfreiwillig** erfolgt, das heißt bei den Unternehmen zwangsweise gebildet werden muß. Nur freiwillige, geplante Lagerinvestitionen wirken sich über die Investitionsausgaben auf die gesamtwirtschaftliche Nachfrage aus.

Gleichheit von Investition und Sparen

Interessant ist nun natürlich die Frage, ob der den unmittelbaren Kreislauf verlassende Geldstrom der Ersparnis genau dem zufließenden Geldstrom der Investitionsausgaben entspricht.

Auf den ersten Blick könnte man geneigt sein, diese Identität zu bestätigen, zumal im Rahmen der Volkswirtschaftlichen Gesamtrechnung, wie wir wissen, Ersparnis und Investition immer übereinstimmen. Allerdings gilt diese Gleichheit, und dies sollte man unbedingt erkannt haben, nur für eine Betrachtung im nachhinein, für die statistische Erfassung bereits stattgefundener Vorgänge. Ex-post wird über unfreiwillige Lagerhaltung, die in der Volkswirtschaftlichen Gesamtrechnung zu den Investitionen zählt, stets die Identität der zwei Größen I und S gegeben sein. Ex-ante aber, sobald man die **geplanten** Größen betrachtet, muß diese Gleichheit nicht mehr vorhanden sein.

Wie wir sahen, hängt bei Keynes der geplante Konsum von der Höhe des verfügbaren Einkommens der Haushalte ab, während der Marktzins die geplanten Investitionsausgaben mitbestimmt. Wir haben es hier also sowohl mit unterschiedlichen Faktoren, die auf die Geldströme einwirken, als auch mit unterschiedlichen Quellen, aus denen sie herstammen, zu tun. Der Abfluß über das Sparen muß demnach nicht mehr mit dem Zufluß über Investitionen übereinstimmen. Es kann zwischen Investieren und Sparen zu Diskrepanzen kommen. Geplantes Sparen entspricht nur selten dem geplanten Investieren.

Diese Einsicht bildet die Grundlage der **Keynes'schen Beschäftigungstheorie**. In ihr geht es vorwiegend darum, aufzuzeigen, welche Folgen aus der Diskrepanz von

I und *S* für die Beschäftigungssituation und damit für die Höhe des Sozialprodukts in einer Volkswirtschaft entstehen.

Die **Klassik** allerdings kennt diese Problematik nicht, denn sie geht davon aus, daß sowohl die Investitionen als auch die Ersparnisbildung allein vom Zinssatz abhängen. Damit kann auf vollkommenen Kapitalmärkten kein Unterschied zwischen Investition und Sparen auftreten. Der Preismechanismus des Zinses führt dazu, daß beide sich immer ausgleichen und für die Vollbeschäftigung in einer Volkswirtschaft sorgen.

Im folgenden werden wir uns noch etwas eingehender mit den Grundlagen der Theorie von Keynes beschäftigen und in formalerer Form aufzeigen, wie es zu den angedeuteten Unterschieden zwischen *I* und *S* kommen kann und welche Folgen sich daraus für die Beschäftigung in einer Volkswirtschaft ergeben.

13.1.2 Der Investitionsmultiplikator

Gehen wir zunächst von einem einfachen Beispiel aus und nehmen an, *I* und *S* seien im Umfang gleich. Der *I*-Strom soll sich sodann verkleinern, weil einige Unternehmen bei dem geltenden Marktzins nicht investieren wollen. In dieser Situation freilich kann man von jenen Wirtschaftssubjekten, die die Sparentscheidungen treffen, den Haushalten also, nicht erwarten, daß sie ihre Pläne ebenfalls ändern und weniger sparen. Sie richten ihre Entscheidungen nicht am Zins, sondern an ihrem Einkommen aus. Eine Einschränkung der geplanten Investitionen bedeutet daher nicht unbedingt auch eine Einschränkung des geplanten Sparens. Zwischen beiden Plangrößen liegen getrennte Entscheidungsabläufe vor. Zwischen ihnen können daher auch Unterschiede auftreten.

Welche Folgen ergeben sich nun aus diesem Zusammenhang zwischen *I* und *S* für unsere Ausgangsproblemstellung, nämlich die Bestimmung des Vollbeschäftigungsgleichgewichts?

Ableitung der Konsum- und Sparfunktion

Die erste Einsicht, die wir im Rahmen der Keynes'schen Theorie gewinnen können, besteht darin, daß die aggregierte Nachfrage zum einen Teil von der Höhe des Konsums *C* bestimmt wird und diese wiederum von der Höhe des verfügbaren

Einkommens Y_v determiniert ist. Man kann diese Abhängigkeit in funktionaler Form ausdrücken:

$$C = C(Y_p^v) \quad .$$

Diese **Konsumfunktion** läßt sich auch in graphischer Form darstellen (Abbildung 13.6, oberer Teil), wobei hier von folgender linearen Beziehung ausgegangen wird:

$$C(Y_p^v) = C_a + c \cdot Y_p^v \, , \quad 0 < c < 1 \, , \quad C_a > 0 \quad .$$

Abb. 13.6 Konsumfunktion und Sparfunktion

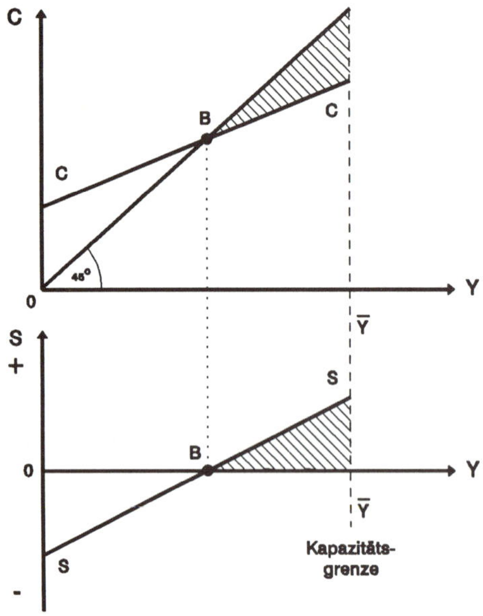

Man sieht im oberen Teil der Abbildung 13.6, daß selbst bei einem Volkseinkommen von 0 Konsumausgaben getätigt werden müssen, um die lebensnotwendigen Nahrungsmittel sowie Kleidung und Behausung zu erwerben. (Erinnern wir uns an Kapitel 6, wo wir darstellten, daß in unserer einfachen Ökonomie, in der es nur Haushalte und Unternehmen gibt, das verfügbare Einkommen dem Volkseinkommen entspricht: $Y = Y_p^v$).

Diesen lebensnotwendigen Konsum haben wir bereits in Kapitel 2 kennengelernt und ihn dort als **autonomen Konsum** bezeichnet; er drückt sich in dem Ordinatenabschnitt C_a der Konsumfunktion C aus. Die Steigung der Konsumfunktion wird durch c bestimmt. Sie gibt zugleich die marginale Konsumneigung an, die bei linearen Konsumfunktionen konstant ist.

Die zweite Einsicht, auf die wir zurückgreifen wollen, ist, daß Sparen eine Restgröße des Einkommens darstellt. Aus der Konsumfunktion läßt sich also unmittelbar die Sparfunktion S für eine Volkswirtschaft ableiten. Diese ist im unteren Teil des Schaubildes 13.6 dargestellt.

Man sieht, daß die Konsumfunktion und die Sparfunktion exakte Komplemente darstellen. Die geplante Ersparnis ist ebenso wie der Konsum eine Funktion des verfügbaren Einkommens:

$$S(Y_p^v) = -C_a + s \cdot Y_p^v \quad .$$

Die marginale Sparneigung ist durch die Steigung s der Sparfunktion gegeben. Im Punkt **B** wird das gesamte Einkommen für den Konsum verwendet, die Ersparnis beträgt 0. Bei höherem Einkommen setzt die Spartätigkeit ein, bei geringerem Einkommen muß entspart werden, um die lebensnotwendigen Ausgaben bestreiten zu können. Der Punkt **B** ergibt sich im Schnittpunkt der 45°-Linie mit der Konsumfunktion, beziehungsweise im Schnittpunkt der Sparfunktion mit der Abszisse. Konsumieren und Sparen ergänzen sich also stets und bilden zusammen das verfügbare Einkommen in einer Volkswirtschaft. Deshalb müssen sich die Grenzneigung zum Konsum und die Grenzneigung zum Sparen auch zu Eins addieren:

$$c + s = 1 \quad .$$

Gleichheit von geplantem Sparen und geplantem Investieren

Unsere dritte Erkenntnis besteht darin, daß zwischen Sparen und Investieren eine Gleichheit vorhanden sein muß, wenn die Gesamtwirtschaft sich in einem Gleichgewicht befinden soll. Nur dann, wenn der Umfang der **geplanten** Ersparnisbildung in einer Volkswirtschaft genau dem Umfang der **geplanten** Investitionstätigkeit entspricht, herrscht ein Gleichgewicht, bei dem Konsumenten wie Produzenten ihre Pläne realisieren können. Auf dieses Gleichgewichtsniveau des Volkseinkommens stellt auch die Abbildung 13.7 ab.

Abb. 13.7: Gleichheit von geplantem Sparen und geplantem Investieren

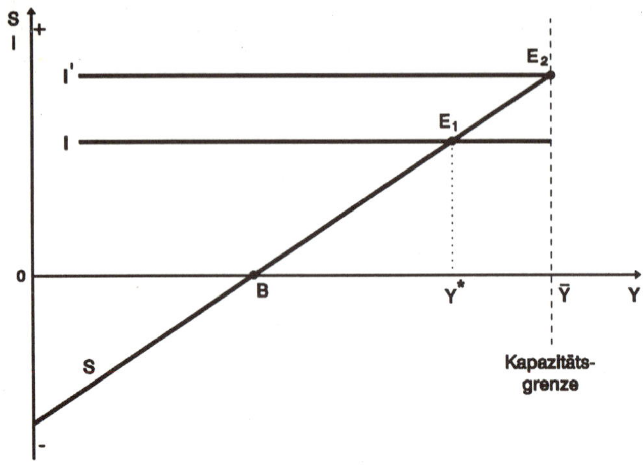

In Abbildung 13.7 ist ein einfaches Keynes'sches Modell wiedergegeben mit einer Sparfunktion ***S*** und mit autonomen Investitionen ***I***. Diese werden in einem bestimmten Umfang unabhängig von der Höhe des Zinses getätigt. Im Schnittpunkt der Sparfunktion ***S*** und der Investitionsfunktion ***I*** befindet sich eine Volkswirtschaft im Gleichgewicht. Dies muß allerdings, wie die Abbildung zeigt, kein Gleichgewicht sein, bei dem Vollbeschäftigung herrscht. Das Gleichgewicht nämlich liegt in unserem Falle im Punkt E_1, weil bei keinem anderen Volkseinkommen die geplanten Ersparnisse der Haushalte und die geplanten Investitionen der Unternehmen übereinstimmen. Das zugehörige Volkseinkommen Y^* aber ist kleiner als das Volkseinkommen $\overline{Y}$, bei dem Vollbeschäftigung herrschen würde.

Gleichgewicht bedeutet also hier, um es nochmals zu wiederholen:

Das geplante Sparen der Haushalte stimmt mit dem geplanten Investieren der Unternehmen überein.

Es bedeutet aber nicht, daß in einer Volkswirtschaft zugleich Vollbeschäftigung herrscht. Um Vollbeschäftigung zu erreichen, müßten in unserer Abbildung die autonomen Investitionen auf ***I'*** ansteigen, das heißt, die aggregierte Nachfrage müßte sich erhöhen. Dann ergäbe sich im Punkt E_2 ein neues Gleichgewicht, bei dem das geplante Sparen der Haushalte mit den geplanten Investitionen der Unternehmen übereinstimmte und gleichzeitig Vollbeschäftigung gegeben wäre.

Sind die geplanten Größen nicht in Übereinstimmung, dann kommt die betrachtete Volkswirtschaft in keine Ruhestellung. Es finden laufend **Anpassungsprozesse** statt, die in Richtung des Gleichgewichts tendieren. Wie diese Tendenz zum gesamtwirtschaftlichen Gleichgewicht hin aussieht, kann ebenfalls anhand der Abbildung 13.7 gezeigt werden. Zwei Fälle sind dabei von Bedeutung.

Als erstes könnte sich eine Volkswirtschaft in einer Situation befinden, die rechts vom Punkt $\mathbf{E_1}$ liegt. Der Abfluß aus dem Kreislauf über das Sparen ist dort größer als der Zufluß über die Investitionen. Dies bedeutet, daß die Firmen für Ihre Waren und Dienste nicht genügend Absatzmöglichkeiten vorfinden. Es kommt zur Bildung von unfreiwilligen Lagerinvestitionen. In der Folge wird die Produktion eingeschränkt, Arbeitskräfte werden entlassen, solange bis die Volkswirtschaft wieder im Punkt $\mathbf{E_1}$ ein Gleichgewicht gefunden hat.

Eine Volkswirtschaft kann sich, zum zweiten, in einer Situation befinden, die links von Punkt $\mathbf{E_1}$ liegt. Der Zufluß über Investitionen ist hier größer als der Abfluß aus dem Kreislauf durch das Sparen. Es herrscht gesamtwirtschaftlich gesehen ein Nachfrageüberschuß vor. Als Folge wird es zu einem ungeplanten Abbau vorhandener Läger kommen. Falls dies nicht ausreicht, wird die Produktion ausgedehnt werden, bis die Volkswirtschaft wieder den Punkt $\mathbf{E_1}$ und eine Gleichgewichtsstellung erreicht, in der das geplante Sparen genau dem geplanten Investieren entspricht.

Volkswirtschaftliches Gleichgewicht in der *C+I*-Darstellung

Im System von Keynes gibt es noch eine zweite Möglichkeit der Darstellung, um das Gleichgewicht in einer Volkswirtschaft zu bestimmen, und zwar direkt über die Konsum- und die Investitionsausgaben. Diese Form der Darstellung veranschaulicht Abbildung 13.8.

Dort wird das Gleichgewichtseinkommen über die Gesamtnachfrage abgeleitet, die sich aus der Konsumnachfrage und der Nachfrage nach Investitionen, genauer gesagt, nach autonomen Investitionen zusammensetzt. Diese Art der Darstellung nennt man daher auch die ***C+I*-Methode**. Sie verlangt, daß die geplanten Ausgaben für Konsum- und Investitionsgüter genau der geplanten Produktion eben dieser Güter entsprechen.

Abb. 13.8: Volkswirtschaftliches Gleichgewicht in der C+I Darstellung

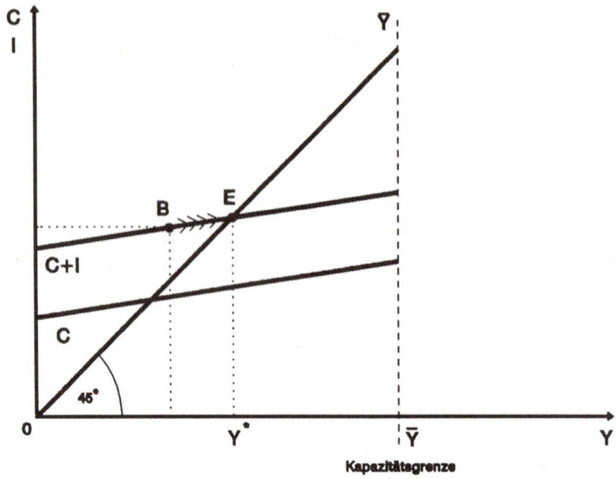

Formal muß also gelten:

$$Y = C(Y) + I \quad .$$

Substituiert man in die Gleichgewichtsbedingung die Konsumfunktion und berücksichtigt $Y = Y_p^v$:

$$Y = C_a + cY + I \quad ,$$

dann erhält man daraus nach einigen Umformungen für das gleichgewichtige Volkseinkommen

$$Y^* = \frac{C_a + I}{1 - c} \quad .$$

In der graphischen Darstellung addiert man einfach die beiden Kurven und erhält auf diese Weise die Gesamtnachfragefunktion *C+I*. Im Schnittpunkt **E** dieser aggregierten Funktion mit der 45°-Linie stellt sich dann das volkswirtschaftliche Gleichgewicht ein. Denn auf der 45°-Linie stimmen Gesamtnachfrage und Gesamtangebot immer überein.

Natürlich kann sich auch bei dieser Darstellungsweise eine Volkswirtschaft im Ungleichgewicht befinden und damit eine Tendenz zum Gleichgewicht hin auslösen. Wie aber sieht dann der **Anpassungsprozeß** an das Gleichgewicht aus?

Nehmen wir an, im Schaubild 13.8 würde sich unsere Volkswirtschaft im Bereich des Punktes **B** befinden. Hier wären die geplanten Ausgaben für ***C+I*** größer als das angebotene Volkseinkommen. Die Konsumenten und Investoren möchten also in dieser Situation mehr Güter kaufen als tatsächlich produziert werden. Als Folge werden zunächst vorhandene Läger geräumt, danach zusätzlich Arbeitskräfte eingestellt und die Produktion solange erweitert, bis die Volkswirtschaft im Punkt E wieder ein Gleichgewicht von Nachfrage und Angebot erreicht hat.

Mit diesen Überlegungen haben wir die Grundlagen für eines der wichtigsten Konzepte gelegt, das die Keynes'sche Makroökonomie kennt, den sogenannten **Investitionsmultiplikator**. Was versteht man unter diesem Konzept und wie funktioniert der Investitionsmultiplikator im einzelnen?

Der Investitionsmultiplikator

Der Investitionsmultiplikator bezieht sich generell auf den Zusammenhang von Änderungen in der Investitionsnachfrage und deren Wirkung auf den Umfang des Volkseinkommens. In seiner positiven Fassung gibt er an:

Um wieviele Einheiten steigt das Volkseinkommen, wenn sich die Investitionsnachfrage um eine Einheit erhöht.

Die Tatsache, daß das Volkseinkommen zunimmt, wenn sich die Investitionen erhöhen, ist nicht überraschend, wenn wir bedenken, daß diese einen Teil des Volkseinkommens darstellen. Wichtig aber ist zu wissen, daß der numerische Wert des Investitionsmultiplikators stets größer als 1 ist. Das bedeutet, daß die Erhöhung der Investitionen um eine Einheit das Volkseinkommen um mehr als eine Einheit anwachsen läßt.

Das folgende Beispiel mag die Wirkungsweise des Investitionsmultiplikators verdeutlichen:

Angenommen, ein großes Unternehmen tätigt eine Nettoinvestition von 1 Million Euro. Dies führt dazu, daß das Einkommen der Arbeitskräfte im Investitionssektor der betrachteten Volkswirtschaft zunächst einmal um 1 Million ansteigt. Beträgt die Grenzneigung zum Konsum 0,75, so werden 750.000 Euro von diesem zusätzlichen Einkommen wieder ausgegeben und 250.000 Euro davon gespart. Die Ausgaben in Höhe von 750.000 Euro schaffen nun ihrerseits anderswo in der Volkswirtschaft neues Einkommen in gleicher Höhe. Beträgt dort die marginale Konsumneigung ebenfalls 0,75, so wird von den 750.000 Euro ein Betrag von 562.500 Euro ausgegeben und 187.500 Euro werden gespart. Dieser Vorgang setzt sich nun unendlich oft fort, bis am Ende aus der 1 Million Euro zusätzlicher Investitionsausgaben ein Volkseinkommenszuwachs ΔY entstanden ist, der sich wie folgt berechnet:

$$\Delta Y = 1.000.000\,(1 + 0{,}75 + 0{,}75^2 + 0{,}75^3 + \ldots) =$$

$$1.000.000 \cdot \frac{1}{1 - 0{,}75} = 4.000.000 \text{ } \textit{Euro}$$

Man hat es hier mit einer unendlichen geometrischen Reihe zu tun, deren Summe sich nach der folgenden Formel berechnet:

$$1 + c + c^2 + c^3 + \ldots = \frac{1}{1-c} \quad \textit{für} \quad c<1 \; .$$

Der Ausdruck $\frac{1}{1-0{,}75}$ steht in diesem Beispiel für den Investitionsmultiplikator.

Und dieser wiederum gibt an, mit welchem Faktor man die Erhöhung der Investitionsausgaben ΔI multiplizieren muß, um den Volkseinkommenszuwachs ΔY zu erhalten.

Allgemein läßt sich der Investitionsmultiplikator formulieren als:

$$\frac{\Delta Y}{\Delta I} = \frac{1}{1-c} \; ,$$

wobei c bekanntlich die Grenzneigung zum Konsum angibt. Mathematisch läßt er sich einfach durch Differentiation des volkswirtschaftlichen Gleichgewichts Y^*, wie wir es oben bestimmt haben, nach der Variablen I gewinnen, wobei man dabei lediglich von marginalen statt diskreten Änderungen in den geplanten Investitionen ausgeht.

Bedenkt man weiterhin, daß sich die Grenzneigung zum Konsum c und die Grenzneigung zum Sparen s zu 1 addieren, läßt sich der obige Multiplikator auch schreiben als:

$$\frac{\Delta Y}{\Delta I} = \frac{1}{s} \quad .$$

Man kann den Investitionsmultiplikator auch graphisch herleiten, wie dies in Abbildung 13.9 geschieht.

Abb. 13.9: Graphische Herleitung des Investitionsmultiplikators

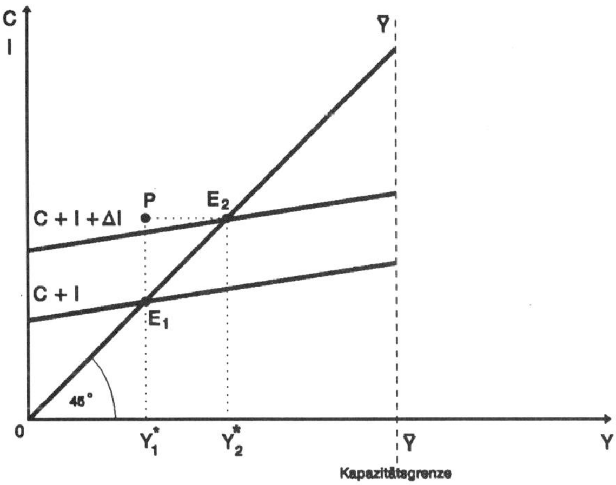

Wir sehen, daß sich die Nachfragekurve nach Konsum- und Investitionsgütern $C+I$ parallel nach oben auf $C+I+\Delta I$ verschiebt, wenn zusätzlich (autonome) Investitionen in Höhe von ΔI getätigt werden. Das neue Gleichgewicht wandert von E_1 nach E_2 und das Volkseinkommen erhöht sich um ΔY, vom Gleichgewichtseinkommen Y_1^* zum Gleichgewichtseinkommen Y_2^*. Dieser Zuwachs, der den Strecken $\overline{E_1P}$ und $\overline{E_2P}$ entspricht, übertrifft den Anstieg der Investitionsausgaben ΔI.

Aus der graphischen Darstellung kann man weiterhin entnehmen, daß der Multiplikatoreffekt auf die positive Steigung der Nachfragekurve $C+I$ zurückzuführen ist. Je steiler diese verläuft, das heißt je größer die marginale Konsumneigung ist, desto höher fällt der Multiplikator aus.

In Abbildung 13.10 wollen wir uns die Auswirkungen eines Investitionsanstiegs auf das Volkseinkommen noch einmal verdeutlichen, jetzt aber in unserem bekannten Angebots-Nachfrage-Modell.

Nehmen wir an, in einer Volkswirtschaft würden die autonomen Investitionen um ΔI ansteigen. Dies führt dazu, daß sich die aggregierte Nachfragekurve von **AN** nach rechts auf **AN'** verschiebt. Das neue Gleichgewicht kommt im Punkt $\mathbf{E_2}$ zustande. Aufgrund des Multiplikatorprozesses wächst das gleichgewichtige Volkseinkommen von Y_1^* auf Y_2^*. Dieses neue Volkseinkommen liegt aber noch unter dem Vollbeschäftigungsniveau unserer Volkswirtschaft, welches erst bei der Kapazitätsgrenze $\overline{Y}$ erreicht wäre.

Abb. 13.10: Investitionsmultiplikator im Angebots-Nachfrage-Modell

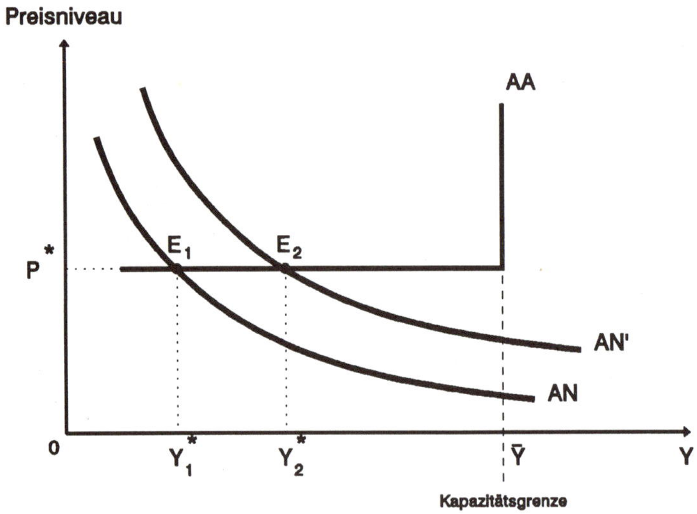

In dieser Abbildung kann man auch erkennen, warum das Multiplikatormodell jenseits der Kapazitätsgrenze nicht mehr funktioniert. Dies liegt einfach daran, daß die Unternehmen in diesem Bereich nicht länger bereit sind, zusätzlichen Output zu gleichen Preisen anzubieten. Auch im Modell von Keynes werden sie jetzt versuchen, zumindest kurzfristig die gestiegene Nachfrage über Preiserhöhungen abzuschöpfen.

13.2 Grundzüge der staatlichen Fiskalpolitik

Im letzten Abschnitt hatten wir uns eingehend mit dem Keynes'schen Investitionsmultiplikator beschäftigt. Wir sahen, wie eine Ausdehnung der Investitionstätigkeit der Unternehmen auf den Output einer Volkswirtschaft und damit auf das Volkseinkommen wirkt.

Hier nun werden wir dieses einfache Multiplikator-Modell erweitern, indem wir zusätzlich den **Staat** in unsere Betrachtungen aufnehmen. Dieser kann sich, wie wir wissen, ökonomisch betätigen, indem er

- Steuern erhebt und/oder
- Ausgaben tätigt.

Beide Möglichkeiten, Steuern zu erheben und Ausgaben zu tätigen, zählen zu den Hauptinstrumenten der sogenannten **Fiskalpolitik** des Staates. Auch die fiskalpolitischen Instrumente wirken im Keynes'schen Modell expansiv auf den Output und damit auf die Beschäftigung einer Volkswirtschaft ein, wenn es sich hierbei um eine Steuersenkung und/oder um eine Ausgabenerhöhung handelt. Sehen wir uns also, getrennt für die Staatsausgaben und die Besteuerung, in den Grundzügen an, wie deren Multiplikatoren wirken. Danach werden wir noch kurz auf die Praxis der Fiskalpolitik eingehen.

13.2.1 Outputwirkungen der Staatsausgaben

Um die Ausgabenwirkungen des Staates auf das Bruttosozialprodukt abzuleiten, haben wir, wie man in Abb. 13.11 sieht, das gleiche Diagram verwendet, das uns auch schon für die Darstellung des Investitionsmultiplikators diente, wobei nun das verfügbare Einkommen $Y\text{-}T$ beträgt und T die Steuereinnahmen des Staates repräsentiert. Wir müssen hier einfach die Staatsausgaben A_{St} zusätzlich zur Konsumnachfrage $C(Y\text{-}T)$ und zur Investitionsnachfrage I addieren, um die Gesamtnachfrage zu erhalten. Im makroökonomischen Gleichgewicht muß dann gelten:

$$Y = C(Y-T) + I + A_{St} \quad .$$

Im Schnittpunkt von $C+I+A_{St}$ mit der 45°-Linie (Punkt E) erhalten wir wieder das Gleichgewichtseinkommen Y^* unserer Volkswirtschaft. Die geplanten Ausgaben der Wirtschaftssubjekte entsprechen hier genau dem geplanten gesamtwirtschaftlichen Output.

Abb. 13.11: Volkswirtschaftliches Gleichgewicht mit Staat

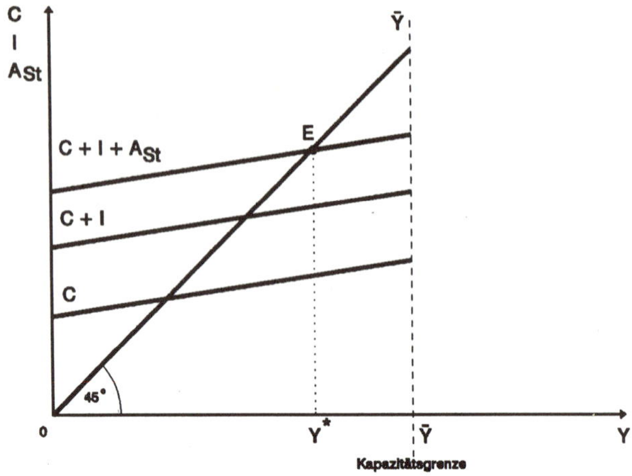

Formal läßt sich das gleichgewichtige Volkseinkommen nach einer Substitution der Konsumfunktion in die obige Gleichgewichtsbedingung:

$$Y = C_a + c \cdot (Y - T) + I + A_{St}$$

und nach einigen Umformungen darstellen als

$$Y^* = \frac{C_a + I + A_{St} - cT}{1 - c} \quad .$$

Verändern sich nun die Staatsausgaben A_{St} und bleiben die Steuern T (Staatseinnahmen) konstant, so erhält man einen Multiplikatoreffekt, wie ihn Abbildung 13.12 wiedergibt.

Man sieht, daß im obigen Beispiel eine Erhöhung der Staatsausgaben um 100 GE das Volkseinkommen um 300 GE ansteigen läßt. Die marginale Konsumneigung der Haushalte wird also mit einem Wert von zwei Drittel angenommen und der Staatsausgabenmultiplikator beträgt 3.

Allgemein läßt sich der Multiplikator der Staatsausgaben schreiben als:

$$\Delta Y = \frac{1}{1-c} \Delta A_{St} \quad \text{oder} \quad \Delta Y = \frac{1}{s} \Delta A_{St} \quad .$$

Das gleiche Ergebnis folgt auch wieder aus der Ableitung des gleichgewichtigen Volkseinkommens Y^* nach A_{St}.

Abb. 13.12: Multiplikatorwirkungen der Staatsausgaben im ***C+I****-Diagramm*

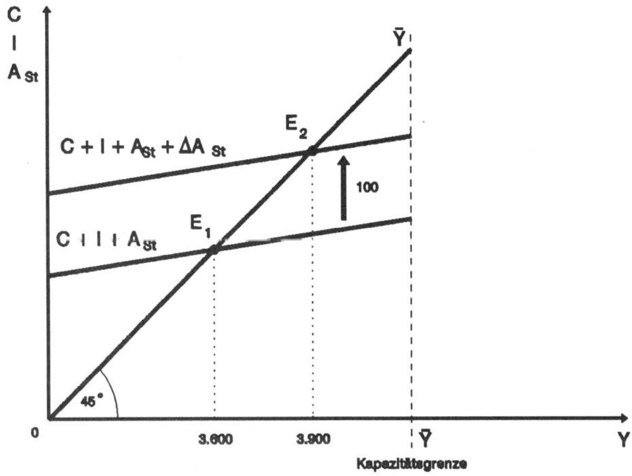

Fassen wir unsere bisherigen Erkenntnisse hinsichtlich der Einkommenswirkungen von Staatsausgaben noch einmal kurz zusammen:

Staatsausgaben für Güter und Dienste beeinflussen in hohem Maße die Produktion und die Beschäftigung einer Volkswirtschaft im Keynes'schen Depressionsmodell. Wenn A_{St} wächst, dann erhöht sich auch *Y*, und zwar in Höhe des Staatsausgabenmultiplikators. Wenn A_{St} sinkt, geht *Y* dem Multiplikator entsprechend zurück. Von den Staatsausgaben gehen somit expansive oder kontraktive Wirkungen auf das Volkseinkommen in einer Volkswirtschaft aus. Sie wirken damit, neben den privaten Konsum- und Investitionsausgaben, entscheidend auf den Konjunkturverlauf ein.

Wie aber sehen die Outputwirkungen aus, wenn der Staat anstelle der Ausgaben für Güter und Dienste bei den Steuern Veränderungen vornimmt?

13.2.2 Outputwirkungen der Besteuerung

Nehmen wir also jetzt an, der Staat würde seine Steuern senken, die Ausgaben aber unverändert belassen. Solche Steuersenkungen kann er in zweifacher Weise vornehmen:

- als Reduktion des Steuerbetrages, etwa bei einer Pauschalsteuer, und/oder
- als Reduktion des Steuersatzes, etwa bei der Lohn- und Einkommensteuer.

Das allgemeine Ergebnis dieser Staatseingriffe läßt sich schon rein intuitiv nachvollziehen:

Weniger Steuern bedeuten einen Einkommenszuwachs bei den privaten Haushalten, damit eine Erhöhung des verfügbaren Einkommens mit der Wirkung, daß auch die Konsumausgaben bei den Haushalten steigen. Dieser Anstieg wiederum führt zu einer Erhöhung des Sozialprodukts und damit einhergehend auch zu einer höheren Beschäftigung.

Sehen wir uns aber den Zusammenhang noch etwas genauer an, und zwar zunächst am einfacheren Fall der Erhebung einer Pauschalsteuer.

Erhebung einer Pauschalsteuer

Wird eine Pauschalsteuer gesenkt, so erhöht sich das verfügbare Einkommen und die Haushalte werden zu jedem Einkommensniveau mehr konsumieren. Auf die Abbildung 13.12 übertragen bedeutet dies, daß sich die $C+I+A_{St}$-Kurve parallel nach oben verschiebt. Umgekehrt verfügen die Haushalte bei einer höheren Pauschalsteuer über weniger Einkommen, was dazu führt, daß nun zu jedem Einkommensniveau auch weniger konsumiert wird. In diesem Fall verschiebt sich die $C+I+A_{St}$-Kurve nach unten. Eine Änderung der Pauschalsteuer hat also tendenziell die gleiche Wirkung wie eine Verminderung oder Erhöhung der Staatsausgaben.

Wie aber sieht nun der Steuermultiplikator analytisch aus?

Wird in einer Volkswirtschaft die Steuer um 1 Euro gesenkt, so erhöht sich das Einkommen der Haushalte um 1 Euro. Beträgt die Grenzneigung zum Konsum 0,75, so werden 0,75 Euro ausgegeben und der Rest gespart. Die Ausgaben in Höhe von 0,75 Euro schaffen nun ihrerseits anderswo in der Ökonomie neues Einkommen in gleicher Höhe. Von diesem Einkommen werden wiederum 75% ausgegeben. Setzt sich dieser Prozeß unendlich fort, so ergibt sich bei einer Grenzneigung zum Konsum von c von jedem Euro Steuersenkung ($\Delta T<0$) eine Erhöhung des Einkommens um

$$\Delta Y = -\Delta T(c + c^2 + c^3 + ...) = -\frac{c}{1-c}\Delta T \quad .$$

Als Berechnungsgrundlage dient hier die folgende Summenformel für die unendliche geometrische Reihe:

$$c + c^2 + c^3 + ... = \frac{1}{1-c} - 1 = \frac{c}{1-c} \quad .$$

Bei einer Steuererhöhung ($\Delta T > 0$) würde das Volkseinkommen entsprechend sinken, wobei natürlich der gleiche Multiplikator zur Anwendung kommt.

Vergleich mit dem Staatsausgabenmultiplikator

Wir haben also gesehen, daß auch durch Steuersenkungen das Gleichgewichtseinkommen einer Volkswirtschaft erhöht werden kann. Geschieht dies freilich in derselben Weise wie bei der Staatsausgabentätigkeit oder treten, verglichen mit dieser, Unterschiede in der Multiplikatorwirkung auf?

Generell kann man sagen, daß der Steuermultiplikator in seinem Wert geringer ausfällt als der Staatsausgabenmultiplikator. Warum ist dies so?

Gibt die Regierung einen Euro mehr für Staatsausgaben aus, dann schlägt sich dies unmittelbar als zusätzliche Nachfrage nieder. Wenn sie aber die Steuern um den gleichen Betrag reduziert, dann kommt nur ein Teil des hierdurch zusätzlich verfügbaren Einkommens in den Konsum und wird nachfragewirksam. Ein anderer Teil aber wird für das Sparen verwendet. Der Steuermultiplikator einer Pauschalsteuer T hängt also, wie wir vorhin sahen, zusätzlich von der marginalen Konsumneigung (beziehungsweise der marginalen Sparneigung) der Haushalte ab. Der Unterschied zwischen Steuer- und Staatsausgabenmultiplikator läßt sich demnach wie folgt aufzeigen:

$$\frac{\Delta Y}{\Delta T} = -c \cdot \frac{\Delta Y}{\Delta A_{St}} \quad .$$

Daraus kann man sofort ablesen, daß der Steuermultiplikator betragsmäßig kleiner als der Staatsausgabenmultiplikator sein muß, da die Grenzneigung zum Konsum kleiner als 1 ist.

Diese Ableitung des Steuermultiplikators gilt, um es nochmals zu wiederholen, nur für Pauschalsteuern, bei denen der Steuerbetrag unabhängig vom Niveau des Volkseinkommens anfällt. Die Herleitung des Multiplikators für den Fall, in dem das Steueraufkommen einen festen Prozentsatz des Volkseinkommens beträgt, stellt sich etwas komplizierter dar. Dann nämlich hängt die Reaktion des Volkseinkommens auf eine Änderung des Steuersatzes auch vom jeweiligen Niveau des Einkommens in der Ökonomie ab. Hierauf wollen wir im folgenden noch etwas genauer eingehen.

Erhebung einer Proportionalsteuer

Wir haben gesehen, wie eine Pauschalsteuersenkung oder -erhöhung das gleichgewichtige Einkommensniveau in einer Volkswirtschat beeinflußt. Hier nun wollen wir unsere Analyse auf den Fall ausdehnen, in dem der Steuerbetrag nicht eine Pauschale ist, sondern einen bestimmten Prozentsatz t des Volkseinkommens ausmacht, wobei $0<t<1$ ist. Damit gilt für das verfügbare Einkommen

$$Y_p^v = Y(1-t).$$

Und für das makroökonomische Gleichgewicht muß entsprechend gelten:

$$Y = C_a + c(1-t)Y + I + A_{St}.$$

Daraus resultiert ein gleichgewichtiges Volkseinkommen in Höhe von:

$$Y^* = \frac{C_a + I + A_{St}}{1 - c(1-t)} \quad .$$

Wird nun der Steuersatz auf t' angehoben, so verringert sich der gesamtwirtschaftliche Konsum auf $C'(Y) = C_a + c(1-t')Y$ und somit auch das gleichgewichtige Volkseinkommen. Schaubild 13.13 verdeutlicht die Situation graphisch.

Man sieht, daß eine Erhöhung des Steuersatzes von t auf t' die Steigung der Nachfragekurve verringert. Der Gleichgewichtspunkt wandert von E_1 nach E_2 und das gleichgewichtige Volkseinkommen verringert sich von Y_1^* auf Y_2^*. Die Erhöhung des Steuersatzes wirkt dabei wie eine Verringerung der marginalen Konsumneigung.

Als analytischen Ausdruck, der die Veränderung des Volkseinkommens bei Variation des Steuersatzes angibt, erhalten wir dann:

Abb. 13.13: Erhöhung des Steuersatzes

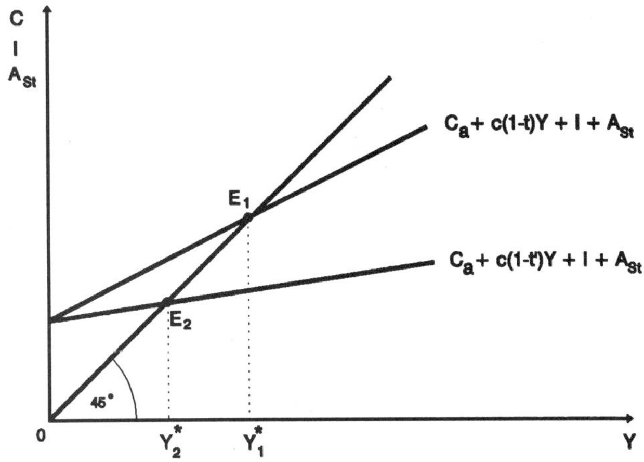

$$\frac{\Delta Y}{\Delta t} = -\frac{c}{1-c(1-t)} \cdot Y$$

Aus dieser Beziehung kann man erkennen, daß die Wirkungen einer Veränderung des Steuersatzes davon abhängen, wie hoch das Volkseinkommen zu dem jeweiligen Zeitpunkt ist. Je größer es ist, desto größer werden auch die Auswirkungen einer Variation im Steuersatz sein.

Abschließend wollen wir noch erwähnen, daß auch der Investitions- und Staatsausgabenmultiplikator bei Unterstellung von Proportionalsteuern, anstelle von Pauschalsteuern, sich ein wenig verändert. Es ergibt sich in diesem Fall:

$$\frac{\Delta Y}{\Delta I} = \frac{1}{1-c(1-t)} \quad bzw. \quad \frac{\Delta Y}{\Delta A_{St}} = \frac{1}{1-c(1-t)}$$

Dies sieht man unmittelbar, wenn man bei der Herleitung der entsprechenden Multiplikatoren ***c*** durch ***c(1-t)*** ersetzt bzw. das gleichgewichtige Volkseinkommen Y^* wieder nach I und A_{St} differenziert.

13.2.3 Fiskalpolitik in der Praxis

Aus unseren vorangegangenen Ausführungen könnte man nun die enthusiastische Vorstellung gewinnen, daß der Staat mit seiner Ausgaben- und Einnahmentätigkeit den "Stein der Weisen" in der Hand hat, um das Auf und Ab in der Entwicklung des Sozialprodukts nach Belieben zu beeinflussen. Bei Unterbeschäftigung hätte er nur die Staatsausgaben auszudehnen und/oder die Steuern zu reduzieren. Bei einer Überbeschäftigung (Inflation) müßte er die Staatsausgaben reduzieren und/oder die Steuern entsprechend anheben.

In der Welt der Keynesianischen Multiplikator-Theorie gewinnt also der Fiskalpolitiker eine entscheidende Rolle für den Konjunkturverlauf in einer Volkswirtschaft. Er wird gleichsam zu einem **makroökonomischen Manager**, dessen Aufgabe es ist, für jede Konjunkturlage die richtige Dosierung bei den Staatsausgaben und Steuern zu finden. Für einen solchen Manager ist alles machbar, die Ökonomie kann nach seinen Vorstellungen global gesteuert werden (Keynesianische Kybernetik).

Dieser Vorstellung von einer globalen Steuerbarkeit des Konjunkturverlaufs hingen viele Ökonomen, über Jahrzehnte hinweg, sogar noch vor kurzem an. Heute allerdings muß diese Sicht als naiv gelten. Denn gerade die Erfahrungen, die man in den beiden letzten Konjunkturzyklen machte, haben gezeigt, daß die Möglichkeiten der staatlichen Fiskalpolitik zur Steuerung des kurzfristigen Konjunkturverlaufs in der Praxis sehr beschränkt sind. Denn zum einen unterscheidet sich die Realität doch in bedeutsamen Aspekten von der Theorie, zum anderen kennt man die Multiplikatoren in ihren quantitativen Werten nicht so genau, als daß man immer die richtige fiskalpolitische Dosis fände.

Welche Möglichkeiten hat nun der Staat zur Durchführung fiskalpolitischer Maßnahmen?

Grundsätzlich unterscheidet man zwei Bereiche der staatlichen Fiskalpolitik:

(a) die **diskretionäre Fiskalpolitik**:

Der Staat betrachtet den Konjunkturverlauf, antizipiert zukünftige Entwicklungen und entscheidet explizit, von Fall zu Fall, welche fiskalpolitischen Maßnahmen er zur Konjunkturstabilisierung treffen sollte.

(b) die **Fiskalpolitik mit Hilfe automatischer Stabilisatoren:**

Hier wirkt das gegebene Einnahmen- und Ausgabensystem des öffentlichen Sektors von alleine in einer bestimmten Weise auf die Volkswirtschaft ein, ohne daß sich staatliche Regierungsstellen eigens um stabilisierende Maßnahmen bemühen müßten. Es wird ein automatischer Zusammenhang zwischen Staatsausgaben und Steuern auf der einen sowie der konjunkturellen Entwicklung des Bruttosozialprodukts auf der anderen Seite hergestellt, der immer und fortwährend wirkt.

Sehen wir uns beide fiskalpolitischen Konzepte im folgenden noch etwas genauer an.

Automatische Stabilisatoren

Zu den automatischen Stabilisatoren zählen vor allem zwei Ausprägungen des öffentlichen Fiskalsystems:

(a) das **progressive Steuersystem**

Ein progressives Steuersystem in einer Volkswirtschaft bedeutet, daß die Steuern stärker ansteigen als die Einkommenszuwächse. Welche Wirkungen treten hieraus für die Entwicklung des Bruttosozialprodukts auf?

- Wenn das Volkseinkommen fällt, reduzieren sich die Steuern überproportional, die verfügbaren Einkommen wachsen relativ an und damit auch die privaten Konsumausgaben. Bei gleichbleibenden Staatsausgaben tritt ein stabilisierender Ankurbelungseffekt auf. Die Tendenz zur Unterbeschäftigung wird aufgefangen.
- Der umgekehrte Wirkungszusammenhang stellt sich bei einer Überbeschäftigung ein. Hier kommt es, ceteris paribus, zu einer Kaufkraftabschöpfung und damit zu einer entsprechenden Reduktion des Sozialprodukts im Gleichgewicht.

(b) das **Sozialversicherungssystem**, insbesondere die **Arbeitslosenversicherung**

- Wenn jemand arbeitslos wird, erhält er im System der sozialen Sicherung Arbeitslosenunterstützung und fällt damit als Konsument nur zu einem geringen Teil aus. Die Zahlungen der Arbeitslosenversicherung bringen also Kaufkraft in die Volkswirtschaft und stabilisieren diese bei Unterbeschäftigung.
- Bei Vollbeschäftigung tritt ein Entzug an Kaufkraft durch die Zahlungen an die sozialen Versicherungsträger auf und verhindert auf diese Weise ein zu schnelles

Übergleiten in die Überbeschäftigung. Voraussetzung dafür allerdings ist, daß die Zahlungen an die Versicherungen dort thesauriert werden.

Automatische Stabilisatoren stellen im Keynesianischen System freilich nur eine Art von konjunkturpolitischer Auffangstellung dar. Sie allein reichen nicht aus, um die Stabilität einer Volkswirtschaft wieder herzustellen. Um diese zu erreichen, müssen automatische Stabilisierungsvorgänge ergänzt werden durch Maßnahmen der diskretionären Fiskalpolitik.

Diskretionäre Fiskalpolitik

Zur diskretionären Fiskalpolitik zählen folgende Instrumente:

(a) **Öffentliche Investitionsprogramme**
Solche Programme, zum Beispiel im Bereich des Straßenbaus oder bei anderen Infrastruktureinrichtungen, erfordern einen langen Planungsvorlauf (fünf Jahre), wenn nicht fertige oder genehmigte Projekte bereits in den Schubladen der öffentlichen Verwaltung liegen. Investitionsprogramme können daher häufig nicht rechtzeitig zur Konjunkturstabilisierung eingesetzt werden. Die Effizienz solcher Maßnahmen läßt dann in der Regel zu wünschen übrig. Auch die Gefahr einer **Parallelpolitik** ist vorhanden. Dies bedeutet, daß in Zeiten einer schwachen Konjunktur auch die öffentlichen Investitionen zurückgehen und in Zeiten der Vollbeschäftigung, bei angefüllten staatlichen Kassen, die Investitionen der öffentlichen Hände ebenfalls ein hohes Niveau erreichen.

(b) **Staatliche Beschäftigungsmaßnahmen**
Hierzu zählen in der Bundesrepublik zum Beispiel die Arbeitsbeschaffungsmaßnahmen der Bundesanstalt für Arbeit in Nürnberg. Der Staat stellt im Rahmen eines solchen Programms für einen bestimmten Zeitraum in seinen eigenen Institutionen Arbeitsplätze zur Verfügung oder er fördert finanziell die Beschäftigung von Arbeitslosen in der Privatwirtschaft. Auch Umschulungsmaßnahmen und Programme der beruflichen Weiterbildung fallen in diesen Rahmen einer aktiven Arbeitsmarktpolitik zur Stabilisierung der Konjunktur.

(c) **Staatliche Sozial- und Subventionsprogramme**
Hier lassen sich beispielsweise Maßnahmen der Arbeitslosenunterstützung nennen oder die Möglichkeit, in Frührente zu gehen, um auf diese Weise Arbeitsplätze für jüngere Arbeitnehmer freizumachen. Als Subventionen mit konjunktureller Wirkung kommen Investitionshilfen an Unternehmen, garantierte Mindestpreise und ähnliches

in Frage. Über die Effizienz solcher Programme muß man freilich geteilter Meinung sein. Sie sind selbst bei den Anhängern der Keynes'schen Konjunkturpolitik heftig umstritten.

(d) **Veränderungen im Bereich der Besteuerung**

Der Staat verzichtet auf Steuern, um die private Wirtschaftstätigkeit anzukurbeln. Als steuerliche Maßnahmen kommen im einzelnen in Frage:

- Veränderungen der Steuersätze bei der Einkommen- und Lohnsteuer;
- Zusätzliche Abschreibungsmöglichkeiten für Unternehmen;
- Veränderungen der Körperschaftssteuer, der Kapitalertragsteuer oder sonstiger Steuern (Gewerbesteuer) im Unternehmenssektor.

Auch die steuerlichen Maßnahmen benötigen Zeit und stehen zudem häufig im Spannungsfeld politischer Auseinandersetzungen. Dies zeigt unter anderem deutlich die in der jüngsten Vergangenheit geführte Diskussion um die steuerlichen Reformmaßnahmen in der Bundesrepublik Deutschland.

Mit der obigen Aufzählung haben wir im wesentlichen die fiskalpolitischen Maßnahmen einer Regierung erfaßt. Der große Nachteil all dieser Instrumente liegt vor allem darin begründet, daß ihr Einsatz nicht mit der erforderlichen Flexibilität und Schnelligkeit erfolgen kann. Fiskalpolitische Eingriffe verlangen Zeit, auch dann, wenn, wie in der Bundesrepublik Deutschland, mit dem Stabilitäts- und Wachstumsgesetz die erforderlichen rechtlichen Grundlagen bereits vorhanden sind.

Kontrollfragen zu Kapitel 13:

1. Erläutern Sie, wieso ein Anstieg der Staatsausgaben A_{St} den gleichen Multiplikatoreffekt hat wie eine autonome Erhöhung des Konsums C oder der Investitionen I, während der Multiplikatoreffekt, der aus einer Pauschalsteuersenkung resultiert, einen anderen Wert annimmt.

2. Diskutieren Sie den Unterschied zwischen staatlichen Transferzahlungen und den Ausgaben des Staates für Güter und Dienstleistungen.

3. Betrachten Sie eine Volkswirtschaft, in der die autonomen Investitionen 140 GE und die Staatsausgaben 200 GE betragen. Das Preisniveau sei konstant. Die Steuereinnahmen hängen nicht vom Volkseinkommen ab, so daß sich folgende Tabelle ergibt:

Volkseinkommen	Steuern	Verfügbares Einkommen	Konsum
480	200	280	230
540	200	340	260
600	200	400	290
660	200	460	320
720	200	520	350

(a) Für welches Einkommen ergibt sich ein Gleichgewicht? Zeichnen Sie eine Graphik mit dem Volkseinkommen auf der Abszisse und $C+I+A_{St}$ auf der Ordinate.
(Lösung: $Y^*=660$)

(b) Wie groß ist die marginale Konsumneigung, wie groß die marginale Sparneigung?
(Lösung: $c=s=0{,}5$)

(c) Zeigen Sie in Ihrer Graphik wie sich ein autonomer Anstieg der Staatsausgaben um 50 GE auswirkt. Berechnen Sie den Multiplikator.
(Lösung: $\Delta Y/\Delta A_{St}=2$)

(d) Nehmen Sie an, die Pauschalsteuern steigen um 20%. Welche Auswirkungen hat dies für die geschilderte Volkswirtschaft? Wie verändert sich die Lage der $C+I+A_{St}$ Kurve in dem in (a) gezeichneten Diagramm?

4. Was versteht man unter automatischen Stabilisatoren? Nennen Sie Beispiele und erläutern Sie diese.

5. Was versteht man unter diskretionärer Fiskalpolitik?

14. Die Rolle des Geldes in der Makroökonomik

Wir haben uns bislang weitgehend mit güterwirtschaftlichen Problemstellungen der Volkswirtschaftslehre beschäftigt und dabei einen Bereich der makroökonomischen Theorie und Politik außer Acht gelassen, der für die Erklärung von Inflation und Unterbeschäftigung heute eine zentrale Rolle spielt: **das Geld**.

In diesem Kapitel wollen wir uns damit nun eingehender auseinandersetzen. Wir werden uns zunächst mit den Funktionen des Geldes sowie ganz allgemein damit beschäftigen, was man unter Geld zu verstehen hat. Sodann wollen wir auf das Geldangebot und die Geldnachfrage eingehen und uns danach das Zusammenspiel dieser beiden Größen ansehen. Schließlich werden wir versuchen, die Geld- und Güterwirtschaft in eine gemeinsame Betrachtung einzubeziehen.

Damit legen wir gleichzeitig die Grundlagen für die makroökonomische Konzeption des **Monetarismus**. Seine Gegenüberstellung mit den bisher kennengelernten anderen Makrotheorien wird uns neue Aufschlüsse geben über die Möglichkeiten und die Grenzen der heutigen Volkswirtschaftslehre, das Wesen und den Charakter der makroökonomischen Hauptvariablen (Output, Preisniveau, Beschäftigung) zu erklären und diese politisch zu beeinflussen. Ein Abschnitt, der auf die **Staatsverschuldung** und deren Wirkungen auf Theorie und Politik abstellt, soll dieses Kapitel abschließen.

14.1 Geldfunktionen und Gelddefinitionen

In der Vergangenheit hat man viel Mühe darauf verwandt, nach dem "Wesen" des Geldes zu suchen. Nicht selten standen dabei am Beginn der Überlegungen ausführliche Definitionen des Mediums Geld. Heute beginnt man in der Regel die Analyse des Geldes mit der Frage nach dessen **Funktionen**.

14.1.1 Geldfunktionen

In der modernen Geldtheorie stimmt man weitgehend darin überein, dem Geld drei Funktionen zuzubilligen. Es ist

- Recheneinheit
- Tauschmedium
- Wertaufbewahrungsmittel.

Die Recheneinheit Geld

Durch Geld als Recheneinheit wird es möglich, ungleiche Güter - etwa Apfelsinen, Autos, Maschinen, Straßen - wertmäßig auf **einen Nenner** zu bringen, sie zu addieren. Der Wert aller Waren und Dienstleistungen läßt sich in Geld ausdrücken. Diese Möglichkeit ist Grundvoraussetzung dafür, daß man für ein Land eine Volkswirtschaftliche Gesamtrechnung erstellen kann.

Der größte Vorteil einer generellen Recheneinheit Geld liegt dabei in dem Umstand begründet, daß die Zahl der möglichen Preise, wie sie in einer **Natural-Tauschwirtschaft** notwendig wären, erheblich reduziert und damit die Effizienz des gesamtwirtschaftlichen Systems gesteigert wird. Ohne Geld wäre keine fortgeschrittene Arbeitsteilung und kein hochdifferenziertes Produktionsprogramm in einer Volkswirtschaft denkbar. In ihrer Entwicklung fortschreitende Volkswirtschaften setzen also das Vorhandensein von Geld als Grundbedingung voraus.

Das Tauschmedium Geld

Die Tauschfunktion gilt für viele Ökonomen als das zentrale Merkmal des Geldes. Geld ist ein allgemein anerkanntes Zahlungs- und Tauschmittel. Es verfügt über eine **generelle Kaufkraft**, indem es einen genau spezifizierten Anspruch auf das Sozialprodukt darstellt. Mit Hilfe des Geldes kann man beliebige Güter kaufen und verkaufen, wobei beide Transaktionen nicht unmittelbar zusammenfallen müssen. Geld vermeidet somit die höheren Transaktions- und Informationskosten, die in einer Natural-Tauschwirtschaft notwendigerweise anfallen.

Geld als Wertaufbewahrungsmittel

Mit Hilfe des Geldes läßt sich auch **Vermögen** bilden. Vermögensbildung bedeutet dabei nichts anderes als ein zeitliches Hinausschieben der Verausgabung von Geld. Geld ist damit ein Wertspeicher. Es stellt einen Anspruch an das Sozialprodukt nicht nur für heute, sondern auch für zukünftige Zeiten dar. Dabei muß der Wert des Geldes im Zeitablauf nicht stabil bleiben (Inflation!). Die Funktion der Wertaufbewahrung können neben dem Geld auch Wertpapiere verschiedenster Art erfüllen, etwa festverzinsliche Anleihen, Sparbriefe, Aktien und anderes mehr.

Nach diesem Überblick über die Funktionen, die Geld auszuüben vermag, wollen wir uns als nächstes fragen, was denn Geld eigentlich darstellt, was alles man zum Begriff des Geldes hinzurechnen darf.

14.1.2 Gelddefinition und Geldmenge

Historisch betrachtet gibt es eine lange Liste von Gegenständen, die als Geld fungiert haben. Sie umfaßt für verschiedene Kulturkreise und Länder so unterschiedliche Dinge wie Walfischzähne, Kaurimuscheln, Schafe, Pferde, Zigaretten, aber natürlich auch Metalle wie Kupfer, Nickel, Silber und Gold sowie heute, in erster Linie, das Papier und die weitgehend "stofflosen" Bankguthaben. Bei all diesen Dingen beruht der Geldcharakter auf einer gesellschaftlichen Konvention. Man sieht also, daß sich die Funktionen des Geldes grundsätzlich mit vielen Stoffen erfüllen lassen.

Wenn es nun so viele Möglichkeiten gibt, "verschiedene Stoffe" in die Rolle des Geldes zu erheben, dann interessiert natürlich sofort die Frage, was man denn in einer modernen Volkswirtschaft zur **Menge** des Geldes zu zählen hat.

Es gibt heute keine einheitliche, allgemein akzeptierte Abgrenzung der Geldmenge, vor allem nicht im Hinblick auf die drei Geldfunktionen. Was beispielsweise als Wertaufbewahrungsmittel gelten kann, ist nicht unbedingt auch für den Tauschverkehr geeignet. Die Tauschfunktion ist also enger angelegt als die Wertaufbewahrungsfunktion und damit auch die darin abgegrenzte Geldmenge.

Tauschfunktion haben heute, in modernen Volkswirtschaften, folgende Geldbestandteile:

- Münzen und Banknoten (Zentralbankgeld),
- Sichteinlagen bei Geschäftsbanken (Giralgeld), über die mit Schecks, Überweisungen und Kreditkarten verfügt wird.

Ob auch Geldbeträge dazu zählen, die für eine bestimmte Zeit fest angelegt sind, also Termin- und Spareinlagen, ist heute umstritten und im gewissen Sinne eine Ermessensfrage.

Die Geldmenge, die als **Wertspeicher** fungiert, besteht auf jeden Fall aus der

- Tauschgeldmenge
  plus den
- Termin- und Spareinlagen.

Unterschiedliche Abgrenzungen der Geldmenge werden in der Literatur häufig verkürzt mit $\mathbf{M_1}$, $\mathbf{M_2}$, $\mathbf{M_3}$ bezeichnet. Nach der Definition der Europäischen Zentralbank (EZB) zählen zur

Geldmenge $\mathbf{M_1}$: Bargeldumlauf + täglich fällige Einlagen inländischer Nichtbanken bei Monetären Finanzinstituten (MFI) + Geldkartenaufladungsgegenwerte (Tauschgeldmenge);

Geldmenge $\mathbf{M_2}$: $\mathbf{M_1}$ + Termineinlagen bis zu zwei Jahren + Einlagen mit einer vereinbarten Kündigungsfrist von bis zu 3 Monaten;

Geldmenge $\mathbf{M_3}$: $\mathbf{M_2}$ + Geldmarktpapiere + Geldmarktfondzertifikate + Bankschuldverschreibungen mit einer Laufzeit von bis zu zwei Jahren.

Abbildung 14.1 zeigt die Entwicklung der Geldmengenaggregate $\mathbf{M_1}$, $\mathbf{M_2}$ und $\mathbf{M_3}$ im Euro-Währungsgebiet für den Zeitraum 1998-2000.

Abb. 14.1: Die Geldmenge $\mathbf{M_1}$, $\mathbf{M_2}$, $\mathbf{M_3}$ *im Euro-Währungsgebiet 1998-2000 (Stand jeweils April in Mill. EURO)*

Jahr	Geldvolumen $\mathbf{M_3}$	Geldvolumen $\mathbf{M_2}$	Geldvolumen $\mathbf{M_1}$
1998	4302.4	3688.4	1610.7
1999	4541.3	3929.0	1800.9
2000	4930.8	4159.8	2012.6

Quelle: Monatsberichte der EZB, Juli 1999, Juli 2000.

Den wichtigsten Maßstab der Geldmenge stellt heute die weitgefaßte Definition $\mathbf{M_3}$ dar. Sie ist vor allem deshalb so bedeutsam, weil mit ihrer Hilfe, wie wir noch sehen werden, moderne Geldpolitik betrieben wird.

14.2 Das Geldangebot

Mit der Abgrenzung der Geldmenge sind bereits jene Komponenten angesprochen, die das Geldangebot aus institutionaler Sicht ausmachen. Die Begrenzung des Angebots ist dabei eine notwendige Bedingung dafür, daß Geld seinen Wert behält. Würde Geld in unbegrenzter Menge zur Verfügung stehen, hätte dies katastrophale Folgen für die Gesamtwirtschaft. Alle Güterpreise, Löhne, Einkommen stiegen ins Unermeßliche. Daher muß das Geldangebot einer strengen Kontrolle und einer

Regulierung durch die Regierung eines Landes und durch dafür geschaffene Institutionen unterliegen.

14.2.1 Institutionale Organisation des Geldangebots

Seit dem 1. Januar 1999 liegt die Verantwortung für die Geldpolitik der Teilnehmerländer der Europäischen Wirtschafts- und Währungsunion und damit die Steuerung des Geldangebots bei der Europäischen Zentralbank (EZB). Dabei wird zunächst in einer Übergangsphase bis zum Jahr 2002 nur das Giralgeld in Euro verrechnet, während der Bargeldumlauf noch in den jeweiligen nationalen Währungen erfolgt (deren Austauschverhältnis zum Euro seit dem 1. Januar 1999 fixiert wurde; für die DM gilt der Umtauschkurs 1 Euro = 1,95583 DM).

Institutional obliegt innerhalb der Europäischen Währungsunion die Geldmengensteuerung dem **System der Europäischen Zentralbanken (ESZB)**. Eine wichtige Rolle bei der Geldproduktion spielen ferner auch die Monetären Finanzinstitute.

Wenden wir uns zunächst dem System der Europäischen Zentralbanken und der Europäischen Zentralbank zu.

System der Europäischen Zentralbanken

Das ESZB setzt sich zusammen aus der EZB und den nationalen Zentralbanken (NZBen). Für Deutschland ist die NZB die Deutsche Bundesbank.

Die grundlegenden Aufgaben des ESZB umfassen:

- die Geldpolitik der Gemeinschaft festzulegen und auszuführen;
- Devisengeschäfte durchzuführen;
- die offiziellen Währungreserven der Mitgliedsstaaten zu verwalten;
- das reibungslose Funktionieren der Zahlungssysteme zu gewährleisten.

Darüber hinaus nimmt das ESZB eine beratende Funktion gegenüber den nationalen Behörden zu den in seinen Zuständigkeitsbereich fallenden Fragen wahr und stellt hierfür auch die entsprechenden statistischen Daten bereit.

Das ESZB wird von den Beschlußorganen der EZB geleitet: dem **EZB-Rat** und dem **Direktorium**.

Der EZB-Rat ist das zentrale Entscheidungsorgan der Geldpolitik. Er setzt sich aus 6 Direktoriums-Mitgliedern und den Präsidenten der NZBen der Mitgliedsstaaten zusammen. Dem Direktorium obliegt die Durchführung der geldpolitischen Entscheidungen, die Führung der laufenden Geschäfte und es ist befugt, Weisungen an die NZBen zu erlassen. Die Aufgabe der NZBen besteht in der Durchführung der Weisungen der EZB. Im einzelnen handelt es sich dabei um folgende Funktionen: Sie agiert als Notenbank in dem sie den Banknotenumlauf steuert. Im Rahmen ihrer Funktion als Bank der Banken regelt sie den Zahlungsverkehr im Inland und mit dem Ausland, sie bietet den Geschäftsbanken Refinanzierungsmöglichkeiten an und wirkt bei der Bankenaufsicht mit. Ferner nimmt sie Aufgaben als Währungsbank wahr, indem sie Devisenmarktinterventionen durchführt und die Währungsreserven verwaltet. Zu guter letzt fungiert sie als Hausbank des Staates und steuert hierbei den Münzgeldumlauf sowie den Zahlungsverkehr von Bund und Ländern und übernimmt ferner beratende Funktionen.

Das makroökonomische Primärziel der Geldpolitik des ESZB besteht in der Sicherung der Preisniveaustabilität. Wenn dies gewährleistet ist, tritt als Sekundärziel die Unterstützung der Wirtschaftspolitik in der Gemeinschaft hinzu (Annäherung an die Ziele des magischen Vierecks: Vollbeschäftigung, Preisniveaustabilität, außenwirtschaftliches Gleichgewicht und angemessenes Wirtschaftswachstum).

Wichtigster Grundpfeiler für die Zielerreichung ist dabei die Unabhängigkeit des ESZB von Weisungen der Regierungen der Mitgliedsstaaten. Diese besteht zum einen in der personellen und finanziellen Unabhängigkeit und der Freiheit zur Wahl einer bestimmten geldpolitischen Strategie, zum anderen aber auch in einem strikten Verbot der Kreditvergabe an die öffentlichen Hände. So werden zum Beispiel die Direktoren der EZB für acht Jahre ernannt und eine Wiederwahlmöglichkeit ist ausgeschlossen. Für eine Einschränkung dieser Unabhängigkeit bestehen weit größere Hürden als es noch bei der alten Bundesbank der Fall war, da die Unabhängigkeit der Bundesbank nur im Bundesbankgesetz geregelt wurde (was der Bundestag mit einfacher Mehrheit ändern konnte), während die Unabhängigkeit der EZB im Vertrag von Maastricht verankert ist und nur mit Zustimmung aller vertragschließenden Staaten modifiziert werden kann.

Allein das ESZB ist befugt, "originäres" (primäres) Geld herzustellen, das - wie noch gezeigt wird - den Geschäftsbanken zur "derivativen" (sekundären) Geldproduktion dient.

Monetäre Finanzinstitute

Partner des ESZB sind die Monetären Finanzinstitute, die alle mindestreservepflichtigen Kreditinstitute und dabei insbesondere die Geschäftsbanken und Sparkassen umfassen. Sie müssen dafür finanziell gesund sein und der Bankenaufsicht eines Mitgliedslandes unterliegen. Ferner wird von ihnen gefordert, daß sie die technischen Anforderungen des ESZB an die Geschäftsabwicklung erfüllen.

Auch die Monetären Finanzinstitute tragen zur Geldproduktion bei. Sie befinden sich in der Bundesrepublik Deutschland im Besitz von

- Gebietskörperschaften (circa 600 Sparkassen),
- Genossenschaften (Spar- und Darlehenskassen, Raiffeisenkassen, Volksbanken, in einer Zahl von etwa 2500),
- Privaten Trägern (etwa 300 Kreditbanken).

Die Banken nehmen insbesondere Gelder von den Haushalten und Unternehmen in ihren Geschäftsbereich herein (Einlagen) und leihen diese wieder an ihre Kunden aus (Kredite). Sie wirken somit als sogenannte Finanzintermediäre. Von der dabei erzielten Zinsmarge bestreiten sie ihre Aufwendungen und erzielen Gewinne.

Im Rahmen ihrer Funktion als Finanzintermediäre ist es den Geschäftsbanken möglich, Buchgeld zu schaffen. Der Umfang dieser Geldproduktion hängt wesentlich von den Vorgaben und der Politik der EZB ab. Diese Form der Geldschaffung weist nun einige Besonderheiten auf, mit denen wir uns sogleich in einem eigenen Abschnitt, etwas auführlicher beschäftigen wollen. Daneben sind die Geschäftsbanken heute in immer stärkerem Maße im Börsengeschäft und auf den Kapital- und Devisenmärkten aktiv.

Bundesregierung

Produzent des Münzgeldes ist der Bund, vertreten durch die Bundesregierung. Die Münzgeldausgabe stellt noch ein Überbleibsel des fürstlichen Münzregals dar. Wenn die Produktionskosten geringer sind als der Nennwert der Münzen, entsteht ein Münzgewinn, der dem Bund zufließt. Die wirtschaftspolitische Bedeutung der Münzgeldproduktion ist jedoch gering. In der Bundesrepublik Deutschland wird die Münzgeldmenge durch die Vorgabe der EZB geregelt.

14.2.2 Die Geldproduktion der Kreditinstitute

Die Geldproduktion der Zentralbank und der Kreditinstitute hat der Gesetzgeber in unterschiedlicher Weise begrenzt. Für die EZB gilt die Satzung des ESZB, für die Bundesbank das Bundesbankgesetz und für die Monetären Finanzinstitute ist das Kreditwesen-Gesetz (KWG) bindend.

Charakter und Bedingungen der Geldproduktion

Die Geldproduktion der Geschäftsbanken geschieht durch **Monetisierung** von Aktiva. Banken erwerben Aktiva (Vermögen) von Nichtbanken (Staat, privates Publikum) und bezahlen diese Käufe mit Forderungen gegen sich selbst (Sichteinlagen, Sichtverbindlichkeiten). Wenn Banken an Nichtbanken solche Aktiva gegen eigene Zahlungsmittel verkaufen, wird Giralgeld vernichtet; dies führt zu einer **Demonetisierung** von Aktiva.

Bei beiden Vorgängen spielt es keine Rolle, ob die Aktiva Sachgüter oder finanzielle Vermögensgüter (Forderungen in verbriefter oder unverbriefter Form) darstellen.

Grenzen und Besonderheiten dieser Buchgeldproduktion folgen aus zwei Bedingungen des Bankengeschäfts:

(a) Banken müssen sich in Zentralbankgeld, das sie nicht selbst herstellen können, zahlungsfähig halten, für den Fall, daß Kunden Barabhebungen vornehmen wollen. Man spricht hier vom sogenannten **Liquiditätserfordernis**, das die Banken zu erfüllen haben.

(b) Banken müssen bestrebt sein, Einlagen ihrer Kunden ertragbringend anzulegen, weil dies ihre Existenzgrundlage bedeutet. Sie sind also auch einem **Rentabilitätserfordernis** verpflichtet.

Um dem Liquiditätserfordernis zu genügen, bilden die Banken von den Kundeneinlagen eine Reserve in Zentralbankgeld. Diese setzt sich aus zwei Komponenten zusammen:

- der gesetzlich vorgeschriebenen unverzinslichen **Mindestreserve** bei der EZB (***MR***)
  und

- einer freiwilligen **Barreserve** im eigenen Haus. Den Betrag, der von einer Kundeneinlage nach Abzug der Mindestreserve und der freiwilligen Barreserve übrigbleibt, bezeichnet man als **Überschußreserve**.

Die Geschäftsbanken sind verpflichtet einen Prozentsatz bestimmter Bilanzpositionen als Einlage bei der EZB zu halten. Dieser Mindestreserve Satz wird von der EZB gemäß geldpolitischen Erfordernissen einheitlich festgelegt.

Funktionsweise der Buchgeldproduktion

Wie funktioniert nun unter diesen Bedingungen die Buchgeldproduktion des Geschäftsbankensystems?

Nehmen wir an, ein Kunde zahlt bei einer Bank ***A*** bar einen Betrag von 1.250 Euro ein. Er erhält darüber eine Gutschrift, die für die Bank eine Verbindlichkeit darstellt. Die Bank bildet von dieser Einlage eine Reserve von 250 Euro, um den Auflagen der Zentralbank zu genügen (***MR*** = 20 Prozent). Wir gehen weiterhin davon aus, daß sie keine Barreserve zurücklegt, sondern die verbleibenden 1.000 Euro als Überschußreserve auszuleihen versucht. Gelingt ihr dies, erhält der neue Schuldner der Bank eine Gutschrift auf einem Girokonto, die er für seine Zwecke verwenden kann. Zum bereits vorhandenen Buchgeld von 1.250 Euro ist somit zusätzliches Geld in Form eines Sichtguthabens in Höhe von 1.000 Euro hinzugekommen. Die Bank ***A*** hat (Buch-)Geld produziert.

Ob nun noch weiteres Buchgeld entsteht, hängt davon ab, was der Schuldner mit seinen 1.000 Euro macht. Kommt der Betrag nicht zu einer Bank zurück, ist die Produktion von Giralgeld abgeschlossen.

Fließt aber der Betrag ganz oder teilweise an eine andere Bank ***B***, so geht die Giralgeldbildung in der beschriebenen Form weiter. Auch diese Bank kann, nachdem sie die Mindestreserve hinterlegt hat, von der Einzahlung wieder einen Betrag in Höhe von 800 Euro als Kredit an einen Kunden vergeben. Um diesen Betrag nimmt dann die Giralgeldmenge zu.

Wird der eben beschriebene Vorgang unendlich oft zwischen weiteren Kreditnehmern und Banken wiederholt, so kommt es zu einem multiplikativen Expansionsprozeß des Geldes, der graphisch wie in Abbildung 14.2 veranschaulicht werden kann.

Abb. 14.2: Giralgeldproduktion der Banken

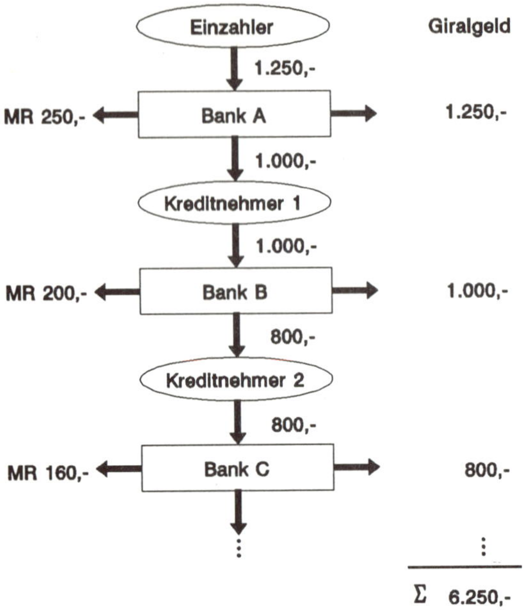

Wir sehen, daß in unserem Beispiel, in welchem das Bankensystem keine freiwilligen Barreserven hält, eine Giralgeldmenge in Höhe von 6.250 Euro gebildet wird. Würden die Banken freiwillig, aus Liquiditätsüberlegungen, einen Teil der getätigten Einzahlung zurückbehalten, so wäre die Giralgeldschöpfung entsprechend geringer.

Formal läßt sich der Prozeß der Geldschöpfung wie folgt darstellen: Bei einem Mindestreservesatz von r ergibt sich aus jedem Euro, der bei einer Bank einbezahlt wird, eine Giralgeldmenge in Höhe von:

$$1 + (1-r) + (1-r)^2 + (1-r)^3 + \ldots = \frac{1}{1-(1-r)} = \frac{1}{r}$$

Den obigen Ausdruck bezeichnet man als den sogenannten **Geldschöpfungsmultiplikator**. In unserem Beispiel ergibt sich für r=20 Prozent ein Wert von 1/0,2=5. Aus jedem erstmals einbezahlten Euro Bargeld entstehen also am Ende 5 Euro Giralgeld.

Allgemein gilt:

$$\textbf{Änderung der Giralgeldmenge} = \frac{1}{r} \cdot \textbf{Bareinzahlung}$$

Das Ausmaß der Buchgeldproduktion im Bankensystem ist dabei abhängig von

- dem Umfang an vorhandenem Zentralbankgeld (Basisgeldmenge), der in Form von Sichteinlagen gutgeschrieben wird,
- dem Mindestreservesatz,
- der Höhe der freiwillig gehaltenen Barreserve,
- dem Umfang, in dem geliehenes Geld in das Bankensystem zurückströmt, und
- der Häufigkeit der Ausleihen von Überschußreserven (Zahl der nachfolgenden Banken im Prozeß der Geldschöpfung).

14.2.3 Das wirtschaftspolitische Instrumentarium der Notenbank

Die drei klassischen Instrumente, mit deren Hilfe die Notenbank als wirtschaftspolitischer Akteur auftritt, und so auch das Geldangebot beeinflußt, sind:

(a) **Offenmarktgeschäfte**
Hierbei handelt es sich im wesentlichen um die befristete Verpfändung von Wertpapieren durch die Zentralbank auf dem Kapitalmarkt.

(b) **Bereitstellung ständiger Fazilitäten**
Dieses Instrument erlaubt den Geschäftsbanken die kurzfristige Aufnahme oder Anlage von Geldern bei der Zentralbank.

(c) **Mindestreservepolitik**
Hier geht es um die Festlegung der Mindestreserve, die die Geschäftsbanken zur Absicherung ihrer Einlagen als Reserve bei der Zentralbank halten müssen.

Die Notenbank kann diese Instrumente zum Einsatz bringen, wenn das Ziel der Preisstabilität dies erfordert. Andere wirtschaftspolitische Ziele, wie Wachstum und Beschäftigung, sind dagegen von nachgeordneter Bedeutung. Der Ziel-Mittel-Zusammenhang, der sich dabei für sie ergibt, läßt sich graphisch wie folgt veranschaulichen (Abbildung 14.3).

Die drei Instrumente der EZB - Offenmarktgeschäfte, Bereitstellung ständiger Fazilitäten, Mindestreservepolitik - wirken zunächst auf Zwischenziele ihrer Politik ein. Solche Ziele streben in erster Linie ein bestimmtes Wachstum des gesamtwirtschaftlichen Geldangebots im Zeitablauf an, oder sie peilen eine bestimmte Höhe des volkswirtschaftlichen Zinsniveaus an. Über diese Zwischenziele wird schließlich auf das Finalziel der Geldpolitik, nämlich die Geldwertstabilität, Einfluß gewonnen.

Abb. 14.3: Wirkungsweise der Notenbankpolitik

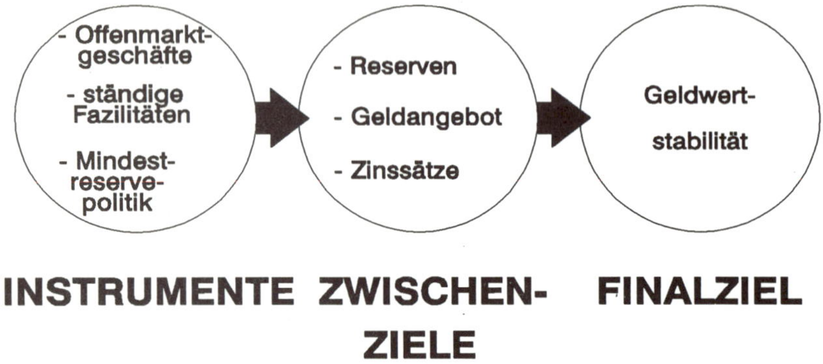

Betrachten wir nun die drei wirtschaftspolitischen Mittel der Bundesbank noch etwas genauer und wenden wir uns zunächst der Offenmarktpolitik zu.

Offenmarktgeschäfte

Mit den Offenmarktgeschäften will die EZB die in einer Volkswirtschaft umlaufende Menge an Zentralbankgeld kontrollieren. Folgende wichtige Maßnahmen können dabei unterschieden werden:

- Innerhalb sogenannter **Hauptfinanzierungsoperationen** kauft die EZB Wertpapiere mit gleichzeitiger Rückkaufvereinbarung von Geschäftsbanken an. Diese Vertragskonstruktion kommt einer Verpfändung der hinterlegten Wertpapiere gleich. Die Laufzeit beträgt zwei Wochen. Für die Geschäftsbanken ist damit ein befristeter Zufluß von Liquidität verbunden. In diese Operation werden allerdings nicht beliebige Wertpapiere einbezogen, sondern nur sogenannte refinanzierungsfähige Sicherheiten, wie zum Beispiel ESZB-Schuldverschreibungen oder an einem geregelten Markt gehandelte Aktien. Neben der kurzfristigen Bereitstellung von Liquidität ist es der EZB mit diesem Instrument möglich, das gesamtwirtschaftliche Zinsniveau und das verfügbare Liquiditätsvolumen flexibel zu steuern. Zusätzlich dient dieses Instrument zur geldpolitischen Signalsetzung.

- Vergleichsweise längerfristig ausgelegt sind dagegen die **längerfristigen Refinanzierungsgeschäfte**, über welche den Geschäftsbanken für drei Monate Liquidität zu geltenden Marktkonditionen bereitgestellt wird. Hiermit ist keine geldpolitische Signalsetzung verbunden.

- Die beiden vorstehenden Operationen werden ergänzt durch unregelmäßig durchgeführte **Feinsteuerungsoperationen**, die unerwarteten Liquiditätsbedarf ausgleichen sollen und damit zur Zinsstabilisierung beitragen.

- Daneben besteht die Möglichkeit über **strukturelle Operationen**, die auch regelmäßiger Natur sein können, die strukturelle Liquiditätsposition des Finanzsektors zu verbessern.

Zur Verdeutlichung der Wirkung der Offenmarktgeschäfte nehmen wir als Beispiel an, daß die EZB Schuldverschreibungen der Bundesregierung im Wert von 1 Million Euro von einer Geschäftsbank als Sicherheit (Pfand) annimmt. Die EZB schreibt als Gegenleistung für diese Schuldverschreibungen der Bank Liquidität in Höhe von 1 Million Euro gut. Die Geschäftsbank hält dann zusätzlich zur gesetzlich vorgeschriebenen Mindestreserve ein Guthaben an Zentralbankgeld bei der Bundesbank in Höhe von 1 Million Euro.

Die Geschäftsbank kann nun den privaten Geldnachfragern mehr Geld zur Verfügung stellen, was sie im allgemeinen auch tut, da sie daran verdient. Das zusätzliche Zentralbankgeld von 1 Million Euro erhöht den Bargeldumlauf, sofern es an Private ausgeliehen wird. Dann kann auch zusätzlich der von uns bereits beschriebene Prozeß der Giralgeldschöpfung in Gang kommen.

Will die EZB die angebotene Geldmenge verringern, so sinkt ihre Bereitschaft, Wertpapiere als Pfand für Liquidität zu akzeptieren. Sie induziert auf diese Weise einen Ablauf, der gerade entgegengesetzt zu dem oben beschriebenen verläuft.

Bereitstellung ständiger Fazilitäten

Die Bereitstellung ständiger Fazilitäten ergänzt die Offenmarktgeschäfte indem die Zinssätze für Tagesgeld hierdurch gesteuert werden sollen. Im Rahmen der sogenannten Spitzenfinanzierungsfazilität können Geschäftbanken für einen Geschäftstag Gelder bei der EZB zu einem vorgegebenen Zinssatz aufnehmen (Übernachtliquidität). Auf diese Weise wird eine Obergrenze für den Tagesgeldsatz festgelegt. Im Gegensatz dazu wird über die Einlagenfazilität eine Anlagemöglichkeit für überschüssige Liquidität der Geschäftsbanken eingeräumt, woraus sich eine Untergrenze für den Tagesgeldsatz ergibt.

Mindestreservepolitik

Während die Offenmarktgeschäfte und die ständigen Fazilitäten freiwilligen Charakter aufweisen, da sie von von den Geschäftsbanken nur im Bedarfsfall in Anspruch genommen werden, ist die Mindestreservepflicht ein sehr wirkungsvolles Instrument zur Steuerung des **Geldvolumens**, weil sich die Geschäftsbanken dieser Regelung nicht entziehen können.

Wie wir wissen, sind alle Geschäftsbanken verpflichtet, einen bestimmten Prozentsatz der Einlagen von Nichtbanken als Geldbestände bei der Zentralbank zu halten. Diese Verpflichtung ergibt sich aus der Mindestreservevorschrift der EZB. Der Reservebetrag, der auf diese Weise stillgelegt - aber dennoch verzinst - wird, errechnet sich als Prozentsatz der reservepflichtigen Verbindlichkeiten der Geschäftsbanken im Monatsdurchschnitt. Den Prozentsatz legt die EZB fest.

Wegen des Zwangscharakters der Mindesreservepflicht ist diese Politik das wirkungsvollste Instrument zur Begrenzung der Geldschöpfungsmöglichkeiten des Bankensektors. Die Zentralbank kann nämlich mit Hilfe der Mindestreserve Wirtschaftspolitik betreiben, indem sie die Prozentsätze der Einlagen variiert, die als reservepflichtig gelten und bei ihr zu hinterlegen sind. Werden die Mindestreservesätze gesenkt, so haben die Geschäftsbanken mehr Zentralbankgeld zu ihrer freien Verfügung, also wachsende Überschußreserven, was zu einer Ausdehnung der Geldmenge führt. Steigt der Mindestreservesatz, so müssen sich die Geschäftsbanken zusätzlich Zentralbankgeld beschaffen (etwa durch Offenmarktgeschäfte oder Nutzung von ständigen Fazilitäten), um die gestiegenen Reserveanforderungen zu erfüllen. Im Ergebnis führt dies zu einem Rückgang der Geldmenge in einer Volkswirtschaft.

14.2.4 Die Geldangebotskurve

Die Theorie des Geldes drückt mit der Geldangebotskurve den Zusammenhang aus, der zwischen der in einer Volkswirtschaft angebotenen Geldmenge und deren Determinanten besteht. Das Geldangebot wird, wie wir sahen, in der Hauptsache von zwei Akteuren bestimmt, der Zentralbank und dem privaten Geschäftsbankensystem. Die EZB wirkt auf das Geldangebot ein, indem sie die Zentralbankgeldmenge kontrolliert und die Giralgeldmenge durch verschiedene Instrumentarien, die wir eben kennenlernten, steuert. Die Geschäftsbanken wiederum versuchen die Giralgeldproduktion in ihrem Sinne zu beeinflussen.

Zusammengefaßt kann man sagen, daß das makroökonomische Geldangebot in erster Linie von zwei Faktoren abhängt:

- der **Höhe des Zinssatzes**
  und
- den **Politiken der EZB**.

Zwischen Zinssatz und Geldmenge wird in der Regel ein Zusammenhang unterstellt, wie ihn Abbildung 14.4 veranschaulicht.

Abb. 14.4: Volkswirtschaftliche Geldangebotskurve

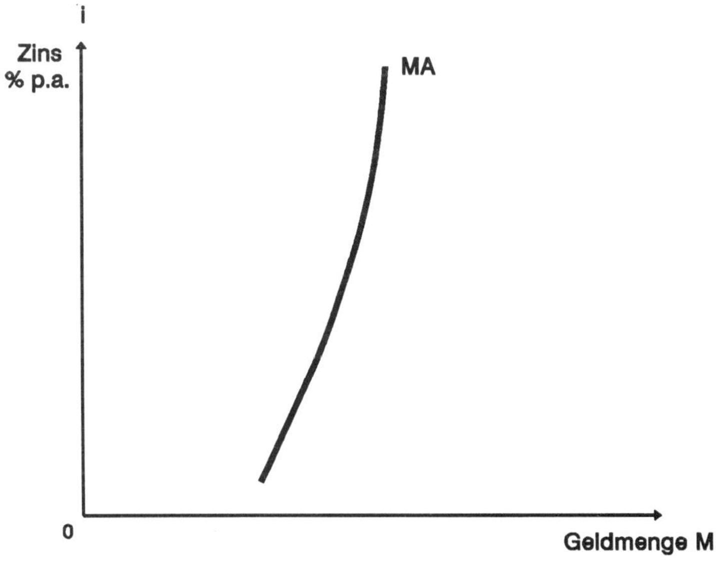

Mit steigendem Zins erhöht sich die angebotene Geldmenge in einer Volkswirtschaft. Die Erklärung dieses Zusammenhangs erfolgt auf **einzelwirtschaftlicher** Ebene, indem man auf das Geschäftsgebaren der privaten Banken rekurriert. Ist eine Volkswirtschaft, beispielsweise, durch ein hohes Zinsniveau gekennzeichnet, so werden die Geschäftsbanken versuchen, im Rahmen ihrer Möglichkeiten mehr Geld anzubieten als dies bei niedrigen Zinsen der Fall wäre. Dies setzt voraus, daß die Geschäftsbanken bei hohen Zinsen ihre freiwillig gehaltenen Barreserven abbauen. Mit steigenden Zinsen nimmt dann, als Folge, die angebotene Geldmenge zu.

Dabei ist die Geldmenge, die von den Geschäftsbanken angeboten wird, von diesen nach betriebswirtschaftlichen Kriterien kalkuliert und optimiert. Sie genügt daher allein einzelwirtschaftlichen Ansprüchen und braucht nicht auch volkswirtschaftlich optimal zu sein.

Für die Festlegung des **volkswirtschaftlich optimalen** Geldangebots ist die Zentralbank zuständig. Sie verfügt über eine Reihe von uns bereits bekannten Instrumenten, mit deren Hilfe sie die Geldmenge zu beeinflussen vermag. Davon hängt die Lage der Geldangebotsfunktion in Abbildung 14.4 ab. Sie wird sich nach rechts oder links verschieben, je nachdem, ob die EZB das Geldangebot verknappen oder ausdehnen möchte.

Abb. 14.5: Wirkungen eines veränderten Mindestreservesatzes auf das volkswirtschaftliche Geldangebot

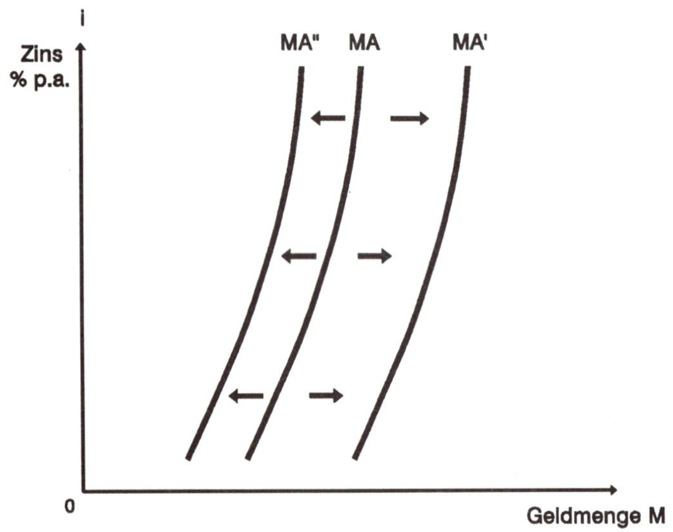

Sehen wir uns diesen Wirkungsmechanismus kurz am Beispiel der Auswirkung einer Erhöhung beziehungsweise Senkung des Mindesreservesatzes auf die volkswirtschaftliche Geldangebotsfunktion anhand der Abbildung 14.5 an.

Senkt die EZB den Mindestreservesatz, um die frei verfügbare Geldmenge im privaten Bankensystem zu erhöhen, so verschiebt sich die Geldangebotskurve von

MA nach rechts auf ***MA'***. Ein Anstieg des Mindestreservesatzes verringert die frei verfügbare Geldmenge und führt in unserer Abbildung zu einer Linksverschiebung der Angebotskurve etwa von ***MA*** auf ***MA''***.

In diesem Zusammenhang sollten wir darauf hinweisen, daß die Geldangebotskurve in Abbildung 14.4 verhältnismäßig steil eingezeichnet ist. Damit soll zum Ausdruck gebracht werden, daß die Geschäftsbanken relativ beschränkt sind in ihren Möglichkeiten, auf die Geldmenge Einfluß zu nehmen. Das heißt, Variationen im Zinssatz vermögen über das private Bankensystem die angebotene Geldmenge nur in geringem Umfang zu verändern. Dies liegt einfach daran, daß in erster Linie die EZB mit ihrem wirtschaftspolitischen Instrumentarium die Geldmenge festlegt. In manchen Lehrbüchern wird daher die volkswirtschaftliche Geldangebotskurve sogar als Vertikale angenommen.

14.3 Die Geldnachfrage

Unter Geldnachfrage versteht man die am Markt auftretenden **Kassenhaltungswünsche** von Wirtschaftssubjekten, bezogen auf monetäre Titel. Der Wunsch, Kasse zu halten, läßt sich dabei vor allem auf zwei Funktionen des Geldes zurückführen, die wir an anderer Stelle bereits kennengelernt haben, nämlich auf die Tauschfunktion und die Wertaufbewahrungsfunktion. Sie stellen die eigentlichen Gründe dar, weshalb sich Wirtschaftssubjekte veranlaßt sehen, Geld zu halten und damit auch Geld nachzufragen.

14.3.1 Motive der Geldhaltung

Das erste Motiv für Geldhaltung, das aus der Tauschfunktion entspringt, bezeichnet man als **Transaktionsmotiv**. Es besagt, daß Haushalte und Unternehmen Geld halten, um ihre geplanten Transaktionen auf den verschiedenen Märkten vornehmen zu können. Die wichtigste Variable, die auf volkswirtschaftlicher Ebene die Transaktionsnachfrage nach Geld bestimmt, ist die **Höhe des Bruttosozialprodukts**. Je größer das Bruttosozialprodukt ist, umso umfangreicher sind die ökonomischen Aktivitäten in einer Volkswirtschaft und umso höher wird auch die Nachfrage nach Geld sein, das benötigt wird, um diese abzuwickeln. Sinkt das Bruttosozialprodukt, dann nehmen auch die ökonomischen Aktivitäten ab, und zugleich sinkt der Bedarf an Finanzmitteln und damit auch die Nachfrage nach Geld für wirtschaftliche Transaktionen.

Das zweite Motiv der Geldnachfrage, das sich aus der Wertaufbewahrungsfunktion ableitet, wird **Vorsichtsmotiv** genannt. Es dient vor allem der individuellen Vorsorge für den Fall, daß unvorhergesehene Zahlungsverpflichtungen auftreten. Die Geldmenge, die aufgrund des Vorsichtsmotivs nachgefragt wird, hängt in erster Linie von der **Höhe des geltenden Zinses** ab. Ceteris paribus darf man dabei von folgendem Zusammenhang ausgehen: Je höher der Zinssatz ist, der sich auf den Kapitalmärkten einer Volkswirtschaft bildet, desto geringer wird die nachgefragte Menge nach Geld sein. Denn mit der Höhe des Zinses steigen auch die Opportunitätskosten, die man für nicht angelegtes Geld in der "Kasse" zu berechnen hat.

Neben dem Zins beeinflußt natürlich auch die **Höhe des Einkommens**, über das ein Wirtschaftssubjekt verfügt, dessen Geldnachfrage aus dem Vorsichtsmotiv heraus. Ist sein Einkommen hoch, so kann es sich das Individuum leisten, mehr Geld in seiner Kasse zu halten.

Ein drittes Motiv schließlich, das Wirtschaftssubjekte veranlassen kann, Geld zu halten, stellt das **Spekulationsmotiv** dar. Es ergibt sich aus der Ungewißheit darüber, wie sich der Geldwert verschiedener Alternativen entwickeln wird, die dem einzelnen bei der Anlage seines Vermögens zur Verfügung stehen.

Angenommen, ein Wirtschaftssubjekt ist wohlhabend und möchte sein Vermögen noch weiter mehren, indem es dieses in der "richtigen" Weise anlegt. Zu diesem Zwecke kann es sein ganzes Vermögen in Form von Geld halten, bekommt dann aber dafür keine oder nur geringe Zinszahlungen. Legt es hingegen sein Vermögen in weniger liquiden Anlageformen an, etwa in Aktien, Anleihen oder in einem Immobilienfonds, so erhält es dafür zum einen die marktübliche Verzinsung. Zum anderen eröffnet es sich aber auch die Möglichkeit von zusätzlichen Gewinnen, wenn der Marktwert einer der alternativen Anlageformen steigt. Selbstverständlich unterliegt es ebenso der Gefahr zusätzlicher Verluste, wenn der Marktwert sinkt.

Das Spekulationsmotiv will nun dem Risiko von Gewinnen und Verlusten, die sich aus sich ändernden Marktbedingungen bei Wertpapieren oder anderen Anlageformen ergeben, durch ein bestimmtes Verhalten in der Geldhaltung Rechnung tragen. Wird ein Anleger beispielsweise erwarten, daß der Wert von Aktien steigt, so wird er Geld in Aktien investieren. Seine Geldhaltung und damit auch seine Nachfrage nach Geld wird folglich nur gering sein. Erwartet er jedoch, daß der Wert von Aktien fällt, so wird er diese verkaufen und seine Geldhaltung und damit auch seine Nachfrage nach Geld erhöhen, denn dieses kann keinen Verlust am Markte erleiden, jedenfalls solange keine Inflation herrscht.

14.3.2 Spekulationsnachfrage nach Geld

Die Nachfrage nach Geld, die sich aus der Veränderung erwarteter Marktwerte für alternative Anlageformen ergibt, bezeichnet man als die **Spekulationsnachfrage** nach Geld. Welche ökonomischen Variablen beeinflussen nun diese Spekulationsnachfrage?

Auch hier spielt wieder der **Zinssatz** eine entscheidende Rolle. Die nachgefragte Geldmenge, die sich aus dem Spekulationsmotiv ergibt, wird mit dem am Kapitalmarkt herrschenden Zinssatz variieren. Ist der Zinssatz hoch, wird die Spekulationsnachfrage nach Geld gering sein, ist der Zins hingegen niedrig, so steigt die Geldnachfrage entsprechend an. Hinter diesem zunächst recht kompliziert erscheinenden Mechanismus steht ein relativ einfacher Zusammenhang, den wir anhand eines Beispiels für eine Anleihe kurz erläutern wollen.

Eine Anleihe ist ein festverzinsliches Wertpapier, das sowohl von öffentlichen wie auch von privaten Wirtschaftsakteuren zu Finanzierungszwecken aufgelegt wird. Die Anleihe wird zu einem bestimmten **Nennwert** ausgegeben und mit einer konstanten Verzinsung (auf den Nennwert) ausgestattet, für sie gilt zudem eine feste Laufzeit. Laufzeit und Verzinsung richten sich dabei nach den Marktgegebenheiten. Beide müssen so günstig ausgestattet sein, daß der Kapitalmarkt bereit ist, das Wertpapier aufzunehmen.

Nehmen wir also an, es würde eine Anleihe mit einem Nennwert von 1000 Euro aufgelegt und einer festen jährlichen Verzinsung von 8 Prozent. Um unser Beispiel nicht unnötig zu komplizieren, unterstellen wir eine unendliche Laufzeit. Der Käufer dieses Wertpapiers erhält somit feste jährliche Zinszahlungen in Höhe von 80 Euro. Die Anleihe wird nun am Kapitalmarkt gehandelt und erreicht dort einen bestimmten Preis, den man als **Kurswert** bezeichnet. Unser Käufer kann also die erworbene Anleihe zu jedem Zeitpunkt zum Kurswert veräußern. Dieser weicht üblicherweise vom Nennwert ab, denn er wird durch die jeweiligen Bedingungen am Kapitalmarkt, also durch Angebot und Nachfrage bestimmt.

Steigt jetzt beispielsweise der Kurswert unseres Wertpapiers auf 1600 Euro, so wird dessen Verzinsung auf 5 Prozent zurückgehen, denn es gilt:

1600 Euro x 5 Prozent = 80 Euro (feste Zinszahlung).

Umgekehrt verhält sich die Sachlage, wenn auf dem Kapitalmarkt ein Überangebot an Wertpapieren herrscht. Dann muß der Kurs für unsere Anleihe sinken, sagen wir auf 800 Euro und ihr Zinssatz wird auf 10 Prozent ansteigen, denn nunmehr gilt:

800 Euro x 10 Prozent = 80 Euro (feste Zinszahlung).

Der Kurswert und die Verzinsung von Anleihen sind also invers miteinander verknüpft:

- Steigt der Kurswert der Anleihe, so sinkt deren Verzinsung.
- Sinkt hingegen der Kurs, so steigt deren Verzinsung.

Das Kursniveau hat zudem auf Anleger, die sich spekulativ am Markt für Wertpapiere betätigen, einen ganz besonderen Einfluß. Ein hoher Kurs zeigt ihnen nämlich an, daß Wertpapiere relativ teuer sind. Überteuerte Wertpapiere aber, so sollte man erwarten, dürften in Bälde wieder billiger werden und das Zinsniveau ansteigen lassen. Spekulative Anleger werden also bei niedrigen Zinsen und hohem Kursniveau auf zukünftige Preissenkungen der Wertpapiere setzen. Sie werden Wertpapiere günstig verkaufen und ihr Vermögen verstärkt in Form von (spekulativer) Kasse halten, um bei einem Rückgang der Kurse wieder billig einkaufen zu können. Ihr **Vermögensportfolio** verändert sich also zugunsten der Kassenhaltung, was mit einer steigenden Spekulationsnachfrage nach Geld einhergeht.

Die umgekehrte Wirkungskette kann man feststellen, wenn man von einer Situation hoher Zinsen und, dazu korrespondierend, einem niedrigen Kursniveau ausgeht:

Niedrige Kurse für Wertpapiere lassen Kurssteigerungen und entsprechende Kursgewinne in der Zukunft erwarten, wenn der Zins fällt. Spekulativ handelnde Individuen werden daher ihr Vermögensportfolio umschichten, weniger Geld in der Kasse halten und dieses in die noch billigen Wertpapiere investieren. Als Folge sinkt ihre Nachfrage nach Geld.

Wir wissen jetzt, welch entscheidende Rolle der Zins bei der Bestimmung der spekulativen Geldnachfrage spielt. Darüber hinaus kann man den Zins auch als den "Preis" des Geldes selbst betrachten. Hält nämlich ein Individuum Geld in seiner Kasse, so entstehen ihm dadurch Opportunitätskosten in Form entgangener Zinsen, die es verdient hätte, wenn es das Geld anderswo zinsbringend angelegt hätte. Bei hohem Zinsniveau sind die Opportunitätskosten ebenfalls hoch und die Bereitschaft, Geld in der Kasse zu halten, wird gering sein. Umgekehrt bedeuten niedrige Zinsen geringe Opportunitätskosten der Geldhaltung und damit auch eine höhere Bereitschaft, Geld nachzufragen.

14.3.3 Geldnachfragefunktion

Überträgt man die Quintessenz dessen, was wir hier zur spekulativen Geldnachfrage abgeleitet und zum Opportunitätskostenargument gesagt haben, in ein Diagramm, mit den Zinsen auf der Ordinate und der nachgefragten Geldmenge auf der Abszisse, so erhält man den in Abbildung 14.6 aufgezeigten Verlauf der Geldnachfragekurve.

Abb. 14.6: Volkswirtschaftliche Geldnachfragekurve

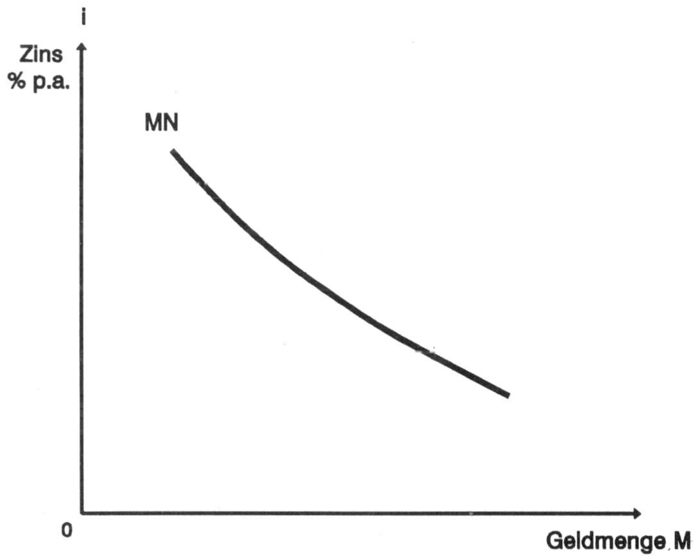

Wir sehen, daß die nachgefragte Geldmenge umso größer wird, je kleiner der Zinssatz ist. Wie steil nun die Geldnachfragekurve verläuft, hängt primär davon ab, wie stark die Geldnachfrage auf Variationen des Zinssatzes reagiert, oder, anders ausgedrückt, wie groß die **Zinselastizität** der Geldnachfrage ist. Wir werden gleich noch erfahren, daß es dazu in der Volkswirtschaftslehre unterschiedliche Meinungen gibt, insbesondere bei Keynesianern und Monetaristen.

Der Einfluß der zweiten Variablen, von der die Geldnachfrage ebenfalls abhängt, nämlich dem Bruttosozialprodukt, zeigt sich in einer Verschiebung der ***MN***-Kurve in unserer Graphik 14.6. Steigt das Bruttosozialprodukt, so erhöht sich bei gleichbleibenden Zinsen auch die Geldnachfrage und die *MN*-Kurve rückt nach rechts. Sinkt das Bruttosozialprodukt, so verringert sich auch die Nachfrage nach Geld, was zu einer Linksverschiebung der *MN*-Kurve führt.

14.4 Das Zusammenspiel von Geldangebot und Geldnachfrage

In Abbildung 14.7 haben wir die Geldangebots- und die Geldnachfragekurve in einem Diagramm zusammengebracht. Wie auf dem Gütermarkt spielen auch auf dem Geldmarkt Angebot und Nachfrage zusammen und bestimmen auf bekannte Weise den Zinssatz i^* und die Geldmenge M^*, bei denen sich eine Volkswirtschaft im monetären Gleichgewicht befindet.

Abb. 14.7: Zusammenspiel von Geldangebot und Geldnachfrage

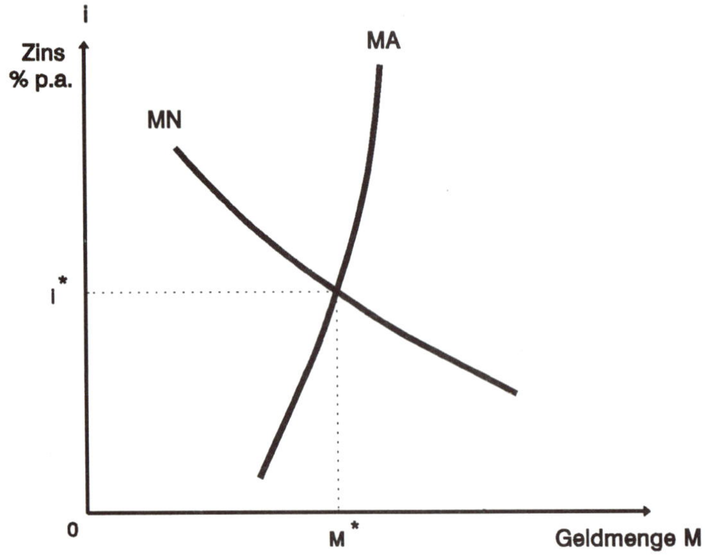

Aus der Graphik lassen sich zwei weitere Erkenntnisse gewinnen:

(a) Wenn die Notenbank das Geldangebot verringert (erweitert), wandert die *MA*-Kurve nach links (rechts) und es kommt, bei gleichbleibender Nachfragefunktion zu einer Erhöhung (Senkung) des Gleichgewichtszinses.

(b) Wenn in einer Volkswirtschaft das nominale Sozialprodukt wächst, weil entweder die Menge der produzierten Güter und Dienste (Bruttosozialprodukt) zunimmt oder das Preisniveau (***P***) steigt, wird auch mehr Geld benötigt. Die Geldnachfragekurve verschiebt sich nach rechts, mit dem entsprechenden Zinseffekt: der Gleichgewichtszins steigt an.

14.5 Geld- und Güterwirtschaft im Zusammenwirken

Im Abschnitt 12.3 haben wir gesehen, daß die Klassiker, die (orthodoxen) Keynesianer und die Anhänger der neoklassischen Synthese unterschiedliche Meinungen über den Verlauf der aggregierten Angebotskurve vertreten. Auch bezüglich des Zusammenwirkens von Geld- und Güterwirtschaft in einer Volkswirtschaft gibt es zwischen diesen Lehrmeinungen verschiedene Auffassungen. Wir wollen darauf in den nächsten Abschnitten etwas näher eingehen.

Von besonderem Interesse ist auch hier wiederum die **Keynes'sche Theorie**, die wir als erstes abhandeln werden. Dieser Ansatz deckt sich in weiten Teilen mit der Vorstellung der **neoklassischen Synthese**, die heute als die gängige Auffassung unter den Ökonomen gilt (main-stream economics). Sie wollen wir danach vorstellen. Beiden Lehrmeinungen werden wir schließlich die Konzeption der **Monetaristen** gegenüberstellen.

Auf die **Klassiker** brauchen wir hier nicht eigens einzugehen, da nach deren Auffassung von der Geldwirtschaft keinerlei Impulse auf die Güterwirtschaft ausgehen. Geld bedeutet für sie nur eine Art "Umhang" oder "Schleier" ohne direkten Bezug zu den realen Vorgängen in einer Volkswirtschaft.

Beginnen wir mit der Sichtweise der Keynes'schen Theorie.

14.5.1 Keynes'sche Theorie

Die im Abschnitt 14.3 dargestellten drei Motive, durch die Individuen veranlaßt werden, Geld zu halten, - also das Transaktions-, das Vorsichts- und das Spekulationsmotiv - entsprechen genau den Gründen für eine Kassenhaltung, die bei **Keynes** die dominierende Rolle spielen. Auch die neoklassische Synthese, also die Auffassung der Main-Stream-Ökonomen, übernimmt diese Motive.

Einfacher Transmissionsmechanismus

Keynesianer und Main-Stream-Ökonomen sehen dabei im **Zinssatz** die wichtigste Bestimmungsgröße der Geldnachfrage. Bereits kleine Veränderungen des Zinssatzes können, nach ihrer Vorstellung, große Auswirkungen auf die Geldnachfrage haben. Um diesen Sachverhalt klar zu verdeutlichen, wollen wir hier einmal mehr auf das Konzept der Elastizität zurückgreifen. Mathematisch formuliert, erhält man als **Zinselastizität** der Geldnachfrage ($\varepsilon_{M,i}$) den Ausdruck

$$\varepsilon_{M,i} = \frac{\partial M_N}{\partial i} \cdot \frac{i}{M_N} \quad .$$

Die Zinselastizität der Geldnachfrage gibt somit an, um wieviel Prozent sich die nachgefragte Geldmenge ändert, wenn sich das Zinsniveau um 1 Prozent verschiebt. Es ist klar, daß diese negativ ist. Im folgenden werden wir deshalb stets davon ausgehen, daß der Absolutbetrag gemeint ist, wenn wir von einer großen oder kleinen Zinselastizität sprechen, auch wenn dies nicht explizit erwähnt wird. Keynes und die gängige Theorie von heute unterstellen nun, daß die Zinselastizität der Geldnachfrage betragsmäßig groß ist. Dies kann, wie man obigem Ausdruck entnehmen kann, nur dann der Fall sein, wenn die Geldnachfragekurve relativ flach verläuft. Typisch für die Keynes'sche Theorie ist also ein **flacher** Verlauf der Geldnachfragekurve. - Welche Konsequenzen sich daraus bei Keynes für die Wirksamkeit der Geldpolitik im Vergleich zur Fiskalpolitik ergeben, werden wir in einem späteren Abschnitt abhandeln.

Aufbauend auf dieser Grundannahme geht Keynes weiterhin davon aus, daß die Geld- und die Güterwirtschaft in einer Weise miteinander verknüpft sind, wie sie Abbildung 14.8 darstellt.

Im Teilbild (a) sind die Verhältnisse auf dem **Geldmarkt** einer Volkswirtschaft wiedergegeben. Auf diesem Markt soll nun die Zentralbank eingreifen und das Geldangebot erhöhen. Als Folge sinkt der Zins, die Kredite werden billiger. In unserem Beispiel verschiebt sich durch den Eingriff der Notenbank die Geldangebotskurve von ***MA*** nach ***MA'***, mit einer Reduktion des Gleichgewichtszinses von i_1^* auf i_2^*.

Bei einem solchen Zinsrückgang wird es sich für viele Unternehmen rentieren, zusätzliche Investitionen zu tätigen. Denn sie können diese nunmehr weit billiger als zuvor über Kredite finanzieren. Die **geplante Investitionsnachfrage** nimmt also zu. Dieser Zusammenhang, den wir bereits in Kapitel 13 kennengelernt haben, ist im Teilbild (b) dargestellt. Der Zinsrückgang von i_1^* auf i_2^* induziert hier eine Zunahme der Investitionen von I_1^* auf I_2^*.

Abb. 14.8: Zusammenwirken von Geld- und Gütermarkt im Keynes'schen Modell

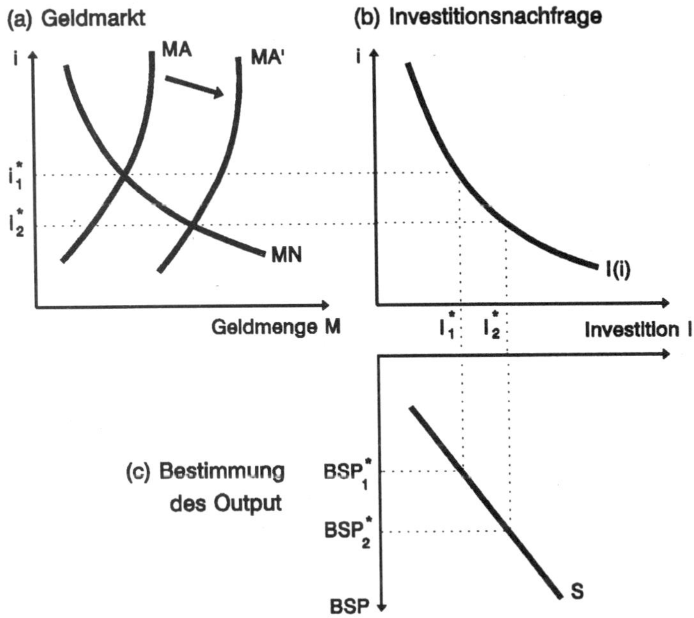

Wenn nun die Investitionen ansteigen, so kommt der uns wohlbekannte **Investitionsmultiplikator** zum Zuge und das Bruttosozialprodukt kann sich in Abhängig keit davon erhöhen. Es wächst in unserem Beispiel von BSP_1^* auf BSP_2^*, wie das Teilbild (c) aufzeigt.

Der gesamte Wirkungsablauf, der bei Keynes die geldwirtschaftliche Sphäre einer Volkswirtschaft mit dem güterwirtschaftlichen Bereich verbindet, wird der **Keynes'sche Transmissionsmechanismus** genannt. Er besteht in seiner einfachen Form aus jenen Schritten, die in Abbildung 14.8 dargestellt sind.

Dort haben wir am Ende, in Teilbild (c), den Multiplikator über die Sparfunktion *S* zur Wirkung gebracht. Ebenso ist es möglich, dies im bekannten $C+I+A_{St}$-Diagramm zu tun. Diese Darstellung wollen wir nachfolgend auch wählen, wenn wir eine Modifikation beim einfachen Transmissionsmechanismus vornehmen und darin einen **feed-back Prozeß** einbauen, der bei Veränderungen im güterwirtschaflichen

Bereich (Erhöhung des Sozialprodukts) Rückwirkungen auf den Geldmarkt und den Markt für Investitionsgüter zuläßt.

Transmissionsmechanismus mit Feed-Back Prozeß

Sehen wir uns zur Ableitung des feed-back Prozesses die Abbildung 14.9 etwas näher an.

In den Teilbildern (a), (b) und (c) sind zur Wiederholung und zum Einprägen zunächst die einzelnen Schritte des einfachen Keynesianischen Transmissionsmechanismus noch einmal dargelegt.

Schritt 1: Die Notenbank erhöht die Geldmenge, wodurch in Teilbild (a) die ursprüngliche Geldangebotskurve ***MA*** nach rechts verschoben wird, auf ***MA'***.

Schritt 2: Als Folge sinkt der Zins auf dem Geldmarkt, und zwar in Teilbild (a) von i_1^* auf i_2^*.

Schritt 3: Die Zinssenkung wiederum läßt das Volumen der geplanten Investitionen in einer Volkswirtschaft ansteigen. Sie erhöhen sich von I_1^* auf I_2^* in Teilbild (b).

Schritt 4: Der Anstieg der Investitionsausgaben führt zu einer Erhöhung der Gesamtausgaben $(C+I+A_{St})$ in einer Volkswirtschaft, wodurch sich, wie in Teilbild (c) dargestellt, die gesamtwirtschaftliche Nachfragekurve nach oben verschiebt.

Schritt 5: Die Zunahme der geplanten Ausgaben schließlich erhöht das reale Sozialprodukt von ursprünglich BSP_1^* auf BSP_2^* in Teilbild (c).

Diese fünf Schritte haben wir vorhin schon kennengelernt. Neu kommt jetzt hinzu, daß die Wirkungskette im Keynesianischen Transmissionsmechanismus mit dem fünften Schritt noch nicht zu Ende ist. Die Erhöhung des Sozialprodukts nämlich leitet eine Art "feed-back Prozeß" ein, diesmal von der güterwirtschaftlichen Seite der Volkswirtschaft zurück zur Geldwirtschaft. Sehen wir uns die einzelnen Schritte dieses Prozesses der Rückkoppelung in Abbildung 14.9 genauer an.

Schritt 6: Eine Erhöhung des realen Sozialprodukts hat im Keynesianischen System Rückwirkungen auf die Geldnachfrage in einer Volkswirtschaft zur Folge. Denn ein höheres Sozialprodukt beschert den Wirtschaftssubjekten höhere Einkommen und bringt diese dazu, mehr Transaktionen als zuvor zu tätigen, mit dem bekannten Effekt auf die Geldnachfrage.

Die ursprüngliche Geldnachfragefunktion ***MN*** in Teilbild (a) verschiebt sich nach oben, auf ***MN'***. Diese Verschiebung fällt freilich relativ gering aus, da bei Keynes in erster Linie der Zinssatz und weniger die Höhe des Sozialprodukts die Geldnachfrage bestimmt.

Schritt 7: Dennoch, die veränderte Geldnachfrage hat Wirkungen auf den Zins; er steigt an, und zwar von i_2^* auf i_3^* in unserem Teilbild (a). Dadurch wird ein Teil des ursprünglichen Zinsrückgangs wieder aufgehoben.

Schritt 8: Der Zinsanstieg bleibt nicht ohne Folgen für die geplanten Investitionsausgaben. Diese gehen zurück, vom erhöhten Volumen I_2^* auf den Umfang I_3^* (Teilbild (b)). Auch hier wird also ein Teil des ursprünglichen expansiven Effekts wieder zurückgenommen.

Schritt 9: Die rückläufigen Investitionsausgaben führen natürlich auch zu einem Rückgang bei der Gesamtnachfrage in einer Volkswirtschaft. Die $C+I+A_{St}$-Kurve verschiebt sich nach unten (Teilbild (c)).

Schritt 10: Im letzten Schritt schließlich verringert sich in der Folge auch das Sozialprodukt, von BSP_2^* auf BSP_3^* in Teilbild (c).

Welches Fazit können wir aus dieser Betrachtung ziehen?

Bringt man in das Keynes'sche System neben dem Gütermarkt auch explizit den Geldmarkt ein, so hat dies eine weitreichende Folge für die Multiplikator-Analyse. Der gängige Keynesianische Multiplikator fällt bei einer expansiven Politik des Staates oder der Notenbank **geringer** aus als dies in der reinen güterwirtschaftlichen Betrachtung der Fall ist. Ursache für diesen Rückgang ist ein feed-back Prozeß, der vom Gütermarkt zum Geldmarkt geht und über diesen wieder auf den Gütermarkt zurückwirkt.

Abb. 14.9: Keynesianischer Transmissionsmechanismus mit Feedback-Prozeß

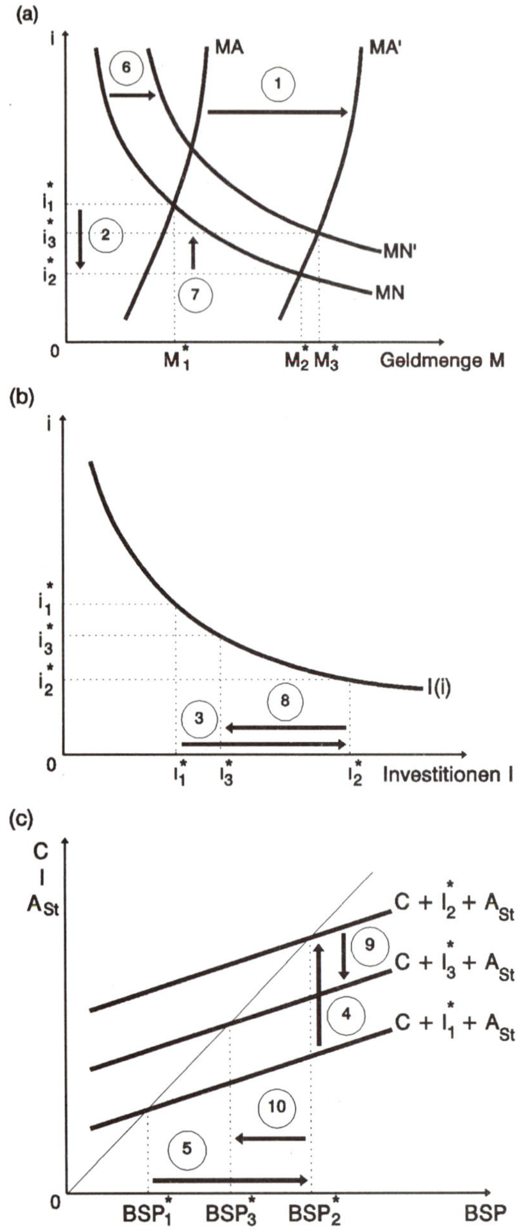

Der Rückgang in der Wirkung des Multiplikators hängt dabei entscheidend von der Zinselastizität der Investitionsnachfrage ab, also davon, wie stark Änderungen des Zinssatzes die Investitionsnachfrage beeinflussen. Anhänger der Keynes'schen Theorie gehen, wie wir wissen, davon aus, daß die geplanten Investitionen in einer Volkswirtschaft nicht allein von der Höhe des Zinssatzes abhängen. Für sie spielen auch andere Faktoren eine bedeutsame Rolle, so etwa die Auftragslage oder die Zukunftserwartungen in den Unternehmen. Im Ergebnis kommt dann natürlich eine entsprechend geringe Zinselastizität der Investitionsnachfrage heraus.

Daraus wiederum folgt, daß die Einführung des Geldmarktes in das Keynes'sche System zwar die expansive Wirkung des Multiplikators reduziert, dieser Rückgang mengenmäßig aber eher bescheiden ausfällt.

14.5.2 Main-Stream-Ökonomen

Die Vorstellungen der Main-Stream-Ökonomen wollen wir anhand des allgemeinen *AA-AN*-Diagramms erläutern.

Abb. 14.10: Zusammenwirken von Geld- und Gütermarkt im Konzept der Main-stream-Ökonomen

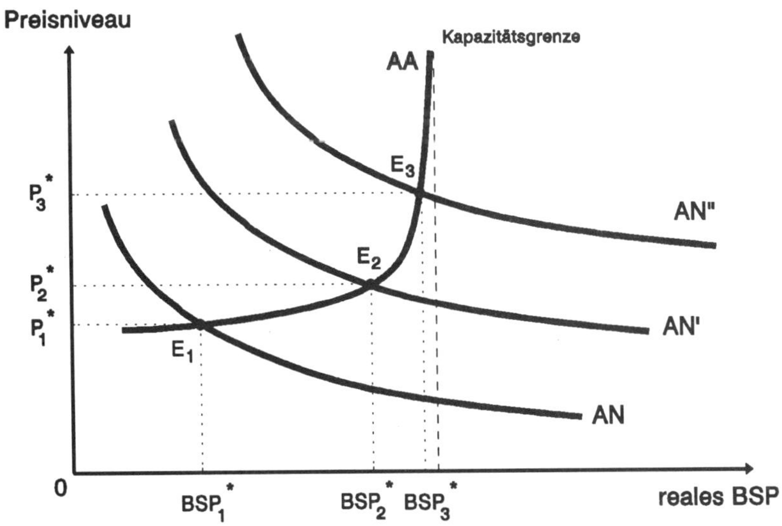

In Abbildung 14.10 haben wir eine aggregierte Angebotskurve eingezeichnet, in der Form, wie sie für die neoklassische Synthese bei **kurzfristiger Betrachtung** typisch ist. Verändert sich nun in unserer Volkswirtschaft die Geldmenge und damit auch das Zinsniveau, so führt dies zu einer Veränderung der Investitionsnachfrage und über diese auch zu einer Veränderung der aggregierten Nachfrage. Eine Erhöhung der Geldmenge und damit ein Rückgang des Zinses bedingt dabei eine Rechtsverschiebung der *AN*-Kurve. Die Wirkungen, die davon wiederum auf das Sozialprodukt ausgehen, hängen maßgeblich von der **Beschäftigungssituation** ab, die eine Volkswirtschaft kennzeichnet.

In unserer Abbildung führt beispielsweise im Fall der **Unterbeschäftigung** (Punkt E_1) eine Verschiebung der *AN*-Kurve von *AN* nach *AN'* zu einem Ergebnis (Punkt E_2), das sich nahezu vollständig in einer gütermäßigen Erhöhung des Sozialprodukts niederschlägt. Die Preissteigerungen hingegen sind gering (von P_1^* auf P_2^*),da die *AA*-Kurve hier relativ flach verläuft.

Im Falle der **Vollbeschäftigung** oder gar der **Überbeschäftigung** dominieren dagegen die Preiseffekte in einer Volkswirtschaft, während der mengenmäßige Anstieg des Sozialprodukts eher bescheiden ausfällt. Der Anstieg der aggregierten Nachfrage von *AN'* auf *AN''* erhöht in unserem Beispiel weitgehend allein das Preisniveau von P_2^* auf P_3^*, das reale Bruttosozialprodukt hingegen bewegt sich nur geringfügig von BSP_2^* auf BSP_3^*. Das Sozialprodukt erfährt also überwiegend eine inflationäre Aufblähung, während die gütermäßige (reale) Versorgung der Volkswirtschaft sich kaum verändert.

Fassen wir das bisher Gesagte noch einmal kurz zusammen:

(a) Wenn die Geldmenge ansteigt, fällt der Gleichgewichtszins auf dem Geldmarkt. Dies induziert eine zunehmende Investitionsnachfrage und diese wiederum ruft, je nachdem, wo sich eine Volkswirtschaft auf der aggregierten Angebotskurve befindet, eine Zunahme bei den Preisen und den produzierten Mengen hervor. Das Sozialprodukt steigt dabei im Sinne der Multiplikatortheorie an.

(b) Wenn die Geldmenge sinkt, steigt der Gleichgewichtszinssatz. Als Folge geht die Investitionsnachfrage zurück. Dies bedeutet auch einen Rückgang der aggregierten Nachfrage und, damit verbunden, auch des Sozialprodukts.

Diese Wirkungsabläufe gelten allerdings nur in der kurzfristigen Betrachtung. In der langen Frist verläuft, wie wir wissen, die aggregierte Angebotskurve aus der Sicht der neoklassischen Synthese vertikal. Welche Auswirkungen hier eine Veränderung der Geldmenge hat, werden wir im nächsten Abschnitt sehen, wenn wir uns mit dem Monetarismus auseinandersetzen.

14.5.3 Monetarismus

Der Monetarismus hat seine Wurzeln vor allem in den Arbeiten von **I. Fisher** (1867-1947). Fisher sah einen engen Zusammenhang zwischen dem monetären und dem realen Bereich einer Volkswirtschaft und drückte ihn in der berühmten, nach ihm benannten Fisher'schen Verkehrsgleichung aus. Der bekannteste Vertreter des Monetarismus ist heute **M. Friedman**.

Fisher'sche Verkehrsgleichung

Im Zentrum der Überlegungen der Monetaristen steht die **Geldumlaufgeschwindigkeit**. Vereinfacht ausgedrückt gibt sie an, wie oft ein Euro im Durchschnitt pro Jahr für Güter und Dienstleistungen ausgegeben wird. Exakter definiert setzt sie das mit dem Preisniveau multiplizierte Transaktionsvolumen einer Volkswirtschaft ins Verhältnis zur umlaufenden Geldmenge.

Bezeichnet P das Preisniveau, M die umlaufende Geldmenge in einer Volkswirtschaft und verwendet man das reale Bruttosozialprodukt (BSP) als Maß für das gesamtwirtschaftliche Transaktionsvolumen, so ergibt sich für die Umlaufgeschwindigkcit dcs Geldes (V) die folgende Formel:

$$V = \frac{BSP \times P}{M} \quad .$$

Formen wir obige Gleichung um, so erhalten wir die bereits erwähnte **Fisher'sche Verkehrsgleichung**:

$$V \times M = BSP \times P \quad .$$

Diese Gleichung zeigt klar die von Fisher postulierte Identität zwischen umlaufender Geldmenge (linke Seite der Gleichung) und nominalem Sozialprodukt (rechte Seite der Gleichung).

Quantitätstheorie

Die Verkehrsgleichung bildet auch die Grundlage der **Quantitätstheorie** des Geldes. Diese Theorie behauptet, daß Veränderungen in der Umlaufgeschwindigkeit des Geldes ***V*** so gering seien, daß man sie vernachlässigen könne. ***V*** stelle mehr oder weniger eine konstante Größe dar.

Man erkennt sofort, daß unter dieser Annahme in der Fisher'schen Verkehrsgleichung allein die **Veränderungen der Geldmenge** zu Änderungen des nominalen Sozialprodukts führen. Steigt in einer Volkswirtschaft die Geldmenge ***M*** an, dann nimmt zwangsläufig auch das nominale Sozialprodukt (***BSP×P***) zu. Wie sich dieser Anstieg allerdings auf ***BSP*** und ***P*** verteilt, kann aus der Verkehrsgleichung nicht ohne weiteres abgelesen werden. Hier bedarf es zusätzlicher Annahmen hinsichtlich der Gestalt und des Verlaufs der aggregierten Angebotskurve.

Die **Quantitätstheorie** in ihrer **älteren** und **strengen Form** übernimmt dabei die Auffassung der Klassiker bezüglich des Verlaufs der aggregierten Angebotskurve. Sie nimmt also an, die *AA*-Kurve verlaufe vertikal und eine Volkswirtschaft produziere stets und allein den maximal möglichen Output.

Diese Annahme hat weitreichende Folgen: Sie impliziert, daß eine Änderung der Geldmenge ***M*** nur Auswirkungen auf das **Preisniveau *P*** hat, da ja ***V*** und ***BSP*** als konstante Größen angesehen werden. Aus der Sicht der älteren Quantitätstheorie ist also die Geldmenge der einzige wichtige Faktor, der auf die Preise in einer Volkswirtschaft einwirkt und Inflation verursacht.

Die **modernen Monetaristen** sind nicht ganz so rigoros in ihren Annahmen. Auch sie gehen zwar davon aus, daß die Geldumlaufgeschwindigkeit weitgehend konstant sei (im Extremfall sogar völlig konstant). Bezüglich der *AA*-Kurve übernehmen sie aber eher die Vorstellungen der neoklassischen Synthese. Wie jene differenzieren auch sie in eine lang- und in eine kurzfristige Betrachtung.

In der **langen Frist** habe man von flexiblen Löhnen und Preisen und einem relativ steilen Verlauf der *AA*-Kurve auszugehen. Eine Volkswirtschaft befindet sich dann in der Nähe der Kapazitätsgrenze. Verändert sich in dieser Situation die Geldmenge, so wirkt sich dies nur auf das Preisniveau aus. Für die lange Frist kommen also die modernen Monetaristen zum gleichen Ergebnis wie die orthodoxe Variante der Quantitätstheorie.

In der **kurzen Frist** indessen, so räumt man ein, kann eine Änderung der Geldmenge gleichzeitig durchaus sowohl zu Änderungen des Produktionsvolumens ***BSP*** wie auch des Preisniveaus ***P*** führen. Denn für diesen Fall wird angenommen, daß die *AA*-Kurve zwar ziemlich steil, jedoch nicht völlig vertikal verlaufe und daß die Volkswirtschaft einen Output produzieren könne, der unterhalb des maximal möglichen Volumens liege.

Die Vertreter des modernen Monetarismus halten es also für möglich, daß von Änderungen der Geldmenge in der kurzen Frist Wirkungen auch auf das reale Bruttosozialprodukt ausgehen können. In der langen Frist hingegen kommt es nur zu Änderungen beim Preisniveau.

Stellen wir am Ende dieses Abschnitts noch einmal eine wesentliche Erkenntnis heraus:

Die Anhänger des Monetarismus vertreten andere Vorstellungen vom Zusammenwirken der Geld- und Güterwirtschaft als wir sie bei den Keynesianern und den Main-Stream-Ökonomen kennenlernten.

Diese Unterschiede müssen natürlich auch Folgen haben, wenn es um die Anwendung der jeweiligen Konzeption in der **Wirtschaftspolitik** geht. Es kann daher nicht verwundern, daß es (insbesondere zwischen orthodoxen Keynesianern und orthodoxen Monetaristen) in den letzten Jahrzehnten zu einer heftigen Diskussion darüber gekommen ist, welche Auffassung die Funktionsweise einer entwickelten Volkswirtschaft besser erklären könne und daher als Grundlage von wirtschaftspolitischen Eingriffen dienen sollte. Diese Auseinandersetzung ist als die **Keynesianismus-Monetarismus Debatte** in die Volkswirtschaftslehre eingegangen. Wir werden uns damit im nächsten Abschnitt ausführlich beschäftigen.

Zum besseren Verständnis dieser Debatte müssen wir hier jedoch noch einen kleinen Hinweis geben, der sich auf ein wichtiges Element der Monetarismus-Theorie bezieht, nämlich die **Geldnachfragefunktion**. Wir haben weiter oben ausgeführt, daß die Keynesianer den Zinssatz als die wichtigste Größe betrachten, die die Geldnachfrage determiniert. Im Gegensatz dazu vertreten die Monetaristen die Ansicht, daß die Geldnachfrage in erster Linie vom **Einkommen** der Individuen bestimmt wird, und der Zinssatz nur eine untergeordnete Rolle spielt. Folglich haben bei ihnen auch große Variationen im Zinssatz nur geringe Auswirkungen auf die nachgefragte Geldmenge. Die Zinselastizität der Geldnachfrage ist also gering, was bedeutet, daß die Geldnachfragekurve bei den Monetaristen einen **steilen** Verlauf aufweist. Welche Implikationen sich daraus für die Geld- und Fiskalpolitik ergeben, werden wir gleich sehen.

14.5.4 Die Keynesianismus-Monetarismus Debatte

Worum geht es eigentlich bei der Keynesianismus-Monetarismus Debatte, die in der heutigen Volkswirtschaftslehre eine so große Bedeutung hat?

Es geht, auf einen Nenner gebracht, dabei vor allem um den Stellenwert der Fiskalpolitik gegenüber der Geldpolitik im Rahmen der gesamten Wirtschaftspolitik moderner Industrienationen:

Ist die Fiskalpolitik als wirtschaftspolitisches Instrument grundsätzlich der Geldpolitik überlegen oder trifft eher das Gegenteil zu?

Keynesianer und Monetaristen vertreten zu dieser Frage gänzlich unterschiedliche Auffassungen, wie wir gleich sehen werden, was natürlich die Wahl der "richtigen" wirtschaftspolitischen Konzeption für eine Regierung sehr schwer macht. Regierungen, die eher dem Keynesianismus zuneigen, werden zur Bewältigung einer wirtschaftspolitischen Aufgabe zu gänzlich anderen Mitteln greifen als Regierungen, die sich dem Gedankengut des Monetarismus verschrieben haben. Die Debatte zwischen Keynesianern und Monetaristen hat also nicht allein akademische Bedeutung, sie war und ist auch von hoher praktisch-politischer Relevanz.

Sehen wir uns also nachfolgend an, aufgrund welcher Überlegungen Keynesianer und Monetaristen ihre Präferenz für das eine oder das andere wirtschaftspolitische Instrument herleiten.

Keynesianer präferieren die Fiskalpolitik

Wir haben die Wirkungsweise der staatlichen **Fiskalpolitik** (Erhöhung der Staatsausgaben oder Senkung der Steuern) im Rahmen des Keynes'schen Systems bereits mehrfach ausführlich besprochen (Kapitel 12 und 13).

Fiskalpolitik wirkt über den Multiplikatorprozeß auf die aggregierte Nachfrage ein und verändert über diese das Bruttosozialprodukt. Dabei fällt der Keynesianische Multiplikator, wie wir vorhin darstellten, bei einer expansiven Fiskalpolitik geringer aus, wenn man in die Analyse neben den Gütermarkt auch den Geldmarkt einschließt. Am Hauptergebnis der Keynesianischen Multiplikatortheorie jedenfalls ändert sich dadurch wenig: Eine Zunahme der effektiven Nachfrage in einer Volkswirtschaft führt zu einer muliplikativen Erhöhung des Sozialprodukts.

Fiskalpolitik ist daher ein besonders geeignetes Mittel zur konjunkturellen Steuerung, insbesondere zur Ankurbelung einer Volkswirtschaft.

Wenden wir uns als nächstes der **Geldpolitik** zu. Welche Effekte auf das Sozialprodukt hat eine Ausdehnung der Geldmenge im Keynesianischen System?

Dieser Frage sind wir ebenfalls bereits im Abschnitt 14.5.1 grundsätzlich nachgegangen. Wir haben gesehen, daß eine Ausdehnung der Geldmenge zu niedrigeren Zinsen führt, und dieser Effekt wiederum die Investitionen erhöht, was einen Anstieg des gesamtwirtschaftlichen Outputs zur Folge hat. Was wir in jener Ableitung freilich noch nicht gebührend beachtet hatten, war die große Zinselastizität der Geldnachfrage, die die Keynes'sche Theorie kennzeichnet.

Abb. 14.11: Bedeutung der Zinselastizität im Keynes'schen System

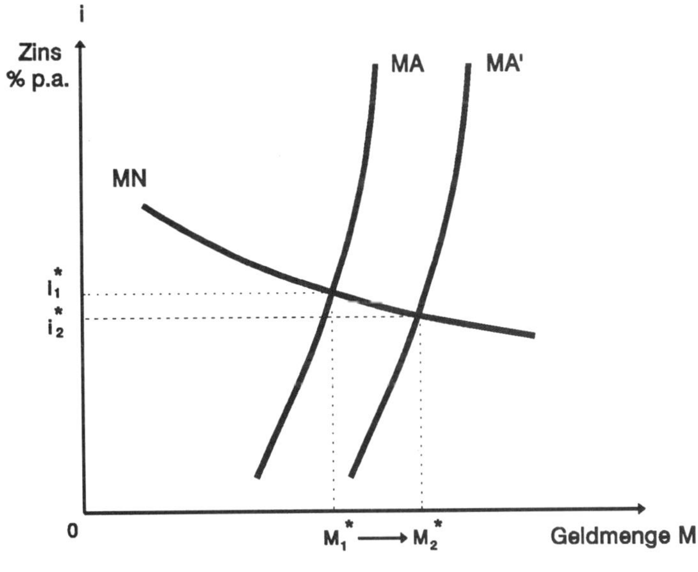

Ist die Zinselastizität der Geldnachfrage nämlich hoch, das heißt verläuft die Geldnachfragekurve flach, so führt eine Ausdehnung der Geldmenge nur zu geringen Zinssenkungen, wie die Abbildung 14.11 verdeutlicht. Ein relativ großer Anstieg der Geldmenge von M_1^* auf M_2^* führt hier lediglich zu einer bescheidenen Reduktion des Zinses von i_1^* auf i_2^*.

Wenn sich aber der Zinssatz kaum verändert, können davon auch die Investitionen und der volkswirtschaftliche Output nur wenig betroffen sein. Die Wirkungen einer expansiven Geldpolitik auf das Sozialprodukt werden demzufolge von den Anhängern der Keynes'schen Theorie als **gering** eingestuft. Keynesianer ziehen also aufgrund der großen Zinselastizität der Geld- und der geringen Zinselastizität der Investitionsnachfrage eine expansive Fiskalpolitik einer Ausdehnung der Geldmenge zur Bekämpfung von anhaltender Unterbeschäftigung in einer Volkswirtschaft vor.

Betrachten wir nun, welche Meinung die Monetaristen in diesem wirtschaftspolitischen Streit vertreten.

Monetaristen präferieren langfristig angelegte geldpolitische Maßnahmen

Die Vorstellung der Monetaristen kennzeichnet allgemein, wie wir wissen, die Annahme einer geringen Zinselastizität der Geldnachfrage (steile Geldnachfragekurve). Dies hat zur Folge, daß schon dann, wenn sich das Geldangebot auch nur in bescheidenem Umfang erhöht, das Zinsniveau stark sinkt. In unserer Abbildung 14.12 führt bereits die geringe Veränderung der Geldmenge von M_1^* auf M_2^* zu einer ausgeprägten Änderung beim Zinssatz. Dieser fällt von i_1^* auf i_2^*.

Abb. 14.12: Bedeutung der Zinselastizität im System der Monetaristen

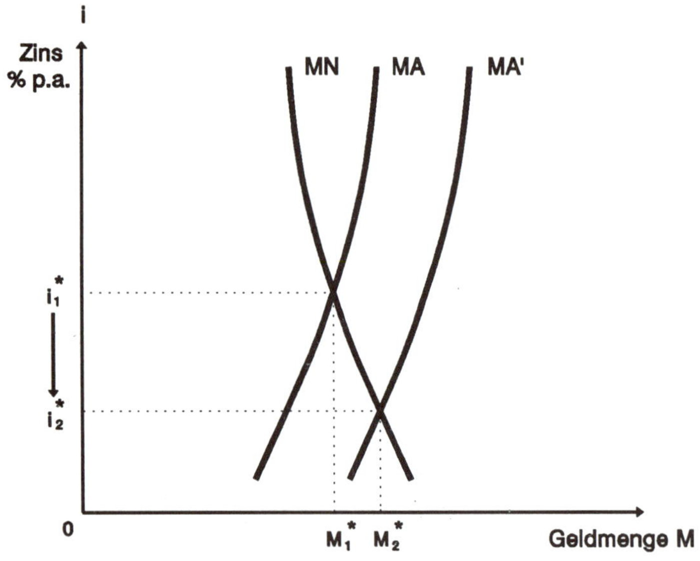

Welche Wirkungen unter diesen Bedingungen von einer expansiven Geldpolitik auf das Bruttosozialprodukt ausgehen, können wir am besten anhand der allgemeinen

AA-*AN*-Darstellung ableiten und wollen dabei wieder zwischen einer lang- und einer kurzfristigen Betrachtung unterscheiden.

In der **langfristigen Betrachtung** (Abbildung 14.13) produziert die Volkswirtschaft aus der Sicht der Monetaristen wie wir wissen, an der Kapazitätsgrenze $\overline{BSP}$. Die volkswirtschaftliche Angebotskurve ***AA*** verläuft dort als Vertikale.

Abb. 14.13: Wirkungen einer expansiven Geldpolitik im Monetaristischen System - Langfristige Betrachtung

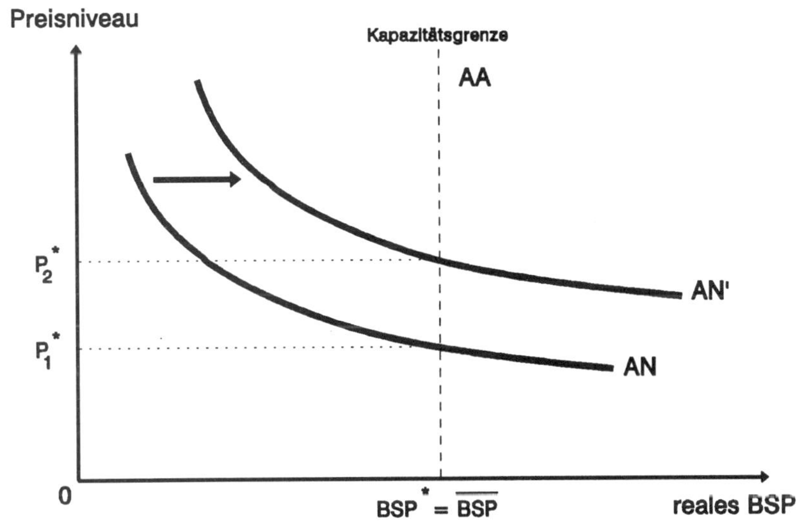

Sollte in dieser Situation Arbeitslosigkeit auftreten, so kann es sich hierbei nach Auffassung der Monetaristen nur um die "natürliche" Arbeitslosigkeit handeln, die auch durch staatliche Intervention nicht zu beheben ist. Ein starker Anstieg der aggregierten Nachfragekurve von ***AN*** auf ***AN'***, bedingt durch eine Zunahme der Geldmenge, läßt in diesem Fall allein das Preisniveau in die Höhe schnellen, von P_1^* auf P_2^*. Langfristig führt also, aus der Sicht des modernen Monetarismus, eine expansive Geldpolitik stets zu **Inflation** in einer Volkswirtschaft.

In **kurzfristiger Betrachtung** (Abbildung 14.14) können wir folgendes Ergebnis ableiten:

Die *AA*-Kurve hat hier den Verlauf, den die neoklassische Synthese unterstellt. Sie ist also keine Vertikale mehr, so daß eine Rechtsverschiebung der *AN*-Kurve von *AN* auf *AN'*, hervorgerufen durch eine Ausdehnung der Geldmenge, sowohl zu einem Anstieg des Preisniveaus (von P_1^* auf P_2^*) als auch des realen Bruttosozialprodukts (von BSP_1^* auf BSP_2^*) führt. Hierbei befindet sich die Volkswirtschaft jedoch eher im normalen oder klassischen Bereich der *AA*-Kurve, so daß die Preissteigerung relativ stark im Vergleich zum Anstieg des Bruttosozialprodukts ausfallen wird.

Abb. 14.14: Wirkungen einer expansiven Geldpolitik im Monetaristischen System - Kurzfristige Betrachtung

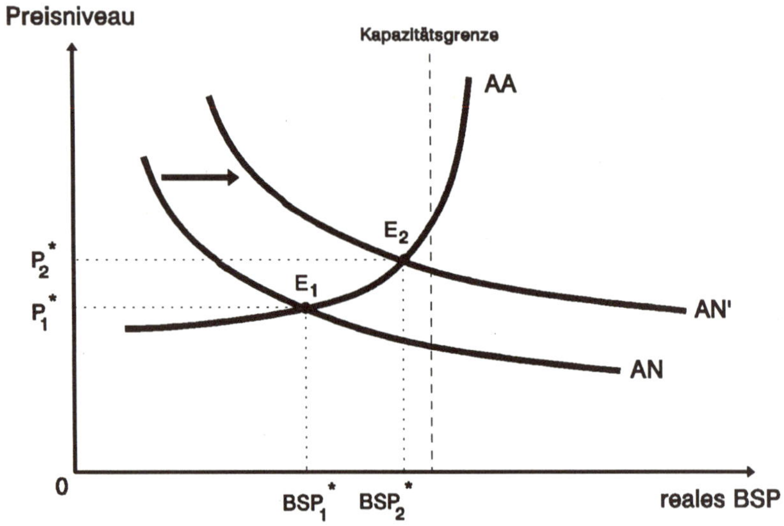

Geldpolitik in der monetaristischen Modellwelt kann demnach kurzfristig sehr wohl zu einer Ausdehnung des Sozialprodukts führen. Dies geschieht jedoch auf Kosten der Preisniveaustabilität. Deshalb vertritt **M. Friedman**, als Hauptvertreter des Monetarismus, auch die Überzeugung, daß sich eine kurzfristig angelegte, auf jede Veränderung der volkswirtschaftlichen Situation hektisch reagierende Geldmengenpolitik als konjunkturpolitisches Instrument nicht eigne. Er fordert vielmehr das Geldmengenwachstum **längerfristig zu verstetigen**, wobei die Wachstumsrate der Geldmenge jener des Bruttosozialprodukts anzupassen sei. Unter diesen Gegebenheiten werde das Preisniveau konstant bleiben und die Inflation verliere ihren Schrecken als konjunkturelles Hauptübel. Sie werde beherrschbar für die Wirtschaftspolitik.

Wie sieht es aber nun mit der **Fiskalpolitik** aus? Kann sie nach Auffassung der Monetaristen helfen, Ungleichgewichte in einer Volkswirtschaft abzubauen?

Studieren wir den Anpassungsmechanismus, der im monetaristischen System von gestiegenen Staatsausgaben ausgeht anhand von Abbildung 14.15.

Steigen in einer Volkswirtschaft die Staatsausgaben, so führt dies zu einer Zunahme des Bruttosozialprodukts und damit auch zu einer verstärkten Nachfrage nach Geld. In unserer Abbildung ist dieser Vorgang durch eine Rechtsverschiebung der Geldnachfragekurve von ***MN*** nach ***MN'*** ausgedrückt.

Abb. 14.15: Fiskalpolitik im Monetaristischen System

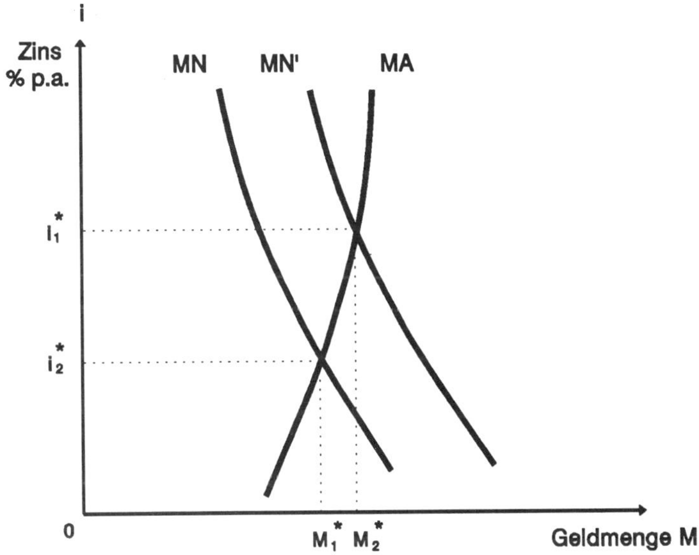

Aufgrund des bekanntlich steilen Verlaufs der Geldangebotskurve (geringe Zinselastizität des Geldangebots) führen bereits kleine Zunahmen der Geldnachfrage zu großen Erhöhungen der Zinsen. Dieser Anstieg im Zinsniveau wiederum hat zur Folge, daß private Unternehmen, die sich auf dem Kapitalmarkt verschulden möchten, aus diesem **herausgedrängt** werden. Sie können es sich nicht mehr leisten, Geld zu entleihen, um damit Investitionen zu tätigen. Der Zinsanstieg muß also zu rückläufigen (privatwirtschaftlichen) Investitionen führen.

Wie stark dieser Rückgang ausfällt, wird von der Zinselastizität der Investitionsnachfrage bestimmt. Da nun Monetaristen, im Gegensatz zu Keynesianern, die Auffassung vertreten, Investitionsentscheidungen seien in erster Linie von der Höhe des Zinses bestimmt - das heißt sie unterstellen eine große Zinselastizität der Investitionsnachfrage - wirkt sich ein Zinsanstieg besonders negativ auf die geplanten Investitionen in einer Volkswirtschaft aus. Der Investitionsrückgang wird also in der monetaristischen Modellwelt sehr groß ausfallen.

Der Prozeß, der private Unternehmen aus dem Kapitalmarkt drängt, wird in der Literatur als der **"Crowding-out"-Effekt** steigender Staatsausgaben bezeichnet. Nach Auffassung der Monetaristen ist dieser Verdrängungseffekt sogar so stark, daß er die positive Wirkung höherer Staatsausgaben auf das Bruttosozialprodukt vollkommen aufzehrt. Wir werden diesem Effekt gleich später, bei der Behandlung der Staatsverschuldung, nochmals begegnen und uns dort mit ihm ausgiebiger beschäftigen. Hier können wir vorerst festhalten, daß der "Crowding-out"-Effekt für die Sichtweise der Monetaristen eine große Bedeutung hat. Er führt dazu, daß im monetaristischen Modell fiskalpolitische Maßnahmen **wirkungslos** verpuffen.

Wir haben also gesehen, daß bei den Monetaristen weder die Fiskal- noch eine aktive Geldpolitik Unterbeschäftigung in einer Volkswirtschaft wirksam bekämpfen kann. Fiskal- und Geldpolitik als gezielt eingesetzte konjunkturpolitische Maßnahmen sollten also unterbleiben, da sie letztendlich nur zu höheren Zinsen beziehungsweise zu höheren Preisen führen.

Als Alternative schlagen Monetaristen eine **Politik der Geldmengenanpassung** vor. Vor allem um Inflation zu bekämpfen, soll lediglich das Wachstum der Geldmenge gesteuert und an jenes des Sozialprodukts gekoppelt werden. Wir haben auf diesen, auf Friedman zurückgehenden Vorschlag, vorhin bereits hingewiesen. Friedman und mit ihm die Monetaristen sind der festen Überzeugung, daß Ungleichgewichte auf den Güter- und Faktormärkten langfristig nur durch den Marktmechanismus, das Zusammenwirken von Angebot und Nachfrage, von selbst behoben werden. Man sollte deshalb nicht versuchen, sie durch konjunkturpolitische Maßnahmen gleichsam auf künstlichem Wege abzubauen.

Fazit

Die Unterschiede, die zwischen den Vorstellungen der mehr am Keynesianismus orientierten Main-Stream-Ökonomen und den Monetaristen bestehen, dominierten in den 60er und 70er Jahren auch die Debatte darüber, was die bessere wirtschaftspolitische Konzeption sei - eine aktive Fiskalpolitik im Keynesianischen Sinne oder eine eher passive Politik der Geldmengenanpassung aus der Sicht des Monetarismus. Hier wollen wir zum Abschluß nur noch festhalten, daß trotz aller vorhandenen konzeptionellen Unterschiede beiden Richtungen, der an Keynes orientierten traditionellen Nationalökonomie wie auch dem Monetarismus, eine große

Gemeinsamkeit anhaftet. Letzten Endes stellen beide auf die aggregierte Nachfrage der Volkswirtschaft ab, um makroökonomische Politik zu betreiben. Die aggregierte Angebotskurve hingegen sowie die Instrumente zur Beeinflussung der Angebotsbedingungen einer Volkswirtschaft bleiben weitgehend unberücksichtigt. Auch die Veränderungen beim Zinssatz werden nachfragebezogen untersucht. Welche Wirkungen davon über die Investitionstätigkeit auch auf den technischen Fortschritt und die Ausdehnung der Produktionskapazität in einer Volkswirtschaft ausgehen, interessiert nur am Rande. Monetarismus und traditionelle Keynesianische Ökonomie stehen damit in einem erkennbaren Gegensatz zur einer angebotsorientierten Konzeption, die, längerfristig orientiert, primär auf die Gegebenheiten der Produktion in einer Volkswirtschaft abstellt.

14.6 Geld- und Fiskalpolitik bei wachsender Staatsverschuldung

Wenn man für heutige Volkswirtschaften das Zusammenwirken von Geld- und Güterwirtschaft erklären und verstehen will, kommt man nicht umhin, sich mit einem Phänomen kritisch auseinanderzusetzen, das in allen wichtigen Industrienationen zunehmend an Bedeutung gewinnt: **die wachsende Staatsverschuldung**.

Eine wachsende Staatsschuld wirft nicht nur für den öffentlichen Sektor selbst und die Staatsbürger, die für die Schulden der öffentlichen Hand aufzukommen haben, erhebliche Probleme auf, sie modifiziert auch, wie wir gleich sehen werden, das eine oder andere Argument, das man zugunsten der Fiskalpolitik, auf der Basis des Keynesianismus, oder zugunsten der Geldpolitik, auf der Grundlage des Monetarismus, vorbringen kann. Doch bevor wir uns aufs Neue mit der alten Frage "Geld- versus Fiskalpolitik" beschäftigen, sollten wir uns zum besseren Verständnis kurz ansehen, was man unter dem Begriff der Staatsverschuldung zu verstehen hat, wie sich diese in der BRD und in anderen Ländern historisch entwickelt hat und welche Argumente, vor allem aus finanzwissenschaftlicher Sicht, dafür und welche dagegen sprechen. Auf die konjunkturpolitischen Aspekte einer wachsenden Staatsschuld gehen wir dann am Ende dieses Abschnitts ausführlich ein.

14.6.1 Begriff und Entwicklung der Staatsschuld

In der wirtschaftswissenschaftlichen Diskussion wird im Zusammenhang mit den Schulden des Staates häufig zwischen zwei Begriffen nicht klar genug getrennt, dem Begriff des Budgetdefizits und dem der eigentlichen Staatsschuld:

Unter dem **Budgetdefizit**, oder dem Defizit des Staatshaushalts, versteht man den Betrag, um den die geplanten Staatsausgaben in einem Lande die geplanten Staatseinnahmen während eines bestimmten Zeitraums übersteigen. Dieser Zeitraum beträgt zumeist ein Jahr.

Unter der **Staatsschuld** versteht man demgegenüber den Gesamtbetrag in einer bestimmten Währung, den der Staat anderen Wirtschaftssubjekten im Inland oder Ausland zu einem bestimmten Zeitpunkt schuldet. Dieser Betrag addiert sich auf aus den jährlichen Haushaltsdefiziten abzüglich der Tilgungszahlungen, und er wird berechnet für die gesamte Zeit, in der ein Staat existiert.

Abb. 14.16: Nettoneuverschuldung und Schuldenstand des Bundes sowie Gesamtverschuldung in Prozent des BSP 1960 - 1995, Bundesrepublik Deutschland

Jahr	Nettoneuverschuldung des Bundes (in Mrd. DM)[1]	Schuldenstand[2] des Bundes (in Mrd. DM)	Gesamtverschuldung[1] in Prozent des BSP
West:			
1960	1,7	26,8	8,8
1970	2,3	56,5	8,4
1975	36,2	113,7	11,1
1980	26,8	232,3	15,7
1985	25,1	392,4	21,4
1990	46,7	542,2	21,3
Deutschland:			
1991	52,0	586,5	20,6
1992	24,6	611,0	19,8
1993	74,2	685,3	21,7
1994	27,2	712,5	21,4
1995	44,8	756,8	21,9
1996	83,0	839,9	23,7
1997	65,8	905,7	25,0
1998	52,3	958,0	25,3

[1] Ab 1991 einschließlich Neue Bundesländer, ohne Fonds "Deutsche Einheit".
[2] Jeweils Jahresende.

Quelle: IW, Zahlen zur wirtschaftlichen Entwicklung der Bundesrepublik 1997.

In den Abbildungen 14.16 und 14.17 haben wir für die Bundesrepublik Deutschland und die USA für die Zeit seit 1960 die Entwicklung der Verschuldungssituation und diese mit der prozentualen Entwicklung der gesamten Staatsschuld in den beiden Ländern konfrontiert. Man kann erkennen, wie in beiden Ländern die Staatsschuld anwächst, in den USA vor allem seit 1980, nachdem Präsident Reagan die

Regierung des Bundes übernommen und in seiner Politik bewußt große Haushaltsdefizite zugelassen hat. Seit Mitte der 90er Jahre ist in den USA jedoch eine Trendwende zu verzeichnen. Das Defizit des Bundes nimmt seitdem stetig ab. In der Bundesrepublik gab es einen starken Anstieg der Staatsschuld und hohe Defizite des Bundes im Jahrzehnt von 1970 bis 1980, als die damalige Regierung glaubte, mit herkömmlichen Mitteln einer Keynesianischen Konjunkturpolitik der Wirtschaft neue Impulse geben zu können. Auch in den letzten Jahren hat sich die Staatsschuld infolge der Vereinigungskosten stark erhöht.

Abb. 14.17: Budgetdefizit und Schuldenstand des Bundes sowie Staatsschuld in Prozent des BSP 1960-1995, USA

Jahr	Budgetdefizit (-) oder Budgetüberschuß (+) des Bundes (in Mrd. Dollar)	Schuldenstand des Bundes (in Mrd. Dollar)	Gesamtverschuldung in Prozent des BSP
1960	+7,4	290,5	56,1
1970	-14,1	380,9	37,7
1975	-73,9	541,9	34,9
1980	-61,0	909,1	33,4
1985	-162,9	1817,5	44,3
1990	-154,7	3210,9	56,4
1995	-161,7	4921,0	68,5

Quelle: Economic Report of the President, 1997, Tables B-76, B-77 und B-81.

14.6.2 Grundlegende Gefahren einer wachsenden Staatsschuld

Bei zunehmender Staatsschuld und hohen Budgetdefiziten wird es verständlich, daß diese nicht mehr allein aus konjunktur- oder beschäftigungspolitischer Sicht im Sinne von Keynes beurteilt werden können, sondern daß die Zahl jener Kritiker wächst, die auf grundlegende Gefahren der Staatsverschuldung hinweist. Ein immer wieder vorgebrachtes Argument gegen die Staatsverschuldung bezieht sich auf deren **intertemporale Belastungswirkung**.

Erst unsere Kinder und Enkelkinder, so warnt man, werden die Last der gegenwärtigen Verschuldung in Form von höheren Zins- und Tilgungszahlungen zu tragen haben. Sie können sich diesen Lasten aus der Vergangenheit nicht entziehen und werden dafür, notwendigerweise, höhere Steuern aufzubringen haben.

Auf den ersten Blick leuchtet diese Überlegung durchaus ein. Aber, so muß man sich auch fragen, wem kommen die Zins- und Tilungszahlungen eigentlich zugute, die von der gegenwärtigen Generation geleistet werden? Sind es nicht ebenfalls unsere Kinder und Enkelkinder, die davon profitieren, jedenfalls solange, wie der Staat die Schulden nicht im Ausland aufnimmt? Verschuldung im Inland, bei den eigenen Bürgern, bedeutet, so gesehen, nur eine Umverteilung von Finanzströmen, zwischen der heutigen und der zukünftigen Generation. Die heutige Generation kommt für die Schulden der vergangenen auf, und die zukünftige Generation muß sich um die Schulden der gegenwärtigen kümmern. Ob diese Form der Verteilung zwischen den Generationen nun erwünscht ist oder nicht, sie stellt jedenfalls keine Belastung für das Land als Ganzes dar. Dies vor allem dann nicht, wenn der Staat die Schuldenfinanzierung zum Zwecke langfristiger Investitionen, etwa in den Infrastrukturbereich einer Volkswirtschaft vorgenommen hat und die Vorteile aus der Nutzung solcher Investitionen großenteils den kommenden Generationen zufallen werden.

Diese Argumentation trifft insbesondere für die westeuropäischen Industrienationen zu, die sich in erster Linie im Inland verschulden und die auch eher darauf achten, daß ein Großteil der so vereinnahmten Mittel für langfristige Investitionszwecke verwendet wird. In den USA hingegen wächst die Auslandsschuld schon seit Jahren beträchtlich an und auch die Verantwortung der Regierung für die Gestaltung von Infrastruktur und Umwelt ist nicht in dem Maße ausgeprägt wie in Europa.

Die größten Gefahren indessen, auch für die Finanzsysteme der ganzen Welt, scheinen sich hinter der **Verschuldung der Entwicklungsländer** zu verbergen. Diese ist, wie Abbildung 14.18 zeigt, nicht nur in ungeheuerem Maße angestiegen, sie konzentriert sich auch fast ausschließlich auf die Finanzmärkte des Auslandes. Im Falle der Entwicklungsländer jedenfalls stellt eine hohe Staatsverschuldung eine enorme Belastung, nicht nur für die Entwicklung der eigenen Volkswirtschaften dar, sondern sie birgt auch Gefahren für die internationalen Finanzmärkte. Die Frage, wie man diesen Gefahren begegnen kann, zählt noch immer zu den dringendsten Problemstellungen der gegenwärtigen weltwirtschaftlichen Ordnung.

Eine weitere Besonderheit der Staatsverschuldung besteht darin, daß der Staat die Schulden, die er macht, eigentlich niemals zurückzuzahlen braucht. Im Gegensatz zu Privatpersonen kann er seine Schulden weiterwälzen, indem er bei Fälligkeit der alten Schuld sich jedesmal neu verschuldet und daraus seine Tilgungen bestreitet. Privaten Kreditnehmern steht diese Möglichkeit allein schon deshalb nicht in gleicher Weise offen, weil bei ihnen mit jeder Übernahme einer neuen finanziellen

Verpflichtung das Risiko der Rückzahlung für die Kreditgeber entsprechend steigt. Beim Staat hingegen ist die Gefahr weitaus geringer, daß er bei normaler wirtschaftlicher Entwicklung für seine Schulden nicht mehr aufzukommen vermag, also einen Staatsbankrott erleidet.

Abb. 14.18: Schulden gegenüber dem Ausland in Mrd. US$ der Länder mit niedrigem oder mittlerem Einkommen

Region	Jahr	Schuldenstand gesamt	langfristige Schulden	staatliche und staatlich abgesicherte Schulden	private, nicht abgesicherte Schulden
Ostasien Pazifik	1980 1998	94,0 667,5	66,7 517,1	55,6 337,7	11,1 179,4
Europa/ Zentralasien	1980 1998	75,4 480,5	56,2 374,2	44,7 293,5	11,5 80,8
Lateinamerika/ Karibik	1980 1998	257,3 786,0	187,2 640,5	144,8 424,2	42,5 216,3
Mittlerer Osten/ Nordafrika	1980 1998	83,8 208,1	61,8 164,1	61,2 159,6	0,6 4,5
Südasien	1980 1998	38,0 163,8	33,1 154,2	32,7 143,1	0,4 11,1
Afrika südlich der Sahara	1980 1998	60,8 230,1	46,6 180,3	42,0 171,1	4,6 9,1
Insgesamt	1980 1998	609,4 2536,0	451,5 2030,3	381,0 1529,2	70,6 501,1

Quelle: World Development Indicators, 2000, Table 4.18.

Doch wenden wir uns nun der konjunkturpolitischen Beurteilung einer wachsenden Staatsverschuldung zu.

14.6.3 Wirkungen einer wachsenden Staatsschuld auf die aggregierte Nachfrage

Ein konjunkturpolitischer Einwand, den man in der Literatur häufig findet und der sehr ernst zu nehmen ist, behauptet, daß eine wachsende Staatsverschuldung fast immer zu einer höheren **Inflation** führe. Betrachten wir dazu die Abbildung 14.19.

Einfache Interpretation der Main-Stream-Ökonomen

Wir haben hier wieder das bekannte Angebots-Nachfrageschema vor uns, wie wir es von der neoklassischen Synthese her kennen. Das ursprüngliche Gleichgewicht einer Volkswirtschaft befindet sich in Punkt E_1, wo die aggregierte Nachfragekurve *AN* die aggregierte Angebotskurve *AA* schneidet. Das reale Bruttosozialprodukt beträgt für diesen Punkt BSP_1^* und der zugehörige Preisindex ist 100. Wir können auch erkennen, daß sich dieser Output unterhalb des Vollbeschäftigungsniveaus befindet, da die aggregierte Angebotskurve dort einen flachen Verlauf aufweist.

Verschuldet sich nun der Staat zusätzlich, so steigen, ceteris paribus, die Staatsausgaben in gleicher Höhe an. Die Nachfrage des Staates nach Gütern und Diensten nimmt zu und als Folge verschiebt sich auch die Nachfragekurve der gesamten Volkswirtschaft nach rechts auf *AN'*. Wir erhalten einen neuen Gleichgewichtspunkt E_2 mit einem erhöhten Bruttosozialprodukt (BSP_2^*), aber auch mit einem angestiegenen Preisindex (110 Punkte). Wie stark der Preisanstieg jeweils ausfällt, hängt von der Steigung der aggregierten Angebotskurve ab.

Abb. 14.19: Konjunkturpolitische Wirkung der Staatsverschuldung

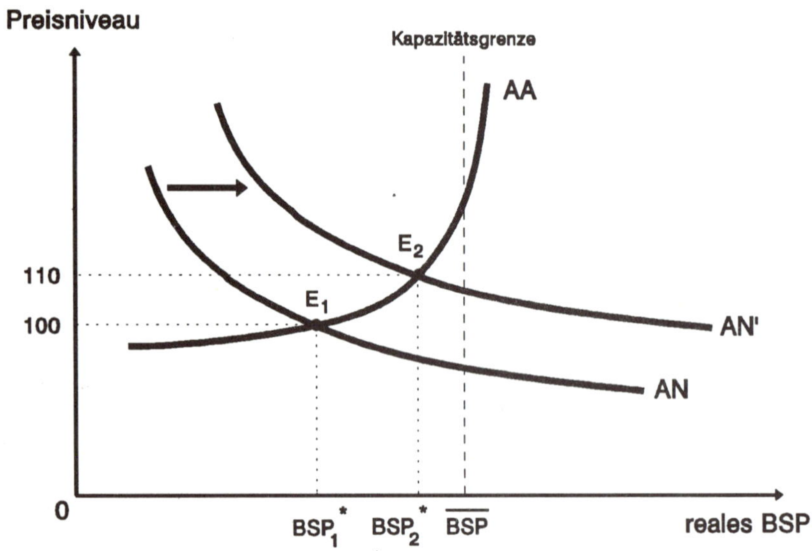

Wir sehen also, wieso und unter welchen Bedingungen im einfachen Modell der neoklassischen Synthese Staatsverschuldung zu Inflation führen kann. Neben diesem Erklärungsansatz gibt es jedoch noch einen weiteren, etwas komplizierteren, der zu begründen versucht, warum Staatsverschuldung Inflation hervorruft. Dieser Erklärungsansatz greift auf Argumente zurück, die mit der **monetären** Sphäre einer Volkswirtschaft zusammenhängen.

Monetarisierung der Staatsschuld

In einer Volkswirtschaft, in der die Geldseite durch eine Zentralbank geordnet und gestaltet wird, kann es und wird es häufig vorkommen, daß diese Bank einen Teil des Defizits im Staatshaushalt "monetarisiert". Was versteht man nun darunter und welche konjunkturellen Wirkungen gehen davon aus?

Um diese Frage zu beantworten, müssen wir auf Zusammenhänge zurückgreifen, die wir bei der Behandlung des Geldwesens im Zusammenwirken mit den Gütermärkten bereits kennengelernt haben. Wir haben dort gesehen, daß auf dem Geldmarkt die Nachfrage nach Geld vor allem von zwei Faktoren abhängt, dem Zinssatz und dem Aktivitätsniveau in einer Volkswirtschaft, das sich in der Höhe des Bruttosozialprodukts ausdrückt. Wenn nun, wie oben im einfachen Modell der neoklassischen Synthese dargelegt, eine wachsende Staatsschuld zugleich steigende Preise und ein höheres reales Bruttosozialprodukt bedingt, wird als Folge auch die Nachfrage nach Geld steigen. Eine höhere Geldnachfrage aber muß, ceteris paribus, auch zu einem höheren Zins und den negativen Folgen führen, die davon auf die Beschäftigung und die Höhe des Sozialprodukts ausgehen.

Angenommen, eine Zentralbank möchte diese negativen Rückwirkungen verhindern. Was kann sie dann dagegen tun? Sie wird einfach dafür sorgen, daß zum gleichen Zinssatz mehr Geld angeboten wird; sie wird also das **Geldangebot erhöhen**. Wie aber kann sie eine Ausdehnung des Geldangebots erreichen?

Wie wir an anderer Stelle schon dargelegt haben, bieten sich dafür am ehesten die **Offenmarktgeschäfte** an. Die Zentralbank kauft staatliche Schuldscheine auf, bezahlt diese mit Notenbankgeld und erhöht auf diese Weise die umlaufende Geldmenge. Den Ankauf von neu ausgegebenen Schuldverschreibungen des Staates durch die Zentralbank und den damit einhergehenden Anstieg des Geldangebots bezeichnet man dann als "Monetarisierung" des öffentlichen Haushaltsdefizits.

Wie Abbildung 14.20 zeigt, hat die Monetarisierung des Budgetdefizits eine Verschiebung der Geldangebotskurve nach rechts bewirkt. Sie verändert sich von ***MA*** nach ***MA'*** und verhindert damit, daß der ursprüngliche Gleichgewichtszins i_1^*, entsprechend der Verschiebung der aggregierten Nachfragekurve von ***MN*** auf ***MN'***, ansteigen und den Wert i_2^* erreichen kann.

Eine solche "Monetarisierung" des Defizits bleibt ihrerseits aber auch nicht ohne Folgen für das Preisniveau und den volkswirtschaftlichen Output. Denn jede

Abb. 14.20: Monetarisierung eines Budgetdefizits der öffentlichen Hand

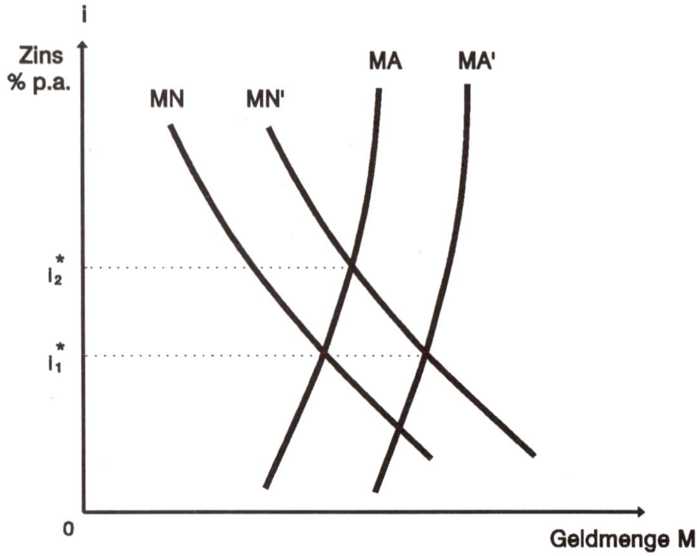

Ausdehnung der Geldmenge kann, wie wir wissen, ebenfalls sowohl zu höheren Preisen wie auch zum Anwachsen des realen Bruttosozialprodukts beitragen. Eine zunehmende Geldmenge nämlich bedeutet im Modell der neoklassischen Synthese eine Zunahme der aggregierten Nachfrage, was sich je nach Gestalt der aggregierten Angebotskurve auf das Preisniveau und/oder auf das reale Bruttosozialprodukt auswirkt.

Vergegenwärtigen wir uns den bisherigen Wirkungsablauf noch einmal anhand von Abbildung 14.21. Wir erkennen dort zunächst eine erste Rechtsverschiebung der aggregierten Nachfragekurve von ***AN*** nach ***AN'***, die durch das Budgetdefizit und den damit einhergehenden Anstieg der Staatsausgaben bewirkt wird. Wird nun das Defizit durch die Zentralbank monetarisiert, verschiebt sich die Nachfragekurve noch einmal von ***AN'*** nach ***AN''***. Man erhält das neue volkswirtschaftliche Gleichgewicht bei E_3, verbunden mit einem noch höheren Preisniveau und einem noch höheren realen Bruttosozialprodukt. Also können wir folgern:

Die Monetarisierung des Budgetdefizits durch die Zentralbank ruft in der Regel einen Preisanstieg in der betroffenen Volkswirtschaft hervor, der größer ist als in dem Fall, in dem der geldpolitische Eingriff durch die Zentralbank unterbliebe. Die Geldpolitik verschärft hier also die inflationären Wirkungen einer defizitären Fiskalpolitik.

Abb. 14.21: Monetarisierung eines öffentlichen Budgetdefizits in der ***AN-AA-*** *Darstellung*

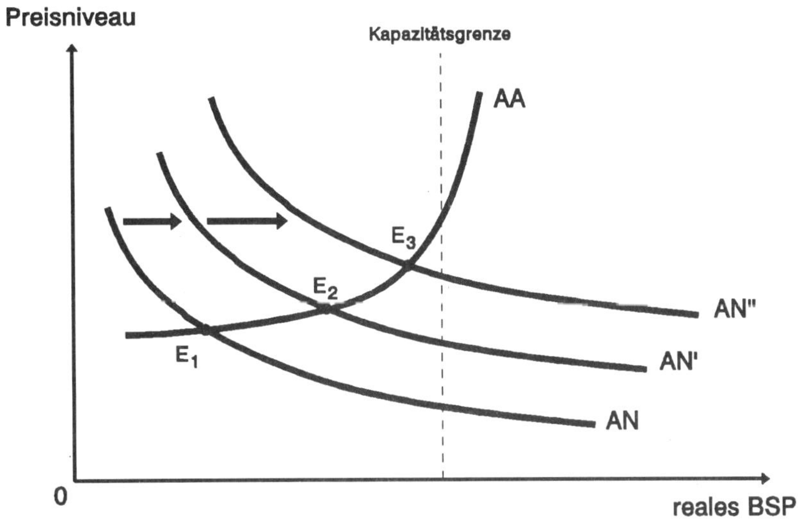

Bis jetzt haben wir uns vorrangig mit den Auswirkungen eines Budgetdefizits auf die aggregierte Nachfrage beschäftigt. Betrachten wir nun ergänzend dazu auch die Konsequenzen, die die Staatsverschuldung für das aggregierte Angebot haben kann.

14.6.4 Wirkungen einer wachsenden Staatsschuld auf das aggregierte Angebot

Im herrschenden makroökonomischen Modell der neoklassischen Synthese führt ein Budgetdefizit dazu, daß der Zinssatz steigt (falls das Defizit nicht von der Zentralbank monetarisiert wird). Höhere Zinsen aber bedeuten für private Investoren eine Verschlechterung des wirtschaftlichen Klimas. Sie werden ihr Investitionsportfolio überprüfen und am Ende ihr Geld weniger in Realkapital und mehr in anderen Anlageformen (etwa Anleihen) investieren. Wenn aber der private Sektor heute weniger Investitionen tätigt, kann morgen der gesamte Kapitalstock einer Volkswirtschaft zurückgehen. Zumindest wird sich seine Struktur verändern. Es wird weniger private und eventuell mehr öffentliche Investitionen geben, vorausgesetzt der Staat gibt das gesamte Budgetdefizit für Investitionszwecke aus. Welche Folgen dieser Strukturwandel für zukünftige Generationen hat, muß eine offene Frage bleiben. Die Antwort darauf hängt auch davon ab, ob öffentliche Investitionen produktiver sind als ihre privaten Alternativen. Falls dies nicht zutrifft, wird die Produktivität des gesamten Kapitalstocks sinken und die zukünftigen Generationen werden Einbußen im Wirtschaftswachstum hinzunehmen haben.

Crowding-out und Crowding-in Effekte

Die Gefahren, die von einer zunehmenden Staatsverschuldung auf das Wachstum einer Volkswirtschaft ausgehen können, werden auch deutlich sichtbar, wenn man sich die Vorgänge auf den **Finanzmärkten** ansieht, die damit eng verbunden sind.

Übersteigen die Ausgaben des Staates seine Einnahmen, so muß er die Differenz ausgleichen, indem er bei Privatpersonen Geld leiht. Dies geschieht durch Ausgabe von Schuldscheinen, die dann auf den Finanzmärkten mit den Schuldscheinen privater Geldleiher konkurrieren. Gelingt es dem Staat, private Anleger zu veranlassen, seine Schuldscheine zu kaufen, so werden die privaten Geldleiher aus dem Markt gedrängt ("crowded-out"), wenn die Geldmenge weitgehend konstant bleibt. Der Staat beansprucht einen Teil der gesamtwirtschaftlichen Ersparnisse nunmehr für sich. Man spricht daher in diesem Fall auch vom **Crowding-out Effekt** der Staatsverschuldung, der uns bereits im vorigen Abschnitt begegnet ist.

Einige Kritiker von Budgetdefiziten behaupten sogar, daß jede Mark, die der Staat ausgibt, dazu führe, daß private Investitionen um den gleichen Betrag sinken. Der expansive Effekt der defizitären Fiskalpolitik würde so überhaupt nicht mehr zur Wirkung kommen. Ihrer Meinung nach gehen die Investitionen $\boldsymbol{I}$ in der gleichen Höhe zurück, um die die Staatsausgaben $\boldsymbol{A_{St}}$ ansteigen, so daß das nachfragewirksame Aggregat $\boldsymbol{C+I+A_{St}}$ sich nicht verändert.

Normalerweise wird sich der Crowding-out Effekt freilich nicht so extrem auswirken. Denn, erstens, müßte dann ein Anstieg der Staatsverschuldung schon besonders groß sein, um auch einen merklichen Zinsanstieg hervorzurufen, der die Unternehmen veranlaßt, ihre Investitionen zu reduzieren. Und zweitens dürfte auch die Zinselastizität der Investitionen nicht allzu groß sein. Selbst wenn die Staatsverschuldung (kurzfristig) zu höheren Zinsen führt, werden die meisten Unternehmen ihre geplanten Investitionen durchführen wollen.

Dem Phänomen des Crowding-out wirkt ein Effekt entgegen, den man in der Literatur als den **Crowding-in** Effekt bezeichnet. Darunter versteht man folgendes:

Höhere Staatsausgaben führen zu verstärkter Nachfrage. Dadurch verbessern sich die Gewinnaussichten der Unternehmen, was diese wiederum veranlaßt, zukünftig mehr zu investieren und mehr zu produzieren. Es kommt am Ende zu zusätzlichen Privatinvestitionen, die durch den Anstieg der Staatsausgaben induziert wurden.

Wie aber ist dieser Crowding-in Effekt mit dem Crowding-out Effekt vereinbar? Unter welchen Umständen wird der eine den anderen übersteigen?

Sicherlich stimmt es, daß private Unternehmen weniger Geld leihen können, wenn sie mit dem Staat um Fremdkapital konkurrieren müssen. Höhere Staatsausgaben aber führen zu einem höheren realen Bruttosozialprodukt und mit steigendem Volkseinkommen wächst auch die Ersparnis. Mit wachsender Ersparnis wiederum kann der Staat auf den Kapitalmarkt gehen, ohne Privatpersonen von diesem zu verdrängen.

Welcher der beiden Effekte in der Realität überwiegt und wie groß der eine oder andere ist, hängt demnach von zwei Faktoren ab:

Zum einen davon, wie groß der Multiplikator der gestiegenen Staatsausgaben ist, das heißt wie stark das reale Bruttosozialprodukt und mit ihm die Ersparnis ansteigt. Zum zweiten hängt das Ergebnis davon ab, wie stark die Investitionsausgaben der Unternehmen von den Gewinnerwartungen bestimmt sind.

Sehen wir uns zur Erläuterung Abbildung 14.22 an. Sie zeigt noch einmal den Verlauf der aggregierten Angebotskurve, wie wir ihn aus der neoklassischen Synthese kennen. Wir haben diese Kurve in drei Abschnitte unterteilt:

In Abschnitt 1, in dem die aggregierte Angebotskurve fast horizontal verläuft, ist der Multiplikator groß. Bei einer Erhöhung der Staatsausgaben kommt es demnach zu einer starken Ausdehnung des realen BSP. Folglich steigt das Volkseinkommen ebenfalls stark an und somit auch die Ersparnisse, so daß private Geldentleiher kaum aus dem Finanzmarkt gedrängt werden und der Zinsanstieg gering bleibt. Darüber hinaus steigen auch die Gewinnerwartungen der Unternehmen, da durch das höhere Volkseinkommen mehr konsumiert wird. In diesem Bereich wird also der **Crowding-in-Effekt** überwiegen.

Das Gegenteil trifft für den Abschnitt 3 zu. In diesem Bereich befindet sich die Volkswirtschaft nahe am Vollbeschäftigungsoutput und ein Anstieg der Staatsausgaben führt hier zu keiner wesentlichen Veränderung des realen ***BSP***. In diesem Bereich führt Staatsverschuldung kaum zu einem erhöhten Volkseinkommen und verändert somit auch kaum das Sparvolumen. Sie bewirkt dafür aber einen umso

Abb. 14.22: Crowding-Out und Crowding-In Effekt

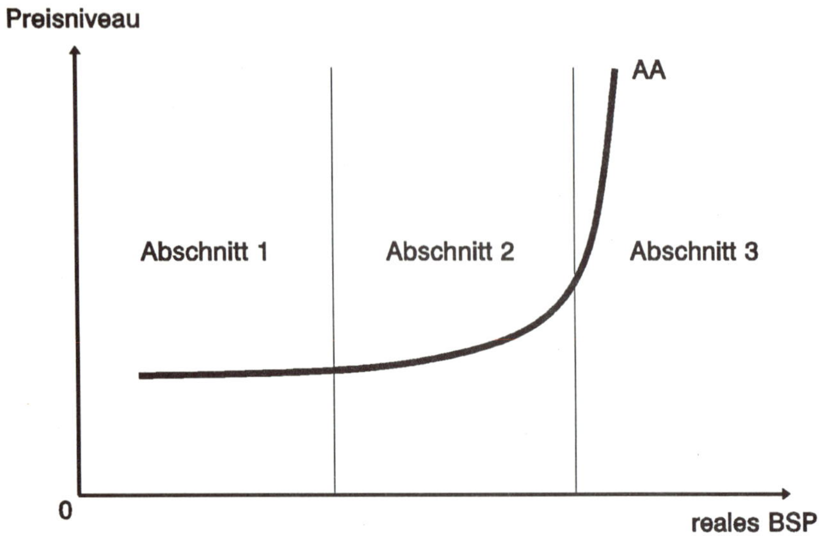

größeren Zinsanstieg. Hier wird also der **Crowding-out** Effekt eindeutig den Crowding-in Effekt überwiegen.

Welcher Effekt in Abschnitt 2 der stärkere ist, läßt sich nicht eindeutig festlegen. Es kann dazu kommen, daß entweder der Crowding-in Effekt oder der Crowding-out Effekt überwiegt. Auf alle Fälle sind hier beide Effekte vorstellbar und der **Nettoeffekt** wird in seiner Wirkung nicht allzu stark ausfallen, verglichen mit den Ergebnissen in den Abschnitten 1 und 3 auf unserer aggregierten Angebotskurve.

Kontrollfragen zu Kapitel 14:

1. Nehmen Sie an, die EZB nimmt Wertpapiere von Geschäftsbanken als Pfand an und bezahlt diese, indem sie den Banken den Betrag als zusätzliche Reserve gutschreibt. Um welchen maximalen Betrag steigt die Giralgeldmenge und die Geldmenge M_1? Wie würde sich das Ergebnis ändern, wenn der Betrag von Privaten bei Geschäftsbanken einbezahlt würde?

2. Wie heißt die unter 1. von der EZB durchgeführte Politik? Nennen Sie weitere geldpolitische Instrumente der Bundesbank und beschreiben Sie diese.

3. Gegeben sei eine Ökonomie, in der es weder Staatsausgaben, noch Steuern gebe. Die Konsumfunktion sei

$$C(Y) = 100 + 0{,}8Y \quad .$$

Die Investitionsfunktion $\boldsymbol{I}$ hänge vom Zinssatz $\boldsymbol{i}$ ab und sei gegeben durch

$$I(i) = 500 - 800i \quad .$$

Für welchen Wert von Y ergibt sich ein Gleichgewicht, falls gilt a) $\boldsymbol{i=0{,}05}$, b) $\boldsymbol{i=0{,}1}$ und c) $\boldsymbol{i=0}$. Interpretieren Sie die Ergebnisse.
(Lösung: a) $Y^*=2800$, b) $Y^*=2600$, c) $Y^*=3000$)

4. Was versteht man unter dem Keynesianischen Transmissionsmechanismus und wie funktioniert er? Wie verändert sich dieser, wenn man den Feedback-Prozeß in die Betrachtung einbezieht?

5. Was versteht man unter dem Begriff der Zinselastizität? Welche unterschiedlichen Annahmen haben Anhänger des Keynesianismus und Monetaristen bezüglich der Zinselastizität der Geldnachfrage und welche Auswirkungen hat dies auf den Verlauf der Geldnachfragekurve?

6. Erklären Sie, wieso Keynesianer eine aktive Stabilisierungspolitik zur Bekämpfung von Unterbeschäftigung vorziehen, während Monetaristen in erster Linie eine Stabilisierungspolitik zur Bekämpfung von Inflation befürworten. Beachten Sie bei Ihrer Antwort den unterschiedlichen Verlauf der aggregierten Angebotskurve bei Keynesianern und Monetaristen.

7. Welche Bedeutung hat heute die Staatsverschuldung in den Industrie- und den Entwicklungsländern?

8. Wie begründen Ökonomen ihre negative Einstellung zur wachsenden Staatsverschuldung?

9. Was versteht man unter Crowding-out und Crowding-in?

15. Die makroökonomische Bedeutung der Phillips-Kurve

15.1 Originäre Phillips-Kurve

In diesem Kapitel wollen wir noch einmal, allerdings in anderer Weise als vorhin, auf die Auseinandersetzung eingehen, die zwischen Keynesianern und Monetaristen in den 60er und 70er Jahren die wirtschaftstheoretische und die wirtschaftspolitische Diskussion bestimmte. Wir hatten im letzten Kapitel bereits dargestellt, daß im Zentrum dieser Debatte die Suche nach aussagefähigen Erklärungsansätzen und nach wirkungsvollen politischen Instrumenten stand, um die beiden Grundübel moderner Volkswirtschaften, nämlich Inflation und Arbeitslosigkeit zu kurieren. Die Monetaristen legen in diesem Streit, wie wir sahen, ihr Hauptaugenmerk auf die Inflation, die Keynesianer bemühen sich vorrangig um die Beseitigung der Arbeitslosigkeit. Lange Zeit war der Konflikt zwischen den beiden Schulen durch den Standpunkt des "Entweder-Oder" gekennzeichnet:

Wirtschaftspolitische Maßnahmen, die auf eine Ausweitung der effektiven Nachfrage ausgerichtet seien,

-würden entweder nur die Inflation anheizen (Meinung der orthodoxen Monetaristen)
-oder nur sie allein könnten die Arbeitslosigkeit beseitigen helfen (Meinung der orthodoxen Keynesianer).

Diese scheinbar festgefahrene Position geriet beträchtlich ins Schwanken als der englische Wirtschaftswissenschaftler **A.W. Phillips** im Jahre 1958 die Ergebnisse einer umfangreichen empirischen Studie veröffentlichte. Phillips hatte sich ebenfalls für den Zusammenhang von Inflation und Arbeitslosigkeit interessiert und statistische Daten für England im Zeitraum von 1861 bis 1957 ausgewertet. In diesem Material wurden Änderungen des nominalen Lohnsatzes mit Änderungen der Arbeitslosenrate verglichen. Den nominalen Lohnsatz verwendete er als Näherungsvariable für die Inflation in England, da zu vermuten ist, daß zwischen dem Anstieg des Lohnniveaus und dem des allgemeinen Preisniveaus ein enger Zusammenhang besteht. Höhere Löhne treten in einer arbeitsintensiven Volkswirtschaft unmittelbar als höhere Produktionskosten auf und diese wiederum können über die Preise von den Unternehmen an die Konsumenten weitergegeben werden, so lautet, in vereinfachter Form, die Begründung für den vermuteten Zusammenhang.

In seiner Studie stieß Phillips nun auf eine erstaunliche statistische Beziehung zwischen dem nominalen Lohnsatz und der Arbeitslosenquote:

Starke Lohnsteigerungen gehen, seiner Untersuchung zufolge, stets mit einer niedrigen Arbeitslosenquote einher.

Dieses Ergebnis drückte er in einer Kurve aus, die, nach ihm benannt, als **Phillips-Kurve** Eingang in die Wirtschaftswissenschaft fand und dort für etwa zwei Jahrzehnte zu den bedeutsamsten Erkenntnissen zählte. Wir haben die originäre Phillips-Kurve in Abbildung 15.1 wiedergegeben.

Abb. 15.1: Originäre Phillips-Kurve

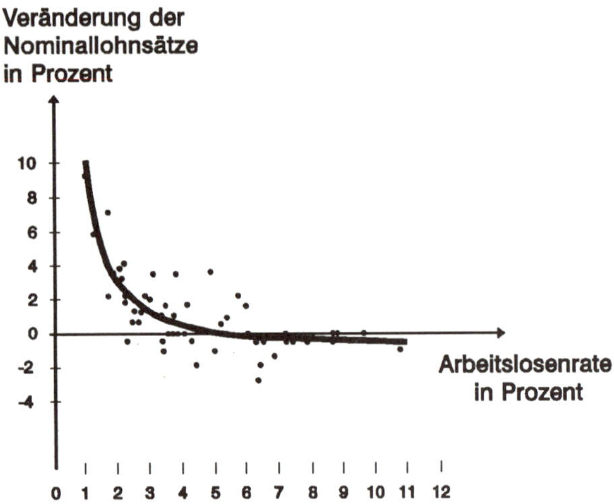

Quelle: Phillips (1958), S.285.

Das obige Punkte- oder Streudiagramm zeigt auf der Abszisse die Arbeitslosenrate (in Prozent) und auf der Ordinate die Veränderungen der Nominallohnsätze (in Prozent). Jeder Punkt in diesem Diagramm bedeutet einen Jahreswert für Großbritannien im Zeitraum von 1861 bis 1913. Mit Hilfe statistischer Methoden hat Phillips aus dieser "Punktwolke" eine Kurve herausgefiltert, um die die Jahreswerte möglichst wenig streuen, eben die berühmte Phillips-Kurve. Wir sehen, wie bei dieser Kurve niedrige Änderungsraten des Lohnes mit einer höheren Arbeitslosenrate einhergehen.

15.2 Modifizierte Form der Phillips-Kurve

Die Studie von Phillips erregte nach ihrem Erscheinen natürlich die geballte Aufmerksamkeit der Wirtschaftswissenschaft, vor allem aber die der Vertreter der neoklassischen Synthese. Denn auch diese waren immer wieder, schon aufgrund ihrer Annahmen bezüglich der Gestalt der aggregierten Angebotskurve, auf das Phänomen der Inflation bei wachsender Kapazitätsauslastung einer Volkswirtschaft gestoßen, hatten allerdings eine so enge Beziehung zwischen Preisauftrieb und Unterbeschäftigung, wie sie die Phillips-Kurve ausdrückt, nicht für möglich gehalten. Zwei ihrer herausragenden Persönlichkeiten, **P. Samuelson** und **R.M. Solow**, führten daher sofort eingehende Untersuchungen für die USA (mit Daten aus den 50er und 60er Jahren) durch. Sie konzentrierten sich dabei ohne Umweg gleich auf den Zusammenhang zwischen Inflations- und Arbeitslosenrate. Auch ihre Untersuchungen kamen zu dem Ergebnis, daß zwischen diesen beiden Größen eine negative Korrelation besteht, die sich ebenfalls in Kurvenform ausdrücken läßt. Ihre Kurve, die man auch als **modifizierte Phillips-Kurve** bezeichnet, ist in Abbildung 15.2 wiedergegeben.

Abb. 15.2: Modifizierte Phillips-Kurve

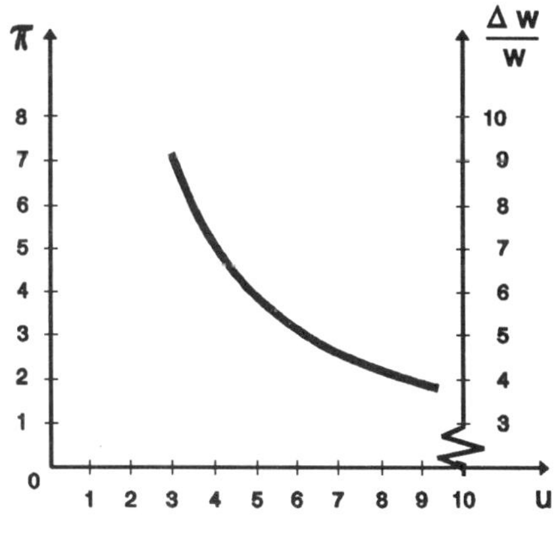

Wir können darin erkennen, daß eine niedrige Inflationsrate π mit einer hohen Arbeitslosenquote u einhergeht. Die entsprechende Veränderungsrate des Nominallohnsatzes $\Delta w/w$ ist auf der rechten vertikalen Achse abgetragen.

Welche Folgerungen lassen sich nun aus der modifizierten Phillips-Kurve ziehen? Zwei Konsequenzen springen sofort ins Auge:

(a) Der theoretische Standpunkt des "Entweder-Oder", wie er bis dato die Diskussion von Keynesianern und Monetaristen geprägt hatte, läßt sich nicht länger aufrecht erhalten, wenn die Relation so stimmt, wie sie die Phillips-Kurve zwischen Inflation und Arbeitslosigkeit ausdrückt. Dann nämlich kommen Inflation und Arbeitslosigkeit stets gemeinsam in einer Volkswirtschaft vor, und zwar in einer Austauschbeziehung (trade-off), die man in dieser Stringenz auch von Seiten der Anhänger der neoklassischen Synthese nie vermutet hätte:

    Eine hohe Inflation bedeutet stets geringe Arbeitslosigkeit und umgekehrt ist hohe Arbeitslosigkeit in der Regel mit geringer Inflation verbunden.

(b) Für die Wirtschaftspolitik wiederum hat die Phillips-Kurve zur Folge, daß sie, zum einen, eine gewisse Hilflosigkeit in der Anwendung ihrer bisherigen Maßnahmen eingestehen muß. Sie hat sich damit abzufinden, daß sie entweder nur ein stabiles Preisniveau oder eine geringe Arbeitslosenquote erreichen kann. Beide Ziele gleichzeitig lassen sich nicht verwirklichen.

    Zum anderen eröffnet die Phillips-Kurve aber auch neue Möglichkeiten für die Wirtschaftspolitik. Sie stellt ihr eine Art von "Zielmenü" zur Verfügung, aus dem heraus sie sich aussuchen kann, wieviel Inflation und wieviel Arbeitslosigkeit sie sich als Vorgabe setzen sollte. Danach kann sie dann ihre konjunkturpolitischen Maßnahmen ausrichten.

    Ein Ausspruch, wie der Satz "Eine Inflationsrate von fünf Prozent ist uns lieber als eine Arbeitslosenquote von fünf Prozent", der Mitte der 70er Jahre das wirtschaftspolitische Credo einer amtierenden Bundesregierung bildete, wird erst von dieser Warte aus verständlich. Von den Gefahren eines Preisauftriebs wendet man sich ganz bewußt ab, ja die Inflation selbst erreicht sogar den Rang eines wirkungsvollen wirtschaftspolitischen Instruments. So hat auch die OECD in jener Zeit allen Industrieländern empfohlen, einen gewissen Grad an Inflation zu tolerieren, weil diese das Wachstum einer Volkswirtschaft fördern und eine mögliche Arbeitslosigkeit verhindern würde.

Welche theoretische Begründung könnte nun hinter dem erstaunlichen Zusammenhang der modifizierten Phillips-Kurve stehen?

15.3 Erklärungsansätze für die modifizierte Phillips-Kurve

Um diese Frage beantworten zu können, muß man etwas weiter ausholen und auf die **Entstehungsgründe** einer Inflation zurückkommen. Wenn wir uns erinnern, so hatten wir in vergangenen Abschnitten darauf hingewiesen, daß ein wichtiger Auslöser für inflationäre Entwicklungen die **aggregierte Nachfrage** sein könne. Auch hinter dem Konzept der Phillips-Kurve scheint als Auslöser und als notwendige Bedingung eine nachfrageinduzierte Inflation (demand-pull inflation) zu stecken. Sehen wir uns dazu das nachfolgende Beispiel an.

Makroökonomische Begründung der Phillips-Kurve

Moderne Volkswirtschaften befinden sich, wie wir wissen, in einer stetigen Aufwärtsentwicklung, dies gilt zum einen für die Werte des Sozialprodukts, die jährlich erreicht werden, wie zum anderen auch für den Index des Preisniveaus. Nehmen wir die Bundesrepublik Deutschland: Sie hatte im Jahre 1987 ein reales Bruttosozialprodukt von 1.643,2 Mrd. DM erwirtschaftet. Der Preisindex für dieses Jahr betrug 121,0, bezogen auf das Jahr 1980. Von 1987 bis Ende 1988, also in einem Jahr wuchs das reale Sozialprodukt um 3,4 Prozent auf 1.699,4 Mrd. DM an, während das Preisniveau sich um 1,16 Prozent auf 122,4 erhöhte.

Abb. 15.3: Makroökonomischer Erklärungsansatz der Phillips-Relation

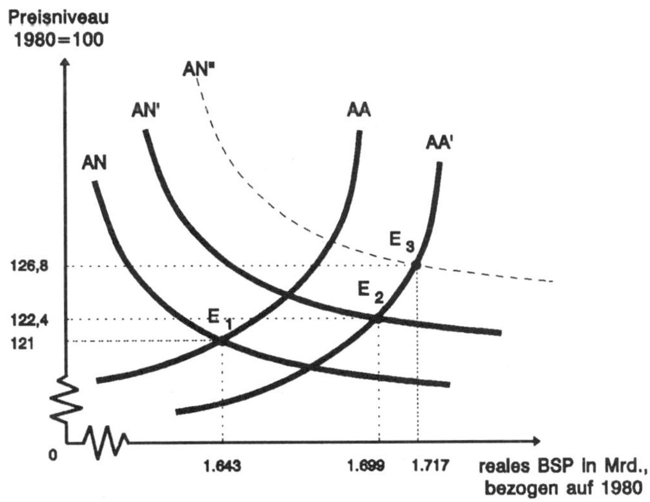

Versuchen wir nun diese Konstellation in unser bekanntes *AN-AA*-Diagramm zu übertragen. Denkbar wäre ein Bild wie es Abbildung 15.3 darstellt. Die eingezeichneten Kurven beruhen jedoch nicht auf ökonometrischen Schätzungen, sondern dienen nur der Illustration. Wir haben dort die Zunahme des realen Bruttosozialprodukts und die des Preisniveaus zerlegt und auf zwei Einflußfaktoren zurückgeführt:

(a) auf eine Erweiterung der volkswirtschaftlichen Produktionskapazität - ausgedrückt durch eine Rechtsverschiebung der aggregierten Angebotskurve von ***AA*** auf *AA'*; und

(b) auf eine Ausdehnung der volkswirtschaftlichen Nachfrage - ausgedrückt durch eine Rechtsverschiebung der *AN*-Kurve von *AN* auf *AN'*.

Als Ergebnis erhalten wir eine Veränderung des volkswirtschaftlichen Gleichgewichts von E_1 nach E_2 mit dem oben erwähnten Wachstumseffekt.

Was aber wäre nun in dieser Volkswirtschaft passiert, wenn die aggregierte Nachfrage noch stärker als aufgezeigt zugenommen hätte?

Nehmen wir an, die *AN*-Kurve hätte sich von *AN* auf *AN''* nach rechts verschoben, weil der private Bedarf an Konsumgütern und auch die Staatsausgaben zusätzlich gestiegen sind. Dann, so können wir unserer Abbildung entnehmen, wäre folgendes eingetreten:

Es hätte die Volkswirtschaft auf der alten *AA'*-Kurve ein neues Gleichgewicht E_3 erreicht, bei dem sowohl das reale Bruttosozialprodukt als auch das Preisniveau gestiegen wären, ersteres von 1.699 Mrd. DM auf 1.717 Mrd. DM, letzteres von 122,4 auf 126,8 Punkte. Die Zunahme der aggregierten Nachfrage hätte also ein weiteres Anwachsen des realen Bruttosozialprodukts wie auch des Preisniveaus hervorgerufen. Inflation wäre gekoppelt gewesen mit zusätzlichem Wachstum des volkswirtschaftlichen Outputs. Ein höheres Wachstum aber bedeutet auch eine Zunahme der Zahl der Arbeitsplätze oder, falls die Produktionskapazität unserer Volkswirtschaft zu Beginn der Nachfrageexpansion nicht völlig ausgelastet war, eine niedrigere Arbeitslosenrate.

Ein Rückgang der aggregierten Nachfrage hätte in unserem Beispiel genau den gegensätzlichen Effekt auf Inflation, Wachstum und Arbeitslosigkeit gehabt. Das Preisniveau wäre gesunken, ebenso das reale Bruttosozialprodukt. Und die vorhandene Produktionskapazität unserer Volkswirtschaft würde nicht mehr in dem Maße wie zuvor genutzt werden. Am Ende gäbe es dort weniger Arbeitsplätze und mehr Arbeitslosigkeit.

Welche Schlußfolgerungen können wir nun aus unserem Beispiel ziehen?

Konjunkturschwankungen, die durch Veränderungen der aggregierten Nachfrage hervorgerufen werden, zeigen genau den Zusammenhang auf, den die Phillips--Kurve unterstellt: Die Arbeitslosenquote wird niedrig sein, wenn die Inflationsrate hoch ist und, umgekehrt, dürfte die Inflation gering sein, wenn die Arbeitslosigkeit hoch ist.

Mikroökonomische Erklärung der Phillips-Kurve

Neben dieser makroökonomischen Begründung der Phillips-Kurve findet man in der Literatur auch Erklärungen, die nicht die gesamte Ökonomie im Auge haben, sondern allein die Verhältnisse auf dem **Arbeitsmarkt**. Wie stellen sich dort die Bedingungen für Anbieter und Nachfrager bei geringer und bei hoher Arbeitslosigkeit dar und welche Folgen gehen davon auf das allgemeine Preisniveau aus?

Nun, wie wir auch an anderer Stelle schon ausführten, dürften bei geringer Arbeitslosigkeit die Löhne stark ansteigen, was bei gegebener Arbeitsproduktivität zu höheren durchschnittlichen Arbeitskosten führt, die über höhere Preise an die Konsumenten weitergegeben werden können. Dieser Wirkungszusammenhang läßt sich relativ einfach erklären, wenn wir uns erinnern:

Herrscht in einer Volkswirtschaft nahezu Vollbeschäftigung, so wird es für die Unternehmen schwer sein, die Arbeitskräfte, die sie gerne einstellen möchten, auch tatsächlich zu finden. Sie werden daher ohne weiteres bereit sein, höhere Löhne anzubieten, um auf diese Weise die benötigten Arbeitskräfte anzulocken. Aber auch die Arbeitnehmer können ihre Lohnforderungen bei einem hohen Beschäftigungsstand eher durchsetzen als in Zeiten hoher Arbeitslosigkeit, wo es in der Regel den Unternehmen möglich ist, ohne größere Schwierigkeiten ihre freien Stellen zu besetzen. Sie brauchen auch nicht die Löhne zu erhöhen, weil die Arbeitsanbieter in dieser Situation miteinander in Konkurrenz stehen. Bei niedriger Arbeitslosigkeit steigt also das Lohnniveau und über dieses auch das allgemeine Preisniveau schneller an als dies bei hoher Arbeitslosigkeit der Fall ist. Und genau diesen Zusammenhang bringt ja die Phillips-Kurve zum Ausdruck.

Obwohl es uns gelungen ist, die Phillips-Kurve recht einleuchtend zu begründen, sollten wir uns dennoch fragen, ob der Beziehungszusammenhang, der sich dahinter verbirgt, wirklich für verschiedene Zeiten und für verschiedene Umstände als gültig angesehen werden kann.

Sehen wir uns hierzu noch einmal den empirischen Befund der Phillips-Kurve an, diesmal sowohl für die Bundesrepublik Deutschland wie auch für die USA und nicht nur für den Zeitraum der 50er und 60er Jahre, der der bekannten modifizierten Form der Phillips-Kurve zugrunde liegt, sondern auch für die 70er und 80er Jahre, die, wie wir wissen, unter Konjunktur- und Wachstumsaspekten als besonders problematisch gelten.

15.4 Neuere Befunde zur Phillips-Kurve

In den Schaubildern 15.4 und 15.5 haben wir die empirischen Werte für die Inflationsrate und die Arbeitslosenrate in einem Streudiagramm zusammengestellt, und zwar für die Bundesrepublik Deutschland und die USA. Der Betrachtungszeitraum geht von 1959-1995 beziehungsweise von 1955-1995.

Abb. 15.4: Neuere Daten zur Phillips-Kurve, BRD 1959-1995

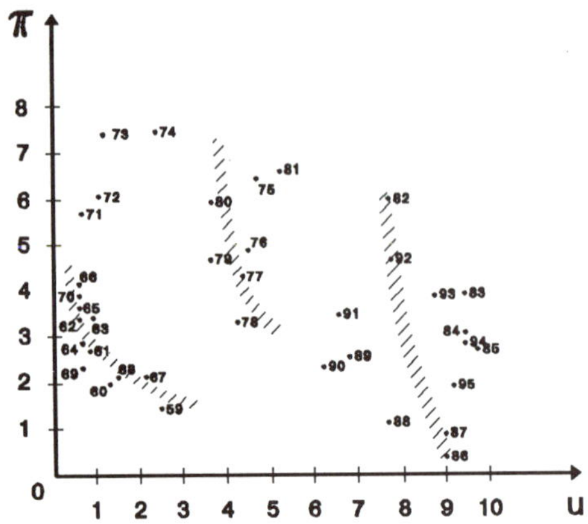

Man sieht, daß der Zusammenhang zwischen einer niedrigen Inflationsrate und einer hohen Arbeitslosigkeit bis Ende der 60er Jahre in beiden Ländern statistisch recht gut nachgewiesen werden kann. Es gelingt, für diese Jahre die Daten einigermaßen in die bekannte Form der Phillips-Kurve einzuordnen.

Abb. 15.5: Neuere Daten zur Phillips-Kurve, USA 1955-1995

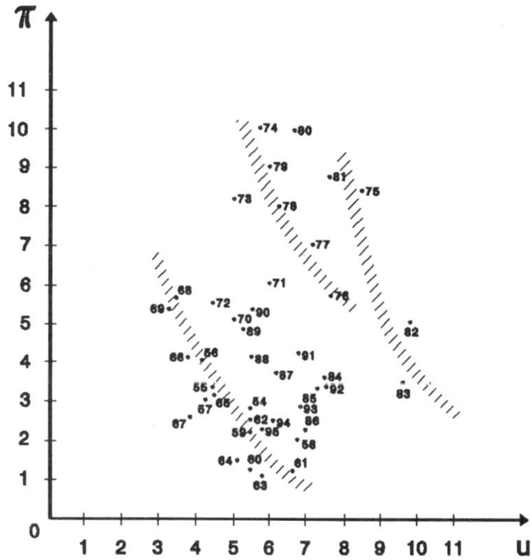

Danach aber, in den 70er und 80er Jahren, müssen neue Kräfte zur Wirkung gelangt sein, die in beiden Ländern die alte Phillips-Relation weitgehend zerstören. Denn sowohl in der Bundesrepublik Deutschland wie auch in den USA wandern jetzt in den obigen Diagrammen die Wertepaare von Inflation und Arbeitslosigkeit nach rechts. Es lassen sich zwar weiterhin, mit etwas mehr Aufwand und mit weit geringerer statistischer Signifikanz als zuvor, Phillips-Relationen bilden, aber diese verlaufen mit fortschreitender Zeit, wie unsere Schaubilder zeigen, immer steiler und gehen bei gleicher Inflationsrate mit einer immer höheren Rate der Arbeitslosigkeit einher. In den 90er Jahren entwickelte sich dann die Situation in den USA und der Bundesrepublik unterschiedlich. Während in Deutschland, die Phillips-Kurve im wesentlichen mit jener der 80er Jahre übereinstimmt, hat sie sich in den USA auf die Position der 50er und 60er Jahre zurückbewegt. Was kann nun zu einer Rechtsverschiebung der Phillips-Kurve im Zeitablauf führen?

Auf obige Frage gibt es zwei Antworten, die beide einen Kern der Wahrheit in sich tragen: Die erste Antwort orientiert sich vorrangig am wirtschaftlichen Geschehen, wie es in den 70er Jahren weltweit als typisch für die modernen Industriestaaten zu beobachten war. Die zweite Antwort ist fundamentaler angelegt und mit einer grundsätzlichen Kritik am Konzept der Phillips-Kurve verbunden. Wie also sieht die erste Antwort aus?

Wir haben an anderer Stelle bereits dargelegt, daß die inflationäre Tendenz der 70er Jahre nicht allein auf die Nachfrageseite zurückgeführt werden kann. Sie war vielmehr auch das Ergebnis von sogenannten **Angebotsschocks**, hervorgerufen vor allem durch die beiden Erhöhungen der Ölpreise von 1973/1974 und von 1979/1980. Dadurch wurde, wie man meint, die aggregierte Angebotskurve im ***AN-AA***-Diagramm nach links, also nach innen verschoben. Als Ergebnis dieser "supply-shocks" stellte sich das bekannte Phänomen der Stagflation ein. Die Volkswirtschaften der westlichen Welt litten zugleich unter hoher Inflation und hoher Arbeitslosigkeit. Die Inflation aber war nicht mehr von der Nachfrageseite, sondern weitgehend von der Angebotsseite her verursacht. Im Ergebnis stellten sich sodann, wie viele Ökonomen meinen, die beobachtbaren Verschiebungen der Phillips-Kurve ein.

Die zweite Antwort geht auf Überlegungen zurück, die relativ früh bereits, nämlich 1967 und 1968 als die meisten Ökonomen und Politiker noch an die Unversehrtheit der Phillips-Kurve glaubten, von zwei Vertretern des Monetarismus kritisch vorgetragen wurden. Es waren dies **E. Phelps** und **M. Friedman**, die unabhängig voneinander darauf hinwiesen, daß die Phillips-Kurve keine langfristig stabile Beziehung darstellen könne. Denn das grundlegende Element der Phillips-Kurve sei die Annahme, daß nominale Löhne schneller stiegen, wenn die Arbeitslosenquote niedrig sei und sich langsamer nach oben bewegten, wenn die Arbeitslosenquote hoch sei. Und diese Annahme lasse sich, so meinen Phelps und Friedman, vor allem aus einem Grund nicht halten:

Weder die Nachfrager von Arbeitsplätzen - die Beschäftigten - noch deren Anbieter - die Unternehmer - würden in ihren Lohnverhandlungen einer **Geldillusion** unterliegen. Sie kalkulierten nicht mit nominalen Löhnen, sondern mit realen. Bei den Verhandlungen über die nominalen Löhne würden daher beide Seiten für einen bestimmten Zeitraum nicht die tatsächlich vorgegebene, sondern die **erwartete Inflationsrate** berücksichtigen.

Damit stoßen wir auf ein methodisches Konzept, das nicht nur im Zusammenhang mit der Kritik der Monetaristen an der Phillips-Kurve, sondern in der gesamten Wirtschaftswissenschaft der Gegenwart eine herausragende Bedeutung hat, nämlich das Konzept der **Erwartungen**. Bevor wir uns daher mit heutigen Auffassungen zur Phillips-Kurve weiter beschäftigen, sollten wir hier einen Abschnitt einschieben, der uns dieses Konzept ausführlicher darstellt und erklärt. Danach werden wir wieder zur monetaristischen Kritik zurückkommen.

15.5 Adaptive und rationale Erwartungen

Sämtliche Probleme, sowohl in der Wirtschaftstheorie als auch in der Wirtschaftspolitik, könnte man ohne weiteres lösen, wenn sich alle Fakten und Geschehnisse im mikro- und makroökonomischen Bereich mit absoluter Sicherheit beschreiben, erklären und prognostizieren ließen. Was in den Formalwissenschaften (der Mathematik etwa) zu einem großen Teil möglich ist, muß für die Realwissenschaften, zu denen die Volkswirtschaftslehre ja gehört, als gänzlich unmöglich gelten. Dies liegt, wenn wir uns erinnern, vor allem darin begründet, daß ökonomische Ergebnisse hauptsächlich durch menschliches Handeln geprägt und determiniert werden.

Menschliches Handeln aber und das dahinter stehende Verhalten wird zu einem beträchtlichen Teil von **Erwartungen** bestimmt. Dies liegt einfach daran, daß jede Entscheidung nicht nur gegenwartsbezogen ist, sondern auch in die Zukunft hineinwirkt. Zukünftige Entwicklungen aber sind unsicher. Daher bilden davon betroffene Wirtschaftssubjekte eben Erwartungen, in die nicht selten rein psychologische Momente Eingang finden. Erinnern wir uns beispielsweise an die Keynesianische Investitionsfunktion, die nicht allein vom Zinssatz, sondern auch von Absatz- und Gewinnerwartungen, das heißt von pessimistischen oder von optimistischen Zukunftserwartungen der Unternehmen abhängt.

In früheren ökonomischen Analysen wurden Erwartungen zumeist **exogen** berücksichtigt, als von außen vorgegebene Änderung der Rahmenbedingungen. So läßt sich wiederum am Beispiel der Investitionsfunktion von Keynes eine pessimistische Zukunftserwartung durch Verschiebung nach oben ausdrücken. Seit Mitte der fünfziger Jahre aber werden Erwartungen in der ökonomischen Theorie als **endogene** Größen behandelt. Man betrachtet explizit ein Modell der Erwartungsbildung, in das die Erwartungen als Ergebnis von Verhaltenshypothesen hervorgehen. Vorherrschend zu dieser Zeit ist das Konzept der **adaptiven Erwartungen**, das auf eine Idee von **I. Fisher** zurückgeht. Den Grundgedanken dieses Konzepts können wir kurz anhand eines Beispiels erörtern.

Adaptive Erwartungen

Ein Unternehmen plane seine Investitionsausgaben zum Anfangszeitpunkt für die nächste Periode $\mathbf{t}_1$. Die Höhe des zu investierenden Betrages soll dabei allein von der Gewinnerwartung G_1^e abhängen. In der Periode $\mathbf{t}_1$ stellt sich nun tatsächlich ein Gewinn in Höhe von G ein. Dieser dient dem Unternehmen als Grundlage seiner

Planungen der Investitionsausgaben für die darauffolgende Periode t_2. Die Gewinnerwartung, die es dafür zugrunde legt, soll jetzt G_2^e betragen.

Es ist naheliegend, nunmehr davon auszugehen, daß unser Unternehmen in seiner neuerlichen Investitionsplanung auch den Fehler berücksichtigen wird, den es in der Einschätzung des erwarteten Gewinns gemacht hat. Es wird also die Abweichung der Gewinnerwartung vom tatsächlichen Gewinn, nämlich G-G_1^e, in seine Berechnungen aufnehmen. Denn ein Unternehmen vermag aus seinen Fehlern durchaus zu "lernen". Unterstellen wir einmal, das Unternehmen würde die Anpassung an seine Schätzfehler nach der folgenden Gleichung vornehmen:

$$G_2^e = G_1^e + h(G - G_1^e) \quad .$$

In der obigen Anpassungsgleichung korrigiert das Unternehmen seine frühere Gewinnerwartung um das h-fache des Schätzfehlers. Hierbei stellt h einen Gewichtungsfaktor dar, der von Unternehmen zu Unternehmen variieren kann. Sein Wert liegt zwischen 0 und 1.

Wir sehen, daß für $h=0$ die Gewinnerwartung des Unternehmens in beiden Perioden gleich ist, während bei $h=1$ die Gewinnerwartung G_2^e in der Periode t_2 dem bereits realisierten Gewinn G entspricht. Hat das Unternehmen richtig geschätzt, gilt also G-$G_1^e=0$, so wird die Gewinnerwartung der vergangenen Periode in die neue Planungsperiode übernommen.

Allgemein können wir also festhalten:

Handeln Wirtschaftssubjekte gemäß dem Konzept der adaptiven Erwartungen, so werden sie aus den Fehlern der Vergangenheit bestimmte Lehren ziehen. Sie werden diese Fehler mit einer individuell unterschiedlichen Gewichtung in ihre zukünftigen Erwartungen miteinbeziehen.

Rationale Erwartungen

Als einer der ersten Nationalökonomen hat sich **J.F. Muth** gegen das Konzept der adaptiven Erwartungen gewandt. Ihm erschien einfach der dahinter stehende "Lernprozeß" der Wirtschaftssubjekte als zu "mechanistisch" angelegt und würde zu systematischen Fehlschätzungen führen. Daher führte er im Jahre 1961 die Hypothese der **rationalen Erwartungen** in die Volkswirtschaftslehre ein. Seine Argumentation hob vor allem auf folgenden Gedanken ab:

In den entwickelten Volkswirtschaften der westlichen Welt sei ein breites Wissen über die ökonomischen Zusammenhänge und über die darauf einwirkenden Rahmenbedingungen vorhanden. Da zudem aussagefähige ökonomische Theorien existierten und auch eine Vielzahl von Daten zur Verfügung stünden, gäbe es keinen vernünftigen Grund dafür, warum Wirtschaftsakteure dieses Wissen nicht für sich auswerten und in ihre Erwartungsbildung einbringen sollten. Sie können diese auf einer rationalen Grundlage vornehmen.

Damit war der rationale Erwartungsansatz geboren. Er unterstellt im wesentlichen, daß den Wirtschaftssubjekten bei der Bildung ihrer Erwartungen keine "systematischen" Fehler unterlaufen. Dies wäre beispielsweise der Fall, wenn man Gewinnerwartungen oder Inflationserwartungen ständig überschätzen oder laufend unterschätzen würde. Treten solche "systematischen" Fehler auf, so werden die Wirtschaftssubjekte diese korrigieren und gegebenenfalls die Art und Weise ihrer Erwartungsbildung verändern. Im Durchschnitt sollten die Erwartungen der Individuen daher richtig sein.

Dies muß natürlich nicht implizieren, daß den Akteuren von Zeit zu Zeit nicht auch Fehler unterlaufen können. Diese sind dann aber von "zufälliger" und nicht von "systematischer" Art, denn die Wirtschaftssubjekte verstehen ja die Umgebung, in der sie leben und entscheiden. Deshalb sei auch, so folgern die Anhänger der rationalen Erwartungshypothese, jede Wirtschaftspolitik, die davon ausgehe, daß die Betroffenen die Zusammenhänge in einer Volkswirtschaft nicht verstünden, mit hoher Wahrscheinlichkeit zum Scheitern verurteilt.

Diese überaus gewichtige Schlußfolgerung mag uns wieder zu unserer Diskussion der Phillips-Kurve und zur Kritik der Monetaristen daran zurückführen.

15.6 Um Erwartungen erweiterte Phillips-Kurve

Wir hatten vorhin schon darauf hingewiesen, daß ein wichtiger Kritikpunkt, den Phelps und Friedman gegen die Phillips-Kurve vorbringen, das Argument der Geldillusion darstellt.

Ein weiterer Kritikpunkt, bei dem die Monetaristen ansetzen, ist die Vorstellung im Konzept der Phillips-Kurve, daß in einer Volkswirtschaft ein Stand der Vollbeschäftigung erreichbar sei, der überhaupt keine Arbeitslosigkeit kenne. Sie geben dabei selbstverständlich nicht die Vorstellung des makroökonomischen Gleichgewichts bei Vollbeschäftigung auf, sind aber der Ansicht, daß dieses Gleichgewicht in jeder Ökonomie durch eine "**natürliche**" Arbeitslosigkeit gekennzeichnet sei. Wir sind auf dieses Konzept auch an anderer Stelle schon gestoßen (Kapitel 9). Dort führten wir aus, daß es zu jeder Zeit freiwillige Arbeitslose geben könne, die sich auf der Suche nach besser bezahlten Arbeitsplätzen befänden oder die beim herrschenden Lohnsatz nicht bereit seien, Arbeit anzunehmen. Den Stand der Arbeitslosigkeit unter diese "natürlich" vorgegebene Arbeitslosenquote zu senken, sei daher weder durch fiskal- noch durch geldpolitische Maßnahmen zu bewerkstelligen.

Wenn man diese beiden Argumente beachtet und sich zusätzlich klar macht, daß Preissteigerungen im Konzept der Phillips-Kurve primär vom Anstieg des Nominallohns abhängen, und dieser wiederum vom jeweiligen Stand der Arbeitslosigkeit bestimmt wird, erhält man die um **Erwartungen** erweiterte Phillips-Kurve. Um nun dieses Konzept näher zu erläutern, greifen wir auf unsere Ausführungen zu den adaptiven und rationalen Erwartungen von vorhin zurück.

15.6.1 Phillips-Kurve bei adaptiven Erwartungen

Die abwärts geneigte Phillips-Kurve setzt aus der Sicht der Monetaristen voraus, daß die Arbeitnehmer einer **Geldillusion** unterliegen. Darauf haben wir vorhin schon hingewiesen. Geldillusion aber bedeutet in dem Zusammenhang, daß die Arbeitnehmer die Entscheidungen über ihr Arbeitsangebot vom herrschenden Nominallohn abhängig machen. Erwartungsgrößen hingegen, bezogen auf die Inflationsrate, spielen dann verständlicherweise keine Rolle. Diese Annahme aber, so argumentieren Phelps und Friedman, sei vielleicht noch in sehr kurzer Frist vertretbar, in mittel- und langfristiger Betrachtung aber sei eine solche Betrachtungsweise nicht zu halten, denn sie widerspreche den beobachtbaren Realitäten. Man müsse vielmehr davon ausgehen, daß die Arbeitnehmer, so wie andere Wirtschaftssubjekte auch, durchaus fähig seien, Preissteigerungen auf Dauer wahrzunehmen und daß sie daraus ihre Lehren ziehen würden.

Mit anderen Worten, Phelps und Friedman unterstellen bei den Arbeitnehmern **adaptive Erwartungen**. Welche Folgen diese Annahme für die Überlegungen zur Phillips-Kurve hat, können wir anhand eines kleinen Beispiels veranschaulichen.

In einer Volkswirtschaft soll die Inflationsrate π in jeder Periode $(\mathbf{t=1,2,\ldots,T})$ 3% betragen. Die Arbeitnehmer bilden adaptive Erwartungen und verlangen, daß sich die jeweiligen Lohnzuschläge von Periode zu Periode an die erwartete Inflationsrate anpassen. Auf diese Weise hoffen sie, auftretende Kaufkraftverluste ausgleichen zu können. Die Anpassung der Inflationsrate in Periode **t** soll, in Anlehnung an vorhin, nach der folgenden Gleichung erfolgen:

$$\pi_t^e = \pi_{t-1}^e + h\cdot(\pi_{t-1} - \pi_{t-1}^e)$$

$$\text{mit} \quad 0 \leq h \leq 1 \quad \text{und} \quad t = 1,2,\ldots,T \quad .$$

Obige Anpassungsgleichung besagt, daß die erwartete Inflationsrate in der Periode **t** von der erwarteten Inflationsrate in der Vorperiode sowie von der mit ***h*** gewichteten Abweichung der tatsächlichen Inflationsrate von der erwarteten Inflationsrate in der Vorperiode abhängt.

Wir nehmen weiter an, daß die tatsächliche sowie die erwartete Inflationsrate vor der Periode 1 gleich 0 waren. Für h=0,5 erhalten wir dann die folgenden Werte:

t	π_{t-1}	π_t	π^e_{t-1}	π^e_t
1	0	3	0	0
2	3	3	0	1,5
3	3	3	1,5	2,25
4	3	3	2,25	2,625
5	3	3	2,625	2,8125

Unser Rechenexempel zeigt recht gut, daß sich mittelfristig, innerhalb von 5 Perioden, die erwartete Inflationsrate π^e_t auf die tatsächliche Inflationsrate π_t zubewegt.

Es tritt eine allmähliche Anpassung der erwarteten an die tatsächliche Inflationsrate ein, die natürlich Auswirkungen auf die Phillips-Kurve hat. Wie diese im einzelnen aussehen, kann uns Abbildung 15.6 aufzeigen.

Dort haben wir auf der Ordinate die Inflationsrate π und auf der Abszisse die Arbeitslosenrate ***u*** abgetragen. In der Periode 1 soll sich unsere Volkswirtschaft auf der Phillips-Kurve PK_1 bewegen. Diese ist gültig für eine Inflationserwartung von π^e_1=0% und hat als Abszissenabschnitt die "natürliche" Arbeitslosenquote $\bar{u}$.

Beträgt nun in dieser Periode die tatsächliche Inflationsrate $\pi_1=3\%$, so läßt sich kurzfristig die Arbeitslosenquote auf u_1 reduzieren. In der Periode 2 allerdings steigt die Inflationserwartung auf $\pi_2^e=1,5\%$ an und bewirkt eine Verschiebung der Phillips-Kurve auf PK_2. Die Arbeitslosenquote erhöht sich entsprechend auf u_2. Dieser Prozeß wiederholt sich solange, bis die "natürliche" Arbeitslosenquote $\bar{u}$ wieder erreicht ist. Diese Arbeitslosenquote ist diesmal jedoch nicht mehr mit einer erwarteten Inflationsrate von 0%, sondern mit einer von 3% verbunden, wobei letztere auch der tatsächlichen Inflationsrate entspricht.

Abb. 15.6: Anpassung der erwarteten an die tatsächliche Inflationsrate

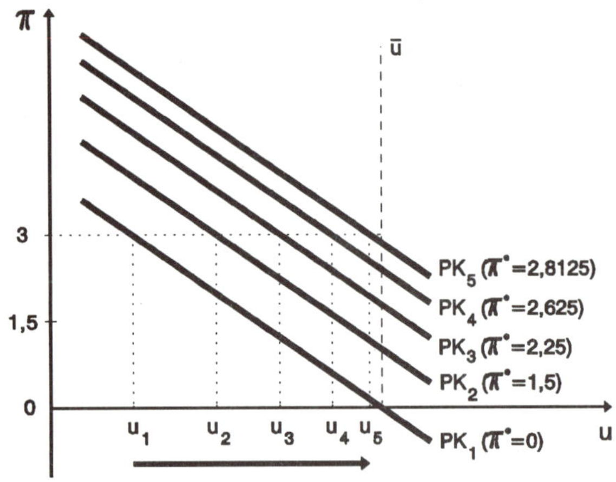

Unser Beispiel macht auch deutlich, daß sich eine Volkswirtschaft bei adaptiven Erwartungen der Arbeitnehmer dem aufgezeigten Anpassungsprozeß an die natürliche Arbeitslosenquote in der mittleren und langen Frist nicht zu entziehen vermag. Selbst dann, wenn kurzfristig, bei einer Inflationsrate von mehr als 3%, die Arbeitslosenrate sogar unter u_1 fiele, würden die Arbeitnehmer diese höhere Inflationsrate in ihre Erwartungen aufnehmen und den Anpassungsprozeß an $\bar{u}$ in Gang setzen.

Die gewonnenen Ergebnisse wollen wir noch einmal in Abbildung 15.7 verdeutlichen.

In Abbildung 15.7 sind vier kurzfristige Phillips-Kurven mit erwarteten Inflationsraten von 0%, 3%, 8% und 12% eingezeichnet. Sie geben die Ansicht der Monetaristen wieder, daß zu jeder erwarteten Inflationsrate eine **kurzfristige**

Phillips-Kurve existiere. Diese gibt für den betrachteten kurzen Zeitabschnitt, bei einer konstanten erwarteten Inflationsrate, die Beziehung zwischen Inflation und Arbeitslosigkeit wieder. Wie man unschwer erkennen kann, weicht die Arbeitslosenquote kurzfristig von ihrer "natürlichen" Höhe nur dann ab, wenn die erwartete Inflationsrate nicht mit der tatsächlichen übereinstimmt.

Abb. 15.7: Kurzfristige Phillips-Kurven bei adaptiven Erwartungen

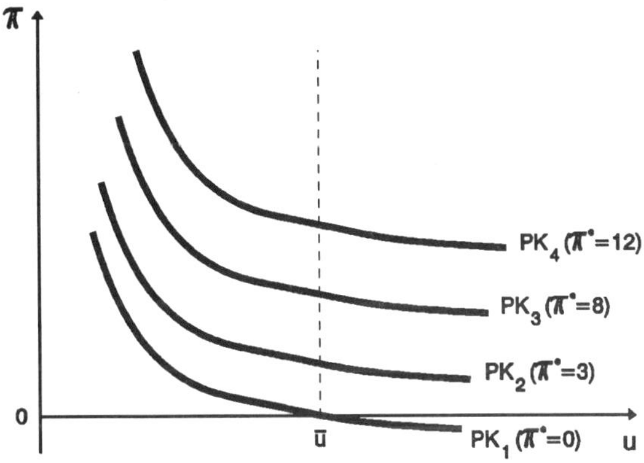

Adaptive Erwartungen, wie sie die Monetaristen unterstellen, bringen also, um es nochmals zu wiederholen, Inflation und Arbeitslosigkeit in einen kurzfristigen Zusammenhang, der von der Inflationserwartung und der "natürlichen" Arbeitslosenquote bestimmt ist.

Wie aber verhält sich die Phillips-Kurvenbeziehung in der langen Frist?

Langfristig muß die erwartete Inflationsrate mit der tatsächlichen Inflationsrate übereinstimmen. Und dies wiederum impliziert, daß langfristig auch die tatsächliche Arbeitslosenquote, bei jeder beliebigen Inflationsrate, der natürlichen Arbeitslosenquote entspricht. Oder, mit anderen Worten, in der langen Frist verläuft die Phillips-Kurve bei adaptiven Erwartungen **vertikal**.

Die Abbildung 15.8 versucht diese Überlegung graphisch zu veranschaulichen.

In Abbildung 15.8 sind vier kurzfristige Phillips-Kurven PK_1 bis PK_4 eingezeichnet. Daneben gibt es noch mittelfristige Anpassungspfade, die wir mit den Pfeilspitzen gekennzeichnet haben. Fangen wir mit dem Punkt **A** an. Dort gelingt es kurzfristig, die Arbeitslosigkeit von $\bar{u}$ auf u_1 zu senken, wenn man dafür eine Inflationsrate von drei Prozent in Kauf nimmt. Mittelfristig aber wird sich in Folge der adaptiven Erwartungen wieder ein Anpassungsprozeß hin zum Punkt **B** vollziehen. Will man nun hier schnelle Erfolge bei der Arbeitslosenquote erzielen, so muß man bereits eine Inflationsrate von 8% akzeptieren. Aber selbst diese Situation hätte mittelfristig keinen Bestand, wie der Anpassungspfad hin zu Punkt **C** deutlich macht.

Abb. 15.8: Phillips-Kurve bei adaptiven Erwartungen in der langen Frist

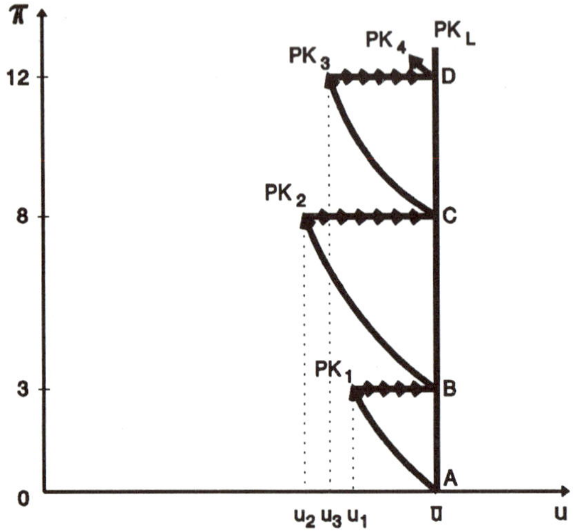

Anpassungsprozesse dieser Art ließen sich nun beliebig oft wiederholen, wobei jedesmal eine kurzfristige Phillips-Kurve entsteht (in unserer Abbildung 15.1 die Kurven PK_1 bis PK_4) bei der die natürliche Arbeitslosenquote $\bar{u}$ mit einer immer höheren Inflationsrate gekoppelt ist. Am Ende erhält man auf diese Weise als Verbindung der Punkte **A,B,C,D,** die langfristige Phillips-Kurve PK_L, die vertikal verläuft.

Da langfristig die erwarteten und die tatsächlichen Inflationsraten übereinstimmen, wird jeder kurzfristige Versuch, die natürliche Arbeitslosenquote zu reduzieren, wieder rückgängig gemacht. Es gelingt also nicht, wie unser abgebildetes Beispiel zeigt, die Arbeitslosenquote auf einen niedrigeren Stand zu verringern, indem man einfach höhere Inflationsraten zuläßt. Am Ende stellt sich immer wieder das alte Ausgangsniveau der natürlichen Arbeitslosenquote ein, nur jedesmal verbunden mit einer höheren Inflationserwartung als zuvor.

15.6.2 Phillips-Kurve bei rationalen Erwartungen

Sehen wir uns als nächstes an, wie die Phillips-Kurve aussieht, wenn man anstelle von adaptiven rationale Erwartungen unterstellt.

Die Theorie der rationalen Erwartungen behauptet, wenn wir uns erinnern, daß die Wirtschaftsakteure das ökonomische Modell, welches für ihre jeweiligen Entscheidungen relevant ist, genau kennen. Sie nutzen alle verfügbaren Informationen und bilden daher subjektive Erwartungen, die mit den tatsächlichen wirtschaftlichen Entwicklungen zusammenfallen. Sie begehen also keine "systematischen" Fehler.

Diese radikale Betrachtung der ökonomischen Wirklichkeit macht sich heute eine Richtung in der Volkswirtschaftslehre zu eigen, die man **Neue Klassische Makroökonomie** nennt. Wir haben auf diese auch an anderer Stelle kurz hingewiesen. Hier seien, um die Bedeutung dieser theoretischen Schule für die heutige Diskussion in der Makroökonomie noch einmal herauszustellen, stellvertretend die Namen **R.E. Lucas** und **T.J. Sargent** genannt.

Vergleicht man nun das Konzept der Monetaristen zur Phillips-Kurve, das auf adaptiven Erwartungen aufbaut, mit dem der Neuen Klassischen Makroökonomie, das auf rationale Erwartungen gründet, so läßt sich der Hauptunterschied auf den folgenden Nenner bringen:

Monetarismus und Neue Klassische Makroökonomie sehen in der vertikalen Phillips-Kurve den bestimmenden Beziehungszusammenhang zwischen Inflations- und Arbeitslosenrate. Während ersterer aber zur Begründung dieses Kurvenverlaufs auf die Fristigkeit zurückgreift, mit der sich Inflationserwartungen durchsetzen, ergibt sich bei letzteren die Kurvenform notwendig, unabhängig vom Zeitraum der Betrachtung, aus der verwendeten Hypothese der Erwartungsbildung.

Für die Wirtschaftspolitik haben beide Ansichten fatale Folgen: Jede Maßnahme, die tatsächliche Arbeitslosenquote unter die natürliche zu bringen, muß von vornherein zum **Scheitern** verurteilt sein. Denn die Wirtschaftssubjekte werden die inflationssteigernden Wirkungen staatlicher Fiskal- oder Geldpolitik antizipieren und ihre Entscheidungen daran ausrichten. Dies wird im Endeffekt dazu führen, daß die staatlichen Maßnahmen wirkungslos verpuffen.

Jedoch, auch die These einer vertikalen Phillips-Kurve blieb nicht unbestritten. Gerade in jüngster Zeit findet man in der Literatur eine Vielzahl von Beiträgen, die sich mit der Beziehung zwischen Inflation und Arbeitslosigkeit beschäftigen. Dabei geht es zum einen mehr um die reine Kritik an der vertikalen Phillips-Kurve, zum anderen aber auch um Ansätze, die darüber hinaus eine eigene analytische Konzeption vortragen. Wir werden uns mit diesen interessanten Entwicklungen in den nächsten Abschnitten beschäftigen.

15.7 Kritikpunkte an der langfristig vertikalen Phillips-Kurve

Viele Ökonomen übernehmen heute uneingeschränkt die Vorstellung von einer langfristig vertikalen Phillips-Kurve. Einige jedoch können sich damit nicht vollständig identifizieren. Sie sind der Meinung, daß es zwar eine langfristige Phillips-Kurve gäbe, die steiler als die kurzfristige verlaufe, diese müsse aber nicht notwendigerweise eine Vertikale sein. In Abbildung 15.9 haben wir versucht, diese Vorstellung einzubringen.

Abb. 15.9: Alternative Formen der Phillips-Kurve

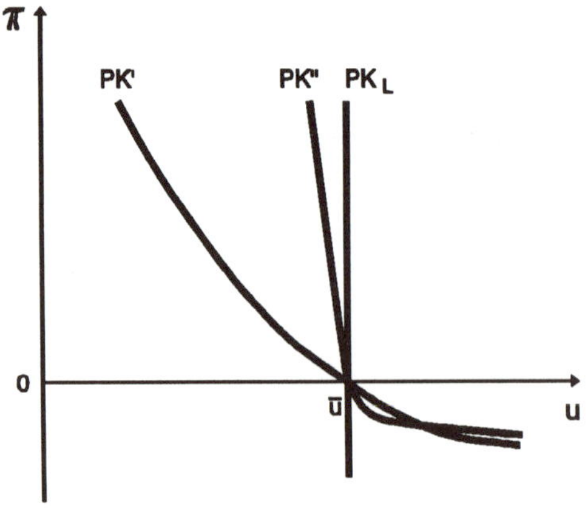

PK_L stellt die eben abgeleitete langfristig vertikale Phillips-Kurve dar, während ***PK'*** den Kurvenverlauf zeigt, der in den 60er Jahren als typisch angenommen wurde. ***PK''*** aber stellt eine alternative Form der Phillips-Kurve zur Diskussion. Diese Kurve verläuft bei positiven Inflationsraten nahezu vertikal, bei negativen Inflationsraten hingegen nahezu horizontal. Worin mag nun der Grund für diesen etwas sonderbaren Verlauf der Kurve liegen?

Die Kritiker der langfristig vertikalen Phillips-Kurve sehen als Hauptursache dafür vor allem die **mangelnde Lohnflexibilität**, die viele Volkswirtschaften heute zu kennzeichnen scheint. Wenn die Nachfrage nach Arbeitskräften stark ansteigt oder wenn die erwartete Inflationsrate sich nach oben bewegt, steigen auch die Löhne sehr schnell an. Sie fallen aber nicht mit derselben Rate, wenn die Arbeitslosigkeit wieder zunimmt oder wenn eine deflationäre Entwicklung erwartet wird.

Hinsichtlich der Wirksamkeit von **wirtschaftspolitischen Maßnahmen** läßt der Verlauf von ***PK''*** zwei Vermutungen zu:

Zum einen darf man folgern, daß die Arbeitslosenquote in einer Volkswirtschaft, die sich im deflationären Bereich befindet (negative Inflationsraten), durch staatliche Nachfragestimulation zumindest auf das natürliche Niveau gesenkt werden kann.

Im inflationären Bereich der Kurve jedoch muß man, zum anderen, weiterhin davon ausgehen, daß staatliche Nachfragepolitik die Arbeitslosigkeit kaum positiv zu beeinflussen vermag. Es mag zwar gelingen, die Arbeitslosenquote minimal zu reduzieren, aber der Preis, den man dafür bezahlen muß, sind enorm hohe Inflationsraten.

Zudem sollte man bedenken, daß die westlichen Industrieländer nach dem Zweiten Weltkrieg zumeist nur positive Inflationsraten aufzuweisen haben. Es ist daher äußerst schwierig, den gesamten Verlauf von ***PK''*** durch Vergangenheitswerte zu untermauern.

Andere Ökonomen möchten trotzdem die Flinte nicht allzu schnell ins Korn werfen und von vornherein auf jede politische Maßnahme zur Reduktion der Arbeitslosenrate verzichten. Sie richten ihr Augenmerk auf den Arbeitsmarkt und argumentieren wie folgt:

Wenn es schon nicht generell gelingt, die Arbeitslosenquote unter ihr natürliches Niveau zu schieben, so müßte es doch zumindest möglich sein, auf sie durch geeignete arbeitspolitische Maßnahmen **spezifisch** einzuwirken. Die langfristige Phillips-Kurve, und somit der allgemeine Zusammenhang zwischen Inflation und Arbeitslosigkeit, ist dann nämlich eher von untergeordneter Bedeutung. Worauf es ankomme, sei die **Effizienz des Arbeitsmarktes** zu steigern und hierfür das geeignete Instrumentarium bereitzustellen. Ein solches Programm könnte beispielsweise eine verbesserte Arbeitsvermittlung oder ein breiteres Angebot an Umschulungsmaßnahmen der Arbeitsverwaltung umfassen. Bei einem erfolgreichen

Einsatz dieser Instrumente würden sich die Kurven ***PK''*** und PK_L nach links verschieben.

Ungeachtet der umfangreichen, vor allem theoretischen Diskussion zur Phillips--Kurve, lassen sich aus den praktischen Erfahrungen der vergangenen 20 Jahre in Europa und in den USA zwei Lehren ziehen:

(a) Kurzfristig scheinen politische Maßnahmen, die gezielt auf den Arbeitsmarkt abstellen, die Arbeitslosenquote in gewisser Weise beeinflussen zu können.

(b) Auf Dauer aber vermag die Wirtschaftspolitik keine Verminderung der natürlichen Arbeitslosenquote zu erzielen.

In der Praxis spricht somit vieles für einen langfristig vertikalen Verlauf der Phillips-Kurve.

15.8 Der Ansatz der NAIRU

Wir kommen nun zu einem Konzept, das dem der natürlichen Arbeitslosenquote ähnelt, jedoch auf gänzlich anderen Annahmen beruht. Wir meinen das Konzept der **Arbeitslosenquote mit nichtakzelerierender Inflation**, im Englischen abgekürzt als **NAIRU** (Non-Accelerating Inflation Rate of Unemployment) bezeichnet. Bisweilen spricht man auch etwas salopp von der **inflationsstabilen Arbeitslosenquote**.

Die Grundüberlegungen dieses Konzepts sehen wie folgt aus:

In einer Volkswirtschaft existiert zu jedem beliebigen Zeitpunkt eine NAIRU, das heißt eine eindeutige Arbeitslosenquote, die mit einer stabilen Inflationsrate einhergeht. Versucht nun in dieser Ausgangslage eine Regierung durch geld- und/oder fiskalpolitische Maßnahmen auf die Nachfrage einzuwirken, so wird folgendes passieren:

(a) Nachfragestimulierende Maßnahmen der Regierung vermögen durchaus die Arbeitslosenquote auf ein Niveau zu drücken, das unterhalb der NAIRU liegt. Damit aber bewegt sich die Volkswirtschaft zugleich in einen Bereich hinein, bei dem sich die Inflationsrate beschleunigt (akzeleriert).

(b) Nachfragereduzierende Maßnahmen hingegen wirken gerade umgekehrt: Sie schieben die tatsächliche Arbeitslosenquote über die NAIRU hinaus und bringen im Gegenzug die Volkswirtschaft in einen Bereich hinein, in dem sich die Inflationsrate verringert.

Zwischen Inflation und Arbeitslosigkeit existiert also keine Relation von der Art, wie sie die Phillips-Kurve unterstellt. Bei Abweichungen von der NAIRU kann vielmehr überhaupt kein eindeutiger funktionaler Zusammenhang festgestellt werden. Es kommt zu Beschleunigungs- oder zu Reduktionsprozessen bei der Inflationsrate, über deren Ausmaß man keine exakten Aussagen treffen kann. Dieses bleibt letztlich unbestimmt.

In Abbildung 15.10 haben wir versucht, diese Argumentation noch einmal graphisch zu veranschaulichen.

In der Abbildung wird eine Volkswirtschaft unterstellt, in der die Situation der NAIRU mit einer Inflationsrate von 4,5% gekoppelt ist. Rechts und links davon liegen dann die Bereiche, die mit einer abnehmenden beziehungsweise mit einer akzelerierenden Inflationsrate verbunden sind, je nachdem ob die gesamtwirtschaftliche Nachfrage ab- oder zunimmt.

Abb. 15.10: Das Konzept der NAIRU in graphischer Darstellung

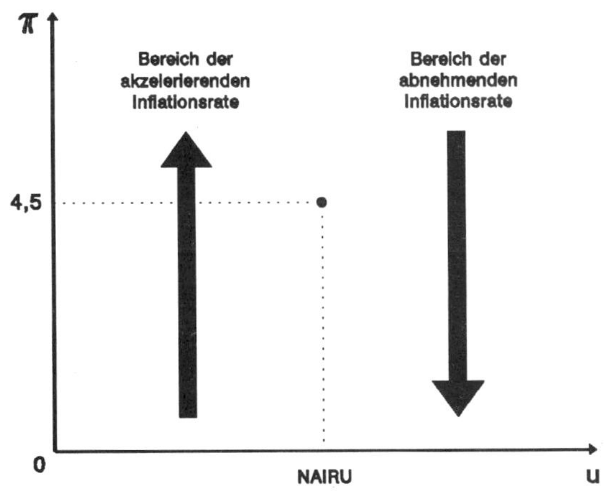

Das Konzept der NAIRU geht also von der Vorstellung aus, daß die **aggregierte Nachfrage** für Schwankungen bei Beschäftigung und Inflation verantwortlich sei:

Kümmert sich beispielsweise die Zentralbank zu irgendeinem Zeitpunkt besonders um die **Inflation** (wie dies von den Monetaristen gefordert wird), und bekämpft sie diese mit nachfragereduzierenden Maßnahmen (durch Geldmengenbeschränkung etwa), so hat dieser Nachfrageausfall zur Folge, daß zwar die Inflationsrate zurückgeht, dafür aber die Arbeitslosenquote auf einen Stand oberhalb der NAIRU ansteigt. Man hat also für die geringere Inflationsrate einen ungewünschten Rückgang der Beschäftigung in Kauf zu nehmen.

Versucht umgekehrt die Regierung durch eine Politik der Nachfrageexpansion (wie dies von den Keynesianern gefordert wird) die Arbeitslosenquote zu reduzieren, so wird die zusätzliche Nachfrage (etwa in Form von vermehrten Staatsausgaben) die Arbeitslosigkeit verringern. Anstelle dessen aber hat man es nunmehr mit einer akzelerierenden Rate der Inflation zu tun.

Die NAIRU stellt demnach für die Regierung wie für die Zentralbank eine **Restriktion** dar, die das Wirkungspotential des jeweils eingesetzten wirtschaftspolitischen Instruments erheblich einschränkt.

Empirische Untersuchungen für die Bundesrepublik und für andere Länder in Europa (zum Beispiel Frankreich, Italien) zeigen nun, daß sich dort die NAIRU im Zeitablauf erhöht hat. Ursache dafür können exogene Faktoren sein, etwa die bekannten Angebotsschocks (Energiepreiserhöhungen), auf die wir schon mehrfach hingewiesen haben. Ein solcher Anstieg in der NAIRU aber bedeutet, daß eine stabile Inflationsrate im Zeitablauf mit einer immer höheren Arbeitslosenquote einhergeht. Oder, in umgekehrter Formulierung, eine stabile Arbeitslosenquote muß mit steigenden Inflationsraten erkauft werden.

Verdeutlichen wir uns diese Entwicklung in der Empirie noch einmal anhand der stilisierten Darstellung in Abbildung 15.11.

Wie wir sehen, lag die Arbeitslosenquote in den 70er Jahren für die meisten europäischen Länder (zum Beispiel Frankreich, Italien, Großbritannien) unterhalb der NAIRU. Dies steht im Einklang mit der ansteigenden Inflation in diesem Zeitraum. Durch inflationsreduzierende Maßnahmen seitens der Regierungen und Zentralbanken wurde nach und nach die Arbeitslosenquote über die NAIRU-Grenze hinaus gedrückt. In den 80er Jahren machten sich dann die deflationären Auswirkungen dieser Politik besonders bemerkbar: die Arbeitslosigkeit stieg stark an.

Abb. 15.11: Zeitliche Entwicklung der NAIRU

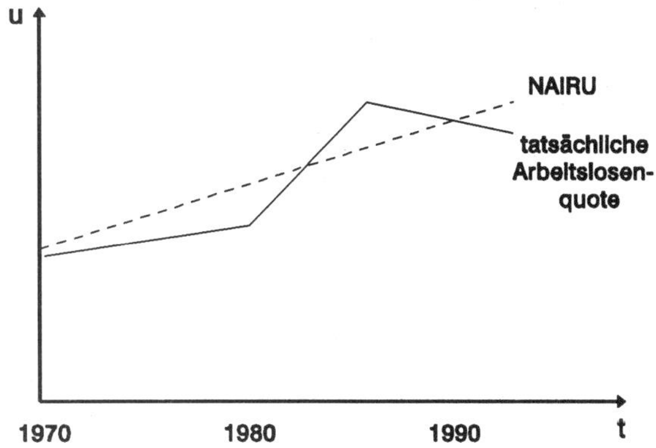

Für das Jahr 1986 etwa sahen die Verhältnisse in der BRD sowie in Frankreich und Italien wie folgt aus (Abbildung 15.12):

Abb. 15.12: NAIRU und tatsächliche Arbeitslosenquote in ausgewählten Ländern, 1986

	BRD	Frankreich	Italien
NAIRU	6,5	9,2	9,9
tatsächliche Arbeitslosenquote	8,3	10,3	10,5

Quelle: Lawrence und Schultze (1987), S. 26.

Man sieht, daß in den drei Ländern die tatsächliche Arbeitslosenquote über der NAIRU lag. Ein Grund dafür mag in der dort angewandten Geld- und Fiskalpolitik zu suchen sein, die stark restriktiv und damit nachfragedämpfend auf die Bekämpfung der Inflation abzielte. Den Erfolg an der Preisfront indessen mußte man mit hohen Arbeitslosenraten bezahlen.

Wie wir der Abbildung 15.11 auch entnehmen können, sank zu Beginn der 90er Jahre die tatsächliche Arbeitslosenquote in den meisten europäischen Ländern wieder unter die NAIRU. Der Grund hierfür war ein konjunktureller Aufschwung, der in diesen Ländern die Arbeitslosigkeit zurückgehen ließ.

Hat nun unter den geschilderten Bedingungen in den betroffenen Ländern eine nachfrageorientierte Geld- und Fiskalpolitik überhaupt noch einen Handlungsspielraum?

Die Anhänger des NAIRU-Konzepts sind hier durchaus optimistisch. Durch geeignete Maßnahmen kann eine Regierung zumindest versuchen, die Arbeitslosenquote auf das Niveau der NAIRU zurückzuführen. Ist dieser Stand jedoch einmal erreicht, werden die gängigen nachfragepolitischen Mittel kaum mehr greifen. Die Wirtschaftspolitik muß dann nach anderen Instrumenten Ausschau halten, die eher im Bereich des aggregierten Angebots liegen.

Versuchen wir abschließend die wesentlichen Charakteristika der NAIRU noch einmal zu beleuchten, indem wir sie dem Konzept der "natürlichen" Arbeitslosenquote gegenüberstellen, so wie es von den Monetaristen vertreten wird.

- Die inflationsstabile Arbeitslosenquote ist nicht identisch mit der natürlichen Arbeitslosenquote im Sinne von Friedman, obwohl sie im Ergebnis zu ähnlichen Aussagen gelangt. Sie stellt einen Grenzwert dar, bis zu dem die Arbeitslosigkeit beseitigt werden kann, ohne daß damit eine akzelerierende Inflationsrate verbunden wäre.

- Das Konzept ist operationaler als das der natürlichen Arbeitslosenquote angelegt. Denn letztere läßt sich nur schwer messen, da sie in erster Linie eine strukturelle beziehungsweise friktionelle (Such-) Arbeitslosigkeit beschreibt.

- Ein weiterer Unterschied ist definitorischer Art: Die natürliche Arbeitslosigkeit wird erreicht, sobald erwartete und tatsächliche Inflationsrate übereinstimmen, die inflationsstabile Arbeitslosenquote dagegen stellt sich bei einer konstanten, tatsächlichen Inflationsrate ein.

15.9 Hysteresis-Effekt

Im vorherigen Abschnitt haben wir festgestellt, daß die NAIRU in Europa in den beiden letzten Jahrzehnten stetig gestiegen ist. Als Ursache dafür kommen, neben den erwähnten anderen Faktoren, zu einem großen Teil negative Angebotsschocks in Betracht. Solche Schocks aber haben die Eigenschaft, daß sie nicht permanent wirken, sie sind von temporärer, vorübergehender Natur. Eine Ökonomie, die davon betroffen ist, wird zunächst auf vehemente Art in eine unerwünschte Lage versetzt. Nach einer gewissen Zeit aber sollte der negative Einfluß wieder verschwinden und die Volkswirtschaft in ihre Ausgangslage zurückkehren. Was aber mag geschehen sein, wenn sie, ganz im Gegenteil, in dem unerwünschten Zustand verharrt?

Mit dieser Frage befaßt sich ein neuerer makrotheoretischer Ansatz, der sich vor allem die Erklärung der anhaltenden Arbeitslosigkeit in Europa zum Ziel gesetzt hat. Es handelt sich um den sogenannten **Hysteresis Ansatz**, den wir im folgenden kurz darstellen wollen. Zunächst aber sollten wir den Begriff der Hysterese näher erläutern.

Der Begriff stammt ursprünglich aus der Physik und bezeichnet das Zurückbleiben einer Wirkung hinter dem jeweiligen Stand der sie bedingenden veränderlichen Kraft. Hierbei tritt dieses Phänomen häufig als magnetische Hysterese, besser bekannt als Trägheit oder Reibung auf.

Auf das Problem der **Arbeitslosigkeit** übertragen, drückt dann der Hysteresis-Effekt den folgenden Zusammenhang aus: Negative Auswirkungen auf die Beschäftigung einer Volkswirtschaft bleiben auch dann bestehen, wenn der ursprüngliche Impuls, der die Arbeitslosigkeit hervorgerufen hat, bereits längst verflogen ist.

Liegt also ein solcher Hysteresis-Effekt vor, verharrt die Arbeitslosigkeit auch nach dem Verschwinden des auslösenden Momentes weitgehend auf dem Niveau, das sie während dessen Einwirkung erreicht hat. Wie aber läßt sich ein solches Phänomen aus makroökonomischer Sicht interpretieren?

Greifen wir hierzu auf Erkenntnisse zurück, die wir zur natürlichen und zur inflationsstabilen Arbeitslosenrate kennengelernt haben. Eine Interpretation, die sich anbietet, könnte dann wie folgt lauten:

Schocks, die auf die tatsächliche Arbeitslosenquote einwirken, beschränken ihr Wirkungspotential nicht allein auf diese. Sie pflanzen sich zusätzlich fort, nämlich auf die natürliche beziehungsweise auf die inflationsstabile Arbeitslosenquote, und zwar in der Form, daß sich diese gleichförmig zur tatsächlichen Arbeitslosenquote entwickeln. Damit aber verändern sich in einer Volkswirtschaft auch die grundlegenden Rahmenbedingungen, die langfristig deren Gleichgewicht bei Unterbeschäftigung kennzeichnen. Dadurch wiederum wird es erheblich schwerer oder gar unmöglich gemacht, die Arbeitslosigkeit unter die natürliche Arbeitslosenquote - aus der Sicht der Monetaristen - oder unter die inflationsstabile Arbeitslosenquote - aus der Sicht der NAIRU-Anhänger - herabzudrücken. Vorübergehende Schocks auf die tatsächliche Beschäftigung erlangen so eine bleibende Wirkung, die man nur verstehen kann, wenn man die Historie dieser Schocks kennt und zu interpretieren versteht.

Welche Kräfte sind es also, die hinter solchen Hysteresis-Effekten stehen und die helfen können, diese zu erklären?

1. Erklärungsansatz: das physische Kapital

Ein negativer Angebotsschock verschiebt, wie wir wissen, in unserem ***AA-AN***-Diagramm die aggregierte Angebotskurve nach links: Dies bedeutet, daß die Nachfrage nach dem Faktor Arbeit zurückgeht und daß der Kapitalstock in einer Volkswirtschaft sinkt. Der verringerte Kapitalstock aber ist nicht mehr fähig, sich zu erholen und auf Dauer wieder alle vorhandenen Arbeitskräfte in einer Volkswirtschaft zu beschäftigen. Es kommt zu einer länger anhaltenden Arbeitslosigkeit.

Dieser Argumentation mag man aber auch skeptisch gegenüberstehen. Denn, solange Substitutionsmöglichkeiten zwischen den Faktoren Kapital und Arbeit existieren, sollte innerhalb gewisser Grenzen das Absinken des Kapitalstocks durch einen Mehreinsatz von Arbeit wieder ausgeglichen werden.

Die Argumentation läßt sich zudem nur schwer mit historischen Beispielen belegen. So haben in den USA selbst die hohen Desinvestitionen in den 30er Jahren keinesfalls eine schnelle Erhöhung der Beschäftigung und den Abbau der vorhandenen Arbeitslosigkeit behindert.

2. Erklärungsansatz: das menschliche Kapital

Wenn Arbeitskräfte, nach einem kräftigen Konjunkturschock, nicht gleich wieder in den Produktionsprozeß eingegliedert werden können, verlieren sie, nach einer gewissen Zeit zumindest teilweise ihre Fähigkeiten und Fertigkeiten, die sie sich einst angeeignet hatten. Zudem bleibt auch der technische Fortschritt nicht stehen, der laufend nach neuen Qualifikationen verlangt. Für den einmal aus dem Arbeitsprozeß Ausgeschiedenen wird es dann mit zunehmender Zeitdauer immer schwerer, eine Beschäftigung zu finden, die seinen ausgebildeteten Fähigkeiten entspricht. Bei Langzeitarbeitslosen kommt zu diesem Defizit noch besonders erschwerend hinzu, daß sie sich häufig mit einem negativen gesellschaftlichen

Ansehen abzufinden haben. Unter solchen Umständen ist es für die Betroffenen fast aussichtslos, eine neue Arbeitsstelle zu bekommen.

In der Bundesrepublik versucht die Bundesregierung in jüngster Zeit, mit Hilfe spezieller Programme gerade die Langzeitarbeitslosen wieder in ein normales Beschäftigungsverhältnis zu integrieren. Dabei wird auch versucht, den Verlust an Fähigkeiten und Fertigkeiten, und damit die geringere Produktivität dieser Arbeitslosen, durch Zuschüsse zu den Lohnkosten für die Arbeitgeber auszugleichen.

3. Erklärungsansatz: Insider und Outsider Verhalten

Nehmen wir einmal den folgenden Extremfall an: In einer Volkswirtschaft werden alle Löhne und Gehälter durch Verhandlungen zwischen den Beschäftigten (Insider) und den Unternehmen kollektiv festgelegt. Die vorhandenen Arbeitslosen (Outsider) aber spielen in diesem Verhandlungsprozeß keine Rolle.

In dieser Ausgangslage sollten die Insider allein daran interessiert sein, ihre Arbeitsplätze zu gleichen oder verbesserten Bedingungen zu behalten. Um die Wiederbeschäftigung der Outsider indessen werden sie sich wenig oder überhaupt nicht kümmern. Denn diese wären unter Umständen bereit, zu einer geringeren Entlohnung zu arbeiten, um wieder eine Beschäftigung zu erhalten. Da jedoch die Löhne kollektiv ausgehandelt werden, und in erster Linie die Interessen der Insider berücksichtigen, kann das Lohnniveau nicht soweit absinken, wie es für den Abbau der Arbeitslosigkeit notwendig wäre. Für die Outsider tut sich somit eine Art Eingangsbarriere zum Kreis der Beschäftigten auf.

Ein solcher Mechanismus kann natürlich weitreichende Folgen haben, falls ein starker Konjunktureinbruch auftritt:

Es kommt zunächst zu einem Anstieg der Arbeitslosigkeit. Dadurch verliert eine Zahl von Beschäftigten ihren Insider-Status. Die neue, nun kleiner gewordene Gruppe von Insidern aber versucht, mit Hilfe ihrer Lohnansprüche, allein das verringerte Beschäftigungsniveau aufrecht zu erhalten. Beschäftigung und Arbeitslosigkeit zeigen in dem Fall keinerlei Bestrebungen auf ihr Ausgangsniveau, vor Einwirkung des Schocks, zurückzukehren.

Diese Argumentation mag zwar etwas überspitzt klingen, sie ist aber, alles in allem, durchaus einsichtig. Denn, solange kollektive Lohnverhandlungen zwischen

Arbeitgebern und Arbeitnehmern die Situation am Arbeitsmarkt kennzeichnen, wird die Größe der Insider-Gruppe auch die dynamischen Gruppenbeziehungen prägen, die auf das Beschäftigungsniveau einwirken und damit die tatsächliche Beschäftigung und mit ihr auch den Grad an dauernder Arbeitslosigkeit bestimmen.

Mit unserer Darstellung der neueren Ansätze zur Diskussion der Beziehungen zwischen Inflation und Arbeitslosigkeit konnten wir lediglich einen kleinen Einblick in diese ebenso faszinierende wie brennend aktuelle Problematik geben. Sie erheben bei weitem nicht den Anspruch auf Vollständigkeit; dies würde auch den Rahmen eines Einführungsbuches sprengen.

Da Arbeitslosigkeit und Inflation zu den zentralen Problemen der Wirtschaftstheorie zählen und - neben der Umweltzerstörung - heute wie ehedem auch die wirtschaftspolitische Diskussion bestimmen, sind alle Erklärungsansätze dazu, wie wir gesehen haben, in der Wirtschaftswissenschaft mehr oder weniger umstritten. Im Laufe der Zeit, beginnend bei der frühen Theorie der Phillips-Kurve über die Theorie der natürlichen Arbeitslosenquote bis hin zum Konzept des Hysteresis-Effektes, kamen neue Probleme hinzu und es sind neue strittige Fragen aufgetaucht. Eine solche Entwicklung zeigt letztlich aber nichts anderes, als daß es sich bei der Wirtschaftswissenschaft um eine lebendige Disziplin handelt, die fähig ist, mit den Veränderungen der wirtschaftlichen und sozialen Umwelt Schritt zu halten, dafür theoretische Erklärungsansätze zu finden und praktisch-politische Handlungsanweisungen zu formulieren. Trotz der Vielfalt der Lehrmeinungen, die insbesondere die Makroökonomie von heute kennzeichnen, sollte man diesen Gedanken nie aus dem Auge verlieren.

Kontrollfragen zu Kapitel 15:

1. Warum sind Inflation und Arbeitslosigkeit zu den Grundübeln einer Volkswirtschaft zu zählen und worauf beruht die Vorstellung eines "trade-off" zwischen diesen beiden Zielen?

2. Welchen Zusammenhang postuliert die originäre Phillips-Kurve?

3. Welche makroökonomischen und mikroökonomischen Erklärungsansätze kann man für die modifizierte Phillips-Kurve anführen?

4. Welchen Verlauf der Phillips-Kurve legen neuere empirische Daten aus der BRD und den USA nahe?

5. Weshalb wird von Vertretern des Monetarismus an der Phillips-Kurve Kritik geübt und wie wird diese begründet?

6. Wie unterscheidet sich das Konzept der adaptiven von dem der rationalen Erwartungen?

7. Warum verläuft die langfristige Phillips-Kurve vertikal und welche Implikationen ergeben sich daraus für die Wirtschaftspolitik?

8. Was versteht man unter dem Konzept der NAIRU?

9. Zeigen Sie die Unterschiede zwischen dem Konzept der natürlichen Arbeitslosenquote und dem der NAIRU auf.

10. Erläutern Sie den Hysteresis-Effekt und geben Sie die Gründe dafür an.

16. Angebotsorientierte Makroökonomik

Wir haben uns in den voranstehenden Kapiteln vorwiegend mit der aggregierten Nachfrage beschäftigt und die volkswirtschaftliche Angebotskurve mit einem bestimmten Verlauf als gegeben vorausgesetzt. Unter dieser Annahme steht primär die Keynes'sche Politik der Nachfragesteuerung im Blickpunkt des wirtschafts- und finanzpolitischen Interesses. Vor allem die als Grundübel einer entwickelten Volkswirtschaft angesehene Arbeitslosigkeit rückt dann in das Zentrum einer als kurzfristig zu bezeichnenden Betrachtung. Sie wird allein durch nachfrageorientierte Maßnahmen bekämpft.

Lange Zeit hindurch hatte man mit dieser Sichtweise auch beachtlichen politischen Erfolg. Vor allem in den 60er Jahren gab es wohl kaum einen bedeutenden Wirtschaftspolitiker und nur wenige theoretisch orientierte Ökonomen, die sich nicht zum Keynesianismus bekennen konnten. Ab der zweiten Hälfte der 70er Jahre änderte sich die teilweise sogar überschwängliche Einstellung der nachfrageorientierten Theorie gegenüber jedoch grundlegend. Das uns bereits bekannte Phänomen der **Stagflation** beherrschte damals die makroökonomische Diskussion. In der Realität schienen die probaten Instrumente der Fiskalpolitik (Erhöhung der Staatsausgaben, Senkung der Steuern) zu einer hohen Inflation zu führen, ohne zugleich die Arbeitslosigkeit zu verringern. Die Globalsteuerung einer Volkswirtschaft im Sinne von Keynes versagte also, wenn es um die gleichzeitige Bekämpfung von Inflation und Arbeitslosigkeit ging.

Es kann daher nicht verwundern, daß viele Ökonomen in jener Zeit nach neuen Konzepten Ausschau hielten und dabei ihre Aufmerksamkeit verstärkt dem **aggregierten Angebot** zuwandten. Beim Angebot erhalten gänzlich andere Faktoren ein determinierendes Gewicht, um das gesamtwirtschaftliche Geschehen zu charakterisieren und zu bestimmen. Welche Faktoren dies im einzelnen sind und welche Relevanz sie im Konzept einer angebotsorientierten Makroökonomik haben, soll uns nun in diesem Kapitel beschäftigen.

Wir werden uns dabei zunächst fragen, welche Bedeutung das aggregierte Angebot in einer Volkswirtschaft hat, wie es sich als realer oder potentieller volkswirtschaftlicher Output in den letzten Jahrzehnten entwickelte, welche Determinanten es bestimmen, ob die Auslastung des Produktionspotentials eng mit der Beschäftigungslage in einer Volkswirtschaft zusammenhängt und, schließlich, ob es ein zyklisches Auf und Ab der tatsächlichen Produktion gibt und welche angebotsorientierten Erklärungsansätze die Volkswirtschaftslehre dafür kennt.

16.1 Die Entwicklung des aggregierten Angebots

Wer sich von der Angebotsseite her den Problemen von Produktion und Beschäftigung nähert, der kommt nicht umhin, die kurzfristige durch eine **längerfristige** Betrachtungsweise zu ergänzen. Hierbei stellt sich dem Ökonomen als erstes die Frage, welche Bedeutung die **Produktion** für eine Volkswirtschaft hat, wie sie sich im Zeitablauf entwickelt hat, und von welchen Determinanten sie bestimmt wird.

Für die Untersuchung des aggregierten Angebots im Zeitablauf unterscheidet man prinzipiell zwischen einer Wachstumsentwicklung und einer konjunkturellen Entwicklung. Unter **Wachstum** wollen wir dabei die langfristige Zunahme des aggregierten Angebots, ausgedrückt als Produktionsleistung einer Volkswirtschaft und gemessen in Form des Sozialprodukts, verstehen. Mit "langfristig" betonen wir, daß uns hierbei Veränderungen interessieren, die sich über eine oder mehrere Dekaden hin vollziehen. Als **Konjunktur** hingegen werden Schwankungen der wirtschaftlichen Tätigkeit bezeichnet. Dabei kann man sich vorstellen, daß sich diese konjunkturellen Schwankungen entlang des langfristigen Wachstumspfades vollziehen. So gesehen treten konjunkturelle Phänomene in vergleichsweise kürzeren Zeitabständen von 3-8 Jahren auf, weshalb diese Betrachtungsweise auch als kurzfristig bezeichnet wird.

Die längerfristigen Betrachtungen des aggregierten Angebots nimmt die Volkswirtschaftslehre gewöhnlich im Rahmen der ökonomischen **Wachstums- und Entwicklungstheorie** vor. Zur Analyse von kurzfristigen Schwankungen wird diese Sicht um Aussagen aus der **Konjunkturtheorie** ergänzt. Wir können verständlicherweise auf das weite und komplexe Feld des Zusammenhangs von Konjunktur und Wachstum einer Volkswirtschaft nicht umfassend eingehen, sondern müssen uns beschränken und wollen hier nur einige wenige Grundzusammenhänge den Wachstums- und Konjunkturprozess selbst betreffend darstellen und erklären.

16.1.1 Die langfristige Entwicklung des aggregierten Angebots: Wachstum

Sehen wir uns zunächst einmal an, wie sich das Wachstum des aggregierten Output langfristig vollzieht. Wir verwenden als Maßgröße hierzu das reale (also um das Ausmaß der Preissteigerung bereinigte) Sozialprodukt und betrachten dessen Entwicklung im Zeitablauf. Abbildung 16.1 zeigt, wie man sich dies im bekannten Preis-Mengen-Diagramm vorzustellen hat, nämlich als eine Verschiebung der langfristigen Angebotsfunktion nach rechts.

Abb. 16.1: Wachstum und langfristige aggregierte Angebotskurve

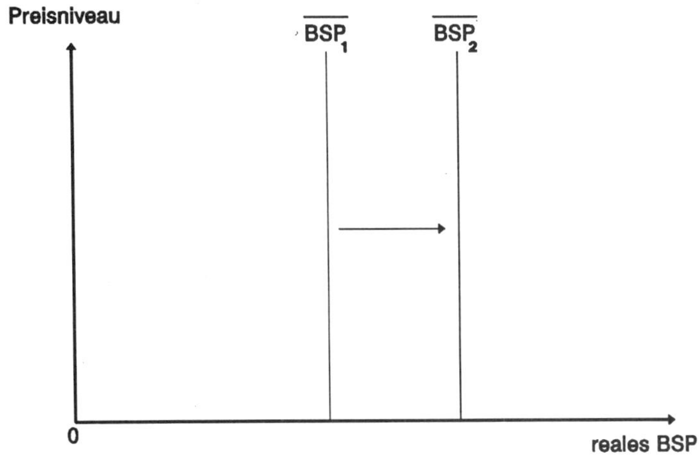

Ohne schon hier näher auf die Ursachen dieser Verschiebung eingehen zu wollen, ist es sicherlich einsichtig, daß Bevölkerungswachstum und die damit verbundene Zunahme an Arbeitskraft eine mögliche Determinante des Wachstums darstellen kann. Wirtschaftshistorische Analysen belegen auch, daß bis zur Industriellen Revolution, die man ungefähr für den Zeitraum 1760-1820 datiert, das Wachstum des Bruttosozialproduktes im wesentlichen mit der Zunahme der Bevölkerung zusammenhing. Erst seit dieser Zeit gilt insbesondere für die westlichen industrialisierten Länder, daß andere Faktoren als die Bevölkerungszunahme für Wachstumsentwicklungen verantwortlich zu machen sind. Wir werden auf sie gleich noch zu sprechen kommen. Als Folge stellt man seit der Industriellen Revolution auch eine andere Art von Wirtschaftswachstum als in den Jahrhunderten davor fest: Während zuvor das **Bruttosozialprodukt pro Kopf** (BSP/Kopf) über einen sehr langen Zeitraum hinweg nahezu konstant blieb oder sich nur unmerklich veränderte, setzte Mitte des 19. Jahrhunderts ein immer stärker werdendes Wachstum des BSP/Kopf ein. Man bezeichnet diese Art des Wachstums auch als **modernes Wirtschaftswachstum**, um es von Wachstumsentwicklungen zu unterscheiden, die allein auf die Zunahme der Bevölkerung zurückzuführen sind. Abbildung 16.2 zeigt diese Entwicklung des BSP/Kopf als Durchschnitt der westlichen industrialsierten Länder im Zeitraum von 1820-1989.

Interpretiert man den Indikator BSP/Kopf als Wohlstandsindikator - in dem Sinne, daß er angibt, welche Menge an Gütern und Dienstleistungen pro Einwohner konsumiert werden kann - dann zeigt sich, daß das individuelle Wohlstandsniveau nach der Industriellen Revolution bis heute stark angestiegen ist. Dabei legt Abbildung 16.2 nahe, daß die Entwicklung seitdem einen annähernd exponentiellen Verlauf genommen hat.

Abb. 16.2: Entwicklung des BSP/Kopf als Durchschnitt der westlichen industrialisierten Länder von 1820-1989

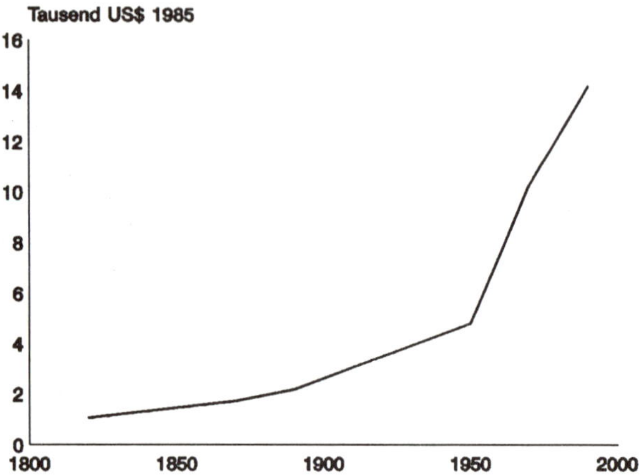

Diese Zusammenhänge und die Orientierung am indviduellen Wohlstandsniveau haben dazu geführt, daß man in der wachstumstheoretischen Literatur nahezu ausnahmslos das Wachstum des BSP/Kopf als Indikator für die Quantifizierung von Wachstumsprozessen heranzieht. Hierdurch wird einerseits, wie erwähnt, auf die Wohlstandsentwicklung abgestellt und andererseits erreicht man dadurch, daß im internationalen Vergleich von Wachstumsentwicklungen die Größe von Volkswirtschaften, gemessen anhand der Bevölkerungszahl, keine Rolle spielt.

Entwicklung des BSP/Kopf im internationalen Vergleich

Werfen wir nun einen Blick auf die Entwicklung des BSP/Kopf, wie sie sich im internationalen Vergleich für den Zeitraum 1960-1990 darstellt. Hierzu haben wir in Abbildung 16.3 für ausgewählte Länder und Ländergruppen das BSP/Kopf für die Jahre 1960, 1970, 1980 und 1990 zusammengestellt. Wir unterscheiden bei der Kennzahl BSP/Kopf zwischen den absoluten Werten und den Werten relativ zu den USA. Wenden wir uns zunächst den absoluten Größen zu, die uns Auskunft über das Wohlstandsniveau und dessen Entwicklung geben.

Wie man leicht erkennt, sind die absoluten Wohlstandsunterschiede im internationalen Vergleich zum Teil erheblich - man vergleiche nur das Land mit dem stets höchsten Wohlstandsniveau, die USA, mit den afrikanischen Ländern. Aus Abbildung 16.3 ergibt sich eine Rangliste (in 1990) der Wohlstandsniveaus, die von den westlichen industrialisierten Ländern angeführt wird, gefolgt von den sogenannten asiatischen Tiger-Staaten, den lateinamerikanischen Ländern und letztendlich den afrikanischen Ländern.

Abb. 16.3: Entwicklung des BSP/Kopf für ausgewählte Länder und Ländergruppen von 1960-1990 (in internationalen Preisen des Jahres 1985)

Land bzw. Ländergruppe	absolute Werte				relativ zu den USA			
	1960	1970	1980	1990	1960	1970	1980	1990
Industrialisierte Länder								
USA	9895	12963	15295	18054	1.00	1.00	1.00	1.00
Japan	2954	7307	10072	14331	0.30	0.56	0.66	0.79
Deutschland (West)	6570	9425	11920	14341	0.66	0.73	0.78	0.79
Frankreich	5823	9200	11756	13904	0.59	0.71	0.77	0.77
Ø	6311	9724	12261	15158	0.64	0.75	0.80	0.84
Asiatische Tigerstaaten								
Hongkong	2247	4502	8719	14849	0.23	0.35	0.57	0.82
Singapur	1658	3017	7053	11710	0.17	0.23	0.46	0.65
Korea	904	1680	3093	6673	0.09	0.13	0.20	0.37
Taiwan	1256	2188	4459	8063	0.13	0.17	0.29	0.45
Ø	1516	2847	5831	10324	0.15	0.22	0.38	0.57
Lateinamerikanische Länder								
Argentinien	4462	5637	6506	4706	0.45	0.43	0.43	0.26
Brasilien	1784	2434	4303	4042	0.18	0.19	0.28	0.22
Chile	2885	3605	3892	4338	0.29	0.28	0.25	0.24
Mexiko	2836	3987	6054	5827	0.29	0.31	0.40	0.32
Ø	2992	3916	5189	4728	0.30	0.30	0.34	0.26
Afrikanische Länder								
Kamerum	641	804	1194	1226	0.06	0.06	0.08	0.07
Zentralafrika	704	747	706	579	0.07	0.06	0.05	0.03
Ghana	894	1059	976	902	0.09	0.08	0.06	0.05
Kenia	659	586	911	911	0.07	0.05	0.06	0.05
Ø	725	799	947	905	0.07	0.06	0.06	0.05

Quelle: Penn World Table 5.6 und eigene Berechnungen

Die absoluten Werte des BSP/Kopf zeigen auch, daß sich in nahezu allen Ländern das Wohlstandsniveau und damit das BSP/Kopf im langfristigen Trend des Betrachtungszeitraums zum Teil beträchtlich erhöht hat. Mit dieser Aussage wollen wir uns allerdings noch nicht zufrieden geben, sondern nach der Art dieser Veränderungen fragen. Dabei interessiert zum einen, mit welcher Rate die Veränderungen stattfinden und zum anderen, wie sich die Wohlstandsunterschiede zwischen den Ländern entwickeln.

Wir beginnen mit der Frage nach der Veränderung der Wohlstandsunterschiede und greifen hierzu auf die relativen Werte des BSP/Kopf in Abbildung 16.3 zurück. Für die USA, die in jedem Jahr das höchste Wohlstandsniveau aufweist, ist dieser Wert stets 1,00. Je größer der Wohlstandsunterschied eines Landes gegenüber den USA ausfällt, desto geringer ist dessen relativer Wert des BSP/Kopf - so liegt beispielsweise Kamerun im Jahre 1960 mit 0,06 viel weiter hinter den USA zurück als Deutschland im gleichen Jahr mit 0,66. Die Veränderung der relativen Werte im Zeitablauf gibt an, in welchem Ausmaß es einem Land gelungen ist, das eigene Wohlstandsniveau gegenüber demjenigen der USA zu verändern.

Für Japan etwa steigen diese Werte von 1960 bis 1990 kontinuierlich an, woraus wir schließen können, daß dort ein Aufholprozeß gegenüber den USA stattgefunden hat. Einen ähnlich intensiven Aufholprozeß kann man auch in den Tiger-Staaten feststellen. Anders hingegen ist die Entwicklung in einigen lateinamerikanischen Ländern oder bei der Ländergruppe Afrika. Die relativen Werte des BSP/Kopf gehen hier zurück, was gegenüber den USA als ein Zurückfallen im Wohlstandsniveau zu interpretieren ist.

Wenden wir uns als nächstes den **Wachstumsraten** zu und verwenden wir dafür die nachstehende Formel. Darin wird die Wachstumsrate des BSP/Kopf von Zeitpunkt *t-1* nach *t* mit g_t bezeichnet und wie folgt berechnet:

$$g_t = \frac{(BSP/Kopf)_t - (BSP/Kopf)_{t-1}}{(BSP/Kopf)_{t-1}} .$$

Für unsere ausgewählten Länder erhält man auf diese Weise für die Wachstumsperioden 1960-70, 1970-80 und 1980-90 die in Abbildung 16.4 aufgelisteten Wachstumsraten.

Zunächst fällt hier auf, daß die Wachstumsraten einer Volkswirtschaft im Zeitablauf nicht konstant bleiben. Es gibt Phasen, in denen die jährlichen Zuwächse an produzierten Gütern und Diensten hoch sind und es gibt andere Zeitabschnitte, in denen die wirtschaftliche Entwicklung stagniert oder sogar rückläufig ist. Außerdem ist festzuhalten, daß die Wachstumsraten zwischen den Ländern erheblich differieren. Die höchsten Wachstumsraten weisen diejenigen Länder auf, die einen Aufholprozeß eingeleitet haben - hier Japan und die Tigerstaaten. Die industrialiserten Länder, mit dem höchsten Wohlstandsniveau, konnten zwar positive, aber insgesamt nur sinkende Wachstumsraten im BSP/Kopf realisieren. Die lateinamerikanischen Staaten (mit Ausnahmen) sowie die afrikanischen Staaten weisen geringe und zum Teil sogar negative Wachstumsraten auf.

Abb. 16.4: Durchschnittliche Wachstumsraten des realen Bruttoinlandsprodukt pro Kopf für ausgewählte Länder und Ländergruppen 1960-90

Land bzw. Ländergruppe	1960-70	1970-80	1980-90
Industrialisierte Länder			
USA	3.10	1.80	1.80
Japan	14.74	3.78	1.23
Deutschland (West)	4.35	2.65	2.03
Frankreich	5.80	2.78	1.83
Ø	7.00	2.75	2.47
Asiatische Tigerstaaten			
Hongkong	10.04	9.37	7.03
Singapur	8.20	13.38	6.60
Korea	8.58	8.41	11.57
Taiwan	7.42	10.38	8.08
Ø	8.56	10.38	8.32
Lateinamerikanische Länder			
Argentinien	2.63	1.54	-2.77
Brasilien	3.64	7.68	-0.61
Chile	2.50	0.80	1.15
Mexiko	4.06	5.18	-0.37
Ø	3.21	3.80	-0.65
Afrikanische Länder			
Kamerum	2.54	4.85	0.27
Zentralafrika	0.61	-0.55	-1.80
Ghana	1.85	-0.78	-0.76
Kenia	-1.11	5.55	0.00
Ø	0.97	2.27	-0.57

Quelle: Penn World Table 5.6 und eigene Berechnungen

16.1.2 Die kurzfristige Entwicklung des aggregierten Angebots: Konjunktur

Gehen wir als nächstes von der langfristigen Entwicklung des Sozialprodukts zu einer kürzerfristigen Betrachtung über. In Abbildung 16.5 haben wir in unserem bekannten makroökonomischen Preis-Mengen-Diagramm beispielhaft zwei kurzfristige *AA*-Kurven eingezeichnet, *AA* und *AA'*. Die Rechtsverschiebung von BSP_1 nach BSP_2 hat die reale **potentielle Produktionskapazität** unserer Volkswirtschaft erhöht. Es handelt sich hierbei um den Wachstumseffekt, wie wir ihn in Abbildung 16.1 bereits kennengelernt haben.

Bei beiden *AA*-Kurven haben wir den üblichen Verlauf der neoklassischen Synthese unterstellt, das heißt, vor der Kapazitätsgrenze verlaufen die Kurven relativ flach und steigen erst nach der vollen Auslastung des Produktionspotentials steil an. Dies bedeutet, daß es in der kurzen Frist durchaus möglich ist, daß die Produktionskapazitäten einer Volkswirtschaft nicht vollkommen genutzt werden, auch wenn sich diese erhöht haben.

Abb. 16.5: Verschiebung der kurzfristigen Angebotskurve

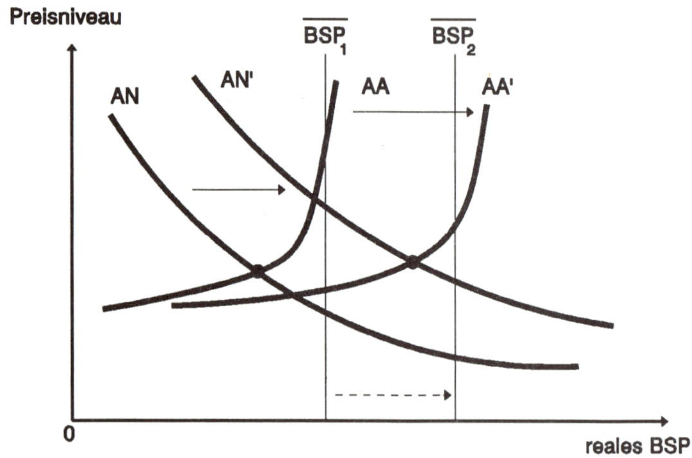

Der Grad, mit welchem das Produktionspotential einer Volkswirtschaft zu einem bestimmten Zeitpunkt ausgelastet wird, hängt von der Lage der aggregierten Nachfragefunktion und der kurzfristigen aggregierten Angebotsfunktion zueinander ab. Je weiter links der Schnittpunkt von *AN*- und *AA*-Kurve liegt, also je weniger Güter und Dienstleistungen bei einem bestimmten Preisniveau angeboten und nachfragt werden, desto geringer wird die gesamtwirtschaftliche Produktion und damit der Auslastungsgrad des Produktionspotentials sein.

Veränderungen der Lage der *AN*- und der *AA*-Kurve im Zeitablauf bewirken Schwankungen in der Höhe der gesamtwirtschaftlichen Produktion. Diese kurzfristigen Schwankungen bezeichnet man als Konjunktur und sie gehen mit einer mehr oder weniger starken Auslastung des Produktionspotentials einer Volkswirtschaft einher.

Auslastung des Produktionspotentials

Werfen wir in diesem Zusammenhang einen Blick auf die **Auslastung der Produktionsmöglichkeiten** in der Bundesrepublik Deutschland im Zeitraum 1960-98. Die Werte hierzu haben wir dem Jahresgutachten 1998/99 des Sachverständigenrates zur Begutachtung der gesamtwirtschaftlichen Entwicklung entnommen und in Abbildung 16.6 zusammengestellt.

Abb. 16.6: Entwicklung des Produktionspotentials der Volkswirtschaft in der BRD von 1974-1996

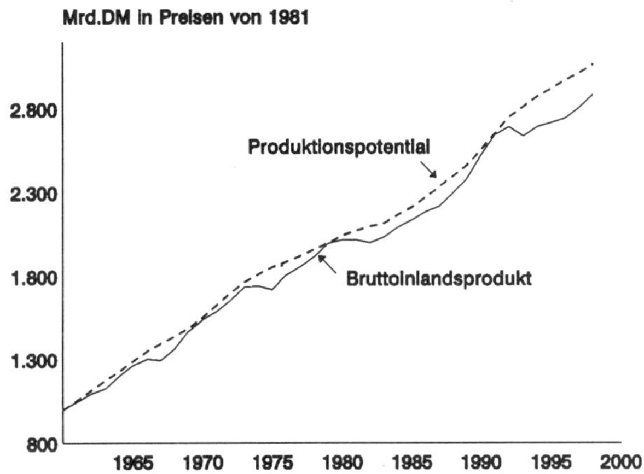

Quelle: Sachverständigenrat zur Begutachtung der gesamtwirtschaftlichen Entwicklung, Jahresgutachten 1998/99, Tabelle A1.

Man kann erkennen, daß das tatsächlich produzierte Bruttoinlandsprodukt in der Bundesrepublik Deutschland für den Zeitraum von 1971 bis 1993 das vorhandene Produktionspotential so gut wie nie ganz ausschöpfen konnte. Es gibt Zeiten (Ende 70er, Anfang 90er Jahre), in denen die reale Produktion der potentiellen sehr nahe kommt und es gibt andere Zeiten, in denen zwischen beiden Größen erhebliche Unterschiede existieren, so etwa von 1974-77, nach 1981 und nach 1991.

Konjunktur- und Wachstumseffekte lassen sich in aller Regel nur sehr schwer isoliert voneinander untersuchen. Oben haben wir bereits festgehalten, daß man sich konjunkturelle Effekte als Schwankungen um einen Wachstumspfad vorstellen kann. Nur wenn dieser Pfad einen bekannten Verlauf aufweist, dann lassen sich alle Abweichungen davon als konjunkturelle Schwankungen interpretieren. Allerdings ist diese Bedingung in aller Regel nicht erfüllt. Dennoch kann man unter Verwendung von Wachstumsraten für relativ kurze Zeitperioden von einigen Monaten recht gut konjunkturelle Schwankungen von längerfristigen Wachstumstrends unterscheiden. Abbildung 16.7 zeigt die Entwicklung der Wachstumsraten des realen Bruttoinlandsprodukts auf Basis von Quartalswerten für Deutschland im Zeitraum von 1969 bis 1998.

Abb. 16.7: Wachstumsraten des realen Bruttoinlandsprodukts 1969-98 (in Preisen von 1991); Veränderungsraten gegenüber dem Vorjahresquartal

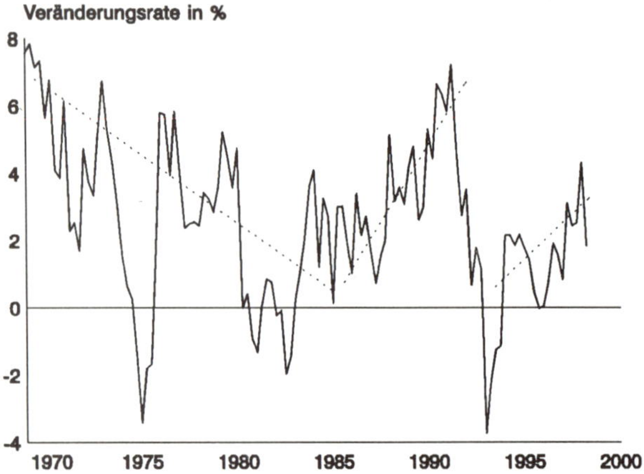

Quelle: Statistisches Bundesamt, Daten-CD 1998.

Man erkennt hier recht gut, wie stark die kurzfristigen Veränderungsraten schwanken und dabei in Rezessionsjahren (1974/75, 1981/82 und 1992/93) sogar negative Werte aufweisen. Für etwas längerfristige Zeiträume von einigen Jahren könnte man hier auch Trendlinien der Entwicklung bestimmen, wie etwa einen fallenden Verlauf für den Zeitraum 1969-85. Um diesen Trend, der einen Wachstumsverlauf mit positiven aber sinkenden Wachstumsraten darstellt, schwanken die kurzfristigen, konjunkturbedingten Veränderungsraten des BSP.

Wenn man sich nun vergegenwärtigt, welche großen Unterschiede im Zeitablauf sowohl bei der Entwicklung der potentiellen Produktionskapazität wie auch bei deren tatsächlicher Auslastung für eine Volkswirtschaft bestehen, interessiert natürlich die Frage, welche Faktoren die beobachtbaren längerfristigen Wachstumstrends hervorrufen und auf welche die kurzfristigen konjunkturellen Schwankungen zurückzuführen sind. Fragen wir uns also zunächst, welche Bestimmungsgrößen hinter Wachstum und Konjunktur in einer Volkswirtschaft stecken könnten?

16.2 Wirtschaftliches Wachstum

16.2.1 Determinanten und stilisierte Fakten des Wachstums im Überblick

Die Erklärung der Determinanten wirtschaflichen Wachstums stellt schon seit jeher eine zentrale Problemstellung der Volkswirtschaftslehre dar und diese hat dazu eine ganze Reihe verschiedener Vortsellungen entwickelt. Wir können hier verständlicherweise nur auf die wichtigsten Wachstumsdeterminanten eingehen. In der Wachstumstheorie unterscheidet man im wesentlichen zwei Ursachenkomplexe, auf die man die Ausdehnung der potentiellen Produktionskapazität zurückführen kann. Es handelt sich dabei zum einen um die **mengenmäßige** Zunahme des Einsatzes von Produktionsfaktoren und zum anderen um die Verbesserung der **Produktionstechnologie**.

Welcher dieser beiden Ursachenkomplexe die Hauptrolle im Wachstumsprozeß einer Volkswirtschaft spielt, ist bis heute in der Wirtschaftswissenschaft eine strittige Frage geblieben. Lange Zeit glaubte man, daß allein eine Vermehrung der Produktionsfaktoren Arbeit, Kapital und Rohstoffe das erwünschte Wachstum hervorbringen könne. Die Entwicklung einer Volkswirtschaft würde dann synchron verlaufen mit der Vermehrung an Arbeitskräften (also in erster Linie mit der Geburtenrate), der Anhäufung an Kapitalgütern (Maschinen, Fabrikanlagen und ähnlichem) und der Nutzung von Bodenschätzen. Unter diesen Wachstumsdeterminanten die wichtigste ist wohl der Mehreinsatz des Faktors **Kapital**. Wachstum des aggregierten Angebots findet demnach immer dann statt, wenn die Menge der in einer Volkswirtschaft für produktive Zwecke eingesetzten Maschinen, Produktionsanlagen, Infrastruktureinrichtungen etc. zunimmt. Man sagt auch, der Kapitalstock in einer Volkswirtschaft steigt in diesem Falle an. Nimmt man weiterhin an, daß die Anzahl der in der Produktion eingesetzten Arbeitskräfte konstant sei, so bedingt die Zunahme des Kapitalstocks, daß jedem Arbeiter im Produktionsprozeß ständig mehr Kapitalgüter zur Verfügung stehen, mit denen er produzieren kann. Entsprechend wächst die Produktion pro Arbeitskraft und damit das BSP/Kopf. Diese Art des Wirtschaftswachstums wird üblicherweise als **Solow-Wachstum** bezeichnet. Hinter dieser Bezeichnung verbirgt sich die wissenschaftliche Leistung des Nobelpreisträgers **Robert Solow**, der als der Gründer der modernen Wachstumstheorie gilt.

Die Auffassung, Wachstum ließe sich allein durch den Mehreinsatz von Produktionsfaktoren erklären, wurde von zahlreichen empirischen Untersuchungen für die USA und andere westliche Industrienationen in Frage gestellt. Studien vor allem von **M. Abramovitz** (1956), **J.W. Kendrick** (1956), **R.M. Solow** (1957) und **E.F. Denison** (1962) stießen auf einen weiteren Wachstumsfaktor, als sie feststellen konnten, daß ein relativ hoher Prozentsatz des BSP-Wachstums nicht auf den vermehrten Einsatz von Produktionsfaktoren zurückgeführt werden kann, sondern auf eine bis dahin unbeachtete Restgröße. Diesen residual erfaßten Faktor bezeichnete man als **technischen Fortschritt**. Die Ergebnisse bezüglich seines Einflusses schwanken von Untersuchung zu Untersuchung und liegen zwischen 20 und mehr als 80 Prozent. Diese doch recht große Spannweite ist auf besondere Eigenheiten der jeweiligen Untersuchung zurückzuführen, etwa auf den unterstellten Typ einer makroökonomischen Produktionsfunktion, die Abgrenzung und Definition der Wachstumsfaktoren, die Berücksichtigung von Schwankungen im Auslastungsgrad der Produktionsfaktoren, und ähnlichem mehr.

Seit diesen Untersuchungen hat sich die Forschung, sowohl theoretisch als auch empirisch, intensiv vor allem mit einer Ursache auseinandergesetzt, dem **technologischen Fortschritt** und damit eng verbunden der **Zunahme des technologischen Wissens und der technologischen Fähigkeiten** in einer Volkswirtschaft. Sie gilt seit der zweiten Hälfte des 20. Jahrhunderts als wohl bedeutendste Quelle wirtschaftlichen Wachstums. Unter technologischem Fortschritt versteht man dabei alle Verbesserungen von produktiven Prozessen. Diese Verbesserungen können zum einen quantitativer Art sein: Die Produktion bestimmter Güter beansprucht dann weniger Ressourcen beziehungsweise man kann mit gegebenen Ressourcen eine größere Menge produzieren. Da sich die Fortschrittswirkungen hier auf den Produktionsprozeß beziehen, spricht man von sogenannten **Prozeßinnovationen**. Durch den technologischen Fortschritt wird es zum anderen aber auch möglich, neue und bessere Güter herzustellen. Fortschritt äußert sich hier auf qualitative Weise in sogenannten **Produktinnovationen**.

Das durch technologischen Fortschritt über Prozeß- und Produktinnovationen erzeugte Wachstum nennt man auch **Schumpeter-Wachstum**. Man will damit die intellektuelle Leistung des Ökonomen **Joseph A. Schumpeter** ehren, der bereits 1912 als einer der Ersten auf diese Effekte hingewiesen hat.

Stilisierte Fakten

Untersuchungen zu den Determinanten wirtschaftlichen Wachstums beginnen in aller Regel damit, für die beobachtbaren Wachstumprozesse in Volkswirtschaften eine allgemeine Charakterisierung zu finden. Als besonders hilfreich haben sich in diesem Zusammenhang sogenannte **stilisierte Fakten** herausgestellt. Darunter hat man Minimalanforderungen zu verstehen, die an die Erklärungskraft einer Wachstumstheorie zu stellen sind.

Im Jahre 1961 hat **N. Kaldor** eine Liste von sechs stilisierten Fakten aufgestellt, durch die sich Wachstumsprozesse auf knappste Weise umschreiben lassen:

(1) Die Wachstumsrate des BSP/Kopf ist positiv.
(2) Der Kapitalstock, der pro Kopf im Produktionsprozeß eingesetzt wird (die sogenannte Kapitalintensität), steigt kontinuierlich an. Das bedeutet, daß die Produktionsprozesse immer kapitalintensiver werden - es werden pro Arbeitskraft immer mehr Maschinen eingesetzt.
(3) Die Rendite, die man durch den Einsatz von Kapital erzielen kann, ist nahezu konstant. Das bedeutet, daß trotz des Wachstums die Entlohnung einer Einheit des Produktionsfaktors Kapital, nämlich der Realzins, konstant bleibt.
(4) Das Verhältnis von Kapitaleinsatz zu produziertem Output (der sogenannte Kapitalkoeffizient) ist nahezu konstant.
(5) Die Einkommensanteile der Produktionsfaktoren Arbeit und Kapital am Volkseinkommen sind nahezu konstant.
(6) Im internationalen Vergleich zwischen Volkswirtschaften findet man große Unterschiede in der Wachstumsrate der Arbeitsproduktivität.

P. Romer (1989) hat dieser Liste noch einen weiteren Fakt hinzugefügt, nämlich:

(7) Das Outputwachstum kann nicht nur durch den Mehreinsatz von Arbeit und Kapital allein erklärt werden.

Die theoretische Wachstumsforschung hat sich bei der Modellbildung an diesen stilisierten Fakten orientiert und, darauf aufbauend, eine Reihe von Wachstumsmodellen formuliert. Wir können allerdings auf diese nicht in ihrer ganzen Breite und Tiefe eingehen. Dennoch sollen im folgenden Abschnitt die wesentlichen Aussagen einiger grundlegender Modelle dargestellt und diskutiert werden.

16.2.2 Wachstum durch den Mehreinsatz des Produktionsfaktors Kapital

Als Ausgangspunkt der neoklassischen Wachstumstheorie läßt sich eine Arbeit von **R.M. Solow** (1956) anführen. Solow stellt in das Zentrum seiner Untersuchung die Investitionstätigkeit und damit den Mehreinsatz des Produktionsfaktors Kapital im Produktionsprozeß. Wie haben wir uns den Wachstumsmechanismus vorzustellen?

Der verfügbare Bestand des Produktionsfaktors Kapital wird, wie wie schon erläuterten, auch als Kapitalstock bezeichnet und dieser umfaßt die vorhandenen Maschinen, Fabrikanlagen oder auch Infrastruktureinrichtungen in einer Volkswirtschaft zu einem bestimmten Zeitpunkt. Je höher der Kapitalstock einer Volkswirtschaft ist, desto mehr Output kann auch produziert werden, das heißt desto höher ist das Produktionspotential einer Volkswirtschaft.

Im Zeitablauf unterliegt der Kapitalstock verschiedenen Veränderungen. Zum einen werden dem bestehenden Kapitalstock durch Investitionen zusätzliche Maschinen und Produktionsanlagen hinzugefügt. Zum anderen verschleißen und veralten maschinelle Anlagen, so daß sie in der Produktion nicht mehr eingesetzt werden können. Man spricht in diesem Fall auch von Abschreibungen, welche ein Sinken des Kapitalstocks zur Folge haben. Diese Zusammenhänge haben wir bereits in Kapitel 1.3 kennengelernt.

Man kann sich nun fragen, welche Auswirkungen die soeben beschriebenen Veränderungen des Kapitalstocks durch Investitionen und Veralterung auf die langfristige Entwicklung des aggregierten Angebots haben. Betrachten wir uns zu diesem Zweck ein einfaches Modell, das die Zusammenhänge auf anschauliche Art darstellt. Wir gehen dabei von einer geschlossenen Volkswirtschaft ohne staatliche ökonomische Aktivitäten aus .

Bezeichnet man den Kapitalbestand, die Investitionen und die Abschreibungen der Periode t mit K_t, I_t und D_t sowie den Kapitalstock der Periode $t+1$ mit K_{t+1}, und geht man davon aus, daß ein konstanter Prozentsatz d $(0<d<1)$ des bestehenden Kapitalstocks abgeschrieben wird, $D_t = d\, K_t$, so läßt sich dieser Zusammenhang wie folgt ausdrücken:

$$K_{t+1} = K_t + I_t - D_t = K_t + I_t - d \cdot K_t \, .$$

Wie wir bereits wissen werden Investitionen dadurch ermöglicht, daß die Haushalte nicht ihr gesamtes Einkommen für Konsumzwecke verausgaben, sondern einen Teil davon sparen. Dabei soll zu jedem Zeitpunkt gelten, daß die Investitionen gerade dem Sparvolumen entsprechen. Bezeichnet man das Sparen der Periode t mit S_t, so erhält man dementsprechend:

$$I_t = S_t \, .$$

Die Höhe des Sparaufkommens hängt wiederum von der Höhe des Einkommes Y_t der Haushalte sowie von deren Sparneigung s $(0<s<1)$ ab. Es gilt also:

$$S_t = s \cdot Y_t \ .$$

In einem letzten Schritt müssen wir uns nun überlegen, wie die Einkommenshöhe Y_t determiniert ist. Das Einkommen aller Haushalte in einer Volkswirtschaft entspricht gerade dem produzierten Volkseinkommen. Dieses wird durch den Einsatz von Arbeitskraft und Kapital erstellt. Den Produktionsprozeß, der dahinter steht, können wir mit Hilfe einer gesamtwirtschaftlichen Produktionsfunktion F darstellen. Hierzu wollen wir annehmen, daß sich die Anzahl der eingesetzten Arbeitskräfte im Zeitablauf nicht verändert. Wir können dann schreiben:

$$Y_t = F\left(K_t, \bar{L}\right) \ .$$

Die Produktionsfunktion soll Eigenschaften aufweisen, wie wir sie in den Kapiteln 2 und 7 bereits kennengelernt haben. Insbesondere gilt, daß mit zunehmendem Einsatz von Kapital dessen Grenzproduktivität sinkt. In diesem Zusammenhang hat es sich in der wachstumstheoretischen Literatur eingebürgert, als makroökonomische Produktionsfunktion eine sogenannte Cobb-Douglas-Produktionsfunktion mit konstanten Skalenerträgen zu verwenden. Diese stellt sich für unser Beispiel mit konstantem Arbeitseinsatz $\bar{L}$ folgendermaßen dar:

$$Y_t = K_t^{\alpha} \cdot \bar{L}^{1-\alpha} \qquad 0 < \alpha < 1 \ .$$

Die Exponenten für den Kapital- und den Arbeitseinsatz stehen für die sogenannten partiellen Produktionselastizitäten und sie geben an, welchen Anteil der jeweilge Produktionsfaktor an der Gesamtproduktion hat. Im Falle von konstanten Skalenerträgen addieren sich diese Exponenten gerade zu 1.

Da sich in unserem Beispiel der Arbeitseinsatz nicht verändert, kann man die Größe $\bar{L}^{1-\alpha}$ in der obigen Cobb-Douglas-Funktion als eine konstante Größe betrachten, so daß darin die Höhe des Volkseinkommens in Periode t nur vom Kapitaleinsatz in dieser Periode abhängt. Als nächstes können wir uns nun überlegen, wie das Volkseinkommen steigt, wenn man eine Einheit mehr an Kapital einsetzt; hierzu bilden wir die 1. und die 2. Ableitung der Cobb-Douglas-Funktion nach K_t:

$$\frac{\partial Y_t}{\partial K_t} = \alpha \cdot K_t^{\alpha-1} \cdot \bar{L}^{1-\alpha} > 0 ,$$

$$\frac{\partial^2 Y_t}{\partial K_t^2} = \alpha(\alpha-1) K_t^{\alpha-2} \cdot \bar{L}^{1-\alpha} < 0 .$$

Diesen Bedingungen läßt sich entnehmen, daß mit steigendem Kapitaleinsatz das Volkseinkommen wächst. Diese Steigerung fällt jedoch um so geringer aus, je höher der Kapitaleinsatz insgesamt ist, denn die 2. Ableitung ist wegen $\alpha < 1$ und damit $\alpha\text{-}1 < 0$ negativ. In diesem Zusammenhang spricht man auch von der **sinkenden Grenzproduktivität des Faktors Kapital**.

Zusammenfassend können wir also für den Kapitalstock der Periode $t+1$ folgenden Zusammenhang festhalten:

$$K_{t+1} = K_t + s \cdot K_t^{\alpha} \cdot \bar{L}^{1-\alpha} - d \cdot K_t .$$

Eine Interpretation dieser Beziehung fällt nicht schwer:

(a) Der Kapitalstock einer Volkswirtschaft erhöht sich von K_t nach K_{t+1} immer dann, wenn die Investitionen $sF(K_t, \bar{L})$ höher sind als die Abschreibungen $d\, K_t$. Andernfalls verringert sich der Kapitalstock.

(b) Die Veränderungen des Kapitalstocks haben zum einen Auswirkungen auf den Gesamtbetrag der Abschreibungen. Mit steigendem Kapitalstock nehmen die Abschreibungen proportional zu, andernfalls ab.

(c) Daneben wirkt die Veränderung des Kapitalstocks auf die Menge produzierter Güter und Dienstleistungen und damit auf das Volkseinkommen. Nimmt der Kapitalstock zu, so steigt das Volkseinkommen. Aufgrund der sinkenden Grenzproduktivität des Kapitaleinsatzes nehmen die Steigerungen des Volkseinkommens ab. Die umgekehrten Zusammenhänge gelten für einen abnehmenden Kapitalstock.

(d) Die Höhe des Volkseinkommens bestimmt die Höhe des Sparaufkommens, das für Investitionen zur Verfügung steht. Da der Zuwachs des Volkseinkommens bei steigendem Kapitaleinsatz immer geringer wird, verringert sich auch der Zuwachs der Investitionen.

(e) Bei einem bestimmten Kapitalstock K^* reichen die aus dem Sparaufkommen ermöglichten Investitonen gerade aus, um die Abschreibungen des Kapitalstocks auszugleichen. In diesem Fall kommt es zu keiner weiteren Erhöhung des Kapitalstocks und damit zu keiner weiteren Erhöhung der Produktion.

Abbildung 16.8 gibt diese Zusammenhänge graphisch wieder. Dort sind die Produktionsfunktion $F(K_t, \bar{L})$, die Funktion der Investitionen $sF(K_t, \bar{L})$ sowie die Funktion der Abschreibungen dK_t eingezeichnet. Aufgrund der sinkenden Grenzproduktivität des Faktors Kapital weist die Produktionsfunktion eine positive, jedoch abnnehmende Steigung auf. Die Funktion der Investitionen ergibt sich einfach durch Multiplikation der Produktionsfunktion mit der Sparrate *s*.

Abb. 16.8: Kapitalakkumulation und Wachstum

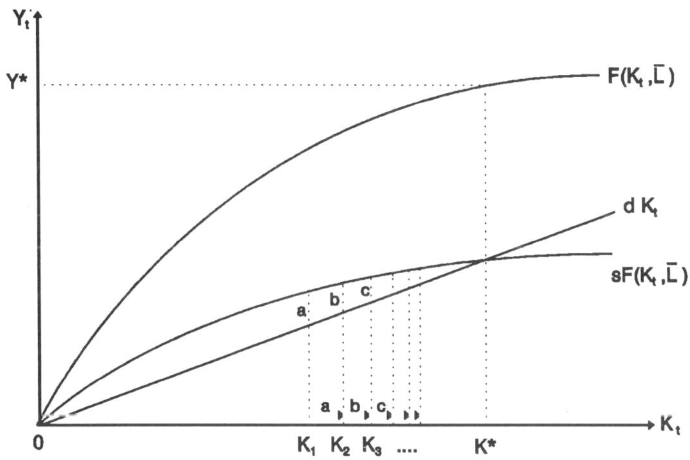

Wie man sieht, liegt die Funktion der Investitionen für jedes Niveau des Kapitaleinsatzes K zwischen **0** und K^* über der Funktion der Abschreibungen. In diesem Bereich sind die Investitionen größer als die Abschreibungen, was bedeutet, daß nur ein Teil der Investitionen dazu verwendet wird, um den Verschleiß von Anlagen durch **Ersatzbeschaffungen** zu kompensieren. Die darüber hinausgehenden Investitionen stellen **Erweiterungsinvestitionen** dar, die den Kapitalstock der Volkswirtschaft erhöhen. Beginnt man beispielsweise in Periode 1 mit dem Kapitaleinsatz K_1, dann betragen die Erweiterungsinvestitionen a und der Kapitalstock der Periode 2, K_2, entspricht K_1+a. In Periode 2 betragen die Erweiterungsinvestitionen b, so daß sich als Kapitalstock der Periode 3 der Ausdruck $K_3=K_2+b=K_1+a+b$ ergibt. Der Prozeß der Kapitalakkumulation setzt sich auf diese Weise weiter fort, allerdings, wie man aus Abbildung 16.8 leicht entnehmen kann, mit immer kleiner werdenden Zuwächsen des Kapitalstocks,

$\ldots < c < b < a$. Der Grund hierfür liegt in den abnehmenden Grenzerträgen der Produktionsfunktion und der davon abgeleiteten Funktion der Investitionen. Mit dem so ansteigenden Kapitalstock wiederum nimmt das Volkseinkommen und, wegen der Konstanz von L, auch das BSP/Kopf zu.

Die sich auf diese Weise entwickelnde Kapitalakkumulation kommt erst zum Stillstand, wenn die gesamten Investitionen nur noch Ersatzinvestitionen darstellen. Dieser Zustand wird beim Kapitalstock K^* erreicht. Hier gleichen sich die Investitionen und die Abschreibungen gerade aus. Für einen Kapitaleinsatz größer als K^* hingegen sind die Investitionen geringer als die Abschreibungen. Dies setzt eine Entwicklung in Gang, die genau entgegengestzt zu dem soeben beschriebenen (positiven) Wachstumsprozeß verläuft. Der Abschreibungsüberhang führt zu einer Verringerung des Kapitalstocks und zwar solange bis der Punkt K^* wieder erreicht ist.

Der Kapitalstock K^* stellt somit einen gleichgewichtigen Zustand für die beschriebene Volkswirtschaft dar. Dies bedeutet, daß hier allein aus dem Prozeß des Sparens und Investierens heraus keine weitere Zunahme des Kapitalsstocks und damit des Volkseinkommens resultieren kann. Der Wachstumsprozeß kommt einfach zum Stillstand und das erreichte Volkseinkommen, das unter den gegebenen Bedingungen errreicht werden kann, beträgt Y^*.

Dieses aus unserem einfachen Modell abgeleitete Ergebnis hat natürlich weitreichende Konsequenzen was die ökonomischen Aussagen der zugrundeliegenden Wachstumstheorie anlangt:

1. Investitionstätigkeit führt nur dann zu wirtschaftlichem Wachstum, wenn sich in der betrachteten Volkswirtschaft der gleichgewichtige Kapitalstock K^* noch nicht eingestellt hat.
2. Für Volkswirtschaften, die ein wirtschaftliches Wachstum aufweisen, gilt die Vermutung, daß sie ihren gleichgewichtigen Kapitalstock noch nicht erreicht haben. Für sie ist zu erwarten, daß ihre Wachstumsdynamik im Zeitablauf nachlassen wird, und zwar umso stärker je mehr sich ihr Kapitalstock dem Punkt K^* annähert. Langfristig, so darf man erwarten, wird dann kein Wachstum mehr möglich sein.

Vergleicht man diese Aussagen mit den realen Wachstumsprozessen von Volkswirtschaften, wie wir sie eingangs dieses Kapitels beschrieben haben, so läßt sich nur wenig Übereinstimmung von Theorie und Empirie feststellen. Insbesondere die industriellen Volkswirtschaften der westlichen Welt hätten demnach schon lange ihr makroökonomisches Gleichgewicht bei Null-Wachstum erreicht haben müssen. Es muß also noch andere Wachstumsdeterminanten geben als die in unserem Modell aufgezeigten. Auf der Suche danach könnte man als erste Wahl an das exogene Bevölkerungswachstum denken, so wie es im Original-Modell von Solow Verwendung findet. Aber auch mit dessen Einbeziehung kommt man nicht den entscheidenden Schritt weiter. Denn damit läßt sich zwar ein langfristiges Wachstum des Volkseinkommens begründen, keinesfalls aber ein Wachstum des BSP/Kopf. Eine positive Wohlstandsentwicklung in dieser Form ist jedoch, wie wir sahen, vor allem in den industrialisierten Ländern zu beobachten. Das Bevölkerungswachstum für sich kommt also zur Lösung der angesprochenen Diskrepanz zwischen Empirie und Theorie nicht in Betracht. Ebenso wenig kann das Pro-Kopf-Wachstum kann nicht allein durch den vermehrten Einsatz von Kapital und Arbeit erklärt werden, wie die bereits erwähnten, zahlreichen empirischen Studien zeigen. Es muß also noch einen anderen bedeutsamen Faktor geben. In der wachstumstheoretischen Literatur ist man sich heute einig, daß der technische Fortschritt der gesuchte wesentliche Wachstumsfaktor ist. Wenden wir uns ihm also als nächstes eingehender zu.

16.2.3 Wachstum durch exogenen technologischen Fortschritt

Wie verändert sich in unserem einfachen Wachstumsmodell der Wachstumsprozeß, wenn wir darin den technischen Fortschritt als weitere Determinante einführen? Zur Beantwortung dieser Frage müssen wir uns zunächst wieder der Produktionsfunktion zuwenden. Diese muß jetzt so formuliert werden, daß sich in ihr Effekte des technologischen Fortschritts berücksichtigen lassen. Im einfachsten Fall gelingt dies, wenn man Fortschritt als eine exogene Größe ansieht. Dieser wird nun einfach - und ohne jede weitere Begründung - von außen vorgegeben und bewirkt, daß bei jeder Kombination von Produktionsfaktoren ein vergleichsweise höherer Output produziert werden kann. Verwenden wir zur formalen Ableitung wieder eine Cobb-Douglas Produktionsfunktion, so können wir jetzt schreiben:

$$Y_t = T \cdot K_t^{\alpha} \cdot \bar{L}^{1-\alpha} \quad .$$

T gibt hier das technologische Niveau an, mit dem in einer Volkswirtschaft produziert werden kann. Es steht für das technologische Wissen und die technologischen Fähigkeiten, die in einer Volkswirtschaft vorhanden sind. Exogener technischer Fortschritt führt zu einer Erhöhung des Technologieniveaus ***T***. Welche

Konsequenzen ergeben sich daraus für den Wachstumsprozeß in einer Volkswirtschaft?

Wir betrachten hierzu zunächst wieder die Eigenschaften der zugrundeliegenden Produktionsfunktion und bilden die 1. und 2. Ableitung nach der Veränderung des Kapitalstocks K_t:

$$\frac{\partial Y_t}{\partial K_t} = T \cdot \alpha \cdot K_t^{\alpha-1} \cdot \bar{L}^{1-\alpha} > 0 \,,$$

$$\frac{\partial^2 Y_t}{\partial K_t^2} = T \cdot \alpha (\alpha - 1) K_t^{\alpha-2} \cdot \bar{L}^{1-\alpha} < 0 \,.$$

Aus diesen beiden Bedingungen können wir zum ersten entnehmen, daß sich die grundlegende Form der Produktionsfunktion durch die Berücksichtigung des Technologieniveaus nicht verändert hat; es gelten immer noch abnehmende Grenzerträge des Kapitals. Zum zweiten erkennt man, daß die Grenzproduktivität des Kapitals bei jedem Niveau des Kapitalstocks ansteigt, wenn ein exogener Technologieschock das Technologieniveau erhöht, sagen wir von T_1 nach T_2, mit $T_2 > T_1$.

Die Erhöhung der Grenzproduktivität des Kapitals hat zur Folge, daß ein vergleichsweise höheres Volkseinkommen produziert werden kann, was zu einem entsprechend höheren Investitionsniveau führt. Daraus wiederum läßt sich schließen, daß der gleichgewichtige Kapitalstock K^{**} in einer Volkswirtschaft mit technologischem Fortschritt höher sein muß als der Kapitalstock K^* ohne Fortschritt. Anhand von Abbildung 16.9 können wir uns diesen Unterschied veranschaulichen.

Dort sind die Produktionsfunktion und die Funktion der Investitionen in der Situation ohne technischen Fortschritt mit dem Index 1 bezeichnet. Die Wirkung des technologischen Fortschritts auf die Produktionsfunktion kann als eine proportionale Verschiebung derselben nach oben eingezeichnet werden. Diese neue Produktionsfunktion erhält den Index 2. Die Verschiebung bedeutet letztendlich, daß bedingt durch den technischen Fortschritt bei jedem Kapitalstock K_t ein im Vergleich zur Situation 1 höheres Outputniveau produziert werden kann. Hierdurch steigt in gleichem Maße das Einkommen der Haushalte und bei konstanter Sparneigung s auch das Investitionsvolumen. In Abbildung 16.9 zeigt sich dies als eine Verschiebung der Funktion der Investitionen nach oben. An der Abschreibungsrate ***d*** hingegen hat sich nichts verändert.

Abb. 16.9: Wirkung des technologischen Fortschritts auf den Wachstumsprozeß

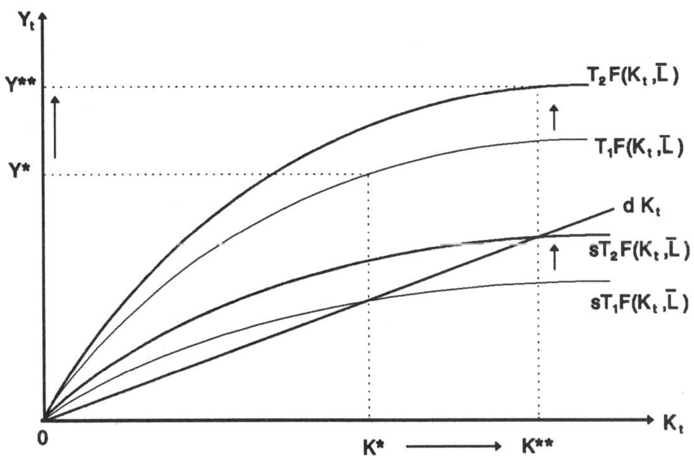

Nehmen wir an, in der Ausgangssituation produziert die Volkswirtschaft mit dem Kapitalstock ***K**** den Output ***Y**** - die Wachstumsrate beträgt hier 0. In dieser Situation tritt ein exogener technologischer Schock auf, der die Produktionsfunktion nach oben verschiebt. Dies bewirkt eine Erhöhung der Produktivität des Kapitals, was wiederum zur Folge hat, daß beim ursprünglichen Kapitalstock ***K****, bei dem sich Investitionen und Abschreibungen gerade ausgleichen, über die notwendigen Ersatzbeschaffungen hinaus Erweiterungsinvestitionen durchgeführt werden können. Hierdurch wird der Kapitalstock der Volkswirtschaft erhöht und der gesamtwirtschaftliche Output wächst entsprechend. Der so angestoßene Wachstumsprozeß kommt erst beim Kapitalstock ***K***** zum Stillstand, denn dort wird erneut das gesamte Investitionsvolumen wieder für Ersatzinvestitionen benötigt.

Stellt man sich nun vor, daß der technologische Fortschritt auf diese Weise kontinuierlich eine Verschiebung der Produktionsfunktion bewirkt, so hat dies notwendigerweise einen Wachstumsprozeß zur Folge, der ebenfalls über die Zeit hinweg andauert. Nimmt man weiterhin eine gesamtwirtschaftliche Produktionsfunktion mit konstanten Skalenerträgen an, bei der also der Output mit dem gleichen Faktor wie die Inputfaktoren zunimmt (zu den Skalenerträgen siehe Kapitel 7), dann hängt die Wachstumsrate des Outputs allein von der exogen gegebenen Rate des technischen Fortschritts ab.

Mit dem technischen Fortschritt hat man, so gesehen, eine Determinante gefunden, die den Wachstumsprozeß einer Volkswirtschaft eigentlich recht gut erklären kann. Die Frage ist nur, ob man den technologischen Fortschritt ausschließlich als eine exogene Größe begreifen darf. Sollte man als Ökonom nicht vielmehr, obwohl sich dahinter sicherlich zum großen Teil technologische Entwicklungen verbergen, nach Erklärungsansätzen suchen, die einen endogenen Bezug zum wirtschaftlichen Ablauf in Unternehmen und in Volkswirtschaften aufweisen?

Als einer der ersten Ökonomen hat sich **Joseph A. Schumpeter** bereits 1912 in seinem Werk "Die Theorie der wirtschaftlichen Entwicklung" mit dieser Frage auseinandergesetzt. Er kommt zu der durchaus nachvollziehbaren Einsicht, daß technologischer Fortschritt oft aus den ökonomischen Aktivitäten von Unternehmern und Unternehmen entspringt und daher endogener Natur ist. Als zentrale Größe dahinter nämlich sieht er die Innovationen in einer Volkswirtschaft, deren Entstehung und Verbreitung es in ökonomischer Art und Weise zu erklären gilt. In jüngerer Zeit hat diese Vorstellung eine bestimmte Forschungsrichtung innerhalb der Volkswirtschaftslehre, die **Innovationsökonomik**, aufgenommen. Sie versucht mit Hilfe eines modernen theoretischen und empirischen Instrumentariums, die Quellen und Wirkungen von technologischem Fortschritt besser und vor allem aus ökonomischer Sicht zu verstehen und zu erklären. Für sie ist technischer Fortschritt keine (ausschließlich) exogene Größe mehr, die man nicht weiter zu erklären hat, sondern, im Gegenteil, das zentrale Element, dessen Bedeutung für Wachstum und Entwicklung es, auf ökonomischer Grundlage, bis in alle Einzelheiten hinein aufzudecken gilt. Beschäftigen wir uns also als nächstes mit dem technologischen Fortschritt als einer endogenen Wachstumsdeterminante.

16.2.4 Wachstum durch endogenen technologischen Fortschritt

In der makroökonomisch orientierten Innovationsökonomik werden, wie gesagt, Modelle und empirische Untersuchungen präsentiert, in denen von endogenem technischem Fortschritt ausgegangen wird, wobei dieser eben nicht mehr von außen vorgegeben ist, sondern innerhalb eines Modells selbst erklärt wird. Hierbei kann man die Ansätze der **Neuen Wachstumstheorie**, der **Schumpeterianischen Wachstumstheorie** sowie der **Evolutorischen Ökonomik** unterscheiden.

Ein Grundmodell der Neuen Wachstumstheorie

Ein weit verbreiteter Ansatz der Neuen Wachstumstheorie schlägt vor, technischen Fortschritt zu endogenisieren, indem man unterstellt, die Arbeiter in einer Volkswirtschaft würden bei der Ausübung ihrer Tätigkeit immer produktiver und effizienter werden (**Romer** (1986)). Man spricht dann von einem sogenannten **Learning-by-doing-Effekt**. Dieser läßt sich in seiner Wirkungsweise wie folgt illustrieren:

Wird in einer Volkswirtschaft eine Investition getätigt, so führt dies zunächst einmal zu einer Erhöhung des Kapitalstocks, was die Produktionsmöglichkeiten positiv beeinflußt. Darüber hinaus steigt durch diese Investition neben dem physischen Kapitalstock aber auch der Bestand an **Humankapital** an. Darunter versteht man die Summe aller technischen Kenntnisse und technologischen Fähigkeiten der Unternehmer, der Beschäftigten und Arbeiter sowie der Forscher und Wissenschaftler in einer Volkswirtschaft. Die angesprochene Erhöhung des Humankapitalsbestands durch Investitionen geht auf eine Beobachtung von **Arrow** (1962) zurück, der eine enge Korrelation zwischen der Produktivität und der Erfahrung der Beschäftigten in der Luftfahrtindustrie beobachtete. Als Maßzahl für den Grad an Erfahrung wählt er die Bruttoinvestitionen in einer Ökonomie.

Als Folge dieser Interdependenz zwischen physischem und humanem Kapitalbestand werden zunehmende Skalenerträge auf makroökonomischer Ebene auftreten, und diese wiederum führen zu einem andauerndem Pro-Kopf-Wachstum in der betrachtetetn Volkswirtschaft. Wachstum wird auf diese Weise endogen bestimmt und ist nicht mehr nur durch eine exogen vorgegebene Rate des technischen Fortschritts determiniert. Formal läßt sich dieser Zusammenhang weiterhin durch eine makroökonomische Produktionsfunktion vom Cobb-Douglas-Typ darstellen, die nunmehr aber durch die Aufnahme des Humankapitals modifiziert ist:

$$Y_t = K_t^{\alpha} \cdot \left(H_t \cdot \bar{L}\right)^{1-\alpha} .$$

H steht hierbei für den Bestand an Humankapital.

Werden nun die Investitionen in einer Volkswirtschaft um eine Einheit erhöht, so steigt sowohl der physische als auch der Humankapitalstock an. Nimmt man vereinfachend an, daß der Humankapitalbestand mit dem physischen Kapitalstock korrespondiert, so gilt:

$$K_t = H_t \ .$$

Für die makroökonomische Produktionsfunktion kann man dann vereinfachend schreiben:

$$Y_t = K_t^\alpha \cdot \left(K_t \cdot \bar{L}\right)^{1-\alpha} = K_t^\alpha \cdot K_t^{1-\alpha} \cdot \bar{L}^{1-\alpha} = K_t \cdot \bar{L}^{1-\alpha} \ .$$

Die besonderen Eigenschaften dieser Funktion lassen sich untersuchen, indem man die 1. und 2. Ableitung nach K_t bildet und folgende Bedingungen erhält:

$$\frac{\partial Y_t}{\partial K_t} = \bar{L}^{1-\alpha} > 0 \ ,$$

$$\frac{\partial^2 Y_t}{\partial K_t^2} = 0 \ .$$

Als Ergebnis läßt sich daraus folgender Zusammenhang ablesen: Wenn hier der Kapitaleinsatz in einer Volkswirtschaft um eine Einheit ansteigt, nimmt auch das Volkseinkommen zu (1. Bedingung), wobei diese Steigerung unabhängig vom Niveau des eingesetzten Kapitalstocks konstant bleibt (2. Bedingung). Daraus läßt sich wiederum folgern, daß der Produktionsfaktor Kapital, im Gegensatz zu oben, nunmehr mit **konstanter Grenzproduktivität** eingesetzt wird.

Abbildung 16.10 zeigt graphisch, wie sich der Wachstumsprozeß in einer Volkswirtschaft mit Humankapital entwickelt. Die Produktionsfunktion $F(K_t, \bar{L})$ ist nun eine lineare Funktion, also eine Gerade. Die Funktion der Investitionen ergibt sich wieder durch Multiplikation mit s. Es sei angenommen, daß diese Funktion steiler als die Funktion der Abschreibungen dK_t verlaufe.

Hat der Kapitalstock in Periode 1 beispielsweise den Wert K_1, so tragen Erweiterungsinvestitionen in Höhe von a zu dessen Erhöhung bei und es ergibt sich ein Bestand von K_2. In Periode 2 betragen die Erweiterungsinvestitionen dann b, die wiederum zu K_3 führen, usw. Aufgrund der konstanten Grenzproduktivität des Kapitals nehmen die Erweiterungsinvestitionen kontinuierlich zu, $\ldots c > b > a$ und der Kapitalstock wächst ebenfalls ohne Grenzen. Entsprechend beobachten wir dann auch ein grenzenloses Wachstum des Volkseinkommens und, unter der Annahme eines konstanten Arbeitseinsatzes L, auch des BSP/Kopf.

Abb. 16.10: Endogener technologischer Fortschritt

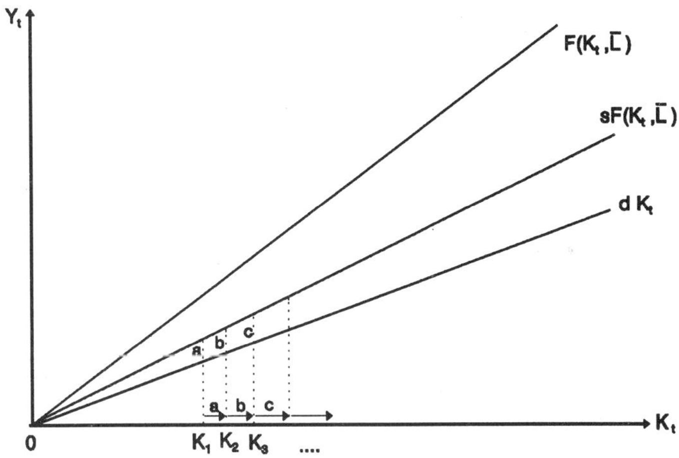

Man muß sich nun natürlich fragen, wie dieses theoretische Ergebnis mit beobachtbaren Wachstumsprozessen in Verbindung gebracht werden kann. Ohne Zweifel stellt es eine sehr starke Vereinfachung eines Wachstumsprozesses dar und viele Faktoren, die auf einzelwirtschaftlicher Ebene große Bedeutung für die Verbesserung der Produktivität, wie in unserem Modell, und ganz allgemein für den Erfolg von Innovationen haben, verschwinden hier in aggregierten Größen. Man sollte sich im Klaren darüber sein, daß das Modell einen Automatismus enthält, welcher in der Realität ein komplexes Wirkungsgeflecht aus einzelwirtschaftlichen Entscheidungen voraussetzt. Insbesondere dieser Kritikpunkt hat in der Folge dazu geführt, daß man versucht, makroökonomische Wachstumsmodelle zu erarbeiten, in denen zumindest die Innovationsentscheidung mikroökonomisch fundiert ist. Das heißt man möchte modellhaft aufzeigen wie und mit welchem Erfolg einzelne Unternehmen ihre Innovationsentscheidungen fällen. Wenden wir uns im nächsten Abschnitt dieser theoretischen Weiterentwicklung zu, die in der Literatur zumeist als "Schumpeterianische Wachstumstheorie" bezeichnet wird.

Die Grundidee der Schumpeterianischen Wachstumstheorie

Das Grundanliegen der "Schumpeterianischen Wachstumstheorie" besteht wie bei den bereits kennengelernten Ansätzen ebenfalls darin, die Wachstumsrate zu endogenisieren. Dies geschieht, indem man auf Ideen und Ansätze zurückgreift, die in der ersten Hälfte des 20. Jahrhunderts von Joseph A. Schumpeter formuliert, vor allem in den 80er Jahren auf mikroökonomischer Ebene weiterentwickelt und in den

90er Jahren in die Wachstumsdiskussion eingebracht wurden (Aghion/Howitt (1992), Dinopoulos (1994)). Die Elemente der Theorie von Schumpeter werden wir unten noch eingehender kennenlernen, wenn wir uns mit Konjunkturzyklen beschäftigen. Einen wesentlichen Ansatzpunkt wollen wir aber bereits hier herausstellen, nämlich den, daß Unternehmen durch Forschung und Entwicklung neue Produkte und Verfahren hervorzubringen vermögen, was ihnen auf den zugehörigen Märkten eine **vorübergehende Monopolstellung** verschafft. Dieser Umstand führt letztendlich dazu, daß innovative Unternehmen über einen bestimmten Zeitraum hinweg höhere Gewinne erzielen können als in einem ausgeprägten Wettbewerb. Dies wiederum stellt für sie den notwendigen Anreiz dar, um überhaupt in die Entwicklung neuer Produkte und neuer Verfahrenstechniken zu investieren. Nach einer bestimmten Zeit kommt es dann zu einer Verbreitung des Neuen auf den Märkten, wobei insbesondere die Diffusion von neuen Techniken dazu führt, daß auch andere Firmen diese Technologie nutzen können. Die Technologie wird damit zu einem teilweise öffentlichen Gut, an dem alle interessierten Firmen mit relativ geringem Aufwand partizipieren können. Auf makroökonomischer Ebene steigert dies die gesamtwirtschaftliche Produktivität und führt zu zunehmenden Skalenerträgen. Dieser Prozeß ermöglicht dann auch wieder ein langfristig positives Pro-Kopf Wachstum, dessen Rate endogen bestimmt wird. Im Gegensatz zu den traditionellen, neoklassischen Wachstumsmodellen, die von vollkommener Konkurrenz ausgehen, läuft dieser Prozeß, wie gesagt, auf Märkten ab, auf denen Unternehmen zielgerichtet in neue Produkte und Technologien investieren und vorübergehend eine Monopolstellung einnehmen.

Charakteristisch für die Schumpeterianischen Wachstumsmodelle ist dabei die mikroökonomisch modellierte Innovationsentscheidung von Unternehmen, als deren Folge sich Märkte mit unvollkommener Konkurrenz herausbilden. Zur formalen Darstellung dieses wirtschaftlichen Geschehens greift der Ansatz auf Monopol- oder Oligopolmodelle zurück, innerhalb derer innovative Unternehmen gewinnmaximierend ihre Forschungs- und Entwicklungsaufwendungen gestalten. Als wachstumstheoretisches Ergebnis erhält man oftmals eine Entwicklung des Volkseinkommens, die kontinuierlich verläuft und die lediglich durch stochastische Einflussgrößen unterbrochen wird. Da jedes Innovationsvorhaben in die Zukunft gerichtet ist, entscheidet über seinen Erfolg natürlich immer in hohem Maße auch der Faktor "Zufall".

Die eben dargelegten Zusammenhänge werden, wie gesagt, in einem neoklassischen Modell abgehandelt. Damit öffnet sich die Neoklassik auf der einen Seite der Erkenntnis, daß Innovationen und unvollständige Märkte für die Wachstumsdynamik von Volkswirtschaften von zentraler Bedeutung sind. Andererseits aber werden die Ergebnisse immer noch unter der primären Annahme abgeleitet, daß die Unternehmen ihre Entscheidungen optimal fällen können. Gerade an diesem Optimalkalkül wird nun von unterschiedlicher Seite scharfe Kritik geübt. Insbesondere eine Richtung in den neueren Wirtschaftswissenschaften, die sich **Evolutorische Ökonomik** oder **Neo-Schumpeterianischer Ansatz** nennt, versucht mit neuen Ansätzen und Methoden das Wachstumsgeschehen in Volkswirtschaften zu analysieren und zu erklären. Wenden wir uns kurz als nächstes noch diesem Ansatz zu.

Evolutorische oder Neo-Schumpeterianische Ansätze

Die evolutorischen oder neo-schumpeterianischen Ansätze streben ebenfalls eine Erklärung von Wachstumsphänomenen auf mikroökonomischer, d.h. auf Unternehmensebene an (Nelson/Winter (1982)). Jedoch gehen diese Ansätze davon ab, Wachstum als einen stetigen und gleichgerichteten Prozeß anzusehen, der von unternehmerischen Innovationsentscheidungen angetrieben wird, welche optimal und strategisch aufeinander abgestimmt sind. Wachstum vollzieht sich vielmehr in unregelmäßigen Schüben, die sich in Intensität und Richtung unterscheiden. Wachstumswellen einerseits und Strukturwandel andererseits stellen dann charakteristische Merkmale von Wachstumsprozessen dar. Wir werden hierauf noch einmal in Abschnitt 16.4 eingehen.

Zurückzuführen sind diese Phänomene auf ein unterschiedliches, nicht aufeinander abgestimmtes Innovations- und Anpassungsverhalten von Unternehmen und Konsumenten. Diese entscheiden sich nämlich nicht im Sinne eines Optimalkalküls, sondern sie agieren eher nach dem Prinzip von "**Versuch und Irrtum**", wobei sie durchaus ihren Profit oder Nutzen verbessern möchten. Neben Innovationserfolgen und Gewinnzuwächsen werden Unternehmen daher auch mit Mißerfolgen und mit Verlusten rechnen müssen. Je nachdem, mit welcher Häufigkeit bei ihnen im Zeitablauf das eine (positive) oder das andere (negative) Ergebnis auftritt, ergeben sich mehr oder weniger starke Wachstumseffekte in der Volkswirtschaft.

Ohne Zweifel dürften die evolutorischen oder neo-schumpeterianischen Ansätze verglichen mit den Modellen, die in einem neoklassischen Rahmen argumentieren, die größere Realitätsnähe aufweisen. Allerdings mangelt es ihnen häufig an einer eleganten formalen Darstellung. Oft müssen sie darauf sogar ganz verzichten.

16.2.3 Produktivität als Maßzahl des technischen Fortschritts

Neben Arbeiten, die sich theoretisch mit dem Zusammenhang zwischen Wachstum und technologischem Fortschritt auseinandersetzen, findet man in der Literatur auch eine große Anzahl von empirischen Untersuchungen. Es gibt nicht viele Bereiche innerhalb der Volkswirtschaftslehre, bei denen sich theoretische und empirische Ansätze gegenseitig so intensiv beeinflußt haben wie in der Wachstumsforschung. Die empirische Überprüfung von analytischen Modellen hat hier oft zu weitergehenden Entwicklungen in der Theorie geführt, welche wiederum die empirische Wirtschaftsforschung vor neue Aufgaben gestellt haben.

Im Gefolge der ersten theoretischen Wachstumsstudien etablierte sich so beispielsweise eine empirische Forschungsrichtung, die man als "**growth-accounting**" bezeichnet. Ziel dieses Forschungsansatzes ist es, anhand von statistischen Berechnungen genau festzuschreiben, wieviel Prozent des Wachstums der tatsächlichen Produktion in einem Lande auf Veränderungen der Inputseite des Produktionsprozesses zurückgehen und wieviel Prozent auf einer unerklärten **Restgröße** beruhen, dem sogenannten Solow-Residuum. Dieser Rest wurde interpretiert als eine Größe, die man zusammengefaßt als Verbesserungen technologischer Art umschreiben kann und die man als **Veränderung der totalen Faktorproduktivität** bezeichnet. Mit ihrer Messung und Interpretation wollen wir uns im folgenden beschäftigen. Zuvor müssen wir jedoch noch kurz auf den Begriff der Produktivität im allgemeinen eingehen.

Die Produktivität einer Volkswirtschaft ist definiert als das Verhältnis von gesamtwirtschaftlichem Output zur Menge der eingesetzten Produktionsfaktoren. In der Theorie, aber auch in empirischen Produktivitätsstudien, unterscheidet man zwei Ansätze zur Messung der Produktivität:

- Zum einen kann sich das Output/Inputverhältnis auf alle eingesetzten Faktoren und Faktormengen beziehen. Man spricht in diesem Fall von **totaler Faktorproduktivität**.

- Zum anderen kommt nur der Faktor Arbeit oder Kapital als Inputgröße zum Ansatz. Man erhält auf diese Weise die **Arbeitsproduktivität** oder die **Kapitalproduktivität** und versteht darunter das Verhältnis von realem Output pro Arbeitsstunde beziehungsweise von realem Output pro Kapitaleinheit.

Wie gesagt, im Rahmen von (empirischen) Wachstumsuntersuchungen wird der technische Fortschritt als ein Restfaktor betrachtet, der den Anteil des Outputwachstums angibt, der durch die Zunahme der Inputfaktoren nicht erklärt werden kann. Nun läßt sich dieser Sachverhalt auch anders formulieren und mit technischem Fortschritt alle Neuerungen bezeichnen, die im Produktionsprozeß zum Einsatz kommen und dazu führen, daß mit einem gegebenen Input an Arbeit und Kapital eine größere Menge von Gütern und Diensten, also ein höheres Sozialprodukt hergestellt werden kann. Man sagt auch, durch den Fortschritt hat die Produktivität der Produktionsfaktoren zugenommen. Als Maßziffer für den technischen Fortschritt dient dann die **Wachstumsrate der totalen Faktorproduktivität**.

Zur Verdeutlichung dieses Sachverhalts kommen wir noch einmal auf die uns bereits bekannte makroökonomische Produktionsfunktion zurück und formen diese wie folgt um:

$$Y_t = T_t \cdot K_t^{\alpha} \cdot L_t^{1-\alpha} \quad \Rightarrow \quad T_t = \frac{Y_t}{K_t^{\alpha} \cdot L_t^{1-\alpha}} .$$

T_t steht hier für das Technologieniveau der betrachteten Volkswirtschaft gemessen durch die totale Faktorproduktivität im Zeitpunkt t. Diese ist definiert als das Verhältnis von aggregiertem Output zu den aggregierten Inputs. Man kann diese Beziehung auch im Zeitablauf verfolgen. Dazu gibt man den Zusammenhang in Wachstumsraten an, die üblicherweise in der mathematischen Darstellung mit einem "^" gekennzeichnet sind. Wir definieren diese wie üblich als prozentuale Veränderung. Die Veränderung des Technologienivaus entspicht dann in unserem Zusammenhang dem technologischen Fortschritt und es gilt folglich:

$$\hat{T} = \frac{T_t - T_{t-1}}{T_{t-1}} .$$

Eine entsprechende Berechnung kann man nun für alle Variablen durchführen, die sich im Zeitablauf verändern und die mit einem "^" gekennzeichnet sind. Diese geben dann an, um wieviel Prozent sich die betreffende Größe in einem bestimmten Zeitabschnitt verändert hat. Bezogen auf die Veränderungsrate der totalen Faktorproduktivität können wir somit schreiben:

$$\hat{T} = \hat{Y} - \alpha \cdot \hat{K} - (1-\alpha)\hat{L} .$$

Angenommen die Wachstumsrate des Outputs betrage 2,4%, die des Kapitals 3%, die des Arbeitsinputs 1% und der Anteil des Kapitals an der Produktion α sei 0,3. Für die Wachstumsrate der totalen Faktorproduktivität erhält man in diesem Fall den Wert 0,8%. Das bedeutet, daß in unserem Beispiel nur zwei Drittel des Outputwachstums, nämlich 1,6%, durch die Erhöhung des Faktoreinsatzes von Kapital und Arbeit erklärt werden kann; der Rest, nämlich 0,8%, wird der totalen Faktorproduktivität zugeschrieben, die als Restgröße definiert ist.

Dieser Vogehensweise folgt auch eine Studie der OECD, deren Ergebnisse wir für die Bundesrepublik Deutschland, Japan und die USA in Abbildung 16.11 wiedergeben.

Die Untersuchung der OECD bezieht sich auf drei Zeiträume, auf die Jahre 1960 bis 1973 sowie 1973 bis 1979 und 1979 bis 1986. In allen drei Zeitabschnitten liegt, wie uns die Tabelle zeigt, die Wachstumsrate der totalen Faktorproduktivität (=technischer Fortschritt) für die USA unter dem durchschnittlichen OECD-Wert.

In diesen gehen die Ergebnisse aller der OECD zugehörigen Länder ein. Die Werte für die Bundesrepublik Deutschland und Japan hingegen liegen über dem OECD-Durchschnitt. Wir können weiterhin erkennen, daß der Anteil des Wachstums der Produktionsfaktoren Arbeit und Kapital am Outputwachstum in den USA größer ist als in der Bundesrepublik Deutschland und in Japan. Anders ausgedrückt, in der Bundesrepublik und in Japan trägt der technische Fortschritt im betrachteten Zeitraum mehr zum Wachstum der Produktion bei als dies in den USA der Fall zu sein scheint.

Abbildung 16.11 zeigt auch, daß sich im Untersuchungszeitraum die Produktivitätszuwachsraten seit dem Einbruch nach dem Ölpreisschock von 1973 nur unwesentlich erholt haben, trotz weitreichender Umgestaltung der Produktionsprozesse und Einführung einer Vielzahl technologischer Neuerungen. Dies gilt sowohl für die USA, Japan und Deutschland als auch für alle OECD Länder im Durchschnitt. Diese Tatsache bezeichnet man als das **Produktivitäts-Paradoxon.** Und auch jüngst die Entwicklungen, die Ende des 20. Jahrhunderts und im Übergang in das 21. Jahrhundert einsetzen und die durch erhebliche Investitionen in Informations- und Kommunikationstechnologien sowie in der Biotechnologie gekennzeichnet sind, scheinen dieses Produktivitäts-Paradoxon nicht aufzulösen.

Abb. 16.11: Produktivität, Wachstum der Produktion[1] und Zunahme der Inputfaktoren im gewerblichen Sektor; Durchschnittliche jährliche Änderungsraten in Prozent

Zeitraum	OECD Durch.[2]	USA	Japan	BRD
1960 - 1973[3]				
Produktion	5,2	3,8	9,7	4,6
Inputfaktoren	2,4	2,3	3,5	1,8
TFP	2,8	1,5	6,1	2,8
Arbeitsproduktivität	4,1	2,2	8,6	4,9
Kapitalproduktivität	-0,4	0,3	-2,4	-1,1
1973 -1979				
Produktion	2,9	2,8	3,8	2,4
Inputfaktoren	2,2	2,9	2,0	0,6
TFP	0,7	-0,1	1,8	1,8
Arbeitsproduktivität	1,6	0,3	3,2	3,4
Kapitalproduktivität	-1,4	-0,9	-3,0	-1,1
1979 - 1986				
Produktion	2,3	2,2	3,8	1,6
Inputfaktoren	1,7	2,2	2,1	0,8
TFP	0,6	0,0	1,7	0,8
Arbeitsproduktivität	1,4	0,6	2,8	2,0
Kapitalproduktivität	-1,3	-1,0	-2,0	-1,3

1) Produktion = reales BIP zu Faktorkosten. Mögliche Differenzen resultieren aus Rundungen.
2) Gewichteter Durchschnitt von 21 OECD Ländern, basierend auf der Produktion von 1985 zu Preisen und Wechselkursen von 1985.
3) Beginn der Erfassung: Japan 1967, Bundesrepublik Deutschland 1961.

Quelle: Englander, A.S., und A. Mittelstädt, "Total Factor Productivity: Macroeconomic and Structural Aspects of the Slowdown", OECD Economic Studies, No.10, Spring 1988.

16.3 Konjunkturelle Schwankungen des Sozialprodukts

Verlassen wir nun die langfristige Betrachtung der Entwicklung des Sozialprodukts und wenden wir uns der kurzfristigen Analyse zu, die man, wie wir wissen, als Konjunktur bezeichnet und die mit zyklischen Schwankungen verbunden ist.

16.3.1 Konjunkturzyklus und stilisierte Fakten

Die Betrachtung konjunktureller Zyklen wollen wir, ebenso wie im vorherigen Abschnitt beim Wachstum, zunächst mit einer Charakterisierung von deren wesentlichen Merkmalen beginnen und danach einige Erklärungsansätze hierzu vorstellen. Zunächst aber sollten wir noch klarer definieren, was man unter einem Konjunkturzyklus zu verstehen hat.

Definition des Konjunkturzyklus

Ebenso wie das Wachstum hat auch die Konjunktur originär mit der volkswirtschaftlichen Produktion zu tun. Deren Zeitreihen zeichnen sich durch zwei Eigenschaften aus:

(1) Blickt man auf die **potentielle Produktion**, so läßt sich sagen, daß diese in fast allen Ländern der industrialisierten Welt im Zeitablauf **monoton zunimmt**. Die Veränderungsraten sind dabei unterschiedlich in den einzelnen Ländern und auch im Zeitablauf wechseln sich Phasen größerer Zunahmen mit solchen ab, in denen die Produktionskapazität nur langsam ansteigt.

(2) Blickt man demgegenüber auf die **tatsächliche Produktion**, so ist deren zeitliche Entwicklung wesentlich größeren Schwankungen unterworfen. Die Veränderungsraten der tatsächlichen Produktion waren in den vergangenen Jahrzehnten gekennzeichnet durch ein **zyklisches Auf und Ab**, d.h. durch die Existenz von **Konjunkturzyklen**.

In idealtypischer Betrachtung unterscheidet man dabei einzelne Phasen eines Konjunkturzyklus, so wie wir dies in Abbildung 16.12 dargestellt haben. Dort sieht man, wie sich die (hypothetische) Produktion in einer Volkswirtschaft bei **Normalauslastung** des Produktionspotentials entwickelt hätte. Da das Produktionspotential, wie wir wissen, über die Zeit hinweg ansteigt, würde auch die Produktion bei normaler Auslastung entsprechend zunehmen. Wir haben dies durch die ansteigende Gerade **AB** ausgedrückt, wobei vereinfachend konstante Zuwächse unterstellt sind. Abweichend davon erkennen wir, wie die tatsächliche Produktion in zyklischen Schwankungen einmal über, ein ander Mal unter der Produktion bei Normalauslastung liegt.

In einer Phase des **Booms** ist die Volkswirtschaft durch eine nahezu vollständige Auslastung des Produktionspotentials gekennzeichnet. Dementsprechend liegt die

Abb. 16.12: Phasen eines Konjunkturzyklus und Trend

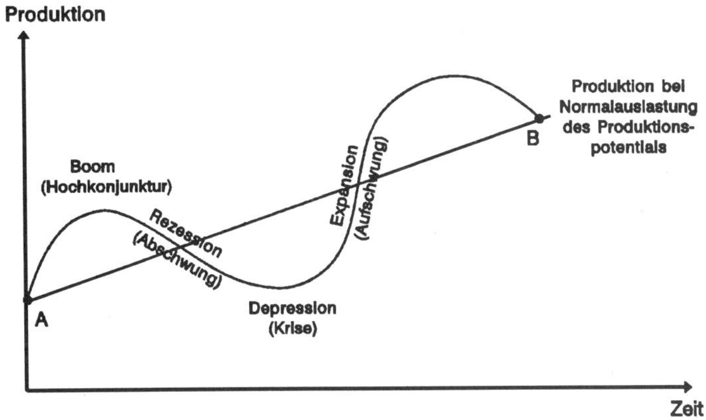

tatsächliche Produktion weit über der Normalproduktion. In der Phase der **Rezession** sinkt die Zuwachsrate der realisierten Produktion im Zeitverlauf ab, bis sie schließlich unter die Produktion bei Normalauslastung fällt. In der **Depression** schließlich kann in der Volkswirtschaft nur noch ein Output realisiert werden, der weit unter dem in normalen Zeiten liegt. Dies dauert an, bis in der Phase der **Expansion** die Produktion mit wachsenden Zuwachsraten ansteigt und schließlich wieder über der Normalproduktion liegt.

Diese Darstellung eines Konjunkturzyklus ist stark idealisiert und in der Realität so nicht zu beobachten. Vielmehr sind beobachtbare Konjunkturschwankungen durch folgende stilisierte Fakten gekennzeichnet.

Stilisierte Fakten der Konjunktur

Ähnlich wie für das volkswirtschaftliche Wachstum lassen sich aus empirischen Beobachtungen auch für die Konjunktur stilisierte Fakten ableiten, mit denen sich die qualitativen Merkmale von Konjunkturzyklen beschreiben lassen. Auch wenn mit dem Begriff Konjunktur eher die kurzfristigen Schwankungen der Produktionsleistung einer Volkswirtschaft bezeichnet werden, können, wie die empirische Wirtschaftsforschung zeigt, zugleich mit den Schwankungen des BSP auch Veränderungen anderer volkswirtschaftlich bedeutender Größen einhergehen, wie etwa der Beschäftigung, des Konsums, des gesamtwirtschaftlichen Preisniveaus, der Auftragseingänge im verarbeitenden Gewerbe und andere mehr. Möchte man charakteristische Muster der konjunkturellen Entwicklung aufdecken, so hat man demzufolge eine Vielzahl von zyklisch schwankenden ökonomischen Größen zu erfassen. Dabei sind die wechselseitigen Abhängigkeiten zwischen solchen Größen von besonderem Interesse, nicht zuletzt weil man sich aus deren Kenntnis erhofft, aussagekräftige Konjunkturprognosen ableiten zu können. Hierauf kommen wir weiter unten noch einmal zu sprechen.

Die Beziehungen, die zwischen verschiedenen zyklisch schwankenden ökonomischen Größen auftreten, lassen sich mit den Begriffen pro- und antizyklisch, Vor- und Nachlauf sowie Schwankungsbreite beschreiben. Um zu zeigen, was man hierunter jeweils zu verstehen hat, greifen wir auf Abbildung 16.13 zurück, wo die betreffenden Zusammenhänge auf idealtypische Weise dargestellt sind.

Abb. 16.13: Beziehungen zwischen unterschiedlichen Zeitreihen

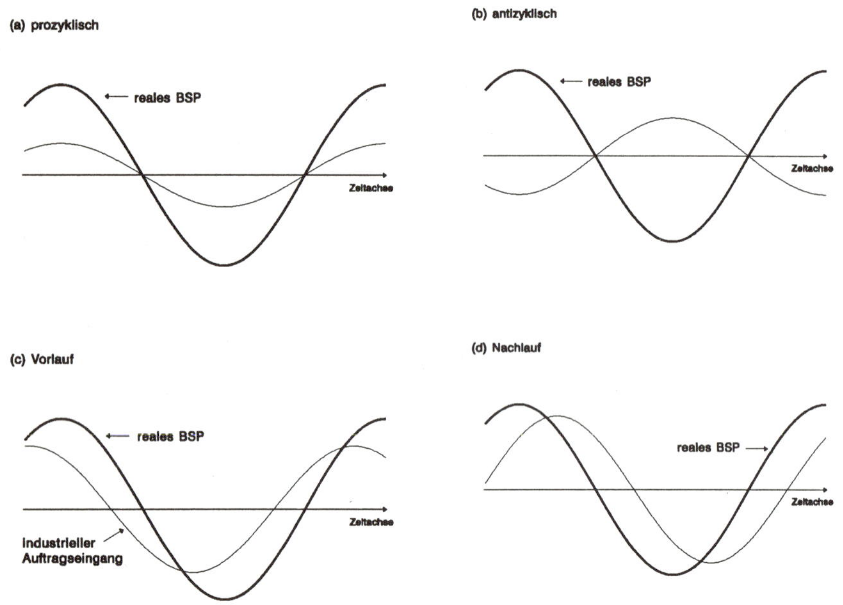

Zunächst einmal wird zur Charakterisierung der wechselseitigen Beziehungen und damit auch zur späteren Ableitung von stilisierten Fakten des Konjunkturverlaufs aus der Vielzahl von zyklisch schwankenden Zeitreihen ein sogenannter **Referenzzyklus** ausgewählt. Hierzu verwendet man in der Regel die Zeitreihe des realen Bruttosozialprodukts. Mit diesem Referenzzyklus vergleicht man dann die zyklischen Zeitreihen von anderen Größen und teilt diese in verschiedene Kategorien ein.

Eine Zeitreihe wird als **prozyklisch** zum Referenzzyklus BSP bezeichnet, wenn sie in etwa den gleichen zeitlichen Verlauf wie der Referenzzyklus aufweist, also wenn die Täler und Gipfel der beiden Zeitreihen zu den gleichen Zeitpunkten erreicht werden (Abbildung 16.13a). Hat eine Zeitreihe dagegen ihre Gipfel (Täler) regelmäßig dort, wo der Referenzzyklus seine Täler (Gipfel) aufweist, nennt man sie **antizyklisch** (Abbildung 16.13b).

Eine Zeitreihe wird als **vorlaufend** (Abbildung 16.13c) charakterisiert, wenn sie ihre Gipfel und Täler vor dem Referenzzyklus erreicht, während **nachlaufende Zeitreihen** ihre Gipfel und Täler stets nach dem Referenzzyklus haben (Abbildung 16.13d). Mit der **Schwankungsbreite** wird schließlich erfaßt, ob eine Zeitreihe stärker oder schwächer im Zeitablauf schwankt als der Referenzzyklus.

Mit Hilfe dieser Grundlagen können wir nun die zentralen stilisierten Fakten zur konjunkturellen Entwicklung umschreiben, so wie man sie für entwickelte Industrienationen regelmäßig beobachten kann. Wir beziehen uns hierbei in erster Linie auf die konjunkturelle Entwicklung in der Bundesrepublik Deutschland in der Zeit nach dem Zweiten Weltkrieg, jedoch sind die Ergebnisse in ähnlicher Weise auch auf andere Länder übertragbar. Nachstehend haben wir sieben stilisierte Fakten zusammengestellt, die wir als besonders wichtig erachten:

(1) Der private Konsum verläuft prozyklisch und phasengleich zum Referenzzyklus des BSP, was bedeutet, daß er weder vor- noch nachläuft. Er weist zudem etwa die gleiche Schwankungsbreite wie der Referenzzyklus auf.

(2) Die Anlageinvestitionen der Unternehmen entwickeln sich ebenfalls prozyklisch und phasengleich, schwanken aber deutlich stärker als der Referenzzyklus.

(3) Der Außenbeitrag (Export-Import) hingegen zeigt regelmäßig einen antizyklischen Verlauf und läuft dem Referenzzyklus um ungefähr zwei Quartale voraus.

(4) Die Zahl der Arbeitslosen wiederum läßt sich in ihrem zeitlichen Verlauf als antizyklisch und phasengleich kennzeichnen, sie schwankt aber deutlich stärker als der Referenzzyklus. Daraus ergibt sich ebenso eindeutig, daß sich umgekehrt die Zahl der Beschäftigten in der Volkswirtschaft prozyklisch und phasengleich verhält.

(5) Die Preisindizes für den privaten Verbrauch und das Bruttosozialprodukt entwickeln sich antizyklisch und sie weisen gegenüber dem Referenzzyklus einen Vorlauf von vier Quartalen auf.

(6) Die Indikatoren für Reallöhne zeigen im Gegensatz zu den Preisen einen Nachlauf von zwei bis drei Quartalen auf und sie verhalten sich prozyklisch.

Zinszeitreihen sind als nachlaufende Indikatoren zu charakterisieren, die sich im allgemeinen prozyklisch entwickeln.

(7) Untersucht man weiterhin die reale Bruttowertschöpfung, aufgespalten für verschiedene Sektoren, so findet man einen engen Zusammenhang im konjunkturellen Verlauf bei Handel, Verkehr, verarbeitendem Gewerbe sowie der Energieversogung und dem Bergbau. Die Landwirtschaft und der Finanzsektor, bestehend aus Kreditinstituten und Versicherungen, dagegen sind vom konjunkturellen Verbund stärker abgekoppelt.

16.3.2 Angebotsorientierte Konjunkturtheorien

Wir haben bislang gesehen, daß in einer Volkswirtschaft Konjunkturschwankungen auftreten und haben gezeigt, wie ein typischer Konjunkturverlauf aussieht. An dieser Stelle wollen wir uns nun fragen, welche **Ursachen** hinter den Schwankungen des tatsächlichen Outputs stehen könnten.

Eine Antwort auf diese Frage fällt schwer. Im letzten Jahrhundert, nach der großen Depression Ende der 20er Jahre und bis in die 70er Jahre hinein, waren fast alle Ökonomen der Ansicht, Konjunkturschwankungen würden durch Veränderungen der aggregierten Nachfrage hervorgerufen. In den 80er und 90er Jahren haben allerdings als Erklärungsansätze für Konjunkturschwankungen mehr und mehr auch theoretische Konzepte an Gewicht gewinnen können, die das aggregierte Angebot als Verursacher konjunktureller Schwankungen betonen. Der bekannteste Ansatz hierzu ist die Theorie der realen Konjunkturzyklen. Vor allem mit ihr wollen wir uns nachfolgend etwas eingehender befassen und die traditionelle nachfrageorientierte Konjunkturtheorie in der Nachfolge von Keynes an dieser Stelle nur noch ganz kursorisch abhandeln. Ihre Grundlagen haben wir bereits in Kapital 13 bei der Abhandlung der Keynesschen Theorie kennengelernt.

Traditionelle Konjunkturtheorie

In der traditionellen Konjunkturtheorie des Keynesianismus stehen nachfrageseitige Ursachen zur Erklärung von kurzfristigen Schwankungen der wirtschaftlichen Aktivität im Vordergrund. Diese Schwankungen entstehen durch geld- oder fiskalpolitische Maßnahmen in Verbindung mit einer verzögerten Anpassung von Löhnen und Preisen an das neue Marktgleichgewicht. Hiermit ist eine strikte analytische Trennung zwischen dem Wachstums- und dem Konjunkturprozeß verbunden, wobei die Konjunktur als zyklische Schwankung um einen Wachstumstrend aufgefaßt wird, dessen Zustandekommen von der Konjunkturtheorie nicht näher erklärt wird. Diese Erklärung wird der Wachstumstheorie überlassen. Dem liegt die Vorstellung zugrunde, daß sich Konjunktur und Wachstum nicht gegenseitig beeinflussen. Dies wiederum bedeutet, daß Konjunktur als vorübergehende, periodisch wiederkehrende Variation im Auslastungsgrad des Produktionspotentials definiert ist, ohne Berücksichtigung von Faktoren, die eine Erweiterung des Produktionspotentials bedingen könnten.

Der Konjunkturverlauf, wie er sich in vielen Industrienationen entwickelt hat, konnte jedoch nicht immer hinreichend gut mit diesen nachfrageseitigen Effekten erklärt werden. Hierzu zählen beispielsweise die Rezessionen, die sich in Folge der Ölpreisschocks 1973/74 und 1979/80 ergeben haben und die man als Stagflation beschreibt, die von Angebotsschocks verursacht worden ist. Da die traditionellen Konjunkturtheorien auf Verschiebungen der makroökonomischen Nachfragekurve und einer invarianten Angebotskurve basieren, waren sie nicht in der Lage, eine Begründung für das kombinierte Auftreten eines gesamtwirtschaftlichen Produktionsrückganges und von hohen Inflationsraten zu liefern (siehe Kapitel 12).

Die Theorie der Realen Konjunkturzyklen

Aus dieser Unzufriedenheit mit dem Erklärungsgehalt der traditionellen Konjunkturtheorie entstanden dann Anfang der 80er Jahre erste Ansätze einer angebotsorientierten Konjunkturtheorie, gleichsam als Gegenpol zu den keynesianischen und auch monetaristischen Konjunkturvorstellungen. Es handelt sich dabei im wesentlichen um Modelle, die den im vorangehenden Abschnitt behandelten neoklassischen Wachstumsmodellen weitgehend entsprechen, die aber zusätzlich in diesem Rahmen auch noch die kurzfristigen Schwankungen des Wirtschaftsablaufs berücksichtigen. Gekennzeichnet sind diese Ansätze, die man in der Literatur unter dem Stichwort **Theorien realer Konjunkturzyklen** (real business cycles; RBC) zusammenfaßt, vor allem auch dadurch, daß sie zentral auf die Auswirkungen von sogenannten exogenen technologischen Schocks auf das Effizienzniveau der gesamtwirtschaftlichen Produktion abstellen. Im Rahmen einer neoklassischen Produktionsfunktion stellt sich dieser Zusammenhang, wenn wir uns erinnern, wie folgt dar:

$$Y = T \cdot F(K,L) \ .$$

Hier stehen wieder $\boldsymbol{Y}$ für das reale Bruttosozialprodukt, $\boldsymbol{T}$ für das gesamtwirtschaftliche Technologieniveau, $\boldsymbol{K}$ für den Kapitalstock und $\boldsymbol{L}$ für den Einsatz an

Arbeitsstunden. Ein Technologieschock wirkt nun primär auf das Technologieniveau T ein und über dieses wird natürlich gleichgerichtet auch das reale Bruttosozialprodukt und damit, ganz allgemein, auch das Niveau der Wirtschaftsaktivität in einer Volkswirtschaft beeinflußt. Technologische Schocks haben auf diese Weise direkte Auswirkungen sowohl auf das verfügbare Produktionspotential wie auch auf dessen Auslastungsgrad. Bei der Diskussion von Wachstumsmodellen mit exogenem technologischem Fortschritt, sprich mit positiven exogenen Schocks, haben wir den dahinterstehenden Mechanismus bereits kennengelernt. Allerdings interessierten uns dort allein die langfristigen Effekte, während jetzt zusätzlich die kurzfristigen Auswirkungen von Schocks in die Betrachtung eingehen.

Wirkungsmechanismus von RBC-Modellen

Als Ursache für konjunkturelle Schwankungen treten nach den Vorstellungen der RBC-Modelle zufällig auftretende technologische Schocks auf, deren Wirkung über einen gewissen Zeitraum hinweg anhält. Man spricht in diesem Zusammenhang von der Persistenz eines Schocks. Solche Schocks können das Technologieniveau in einer Volkswirtschaft einerseits positiv beeinflussen, beispielsweise in Form technologischer Innovationen. Andererseits sind auch negative Schocks vorstellbar. Als Beispiel dafür läßt sich etwa eine drastische Ölpreiserhöhung anführen, welche höhere Kosten bei energieintensiven Produktionstechnologien verursacht und diese dadurch weniger rentabel macht.

Die Wirkung exogener Schocks auf die Angebotsseite einer Volkswirtschaft und damit auf das tatsächlich ausgeschöpfte Produktionspotential vollzieht sich aber auch über den Arbeitsmarkt. In Kapitel 9 haben wir diesen bereits kennengelernt. Wir wissen daher, daß die Anbieter von Arbeit, die Arbeitskräfte, stets eine nutzenmaximierende Kombination von Einkommen (bzw. Arbeitszeit) und Freizeit wählen. Kommt es nun in einer Volkswirtschaft zu einem exogenen technologischen Schock, so werden die Arbeitskräfte darauf reagieren, indem sie sich nutzenmaximierend anpassen. Dabei läßt sich eine Veränderung des Arbeitszeitangebots beobachten, die wiederum direkte Auswirkungen auf das gesamtwirtschaftliche Güterangebot hat.

Nehmen wir zur Illustration dieses Wirkungsmechanismus an, daß ein positiver technologischer Schock das Effizienzniveau T einer Volkswirtschaft erhöhe. Dies hat zunächst Auswirkungen auf die Grenzproduktivität von Arbeit und von Kapital:

$$\frac{\partial Y}{\partial L} = T \cdot \frac{\partial F}{\partial L} ,$$

$$\frac{\partial Y}{\partial K} = T \cdot \frac{\partial F}{\partial K} .$$

Steigt T durch einen technologischen Schock an, so erhöht sich die Grenzproduktivität beider Produktionsfaktoren. Diese werden nach ihrem Wertgrenzprodukt entlohnt. Mit dem Outputpreis p, dem Reallohnsatz w/p und dem Realzins r/p erhält man folgende Beziehungen:

$$\frac{w}{p} = T \cdot \frac{\partial F}{\partial L} ,$$

$$\frac{r}{p} = T \cdot \frac{\partial F}{\partial K} .$$

Es gilt auch hier, daß bei konstantem p eine Erhöhung von T die beiden (realen) Faktorentlohnungen erhöht. Die Konsequenzen für das Arbeitsangebot sind nun folgendermaßen:

Durch die Erhöhung des Grenzprodukts der Arbeit und des damit gestiegenen Lohnsatzes wird es für die Wirtschaftssubjekte lohnend, nach einem (positiven) Technologieschock einen höheren Arbeitseinsatz als zuvor zu erbringen, das heißt mehr Arbeitszeit anzubieten. Sie können nämlich den Betrag, um den sich ihr Einkommen erhöht hat, wenn sie wollen, sofort konsumieren, wodurch auch ihr Nutzenniveau sofort ansteigt. Sie können den Betrag aber auch sparen, um zu einem späteren Zeitpunkt bei gleichbleibendem Konsumniveau weniger arbeiten zu müssen. Es kommt kommt in diesem Fall zu einer intertemporalen Substitution zwischen heutiger Arbeitszeit und zukünftiger Freizeit.

Der gleichzeitige Anstieg des Realzinses veranlaßt die Wirtschaftssubjekte ebenfalls dazu, heute mehr zu sparen, um dafür in der Zukunft ein höheres Konsumniveau realisieren zu können. Das auf diese Weise erhöhte Sparvolumen steht dem Unternehmenssektor für Erweiterungsinvestitionen zur Verfügung und kann in neue Anlagegüter investiert werden. Erinnern wir uns daran, daß in einer geschlossenen Volkswirtschaft ohne Staatsaktivität immer das Investitionsvolumen gleich dem Sparvolumen sein muß. Durch das höhere Technologieniveau und den über die Investitionen bedingten höheren Kapitaleinsatz in den folgenden Perioden kommt es somit zu einer konjunkturellen Boom-Situation. Diese hält an bis entweder die Wirkung des Schocks im Zeitablauf nachläßt oder ein negativer Schock das gesamtwirtschaftliche Technologieniveau herunterdrückt.

In der empirischen Überprüfung liefert der Ansatz der realen Konjunkturzyklen bezüglich konjunktureller Effekte, wie sie auf Gütermärkten beobachtbar sind, recht zufriedenstellende Ergebnisse, den Arbeitsmarkt betreffend jedoch nicht ganz so gute. Hierbei spielen zwei Gründe eine Rolle:

(1) Die Modelle der RBC unterstellen einen perfekt funktionierenden Arbeitsmarkt, was insbesondere bedeutet, daß der Produktionsfaktor Arbeit nach seinem Grenzprodukt entlohnt wird. Der Realität auf dem Arbeitsmarkt entspricht dies jedoch nicht. Einerseits müßten sich die Löhne, um dieser Forderung zu genügen, flexibel nach oben und unten anpassen können, andererseits müßte der Arbeitsmarkt frei von jeglichen Marktmängeln wie externen Effekten, Marktmacht und verzerrenden Einflüssen der Besteuerung sein. Diese beiden Bedingungen sind in der Realität sicherlich nicht erfüllt.

(2) Desweiteren nehmen die RBC-Modelle an, daß die Arbeitnehmer den Willen haben und über die Fähigkeiten verfügen, ihre individuelle Arbeitszeit so autonom zu bestimmen, wie es für die Wirksamkeit des intertemporalen Substitutionseffekts notwendig ist. In der Realität bestehen allerdings vielfältige institutionelle Hemmnisse, wie beispielsweise die Arbeitszeitgesetzgebung und die Tarifverträge, welche die angenommene Arbeitszeitflexibilität unrealistisch erscheinen lassen.

Aufgrund der verwendeten spezifischen Annahmen kommt in einfachen RBC-Modellen eine Arbeitslosigkeit in Form von nicht beschäftigten Arbeitskräften nicht vor, sondern es variiert nur die Zahl der in einem bestimmten Zeitraum gesamtwirtschaftlich geleisteten Arbeitsstunden. Echte Arbeitslosigkeit, ausgelöst durch konjunkturelle Effekte, läßt sich eigentlich nur dann begründen, wenn man davon ausgeht, daß Löhne und Preise nach unten (kurzfristig) rigide seien. Dieser Erklärungsansatz steht allerdings in der Tradition neuer keynesianisch geprägter Konjunkturerklärungen und nicht im Interessenfeld der RBC-Modelle.

Ein weiterer Kritikpunkt an den Modellen realer Konjunkturzyklen liegt in der zentralen Rolle der exogenen Technologieschocks begründet. Es ist fraglich, ob exogene Schocks auf Volkswirtschaften so regelmäßig einwirken, daß sie periodisch wiederkehrende Konjunkturzyklen verursachen können. Um ihre Konjunkturerklärung gegen Kritik aus dieser Richtung zu immunisieren, haben die Vertreter der realen Konjunkturmodelle die Interpretation des Begriffes Technologieschock sehr weit gefaßt. Sie verstehen darunter nicht nur technologische Neuerungen im Sinne positiver Schocks, sondern nennen eine Vielzahl weiterer Phänomene, die als negative Technologieschocks gelten. Hierzu zählen beispielsweise drastische Rohstoffpreiserhöhungen und Phasen langer Arbeitsniederlegungen. Mit diesem Rückgriff auf nicht zu erklärende Phänomene wird freilich der eigentliche Gegenstand der Konjunkturtheorie, nämlich im gewählten Modell aufzuzeigen, wie Konjunkturzyklen zustande kommen, nicht mehr weiter verfolgt, sondern durch einen exogenen Wirkungsmechanismus ersetzt.

16.3.3 Die Auslastung des Produktionspotentials und Beschäftigung

Wir haben in unserer bisherigen Darstellung der verschiedenen konjunkturtheoretischen Ansätze gesehen, daß dort als besonders wichtige Problematik die Beziehung zwischen der wirtschaftlichen Konjunktur und der Beschäftigung beziehungsweise der Arbeitslosigkeit anzusehen ist. Die Beschäftigung wird dabei, wie wir ebenfalls sahen, von zwei Faktoren maßgeblich beeinflußt, der Entwicklung des Produktionspotentials einer Volkswirtschaft und dessen Auslastung. Im Zusammenhang mit der Auslastung der volkswirtschaftlichen Produktionskapazität gilt es, in Ergänzung zum bisher gesagten, auf eine Abhängigkeit zur Arbeitslosigkeit aufmerksam zu machen, die nach dem amerikanischen Ökonomen **A. Okun** als das "Okun'sche Gesetz" bezeichnet wird.

Das Okun'sche Gesetz

Okun hat empirisch eine Relation zwischem dem sogenannten **BSP-Gap** (Grad der Auslastung der potentiellen Produktionskapazität) und der **Beschäftigung** in einer Volkswirtschaft nachgewiesen, die wie folgt aussieht:

$$u - \bar{u} = \alpha(\overline{BSP} - BSP)$$

u := tatsächliche Arbeitslosenquote $\quad BSP$:= tatsächliches BSP

$\bar{u}$:= natürliche Arbeitslosenquote $\quad \overline{BSP}$:= potentielles BSP

Der Parameter α in der obigen Gleichung wird als Okun-Parameter bezeichnet.

Unter der **natürlichen** oder **normalen Arbeitslosenquote** versteht man in obigem Zusammenhang jene Arbeitslosigkeit, die sich aus den "natürlichen" Kräften von Angebot und Nachfrage auf dem Arbeitsmarkt ergibt, und die nicht durch geld- und fiskalpolitische Maßnahmen beeinflußt werden kann, also durch "reale" Faktoren verursacht ist. So scheiden in einer Volkswirtschaft stets eine große Anzahl von Beschäftigten vorübergehend aus dem Arbeitsverhältnis aus, weil diese nach besseren Beschäftigungsmöglichkeiten suchen möchten (sogenannte **Sucharbeitslosigkeit**).

Darüber hinaus spielt auch die **Struktur** einer Volkswirtschaft eine maßgebliche Rolle für den Stand der natürlichen Arbeitslosigkeit. Diese ändert sich ständig und führt so zu dauernden Anpassungsvorgängen auf der Angebots-, Nachfrage- und Faktorseite. Manche Branchen profitieren von solchen strukturellen Änderungen, indem Produktion und Beschäftigung bei ihnen zunehmen. Andere aber zählen zu den Verlierern, da sie ihre alten wirtschaftlichen Möglichkeiten überhaupt nicht mehr oder nur noch zum Teil ausschöpfen können. In der Bundesrepublik Deutschland beispielsweise gehen in den 60er Jahren Produktion und Beschäftigung vor allem in Branchen wie der Landwirtschaft und dem Bergbau zurück. Dieser Rückgang wird zwar durch einen starken Anstieg beider Größen im produzierenden Gewerbe und im Dienstleistungssektor kompensiert. Ähnlich verhält es sich auch mit dem Ende des 20. Jahrhunderts einsetzenden Umbau der Industriegesellschaft ("Old Economy") zu einer sogenannten Wissens- und Informationsgesellschaft ("New Economy"), bei dem die Beschäftigung in den traditionellen Industriesektoren zum Teil drastisch abnimmt, während in den neuen Sektoren vor allem der Informations- und Kommunikationstechnologien und den dazugehörigen Dienstleistungen eine Beschaftigungszuwachs zu verzeichnen ist. Am Ende aber sind diese Vorgänge doch von Schwierigkeiten in der Anpassung begleitet, die zumindest zu zeitweiliger Arbeitslosigkeit bei verschiedenen Berufsgruppen führen (**strukturelle Arbeitslosigkeit**).

Ein weiterer "natürlicher" Grund für Arbeitslosigkeit besteht darin, daß nicht alle arbeitsfähigen Arbeitnehmer auch willens sind, eine angebotene Beschäftigung tatsächlich anzunehmen.

Was nun alles zur natürlichen Arbeitslosigkeit gehört, hängt auch davon ab, wie weit man diesen Begriff faßt. Nach **M. Friedman**, beispielsweise, einem Hauptvertreter des Monetarismus (siehe Kapitel 14), entspricht die natürliche Arbeitslosigkeit primär der eben angesprochenen Such- und strukturellen Arbeitslosigkeit.

Das sogenannte "Okun'sche-Gesetz" besagt nun gemäß obiger Formel, daß die Abweichung der tatsächlichen von der natürlichen Arbeitslosenquote umso größer ausfällt, je größer die Lücke ist, die sich zwischen dem potentiellen und dem tatsächlichen Bruttosozialprodukt auftut. Wie stark diese Lücke die Arbeitslosenquote beeinflußt, hängt vom Okun-Parameter α ab. Dieser steht als Ausdruck für das sozioökonomische und politische Umfeld sowie für sonstige institutionelle Rahmenbedingungen in einer Volkswirtschaft und wird von Land zu Land unterschiedlich hoch sein.

Für die **Bundesrepublik Deutschland**, beispielsweise, erhält man für den Zeitraum von 1961 - 1982 folgende Okun-Beziehung:

$$u - \bar{u} = 0{,}03(\overline{BSP} - BSP) \quad .$$

Für dic **USA** hingegen errechnete Okun für den Zeitraum von 1947 - 1960 einen davon stark abweichenden Zusammenhang:

$$u - \bar{u} = 0{,}3(\overline{BSP} - BSP) \quad .$$

Spätere empirische Untersuchungen mit fortgeschrittenen ökonometrischen Methoden ergaben für die USA sogar einen Okun-Parameter von 0,5. Bilden wir diese Beziehungen in einem Diagramm ab, mit dem ***BSP*** auf der Ordinate und ***u*** auf der Abszisse, so erhalten wir für dic Bundesrepublik und die USA die Abbildungen 16.14a und 16.14b.

Wie man sieht, verläuft die Okun-Kurve für die USA viel steiler als jene für die Bundesrepublik. Sinkt beispielsweise in der Bundesrepublik das Bruttosozialprodukt von BSP_1 auf BSP_2, so steigt die Arbeitslosenquote lediglich geringfügig an, nämlich von u_1 auf u_2 (Abbildung 16.14a). Bei gleichem Rückgang des Sozialprodukts in den USA (Abbildung 16.14b) nimmt sie hingegen weit mehr zu, nämlich von u_3 auf u_4.

Der Grund hierfür liegt, wie gesagt, in der unterschiedlichen Größe des Okun-Parameters für beide Länder. In Deutschland steigt die Arbeitslosenquote bei einer Verminderung des tatsächlichen Bruttosozialprodukts um 1 Prozent, bezogen auf das potentielle Bruttosozialprodukt, nur um 0,03 Prozent an, während die Zunahme in den USA immerhin 0,3 Prozent beziehungsweise 0,5 Prozent beträgt.

Während in den USA das "hire and fire", das Einstellen und Entlassen von Arbeitskräften für die Unternehmen keine allzu großen Probleme bereitet, können in der Bundesrepublik, aufgrund von Schutzregelungen Arbeitnehmer nicht so einfach entlassen werden. Auf der anderen Seite fällt es bei uns aber auch schwerer, einmal entlassene Arbeitnehmer wieder in ein geregeltes Arbeitsverhältnis aufzunehmen.

Abb. 16.14a: Okun-Beziehung für die BRD

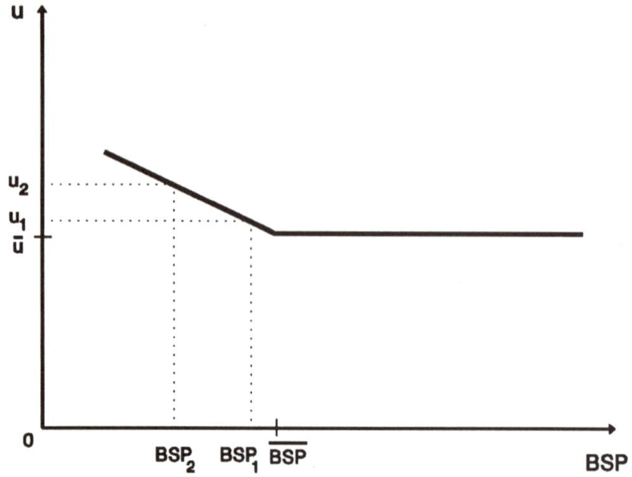

Abb. 16.14b: Okun-Beziehung für die USA

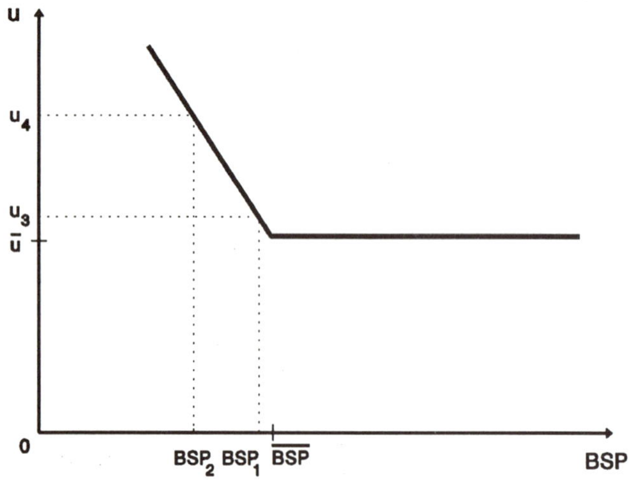

16.3.4 Konjunkturdiagnose und -prognose

Ökonomische Entscheidungen vor allem auf der Unternehmesebene werden in vielen Fällen auch von der konjunkturellen Situation in einer Volkswirtschaft sowie von den Erwartungen über die weitere konjunkturelle Entwicklung abhängen. Konjunkturdiagnosen und -prognosen stellen daher ein oft unverzichtbares

Instrument zur Unterstützung von Entscheidungen dar, vor aallem solcher, die weiter in die Zukunft gerichtet sind.

Im Rahmen der **Konjunkturdiagnose** wird an Hand mehrerer Indikatoren versucht, ein Bild über die momentane konjunkturelle Lage einer Volkswirtschaft zu gewinnen. Dabei spielen die Indikatoren für die Ziele des magischen Vierecks, also die Wachstumsrate des realen Bruttosozialprodukts, die Inflationsrate, die Arbeitslosenquote und die Exporte sowie Importe eine maßgebliche Rolle. Da jedoch die meisten Daten der volkswirtschaftlichen Gesamtrechnung erst mit Verzögerung zur Verfügung stehen, ist schon bei der Konjunkturdiagnose die Verwendung von Zeitreihen erforderlich, die einen gewissen Vorlauf vor dem Konjunkturzyklus und damit auch schon Prognosecharakter haben. Zu diesen sogenannten Frühindikatoren zählen vor allem Datenreihen über Auftragseingänge und Bauanträge.

Gegenstand der **Konjunkturprognose** ist der Versuch einer quantitativen Bestimmung in der Zukunft liegender Werte für maßgebliche gesamtwirtschaftliche Größen. Der angestrebte Prognosehorizont liegt hierfür zwischen einem und zwei Jahren. In der Bundesrepublik Deutschland werden Prognosen regelmäßig vom Arbeitskreis wirtschaftswissenschaftlicher Forschungsinstitute in ihren Frühjahrs- und Herbstgutachten, dem Sachverständigenrat zur Begutachtung der gesamtwirtschaftlichen Entwicklung in seinen Jahresgutachten und der Bundesregierung im Jahreswirtschaftsbericht erstellt. Gerade letztere Prognosen dienen auch als Grundlage für die Prognose der zukünftig erwarteten Steuereinnahmen des Staates durch den Arbeitskreis Steuerschätzung.

Die Methoden, mit denen Konjunkturprognosen erstellt werden sind zumeist sehr komplex und bestehen aus großen ökonometrischen Konjunkturmodellen, die sich aus mehr als hundert einzelnen Gleichungen zusammensetzen können und damit das Zusammenwirken einer großen Zahl konjunkturell relevanter Zeitreihen abbilden. Andere Verfahren, wie das vom Sachverständigenrat verwandte Rechenschema, lassen jedoch auch Raum für das Gespür der Experten und erlauben damit eine flexiblere Anpassung an die zum Zeitpunkt der Prognoseerstellung gerade vorherrschende konjunkturelle Situation.

Mit Blick auf die Güte gesamtwirtschaftlicher Prognosen läßt sich festhalten, daß sie in ruhigem konjunkturellem "Fahrwasser" relativ gut abschneiden. In Situationen jedoch, wo eine zuverlässige Konjunkturprognose sehr wichtig wäre, nämlich an den oberen und unteren Wendepunkten des Konjunkturzyklus, sind dagegen leider häufig Fehlprognosen zu verzeichnen. Dabei hat sich in der Vergangenheit sowohl die Voraussage von Wendepunkten als auch die Prognose der Höhe des konjunkturellen Ausschlags als sehr fehleranfällig erwiesen.

16.4 Zyklisches Wachstum

Auf die Schwierigkeit, konjunkturelle und Wachstumeffekte voneinander isoliert zu betrachten, haben wir bereits hingewiesen. Auch die theoretische Analyse beider Phänomene zeigt uns, daß der technologische Fortschritt sowohl bei den Wachstumsmodellen als auch bei den Modellen der realen Konjunkturzyklen als wichtigste Determinante angesehen wird. Der (bereits erwähnte) evolutorische oder neoschumpeterianische Ansatz verzichtet sogar ganz darauf, zwischen Konjunktur und Wachstum zu unterscheiden. Er stellt vielmehr darauf ab, daß selbst das Wachstum, wird es von Innovationen getragen, in Schüben erfolgt und daher ebenfalls einen zyklischen Verlauf aufweist.

Wir können auf dieses breite Forschungsfeld der zyklischen Entwicklung von Volkswirtschaften in längerfristiger Betrachtung hier nicht im Detail eingehen. Doch möchten wir zumindest einige grundlegende Elemente solcher Konzepte vorstellen. Hierzu greifen wir auf einen schon etwas älteren Ansatz zurück, nämlich die Theorie der Business Cycles von **Joseph A. Schumpeter**.

Schumpeter's Theorie der Business Cycles

Schumpeter sieht in seiner Theorie für den Konjunkturverlauf insbesondere die **Innovationen** als verantwortlich an, die von Unternehmen in einer Volkswirtschaft getätigt werden. Unter Innovationen versteht er dabei die erfolgreiche Durchsetzung neuer Kombinationen, das heißt die Einführung neuer Produkte (Produktinnovationen), die Verwendung neuer Produktionsmethoden (Prozeßinnovationen), oder den Zugang zu neuen Märkten. Desweiteren zählen hierzu auch die Ausbeutung neuer Rohstoffquellen sowie die Durchsetzung neuer Organisationsstrukturen.

Als Ausgangspunkt der Analyse dient Schumpeter ein statisches Gleichgewicht in einer Volkswirtschaft, in dem Unternehmen und Haushalte auf einem bestimmten Markt eine optimale Position eingenommen haben. In dieser Situation wird die gesamte Volkswirtschaft durch Innovationen auf dem betrachteten Markt aus ihrer bisherigen Bahn herausgerissen und mündet in einen konjunkturellen Aufschwung ein. Eine zentrale Rolle kommt dabei dem **dynamischen Unternehmer** zu, der die

Innovationen hervorbringt und mit diesen einen Prozeß der "schöpferischen Zerstörung" in Gang setzt:

- Neue Produkte drängen dabei in die Märkte für die bekannten alten Produkte ein und machen diese überflüssig.

- Neue Produktionsverfahren lösen die schon bekannten alten Verfahren ab und entwerten damit vorhandene Produktionsanlagen.

Ist eine Innovation schließlich allgemein übernommen, so verlangsamt sich der Aufschwung, um letztendlich wieder in ein neues statisches Gleichgewicht einzumünden. Der Pioniergewinn, den der Initiator einer Neuerung erhält, verschwindet, bis ein neuer Anstoß durch einen dynamischen Unternehmer erfolgt.

Aus der Sicht Schumpeters können nun andauernd auf verschiedenen Märkten und in unterschiedlichen Unternehmen Innovationsprozesse ablaufen. Diese unterscheiden sich natürlich in ihrer Bedeutung und in ihrem ökonomischen Wirkungsgehalt. Sogenannte "Basisinnovationen", die zur Entwicklung von Schlüsseltechnologien und zur Durchsetzung von Schlüsselprodukten führen, treten in der Realität, verständlicherweise, unregelmäßiger und nur in größeren Zeitabständen auf, während eher ungeniale Verbesserungen am bestehenden Produkt- und Verfahrenspotential eigentlich laufend vorkommen können.

Diese Differenzierung im Bereich der Innovationen muß selbstverständlich auch Auswirkungen auf den Konjunkturverlauf haben. Sie führt dazu, daß in einer Volkswirtschaft stets mehrere Konjunkturzyklen unterschiedlicher Länge und unterschiedlichen Gewichtes gleichzeitig auftreten, sich also gleichsam überlappen. Schumpeter weist besonders auf drei solcher Konjunkturzyklen hin, die nach Pionieren im Bereich der Konjunkturforschung benannt sind.

Der kürzeste Zyklus, **Kitchin-Zyklus** genannt, wird verursacht durch Veränderungen bei der Lagerhaltung und dauert etwa drei Jahre. Der mittlere Zyklus, der gemeinhin als **der** Konjunkturzyklus gilt und eine Länge zwischen fünf und acht Jahren aufweist, ist nach **Juglar** benannt. Seine Determinanten bilden Innovationen im Herstellungs- wie im Produktbereich einer Unternehmung, etwa die Verwendung neuer Maschinen, von Dynamos, elektrischen Motoren oder die Entwicklung von Autos, Radios, Kühlschränken und ähnlichem mehr. Der dritte Zyklus mit einer Länge von 30 und mehr Jahren geht auf **Kondratieff** zurück. Er wird durch herausragende und besonders bedeutsame Innovationen, eben durch Basisinnovationen, hervorgebracht. Zu solchen zählen der Ausbau des Verkehrsnetzes, die Elektrifizierung, und heute wohl auch der Übergang zur Halbleiterelektronik mit all den neuen Möglichkeiten in der Informations- und Kommunikationstechnik. Insbesondere der lange Zyklus, die sogenannten langen Wellen, ist heute wieder verstärkt in das Blickfeld der Ökonomie gerückt. Es gibt hierzu bereits eine Reihe aufschlußreicher empirischer Untersuchungen.

Zieht man die unterschiedliche Länge dieser Konjunkturzyklen in Betracht sowie auch den Umstand ihrer zeitlichen Überlappung, so handelt es sich bei der Theorie Schumpeters eigentlich um keine reine Konjunkturtheorie mehr. Sie weist vielmehr die Charakteristika einer "Entwicklungstheorie" für kapitalistische Marktwirtschaften auf, bei der neben den konjunkturellen Schwankungen auch das Wachstum eine bedeutsame Rolle spielt. Deshalb sollte man hier auch besser von einer **evolutorischen Theorie** sprechen.

Lange Zeit hat man in der gängigen Wirtschaftswissenschaft diesen Ansatz von Schumpeter kaum beachtet. Vor allem in den 60er und 70er Jahren herrschte, wie schon mehrfach betont, die keynesianische Theorie vor. Erst in jüngster Zeit wird zur Erklärung realer ökonomischer Vorgänge in den Industrienationen der westlichen Welt vermehrt auf Schumpeterianisches Gedankengut zurückgegriffen und es ist auch zu erwarten, daß sich diese Tendenz in Zukunft verstärkt fortsetzen wird.

16.5 Angebotsorientierte Wirtschaftspolitik

Das Kapitel angebotsseitige Makroökonomik möchten wir abschließen, indem wir noch auf die wirtschaftspolitischen Konsequenzen eingehen, die eine Betonung der Angebotsseite einer Volkswirtschaft notwendigerweise mit sich bringt.

Teilweise beeinflußt von den angesprochenen konjunkturtheoretischen Vorstellungen entwickelte sich in den 80er Jahren im angelsächsischen Sprachraum eine Forschungsrichtung, die gleichfalls das Auf und Ab im Outputniveau einer Volkswirtschaft im Blick hat. Sie aber stellt schwergewichtig weniger auf die reine Theorie und mehr auf die **politischen** Maßnahmen ab, die sich auf der Angebotsseite einer Volkswirtschaft ergeben, um solche Schwankungen zu beheben und einen Prozeß des prosperierenden Wirtschaftswachstums zu gewährleisten. Wir meinen die sogenannte "Supply Side Economics", auf die wir nachfolgend etwas gründlicher eingehen wollen.

Zeitlich später, und vor allem von der Neuen Wachstumstheorie und dem Forschungsgebiet der Innovationsökonomik angeregt, findet man eine weitere angebotsseitige Entwicklung in der Wirtschaftspolitik, die den technologischen Fortschritt als Wachstumsmotor entwickelter Volkswirtschaften in den Vordergrund ihrer politischen Überlegungen stellt. Damit rückt die Technologiepolitik stärker in das Zentrum wirtschaftspolitischer Diskussionen. Hierauf wollen wir ebenfalls unten noch zu sprechen kommen.

16.5.1 Supply-Side Economics als wirtschaftspolitisches Konzept

Mit dem Begriff "Supply-Side Economics" wird in der Regel jene Konzeption bezeichnet, die vor allem während der Amtszeit von **M. Thatcher** in Großbritannien und von **R. Reagan** in den USA das wirtschaftspolitische Handeln in jenen Ländern bestimmte. Sie löste eine mehr am Keynesianismus orientierte Politik der Nachfragesteuerung ab, die in der westlichen Welt nach dem zweiten Weltkrieg dominierte.

"Supply-Side Economics" als wirtschaftspolitisches Konzept knüpft in seinen wesentlichen Aussagen und Empfehlungen an die Determinanten des aggregierten Angebots an. Es versucht, vor allem die Rahmenbedingungen für ein störungsfreies **Wachstum** und für die **Effizienz** in einer Volkswirtschaft zu verbessern. Erreichen will man diese Ziele, indem man unter anderem empfiehlt, die Wirtschaft sich selbst zu überlassen. Das heißt, man ist der Ansicht, der Staat solle sich möglichst aus dem Wirtschaftsgeschehen heraushalten und vor allem nicht versuchen, die Volkswirtschaft durch Globalsteuerung zu lenken. Im Gegenteil, durch kräftige Senkungen bei der Besteuerung der Einkommen und der Gewinne soll er den einzelnen Wirtschaftssubjekten Anreize geben, sich verstärkt wirtschaftlich zu betätigen.

Bevor wir näher auf die eben angeklungenen drei Hauptcharakteristika der "Supply-Side Economics" - Betonung des aggregierten Angebots, keine staatlichen Eingriffe, Politik der Steuerreduktion - eingehen, sollten wir nochmals erwähnen, daß diese Richtung kein geschlossenes theoretisches Gebäude besitzt. Sie umfaßt vor allem die extreme Variante, wie sie in England und den USA praktiziert wurde. Ob hingegen auch die gemäßigtere und ausgewogenere Form einer angebotsorientierten Wirtschaftspolitik, wie sie der Sachverständigenrat zur Begutachtung der gesamtwirtschaftlichen Entwicklung in der Bundesrepublik Deutschland vertritt, dazu gezählt werden sollte, ist eine strittige Frage.

Doch sehen wir uns nun die drei Hauptcharakteristika der angelsächsisch geprägten "Supply-Side Economics" näher an.

Betonung der aggregierten Angebotskurve

Supply-Side-Ökonomen gehen davon aus, daß in einer stagnierenden Volkswirtschaft das aggregierte Angebot zu beleben und auszudehnen sei. Die aggregierte Nachfrage hingegen ist für sie ohne Interesse. Ob nun allerdings ein Programm, das auf die Ausdehnung des aggregierten Angebots ausgerichtet ist, auch tatsächlich Erfolg hat, hängt, wie wir wissen, maßgeblich vom Verlauf der **AA**-Kurve ab.

- Verläuft diese flach, so ist das Programm zum Scheitern verurteilt.
- Verläuft sie hingegen steil, so kann eine angebotsorientierte Maßnahme effektiv werden.

Die Abbildung 16.15 kann dies veranschaulichen.

Abb. 16.15: Angebotsorientierte Wirtschaftspolitik

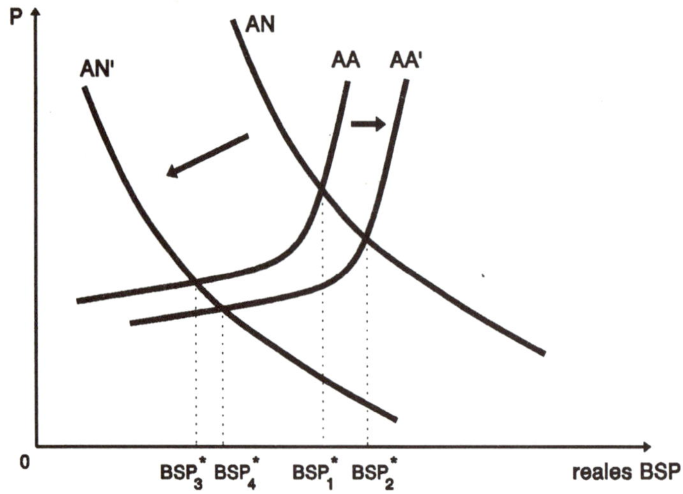

Die Angebotsbedingungen, die eine Volkswirtschaft zu Beginn einer angebotsorientierten Politik kennzeichnen, sollen durch die Kurve **AA** gegeben sein. Nach erfolgreicher Durchführung der Politik soll die aggregierte Angebotskurve nach **AA'** wandern. Falls sich nun die Ökonomie im steilen Bereich der **AA**-Kurve befindet, gekennzeichnet durch den Schnittpunkt der **AA**-Kurve mit der aggregierten Nachfragekurve **AN**, ist die Wirkung einer Angebotsverschiebung auf das BSP groß. In dem dargestellten Beispiel würde das reale BSP von $\boldsymbol{BSP_1^*}$ auf $\boldsymbol{BSP_2^*}$ ansteigen. Befindet sich die Volkswirtschaft demgegenüber im flachen Bereich der **AA**-Kurve, gekennzeichnet durch den Schnittpunkt der **AA**-Kurve mit der **AN'**-Kurve, fällt die Wirkung auf das BSP weitaus geringer aus. In diesem Fall dehnt sich das BSP nur von $\boldsymbol{BSP_3^*}$ auf $\boldsymbol{BSP_4^*}$ aus.

Allerdings, und darauf sollte man besonders hinweisen, in unserem Beispiel ist eine Angebotskurve der neoklassischen Synthese unterstellt. Die Supply-Side-Ökonomen aber gehen davon aus, daß eine Volkswirtschaft so funktioniert, wie die Klassik dies annimmt. Die **AA**-Kurve weist also in ihrer Konzeption einen relativ steilen Verlauf auf. Diese Annahme ist unbedingt notwendig, damit angebotsorientierte Politik über eine Verschiebung der **AA**-Kurve überhaupt einen merklichen konjunkturpolitischen Effekt hervorbringen kann.

Keine Einmischung des Staates

Ein weiteres Hauptanliegen der angebotsorientierten Wirtschaftspolitik angelsächsischer Prägung liegt in einer Stärkung des privatwirtschaftlichen Sektors, in einem "Mehr-Markt" und "Weniger-Staat".

Supply-Side-Ökonomen lehnen eine Globalsteuerung der Volkswirtschaft im Sinne von Keynes strikt ab. Die Konjunkturpolitik wird bewußt vernachlässigt, da man annimmt, daß deren Wirkungen einfach verpuffen. Die Ökonomie soll **langfristig** wachsen und dafür die erforderlichen Bedingungen auf der Angebotsseite vorfinden. Keynesianische Stabilisierungspolitik hingegen wirke, auf mittlere Frist, wie eine Droge. Sie macht die Volkswirtschaft immer abhängiger von staatlichen Eingriffen und staatlichen Stimulanzien zur Konjunkturbelebung. Haushalte und Unternehmer verlassen sich immer mehr darauf, daß der Staat mit entsprechenden Hilfen zur Stelle sei, wenn die wirtschaftliche Entwicklung ins Schlingern gerät. Wichtiger als die kurzfristige Reduktion der Arbeitslosenzahlen sind die Bekämpfung der Inflation und vor allem die Steigerung der Produktivität einer Volkswirtschaft.

Steuerpolitik

Das Hauptinstrument zur konjunkturpolitischen Beeinflussung einer Volkswirtschaft sind für Supply-Side-Ökonomen **große Steuernachlässe**. In Ländern mit hohen marginalen Steuersätzen, wie dies in den USA bei der Einkommen- und Körperschaftssteuer der Fall war, und in Europa teilweise noch der Fall ist, würden die Anreizwirkungen zum Sparen, Investieren und Arbeiten durch die Zwangsabgaben an den Staat zerstört. Nur eine Reduktion der Steuern kann die erforderlichen

Anreize wieder freilegen und auf der Unternehmensseite vorhandene Ressentiments gegenüber einem vermehrten Einsatz der Faktoren Arbeit und Kapital abbauen.

16.5.2 Technologiepolitik

Neben den soeben angesprochenen Maßnahmen zur Stärkung der Angebotsseite einer Volkswirtschaft ist in den letzten Jahren auch die Technologiepolitik immer mehr ins Zentrum der politischen Diskussion gerückt. Diese Entwicklung hat einerseits damit zu tun, daß sich die wirtschaftswissenschaftliche Forschung mit großem Engagement Fragen der Innovationstätigkeit und -fähigkeit von Unternehmern und Unternehmen sowie von gesamten Volkswirtschaften zugewendet hat. Wir haben bereits das neue Forschungsgebiet der **Innovationsökonomik** erwähnt. Andererseits zeigt sich die wirtschaftliche Dynamik zumindest in den industrialisierten Volkswirtschaften mit der Jahrtausendwende stark geprägt von Begriffen der Kreativität und Neuerung, von technologieabhängiger internationaler Wettbewerbsfähigkeit der Unternehmen und Volkswirtschaften und nicht zuletzt vom Strukturwandel weg von der herkömmlichen Industriegesellschaft und hin zur Wissens- und Informationsgesellschaft.

Unter dem Begriff Technologiepolitik läßt sich ein Bündel von staatlichen Instrumenten subsumieren, welche die angesprochenen Veränderungen in den Volkswirtschaften aktiv vorantreiben oder begleiten sollen. Die technologiepolitischen Maßnahmen können dabei an verschiedenen, aufeinander folgenden Phasen der technologischen Entwicklung, des sogenannten **Innovationsprozesses** ansetzen. Zuerst hat man es mit der Phase der Invention zu tun, während der neue Ideen entwickelt werden. Daran schließt sich die Phase der Innovation an, in der eine erstmalige Vermarktung der neuen Idee gelingt, die dann als Produkt- oder Prozeßinnovation oder auch als organisatorische Verbesserung konsumiert beziehungsweise als Produktionsfaktor eingesetzt wird. Mit Diffusionsphase beschreibt man den Zeitabschnitt, in dem sich eine Innovation ab der erstmaligen Markteinführung verbreitet. Neben diesen drei Phasen ist auch die Phase der Imitation von politischer Bedeutung. Während dieser kann es den Konkurrenten eines Innovators möglicherweise gelingen, die Innovation nachzuahmen und ebenfalls erfolgreich zu vermarkten.

Den verschiedenen Phasen des Innovationsprozesses können nun spezifische Politiken zugeordnet werden. So zielen Maßnahmen der **Bildungs- und Forschungspolitik** darauf ab, vor allem ein Potential für Kreativität und für neue Ideen zu schaffen und damit für hinreichende Inventionen in einer Volkswirtschaft zu sorgen. Die Umsetzung dieser neuen Ideen in anwendbare und marktfähige Produkte erfolgt über die spezifische Förderung neuer Technologien. Man spricht hier direkt von **Innovationspolitik**. In weiterem Sinne zählen hierzu auch Maßnahmen der Wettbewerbspolitik, denn nur auf funktionsfähigen Märkten können sich Neuerungen rasch und effektiv durchsetzen. Allerdings spielt hier auch die **Patentschutzpolitik** eine wesentliche Rolle. Diese nämlich schützt Innovatoren vor der einfachen Nachahmung der Innovation durch Imitatoren. Ohne diese Schutzwirkung würde die Innovationsneigung kreativer Unternehmer weitaus geringer sein. Wesentlichen Einfluß kann die Politik auch auf die Verbreitung von Neuerungen nehmen, etwa in Form der staatlichen Beschaffungspolitik, also wenn der Staat beispielsweise selbst in seinen Verwaltungen neue Computer- und Kommunikationstechnologien einsetzt.

Die Wirkungsweise von technologiepolitischen Maßnahmen auf das aggregierte Angebot ist ähnlich derjenigen von Steuererleichterungen. Allerdings tritt der Wirkungszusammenhang hier nicht so umittelbar und direkt auf wie dort. Denn die Förderung von inventiven und innovativen Anstrengungen einzelner Unternehmen garantiert keinesfalls, daß diese auch einen wirtschaftlichen Erfolg erzielen werden. Die **Unsicherheit** nämlich, die unmittelbar mit Forschen und Experimentieren sowie der Entwicklung und Markteinführung von Produkten und Prozessen verbunden ist, läßt sich auch durch staatliche Programme nicht ausschalten.

Mit der gestiegenen Bedeutung der Technologiepolitik haben sich die wirtschaftspolitischen Akzente im Vergleich zur Politik der reinen Supply-Side-Economics wieder mehr in Richtung staatlicher Interventionen verlagert. Allerdings sind die dabei festgelegten Subventionierungs- und Förderprogramme zum Teil sehr langfristig angelegt und stellen damit weniger auf eine Beeinflussung des kurzfristigen Konjunkturverlaufs ab. Von kurzfristigen Maßnahmen bei der Technologieförderung verspricht man sich nur sehr wenig. Darüberhinaus hat sich gerade in den 90er Jahren des 20. Jahrhunderts ein Politikschwenk innerhalb der Technologieförderung vollzogen. Während man zuvor oft einzelne Projekte und Unternehmen direkt durch Subventionierung oder indirekt über steuerliche Erleichterungen förderte, ist man neuerdings dazu übergegangen, die kooperative Forschung und Entwicklung zu unterstützen. So erhalten **Unternehmensnetzwerke**, die oft zusammen mit Institutionen der Grundlagen- oder der angewandten Forschung gebildet werden, heute in den Förderkatalogen höchste Priorität.

Mittlerweile ist man, wiederum von innovationsökonomischen Forschungsarbeiten inspiriert, auch dazu übergegangen, Innovationssysteme mit technologiepolitischen Maßnahmen ins Leben zu rufen oder zu begleiten. Das sogenannte **nationale Innovationssystem** stellt dabei das größte und wohl komplexeste Netzwerk dar. Hierunter versteht man das kreative und innovative Zusammenwirken der verschiedenen Akteure einer Volkswirtschaft, von den Unternehmen und Forschungseinrichtungen angefangen bis hin zur Politik selbst und anderen wirtschaftlichen und wissenschaftlichen Institutionen. Zur Steuerung und Beeinflussung eines derart komplexen Systems müssen die oben genannten technologiepolitischen Maßnahmen eng aufeinander abgestimmt und im Rahmen der jeweiligen Bedingungen in einem Lande koordiniert sein. Diese Aufgabe wurde von vielen Industrienationen in den letzten Jahren mit vordringlichem Interesse verfolgt.

Kontrollfragen zu Kapitel 16:

1. Worin unterscheiden sich tatsächliche und potentielle volkswirtschaftliche Produktion? Was sind die Bestimmungsgründe für deren Wachstum?

2. Nennen und erklären Sie die stilisierten Fakten volkswirtschaftlichen Wachstums.

3. Erklären Sie, wie die Akkumulation von Kapital zu Wachstum führen kann.

4. Angenommen die makroökonomische Produktionsfunktion ist $\boldsymbol{Y=K^{0,5}L^{0,5}}$, die Anzahl der Arbeitskräfte $\boldsymbol{L}$ sei konstant 10000. Die Sparrate $\boldsymbol{s}$ beträgt 0,2 und die Abschreibungsrate $\boldsymbol{d}$ sei 0,2. Bei welchem Kapitalstock $\boldsymbol{K^*}$ wird das BSP/Kopf nicht mehr erhöht? (Lösung: $\boldsymbol{K^*}$=10000)

5. Welchen Einfluß hat (a) ein exogener und (b) ein endogener technologischer Fortschritt auf das Wachstum von Volkswirtschaften? Erklären sie die Unterschiede in den beiden Wirkungsmechanismen.

6. Was sind die wesentlichen Unterschiede zwischen der endogenen, der Schumpeterianischen und der Evolutorischen Wachstumstheorie?

7. In welchem Sinne kann man die totale Faktorproduktivität als Indikator für technologischen Fortschritt interpretieren?

8. Was versteht man unter den stilisierten Fakten der konjunkturellen Entwicklung?

9. Welchem Mechanismus folgen reale Konjunkturzyklen?

10. Was besagt das Gesetz von Okun?

11. Nehmen Sie an, die natürliche Arbeitslosenquote beträgt 2 Prozent, die tatsächliche Arbeitslosenquote sei 8 Prozent und das Produktionspotential sei 6 GE. Wie groß ist nach dem Gesetz von Okun die tatsächliche Produktion in der Volkswirtschaft, wenn der Okun-Parameter einen Wert von 0,5 aufweist? (Lösung: ***BSP***=5,88)

12. Was versteht man unter Konjunkturprognosen und welche Rolle spielen die stilisierten Fakten der Konjunktur bei deren Erstellung?

13. Grenzen Sie die Konjunkturdiagnose von der Konjunkturprognose ab.

14. Stellen Sie die Konjunkturtheorie von Schumpeter und die Real Business Cycle Theory einander gegenüber. Welche Gemeinsamkeiten weisen sie auf, worin unterscheiden sie sich?

15. Was versteht man unter angebotsorientierter Wirtschaftspolitik? Nennen Sie die Hauptcharakteristika dieser Politik.

16. Was versteht man unter Technologiepolitik?

17. Internationale Makroökonomik

In den vorhergehenden Kapiteln sind wir bislang von einer geschlossenen Volkswirtschaft ausgegangen. Nur in unseren Ausführungen zur Volkswirtschaftlichen Gesamtrechnung hatten wir dargelegt, daß die Zusammensetzung des Bruttosozialprodukts um die Differenz von Exporten (X) minus Importen (M) erweitert werden muß, wenn man das Ausland als wirtschaftlichen Akteur in die makroökonomische Betrachtung miteinbezieht. Dann erhält man als neue Gleichung für den gesamtwirtschaftlichen Output:

$$BSP = C + I + A_{St} + (X - M) \quad .$$

Die Differenz zwischen Export und Import an Waren und Dienstleistungen bezeichnet man auch als **Außenbeitrag** eines Landes. Eine Zunahme der Exporte bedeutet somit, daß das Inland reicher wird, daß also das Sozialprodukt steigt. Ein Anstieg der Importe wiederum hat ein geringeres Sozialprodukt zur Folge.

In diesem Kapitel werden wir den obigen Zusammenhang noch einmal aufgreifen und uns mit den grundlegenden Erklärungsansätzen des internationalen Handels befassen.

17.1 Die Zahlungsbilanz

Alle wirtschaftlichen Vorgänge einer Volkswirtschaft, die in einer bestimmten Zeitperiode im Zusammenhang mit dem Ausland stattfinden, werden in der **Zahlungsbilanz** erfaßt.

Im Gegensatz zu einer Unternehmensbilanz, die sich auf Bestandsgrößen bezieht, stellt die Zahlungsbilanz auf Strömungsgrößen ab. Die Transaktionen, die dabei in sie eingehen, umfassen sowohl Güterströme wie auch Veränderungen im Bereich der Dienstleistungen und des Kapitals. Je nach Art der zugrundeliegenden Transaktion läßt sich die Zahlungsbilanz in einzelne Teilbilanzen zerlegen. Die gängigste Aufgliederung sieht wie folgt aus:

- Leistungsbilanz,
- Kapitalverkehrsbilanz,
- Gold- und Devisenbilanz (Veränderung der Nettoauslandsaktiva).

Diese drei Teilbilanzen können selbst wieder in weitere Unterbilanzen aufgeteilt werden. So setzt sich die **Leistungsbilanz** aus der Handelsbilanz, der Dienstleistungsbilanz und der Übertragungsbilanz zusammen.

Die **Handelsbilanz** erfaßt in inländischer Währungseinheit den Austausch von Gütern mit dem Ausland.

Die **Dienstleistungsbilanz** weist die Einnahmen und Ausgaben des Inlandes für Dienstleistungen aus. Hierzu zählen beispielsweise Erträge, die sich aus dem Reiseverkehr ergeben sowie aus Versicherungsleistungen oder aus Kapitalanlagen im Ausland.

Zur **Übertragungsbilanz** schließlich rechnet man all jene Leistungen, die ohne Gegenleistung erfolgen, zum Beispiel Aufwendungen für die Entwicklungshilfe an Länder der Dritten Welt oder Beiträge für internationale Organisationen (WHO, Unesco, IMF, Weltbank).

Die **Kapitalverkehrsbilanz** faßt die lang- und kurzfristigen Kapitaltransaktionen mit dem Ausland zusammen. Zu ersteren zählen Kapitalinvestitionen mit einer Laufzeit von mehr als einem Jahr, wie beispielsweise Wertpapierkäufe, Direktinvestitionen von Unternehmen und langfristige Kredite. Zum kurzfristigen Kapitalverkehr gehören Transaktionen mit einer Laufzeit bis zu einem Jahr. Ein Beispiel hierfür stellen die Handelskredite dar.

Die **Gold-** und **Devisenbilanz**, schließlich, enthält die Veränderungen des Goldbestandes und der Auslandsforderungen oder Auslandsverbindlichkeiten der Zentralbank. Sie zeigt somit, von der monetären Seite her gesehen, das Nettoergebnis aller außenwirtschaftlichen Transaktionen in einem Lande an.

Da die Zahlungsbilanz aufgrund der doppelten Buchführung, die auch dort zum Zuge kommt, ausgeglichen ist, können nur die Teilbilanzen Defizite oder Überschüsse aufweisen. Mögliche Differenzen zwischen der Einnahmen- und der Ausgabenseite, die auf statistische Erfassungslücken zurückgehen, werden durch einen Posten "Saldo der statistisch nicht aufgliederbaren Transaktionen" ausgeglichen.

Das Kontenschema der Zahlungsbilanz sieht folgendermaßen aus:

Abb. 17.1: Schema der Zahlungsbilanz

Einnahmen	Ausgaben
Waren- und Dienstleistungsexporte	Waren- und Dienstleistungsimporte
Übertragungen aus dem Ausland	Übertragungen an das Ausland
Kapitalimporte	Kapitalexporte
Saldo der Nettoauslandsaktiva	Saldo der Nettoauslandsaktiva

Abbildung 17.2 zeigt die Zahlungsbilanz der Bundesrepublik Deutschland für 1996:

Abb. 17.2: Zahlungsbilanz[1] der BRD (in Mrd. DM) für 1999

Posten	Jahr 1999
I. Leistungsbilanz	
1. Warenhandel, Saldo	124,8
1.1 Ausfuhr	992,2
1.2 Einfuhr	867,4
2. Dienstleistungen, Saldo	-79,8
3. Übertragungen, Saldo	-50,3
4. Leistungsbilanz, Saldo	-38,4
II. Kapitalbilanz	
1. Langfristiger Kapitalverkehr, Saldo	-34,4
2. Kurzfristiger Kapitalverkehr, Saldo	+101,5
3. Kapitalbilanz, Saldo	-40,2
Restposten[2]	+54,4
III. Veränderung der Währungsreserven	+24,5

[1] + =Zugang, - =Abgang an Devisen
[2] Saldo der nicht erfaßten Posten und statistischen Ermittlungsfehler.

Quelle: IW, Zahlen zur wirtschaftlichen Entwicklung der Bundesrepublik, 2000.

17.2 Wechselkurs und Zahlungsbilanz

Im vorherigen Abschnitt haben wir gesehen, wie internationale Transaktionen in der Zahlungsbilanz berücksichtigt werden. Hier nun wollen wir den Zusammenhang zwischen den Wechselkursen auf der einen Seite und dem Güterhandel und Kapitalverkehr auf der anderen Seite untersuchen.

Zunächst müssen wir uns verdeutlichen, daß Außenhandel grundsätzlich mit zwei unterschiedlichen Wechselkurssystemen einhergehen kann:

Zum einen kann man auf das System der **festen Wechselkurse** zurückgreifen. Bei ihm sind die Zentralbanken bereit, Währungen zu einem festen Preis zu kaufen und zu verkaufen. So hat, zum Beispiel, die Deutsche Bundesbank im Jahr 1960 jeden Dollarbetrag zu einem festgeschriebenen Kurs von 4 DM pro Dollar gekauft und verkauft.

Zum anderen gibt es das System der **flexiblen Wechselkurse**. Bei ihm ergibt sich der Wechselkurs für eine Währung durch Angebot und Nachfrage.

Bevor wir uns als erstes mit dem System flexibler Wechselkurse befassen, sollten wir uns fragen, was man eigentlich unter dem Begriff des Wechselkurses zu verstehen hat?

17.2.1 Was ist ein Wechselkurs?

Der **Wechselkurs** gibt den Preis in ausländischer Währung an (zum Beispiel in US-Dollar), zu dem man eine Einheit der inländischen Währung (zum Beispiel DM) kaufen oder verkaufen kann. Der **Devisenkurs** dagegen bezeichnet den Preis für eine Einheit der ausländischen Währung (Dollar), ausgedrückt in inländischen Währungseinheiten (Euro).

Abbildung 17.3 zeigt die Devisenkurse für verschiedene Währungen in Euro (Stand: 14.8.2000).

Diese Unterscheidung in Wechsel- und Devisenkurs freilich ist rein formeller Art und hat für die theoretische Analyse internationaler Wirtschaftsbeziehungen keine Bedeutung. Wir werden deshalb im weiteren, dem Beispiel der englischsprachigen Literatur folgend, allein den Begriff des Wechselkurses (exchange rate) verwenden und damit sowohl den Wechselkurs im eigentlichen Sinne als auch den Devisenkurs benennen.

Abb. 17.3: Devisenkurse verschiedener Währungen, Stand 14.8.2000

Land	Währungseinheit		Preis in Euro
USA	1 Dollar	(1 $)	1,0678
Großbritannien	1 Pfund	(1 £)	1,6709
Schweiz	1 Franken	(100 S.Fr)	64,34
Schweden	1 Krone	(100 Kr)	12,04
Japan	1 Yen	(100 ¥)	1,01

Doch kommen wir nun zum System flexibler Wechselkurse.

17.2.2 Flexible Wechselkurse

Im System flexibler Wechselkurse entspricht der Wechselkurs einer Währung seinem Preis. Dieser wird tagtäglich neu auf den internationalen **Devisenmärkten** beispielsweise in New York, Tokio, London, Frankfurt oder anderen Märkten bestimmt. Er richtet sich ebenso wie der Preis für Güter und Dienste nach dem Angebot und der Nachfrage, die die Währung auf jenen Märkten vorfindet.

Steigt der Preis einer ausländischen Währung (zum Beispiel des Dollar) gegenüber der Inlandswährung (zum Beispiel dem Euro), das heißt, muß man für einen Dollar mehr Euro bezahlen, so spricht man von einer **Aufwertung** dieser Währung gegenüber der anderen, oder, dazu äquivalent, von einer **Abwertung** des Euro gegenüber dem Dollar.

Wie aber spielt sich der Prozeß der Aufwertung und der Abwertung einer Währung genau ab? Wie kann es zu solchen Preisänderungen einer Devise kommen?

Abwertung und Aufwertung im Falle gleicher Handelspartner

Sehen wir uns zunächst den Prozeß der **Aufwertung** an.

Im System flexibler Wechselkurse hängt der Preis einer Währung, wie wir schon sagten, von deren Angebot und deren Nachfrage ab.

Das **Angebot** wird dabei bestimmt, zum einen, von der Nachfrage des Auslandes nach inländischen Gütern und Dienstleistungen, zum anderen aber auch vom Umfang der Finanzanlagen des Auslands im Inland. Für diese Transaktionen benötigt das Ausland Devisen und bietet seine Währung zum Tausch an. Die **Nachfrage** hingegen wird durch Importe eines Landes und durch dessen Investitionen im Ausland festgelegt. Für letztere benötigt das Inland Devisen, also Währungen des Auslands und bietet dafür die eigene Währung zum Tausch an.

Sehen wir uns den Zusammenhang am besten anhand eines Beispiels an.

Nehmen wir also der Einfachheit halber an, die Welt bestünde nur aus zwei Ländern, den USA und der Bundesrepublik Deutschland, die beide das gleiche wirtschaftliche Gewicht haben sollen. Wie würde sich dann in einem System mit flexiblen Wechselkursen die wirtschaftliche Situation in einem Lande auf die Wechselkursparität zwischen den Währungen der beiden Länder auswirken? Welche Wirkungen hätte also, beispielsweise, ein ökonomischer Aufschwung in den Vereinigten Staaten auf den Wechselkurs von Dollar und Euro?

Ein wichtiger Effekt eines jeden konjunkturellen Aufschwungs ist seine nachfragestimulierende Wirkung. Die Erhöhung der Nachfrage erfaßt dabei nicht nur inländische Güter, sondern auch Produkte, die im Ausland hergestellt werden. In unserem Fall bedeutet dies, daß der Konjunkturaufschwung in den USA auch die Importe aus der Bundesrepublik Deutschland anwachsen läßt. Ein Anstieg der Importe in den USA hat aber, wie wir vorhin sagten, im Gegenzug auch ein höheres Angebot an Dollar zur Folge. Dies wiederum führt zu einem niedrigeren Wechselkurs dieser Währung. Der Dollar wird **abgewertet**.

Veranschaulichen wir uns den geschilderten Ablauf noch einmal in einem einfachen Preis-Mengen Diagramm (Abbildung 17.4).

Das folgende Diagramm soll die Verhältnisse auf dem Markt für Dollar widerspiegeln. Die Kurve ***AD*** verkörpert hierbei die Angebotskurve für Dollar; mit ***ND*** wird die Nachfragekurve bezeichnet. Wir sehen, daß im Punkt $\mathbf{E_1}$ die nachgefragte Menge an Dollar genau der angebotenen Menge ist und der Wechselkurs, als Gleichgewichtspreis dieser Währung, 0,95 Euro entspricht.

Höhere Importe der USA bedingen nun ein höheres Angebot an Dollar und münden in einer Rechtsverschiebung der Angebotskurve für Dollar. Diese bewegt sich in unserer Abbildung von ***AD*** nach ***AD'***. Es kommt zu einem neuen Gleichgewichtspunkt zwischen Angebot und Nachfrage (Punkt $\mathbf{E}_2$) und der Wechselkurs des Dollar sinkt von 0,95 Euro auf 0,80 Euro.

Abb. 17.4: Abwertung einer Währung

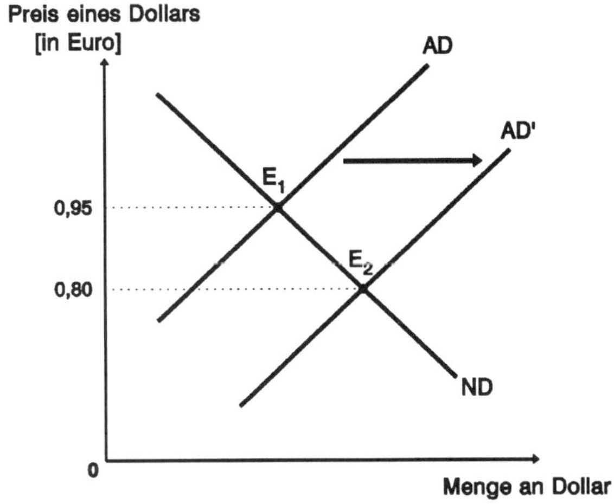

Was aber passiert in unserem einfachen Außenhandelsmodell im umgekehrten Fall, wenn in der Bundesrepublik Deutschland ein ökonomischer Boom ausbricht?

Abb. 17.5: Aufwertung einer Währung

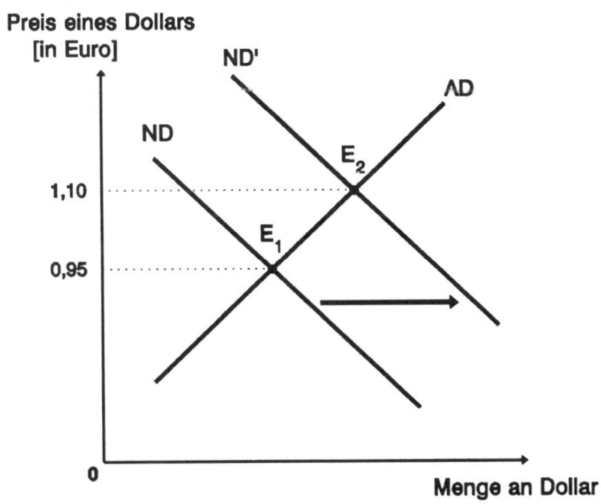

Analog zum vorhergehenden Beispiel führt der Aufschwung in der Bundesrepublik dazu, daß die Nachfrage sowohl nach inländischen wie auch nach ausländischen Gütern steigt. Als Folge nimmt der amerikanische Export von Gütern nach Deutschland zu, was im Gegenzug bewirkt, daß die Nachfrage nach Dollar steigt. Denn die Bundesrepublik muß in dieser Währung ihre vermehrten Käufe in den USA bezahlen. Nunmehr verschiebt sich, wie in Abbildung 17.5 dargestellt, die Nachfragekurve nach Dollar nach rechts, von ***ND*** nach ***ND'***. Das ursprüngliche Gleichgewicht wandert von Punkt $\mathbf{E_1}$ zu Punkt $\mathbf{E_2}$ und wir erhalten einen neuen Gleichgewichtspreis für Dollar. Dieser steigt von 0,95 Euro auf 1,10 Euro. Es ist also zu einer **Aufwertung** des Dollar gekommen.

Abwertung und Aufwertung einer Währung im Falle ungleicher Handelspartner

Wie aber sehen die internationalen Zusammenhänge aus, wenn wir uns etwas mehr der Realität annähern und in unserem Beispiel den Größenunterschied beachten, der zwischen den Volkswirtschaften der USA und der Bundesrepublik Deutschland existiert?

Dann wirkt sich ein Aufschwung in den USA auf die Konjunktur in Deutschland natürlich in weit größerem Umfang aus als dies umgekehrt der Fall sein kann. Der Grund hierfür liegt auf der Hand:

Ein Anstieg der Nachfrage in einer "großen" Volkswirtschaft wie der USA, mit ihren 235 Millionen Einwohnern, bringt auch für das Ausland eine spürbare Konjunkturbelebung, während ein Boom in der Bundesrepublik Deutschland, mit ihren, nach der Vereinigung, etwa 78 Millionen Einwohnern, sich nur beschränkt auch auf das Ausland auszudehnen vermag. Die Volkswirtschaft der USA kann deshalb auch als die Lokomotive der Weltwirtschaft bezeichnet werden. Sie trägt in hohem Maße zur Belebung der Weltkonjunktur bei, wie vor allem das Jahr 1982 eindrucksvoll beweist. Der konjunkturelle Aufschwung, der in jenem Jahr in den USA einsetzte, führte danach auch in der Bundesrepublik, und in vielen anderen Industrienationen, zu einer spürbaren und lang anhaltenden wirtschaftlichen Erholung.

In der Außenwirtschaftstheorie spricht man immer dann von großen Volkswirtschaften, wenn eine Änderung der ökonomischen Bedingungen im Inland durchgreifende Auswirkungen auch auf andere Länder hat. Von kleinen Volkswirtschaften wird gesprochen, wenn dies nicht der Fall ist. Insofern gilt die USA als eine große und die Bundesrepublik Deutschland, verglichen damit, als eine kleine Volkswirtschaft.

Doch kehren wir zu unserem Beispiel zurück. Wir haben gesehen, daß der Aufschwung in den USA zu vermehrten Importen und einer Aufwertung des Euro beziehungsweise einer Abwertung des Dollar geführt hat. Wie aber geht es im Verhältnis der beiden Länder weiter?

Zunächst wird in den USA, falls die Leistungsbilanz ausgeglichen war, ein **Leistungsbilanzdefizit** entstehen. Dieses Defizit wird auch bestehen bleiben, wenn es nicht durch einen Überschuß in der Kapitalverkehrsbilanz ausgeglichen werden kann. Ein solcher Ausgleich setzt aber zweierlei voraus:

Zum einen muß es überhaupt zu internationalen Kapitaltransaktionen kommen. Ein Land muß also bereit sein, Kapital zu importieren und ein anderes muß Kapital exportieren wollen. Dies wird, zum zweiten, nur der Fall sein, wenn das Zinsniveau im importierenden Land über dem des Landes liegt, das Kapital exportiert. Und, übertragen auf die gesamte Weltwirtschaft, es muß das Importland sogar ein Zinsniveau aufweisen, das beträchtlich über dem Weltzinsniveau liegt.

Abb. 17.6 Zahlungsbilanz der USA 1983 (in Mrd. Dollar)

I. Leistungs- und Zahlungsbilanz	
1. Leistungsbilanz	
1.1 Handelsbilanz	
1.1.1 Exporte	201,7
1.1.2 Importe	268,9
1.1.3 Saldo	-67,2
1.2 Saldo der Dienstleistungsbilanz	+25,4
1.3 Saldo der Übertragungsbilanz	-4,2
1.4 Saldo der Leistungsbilanz	-46,0
2. Saldo der Kapitalbilanz	+29,3
3. Saldo der Gold- und Devisenbilanz	-16,7

Quelle: Economic Report of the President, 1986, Tabelle B-99.

Genau dies war beispielsweise im Jahre 1983 in den USA gegeben. Die USA hatten in diesem Jahr ein Defizit in der Leistungsbilanz in Höhe von 46 Mrd. Dollar.

Dieses Defizit wurde teilweise ausgeglichen durch einen Überschuß von 29,3 Mrd. Dollar in der Kapitalverkehrsbilanz (siehe dazu Abbildung 17.6).

Ursache für diesen Überschuß wiederum war das Zinsgefälle zwischen den USA und dem "Rest der Welt". Um uns davon ein Bild zu machen, haben wir in Abbildung 17.7 zusätzlich die Verzinsung öffentlicher Anleihen in den USA und der BRD von 1980 bis 1990 aufgezeichnet. Man kann hieraus recht gut den Unterschied in den Renditen, das sogenannte Renditegefälle erkennen, das damals auf den Kapitalmärkten beider Länder herrschte.

Abb. 17.7: Renditegefälle zwischen der BRD und USA

Jahr	USA	Deutschland
1980	10,8	8,4
1981	12,9	10,1
1982	12,2	8,9
1983	10,8	8,1
1984	12,0	8,0
1985	10,8	7,0
1986	8,1	6,2
1987	8,6	6,2
1988	9,0	6,5
1989	8,6	7,0
1990	8,7	8,8
Ø 1980-1990	10,2	7,8

Wertpapierrenditen am deutschen und amerikanischen Anteilemarkt

Quelle: OECD, Historical Statistics, 1960-1990, Tab. 10.9.

17.2.3 Feste Wechselkurse

Feste Wechselkurse sind Wechselkurse, die von den Regierungen festgesetzt und durch staatliche Interventionen aufrechterhalten werden. Wir haben bereits zu Beginn dieses Abschnitts erwähnt, daß in einem solchen System die Zentralbanken bereit sind, jeden Betrag einer ausländischen Währung zu einem bestimmten Wechselkurs zu kaufen. Sehen wir uns die Funktionsweise eines Währungssystems mit festen Wechselkursen anhand des nachfolgenden Beispiels an (Abbildung 17.8), das an eine reale Situation während des Wechselkurssystems von Bretton Woods angelehnt ist (siehe hierzu Kapitel 17.4.2).

Abb. 17.8: Funktionsweise eines Währungssystems mit festen Wechselkursen

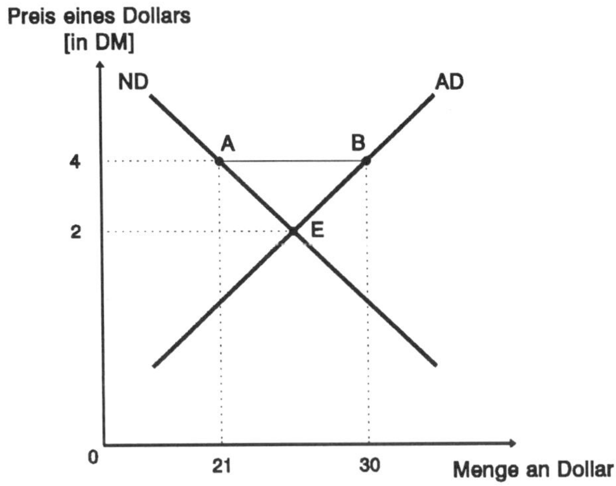

In der obigen Abbildung 17.8 haben wir wieder im bekannten Preis-Mengen Diagramm eine bestimmte Marktsituation für den Dollar angenommen. Diese ist gekennzeichnet durch die Angebotskurve für Dollar (***AD***) und die entsprechende Nachfragekurve (***ND***). Im System flexibler Wechselkurse würde sich ein Gleichgewicht im Punkt **E** einstellen und der Preis des Dollar würde DM 2 betragen. Bei festen Wechselkursen aber können Regierungen den Preis ihrer Währungen auch so festlegen, daß dieser nicht dem jeweiligen Gleichgewichtspreis entspricht. In unserem Fall ist beispielsweise ein fester Wechselkurs des Dollar gegenüber der DM von 4 zu 1 unterstellt.

Wir sehen, daß zu diesem Wechselkurs das Angebot an Dollar die Nachfrage übersteigt, und zwar um einen Betrag, den die Strecke **AB** angibt und der 9 Mrd. Dollar beträgt. Es kommt also zu einem Angebotsüberschuß an Dollar.

Worin liegt nun der Grund für den Angebotsüberschuß an Dollar und welche Wirkungen wird er auf die Leistungs- und Kapitalbilanz der USA haben?

Wenn zwei Regierungen die Wechselkurse ihrer Währungen festsetzen, sind sie natürlich bemüht, dies nicht willkürlich zu tun, sondern in einer Weise, die zu ausgeglichenen Leistungs- und Kapitalbilanzen führt. Diese Gleichgewichtssituation mag mehr oder weniger lange bestehen bleiben. Irgendwann aber wird die **Inflationsrate** in einem Land (etwa den USA) doch stärker ansteigen als in einem anderen (etwa Deutschland) mit der Folge, daß die Güter und Dienstleistungen in den USA relativ teurer werden als in der Bundesrepublik. Da aber die Wechselkurse zwischen beiden Ländern fixiert sind, können sie sich nicht so anpassen, daß die Preisunterschiede wieder ausgeglichen würden. Es bleibt das einmal entstandene Preisgefälle weiterhin bestehen.

Folglich werden US-Bürger verstärkt deutsche Waren importieren und somit auch DM nachfragen und Dollar anbieten. Da aber die deutschen Bürger nicht genügend Waren und Dienstleistungen aus den USA beziehen, weil diese aufgrund des ungünstigen Wechselkurses zu teuer sind, bleibt auch ihr Bedarf an Dollar hinter dem vorhandenen Angebot zurück. Es herrscht ein Überschußangebot an Dollar auf dem Devisenmarkt.

Im System fixer Wechselkurse können nun keine direkten Devisentransaktionen auf dem freien Markt stattfinden. Vielmehr haben sich die Notenbanken beider Länder und mit diesen auch das gesamte Bankensystem verpflichtet, die eigene Währung gegen die ausländische zu einem bestimmten Kurs zu tauschen. Die US-Bürger werden sich daher an die Banken in ihrem Lande wenden mit dem Wunsch, die 9 Mrd. Dollar Überschuß gegen DM einzutauschen. Die Banken werden dies auch tun, denn sie müssen für solche Fälle Devisenreserven halten. Es kommt also letztlich in den USA zu einem **Leistungs- und Kapitalbilanzdefizit**, welches wiederum zu Devisenabflüssen führt.

Feste Wechselkurse lassen also Situationen zu, in denen die Bewertung von Währungen im **Ungleichgewicht** erfolgt. Eine Währung, die über dem Gleichgewichtswechselkurs liegt, bezeichnet man dann als **überbewertet**, eine Währung die darunter liegt, gilt dementsprechend als **unterbewertet**. Natürlich kann dieses Ungleichgewicht kein dauerhafter Zustand sein, da ein fortgesetzter Abfluß an Devisen letztendlich zur Zahlungsunfähigkeit eines Landes führen würde. Wie also geht es in unserem Beispiel weiter?

Wir haben gesehen, daß die USA ein Defizit von 9 Mrd. Dollar aufweisen. Die Bundesrepublik hat folglich einen Überschuß in der gleichen Höhe. Dieses Geld, das in die Bundesrepublik fließt, führt nun dort zu einem allgemeinen Anstieg des Preisniveaus (man spricht in diesem Fall von importierter Inflation), zu niedrigeren Zinsen sowie zu einem höheren Output und Volkseinkommen (vergleiche zur Ableitung Abschnitt 10.5). Die steigenden Preise in Deutschland bewirken zugleich, daß deutsche Güter und Dienstleistungen in den USA ebenfalls teurer werden, was zu verminderten Importen in den USA führt. Durch die nunmehr niedrigeren Zinsen in Deutschland fließt weiterhin Kapital von dort in die USA ab, was zu einer Verschlechterung der deutschen Kapitalbilanz führt. Gleichzeitig wird aufgrund des gestiegenen Volkseinkommens in Deutschland mehr konsumiert und somit auch mehr aus den USA importiert, zumal die amerikanischen Güter wegen der importierten Inflation in der Bundesrepublik relativ billiger geworden sind. Kurzum, nach einiger Zeit erzielen die USA einen Überschuß in der Handels- und in der Kapitalbilanz, während die Bundesrepublik mit einem Defizit leben muß.

Auch bei festen Wechselkursen kommt es also zu einem **automatischen Ausgleich** der Zahlungsbilanzen. Allerdings braucht dieser Ausgleichsmechanismus Zeit und er ist, wie wir sahen, mit einer Entwicklung verbunden, die durch ausgeprägte Ungleichgewichte gekennzeichnet ist. Was aber würde geschehen, wenn die theoretisch vorhandene Tendenz zum Ausgleich sich in der Praxis nicht bestätigte und für längere Zeit die Existenz eines Ungleichgewichts zu befürchten wäre?

Dann müßten in unserem Beispiel beide Länder bereit sein, den beschriebenen Ausgleichsmechanismus zusätzlich zu unterstützen, indem sie eine **Abwertung** oder eine **Aufwertung** ihrer Währungen zulassen. Würde nämlich bereits nach der ersten Runde des Anpassungsprozesses der Dollar in gegenseitiger Übereinstimmung abgewertet, so könnten amerikanische Güter und Dienstleistungen sich entsprechend verbilligen, während deutsche Angebote teurer würden. Es sänken die Importe der USA und gleichzeitig stiegen deren Exporte in die Bundesrepublik, was ziemlich schnell eine deutliche Verbesserung der amerikanischen Leistungs- und Kapitalbilanz zur Folge hätte.

17.3 Theoretische Ansätze zur Erklärung des Wechselkurses

Wir haben in den vergangenen Abschnitten das System der flexiblen und das der festen Wechselkurse kennengelernt und gesehen, wie es in beiden Systemen zu Änderungen beim Wechselkurs und in den internationalen Handelsbeziehungen kommen kann. Was wir in jener Betrachtung allerdings etwas zurückgestellt haben, war die Frage, welche Faktoren eigentlich hinter der Nachfrage nach einer Währung stehen. Warum werden manche Währungen sehr hoch bewertet und andere entsprechend niedriger? Wenn wir die Gründe verstehen wollen, die dazu führen, daß bestimmte Währungen aufgewertet, während andere abgewertet werden, müssen wir jene Faktoren herausarbeiten, die zu einer Verschiebung der Angebots-

und Nachfragekurve einer Währung führen. Versuchen wir auf diese Frage eine Antwort zu geben.

Die meisten Ökonomen sind sich nicht völlig sicher, was die eigentlichen Determinanten des Wechselkurses sind. Sie unterscheiden daher zwischen **lang-**, **mittel-** und **kurzfristigen** Betrachtungsweisen, in denen jeweils andere Bestimmungsgründe relevant sind. Der institutionelle Hintergrund, vor dem die theoretische Analyse der Bestimmungsgründe von Wechselkursen vorgenommen wird, ist das System flexibler Wechselkurse. Dies gilt vor allem für die mittel- und kurzfristige Betrachtung.

17.3.1 Langfristige Betrachtungsweise

Die langfristige Betrachtungsweise läßt sich mit der folgenden Überlegung charakterisieren:

Solange der Handel zwischen Ländern keinen Hemmnissen unterliegt, also nicht durch Quoten oder Zölle beeinträchtigt ist, wird sich für ein bestimmtes Gut in allen am Außenhandel beteiligten Ländern langfristig ein einheitlicher Preis einstellen, wenn man unterschiedliche Transportkosten oder ähnliches nicht berücksichtigt. Diese Tatsache bezeichnet man als das "**Gesetz des einen Preises**" (law of one price).

Dieser "gesetzmäßige" Zusammenhang bildet auch die Grundlage für die **Theorie der Kaufkraftparität** (purchasing-power-parity), die den Wechselkurs in der langen Frist zu erklären versucht. Sie besagt, daß die Wechselkurse zwischen den Währungen zweier Länder langfristig die Unterschiede im Preisniveau dieser Länder widerspiegeln. Ein Beispiel kann diese Theorie veranschaulichen.

Nehmen wir an, schwedischer Stahl koste 1000 Kronen pro Tonne und deutscher Stahl 300 Euro pro Tonne. Gemäß der Kaufkraftparitätentheorie ergibt sich langfristig ein Wechselkurs zwischen Euro und Krone, der den Stahlpreis in Schweden dem in Deutschland anpaßt. In unserem Beispiel müßte sich also ein Wechselkurs von 0,3 Euro für 1 Krone einstellen.

Nehmen wir weiterhin an, in Deutschland sei die Inflationsrate höher als in Schweden. Dort soll nach einem Jahr die Tonne Stahl 1100 Kronen kosten, während sie in Deutschland auf 500 Euro ansteigt. Als Folge muß sich langfristig auch der Wechselkurs (hier der Preis in Euro für 1 Krone) von 0,3 Euro pro Krone auf 0,45 Euro pro Krone ändern: der Euro wird abgewertet.

Wir können also festhalten: Währungen von Ländern mit relativ hohen Inflationsraten werden nach der Kaufkraftparitätentheorie im Laufe der Zeit abgewertet.

Welche Implikationen ergeben sich nun aus dieser Theorie für die Leistungsbilanz eines Landes?

Gehen wir, um diese Frage zu beantworten, zu unserem Beispiel im vorhergehenden Abschnitt zurück. Wir haben dort dargelegt, daß ein konjunktureller Boom in den USA zu einem Defizit in der Leistungsbilanz dieses Landes führt. Muß es aber notwendigerweise bei diesem Defizit bleiben oder gibt es einen Ausgleichsmechanismus, der es abzubauen vermag?

Nun, wenn wir die Theorie der Kaufkraftparität anwenden, dann wird es zu einem Ausgleichsprozeß kommen. Dann nämlich muß der Wechselkurs für die Währung eines Landes sich so an die vorhandenen Gegebenheiten anpassen, daß es zwischen diesem Land und anderen Ländern keine Preisunterschiede gibt.

Unterstellen wir also, der wirtschaftliche Boom in den USA hätte dort zu höheren Preisen geführt. Dann muß es gemäß der Kaufkraftparitätentheorie (im nächsten Schritt) zu einer Abwertung des Dollar kommen. Die Abwertung wiederum hat zur Folge, daß amerikanische Güter in der Bundesrepublik billiger und deutsche Güter in den USA teurer werden. Als Resultat dieser Entwicklung wird die USA mehr Güter exportieren und weniger importieren.

In der Leistungsbilanz der USA wird somit ein Überschuß entstehen, die Leistungsbilanz der Bundesrepublik hingegen wird ein Defizit aufweisen. Doch dieser Zustand ist nur von vorübergehender Natur. Es kommt wieder der Wechselkursmechanismus der Theorie der Kaufkraftparitäten zum Zuge mit dem Ergebnis, daß sich langfristig keine Ungleichgewichte im internationalen Handel einstellen.

Wir können also folgern: In einem System mit flexiblen Wechselkursen wird es, aufgrund der Theorie der Kaufkraftparitäten, langfristig immer zu einem Gleichgewicht zwischen verschiedenen Ländern im internationalen Handel kommen.

Lange Jahre hindurch schien diese Theorie die Wechselkursentwicklung zwischen verschiedenen Ländern tatsächlich erklären zu können. Die Prognose für die Veränderung von Wechselkursen, die man daraus in der Praxis ableitete, war zwar nie besonders genau, sie traf jedoch den eigentlichen Kern von Wechselkursanpassungen: Sie konnte vorhersagen, daß Währungen von Ländern mit hohen Inflationsraten sich nach einiger Zeit einem Prozeß der Abwertung unterziehen müssen.

Bereits in den frühen 80er Jahren traf diese Vorhersage aber nicht mehr zu. So stieg in den Jahren von 1980 bis 1985 der Dollar im Verhältnis zur DM und zum Yen, obwohl die Inflationsrate in den USA etwas höher als in der Bundesrepublik und weit höher als in Japan war. Und heute muß die Kaufkraftparitätentheorie, insbesondere bei der Bestimmung des Wechselkurses für den Dollar, als nicht hinreichend angesehen werden. Ein Hauptgrund mag sicherlich darin liegen, daß diese Theorie viele der Faktoren, die einen Wechselkurs mitbestimmen können, einfach nicht zur Kenntnis nimmt:

(a) Dazu zählen vor allem die Hemmnisse, die den internationalen Handel heute immer noch belasten, wie zum Beispiel Zölle oder Quotenregelungen für bestimmte Güter. Wenn in der Bundesrepublik ein Zoll auf schwedischen Stahl erhoben wird, der den Preisunterschied, hervorgerufen durch unterschiedliche Inflationsraten in den beiden Ländern, kompensiert, kann und wird sich auch der Wechselkurs zwischen Euro und Krone nicht ändern.

(b) Manche Güter können zwischen Ländern einfach nicht gehandelt werden, etwa Gebäude oder Einrichtungen der Infrastruktur. Inflationsraten, die auf die konsumptive Nutzung oder die Herstellung solcher Güter zurückgehen, werden dann natürlich auch keinen Einfluß auf die Entwicklung des Wechselkurses haben.

(c) Nur wenige Güter, die in verschiedenen Ländern hergestellt werden, sind in ihrer Beschaffenheit so homogen, wie dies in unserem Beispiel des Stahls der Fall ist. Ein französisches und ein deutsches Auto, beispielsweise, sind keine identischen Produkte. Sie unterscheiden sich aus der Sicht der Käufer in vielerlei Hinsicht, etwa bezüglich ihres technischen Standards, ihres Stylings, ihrer Ausstattung oder ihres Energieverbrauchs. So mag der Preis für einen Peugeot stärker steigen als der eines VW, ohne daß dies große Auswirkungen auf die Anzahl der verkauften Peugeots in der Bundesrepublik und damit auf die Zahlungsbilanz Frankreichs und den Wert von dessen Währung hätte.

Doch sehen wir uns nun die Faktoren an, die die Wechselkurse in der mittleren Frist bestimmen.

17.3.2 Mittelfristige Betrachtungsweise

Wir haben eingangs am Beispiel der USA und für ein System flexibler Wechselkurse dargelegt, welche Wirkungen ein wirtschaftlicher Aufschwung auf den internationalen Handel hat. Erinnern wir uns: Eine Volkswirtschaft im konjunkturellen Boom weist ein höheres Wachstum des Konsums auf als eine Ökonomie in der Rezession. Die gestiegenen Konsumausgaben werden dabei nicht nur für Güter verwendet, die man im Inland herstellt, auch das Ausland wird im Wege höherer Importe daran partizipieren. Ein Land in der konjunkturellen Hochphase importiert also relativ mehr als ein Land, das sich in einer Phase des Abschwungs befindet. Es gibt damit auch weit mehr eigene Währung aus für Güter, die es aus dem Ausland bezieht. In unserem Beispiel für die USA führte dies zu einer Rechtsverschiebung der Angebotskurve für den Dollar und somit zu einer Abwertung dieser Währung.

Daraus läßt sich nun allgemein folgern, daß die Währung eines Landes, das eine **höhere Wachstumsrate des Bruttosozialprodukts** aufweist als der Außenhandelspartner, abgewertet wird, wenn die Importe dieses Landes schneller als seine Exporte steigen. Die Angebotskurve für die Währung des wachstumsstarken Landes verschiebt sich somit im Preis-Mengen Diagramm stärker nach rechts als dies bei der Nachfragekurve dieser Währung der Fall ist. Denn die Nachfrage nach ausländischer Währung ist unmittelbarer Ausdruck des Importvolumens eines Landes.

Der Wechselkurs, der sich zwischen dem Dollar und der DM in den 70er Jahren einstellte, kann als ein gutes Beispiel für diesen Zusammenhang stehen. Während des weltweiten Aufschwungs von 1974-1976 expandierte die Wirtschaft der USA schneller als die der Bundesrepublik. Dies war auch ein Grund dafür, weshalb der Dollar daraufhin gegenüber der DM an Wert verlor.

17.3.3 Kurzfristige Betrachtungsweise

Während also das Volumen der internationalen Handelsströme ein wichtiges Kriterium bei der mittelfristigen Bestimmung der Wechselkurse darstellt, spielt es in einer kurzfristigen Betrachtung keine Rolle. Andere Gründe sind dann bedeutsamer, vor allem

- die Existenz **flexibler Wechselkurse**, damit Veränderungen überhaupt eintreten können, und
- Unterschiede in den **Zinssätzen** unter den Handelsnationen.

Auf der Welt gibt es einen Fonds von jederzeit verfügbarem Geld, dem sogenannten "heißen Geld", den Banken, multinationale Unternehmen oder sonstige Institutionen oder Personen unterschiedlicher Nationalität kontrollieren. Die Größe dieses Fonds wird heute auf mehrere hundert Milliarden US-Dollar geschätzt. Dieses Geld versucht man natürlich jeweils dort anzulegen, wo die höchsten Zinsen bei kalkulierbarem Risiko gezahlt werden. Daß dieses "Vagabundieren" des "heißen Geldes" von Land zu Land die Wechselkursentwicklung in der kurzen Frist in hohem Maße mit beeinflußt, steht bei Experten der internationalen Wirtschaft heute außer Frage.

In Ländern mit hohen Zinssätzen wird mehr Geld aus dem Ausland angelegt als in Ländern mit niedrigen Zinssätzen, etwa gleiches Anlagerisiko vorausgesetzt. Ein Zinsanstieg in einem Lande wird daher kurzfristig relativ schnell zu einer Aufwertung der betreffenden Währung führen, während ein Zinsrückgang in der Regel mit einer Abwertung verbunden ist.

Damit wollen wir die analytische Betrachtung abschließen und uns als nächstes fragen, wie denn die geschichtliche Entwicklung der Wechselkurssysteme aussieht. Welches System hat in der Vergangenheit die größere Bedeutung gehabt, das System mit flexiblen oder jenes mit fixen Wechselkursen?

17.4 Geschichtliche Entwicklung der Wechselkurssysteme

17.4.1 System der Goldwährung

Zu Beginn des 19. Jahrhunderts kennt man nur die sogenannte **Goldwährung**, die in der Folgezeit mehr und mehr an Bedeutung gewinnt. Unter dem Regime der Goldwährung hat man feste Wechselkurse durch einen speziellen Ausgleichsmechanismus aufrechtzuerhalten, der im Prinzip ähnlich dem funktioniert, den wir vorhin beschrieben haben:

Alle Währungen stehen in einer festen wertmäßigen Relation zu Gold und jedes Land ist verpflichtet, seine eigene Währung ganz oder teilweise in Gold abzudecken. Zudem wird das Gold als internationales Zahlungsmittel akzeptiert. Wenn nun ein Land ein Defizit in der Leistungs- und Kapitalbilanz aufweist, fließt mehr Gold aus diesem Land hinaus als von anderswo hereinkommt. Um die Verpflichtung zur Golddeckung zu wahren, kommt das Land nicht umhin, entsprechend dem Goldabfluß seine Geldmenge zu reduzieren. Diese Zurücknahme im Geldangebot führt zu höheren Zinsen, wodurch wiederum ausländisches Kapital angezogen wird. Gleichzeitig sinken Output und Preise, was zu niedrigeren Importen und höheren Exporten führt. Auf diese Weise kommt ein Mechanismus in Gang, der letztlich einen Ausgleich in der Leistungs- und Kapitalbilanz hervorbringt. Voraussetzung und Folge dieses Mechanismus allerdings ist, daß die einzelnen Länder im System der Goldwährung praktisch keine eigene Kontrolle über ihre inländische Geldmenge haben. Diese ist strikt an die "neutrale" Vorschrift der Golddeckung gebunden.

17.4.2 Bretton Woods System

Während der großen Depression, in den 30er Jahren, brach das System der Goldwährung zusammen. Ende des Zweiten Weltkriegs machte man dann einen neuen Versuch zur Wiederbelebung der alten Goldwährung in einer modifizierten Form. Im Ort **Bretton Woods** trafen sich Vertreter der Industrienationen, um ein stabiles Welt-Währungssystem zu schaffen, das den Welthandel erleichtern sollte. Da der US-Dollar zu jener Zeit die einzige "harte" Währung war, machte man ihn zur Grundlage des neuen Systems. Das Bretton Woods System funktionierte folgendermaßen:

Als international anerkanntes Zahlungsmittel fungierten der US-Dollar und das britische Pfund. Darüber hinaus verpflichteten sich die Vereinigten Staaten, Gold zu 35 Dollar pro Unze zu verkaufen oder zu kaufen. Diese Verpflichtung konnten die USA ohne weiteres eingehen, da sie bei Abschluß des Währungsabkommens über ungefähr drei Viertel aller Goldvorräte verfügten und sich zudem niemand ernsthaft ein Defizit in der US-Zahlungsbilanz vorstellen konnte.

Das Bretton Woods System stellt also ein kombiniertes Zahlungs- und Reservesystem dar, das man im Gegensatz zur reinen Goldwährung als **Gold-Devisen-Standard** bezeichnet.

Ein weiteres Merkmal des Bretton Woods Abkommens bestand in der freien Austauschbarkeit (Konvertibilität) der Währungen untereinander. Dies brachte deren Wert in eine bestimmte Relation zum amerikanischen Dollar und damit auch zum Gold. Eine Neufestsetzung der Wechselkurse erlaubte dieses System nur dann, wenn fundamentale Ungleichgewichte in den Zahlungsbilanzen der beteiligten Länder vorlagen. Es war jedoch im Abkommen nicht exakt definiert, was man unter einem solchen Ungleichgewicht zu verstehen hatte.

Wie sah dann unter diesen Bedingungen der Anpassungsmechanismus im Bretton Woods System aus, der einen Ausgleich in der Zahlungsbilanz herstellen sollte?

Auch das Bretton Woods System funktionierte in der Weise, die wir bereits als typisch für ein System der festen Wechselkurse kennengelernt haben. Sollte ein Land trotz der damit verbundenen automatischen Anpassung an Ungleichgewichte einmal in Zahlungsbilanzschwierigkeiten geraten, gewährte der Internationale Währungsfonds (IWF) Beistandskredite, um so kurzfristige Zahlungsschwierigkeiten abzuwehren.

Daß der Gold-Devisen-Standard eines Tages dennoch zusammenbrach, lag nicht an dessen innerer Konstruktion, sondern allein an dem andauernden Defizit der US-amerikanischen Leistungs- und Kapitalbilanz. Dieses Defizit führte am Ende dazu, daß die Welt mit Dollar überschwemmt wurde und gleichzeitig immer mehr Gold aus den USA abfloß. Im Jahr 1971 entschloß sich, als Antwort darauf, die deutsche Bundesregierung schließlich, den DM/Dollar-Wechselkurs zeitlich begrenzt freizugeben und zu flexiblen Wechselkursen überzugehen (sogenanntes Floating). Im August des gleichen Jahres erklärte dann Präsident Nixon, daß die USA nicht länger bereit seien, Dollar gegen Gold zu tauschen.

Angesichts der Tatsache, daß es im Bretton Woods System hinsichtlich der Stabilität einzelner Währungen doch zu beachtlichen Problemen kam, stellt sich natürlich die Frage, wieso man so lange an den festen Wechselkursen festgehalten hat, die dieses System im wesentlichen kennzeichnen. Das wichtigste Argument, das für feste Wechselkurse spricht, besteht in der **Stabilisierung** des Welthandels. Flexible Wechselkurse verändern laufend die Wertrelation, in der verschiedene Währungen zueinander stehen. Sie verändern damit zugleich andauernd die Preisverhältnisse von Waren, die zwischen verschiedenen Ländern getauscht werden. Ein deutsches Kaufhaus zum Beispiel, das ein Jahr im voraus seine Bestellung für die Konfektion in der aktuellen Mode in New York oder in London aufgeben muß, ist natürlich nicht daran interessiert, daß zum Zeitpunkt der Lieferung veränderte Wechselkurse die Importpreise der georderten Ware erheblich verteuern. Es will seine einmal vorgenommene Kalkulation und Preisgestaltung nicht laufend dem Devisenkurs der DM anpassen müssen. Feste Wechselkurse aber ermöglichen mittel- und langfristig angelegte Wirtschaftspläne der Exporteure und Importeure, die nicht durch das Element der Unsicherheit von der Währungsfront her beeinträchtigt werden. Sie verstetigen auf die Weise den Warenfluß zwischen verschiedenen Ländern und stabilisieren somit den internationalen Handel.

17.4.3 Das Weltwährungssystem heute

Heute besitzen wir eine Weltwährungsordnung, die eine Mischung darstellt zwischen einem System mit fixierten und mit flexiblen Wechselkursen. Innerhalb Europas haben sich die EU-Länder (mit Ausnahme von Griechenland und Portugal) zum Europäischen Währungssystem (EWS) zusammengeschlossen. Dieses ist unter anderem gekennzeichnet durch ein in gewissen Spannbreiten fixiertes Wechselkurssystem. Wir werden darauf gleich noch eingehen.

Zwischen Ländern des EWS und Nichtmitgliedsländern, wie den USA und Japan, um nur die wichtigsten zu nennen, besteht andererseits ein sich frei bewegendes Wechselkurssystem. In diesem passen sich laufend die einzelnen Währungen den jeweiligen Gegebenheiten von Angebot und Nachfrage auf den internationalen Devisenmärkten in New York, London, Frankfurt oder Tokio an.

Welche Erkenntnisse und Schlußfolgerungen können wir nun an den Abschluß unseres geschichtlichen Exkurses stellen?

Erstens: Die Forderung, daß Wechselkurse für eine längere Periode fixiert sein sollten, wird heute nicht mehr erhoben. Sogar bei jenen Währungen, die noch immer eng an den Dollar gekoppelt sind, kommen Auf- und Abwertungen häufiger vor als in der Periode von 1944-1971. Die meisten Wechselkurse der westlichen Welt ändern sich von Tag zu Tag, und der Markt bestimmt den allgemeinen Trend, die Auf- oder Abwertung einer Währung.

Zweitens: Manche Zentralbanken zögern nicht, auf den internationalen Devisenmärkten zu intervenieren, um den Wechselkurs zu beeinflussen. Diese Interventionen sind jedoch zumeist nur als Hilfsmittel gedacht, um vorübergehende Schwankungen der Wechselkurse zu glätten. Von Zeit zu Zeit greifen die Zentralbanken allerdings auch ein, um den allgemeinen Trend in der Entwicklung des Wechselkurses einer bestimmten Währung zu beeinflußen. So kaufen häufig Länder, die ein Defizit in der Handelsbilanz aufweisen, ihre eigene Währung, um zu verhindern, daß diese abgewertet wird. Andere Länder wiederum, mit einem Überschuß, verkaufen ihre Währung, um einer Aufwertung zu entgehen. Obwohl es nur noch wenige feste Wechselkurse gibt, schwanken die meisten Währungen nicht völlig frei. Interventionen der Zentralbanken mit dem Ziel, den Wechselkurs zu beeinflussen, bezeichnet man als **schmutziges** oder **gemanagtes Floaten**.

Der dritte Punkt, den wir erwähnen wollen, betrifft das Gold. Gold spielt heute als internationales Zahlungsmittel so gut wie keine Rolle mehr.

Bevor wir diesen Abschnitt abschließen und uns der reinen Außenwirtschaftstheorie zuwenden, wollen wir noch kurz das Währungssystem der Europäischen Gemeinschaft genauer kennenlernen.

17.5 Europäische Währungsintegration

Die Ziele der EU bestehen in einem einheitlichen Markt, so wie er in den USA verwirklicht ist, sowie, in längerfristiger Perspektive, in einer einzigen Währung für alle Mitgliedsstaaten. Flexible Wechselkurse würden diese Ziele unmöglich machen. So entschlossen sich die damaligen EU-Länder 1972 (mit Ausnahme von Italien, Großbritannien und Irland) in einem ersten Schritt zur Schaffung eines **Europäischen Wechselkursverbundes**. Die Länder fixierten darin die Wechselkurse ihrer Währungen auf ein bestimmtes Niveau und ließen sie frei schwanken. Sie legten weiterhin fest, daß die Notenbanken erst dann durch An- und Verkauf einer der Gemeinschaftswährungen eingreifen sollten, wenn der Wechselkurs um ± 2,25 Prozent von dem festgesetzten abweicht. Gegenüber dem Dollar, und allen anderen Währungen, konnte sich der Wechselkurs frei entwickeln.

Verschiedene Spekulationswellen und mißlungene Stabilisierungsversuche verschiedener Regierungen und Notenbanken brachten dieses Abkommen im Jahre 1978 zum Scheitern. Als Fortentwicklung wurde im Jahre 1979 das **Europäische Währungssystem** (EWS) geschaffen mit dem Ziel, das währungspolitische Ungleichgewicht innerhalb der EU als Ursache steigender Arbeitslosigkeit, sinkender Investitionsneigung und schrumpfender Außenhandelsumsätze zu beseitigen. Im Oktober 1990 kam das englische Pfund und im April 1992 auch der portugiesische Escudo wieder in das EWS. Damit nahmen bis September 1992 mit Ausnahme der griechischen alle EU-Währungen am Europäischen Währungssystem teil. Im September 1992 stiegen dann Großbritannien und Italien wieder aus dem EWS wieder aus. Das EWS gründet sich auf fünf Elemente:

- den ECU (European Currency Unit) als neugeschaffene europäische Währungseinheit;
- eine festgelegte Bandbreite der Wechselkurse mit Interventionsregeln;
- feste Leitkurse mit der Möglichkeit zur Änderung;
- einer verbindlichen Gestaltung der Beziehungen zwischen EWS und Drittländern;
- dem gemeinsamen Europäischen Währungsfonds (EWF).

Sehen wir uns diese Elemente im einzelnen etwas näher an.

Die **neugeschaffene Währungseinheit ECU** ist als Währungskorb definiert, der sich aus festen Beträgen der Währungen aller, augenblicklich zwölf, Mitgliedsstaaten zusammensetzt. Die statistischen Gewichte der einzelnen Währungen im gemeinsamen Korb basieren auf den Anteilen eines jeden Landes am innergemeinschaftlichen Handel sowie am Bruttosozialprodukt der EU. Wegen der täglichen Kursverschiebungen ändert sich auch täglich der Wert dieses Währungskorbs. Daher wird der Wert des ECU gemäß den Kursbewegungen der Korbwährungen an den Devisenbörsen täglich neu berechnet, wobei einer Änderung der Korbgewichte alle Mitglieder zustimmen müssen. Da der ECU eine künstliche Währungseinheit darstellt, wird er weder als Münze geprägt noch wird er auf Geldscheinen gedruckt, er ist also ausschließlich ein Instrument europäischer Notenbanken. Jedoch werden seit geraumer Zeit Anleihen in ECU aufgelegt.

Der ECU dient daneben innerhalb des EWS als

- Bezugsgröße für die Festlegung der Leitkurse;
- Indikator für Wechselkursabweichungen vom Leitkurs;
- Rechengröße für Forderungen und Verbindlichkeiten im EWS;
- Zahlungsmittel und Reserveinstrument der EU-Zentralbanken.

Um innerhalb der Gemeinschaft eine Stabilität der Wechselkurse zu erreichen, wurden die Währungen der meisten EU-Länder derart aneinander gebunden, daß jede nationale Währung einen auf den ECU bezogenen Leitkurs benutzt. Diese Leitkurse dienen zur Festlegung eines Gitters zweiseitiger relativ fester Wechselkurse (Paritätengitter). Als **Bandbreite** der zulässigen Wechselkursschwankungen wurden 4,5 Prozent (± 2,25 Prozent) im EWS vereinbart, wobei das englische Pfund und die spanische Peseta um ± 6 Prozent schwanken dürfen. Im Juli 1993 wurde dann die Währungsbreite auf 30 Prozent angehoben, was praktisch den Übergang von einem Festkurssystem in ein System flexibler Wechselkurse bedeutet. Der vertragliche Rahmen des Europäischen Währungssystems besteht zwar faktisch weiter, ist aber vorerst funktionslos, weil nicht anzunehmen ist, daß eine Währung demnächst an den Rand des neuen Bandes kommt.

Für die Zentralbanken der am EWS beteiligten Länder besteht nun die Verpflichtung, den Wechselkurs ihrer Währung durch **Interventionen** innerhalb der Bandbreite zu halten.

Ebenfalls ist im EWS eine **Änderung des Leitkurses** einer Währung gegenüber dem ECU, aus der zwangsläufig eine Änderung aller anderen Leitkurse resultiert, ausdrücklich vorgesehen. Ursache dafür können große Unterschiede in den Inflationsraten zwischen den Mitgliedsländern und demzufolge in den Kaufkraftparitäten sein.

Gegenüber den Währungen der Nicht-EU-Länder besteht ein System des Floating (flexible Wechselkurse). Um zudem geregelte Marktverhältnisse zwischen den Währungen des EWS und denen dritter Länder herzustellen, koordinieren die EWS-Zentralbanken ihre Interventionen an den Devisenmärkten und versuchen auf diese Weise, die Wechselkursschwankungen zu glätten. Dadurch sollen unterschiedliche Entwicklungen einzelner EWS-Währungen gegenüber den Währungen dritter Länder vermieden werden.

Zur Sicherung des Währungsbeistandes, der für obengenannte Interventionen Voraussetzung ist, wurde der **gemeinsame Europäische Währungsfonds** (EWF) geschaffen. An diesen hatten die Zentralbanken der EWS-Länder 20 Prozent ihrer Goldreserven und 20 Prozent ihrer Währungsreserven in Dollar zu übertragen. Es sollte aber damit auch eine Grundlage für eine spätere gemeinsame Zentralbank nach dem Vorbild des amerikanischen Federal Reserve System geschaffen werden.

Im **Vertrag von Maastricht** im Jahr 1991 beschloß der Europäische Rat der Staats- und Regierungschefs definitiv die Schaffung einer **Europäischen Wirtschafts- und Währungsunion** bis spätestens 1999. Das Ziel besteht darin, bis zu diesem Zeitpunkt eine einheitliche europäische Währung, den **Euro**, einzuführen. Dabei soll in drei Schritten vorgegangen werden:

In der ersten Stufe der Wirtschafts- und Währungsunion, die bis 1993 abzuschließen war, hatte jeder Mitgliedsstaat seinen grenzüberschreitenden Kapitalverkehr zu liberalisieren und eine stabilitätsgerechte Wirtschaftspolitik anzustreben. Unter letzterer versteht man konkret, daß die teilnehmenden Länder die Inflationsrate reduzieren, die Zinsdifferenzen, die zwischen den Ländern bestehen, abbauen und eine Stabilisierung der Wechselkurse anstreben. Darüber hinaus verpflichteten sich die unterzeichnenden Länder, die Unabhängigkeit ihrer jeweiligen Zentralbank gesetzlich zu fixieren und einem gemeinsamen hohen Standard anzupassen.

In der zweiten Stufe ab 1994 nahm ein **Europäisches Währungsinstitut** (EWI) mit Sitz in Frankfurt am Main als Vorläufer einer Europäischen Zentralbank seine Arbeit auf. Dieses Institut hat die Aufgabe, die Koordination und Zusammenarbeit zwischen den nationalen Notenbanken zu verstärken, das EWS zu überwachen und die Gründung der Europäischen Zentralbank vorzubereiten. Des weiteren sollen die einzelnen Mitgliedsstaaten ihre Wirtschafts- und Finanzpolitik noch enger koordinieren und die Unabhängigkeit der nationalen Notenbanken sicherstellen.

In der dritten Stufe schließlich ab 1997 beziehungsweise 1999 werden die Wechselkurse der qualifizierten Staaten unwiderruflich festgesetzt, die Europäische Zentralbank nimmt in vollem Umfang ihre Tätigkeit auf und die europäische Währung wird eingeführt.

Allerdings können an dieser dritten Stufe nur jene Länder der EU teilnehmen, die die Stabilität ihrer Wirtschafts- und Finanzpolitik bewiesen haben. Dieser Nachweis geschieht durch die Erfüllung bestimmter Kriterien, den sogenannten **Konvergenzbedingungen**. Begründet werden diese Erfordernisse mit dem Wegfall des Wechselkursmechanismus, was zu einer eher unbekümmerten Wirtschafts- und Finanzpolitik einiger Mitgliedsländer führen könnte und damit negative Folgen für alle Länder der EU hätte. Im Extremfall müßte etwa ein Mitgliedsland, das Probleme mit den Tilgungs- und Zinszahlungen für seine Staatsschuld hat, durch andere Länder unterstützt werden. Oder aber die Europäische Zentralbank sähe sich in so einem Fall gezwungen, dem betroffenen Land durch eine laxere Geldpolitik zu Hilfe zu kommen, was wiederum die Inflationsrate in allen Ländern der Währungsunion negativ tangieren würde. Aber auch dann, wenn die Tilgungs- und Zinszahlungen in allen Ländern gesichert sind, besteht prinzipiell die Gefahr, daß von einzelnen Ländern, die in hohem Maße zur Finanzierung ihrer Staatsausgaben auf Kredite zurückgreifen, Inflationsgefahren für die Gesamtheit ausgehen. Nicht zuletzt aus diesen Gründen wurde im Vertrag von Maastricht festgelegt, daß nur jene Länder an der Europäischen Wirtschafts- und Währungsunion teilnehmen dürfen, die die folgenden Kriterien erfüllen:

1. Die Inflationsrate eines Landes darf im Jahr vor dem Beginn der 3. Stufe nicht mehr als 1,5 Prozent höher sein als in den drei Teilnehmerländern mit der geringsten Inflationsrate.

2. Die nationale Währung muß ohne Abwertung gegenüber anderen EU-Währungen mindestens zwei Jahre lang in der normalen Bandbreite des Europäischen Wechselkursmechanismus gelegen haben.

3. Der durchschnittliche Nominalzins langfristiger Staatsanleihen darf ein Jahr lang höchstens 2 Prozent über jenem der drei Mitgliedsländer mit der niedrigsten Inflationsrate liegen.

4. Das Haushaltsdefizit der teilnehmenden Länder darf nicht mehr als 3 Prozent des Bruttoinlandsprodukts ausmachen und die Gesamtverschuldung nicht mehr als 60 Prozent des Bruttoinlandsprodukts betragen. Allerdings kann von diesen beiden Anforderungen abgesehen werden, wenn das Budgetdefizit erheblich und laufend zurückgeführt werden konnte oder nur vorübergehend 3 Prozent des Bruttoinlandsprodukts überschreitet beziehungsweise wenn die Schuldenquote deutlich rückläufig und in der Nähe des Referenzwertes angesiedelt ist.

Am 1. Juni 1998 nahmen das ESZB und die EZB ihre Arbeit zur Vorbereitung der geldpolitischen Strategie und dabei einzusetzenden geldpolitischen Instrumente auf. Am 1. Januar 1999 wurden die Wechselkurse der nationalen Währungen zum Euro fixiert (1 Euro = 1,95583 DM). Der Euro selbst wird zunächst für drei Jahre ausschließlich als Buchgeld verwendet, als Barzahlungsmittel gelten für diese Zeit immer noch die nationalen Währungen. Gleichzeitig mit der Fixierung der Wechselkurse übernahm die EZB die Verantwortung für die laufende Geldpolitik.

17.6 Internationaler Handel und Theorie des komparativen Vorteils

Bisher standen bei unserer Erklärung internationaler Wirtschaftsbeziehungen monetäre Größen im Vordergrund; wir beschäftigten uns in erster Linie mit der **monetären Außenwirtschaftstheorie**. Im folgenden werden wir nun den Rahmen unserer Betrachtungen erweitern und bei der Darstellung und Analyse des internationalen Handels auch auf **realwirtschaftliche** Größen zurückgreifen. Unsere Untersuchung wird sich dabei vor allem auf folgende Fragen konzentrieren:

Wieso kommt es überhaupt zwischen verschiedenen Ländern zu einem Handel? Wer profitiert letztlich vom internationalen Warenaustausch, die Bevölkerung des exportierenden oder die des importierenden Landes, oder aber beide?

Schließlich wollen wir noch das **Gesetz des komparativen Vorteils** kennenlernen, das bestimmt, welche Güter exportiert und welche Güter importiert werden. In dem Zusammenhang werden wir auch sehen, wie die Preise der gehandelten Güter durch Angebot und Nachfrage bestimmt sind.

Die Außenhandelstheorie, die realwirtschaftliche Größen in den Vordergrund stellt, bezeichnet man im Gegensatz zum monetären Pendant als **reine** oder **reale Außenwirtschaftstheorie**.

17.6.1 Gründe für Außenhandel

Der Hauptgrund, wieso Länder miteinander Handel treiben, besteht darin, daß die **Ressourcen** auf der Erde **ungleich verteilt** sind. Nehmen wir als Beispiel die Bundesrepublik Deutschland. Sie ist ein rohstoffarmes Land, das fast alle Rohstoffe, die sie zur Güterproduktion benötigt, importieren muß. Aber selbst wenn alle Länder auf ihrem eigenen Territorium die notwendigen Produktionsmittel zur Verfügung hätten, gäbe es zwischen ihnen Unterschiede in den natürlichen Gegebenheiten, etwa in den klimatischen Bedingungen oder im Wissen und in den Fertigkeiten ihrer Arbeitskräfte. Auch solche Unterschiede würden internationalen Handel erfordern und ermöglichen. Wenn in Argentinien, beispielsweise, erfolgreiche Viehzüchter leben, es dagegen weniger Beschäftigte gibt, die Arbeitserfahrung in der Industrie haben, und wenn genau das Gegenteil für die Bundesrepublik zutrifft, so ist es sinnvoll, daß Argentinien sich auf die Viehzucht spezialisiert und Deutschland auf die industrielle Produktion.

Der zuletzt genannte Punkt zeigt einen wichtigen Grund, wieso Länder miteinander handeln, nämlich den **Vorteil der Spezialisierung**. Wenn ein Land versuchen würde, alles selbst zu produzieren, wofür Nachfrage besteht, müßte seine Industriestruktur sich in viele kleine Zweige aufteilen. Deren Produktionsvolumen wäre dann teilweise zu gering, um die Vorteile der Massenfertigung nutzen zu können. Auch andere Kostenvorteile, wie die der Fachausbildung in größerem Rahmen, des technischen Know-How, und ähnlichem mehr, ließen sich dann nur beschränkt auswerten. Spezialisierung ist also eng und notwendigerweise mit **Effizienz in der Produktion** verbunden. Wenn es heute dennoch, trotz eines beachtlichen Umfangs im Welthandel, Länder gibt, die bewußt mit Hilfe von Subventionen solche Industriezweige am Leben zu erhalten versuchen, die im internationalen Vergleich nicht konkurrenzfähig sind, so liegt dies primär an politischen und nicht an ökonomischen Erwägungen.

Die ersten Ökonomen, die sich mit internationalem Handel beschäftigten, waren der Meinung, daß ein Land nur auf Kosten eines anderen vom Außenhandel profitieren könne. Man glaubte, der Handel zwischen Ländern würde keine neuen Güter hervorbringen, sondern nur die vorhandenen umverteilen. Deshalb, so folgerte man, müsse immer dann, wenn ein Land vom Handel profitiere, ein anderes dadurch verlieren.

Diese Betrachtungsweise ist durchaus verständlich, auch wenn man sich fragen muß, warum denn ein Land, das am Außenhandel verliert, sich überhaupt daran beteiligen sollte. Vermag also ein reiner Tausch, der die Anzahl der konsumierbaren Güter nicht erhöht, dazu beizutragen, daß sich beide Länder besser stellen?

Die Antwort liegt auf der Hand:

- Durch den internationalen Handel ändert sich die **Zusammensetzung des Güterangebots**, das den am Handel beteiligten Ländern nunmehr zur Verfügung steht.
- Und die neue Güterkombination entspricht den **Bedürfnissen** der einzelnen Länder weit besser als dies ohne Außenhandel der Fall wäre.

Dies sind die eigentlichen Gründe, warum zwischen zwei Ländern Handel getrieben wird. Der Austausch von Gütern bringt beiden Ländern Vorteile. Gibt es daneben aber auch noch andere Gründe, die auf den ersten Blick nicht so einleuchtend erscheinen? Beginnen wir wieder mit einem Beispiel:

Jedermann weiß, daß Tunesien Weintrauben mit weniger Arbeitsaufwand und geringeren sonstigen Inputfaktoren produzieren kann als dies in Deutschland möglich wäre. Auf der anderen Seite erfolgt die Herstellung von Autos in der Bundesrepublik mit geringerem Ressourceneinsatz als in Tunesien. Man sagt daher, Tunesien hat einen absoluten Vorteil in der Produktion von Weintrauben gegenüber Deutschland. Und Deutschland hat einen absoluten Vorteil gegenüber Tunesien bei der Herstellung von Autos.

Formulieren wir nun diesen Zusammenhang etwas allgemeiner:

Land 1 hat gegenüber Land 2 einen **absoluten Vorteil** bei der Produktion eines Gutes, wenn es dieses Gut mit geringerem Ressourceneinsatz produzieren kann als das andere. Folglich ist es effizient, wenn sich jedes Land auf die Produktion des Gutes spezialisiert, bei dem es einen absoluten Vorteil in der Produktion hat, und wenn es dieses Gut dann exportiert. Jenes Gut, indessen, bei dem das andere Land einen absoluten Vorteil hat, sollte es importieren. In diesem Fall profitieren beide Länder vom internationalen Handel.

Wie aber verhält sich die Sachlage, wenn ein Land jedes Gut effizienter produzieren kann als ein anderes Land? Ist auch dann der Handel für beide Länder noch vorteilhaft?

17.6.2 Gesetz des komparativen Vorteils

Die überraschende Antwort lautet ja. Die Begründung hierfür liefert das **Gesetz des komparativen Vorteils**. Es besagt folgendes:

Selbst wenn Land 2 einen absoluten Vorteil im Vergleich zu Land 1 in der Produktion aller Güter hat, besitzt Land 1 immer noch einen komparativen Vorteil bei dem Gut, welches es mit der geringsten Ineffizienz im Vergleich zu Land 2 herzustellen vermag. Spezialisiert sich nun Land 1 auf dieses Gut und Land 2 auf andere Güter, obwohl es dasselbe Gut effizienter produzieren könnte, so stellen sich beide Länder wohlfahrtsmäßig besser, verglichen mit der Situation, in der Land 2 alle Güter produzieren würde.

Bei der Bestimmung der effizientesten Güterproduktion zwischen Ländern spielen also komparative und nicht absolute Vorteile die entscheidende Rolle. So kann ein Land sich allein dadurch besser stellen, daß es ein bestimmtes Gut importiert, obwohl es dieses selbst effizienter als das Ausland herstellen könnte. Dies ist genau dann der Fall, wenn es in der Produktion jener Güter, die es exportiert, noch effizienter ist als bei dem Gut, das es importiert.

Diesen gesetzmäßigen Zusammenhang hat als erster **D. Ricardo** (1772-1823) erkannt. Er wählte zur Veranschaulichung des Gesetzes ein Beispiel, in dem England und Portugal als Handelspartner vorkommen und die Güter Wein und Tuch austauschen. Sehen wir uns das Beispiel noch etwas genauer an.

Ricardianisches Tauschmodell

Nehmen wir an, Arbeit sei der einzige Inputfaktor, der bei der Herstellung von Wein und von Tuch in den Ländern England und Portugal benötigt wird. Gehen wir weiter davon aus, daß Portugal einen absoluten Vorteil in der Produktion beider Güter habe, so wie dies Abbildung 17.9 darstellt.

Abb. 17.9: Alternative Produktionsmöglichkeiten bei einem Arbeitseinsatz von einem Monat

	England	Portugal
Tuch (yards)	200	240
Wein (barrels)	20	120

Abbildung 17.9 zeigt, daß in England bei einem Input von einem Monat Arbeitszeit entweder 200 yards Tuch oder 20 barrel Wein produziert werden können. In Portugal erhält man für die gleiche Zeit 240 yards Tuch oder 120 barrel Wein. Portugal kann also beide Güter effizienter herstellen. Trotzdem lohnt es sich für Portugal, gemäß dem Gesetz des komparativen Vorteils, sich auf die Produktion von Wein zu spezialisieren und Tuch aus England zu importieren. Die Zahlen des Ricardianischen Beispiels beweisen dies.

Wir sehen, daß man in Portugal Tuch um 20 Prozent effizienter produzieren kann als in England (240 yards gegenüber 200 yards). Bei der Herstellung von Wein ist Portugal sechsmal so effizient wie England (120 barrel gegenüber 20 barrel). Portugal hat also einen komparativen Vorteil bei der Produktion von Wein, England hat einen komparativen Vorteil bei der Produktion von Tuch. Gemäß dem Gesetz des komparativen Vorteils von Ricardo gewinnen beide Länder, wenn sich England auf die Herstellung von Tuch und Portugal auf die Herstellung von Wein spezialisiert.

Eine Begründung des Gesetzes des komparativen Vorteils liefert das Konzept der **Opportunitätskosten**. Wenn die beiden Länder nicht miteinander Handel treiben, kann England 20 barrel Wein nur produzieren, wenn es auf 200 yards Tuch verzichtet. Die Opportunitätskosten eines barrel Weins sind dort 10 yards Tuch. In Portugal hingegen betragen die Opportunitätskosten für ein barrel Wein nur zwei yards Tuch. Folglich ist es für jedes Land günstiger, wenn Wein nur in Portugal produziert wird. Die gleiche Begründung trifft auch für die Tuchproduktion zu. Die

Opportunitätskosten für einen yard Tuch betragen in England 1/10 barrel Wein und in Portugal 1/2 barrel Wein. Es ist also für beide Länder günstiger, wenn Tuch in England hergestellt und dort erworben wird.

Verdeutlichen wir uns das Ricardianische Gesetz des komparativen Vorteils noch anhand der nachfolgenden Graphik.

Graphische Darstellung des Ricardo Gesetzes

In Abbildung 17.10 haben wir die Produktionsmöglichkeitenkurve für England und für Portugal dargestellt, unter der Annahme, daß beide Länder zwölf Monate Arbeitszeit zur Verfügung haben.

Abb. 17.10: Graphische Darstellung des Ricardo Gesetzes

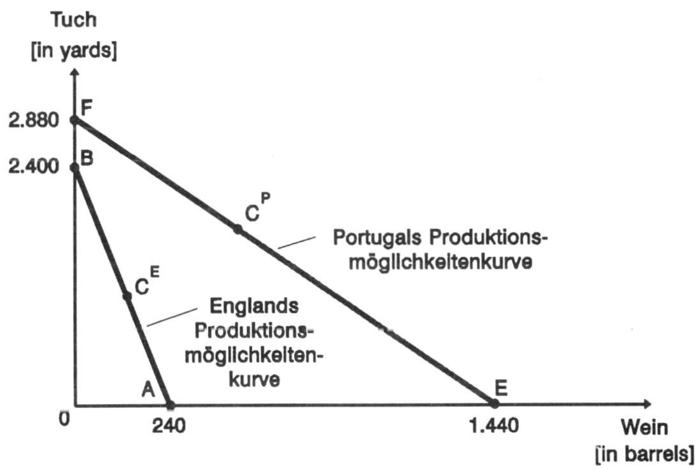

Wir können erkennen, daß Portugal in zwölf Monaten entweder 2880 yards Tuch (Punkt **F**) oder 1440 barrel Wein (Punkt **E**), oder jede andere Kombination auf der Strecke **EF** herstellen kann (beispielsweise $\mathbf{C^P}$). England hingegen vermag in der gleichen Zeit nur 2400 yards Tuch und 240 barrel Wein zu produzieren. Es ist also durch die Produktionsmöglichkeitenkurve **AB** charakterisiert. Portugal besitzt also, so wie wir dies angenommen haben, bei beiden Gütern einen absoluten Produktionsvorteil. Seine Produktionsmöglichkeitenkurve liegt daher überall oberhalb derjenigen von England.

Den komparativen Vorteil von Portugal bei der Weinproduktion und denjenigen von England bei der Stoffproduktion kann man aus der **Steigung** der beiden Produktionsmöglichkeitenkurven ablesen. So liegt die Kurve für Portugal nicht nur oberhalb derjenigen für England, sie verläuft auch flacher. Was bedeutet dies aus ökonomischer Sicht?

Eine Möglichkeit, den unterschiedlichen Verlauf beider Kurven zu interpretieren, besteht darin, sich klarzumachen, daß Portugal sechsmal soviel Wein wie England herstellen kann (Punkt **A** verglichen mit **E**), aber nur 20 Prozent mehr Tuch (Punkt **B** verglichen mit **F**). Dies bedeutet, daß Portugal bei Wein einen komparativen Vorteil hat.

Als andere Möglichkeit kann man sich den Absolutwert der Steigung der beiden Kurven ansehen. Dieser absolute Wert beträgt für Portugal **OF/OE**=2880/1440=2. Das heißt, wenn Portugal auf die Produktion eines barrel Weins verzichtet, kann es zwei yards Tuch mehr produzieren. Die Opportunitätskosten eines barrel Weins betragen also zwei yards Tuch, wie wir oben schon festgestellt haben.

Für England weist die Kurve einen Anstieg von **OB/OA**=2400/240=10 auf. Das bedeutet, die Opportunitätskosten eines barrel Weins betragen in England zehn yards Tuch.

Zusammenfassend können wir also festhalten:

Der absolute Vorteil, den Land 1 gegenüber Land 2 bei der Güterproduktion hat, zeigt sich darin, daß die Produktionsmöglichkeitskurve von Land 1 oberhalb derjenigen von Land 2 liegt. Der Unterschied in den komparativen Vorteilen der beiden Länder wird in den Absolutwerten der Steigung der Produktionsmöglichkeitenkurven sichtbar.

Aufteilung des Handelsgewinns

In unserem Beispiel können also beide Länder aufgrund ihrer unterschiedlichen Opportunitätskosten vom internationalen Handel profitieren. Wie aber wird der **Gewinn** zwischen beiden aufgeteilt, der aus dem Handelsaustausch entsteht?

Die Gewinnaufteilung hängt, bündig formuliert, vom Preis für Wein und dem für Tuch ab. Dabei können wir aus dem bisher Gesagten schon erkennen, daß der Preis für ein barrel Wein nicht mehr als zehn yards Tuch und nicht weniger als zwei yards Tuch betragen darf. Warum ist dies so? Würde nämlich ein barrel Wein mehr als zehn yards Tuch kosten (also höher sein als die Opportunitätskosten in England), so wäre es für England günstiger, Wein selbst herzustellen und nicht mit Portugal zu handeln. Auf der anderen Seite wäre es für Portugal vorteilhafter, Tuch selbst zu produzieren, anstatt mit England Handel zu treiben, wenn der Preis für ein barrel Wein weniger als zwei yards Tuch betragen würde.

Wir können somit folgern, daß die internationale Preisrelation zwischen Wein und Tuch irgendwo zwischen zehn zu eins und zwei zu eins liegen muß. Nehmen wir einmal an, das Austauschverhältnis betrage vier zu eins, das heißt, ein barrel Wein koste vier yards Tuch. Wie verteilen sich dann die Handelsvorteile auf England und auf Portugal?

Sehen wir uns hierzu Abbildung 17.11 an:

Abb. 17.11: Verteilung des Gewinns aus internationalem Handel

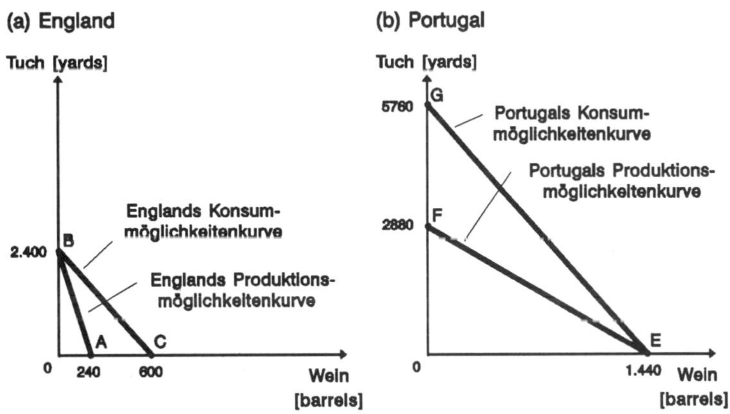

Die Produktionsmöglichkeitenkurve **AB** in Abbildung 17.11 (a) und **EF** in Abbildung 17.11 (b) stimmen mit denjenigen überein, die wir in Abbildung 17.10 verwendet haben.

Bei einem Preisverhältnis zwischen Wein und Tuch von vier zu eins kann England ein barrel Wein nur kaufen, wenn es auf vier yards Tuch verzichtet. Wenn England sich nun auf die Produktion von Tuch spezialisiert und Wein aus Portugal kauft, beginnt seine Konsummöglichkeitenkurve im Punkt **B** (Abbildung 17.11 (a)) und weist eine absolute Steigung von 4 auf. - Die Steigung wird vorgegeben durch den Preis für ein barrel Wein aus dem Handel mit Portugal. - Dieser Handel erlaubt es

England, eine Güterkombination von Tuch und Wein für seinen Verbrauch auszuwählen, die nunmehr auf der Strecke **BC** liegt und die so vorher nicht möglich war.

Für Portugal ergibt sich ein ähnlicher Sachverhalt. Wenn Portugal nur Wein produziert (Punkt **E** in Abbildung 17.11 (b)), kann es vier yards Tuch für jedes barrel Wein, auf das es verzichtet, aus England importieren. Portugal gewinnt also durch den Handel, da es vorher nur zwei yards Tuch für jedes entgangene barrel Wein zur Verfügung hatte. Die Konsummöglichkeitenkurve für Portugal stellt sich jetzt als Strecke **EG** dar, die ebenfalls eine absolute Steigung von 4 aufweist.

Abb. 17.12: Gewinn aus dem Außenhandel

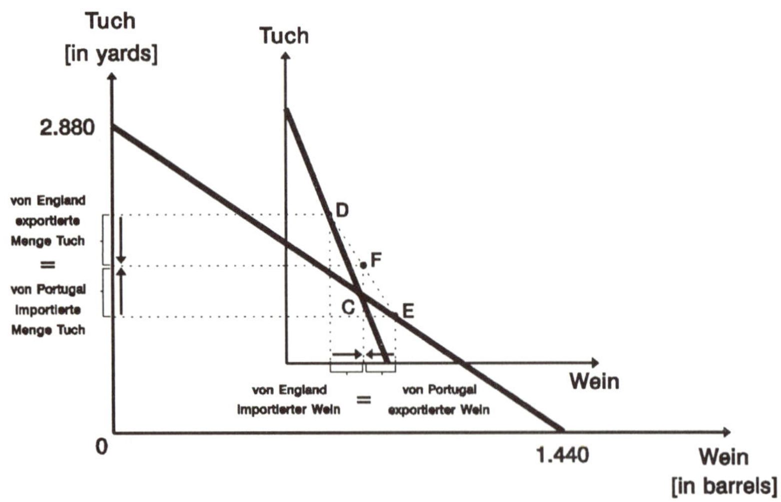

Abbildung 17.12 zeigt noch einmal, in einem Diagramm zusammengefaßt, wie vorteilhaft der Außenhandel für beide Länder ist.

Wir haben darin die Produktionsmöglichkeitenkurve aus Abbildung 17.10 so verschoben, daß die dortigen Produktionspunkte $\mathbf{C^E}$ für England und $\mathbf{C^P}$ für Portugal zusammenfallen und zu einem Punkt **C** verschmelzen.

Ohne Außenhandel ist der Punkt **C** für jedes Land der Produktions- und Konsumpunkt. Spezialisiert sich nun England auf die Herstellung von Tuch (relativ billigeres Gut), so kann es beispielsweise im Punkt **D** produzieren und einen Teil des hergestellten Tuches nach Portugal exportieren. Spezialisiert sich hingegen Portugal auf die Produktion von Wein, so kann es zum Beispiel Punkt **E** erreichen und den nicht benötigten Wein exportieren. Mit Außenhandel ergibt sich somit eine neue Situation, die dem Punkt **F** entspricht. Beide Länder können jetzt über mehr Tuch und Wein als zuvor verfügen.

Doch gehen wir noch einmal kurz zur Abbildung 17.11 zurück. Aus ihr können wir eine weitere wichtige Erkenntnis der Außenhandelstheorie entnehmen. Die Graphik macht deutlich, daß Gewinne aus dem Außenhandel sich in dem Maße einstellen, in dem der Weltpreis der Güter von den Opportunitätskosten in den einzelnen Ländern abweicht. Wie aber wird der Preis für ein Gut bei Außenhandel bestimmt?

17.6.3 Preisbestimmung bei Außenhandel

Diese Frage ist nicht leicht zu behandeln. Denn die Antwort darauf erfordert ein analytisches Instrumentarium, das sich von dem bekannten Nachfrage-Angebotsdiagramm für Märkte von geschlossenen Volkswirtschaften erheblich unterscheidet.

Als erstes benötigt man mindestens zwei Nachfragekurven: eine für das exportierende und eine für das importierende Land. Man muß, zweitens, unter Umständen auch auf zwei Angebotskurven zurückgreifen, dann nämlich, wenn ein Land das von ihm importierte Gut teilweise selbst produziert. Drittens, schließlich, ergibt sich das Gleichgewicht auf Märkten nicht mehr im Schnittpunkt der Angebots- und Nachfragekurve für jedes einzelne Land. Damit es überhaupt zu Außenhandel kommt, muß das Angebot des exportierenden Landes für ein bestimmtes Gut größer als die Nachfrage danach sein, während das Angebot des importierenden Landes kleiner als die Nachfrage zu sein hat.

Abbildung 17.13 zeigt eine solche Situation. In Abbildung 17.13 (a) ist für ein bestimmtes Gut die Angebots- und Nachfragekurve des exportierenden Landes dargestellt. In Abbildung 17.13 (b) werden die Kurven des importierenden Landes wiedergegeben. Der Einfachheit halber nehmen wir an, daß das betrachtete Gut nur zwischen diesen beiden Ländern gehandelt wird.

Wo stellt sich nun in beiden Ländern ein Gleichgewicht zwischen Angebot und Nachfrage ein, wenn Außenhandel stattfindet?

Abb. 17.13: Preisbestimmung bei Außenhandel

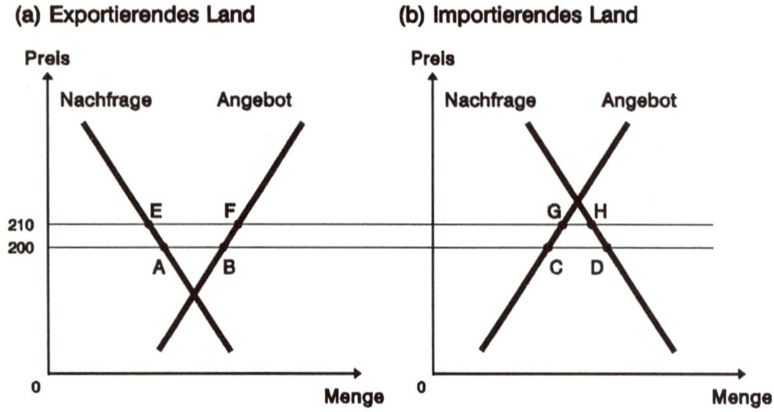

Das Gleichgewicht muß folgende Bedingungen erfüllen:

(a) Es muß für beide Länder den gleichen Preis geben.
(b) Der Angebotsüberschuß des exportierenden Landes zu diesem Gleichgewichtspreis muß genau dem Nachfrageüberschuß des importierenden Landes entsprechen.

Wenn wir auf unser Beispiel von Abbildung 17.13 zurückkommen, so ergibt sich dort ein Preis von 200 DM pro Faß Wein. Nur bei diesem Preis ist die Länge der Strecke **AB** (sie entspricht dem Angebotsüberschuß des exportierenden Landes) gleich der Länge der Strecke **CD** (sie entspricht dem Nachfrageüberschuß des importierenden Landes). Bei einem Preis von 200 DM pro Faß Wein stimmt die in beiden Ländern angebotene Menge mit der dort nachgefragten Menge überein. Dieser Preis ist folglich der gesuchte Gleichgewichtspreis.

Wäre der Preis höher als 200 DM, etwa 210 DM pro Faß Wein, so stiege das Angebot in beiden Ländern, während die Nachfrage zurückginge. Im exportierenden Land käme es nun zu einem höheren Überschußangebot (Strecke **EF**), während das importierende Land eine niedrigere Überschußnachfrage aufwiese (Strecke **GH**). Folglich herrscht, wenn man beide Märkte zusammenfaßt, auf der Welt ein Überschußangebot. Bei freiem Wettbewerb auf den internationalen Märkten würde das Überschußangebot wieder zu einer Reduktion des Preises führen, und zwar solange bis sich der gleichgewichtige Preis von 200 DM einspielt.

17.6.4 Beschränkungen im internationalen Handel

Außenhandel ist, wie wir sahen, für alle daran beteiligten Länder mit Vorteilen verbunden. Dennoch gab und gibt es noch immer Regierungen, die den freien Handel zu beeinträchtigen versuchen. Obwohl schon im 18. Jahrhundert Ökonomen wie **A. Smith** und **D. Ricardo** sich vehement für den freien Handel und seine Möglichkeiten einsetzten, betrachteten es Regierungen gerade zu jener Zeit als eine ihrer Hauptaufgaben, dem internationalen Handel Beschränkungen aufzuerlegen. Sie meinten, damit dem nationalen Interesse zu dienen. Denn, der Wohlstand einer Nation war, ihrer Meinung nach, nicht vom Export und zugleich auch vom Import bestimmter Waren abhängig, sondern davon, wieviel Gold und Devisen ein Land besaß. Folglich mußte es das Ziel staatlicher Politik sein, alles zu tun, was Exporte fördert und Importe zurückdrängt.

Einer solchen Politik sind aber offensichtlich Grenzen gesetzt. Ein Land muß beispielsweise lebensnotwendige Nahrungsmittel oder wichtige Rohstoffe, die es nicht selbst besitzt, importieren. Darüber hinaus ist es auf Dauer unmöglich, daß jedes Land mehr exportiert als importiert. Denn jeder Export eines Landes setzt voraus, daß ein anderes Land zu importieren bereit ist. Wenn nun jedes Land versucht, seine Importe soweit wie möglich zu reduzieren, dann müssen insgesamt auch alle Exporte zurückgehen. Im Endeffekt verzichten dann alle Länder auf die Gewinne, die sich aus dem Außenhandel ergeben.

Die Welthandelsorganisation und das GATT-Abkommen

Heute bekennen sich fast alle Länder zu einem Außenhandel ohne Beschränkungen. Dieses Bekenntnis führte zur Gründung der Welthandelsorganisation WTO (WTO = World Trade Organization) im Jahr 1995 mit Sitz in Genf. Gegenwärtig umfaßt die WTO 132 Länder, einschließlich der Länder des ehemaligen Ostblocks. Die drei Hauptziele dieser Organisation lassen sich wie folgt zusammenfassen:

- Unterstützung des freien Handels soweit wie möglich;
- weitere Liberalisierung des Handels durch Verhandlungen;
- unparteiische Schlichtung von Handelskonflikten zwischen Mitgliedsländern.

Die WTO löste das sogenannte GATT-Abkommen ab, ein allgemeines Zoll- und Handelsabkommen (GATT = General Agreement on Tariffs and Trade), das im Jahre 1947 von 23 Staaten unterzeichnet wurde und dem über die Zeit hinweg immer mehr Länder beitraten. Das Hauptziel dieses Abkommens bestand in der

Liberalisierung des Welthandels und damit im Abbau von bestehenden Handelsschranken, zielte aber nur auf den Handel mit Gütern ab. Demgegenüber beinhalten die Vereinbarungen der WTO auch Absprachen über den Handel mit Dienstleistungen und geistigem Eigentum.

Wie die Vergangenheit allerdings zeigte, war der GATT-Vertrag weit hinter seinen Ansprüchen zurückgeblieben, was letztendlich zur Gründung der WTO führte. So wurden, trotz der im GATT-Abkommen enthaltenen Verpflichtungen, häufig von dem einen oder anderen Handelspartner Maßnahmen ergriffen, die den freien Welthandel behinderten. Vor allem die Auseinandersetzung zwischen Japan und den USA drohte zeitweise sogar zu einer Art "Handelskrieg" auszuarten. Die drei am häufigsten angewandten Mittel, die in einer derartigen Auseinandersetzung zum Einsatz gelangen, sind Zölle, Quoten und Exportsubventionen. Auf sie wollen wir noch kurz eingehen.

Zölle, Quoten, Exportsubventionen

Unter einem **Zoll** versteht man eine Art Steuer auf Importe. Er führt dazu, daß die Preise für importierte Güter steigen und es somit zu einem Rückgang der Nachfrage nach importierten Gütern kommt. Ein Beispiel erläutere die Wirkung eines Zolles. Muß ein deutscher Importeur japanischer Videogeräte 200 DM pro Gerät Zoll bezahlen, so führt dies dazu, daß deutsche Videogeräte im Vergleich zu japanischen erheblich billiger am heimischen Markt angeboten werden können. Folglich dürften auch mehr deutsche als japanische Geräte verkauft werden. Darüber hinaus erhält der Staat aus dem auferlegten Zoll zusätzliche Einnahmen.
Quoten legen die Anzahl der Güter fest, die innerhalb eines bestimmten Zeitraumes importiert werden dürfen. Die ökonomische Wirkung von Quoten ist ähnlich derjenigen von Zöllen. Nehmen wir an, in der Bundesrepublik würden monatlich 10000 japanische Fernseher verkauft. Setzt die Bundesregierung nun eine Quote fest und beschränkt den Import auf 8000 Apparate pro Monat, so führt dies, ceteris paribus, zu einer Überschußnachfrage nach Fernsehern in Deutschland. Der Preis für diese Geräte wird folglich steigen. Im Gegensatz zum Fall des Zolles profitieren von dieser Preissteigerung aber nicht nur die inländischen Produzenten, auch ausländische Konsumenten haben davon Vorteile. Denn im Ursprungsland des Exports, in unserem Fall Japan, würde die Einführung einer Quote ein Überschußangebot hervorrufen, das genau der Überschußnachfrage in der Bundesrepublik entspricht; und der Preis für Fernseher in Japan müßte sinken.

Eine **Exportsubvention**, die alle Exporte eines Landes subventioniert, führt schließlich dazu, daß die inländischen Exporteure ihre Waren zu niedrigeren Kosten ausführen können. Wenn sie nun diese Kostensenkung in Form von günstigeren Preisen an das Ausland weitergeben, wird dies zwangsläufig die Exporte des subventionierenden Landes ansteigen lassen.

Schon aus diesen Darlegungen läßt sich entnehmen, warum ein Land sich dazu veranlaßt sehen kann, den freien Warenverkehr zu hemmen. Es kommen aber noch andere, wichtige Gründe hinzu.

Handelshemmnisse werden auch immer dann errichtet, wenn heimische Industriezweige vor ausländischer Konkurrenz geschützt werden sollen. Treten zum Beispiel auf dem Weltmarkt Produzenten auf, die bestimmte Güter effizienter herstellen und somit auch billiger anbieten können, verlangen die heimischen Vertreter dieses Industriezweigs, aber auch häufig die Gewerkschaften, Handelshemmnisse zu erlassen. Damit sollen inländische Arbeitsplätze geschützt und erhalten werden. Dabei ist das Argument der Arbeitsplatzsicherung in der Regel heute so bedeutsam, daß sich kaum eine Regierung dem ohne weiteres verschließen kann. Entsprechende Handelsbeschränkungen mögen dann zwar kurzfristig Arbeitsplätze erhalten helfen, aber sie belasten eine Volkswirtschaft auch mit erheblichen Kosten in Form von höheren Konsumentenpreisen oder in Form der ineffizienten Ausnutzung vorhandener Ressourcen.

17.6.5 Globalisierung und Strategische Handelspolitik

Die zunehmende wirtschaftliche Verflechtung einer steigenden Zahl von Ländern während der letzten beiden Jahrzehnte hat zur Prägung des Begriffes **Globalisierung** geführt. Darunter versteht man zum einen die Ausweitung des internationalen Waren- und Dienstleistungsaustausches, die verglichen mit dem Tempo der Entwicklung der Weltproduktion schneller abläuft. Dazu hat vor allem der Abbau von Zöllen und Handelsbeschränkungen, der Zusammenschluß von Staaten mit internem Freihandel und auch die stark gestiegene Teilnahme der südostasiatischen und lateinamerikanischen Staaten am Welthandel beigetragen.

Neben dieser klassischen Form internationaler Arbeitsteilung bezieht sich der Begriff der Globalisierung zum anderen auch auf die immer größer werdende Bedeutung des Finanzsektors, der mittels neuer Kommunikationstechnologien in der Lage ist, ein ständig steigendes Transaktionsvolumen immer schneller, rund um die

Uhr, in die weltweit rentabelsten Anlagen umzuschichten. Damit gehen zudem vermehrte Auslandsinvestitionen von global agierenden multinationalen Unternehmen einher. Nicht zuletzt diese Investitionen in das Realkapital ermöglichen ärmeren Gastländern den Zugang zu modernen Technologien und Managementformen und unterstützen auf diese Weise vorhandene Bestrebungen, das Wohlstandsniveau der reichen Industriestaaten zu erreichen.

Neoliberale Ökonomen, die sich heute als Vertreter eines nicht unumstrittenen **New Economic Paradigm** darstellen und begreifen, gehen sogar davon aus, daß die Globalisierung in aller Welt zu einer langen Periode mit inflationsfreiem Wirtschaftswachstum führt. Denn dadurch würden zum einen das Innovationstempo in den involvierten Volkswirtschaften beschleunigt, da Unternehmen durch steigenden Konkurrenzdruck zu einem ständigem Wandel ihrer Produkte und Herstellungsverfahren gezwungen seien. Dies trifft vor allem für den Bereich der Automatisierungs-, Büro- und Kommunikationselektronik zu und ruft nicht nur dort, sondern über den Diffusionsprozeß von technischen Neuerungen auch in vielen anderen Branchen und Sektoren einer Volkswirtschaft starke Produktivitätssteigerungen hervor. Zum anderen verhindert der globale Wettbewerb, daß die Unternehmen überhöhte Preise für ihre Güter und Dienstleistungen verlangen können und garantiert auf diese Weise letztendlich fortwährende Preisstabilität.

Die ökonomische Globalisierung hat natürlich auch negative Folgen. In dem Zusammenhang ist in erster Linie die Loslösung der Finanzmärkte, sowohl der Anleihe- als auch Aktienmärkte, von ihren ursprünglichen, längerfristig orientierten Aufgaben zu nennen. Diese umfassen im wesentlichen die Bündelung von Ersparnissen, die Streuung von individuellen Risiken, die Finanzierung von Investitionen. Statt dessen werden lediglich kleinste Renditeunterschiede, die sich zwischen einzelnen Ländern und Regionen auftun, kurzfristig ausgenutzt, was auf den wichtigsten Handelsplätzen der weltumspannenden Finanzwirtschaft bereits heute zu einer beträchtlichen "Nervosität" der Marktteilnehmer und, als Ausdruck dessen, zu kaum nachvollziehbaren Volatilitäten in der Kursentwicklung führt. Hinzu kommt, daß hierdurch gerade in den Schwellenländern ernste Finanzkrisen ausgelöst werden können. Des weiteren ist durch die Globalisierung ein immer härter werdender Wettbewerb um die Standorte ausländischer Direktinvestitionen und um Arbeitsplätze entstanden. Dieser Wettbewerb eröffnet natürlich einerseits die Möglichkeit, daß hierdurch Kostenvorteile realisiert werden können, die sich am Ende positiv für die Nachfrager von Konsum- und Investitionsgütern auswirken. Er kann andererseits aber auch für alle beteiligten Staaten ruinöse und zerstörerische Züge annehmen. Dies wird vor allem dann der Fall sein, wenn sich in der Form eines Sozial- oder Ökodumpings historisch gewachsene gesellschaftliche oder politische Strukturen abrupt auflösen und die Erfordernisse einer der Natur verbundenen Lebens- und Wirtschaftsweise nicht mehr beachtet werden.

Parallel zur Globalisierung gibt es heute wie in Zeiten des "Merkantilismus" in einflußreichen Kreisen von hochindustrialisierten Ländern Überlegungen, ob man den einmal erworbenen Vorteil im internationalen Wettbewerb nicht durch politische Maßnahmen auf Dauer schützen sollte und wie man der heimischen Industrie gegenüber ausländischen Konkurrenten neue Vorteile verschaffen könnte. Die Argumente für diese Denkrichtung liefert die **strategische Handelstheorie** und die praktische Umsetzung erfolgt im Rahmen der **strategischen Handelspolitik**. Versuchen wir anhand eines Beispiels die Ratio dieses Konzeptes zu veranschaulichen.

Nehmen wir an, in zwei Ländern gebe es je ein Unternehmen, das ein identisches Gut produzieren kann. Stellen beide Unternehmen dieses Gut her, so machen sie einen Verlust von 10 Geldeinheiten. Überläßt man die Herstellung nur einem Unternehmen, so macht dieses einen Gewinn von 100 GE, während das andere weder gewinnt, noch verliert. Gelingt es nun dem Unternehmen von Land 1 vor dem Konkurrenten aus Land 2 auf dem Markt zu sein, so wird dieses Unternehmen den Gewinn von 100 GE für sich beanspruchen können. Denn das Unternehmen aus Land 2 wird gar nicht erst versuchen, auf dem Markt als Anbieter aufzutreten, da dies einen Verlust von 10 GE zur Folge hätte.

Anders vehält es sich nun, wenn die Regierung des Landes 2 dem heimischen Unternehmen eine Subvention in Höhe von 40 GE zukommen läßt. Dann wird dieses Unternehmen sein Produkt auf dem betreffenden Markt anbieten, selbst wenn dort das Unternehmen von Land 1 bereits vor ihm agiert. In diesem Fall nämlich wird der Verlust des Unternehmens von Land 2 in Höhe von 10 GE, den es bei Markteintritt erfährt, durch die Subvention in Höhe von 40 GE mehr als wettgemacht. Darüber hinaus wird das Unternehmen von Land 1 aus dem Markt gedrängt, da es durch den Markteintritt des Konkurrenten statt eines Gewinns von 100 GE plötzlich einen Verlust von 10 GE macht und deshalb lieber auf die Produktion verzichtet. Den Gewinn von 100 GE streicht nun das Unternehmen aus Land 2 ein. Dieses befindet sich damit in einer finanziellen Position, die die Höhe der Subvention weit übersteigt. Die Unterstützung durch das Land 2 hat sich, insgesamt gesehen, für dieses also ausbezahlt.

Unser Beispiel ist natürlich stark konstruiert und es lassen sich dagegen eine Reihe von Einwänden vorbringen. Zum einen wird darin vollkommene Information bei den Unternehmen und den Politikern unterstellt. In der Realität aber dürfte es schwierig sein, den Gewinn, den ein Unternehmen in alternativen Situationen erwirtschaftet, genau im voraus zu berechnen. Würde man in obigem Beispiel etwa zu dem Ergebnis kommen, daß beide Unternehmen statt des Verlustes einen Gewinn von 10 GE machen, sobald sie gemeinsam am Weltmarkt anbieten, dann müßte die Schlußfolgerung gänzlich anders aussehen. Eine Subvention von 40 GE für das Unternehmen aus Land 2 würde nun das Unternehmen aus Land 1 nicht mehr aus dem Markt drängen können, da diesem beim Markteintritt des Konkurrenten immer noch ein Gewinn von 10 GE zuflößen. Einer Subvention von 40 GE stünde nunmehr im Land 2 nur ein Gewinn des heimischen Unternehmens von 10 GE gegenüber.

Zum anderen sollte man bedenken, daß man ein Unternehmen (oder einen Wirtschaftssektor) nicht losgelöst von der Umwelt, vor allem nicht losgelöst von anderen Industriezweigen, betrachten darf. Einzelwirtschaften sind eingebunden in das Beziehungsgeflecht der gesamten Volkswirtschaft. Wird daher ein Unternehmen durch staatliche Subventionen unterstützt, so muß dies an anderer Stelle zu einem Entzug von Ressourcen und, als Folge davon, auch zu Kostensteigerungen in der Produktion führen. Der vermutlich durch Subventionen erreichte strategische Vorteil in einem Wirtschaftsbereich geht dann einher mit strategischen Nachteilen in anderen Sektoren der Volkswirtschaft.

Ein letzter Einwand schließlich bezieht sich auf die Reaktion des Auslandes. Kein Land wird es auf Dauer hinnehmen, daß ein anderes Land seiner Industrie durch Subventionen strategische Vorteile im Welthandel verschafft. Es wird reagieren und seinerseits versuchen, der heimischen Industrie durch finanziellen Beistand ebensolche strategische Vorteile zukommen zu lassen.

Eine Wirtschaftspolitik, die darauf aus ist, der eigenen Volkswirtschaft Vorteile auf Kosten anderer Volkswirtschaften zu verschaffen, bezeichnet man auch als **beggar-thy-neighbour Politik**.

Kontrollfragen zu Kapitel 17:

1. Was versteht man unter einer Zahlungsbilanz?

2. Worin liegen die Unterschiede im Wirkungsmechanismus in einem System der fixen und einem der flexiblen Wechselkurse?

3. Was versteht man unter der Theorie der Kaufkraftparitäten? Welche Mechanismen bestimmen die Wechselkurse mittel- und kurzfristig?

4. Erläutern Sie das System der Goldwährung, das Bretton Woods System und das Europäische Währungssystem.

5. Erklären Sie das Gesetz des komparativen Vorteils.

6. Nehmen Sie an, der Konsum und die Investitionen in einer Volkswirtschaft seien durch folgende Beziehungen gegeben:

$$C = 120 + 0{,}8(Y-T) \ ,$$

$$I = 1100 + 0{,}1Y - 100i \ .$$

(Y=reales Bruttosozialprodukt, i bezeichne den Zinssatz in Prozent).
Die Exporte und Importe sind

$$X = 250 \ ,$$

$$M = 110 + 0{,}2Y \ .$$

Die Staatsausgaben sind $A_{St}=500$ und die Steuern T hängen folgendermaßen vom BSP ab:

$$T = -50 + 0{,}25Y \ .$$

a) Der Zinssatz in der Volkswirtschaft betrage $i=9$. Berechnen Sie das gleich-

gewichtige Bruttosozialprodukt, das Budgetdefizit (oder den Budgetüberschuß) und den Handelsüberschuß $(X\text{-}M)$.
(Lösung: $Y^*=2000$, $T(Y^*)\text{-}A_{St}=\text{-}50$, $X\text{-}M(Y^*)=\text{-}260$)

b) Nehmen Sie an, die Währung werde abgewertet, so daß die Exporte und Importe nun durch folgende Beziehung gegeben sind:

$$X = 480 \ ,$$

$$M = 40 + 0{,}2Y \ .$$

Berechnen Sie für diesen Fall das gleichgewichtige Bruttosozialprodukt und den Handelsüberschuß (es gelte wieder $\boldsymbol{i=9}$).
(Lösung: $\boldsymbol{Y^*}$=2600, $\boldsymbol{X\text{-}M(Y^*)}$=-80)

7. Welche Vor- und Nachteile ergeben sich aus dem Zusammenwachsen des Welthandels (Globalisierung)?

8. Welche Beschränkungen des internationalen Handels kennen Sie? Wie läßt sich darunter die strategische Handelspolitik einordnen?

Verwendete Literatur zu Teil III

1. AGHION, P., P. HOWITT, A Model of Growth through Creative Destruction, Econometrica 60, 1992, S. 323-351.
2. ARROW, K.J., The Economic Implications of Learning by Doing, Review of Economic Studies, Jg. 29, 1962, S. 155-173.
3. BARTLING, H., F. LUZIUS, Grundzüge der Volkswirtschaftslehre, München, 1998, 12. Auflage.
4. BAUMOL, W.J., A.S. BLINDER, Economics - Principles and Policy, Fort Worth, 2000, 8. Auflage.
5. BEYFUSS, J., W. FUEST, M. GRÖMLING, H.-P. KLÖS, R. KROKER, K. LICHTBLAU, A. WEBER, Globalisierung im Spiegel von Theorie und Empirie, Beiträge zur Wirtschafts- und Sozialpolitik, Beitrag 235, Institut der deutschen Wirtschaft, 1997.
6. BRETSCHGER, L., Wachstumstheorie, München/Wien, 1998, 2. Auflage.
7. BRONFENBRENNER, M., W. SICHEL, W. GARDNER, Economics, Boston, 1990, 3. Auflage.
8. CEZANNE, W., J. FRANKE, Volkswirtschaftslehre - Einführung, München, 1997, 7. Auflage.
9. CROSS, R. (ed.), Unemployment, Hysteresis and the Natural Rate Hypothesis, Oxford und New York, 1988.
10. DINOPOULOS, E., Schumpeterian Growth Theory: an Overview, Osaka City University Economic Review 29, 1994, S. 1-21.
11. DORNBUSCH, R., S. FISCHER, Makroökonomik, München, 1995, 6. Auflage.
12. FELDERER, B., S. HOMBURG, Makroökonomik und neue Makroökonomik, Heidelberg, 1999, 7. Auflage.
13. FRANZ, W., Die inflationsstabile Arbeitslosenquote, WIST, Heft 9, 1986, S.437-442.
14. FRANZ, W., Wohin treibt die Phillipskurve, Zeitschrift für Wirtschafts- und Sozialwissenschaft, 1984, S.603-623.
15. HARDES, H.-D., KROL, G.-J., F. RAHMEYER, A. SCHMID, Volkswirtschaftslehre, Eine problemorientierte Einführung, Tübingen, 1995, 20. Auflage.
16. HEUBES, J., Konjunktur und Wachstum, München, 1991.
17. ISSING, O., Einführung in die Geldtheorie, München, 1998, 11. Auflage.
18. KROMPHARDT, J., Arbeitslosigkeit und Inflation, Stuttgart, 1998, 2. Auflage.

19. KRUGMAN, P.R., Slow Growth in Europe: Conceptual Issues, in: R.Z. LAWRENCE and C.L. SCHULTZE (eds.): Barriers to European Growth - A Transatlantic View, Washington D.C., 1987, S.48-104.
20. KRUGMAN, P.R., M. OBSTFELD, International Economics, Theory and Policy, Reading, Mass., 2000, 5. Auflage.
21. LAWRENCE, R.Z., C.L. SCHULTZE, Overview, in: R.Z. LAWRENCE and C.L. SCHULTZE (eds.): Barriers to European Growth - A Transatlantic View, Washington D.C., 1987, S.1-47.
22. MAJER, H., Makroökonomik, München, 1997, 6. Auflage.
23. MANKIW, N.G., Real Business Cycles: A New Keynesian Perspective, Journal of Economic Perspectives, Jg.3, 1989, S.79-90.
24. MAUßNER, A., Konjunkturtheorie, Berlin, 1994.
25. MAUßNER, A., KLUMP, R., Wachstumstheorie, Berlin, 1996.
26. NELSON, R.R. S.G. WINTER, An Evolutionary Theory of Evolutionary Change, Cambridge, Mass., 1982.
27. PHILLIPS, A.W., The Relation between Unemployment and the Rate of Change of Money Wage Rates in the United Kingdom 1861-1957, Economica, 25, 1958, S.283-299.
28. ROMER, P.M., Increasing Returns and Long-Run Growth, Journal of Political Economy, Jg. 94, 1986, S.1002-1037.
29. ROMER, P.M., Crazy Explanations for the Productivity Slowdown, in: S. FISCHER (ed.), NBER Macroeconomics Annual, Cambridge, Mass., 1987.
30. SACHVERSTÄNDIGENRAT ZUR BEGUTACHTUNG DER GESAMTWIRTSCHAFTLICHEN ENTWICKLUNG, Jahresgutachten, verschiedene Jahrgänge.
31. SAMUELSON, P.A., W.D. NORDHAUS, Economics, Boston, 1998, 16. Auflage.
32. SCHUMPETER, J.A., Theorie der wirtschaftlichen Entwicklung, Berlin, 1997, 9. Auflage.
33. SIEBERT, H., Außenhandelstheorie, Stuttgart, 1984, 3. Auflage.
34. SIEBERT, H., Außenwirtschaft, Stuttgart, 1994, 6. Auflage.
35. SMITH, A., Einführung in die Volkswirtschaftslehre, München, 1994, 2. Auflage.

Sach- und Personenregister